Norbert Elias
Über den Prozeß der Zivilisation

Soziogenetische und
psychogenetische Untersuchungen

Zweiter Band

Wandlungen der Gesellschaft
Entwurf zu einer
Theorie der Zivilisation

Suhrkamp

Diese Ausgabe ist text- und seitenidentisch
mit der 1969 im Verlag Francke AG, Bern, erschienenen zweiten,
um eine Einleitung vermehrten Auflage.

suhrkamp taschenbuch wissenschaft 159
2. Auflage, 7.–12. Tausend 1977
© Norbert Elias
Suhrkamp Taschenbuch Verlag
Alle Rechte vorbehalten, insbesondere das des
öffentlichen Vortrags, der Übertragung durch
Rundfunk oder Fernsehen und der Übersetzung,
auch einzelner Teile.
Druck: Nomos, Baden-Baden
Printed in Germany.
Umschlag nach Entwürfen von
Willy Fleckhaus und Rolf Staudt.

Drittes Kapitel.

Zur Soziogenese der abendländischen Zivilisation.

1. Überblick über die höfische Gesellschaft.

1. Die Kämpfe zwischen dem Adel, der Kirche und den Fürsten um ihre Anteile an der Herrschaft und den Ertrag des Landes durchziehen das ganze Mittelalter. Im Laufe des 12. und 13. Jahrhunderts tritt eine weitere Gruppe als Partner im Kräftespiel hervor, die privilegierten Stadtbewohner, das „Bürgertum".

Das Bild dieses beständigen Ringens und die Stärkeverhältnisse der Ringenden sind in verschiedenen Ländern sehr verschieden. Der Ausgang der Kämpfe ist, seiner Struktur nach, fast immer der gleiche: in allen größeren Ländern des Kontinents, zeitweise auch in England, sammelt sich schließlich in der Hand der Fürsten oder ihrer Repräsentanten, eine Macht, der die Stände nicht gewachsen sind. Die Autarkie der Vielen, der Herrschaftsanteil der Stände wird Schritt für Schritt zurückgedrängt, und die diktatorische oder „absolute" Herrschaft des Einen an der Spitze setzt sich langsam für längere oder kürzere Zeit durch, in Frankreich, England und den habsburgischen Landen die des Königs, in den deutschen und italienischen Gebieten die der Territorialherren.

2. Wir sind durch eine Fülle von Darstellungen darüber unterrichtet, wie etwa die französischen Könige von Philipp Augustus bis zu Franz I. und Heinrich IV. ihre Macht vergrößern, oder wie in Brandenburg Kurfürst Friedrich Wilhelm die Landstände, wie die Medici in Florenz Patrizier

und Rat, die Tudors in England Adel und Parlament beiseitedrängen. Überall sind es einzelne Akteure, deren verschiedene Aktionen wir sehen, deren persönliche Schwächen und Begabungen sich uns darstellen. Und es hat ohne Zweifel seine Fruchtbarkeit, es ist gewiß ganz unerläßlich, die Geschichte in dieser Dimension, als ein Mosaik von einzelnen Handlungen einzelner Individuen zu sehen.

Aber offenbar handelt es sich hier noch um etwas anderes, als um das zufällige Auftreten einer Reihe großer Fürsten und um zufällige Siege vieler, einzelner Territorialherren oder Könige über viele, einzelne Stände annähernd in der gleichen Zeit. Nicht ohne Berechtigung spricht man von einem Zeitalter des Absolutismus. Was in dieser Veränderung der Herrschaftsform zum Ausdruck kommt, ist eine Strukturveränderung der abendländischen Gesellschaft im ganzen. Es gewannen nicht nur einzelne Könige an Macht, sondern offenbar erhielt die soziale Institution des Königs oder Fürsten in einer allmählichen Umbildung der ganzen Gesellschaft ein neues Gewicht, einen Machtzuwachs, den sie als Chance ihren Inhabern oder deren Repräsentanten und Dienern in die Hände legte.

Man kann auf der einen Seite danach fragen, wie dieser oder jener Mann die Herrschaft gewann, und wie er oder seine Erben die gewonnene Macht im Sinne des „Absolutismus" vergrößerten und verloren.

Man kann auf der anderen danach fragen, auf Grund welcher gesellschaftlichen Veränderungen die mittelalterliche Institution des Königs oder Fürsten in bestimmten Jahrhunderten jenen Charakter annahm und jenen Machtzuwachs erfuhr, dem man durch Begriffe wie „Absolutismus" oder „Unumschränktheit" Ausdruck gibt, und welcher Aufbau der Gesellschaft, welche Entwicklung der menschlichen Beziehungen es möglich machte, daß sie sich in dieser Gestalt für längere oder kürzere Zeit erhielt.

Beide Fragestellungen arbeiten annähernd im gleichen Material. Nur die letztere stößt in jene Ebene der geschichtlichen Wirklichkeit vor, in der sich der Prozeß der Zivilisation abspielt.

Es ist mehr als ein zufälliges, zeitliches Nebeneinander, daß in den Jahrhunderten, in denen die Funktion des Königs und des Fürsten ihre absolutistische Gestalt erhält, auch jene Affektverhaltung und Mäßigung, von der die Rede war, jene „Zivilisation" des Verhaltens, spürbar stärker wird. In den oben zusammengefaßten Zitaten, die ein Zeugnis für diese Wandlung des Verhaltens ablegen, kam zuweilen schon recht deutlich zum Ausdruck, wie eng diese Wandlung mit der Herausbildung jener hierarchischen Gesellschaftsordnung verknüpft ist, deren Spitzenorgan der absolute Herrscher ist, und im weiteren Umfang betrachtet, dessen Hof.

3. Auch der Hof, auch der Wohnsitz des Herrschers, gewann in einer Bewegung, die langsam über Europa hinging, um hier früher, dort später, wieder zu verebben, etwa mit jener Zeit, die wir „Renaissance" nennen, in der abendländischen Gesellschaft ein neues Aussehen und eine neue Bedeutung.

In den Bewegungen dieser Zeit werden nach und nach die Höfe zu den eigentlich stilbildenden Zentren des Abendlandes. In der vorangehenden Phase mußten sie diese Funktion, je nach den sozialen Kräfteverhältnissen, bald mit der Kirche, bald mit den Städten, bald mit den über das ganze Land verstreuten Höfen der großen Vasallen und Ritter teilen oder zeitweise ganz an die anderen Zentren abgeben. Von nun an teilen die Höfe der Zentralgewalt ihre Funktion allenfalls noch auf deutschem, besonders auf protestantischem Gebiet, mit der Universität, der Bildungsstätte des fürstlichen Beamtentums, in den romanischen, vielleicht — das bleibt zu prüfen — in allen katholischen Ländern, übertrifft die Bedeutung der Fürstenhöfe und der höfischen Gesellschaft als soziale Kontrollinstanz, als modellgebendes Prägeorgan des menschlichen Verhaltens, die der Universität, die aller anderen, sozialen Formationen dieser Epoche bei weitem.

Noch nicht eindeutig die florentinische Frührenaissance, charakterisiert etwa durch Männer wie Masaccio, Ghiberti, Brunelleschi und Donatello, entschiedener die sog. italienische Hochrenaissance, ganz ausgeprägt Barock, Rokoko, die Stile Louis XV. und Louis XVI., schließlich, bereits stärker im Übergang als der letztgenannte, nämlich schon mit industriebürgerlichen Zügen durchsetzt, das „Empire", sind höfische Stile.

Es bildet sich da am Hofe eine Art von Gesellschaft, eine Integrationsform der Menschen heraus, für die sich im Deutschen keine sehr spezifische und unmißverständliche Bezeichnung findet, offenbar weil sie in Deutschland fast nie, allenfalls in ihrer Weimarer End- und Übergangsform, zu ganz zentraler und entscheidender Bedeutung gelangt ist. Der deutsche Begriff der „guten Gesellschaft", oder einfacher, der „Gesellschaft" im Sinne von «monde» hat, wie das entsprechende, gesellschaftliche Gebilde selbst, kein so scharfes Profil, wie die französischen und englischen Bezeichnungen. Die Franzosen sprechen von der «société polie». Und der französische Begriff der «bonne compagnie» oder der «gens de la Cour», der englische der "society" weisen mindestens in die gleiche Richtung.

4. Die maßgebende, höfische Gesellschaft bildete sich, wie man weiß, in Frankreich. Von Paris aus breiteten sich die gleichen Umgangsformen, die gleichen Manieren, der gleiche Geschmack und die gleiche Sprache für kürzere oder längere Zeit über alle anderen Höfe Europas hin aus. Diese Ausbreitung vollzog sich nicht nur, weil Frankreich das mächtigste Land dieser Zeit war, sondern sie wurde in dieser Form erst möglich, weil in einer durchgehenden Transformation der europäischen Gesellschaft überall verwandte, soziale Formationen, der gleiche Gesellschaftstypus, analoge menschliche Beziehungsformen entstanden. Die absolutistisch-höfische Aristokratie der anderen Länder übernahm aus dem reichsten, mächtigsten und am stärksten zentralisierten Land dieser Zeit, was ihrem eigenen, gesellschaftlichen Be-

dürfnis gemäß war: eine verfeinerte Gesittung und eine Sprache, die sie auszeichnete, die sie von Nichtzugehörigen unterschied. Sie sah in Frankreich am fruchtbarsten ausgebildet, was kraft der verwandten, gesellschaftlichen Lage ihren eigenen Idealen entsprach: Menschen, die zu repräsentieren verstanden, und die zugleich in der Nuancierung der Umgangsformen, in der Art des Grußes und der Wahl des sprachlichen Ausdrucks ihre Beziehung zu jedermann nach oben und nach unten genau zu markieren wußten, Menschen von «distinction» und „Zivilität". Und die verschiedenen Herrscher erhielten in der Übernahme der französischen Etikette und des Pariser Zeremoniells zugleich die erwünschten Instrumente, ihrer Würde Ausdruck zu geben, die Hierarchie der Gesellschaft sichtbar zu machen und alle Anderen, voran den höfischen Adel selbst, ihre Abhängigkeit spüren zu lassen.

5. Auch hier genügt es nicht, wenn man die einzelnen Phänomene in den verschiedenen Ländern isoliert sieht und schildert. Es taucht ein neues Bild auf, und ein neues Verständnis wird möglich, wenn man diese vielen, einzelnen Höfe des Abendlandes mit ihrer relativ einheitlichen Gesittung als kommunizierende Organe im Ganzen der europäischen Gesellschaft zusammen sieht. Was sich vom Ausgang des Mittelalters langsam zu bilden beginnt, ist nicht nur eine höfische Gesellschaft hier und eine höfische Gesellschaft dort. Es ist eine, das Abendland umgreifende, höfische Aristokratie mit ihrem Zentrum in Paris, ihren Dependenzen an allen anderen Höfen, und ihren Ausläufern in allen übrigen Kreisen, die Anspruch darauf erhoben, zur „Welt" und „Gesellschaft" zu gehören, vor allem auch in der Oberschicht des Bürgertums, z. T. selbst in breiteren Schichten des Mittelstandes.

Die Angehörigen dieser vielgliedrigen Gesellschaft sprechen über ganz Europa hin die gleiche Sprache, erst italienisch, dann französisch, sie lesen die gleichen Bücher, sie haben den gleichen Geschmack, die gleichen Manieren und — mit

Niveau-Unterschieden — den gleichen Lebensstil. Sie richten sich — unbeschadet aller politischen Differenzen und selbst aller Kriege, die sie miteinander führen — durch längere oder kürzere Zeiten hin ziemlich einmütig nach dem Pariser Zentrum. Und die gesellschaftliche Kommunikation zwischen Hof und Hof, d. h. also innerhalb der höfisch-aristokratischen Gesellschaft, bleibt lange Zeit hindurch immer noch enger, als die Kommunikation und die Kontakte zwischen der höfischen Gesellschaft und den anderen Schichten des gleichen Landes; schon in der gemeinsamen Sprache kommt das zum Ausdruck. Dann etwa, von der Mitte des 18. Jahrhunderts ab, in einem Land auch schon früher, im andern vielleicht etwas später, jedenfalls im Zusammenhang mit dem immer stärkeren Aufstieg der Mittelschichten, mit der allmählichen Verlagerung des sozialen und politischen Schwergewichts von den Höfen in die verschiedenen, nationalen Bürgergesellschaften, lockern sich langsam die Kontakte zwischen den höfisch-aristokratischen Gesellschaften verschiedener Nationen, wenn sie auch nie ganz verschwinden. Das Französische weicht, nicht ohne heftige Kämpfe, auch in der Oberschicht, den bürgerlichen, den nationalen Sprachen. Auch die höfische Gesellschaft selbst differenziert sich mehr und mehr in der Weise der bürgerlichen Gesellschaften, zumal mit der französischen Revolution die alte, aristokratische Gesellschaft endgültig ihr Zentrum verliert. Vor der ständisch-sozialen Integrationsform gewinnt die nationale das Primat.

6. Wenn man die gesellschaftlichen Traditionen aufsucht, aus denen der gemeinsame Grundton, die tiefere Einheit der verschiedenen, nationalen Traditionen des Abendlandes stammt, dann darf man nicht nur an die christliche Kirche, an das gemeinsame, römisch-lateinische Erbe denken, sondern man muß auch das Bild dieser letzten, großen, vornationalen, gesellschaftlichen Formation ins Auge fassen, die sich mehr oder weniger schon im Schatten der nationalen Differenzierung in der abendländischen Gesellschaft aus den verschiedensprachigen Unter- und Mittelschichten heraushob.

Überblick über die höfische Gesellschaft.

Hier wurden die Modelle des friedlicheren Umgangs geschaffen, den die Transformation der europäischen Gesellschaft vom Ausgang des Mittelalters ab mehr oder weniger für alle Schichten notwendig machte, hier die rauheren Gewohnheiten, die wilderen und hemmungsloseren Gebräuche der mittelalterlichen Gesellschaft mit ihrer kriegerischen Oberschicht, notwendige Folgen eines ungesicherten, ständig bedrohten Lebens, „gemildert", „poliert" und „zivilisiert". Der Druck des Hoflebens, die Konkurrenz um die Gunst des Fürsten oder der „Großen", dann ganz allgemein die Notwendigkeit, sich von Anderen zu unterscheiden und mit relativ friedlichen Mitteln, durch Intrigen und Diplomatie, um Chancen zu kämpfen, erzwang eine Zurückhaltung der Affekte, eine Selbstdisziplin oder "self-control", eine eigentümliche höfische Rationalität, die dem oppositionellen Bürgertum des 18. Jahrhunderts, besonders in Deutschland, aber auch in England, den Hofmann zunächst immer als den Inbegriff des Verstandesmenschen erscheinen ließ.

Und hier, in dieser vornationalen, höfisch-aristokratischen Gesellschaft, wurde auch ein Teil jener Gebote und Verbote ausgeprägt oder wenigstens vorgeformt, die noch heute durch alle nationalen Verschiedenheiten hindurch als etwas dem Abendlande Gemeinsames spürbar sind, und die dazu beitragen, allen Völkern des Abendlandes trotz aller Unterschiede ein gemeinsames Gepräge, das Gepräge einer spezifischen Zivilisation, zu geben.

Daß sich mit der allmählichen Bildung dieser absolutistisch-höfischen Gesellschaft auch eine Umformung des Triebhaushaltes und des Verhaltens der Oberschicht im Sinne der „Zivilisation" vollzieht, ist an einer Reihe von Beispielen gezeigt worden. Auch das ist andeutungsweise schon sichtbar geworden, wie sehr diese stärkere Bindung und Regelung des Trieblebens mit der stärkeren, sozialen Bindung, der wachsenden Abhängigkeit des Adels von den Zentralherrn, Königen oder Fürsten, zusammenhängt.

Zur Soziogenese der abendländischen Zivilisation.

Wie kam es zu dieser verstärkten Bindung und Abhängigkeit? Warum trat an die Stelle einer Oberschicht von relativ unabhängigen Kriegern oder Rittern eine mehr oder weniger pazifizierte Oberschicht von Höflingen? Warum wurde das Mitbestimmungsrecht der ständischen Formationen im Laufe des Mittelalters und der beginnenden Neuzeit Schritt für Schritt zurückgedrängt, und warum setzte sich früher oder später die diktatorische, die „absolute" Herrschaft des Einen an der Spitze und mit ihr der Zwang der höfischen Etikette, die Pazifizierung größerer oder kleinerer Gebiete von einem Zentrum her für längere oder kürzere Zeit in allen Ländern Europas durch? In der Tat nimmt die Soziogenese des Absolutismus im Gesamtprozeß der Zivilisation eine Schlüsselstellung ein: Man kann die Zivilisation des Verhaltens und den entsprechenden Umbau des menschlichen Bewußtseins- und Triebhaushalts nicht verstehen, ohne den Prozeß der Staatenbildung und darin jene fortschreitende Zentralisierung der Gesellschaft zu verfolgen, die zunächst in der absolutistischen Herrschaftsform einen besonders sichtbaren Ausdruck findet.

2. Kurze Vorschau über die Soziogenese des Absolutismus.

1. Ein paar der wichtigsten Mechanismen, die der Zentralgewalt eines Herrschaftsgebietes am Ausgang des Mittelalters allmählich wachsende Chancen zuführten, sind im ersten Zugriff mit wenigen Worten zu schildern. Sie sind in allen, größeren Ländern des Abendlandes ziemlich gleich. Sie zeigen sich besonders klar und eindeutig ausgeprägt in der Entwicklung des französischen Königtums.

Die allmähliche Vergrößerung des geldwirtschaftlichen Sektors auf Kosten des naturalwirtschaftlichen in einem bestimmten Gebiete des Mittelalters, hatte sehr verschiedene Folgen für das Gros des Kriegeradels auf der einen, für den König oder Fürsten dieses Gebiets auf der anderen Seite. Je mehr Geld auf einem Gebiet in Umlauf kam, desto stärker stiegen die Preise. Alle Schichten, deren Verdienst nicht entsprechend stieg, alle die Menschen, die ein festgelegtes Einkommen hatten, waren damit benachteiligt, vor allem die Feudalherren, die von ihren Gütern feste Renten bezogen.

Die gesellschaftlichen Funktionen, deren Einkommen sich entsprechend den neuen Verdienstchancen vergrößerte, waren begünstigt. Dazu gehörten bestimmte Gruppen des Bürgertums; dazu gehörte vor allem auch der König, der Zentralherr; denn er hatte durch den Steuerapparat an dem wachsenden Reichtum Anteil; er konnte von jedem Verdienst im ganzen Herrschaftsgebiet einen Teil an sich ziehen, und seine Einkünfte vermehrten sich infolgedessen mit dem wachsenden Geldumlauf außerordentlich.

Auf Grund dieses Mechanismus, der, wie immer, erst ganz allmählich und gleichsam nachträglich, von den Interessierten bewußt ergriffen, der erst relativ spät von den Repräsentanten der Zentralgewalt zum Prinzip der Innenpolitik gemacht wurde, kam zunächst einmal mehr oder weniger automatisch ein immer größeres Einkommen in die Verfügungsgewalt der Zentralherren. Das ist eine der Voraussetzungen, auf Grund deren die Institution des Königs oder Fürstentums allmählich den Charakter der Absolutheit oder Unumschränktheit erhielt.

2. Proportional zu den finanziellen Chancen, über die die Zentralfunktion verfügte, wuchsen ihre militärischen. Derjenige, der über die Steuern eines ganzen Landes verfügte, war in der Lage, sich mehr Krieger zu mieten, als irgendein Anderer; er wurde zugleich relativ unabhängig von den Kriegsdiensten, zu denen der feudale Gefolgsmann auf Grund der Bodenbelehnung verpflichtet war.

Auch dies ist ein Prozeß, der, wie alle übrigen, sehr früh beginnt, und erst sehr allmählich zur Bildung von festen Institutionen führt. Schon Wilhelm der Eroberer fährt nach England mit einem Heer, das nur z. T. aus Lehnsmannen, zum anderen aus Soldrittern besteht. Von da bis zur Einrichtung stehender Heere durch die Zentralherrn vergingen noch Jahrhunderte. Deren Voraussetzung war, neben der wachsenden Ergiebigkeit der Steuern, ein Überangebot von Menschen, jene Disproportionalität zwischen der Anzahl der Menschen und der Anzahl und Ergiebigkeit der "jobs" in einer bestimmten Gesellschaft, die heute in der Form der „Arbeitslosigkeit" bekannt ist. Überschußgebiete dieser Art, z. B. die Schweiz und Teile von Deutschland, lieferten Söldner an alle, die es bezahlen konnten. Ganz spät noch zeigt die Werbetaktik Friedrich des Großen, wie sich ein Fürst helfen konnte, wenn in seinem eigenen Gebiet weniger Menschen freigesetzt waren, als er für militärische Zwecke brauchte. Jedenfalls war die militärische Überlegenheit, die mit der finanziellen Hand in Hand ging, die zweite, entscheidende Voraussetzung dafür, daß die Zentralgewalt eines Herrschaftsgebietes den Charakter der „Unumschränktheit" gewann.

Die Umwandlung der Kriegstechnik folgte diesem Entwicklungsgang und verstärkte ihn. Durch die langsame Entwicklung der Feuerwaffe wurde die zu Fuß kämpfende, unedle Masse den zahlenmäßig beschränkten Edlen, die zu Pferde kämpften, an Kriegswert überlegen. Auch das wirkte zugunsten der Zentralgewalt.

Der König, der z. B. im Frankreich der frühen Capetingerzeit nicht viel mehr war, als ein Baron, ein Territorialherr unter gleich Mächtigen und zuweilen sogar weniger mächtig als andere Territorialherren, erhielt mit den wachsenden Einnahmen auch die Chance der militärischen Überlegenheit über alle militärischen Kräfte des Landes. Welches Adelshaus sich im einzelnen hier oder dort die Königskrone und damit den Zugang zu diesen Chancen eroberte, das hing von einer ganzen Reihe von Faktoren, darunter sicher von persönlichen Gaben Einzelner, oft auch von Zufällen ab; das Wachstum der finanziellen und militärischen Chancen, die sich mit der Königsfunktion allmählich verbanden, war unabhängig von Willen oder Begabung Einzelner; es entsprach einer strengen Gesetzmäßigkeit, der man überall begegnet, wenn man die gesellschaftlichen Prozesse selbst beobachtet.

Und dieser Chancenzuwachs der Zentralfunktion war also auch die Voraussetzung für die Pazifizierung eines bestimmten größeren oder kleineren Herrschaftsgebietes von einem Zentrum her.

3. Die beiden Entwicklungsreihen, die sich zugunsten einer starken Zentralgewalt auswirkten, wirkten sich in allem zuungunsten des alten, mittelalterlichen Kriegerstandes aus. Zu dem wachsenden Sektor der geldwirtschaftlichen Beziehungen hatten sie keine unmittelbare Verbindung. Von den neuen Einkommenchancen, die sich boten, konnten sie unmittelbar kaum profitieren. Sie bekamen nur die Entwertung, das Steigen der Preise zu spüren.

Man hat ausgerechnet, daß ein Vermögen von 22000 Franken um 1200 im Jahre 1300 16000 Franken, im Jahre 1400 7500 Franken, im Jahre 1500 6500 Franken wert war. Im 16. Jahrhundert beschleunigte sich die Bewegung; der Wert der Summe sank auf 2500 Franken. Und das, was in diesem Jahrhundert für Frankreich beobachtet ist, gilt in ähnlichem Umfang für ganz Europa[1]).

Eine Bewegung, die lange zurück im Mittelalter ansetzt, erfuhr im 16. Jahrhundert eine außerordentliche Beschleunigung. Von der Regierungszeit Franz I. ab, bis zum Jahre 1610 allein entwertete sich das französische Pfund ungefähr im Verhältnis von 100:19,67. Die Bedeutung dieser Entwicklungskurve für den Umbau der Gesellschaft war größer, als sich mit wenigen Worten sagen läßt. Während der Geldumlauf wuchs, und die Handelstätigkeit sich entwickelte, während bürgerliche Schichten und die Einnahmen der Zentralgewalt stiegen, sanken die Einnahmen des gesamten übrigen Adels. Ein Teil der Ritter war zu einem kümmerlichen Leben verurteilt, ein anderer nahm sich durch Raub und Gewalt, was ihm auf friedlichem Wege nicht mehr zugängig war, wieder andere hielten sich, solange es ging, durch den langsamen Verkauf ihrer Güter über Wasser, und ein guter Teil des Adels schließlich trat, durch diese Umstände gezwungen, durch die neuen Chancen angelockt, in die Dienste der Könige oder Fürsten, die bezahlen konnten. Das waren die Chancen, die sich der an das Wachstum des Geldumlaufs und des Handelsnetzes nicht angeschlossenen Kriegerschicht von der wirtschaftlichen Seite her boten.

4. Wie sich die Entwicklung der Kriegstechnik zu ihren Ungunsten auswirkt, ist schon gesagt worden: Die Infanterie, das verachtete Fußvolk, wurde im Kampf wichtiger als die Reiterei. Damit war nicht nur die kriegerische Überlegenheit, damit war zugleich auch das Waffenmonopol des mittelalterlichen Kriegerstandes gebrochen. Es begann die Wandlung aus jenem Zustand, bei dem die Edlen, die Adligen, allein Krieger waren, oder, umgekehrt ausgedrückt, alle Krieger edel und adlig, zu jenem anderen Zustand, bei dem der Adlige bestenfalls Offizier einer plebejischen Truppe war, die bezahlt werden mußte. Das Monopol der Verfügung über Waffen und kriegerische Macht ging aus der Hand des ganzen Adelsstandes in die Hand eines Einzelnen seiner Mitglieder, des Fürsten oder Königs, über, der, gestützt auf das Steuereinkommen des ganzen Gebietes, die größte Truppe in diesem Gebiet bezahlen konnte. Damit wurde das Gros des Adels aus relativ freien Kriegern oder Rittern bezahlte Krieger oder Offiziere im Dienst des Zentralherrn.

Das sind ein paar der wichtigsten Strukturlinien dieser Wandlung.

5. Eine weitere kam hinzu. Der Adel verlor mit der Vergrößerung des geldwirtschaftlichen Sektors in der Gesellschaft an Macht, während bürgerliche Schichten mit ihr an Macht gewannen. Aber im allgemeinen erwies sich keiner der beiden Stände als stark genug, um für längere Zeit die Oberhand über den anderen zu gewinnen. Spannungen bestanden dauernd, und sie kamen von Zeit zu Zeit überall in Kämpfen zum Ausbruch. Die Kampffronten waren dabei im einzelnen recht verschieden und kompliziert. Es gab gelegentliche Bündnisse zwischen einzelnen Adelsschichten und einzelnen

Schichten des Bürgertums; es gab Übergangsformen und selbst Verschmelzungen zwischen Teilgruppen der beiden Stände. Aber wie dem auch sei, der Aufstieg, ebenso wie die Machtfülle und die Unumschränktheit der Zentralinstitution war allemal davon abhängig, daß diese Spannung zwischen Adel und Bürgertum bestand und bestehen blieb. Es gehörte zu den strukturellen Voraussetzungen des absoluten Königs- oder Fürstentums, daß keine der beiden Stände und keine Gruppe innerhalb ihrer die Oberhand gewann. Die Repräsentanten der absoluten Zentralgewalt hatten daher beständig darüber zu wachen, daß dieses labile Gleichgewicht zwischen den Ständen und Gruppen ihres Herrschaftsgebietes aufrechterhalten blieb. Wo dieses Gleichgewicht verloren ging, wo entweder eine Gruppe oder Schicht zu stark wurde, oder wo sich adlige Gruppen und bürgerliche Spitzengruppen, sei es auch nur vorübergehend, verbündeten, war die Unumschränktheit der Zentralgewalt aufs äußerste gefährdet oder — wie in England — zum Untergang verurteilt. Dementsprechend sehen wir oft in einer Reihe von Herrschern den Einen etwa das Bürgertum schützen und fördern, weil ihm der Adel zu stark und daher gefährlich erscheint, den Nächsten oder Übernächsten wiederum stärker dem Adel zugeneigt, weil nun dieser selbst zu schwach oder weil das Bürgertum zu stark und widerspenstig geworden ist, ohne daß je der andere Balancehalter ganz vernachlässigt wird. Die absoluten Zentralherrn mußten, ob es ihnen nun voll zum Bewußtsein kam oder nicht, auf dieser gesellschaftlichen Apparatur, die sie nicht geschaffen hatten, spielen. Ihre soziale Existenz war von dem Bestand und dem Funktionieren dieser Apparatur abhängig. Auch sie waren an die soziale Gesetzlichkeit gebunden, „unter der sie angetreten". Diese Gesetzlichkeit, diese Gesellschaftsstruktur bildete sich früher oder später und mannigfach modifiziert in fast allen Ländern des Abendlandes heraus. Aber ihr volles Profil erhält sie für den Betrachter erst, wenn man an einem konkreten Beispiel sieht, wie sie sich herausbildet. Die Entwicklung jenes Landes, in dem sich dieser Prozeß von einem bestimmten Zeitpunkt ab am geradlinigsten vollzieht, die Entwicklung Frankreichs mag hier als Beispiel dienen.

3. Über die Entwicklungsmechanik der Gesellschaft im Mittelalter.

Erster Teil.
Mechanismen der Feudalisierung.

I.
Einleitung.

1. Mißt man die Stärke der Zentralgewalt in Frankreich, England und dem Deutschen Reich um die Mitte des 17. Jahrhunderts, so erscheint im Vergleich mit dem König von England und erst recht mit dem Kaiser des deutschen Reiches der König von Frankreich als besonders stark. Aber diese Konstellation ist das Ergebnis einer sehr langen Entwicklung.

Am Ausgang der Karolingerzeit, am Beginn der Kapetingerzeit ist die Konstellation beinahe umgekehrt. Damals ist die Zentralgewalt der deutschen Kaiser stark im Vergleich mit der der französischen Könige. Und England steht die entscheidende Einigung und Neuordnung durch die Normannen noch bevor.

In dem deutschen Reich bröckelt die Macht der Zentralgewalt seit dieser Zeit — mit Rückschlägen — beständig ab.

In England wechseln seit der Normannenzeit Perioden starker Königsmacht mit solchen starker, ständischer oder parlamentarischer Macht.

In Frankreich wächst etwa mit dem Beginn des 12. Jahrhunderts die Königsmacht — mit Rückschlägen — ziemlich beständig an. Eine kontinuierliche Linie führt von den Kapetingern über die Valois zu den Bourbonen.

Nichts berechtigt dazu, von vornherein eine Zwangsläufigkeit für diese Unterschiede anzusetzen. Sehr langsam verflechten sich die verschiedenen Gebiete der drei Länder zu nationalen Einheiten. Zunächst, solange die Integration, die Verflechtung jener Gebiete, die später „Frankreich", „Deutschland", „Italien" und „England" sein werden, relativ sehr gering ist, fällt auch ihr Zusammenhalt, ihr Eigengewicht als sozialer Organismus im Spiel der geschichtlichen Kräfte noch nicht sehr schwer ins Gewicht. Und auch die großen Entwicklungskurven in der Geschichte dieser Nationen sind in diesem Stadium von Glück und Unglück Einzelner, von persönlichen Fähigkeiten, von Sympathien und Antipathien oder „Zufällen" unvergleichlich viel stärker mitbestimmt, als später, wenn „England", „Deutschland" oder „Frankreich" als soziale Geflechte von ganz bestimmter Struktur ein Eigengewicht und eine Eigengesetzlichkeit erlangt haben. Zunächst werden die geschichtlichen Linien noch sehr stark von Faktoren mitbestimmt, denen, vom späteren Ganzen her gesehen, keine Notwendigkeit innewohnt[2]). Dann allmählich, mit der zunehmenden Verflechtung größerer Bezirke und Menschenmassen, zeichnen sich langsam Gesetzmäßigkeiten ab, die der Willkür, den Launen, den Interessen einzelner Mächtiger und selbst einzelner Gruppen, je nachdem, Schranken setzen oder Chancen bieten. Und dann erst trotzt die Entwicklungsgesetzlichkeit dieser sozialen Einheiten allen Zufällen oder drückt ihnen mindestens ihren Stempel auf.

2. Nichts berechtigt dazu, von vornherein eine Zwangsläufigkeit dafür anzusetzen, daß gerade das Herzogtum Francien, daß die «Isle de France» zum Kristallisationspunkt einer Nation wurde. Kulturell und auch politisch waren die südfranzösischen Gebiete mit den nordspanischen und den angrenzenden, italienischen Bezirken stärker verbunden als mit den Bezirken um Paris. Der Unterschied zwischen den alten, stärker kelto-romanischen Gebieten des „Provenzalischen", der langue d'oc, und den Ländern der langue d'oïl, also den Gebieten mit stärkerem, fränkischen Einschlag, vor allem den Gebieten nördlich der Loire, dazu Poitou,

Berry, Bourgogne, Saintonge und Franche-Comté, war immer sehr beträchtlich[3]).

Auch die Grenzlinien, die der Vertrag von Verdun (843) und danach der Vertrag von Meerssen (870) für das westfränkische Reich im Osten festgelegt hatten, sahen sehr anders aus, als die Grenze zwischen dem, was sich allmählich als „Frankreich" und „Deutschland" oder „Italien" herausbildete.

Der Vertrag von Verdun setzte als Ostgrenze des westfränkischen Reiches eine Linie an, die von dem heutigen Golf von Lyon im Süden, westlich der Rhone annähernd in nord-südlicher Richtung bis hinauf in die Gegend von Gent führte. Lothringen und Burgund — mit Ausnahme des Herzogtums westlich der Saone —, also auch Arles, Lyon, Trier und Metz lagen damit außerhalb der Grenzen des westfränkischen Reiches, während im Süden noch die Grafschaft Barcelona innerhalb seiner Grenzen lag[4]).

Der Vertrag von Meerssen machte im Süden die Rhone unmittelbar zum Grenzfluß zwischen dem westfränkischen und dem ostfränkischen Reich; dann zog die Grenze an der Isère entlang, etwas weiter im Norden an der Mosel. Trier und Metz wurden damit Grenzstädte, ebenso, weiter nördlich, Meersen, der Ort, von dem der Vertrag seinen Namen hat. Und die Grenzlinie endete schließlich nördlich der Rheinmündung in der Gegend des südlichen Friesland.

Aber das, was durch solche Grenzen voneinander geschieden wurde, waren weder Staaten, noch Völker oder Nationen, wenn man darunter in irgendeinem Sinne einheitliche, geschlossene und stabile, soziale Gebilde versteht. Es waren allenfalls Staaten, Völker, Nationen im Werden. Was an allen größeren Herrschaftsgebieten dieser Phase zunächst in die Augen fällt, ist die geringe Stabilität ihres Zusammenhalts, die Stärke der zentrifugalen, zum Auseinanderfallen drängenden Kräfte.

Welcher Art sind diese zentrifugalen Kräfte? Welche Eigentümlichkeit in der Konstruktion dieser Herrschaftsgebilde gibt solchen Kräften ihre besondere Stärke? Und welche Änderung in der Konstruktion der Gesellschaft gibt schließlich dann doch vom 15., 16. oder 17. Jahrhundert ab den Zentralgewalten ein Übergewicht über alle zentrifugalen Kräfte und damit den Herrschaftsgebieten eine größere Stabilität?

II.
Zentralisierende und dezentralisierende Kräfte in der mittelalterlichen Herrschaftsapparatur.

3. Das riesige Reich Karls des Großen war durch Eroberung zusammengebracht worden. Gewiß nicht die einzige, aber doch die elementare Funktion seiner unmittelbaren Vorgänger und erst recht Karls selbst war die Funktion des siegreichen, des erobernden und verteidigenden Heerführers. Sie bildete die Grundlage seiner Königsmacht, seines Ansehens, seiner gesellschaftlichen Stärke.

Als Heerführer verfügte Karl über das eroberte und verteidigte Land. Als siegreicher Fürst belohnte er die Krieger, die ihm Gefolgschaft leisteten, mit Boden. Und kraft dieser Autorität hielt er sie zusammen, auch wenn sie über das Land verteilt auf ihren Böden, ihren Gütern, saßen.

Der Kaiser und König konnte nicht allein über das ganze Reich wachen; er schickte seine Vertrauten und Diener ins Land, um an seiner statt nach dem Rechten zu sehen, um für das Einkommen der Abgaben, für die Leistung der geforderten Dienste zu sorgen, und um Widerstand zu bestrafen. Er bezahlte ihre Dienste nicht mit Geld; das fehlte in dieser Phase gewiß nicht ganz, aber es war nur in relativ geringem Umfang vorhanden. Der größte Teil des Bedarfs wurde mehr oder weniger unmittelbar vom Boden, von den Äckern, den Wäldern, den Ställen und durch Verarbeitung in Haus und Hof gedeckt. Auch die Pfalzgrafen, die Herzöge oder wie immer die Beauftragten der Zentralgewalt hießen, sie alle ernährten sich und ihr Gefolge von dem Land, über das sie gesetzt, von den Böden, mit denen sie von der Zentralgewalt belehnt waren. Die Herrschaftsapparatur in dieser Phase der Gesellschaft hatte entsprechend der Wirtschaftsstruktur einen anderen Charakter als in jener Zeit, in der es „Staaten" im genaueren Sinne des Wortes gab. Die meisten „Beamten", so ist von dieser Phase gesagt worden[5]), „waren Landwirte, die nur zu bestimmten Fristen und sonst beim Eintreten unvorhergesehner Ereignisse ‚dienstlich' zu tun hatten, am ehesten vergleichbar dem Gutsherren, der Polizei- und Gerichtsgewalt hat". Sie verbanden mit dieser Polizei- und Gerichtsfunktion die militärischen Funktionen; sie waren Krieger, Befehlshaber über ein kriegerisches Gefolge und über alle anderen Bodenbesitzer der Landschaft, die ihnen der König gegeben hatte, im Fall der Bedrohung durch einen äußeren Feind. Sie vereinten mit einem Wort in ihrer Hand alle Herrschaftsfunktionen.

Aber diese eigentümliche Herrschaftsapparatur — Beispiel für den Stand der Arbeitsteilung und Differenzierung in dieser gesellschaftlichen Phase — führte immer und immer wieder zu ganz bezeichnenden Spannungen, die in der Art ihres Aufbaus begründet lagen. Sie erzeugte bestimmte typische Abläufe, die sich — mit gewissen Modifikationen — ständig wiederholten.

4. Wem einmal für ein bestimmtes Gebiet von dem Zentralherrn die Herrschaftsfunktionen anvertraut waren, und wer damit tatsächlich über dieses Gebiet als Herr verfügte, der war, um sich und die Seinen zu ernähren und zu schützen, auf den Zentralherrn kaum noch angewiesen, wenigstens solange kein stärkerer Feind von außen oder aus der Nachbarschaft drohte. Daher suchte er oder seine Nachkommen, sobald es irgend ging, sobald die Zentralgewalt das mindeste Zeichen von Schwäche zeigte, sein Herrenrecht, seine Herrschaft über das einmal verliehene Gebiet auch deutlich zu zeigen und seine Unabhängigkeit gegenüber der Zentralgewalt zu demonstrieren.

Über Jahrhunderte hin zeigen sich immer wieder die gleichen

Zentralisierende u. dezentralis. Kräfte i. d. ma. Herrschaftsapparatur.

Tendenzen und Figuren in dieser Herrschaftsapparatur: Die jeweils vorhandenen Herren über ein Teilgebiet des Zentralherrn, die Stammesherzöge oder Stammeshäuptlinge sind jederzeit der Zentralgewalt gefährlich. Erobernde Fürsten und Könige, stark als Heerführer und Schützer gegen äußere Feinde, suchen zunächst mit Erfolg dieser Gefahr im Innern ihres Herrschaftsgebiets zu begegnen. Sie setzen nach Möglichkeit an Stelle der vorhandenen Stammesfürsten ihre eigenen Vertrauten, Verwandten oder Diener, als Herrschaftsrepräsentanten über die Teilgebiete ihres Reichs.. In verhältnismäßig kurzer Zeit, oft schon im Laufe einer Generation, wiederholt sich das Spiel. Die ehemaligen Repräsentanten der Zentralgewalt suchen das Gebiet, über das sie ursprünglich als Delegierte und Diener des Zentralherrn gesetzt waren, nach Möglichkeit der Verfügung des Zentralherrn zu entziehen und darüber zu verfügen, wie über ein erbliches Eigentum und Herrschaftsgebiet ihrer Familie.

Da sind es die comes palatii, die zu unabhängigen Herrschern über ein Teilgebiet werden wollen, die Pfalzgrafen; das Wort hat kaum noch die Erinnerung daran zu uns herübergerettet, daß es ehemals den Aufseher des königlichen Palastes bezeichnete; da die Markgrafen, Herzöge, Grafen, Barone oder Ministerialen der Könige. In immer neuen Schüben schicken kriegsstarke Eroberkönige ihre Vertrauten, Verwandten, Bediensteten als Beauftragte ins Land, und in immer neuen Schüben kämpfen die Beauftragten von ehemals oder deren Nachkommen als Stammesfürsten oder Territorialherrn gegen die Zentralgewalt um die Erblichkeit und die faktische Unabhängigkeit ihres Gebietes, das ursprünglich eine Art von Lehen war.

Die Könige auf der einen Seite waren gezwungen die Verfügungsgewalt über die Teilgebiete ihrer Herrschaft an einzelne Andere zu delegieren. Der Stand der Kriegs-, Wirtschafts- und Transportorganisation ließ ihnen keine andere Wahl. Die Gesellschaft bot ihnen keine Geldsteuerquellen von solchem Ausmaß, daß sie ein besoldetes Heer oder

Mechanismen der Feudalisierung.

die delegierten Beamten auch in ferneren Gebieten durch ein Geldgehalt von sich abhängig zu halten vermocht hätten. Sie konnten ihnen zur Besoldung, als Belohnung oder Belehnung nur Boden zuweisen, und sie mußten ihnen viel Land zuweisen, damit sie als Repräsentanten der Zentralgewalt in ihrem Gebiet auch tatsächlich mächtiger waren, als alle anderen Krieger oder Gutsherren dieses Gebiets.

Die Belehnten, die Repräsentanten der Zentralgewalt, auf der anderen Seite hielt kein Lehnseid und keine Vasallentreue von dem Kampf um die Selbständigkeit des Gebiets, über das sie verfügten, zurück, wenn sich die wechselseitige Angewiesenheit des Zentralherrn und seiner ehemaligen Delegierten zu deren Gunsten verschoben hatte. Sie, die Territorialherrn oder Stammesfürsten, haben das Land, über das ehemals der König zu ihren Gunsten verfügte, tatsächlich zu eigen. Sie brauchen, von bestimmten Fällen der äußeren Bedrohung abgesehen, den König nicht mehr. Sie entziehen sich seiner Gewalt. Wenn sie ihn brauchen, wenn die Funktion des Königs als Kriegsherr in Erscheinung tritt, wird die Bewegung wieder rückläufig, und das Spiel fängt unter Umständen von neuem an, vorausgesetzt, daß der Zentralherr im Kriege erfolgreich ist. Dann erhält er durch die Kraft und Bedrohung, die von seinem Schwert ausgeht, wieder die tatsächliche Verfügung über die Böden des ganzen Gebiets und kann eine Neuverteilung dieser Böden vornehmen. Das ist eine der stehenden Figuren oder Prozesse im Entwicklungsmechanismus der abendländischen Gesellschaft im frühen Mittelalter und, etwas modifiziert, auch noch gelegentlich in der späteren Zeit.

5. Beispiele für solche Prozesse findet man noch heute außerhalb Europas in Gebieten mit verwandter Gesellschaftsstruktur. Die Entwicklung Abessiniens zeigte eine Fülle solcher Figuren, wenn sie auch in der letzten Zeit durch das Einströmen von Geld und anderen Institutionen aus Europa bereits etwas modifiziert waren. Aber der Aufstieg des Ras Taffari zum Zentralherren oder Kaiser des

ganzen Gebiets war nur möglich durch die kriegerische Niederwerfung der mächtigsten Territorialherren, und der unerwartet rasche Zusammenbruch des Widerstandes gegen Italien war nicht zuletzt darauf zurückzuführen, daß auch in diesem feudalen und vorwiegend naturalwirtschaftlichen Herrschaftsgebiet die zentrifugalen Tendenzen der einzelnen Territorien sich sofort verstärkten, als der Zentralherr seine wichtigste Aufgabe, den äußeren Feind abzuwehren, nicht sofort erfüllen konnte und sich derart als „schwach" erwies.

In der abendländischen Geschichte finden sich Anzeichen für diesen Mechanismus bereits in der Merowingerzeit. Bereits hier sind „die Anfänge einer Entwicklung vorhanden, welche die höheren Reichsämter zu erblichen Herrschaften umgestalteten[6])". Bereits für diese Zeit gilt der Satz: „Je größer die faktische Macht, der wirtschaftliche und soziale Rückhalt dieser Amtsinhaber wurde, desto weniger konnte das Königtum daran denken, das Amt beim Tode des Inhabers anderweitig, außerhalb der Familie desselben zu vergeben[7])." Desto unzweideutiger gingen mit anderen Worten große Teile des Herrschaftsgebiets aus der Verfügungsgewalt des Zentralherrn in die der Territorialherren über.

Deutlicher treten Abläufe dieser Art in der Karolingerzeit hervor. Karl der Große, ähnlich wie der Kaiser von Abessinien, beseitigt nach Möglichkeit die alten Stammesherzöge und setzt seine eigenen „Beamten", die Grafen, an deren Stelle. Als die Willkür der Grafen und ihre faktische Herrschaft über das zugewiesene Gebiet noch bei seinen Lebzeiten sichtbar werden, schickt er, gleichsam in einer neuen Welle, Leute aus seiner Umgebung als Königsboten, als „missi dominici", zu ihrer Aufsicht aus. Schon unter Ludwig dem Frommen beginnt die Grafenfunktion erblich zu werden. Die Nachfolger Karls können sich „dem Zwang zur tatsächlichen Anerkennung des Anspruchs auf Erblichkeit nicht mehr entziehen[8])". Und das Instrument der Königsboten selbst verliert seinen Sinn. Schon Ludwig der Fromme ist gezwungen, die missi dominici aus jenem Gebiet zu nehmen, das sie revidieren sollen. Schon unter ihm, dem nicht mehr das kriegerische Ansehen Karls zur Seite steht, tritt die Stärke der zentrifugalen Tendenzen innerhalb dieser Reichs- und Gesellschaftsorganisation deutlich in Erscheinung. Sie erreichen einen ersten Höhepunkt unter Karl III., der 887 die äußeren Feinde, die dänischen Normannen, nicht mehr durch sein Schwert und kaum noch durch Geld von Paris fernhalten kann. Und es ist charakteristisch, daß mit dem Ende der direkten Karolinger zunächst Arnulf v. Kärnten, Bastardsohn Karlmanns, dem Neffen Karls des Dicken, die Krone zufällt. Er hatte sich in den Grenzkämpfen gegen die andringenden, fremden Stämme bereits als Heerführer bewährt. Als er, zunächst an der Spitze der Bayern, gegen den schwachen Zentralherrn zieht, gewinnt er rasch die Anerkennung anderer Stämme, der Ostfranken, der Thüringer, Sachsen und Schwaben. Er wird wieder im eigentlichen Sinne des Wortes als Heerführer von dem Kriegeradel der deutschen Stämme zum König erhoben[9]). Von neuem zeigt sich unmittelbar, was eigentlich die machtgebende und legitimierende Funktion des Königtums in dieser Gesellschaft ist. Es gelingt ihm 891 die Normannen bei Löwen an der Dyle zurückzuschlagen. Aber als er bei irgendeiner neuen Bedrohung auch nur zögert, sich als Heerführer im Kampfe zu stellen, tritt sofort die Reaktion ein; sofort gewinnen in dem locker zusammengefügten Herrschaftsgebiet die zentrifugalen Kräfte die Oberhand: „Ille diu morante, multi reguli in Europa vel regno Karoli sui patruelis excrevere", sagt ein Schriftsteller der Zeit[10]). Überall in Europa wuchsen kleine Könige empor, als er eine Zeitlang mit dem Kampfe zögerte. Das ist, in einem Satze anschaulich zusammengefaßt, die soziale Gesetzmäßigkeit, die dem Entwicklungsgang der europäischen Gesellschaft in dieser Phase ihren Stempel aufdrückt.

Die Bewegung wird von neuem rückläufig unter den ersten Sachsenkaisern. Daß gerade den Sachsenherzögen die Krone über das ganze Reich zufiel, zeigt von neuem deutlich, was die wichtigste Funktion des Zentralherrn in dieser Gesellschaft war. Die Sachsen waren dem Druck der von Osten andrängenden, nichtgermanischen Stämme in besonderem Maße ausgesetzt. Ihre Herzöge hatten zunächst das Gebiet ihres Stammes zu schützen und zu verteidigen. Aber sie verteidigten damit zugleich auch das Gebiet der anderen deutschen Stämme. Heinrich I. gelingt es 924 zunächst wenigstens einen Waffenstillstand mit den andrängenden Ungarn abzuschließen; 928 dringt er selbst bis nach Brandenburg vor; 929 gründet er die Grenzfeste Meißen; 933 besiegt er die Ungarn bei Riade, ohne sie im übrigen zu vernichten, ohne die Gefahr wirklich zu beseitigen; und 934 gelingt es ihm auch im Norden, in der Mark Schleswig, die Grenzen gegen die andrängenden Dänen wiederherzustellen[11]). Das alles gelingt ihm doch im wesentlichen als Sachsenherzog. Es sind in erster Linie Siege der Sachsen über Völker, die ihre Grenzen bedrängen und in ihr Gebiet einzudringen drohen. Aber indem die Sachsenherzöge hier an der Grenze kämpfen, siegen und erobern, gewinnen sie sich jene kriegerische Macht und jenes kriegerische Ansehen, die notwendig sind, um den zentrifugalen Tendenzen im Innern zu begegnen. Mit den Siegen gegen die äußeren Feinde schaffen sie das Fundament für die Stärkung der Zentralgewalt im Innern.

Heinrich I. hatte im wesentlichen die Grenzen gehalten und befestigt, zum mindesten im nördlichen Teil. Sofort nach seinem Tode kündigen die Wenden den Sachsen den Frieden. Und Heinrichs Sohn Otto schlägt sie zurück. In den nächsten Jahren 937 und 938 dringen die Ungarn von neuem vor und werden ebenfalls zurückgeschlagen. Dann beginnt die neue stärkere Expansion; 940 wird das deutsche Herrschaftsgebiet bis zur Odergegend vorgetragen; und wie immer, wie noch in der Gegenwart, folgt der Eroberung der neuen Böden die kirchliche Organisation, die — damals noch weit stärker als heute — der Herrschaftssicherung dient.

Das gleiche vollzieht sich im Südosten. 955 werden — noch immer auf deutschem Gebiet — die Ungarn auf dem

Lechfeld bei Augsburg besiegt und damit nun ziemlich endgültig zurückgeworfen. Zum Schutz gegen sie wird die Ostmark, Keimzelle des späteren Österreich, errichtet, deren Grenze etwa in der Gegend von Preßburg liegt. Östlich davon, an der mittleren Donau, setzen sich die Ungarn langsam fest.

Diesen Erfolgen als Heerführer entspricht die Macht Ottos im Innern des Reiches. Wo immer er kann, sucht er an Stelle derer, die zum guten Teil Beauftragte früherer Kaiser oder, genauer gesagt, deren Nachkommen sind, und die ihm nun als Stammesoberhäupter und Territorialherren entgegentreten, seine eigenen Verwandten und Vertrauten zu setzen. Schwaben geht an seinen Sohn Ludolf, Bayern an seinen Bruder Heinrich, Lothringen an seinen Schwiegersohn Conrad, an dessen Sohn Otto kommt Schwaben, als Ludolf sich empört.

Zugleich sucht er — und er, wie es scheint, bewußter als seine Vorgänger — den Mechanismen, die immer von neuem die Zentralgewalt schwächen und den Zentralismus der Herrschaftsapparatur zerstören, entgegenzuwirken. Er versucht das auf der einen Seite dadurch, daß er hier und da die Wirkungsbereiche der Einzelnen, die er über ein Gebiet setzt, kleiner hält als früher und ihre Funktionen begrenzt. Er und noch entschiedener seine Nachfolger versuchen diesen Mechanismen auf der anderen Seite dadurch entgegenzuwirken, daß sie Geistliche mit den Herrschaftsbefugnissen über ein Gebiet ausstatten. Vertretern des geistlichen Bischofsamtes wird auch das weltliche Grafenamt anvertraut. Durch diese Betrauung hoher Geistlicher ohne Erben sollte endlich der Umbildung von Funktionären der Zentralgewalt in eine „erbliche, grundbesitzende Aristokratie" mit starken Selbständigkeitsgelüsten ein Riegel vorgeschoben werden.

In Wahrheit aber wurden die dezentralisierenden Kräfte mit dieser Maßnahme, die ihnen entgegenwirken sollte, auf die Dauer erst recht verstärkt. Die Anordnung führte schließlich zur Umbildung von geistlichen Herrschaftsbezirken in Fürstentümer, in weltliche Herrschaften. Das Übergewicht der zentrifugalen Tendenzen über die zentripetalen, das im Aufbau dieser Gesellschaft begründet lag, trat von neuem hervor. Die geistlichen Würdenträger zeigten sich allmählich nicht weniger bedacht auf die Wahrung ihrer selbständigen Verfügungsgewalt über das Gebiet, das ihnen anvertraut war, als die weltlichen. Auch sie waren nun als weltliche Territorialherren daran interessiert, daß die Zentralgewalt nicht zu stark wurde. Und diese Gleichschaltung der Interessen hoher, geistlicher und hoher, weltlicher Würdenträger hat nicht wenig dazu beigetragen, daß in dem Deutschen Reich die tatsächliche Macht der Zentralgewalt für viele Jahrhunderte gering blieb, und die Verfügungsgewalt, die Selbständigkeit der Territorialherren sich verfestigte, während sich in Frankreich das umgekehrte Bild zeigt. Hier wurden die hohen Geistlichen kaum je zu größeren, weltlichen Territorialherren. Die Bischöfe, deren Besitzungen zum Teil in den Gebieten der verschiedenen Territorialherren verstreut lagen, blieben um ihres eigenen Schutzes willen an einer starken Zentralgewalt interessiert. Und diese Gleichrichtung der Interessen von Kirche und Königtum, die ziemlich lange Bestand hatte, war nicht der geringste jener Faktoren, die schließlich dort, in Frankreich, relativ frühzeitig der Zentralgewalt ein Übergewicht über die zentrifugalen Tendenzen gaben. Zunächst allerdings vollzog sich, der gleichen Gesetzlichkeit folgend, die Desintegration des westfränkischen Reiches noch rascher und radikaler als die des ostfränkischen.

6. Die letzten, westfränkischen Karolinger waren persönlich, wie man gesagt hat[12]), tapfere und klardenkende Männer, zum Teil von großen Qualitäten. Aber sie stritten in einer Situation, die dem Zentralherrn wenig Chancen bot, und die besonders deutlich zeigt, wie leicht sich bei diesem Gesellschaftsaufbau das Schwergewicht zuungunsten des Zentralherrn verschob.

Die Grundlage der gesellschaftlichen Stärke des Zentralherrn bildete, wenn man von seiner Macht als Heerführer, als Eroberer und Verteiler neuer Böden absieht, der Hausbesitz seiner Familie, das Land über das er unmittelbar verfügte, und von dem er auch seine Diener, seinen Hof, sein bewaffnetes Gefolge ernähren mußte. In diesem Punkt war der Zentralherr von vornherein nicht besser gestellt, als irgendein Territorialherr. Aber der Grundbesitz der westfränkischen Karolinger, ihr eigenes „Territorium" war in langen Kämpfen für Dienstleistungen fortgegeben worden und zerfallen. Um Hilfe zu gewinnen und zu belohnen, hatten die Väter Böden verlehnen müssen. Jede Vergebung von Böden verringerte — ohne neue Eroberung — den eigenen Besitz des Hauses. Um so hilfsbedürftiger wurden die Söhne. Für neue Hilfe neue Hingabe von Böden. Schließlich blieb den Erben nicht mehr viel Boden zu vergeben übrig. Das kriegerische Gefolge, das sie ernähren und belohnen konnten, wurde immer kleiner. Wir sehen die Letzten der westfränkischen Karolinger manchmal in einer verzweifelten Lage. Die Lehnsmannen waren zur Heeresfolge verpflichtet, gewiß, aber wenn sich mit dem Kriegszug kein persönliches Interesse für sie verband, konnte nur der offene oder versteckte Druck eines kriegsstarken Lehnsherrn sie zur Innehaltung der Verpflichtung bewegen. Je weniger Vasallen dem König folgten, um so weniger bedrohlich wurde ihre Macht, um so weniger Vasallen folgten ihnen. Wie von der Seite der Böden, so trieben auch von der Seite der kriegerischen Stärke diese gesellschaftlichen Mechanismen die Karolingerherrschaft, einmal ins Rollen gekommen, immer weiter bergab.

Ludwig IV., persönlich tapfer und verzweifelt kämpfend, heißt gelegentlich «le roi de Monloon», der König von Laon. Von dem ganzen Hausgut der Karolinger ist ihm nicht viel mehr geblieben als die Veste Laon. Die Letzten des Hauses haben zuweilen kaum noch Truppen zur Verfügung, um ihre Sache zu vertreten, wie sie kaum noch Böden haben, um ihre Gefolgsleute zu ernähren und zu belohnen: «Un jour est venu, où le descendant de Charlemagne, entouré de propriétaires, qui sont maîtres de leurs domaines, n'a plus trouvé d'autre moyen de garder des hommes à son service, que de leur distribuer des terres de fisc avec des concessions d'immunité, c'est à dire, pour se les attacher, de les rendre de plus en plus indépendants et pour pouvoir règner encore d'abdiquer toujours de plus en plus[13]).» Zwangsläufig treibt die Königsfunktion bergab, und alles, was ihre Inhaber tun, um ihre Sache zu stärken, kehrt sich im Endeffekt gegen sie.

7. Das ehemalige Herrschaftsgebiet der westfränkischen Karolinger, Entwurf des kommenden Frankreich, war faktisch zu dieser Zeit in verschiedene Herrschaftsgebiete zerfallen. Es hatte sich nach einem langen Hin und Her von Kämpfen in diesem Gebiet zwischen einer Reihe von annähernd gleichmächtigen Territorialherrschaften eine Art von Gleichgewicht hergestellt. Als die Karolinger im direkten Mannesstamm ausgestorben sind, wird von den Stammesoberhäuptern oder Territorialherrn derjenige unter ihnen zum König gewählt, dessen Haus sich zunächst in der Verteidigung gegen die fremden Normannen hervorgetan und eben damit seit langem zum stärksten Konkurrenten des schwächer werdenden Königshauses geworden war, ähnlich wie im ostfränkischen Gebiet mit dem Ende der Karolinger schließlich die Stammesfürsten zu Königen erhoben werden, die das Land gegen die eindringenden Ost- und Nordvölker, Slawen, Ungarn, Dänen, erfolgreich verteidigt hatten, die Sachsenherzöge.

Ein langer Kampf zwischen dem Haus von Francien und den letzten, westfränkischen Karolingern war vorausgegangen.

Als jenem mit Hugo Capet die Krone zufiel, war es nach einem Ablauf, ähnlich dem, der die Karolinger bergab geführt, selbst bereits etwas geschwächt. Auch die Herzöge von Francien hatten Bündnisse eingehen, Dienste verlangen und mit der Hingabe von Böden und Rechten bezahlen müssen. Das Herrschaftsgebiet der inzwischen angesiedelten und christianisierten Normannenherzöge, der Herzöge von Aquitanien und Burgund, der Grafen von Anjou Flandern, Vermandois und der Champagne war kaum kleiner und zum Teil bedeutender, als Hausmacht und Territorium des neuen Königshauses, der Herzöge von Francien. Und diese, Hausmacht und Territorium, waren es, die zählten. Die Machtmittel, die dem König sein Familienbesitz in die Hand gab, waren die wirkliche Basis auch seiner Königsmacht. War dieser Familienbesitz des Königshauses nicht größer als der anderer Territorialherren, so war auch ihre Macht nicht größer. Aus ihrem Hausbesitz und ihrem Territorium allein bezogen sie regelmäßige Einnahmen. Allenfalls kamen kirchliche Abgaben aus anderen Territorien hinzu. Was sie darüber hinaus als „Könige" empfingen, war minimal. Diejenige Funktion aber, die in den deutschen Gebieten der zentralisierenden Königsfunktion in immer neuen Schüben ein Übergewicht über die zentrifugalen Tendenzen der Territorialherrn gab, die Funktion als Heerführer im Kampf gegen äußere Feinde und bei der Eroberung neuer Böden, fiel im westfränkischen Gebiet relativ frühzeitig aus; und dies ist eine der entscheidensten Ursachen dafür, daß sich der Zerfall des Königsgebiets in Territorialherrschaften hier eher und zunächst radikaler vollzog als dort. Die ostfränkischen Gebiete waren weit länger dem Ansturm und der Bedrohung der fremden Stämme ausgesetzt. Damit traten nicht nur die Könige immer von neuem als Führer in Schlachten hervor, die zum Schutze ihres Gebiets von mehreren Stämmen gemeinsam geschlagen werden mußten; damit gewann der König überdies auch die Möglichkeit, in neue Gebiete vorzudringen, neue Böden zu erobern, deren Verfügung und Verteilung ihm zustand, und so zunächst einmal eine verhältnismäßig große Anzahl von Dienst- und Lehnsleuten von sich abhängig zu halten.

Das westfränkische Gebiet dagegen war seit der Niederlassung der Normannen kaum noch von außen, von fremden Stämmen bedroht. Zugleich war auch unmittelbar jenseits seiner Grenzen, im Gegensatz zum ostfränkischen Gebiet, kein freier Raum, keine Möglichkeit zur Eroberung neuer Böden mehr. Damit beschleunigte sich seine Desintegration.

Zentralisierende u. dezentralis. Kräfte i. d. ma. Herrschaftsapparatur.

Die wesentlichsten Faktoren, die dem König ein Übergewicht über die zentrifugalen Kräften geben konnten, die Verteidigung und der erobernde Vorstoß, fehlten. Da bei diesem Gesellschaftsaufbau kaum etwas anderes, als dies, die verschiedenen Landschaften auf einen Zentralherrn angewiesen machte, so blieb diesem tatsächlich nicht viel mehr zu seiner Verfügung, als sein eigenes Territorium.

„Dieser sog. Souverän ist ein simpler Baron, der an den Ufern der Seine und der Loire einige Grafschaften besitzt, die kaum vier oder fünf der heutigen Departements entsprechen. Die königliche Domäne erhält gerade zur Not seine theoretische Majestät. Sie ist weder die größte, noch die reichste der Territorialherrschaften, deren Bund das heutige Frankreich darstellt. Der König ist weniger mächtig, als Einzelne seiner großen Vasallen. Und er lebt, wie sie, von den Einkünften seiner Güter, den Abgaben der Bauern, der Arbeit seiner Leibeigenen und den ‚freiwilligen Geschenken' der Abteien und Bischöfe seines Gebiets[14])."

Die tatsächliche Schwäche, nicht der einzelnen Könige, sondern der Königsfunktion und mit ihr die Desintegration des Herrschaftsgebiets nimmt sehr bald nach der Erhebung Hugo Capets wieder langsam und stetig zu. Die ersten Kapetinger reisen noch mit ihrem Hof durch das ganze Land. Die Orte, an denen die Königsurkunden gezeichnet sind, geben uns einen gewissen Begriff davon, wie sie hin- und herziehen. Sie halten noch Gericht an den Sitzen der anderen, großen Lehnsträger. Sie haben selbst im Süden Frankreichs noch einen gewissen, traditionellen Einfluß.

Am Beginn des 12. Jahrhunderts ist die uneingeschränkte Erblichkeit und Selbständigkeit der verschiedenen Territorialherrschaften, der ehemaligen Lehnsgebiete des Königs, eine vollendete Tatsache. Der fünfte Kapetinger, Ludwig der Dicke (1108—1137), persönlich ein tapferer und kriegerischer Herr und keineswegs ein Schwächling, hat außerhalb seines Territoriums wenig zu sagen. Die Königsurkunden zeigen, daß er kaum noch über die Grenzen seines eigenen Herzogtums hinausreist[15]). Er lebt im Gebiet seiner Domäne. Er hält nicht mehr Hof in den Gebieten seiner großen Vasallen. Diese selbst erscheinen kaum noch an dem Königshof. Seltener werden die wechselseitigen Freundschaftsbesuche, spärlicher die Korrespondenz mit den anderen, vor allem mit den südlichen Teilen des Königreichs. Frankreich ist am Beginn des 12. Jahrhunderts bestenfalls eine Vereinigung von Territorialherrschaften, ein lockerer Bund kleinerer und größerer Herrschaftsgebiete, zwischen denen sich zunächst eine Art von Balance hergestellt hat.

8. Innerhalb des Deutschen Reichs gelingt es nach einem Jahrhundert voller Kämpfe zwischen den Inhabern der Königs- und Kaiserkrone und den mächtigen Herzogsfamilien einer von diesen, dem Haus der Schwabenherzöge, im 12. Jahrhunderts noch einmal die Oberhand über die anderen zu gewinnen und für einige Zeit der Zentralgewalt die nötigen Machtmittel zuzuführen.

Vom Ende des 12. Jahrhunderts an neigt sich dann auch in Deutschland das gesellschaftliche Schwergewicht immer deutlicher und unausweichlicher den Territorialherrschaften zu. Aber während sich hier, im riesigen Gebiet des deutschen „Imperium Romanum" oder des „Sacrum Imperium", wie es später hieß, die Territorialherrschaften so verfestigen, daß sie von nun an immer von neuem und für Jahrhunderte die Ausbildung einer starken Zentralgewalt und damit eine stärkere Integration des ganzen Gebiets verhindern können, führt in dem kleineren Gebiete Frankreichs schon vom Ende des 12. Jahrhunderts ab der Weg aus der äußersten Desintegration langsam und trotz einzelner Rückschläge ziemlich stetig zum Wiedererstarken der Zentralgewalt und zur allmählichen Reintegration immer größerer Teilgebiete um ein Zentrum.

Das Bild dieser radikalen Desintegration bildet gewissermaßen den Ausgangspunkt, den man ins Auge fassen muß, wenn man verstehen will, auf welchem Wege sich die kleineren Gebiete zu einer festeren Einheit zusammenschließen und durch welche Prozesse sich in der Gesellschaft jene Zentralorgane für größere Herrschaftsgebiete herausbilden, die wir durch den Begriff des „Absolutismus" zu kennzeichnen pflegen, und jene Herrschaftsapparatur, die das Gerippe der modernen Staaten bildet. Die Stabilität der Zentralgewalt und der Zentralorgane in der Phase, die wir das „Zeitalter des Absolutismus" nennen, steht zu der Unstabilität jeder Zentralgewalt der vorangehenden „feudalen" Phase in starkem Kontrast.

Was im Aufbau der Gesellschaft begünstigte dort die Zentralisierung, hier die der Zentralisiserung entgegenwirkenden Kräfte?

Die Frage führt mitten hinein in das Getriebe der gesellschaftlichen Prozesse, in die Veränderungen der menschlichen Verflechtungen und Abhängigkeitsformen, mit denen sich Verhalten und Trieblage im Sinne der „Zivilisation" änderten.

9. Was den dezentralisierenden Kräften in der mittelalterlichen, besonders in der frühmittelalterlichen Gesellschaft beständig von neuem ein Übergewicht über die zentralisierenden gab, ist nicht schwer zu sehen, und es ist von den Historikern dieser Epoche zuweilen in dieser oder jener Form hervorgehoben worden. „Die Feudalisierung der Staatenwelt, sagt z. B. Hampe bei der Darstellung des abendländischen Hochmittelalters[16]), zwang allenthalben die Herrscher, ihre Truppführer und Beamten mit Grundbesitz auszustatten; wollten sie darüber nicht in Armut versinken und die militärischen Gegenleistungen der Vasallen ausnutzen, so wurden sie zu kriegerischen Ausdehnungsversuchen geradezu getrieben, die sich fast zwangsläufig gegen die machtleeren Räume der Nachbarschaft richteten. Für eine Überwindung solcher Gebundenheit durch die Ausbildung des modernen Beamtentums fehlte damals vor allem die wirtschaftliche Voraussetzung."

Diese Sätze zeigen in der Tat implizite so gut, wie alles Wesentliche, was sich über das Zwingende jener zentrifugalen Kräfte und zugleich über die Mechanismen, in die das Königtum dieser Gesellschaft verstrickt war, sagen läßt, vorausgesetzt, daß man die „Feudalisierung" nicht als außenstehende „Ursache" aller dieser Veränderungen begreift; diese Verstrickungen: Zwang zur Ausstattung der Krieger und Beamten mit Böden, zwangsläufige Verringerung des Königsbesitzes, solange nicht neue Eroberungszüge stattfanden, Tendenz zur Schwächung der Zentralgewalt in Friedenszeiten, alles das sind Teilprozesse in dem großen Prozeß der „Feudalisierung" selbst. Die angeführten Sätze weisen zugleich darauf hin, wie unablösbar diese spezifische Herrschaftsform und ihr Herrschaftsapparat mit einer bestimmten Wirtschaftsform verbunden waren.

Um es explizite zu sagen: Solange naturalwirtschaftliche Beziehungen in der Gesellschaft vorherrschten, war die Ausbildung eines straffer zentralisierten Beamtentums, eines stabilen, vorwiegend mit friedlichen Mitteln arbeitenden und ständig von der Zentrale dirigierten Herrschaftsapparats kaum möglich. Die beschriebenen Automatismen, Eroberkönig, Ausschicken von Beauftragten der Zentralgewalt zur Verwaltung des Landes, Verselbständigung der Ausgeschickten oder ihrer Nachkommen zu Territorialherren und ihr Kampf gegen die Zentralgewalt, diese Automatismen entsprachen bestimmten Formen der wirtschaftlichen Beziehungen. War in einer Gesellschaft die Produktion eines kleinen oder großen Stücks Land genügend, um alle wesentlichen Alltagsbedürfnisse der Menschen von der Kleidung bis zum Essen und dem Hausrat zu befriedigen, war die Arbeitsteilung und der Austausch von Produkten über längere Strecken hin gering entwickelt, waren dementsprechend — das alles sind verschiedene Seiten der gleichen Integrationsform — die Wege schlecht, die Transportmittel unentwickelt, so blieb auch die Interdependenz der verschiedenen Gebiete gering. Erst wenn diese beträchtlich ins Wachsen kommt, können sich für größere Gebiete Zentralinstitutionen von einiger Stabilität bilden. Zunächst bietet der Gesellschaftsaufbau einfach keine Handhabe dazu.

„Wir können uns, sagt ein Geschichtsschreiber der Zeit[17]), kaum eine Vorstellung davon machen, wie schwierig bei mittelalterlichen Verkehrsverhältnissen die Regierung und Verwaltung eines ausgedehnten Reiches war."

Auch Karl der Große ernährte sich und seinen Hof im wesentlichen von den Erträgen seines alten Stamm- und Hausgutes, das verstreut zwischen Rhein, Maas und Mosel lag. Jedes „Palatium", jedes Schloß war — nach einer einleuchtenden Vorstellung von Dopsch[18]) — einer Anzahl mehr oder weniger naheliegenden Höfe oder Dörfer zugeordnet; der Kaiser und König zog in diesem verhältnismäßig engen Bezirk von Palatium zu Palatium, sich und die Seinen von den Erträgen der umliegenden Höfe und Dörfer verpflegend. Ein Fernhandel fehlte auch in dieser Zeit niemals ganz: aber es war im wesentlichen ein Fernhandel von Luxusartikeln, jedenfalls nicht von Artikeln des täglichen Bedarfs: Auch der Wein wurde im allgemeinen nicht über größere Strecken hin transportiert. Wer Wein trinken wollte, mußte ihn in seinem eigenen Gebiet pflanzen lassen und nur den Nächstwohnenden kam allenfalls im Tausch ein Überschuß zugute. Daher gab es im Mittelalter Weinpflanzungen in Gebieten, in denen heute kein Weinbau mehr getrieben wird, weil die Gewächse zu sauer sind oder die Pflanzung zu „unrentabel" geworden ist, etwa in Flandern oder in der Normandie. Daher waren auf der anderen Seite Gebiete, wie die Bourgogne, die wir als eigentliche Weingebiete anzusehen gewohnt sind, noch nicht im entferntesten so sehr auf Weinbau spezialisiert, wie später. Auch dort mußte jeder Bauer, jedes Gut bis zu einem gewissen Grade „autark" sein. Selbst im 17. Jahrhundert gab es in der Bourgogne erst 11 Gemeinden, in denen jedermann Weinbauer ist[19]). So langsam verflechten sich die verschiedenen Landschaften, so langsam wird die Kommunikation enger, die Arbeitsteilung, die Integration größerer Gebiete und Menschenmassen stärker und stärker dementsprechend auch der Bedarf an Tauschmitteln und Rechnungseinheiten, die über größere Gebiete hin den gleichen Wert haben, an Geld.

Mechanismen der Feudalisierung.

Es ist für das Verständnis des Prozesses der Zivilisation von besonderer Wichtigkeit, daß man von diesen gesellschaftlichen Prozessen, von dem, was „Natural- oder Hauswirtschaft", „Geldwirtschaft", „Verflechtung größerer Menschenmengen", „Änderung der gesellschaftlichen Abhängigkeit des Einzelnen", „zunehmende Funktionsteilung" und Ähnliches eigentlich meinen, eine ganz anschauliche Vorstellung hat. Allzu leicht werden diese Begriffe zu Wortfetischen, aus denen jede Anschaulichkeit verschwunden ist und damit im Grunde jede Klarheit. Dies mag — in aller Kürze, die hier unvermeidlich ist — eine gewisse Anschauung von den gesellschaftlichen Verhältnissen geben, auf die der Begriff „Naturalwirtschaft" hier hinweisen soll. Was er zeigt ist eine ganz spezifische Form, in der die Menschen aneinander gebunden und voneinander abhängig sind. Er bezieht sich auf eine Gesellschaft, in der der Übergang der Güter von dem, der sie aus dem Boden holt, der sie der Natur abgewinnt, zu dem, der sie verbraucht, unmittelbar, nämlich nicht oder nur in ganz geringem Maße durch Zwischenglieder, erfolgt und die Verarbeitung im Hause des Einen oder des Anderen, die gegebenenfalls eins sein können. Dieser Weg differenziert sich ganz allmählich. Es schalten sich langsam immer mehr Menschen als Funktionäre der Verarbeitung und Verteilung in den Übergang des Gutes vom ersten Erzeuger zum letzten Verbraucher ein. Wie das geschieht, und vor allem, warum das geschieht, was dieser Verlängerung der Ketten die Antriebe gibt, ist eine Frage für sich. Jedenfalls ist das Geld nichts anderes als ein Instrument, das man braucht, und das die Gesellschaft sich schafft, wenn diese Ketten länger werden, wenn Arbeit und Verteilung sich differenzieren, und das unter gewissen Umständen diese Differenzierung zu verstärken neigt. Gebraucht man die Begriffe „Naturalwirtschaft" und „Geldwirtschaft", dann sieht es leicht so aus, als bestehe zwischen diesen beiden „Wirtschaftsformen" ein absoluter Gegensatz, und die Vorstellung von einem solchen Gegensatz hat manche Dispute entfesselt. Im konkreten, gesellschaftlichen Prozeß verlagern und differenzieren sich die Ketten zwischen Erzeugung und Verbrauch sehr allmählich, ganz abgesehen davon, daß in bestimmten Sektoren der abendländischen Gesellschaft eine wirtschaftliche Kommunikation über längere Strecken und damit der Gebrauch des Geldes nie ganz aufhörte. Ganz allmählich vergrößert sich also auch in der abendländischen Gesellschaft der geldwirtschaftliche Sektor, die Differenzierung der gesellschaftlichen Funktionen, die Verflechtung der verschiedenen Gebiete, die Abhängigkeit größerer Menschenmengen voneinander; alles das sind verschiedene Aspekte des gleichen, gesellschaftlichen Prozesses. Und nichts anderes als eine Seite dieses Prozesses ist auch die Veränderung der Herrschaftsform und der Herrschaftsapparatur, von der die Rede war. Die Struktur der Zentralorgane korrespondiert dem Aufbau der Funktionsteilung und Verflechtung. Die Stärke der zentrifugalen, auf lokale, politische Autarkie gerichteten Tendenzen in den vorwiegend natural wirtschaftenden Gesellschaften entspricht dem Grad der lokalen, ökonomischen Autarkie.

10. Man kann in der Entwicklung solcher vorwiegend natural wirtschaftenden Kriegergesellschaften im allgemeinen zwei Phasen unterscheiden, die sich einmal oder auch sehr oft wiederholen: Die Phase der kriegerischen, ausbreitenden und erobernden Zentralherrn und die der bewahrenden, konservierenden Herrscher, die keine neuen Böden zu den alten hinzugewinnen.

In jener Phase ist die Zentralgewalt stark. In ihr tritt die primäre, gesellschaftliche Funktion des Zentralherrn dieser Gesellschaft unmittelbar in Erscheinung, die des Heerführers. Wo das Königshaus in dieser seiner kriegerischen Funktion längere Zeit nicht in Erscheinung tritt, wo man seiner als Heerführer nicht bedarf oder wo die Herrscher als Heerführer keinen Erfolg haben, verlieren sich auch die sekundären Funktionen. etwa die des obersten Schiedsrichters oder Gerichtsherrn für das ganze Gebiet, und der Herrscher hat im Grunde nichts als den Titel vor anderen Territorialherrn voraus.

Mechanismen der Feudalisierung.

In der anderen Phase, in der kein Feind an den Grenzen droht, und in der der Weg zur Eroberung neuer Böden aus diesem oder jenem Grunde nicht gangbar ist, gewinnen also zwangsläufig die zentrifugalen Kräfte die Oberhand. Hat der erobernde König faktisch über das ganze Land verfügt, so entgleitet es in Zeiten der relativen Ruhe mehr und mehr der Verfügungsgewalt seines Hauses. Jeder, der über ein Stück Boden verfügt, betrachtet sich zunächst einmal als Herrn auf eigenem Grunde. Das entspricht durchaus seiner tatsächlichen Angewiesenheit auf den Zentralherrn. Diese Angewiesenheit ist in friedlicheren Zeiten minimal.

Hier, wo die wirtschaftliche Angewiesenheit und Intergration größerer Gebiete fehlt oder allenfalls erst im Werden ist, tritt eine andere Integrationsform als die wirtschaftliche um so stärker hervor: Die kriegerische Integration, der Zusammenschluß zur Abwehr gemeinsamer Feinde. Neben einem traditionellen Gemeinschaftsgefühl, das seine stärkste Stütze an dem gemeinsamen Glauben und seinen wichtigsten Förderer an dem Klerus hat, das aber nie den Zerfall verhindert, und das auch nie allein einen Zusammenschluß zustande bringt, sondern ihn allenfalls verstärkt und in bestimmte Richtungen lenkt, ist der Drang zur Eroberung, der Zwang zur Verteidigung hier das wesentlichste Bindemittel vom Menschen relativ weit auseinanderliegender Gebiete. Gerade deswegen ist jeder derartige Zusammenschluß in dieser Gesellschaft, verglichen mit später, so unstabil und das Schwergewicht der dezentralisierenden Kräfte so groß.

Die zwei Phasen der wesentlich natural wirtschaftenden Gesellschaft, von denen die Rede war, Phasen erobernder und Phasen bewahrender Herrscher, oder auch nur Schübe in der einen oder anderen Richtung können einander, wie gesagt, des öfteren ablösen. Und das ist in der Geschichte der abendländischen Länder in der Tat der Fall. Aber die Beispiele der deutschen und der französischen Entwicklung zeigten zugleich auch schon, daß hier, trotz aller Rückschläge in den Zeiten erobernder Herrscher, die Tendenz zur Desintegration der größeren Herrschaftsgebiete, zum Übergang des Bodens aus der Verfügungsgewalt des Zentralherrn in die der ehemals Belehnten bis zu einem bestimmten Zeitpunkt immer weiter fortschreitet.

Warum? Hatte die äußere Bedrohung der karolingischen Nachfolgereiche, die im Grunde damals das Abendland repräsentierten, in dieser Zeit nachgelassen? Gab es noch andere Ursachen für diese schrittweise Dezentralisierung des Karolingerreiches?

Die Frage nach den Motoren dieses Prozesses mag an Bedeutung gewinnen, wenn man ihn mit einem bekannten Begriff verbindet. Diese allmähliche Dezentralisierung der Herrschaft und der Böden, dieser Übergang des Landes aus der Verfügungsgewalt des erobernden Zentralherrn in die Verfügungsgewalt der Kriegerkaste als Ganzem ist nichts anderes als der Prozeß, der unter dem Namen der „Feudalisierung" bekannt ist.

III.
Die Bevölkerungszunahme nach der Völkerwanderung.

11. Das Problem der Feudalisierung ist seit geraumer Zeit in einer entschiedenen Wandlung begriffen, die vielleicht eine stärkere und bewußtere Hervorhebung verdient. Wie zu den gesellschaftlichen Prozessen im allgemeinen, so hat die ältere Geschichtsforschung auch zu diesem, zu der Feudalisierung des Abendlandes, keinen rechten Zugang gefunden. Die Neigung, von einzelnen Urhebern her zu denken, die Denkgewohnheit, nach den individuellen Schöpfern gesellschaftlicher Transformationen zu fragen oder allenfalls in den gesellschaftlichen nur die juristischen Institutionen zu sehen und die Vorbilder zu suchen, nach denen sie von Diesem oder Jenem geschaffen wurden, alles das machte diese Prozesse und Institutionen so unangreifbar für das nachdenkende Bewußtsein, wie es ehemals für die scholastischen Denker die Naturprozesse waren.

Mechanismen der Feudalisierung.

In der neueren Zeit ist auch von Geschichtsforschern der Durchbruch zu einer neuen Fragestellung begonnen worden. In steigendem Maße wird von Forschern, die sich mit der Entstehung des Lehnwesens beschäftigen, betont, daß es sich dabei nicht um irgendwelche planmäßigen Schöpfungen einzelner Menschen handelt oder um Institutionen, die man einfach aus irgendwelchen älteren Institutionen erklären könne. „Es handelt sich hier, sagt beispielsweise Dopsch[20]) von der Feudalisierung, um Einrichtungen, die nicht von Staaten oder Trägern der Staatsgewalt planmäßig und aus bewußter Absicht ins Leben gerufen wurden, um bestimmte politische Ziele verwirklichen zu können."

Und Calmette[21]) formuliert noch etwas deutlicher die Fragestellung nach den gesellschaftlichen Prozessen der Geschichte: „So verschieden, sagt er, das Feudalsystem von dem vorangehenden ist, es geht direkt aus ihm hervor. Keine Revolution, kein individueller Wille hat es erzeugt. Es entsteht auf dem Wege einer langsamen Evolution. Die Feudalität gehört zu der Kategorie dessen, was man das ‚Naturgeschehen' oder ‚Naturtatsachen' in der Geschichte nennen könnte. Ihre Formation war gewissermaßen durch mechanische Kräfte bedingt (des forces pour ainsi dire mécaniques) und ging Schritt für Schritt voran."

Und an einer anderen Stelle seiner zusammenfassenden Arbeit «La société féodale[22])» heißt es: „Sicherlich ist in der Geschichte die Kenntnis der Antezedenzien, also der ähnlichen Phänomene, die einem anderen vorausgehen, interessant, lehrreich und auch wir werden nicht unterlassen, darauf zurückzukommen. Aber diese ‚Antezedenzien' stellen nicht die einzigen Faktoren dar und vielleicht nicht die bedeutendsten. Es kommt nicht vor allem darauf an, zu wissen, woher das «élément féodal» kommt, ob seine Ursprünge in Rom oder bei den Germanen zu suchen sind, sondern warum dieses Element den Charakter des ‚Feudalen' bekommen hat. Wenn diese Grundlagen so wurden, wie sie waren, so verdanken sie das einer Evolution, nach deren Geheimnis man weder Rom noch die Germanen fragen kann ... Ihre Formierung ist das Resultat von Kräften, die nur mit geologischen Kräften verglichen werden können."

Der Gebrauch von Bildern aus dem Bereich der Natur oder der Technik ist unvermeidlich, solange unsere Sprache noch keinen eigenen, klaren und gesonderten Wortschatz für die geschichtlich-gesellschaftlichen Prozesse entwickelt hat. Warum man zunächst gerade zu Bildern aus diesen Bereichen greift ist leicht verständlich: Sie drücken fürs erste zureichend das Zwingende der gesellschaftlichen Prozesse in der Geschichte aus. Und wie sehr man sich auch damit dem Mißverständnis aussetzt, als seien die gesellschaftlichen Prozesse und ihre Zwänge, stammend aus der Verflechtung der Menschen, auch wirklich und ihrem Wesen nach von der gleichen Natur, wie etwa der Ablauf der Erde um die Sonne oder der Ablauf eines Hebelwerks in einer Maschine, das Ringen um eine neue, eine strukturgeschichtliche Fragestellung kommt in solchen Formulierungen ganz unzweideutig zum Ausdruck. Die Frage, zu welchen ähnlichen Institutionen der vorangehenden Phase eine spätere Institution in Beziehung stehen könnte, hat immer ihre Bedeutung. Aber die entscheidende, geschichtliche Frage ist hier, warum sich die Institutionen oder etwa auch das Verhalten und die Affektlage ändern, und warum sie sich gerade in dieser Weise ändern. Die Frage geht auf die strenge Ordnung der geschichtlich-gesellschaftlichen Wandlungen. Und es ist vielleicht heute noch nicht immer ganz leicht zu verstehen, daß diese Wandlungen nicht aus etwas zu erklären sind, das sich gleich bleibt, und noch weniger leicht, daß nie in der Geschichte ein isolierbares Faktum für sich allein gestaltend und umgestaltend wirkt, sondern immer in seiner Verflechtung mit anderen.

Unaufschließbar bleiben diese Wandlungen schließlich auch, solange man sich zu ihrer Erklärung auf die in Büchern niedergelegten Ideen Einzelner beschränkt. Wenn man nach den gesellschaftlichen Prozessen fragt, dann muß man unmittelbar im Geflecht der menschlichen Beziehungen, in der Gesellschaft selbst die Zwänge suchen, die sie in Bewegung halten, und die ihr jeweils diese bestimmte Gestalt und diese bestimmte Richtung geben. Das gilt von dem Prozeß der Feudalisierung oder auch von dem Prozeß der zunehmenden Arbeitsteilung, es gilt von zahllosen, anderen Einzelprozessen, die in unserer Begriffsapparatur nur durch Worte ohne Prozeßcharakter, durch Hervorhebung bestimmter, im Prozeß gebildeter Institutionen, durch Begriffe, wie „Absolutismus", „Kapitalismus", „Naturalwirtschaft", „Geldwirtschaft" und ähnliche repräsentiert werden. Sie alle weisen hinter sich auf Veränderungen im Aufbau der menschlichen Beziehungen, die offensichtlich nicht von Einzelnen geplant waren, denen die Einzelnen sich unterwerfen mußten, ob es ihnen lieb war oder nicht. Und das gilt schließlich auch von den Veränderungen des menschlichen Habitus selbst, vom Prozeß der Zivilisierung oder Zivilisation.

12. Einer der wichtigsten Motoren der Veränderung im Aufbau der menschlichen Beziehungen und der Institutionen, die ihm entsprechen, ist die Vermehrung oder die Verringerung der Bevölkerung. Auch sie ist aus dem ganzen Triebwerk der menschlichen Beziehungen nicht herauszulösen. Sie bildet nicht etwa, wie die herrschenden Denkgewohnheiten uns leicht anzunehmen geneigt machen, für sich allein die „erste Ursache" der geschichtlich-gesellschaftlichen Bewegung. Aber sie bildet im Wechselspiel der verändernden Faktoren ein wichtiges, nie außer acht zu lassendes Element. Sie demonstriert zugleich besonders unzweideutig das Zwingende dieser gesellschaftlichen Kräfte. Bleibt zu untersuchen, welche Rolle Faktoren dieser Art in der untersuchten Phase gespielt haben. Eine kurze Erinnerung an die letzten Bewegungen der Völkerwanderungszeit mag helfen, sie verständlich zu machen.

Bis ins 8. und 9. Jahrhundert hinein dringen in immer neuen Schüben von Osten, Norden und Süden wandernde Völker gegen das ältere Siedlungsland Europas vor. Das ist die letzte und stärkste Welle einer Bewegung, die sich über lange Zeiträume hinzieht. Was wir von ihr sehen, sind kleine Ausschnitte: Das Einströmen der hellenischen „Barbaren" in das ältere Siedlungsland Klein-Asiens und in die Balkan-Halbinsel, das Einströmen der italischen „Barbaren" in die benachbarte, westliche Halbinsel, die Vorstöße der keltischen „Barbaren" gegen das Gebiet der vorigen, die nun ihrerseits in gewisser Weise „zivilisiert" und deren Land „älteres Kulturland" geworden ist, und die endgültige Fixierung dieser keltischen Stämme westlich und z. T. nördlich von ihnen.

Schließlich überfluten die germanischen Stämme einen großen Teil des Gebiets der vorigen, das inzwischen als Ganzes ebenfalls „älteres Kulturland" geworden ist. Und die Germanen verteidigen nun ihrerseits dieses „ältere Kulturland", das sie erobert haben, gegen die neuen Völkerwellen, die von allen Seiten vordringen.

Kurz nach Mohameds Tode 632 setzen sich die Araber in Bewegung[23]). 713 haben sie ganz Spanien mit Ausnahme der asturischen Berge erobert. Gegen die Mitte des 8. Jahrhunderts kommt diese Welle an der südlichen Grenze des Frankenreiches zum Stillstand, wie ehemals keltische Wellen vor den Toren Roms.

Von Osten her dringen gegen das Frankenreich slawische Stämme vor. Sie stehen am Ende des 8. Jahrhunderts an der Elbe.

„Wenn im Jahre 800 ein politischer Prophet eine Karte von Europa besessen hätte, wie wir sie jetzt konstruieren können, so würde er sich wohl zu der Voraussage haben verführen lassen, daß die ganze Osthälfte des Erdteils von der dänischen Halbinsel bis zum Peloponnes dazu bestimmt sei, ein Slawenreich oder mindestens eine starke Gruppe slawischer Länder zu bilden. Von der Elbmündung bis zum jonischen Meer verlief eine ununterbrochene Linie slawischer Völker ... Sie schien die Grenze der Germanenwelt zu bezeichnen[24])."

Ihre Bewegung kommt etwas später als die der Araber zum Stillstand. Der Kampf ist dann noch längere Zeit hindurch unentschieden. Die Grenze zwischen germanischen und slawischen Stämmen wird bald etwas vor, bald wieder etwas zurückgetragen. Im großen und ganzen steht die slawische Völkerwelle etwa seit 800 an der Elbe fest.

Das, was man das „ältere Siedlungsland" des Abendlandes nennen kann, hatte so unter der Herrschaft und Führung germanischer Stämme seine Grenze gegenüber den wandernden Stämmen gehalten. Die Vertreter der früheren Wanderungswelle verteidigen es gegen die der folgenden, der letzten Wanderungswellen, die über Europa hingehen. Deren Träger, am weiteren Vordringen gehindert, werden langsam von den Grenzen des Frankenreiches aus seßhaft. Und so bildet sich um dieses herum ein Kranz von besiedelten Gebieten auch in den großen Binnenräumen Europas. Die ehemals wandernden Stämme nehmen das Land in Besitz. Die großen Wanderbewegungen kommen langsam zur Ruhe, und die neuen Einbrüche wandernder Völker, die von Zeit zu Zeit noch erfolgen, die der Ungarn, dann zuletzt noch der Türken, zerbrechen früher oder später an der besseren Verteidigungstechnik und der Stärke derer, die schon festsitzen.

13. Eine neue Lage war geschaffen. Es gab in Europa keine freien Räume mehr. Es gab kein oder beinahe kein brauchbares Land mehr — brauchbar entsprechend dem Stand der Bearbeitungstechnik —, das nicht in Besitz genommen war. Die Besiedlung Europas, vor allem auch seiner großen Binnengebiete, war nun, im Ganzen gesehen, vollkommener als irgendwann zuvor, wenn auch gewiß unvergleichlich viel weniger dicht als in den Jahrhunderten, die folgten. Und alle Anzeichen sprechen dafür, daß in dem Maße, in dem die Unruhewellen der großen Wanderbewegung verebbten, die Bevölkerung ins Wachsen kam. Damit veränderte sich das ganze Spannungssystem zwischen den verschiedenen Völkern und innerhalb ihrer.

13. In der Spätantike nimmt die Bevölkerung des „alten Kulturlandes" langsamer oder schneller ab. Damit verschwinden auch die gesellschaftlichen Institutionen, die

einer relativ großen und dichten Besiedlung entsprechen. Der Gebrauch des Geldes im Innern einer Gesellschaft z. B. ist an einen bestimmten Stand der Bevölkerungsdichte gebunden. Sie ist eine der unerläßlichen Voraussetzungen für die Differenzierung der Arbeit und die Bildung von Märkten. Nimmt die Bevölkerung über eine bestimmte Grenze hinaus ab — aus welchen Ursachen immer —, dann leeren sich automatisch zugleich auch die Märkte; die Ketten zwischen dem, der ein Gut der Natur abgewinnt, und dem der es verbraucht, werden kürzer. Das Instrument des Geldes verliert seinen Sinn. In dieser Richtung bewegt sich die Entwicklung am Ausgang der Antike. Der städtische Sektor der Gesellschaft wird kleiner. Der agrarische Charakter der Gesellschaft verstärkt sich. Diese Entwicklung konnte sich um so leichter vollziehen, als die Arbeitsteilung in der Antike niemals auch nur im entferntesten so groß war als etwa in unserer eigenen Gesellschaft. Ein Teil der städtischen Haushalte wurde bis zu einem gewissen Grade immer direkt und ohne selbständige Zwischenstationen des Handels oder der Verarbeitung von den großen Sklavengütern aus versorgt. Und da der Transport von Gütern über längere Landstrecken bei dem Stand der antiken Technik immer höchst beschwerlich war, so blieb der Fernhandel im wesentlichen auf den Wassertransport beschränkt. Hauptsächlich in der Nähe des Wassers konnten sich größere Märkte, größere Städte und ein lebhafter Geldverkehr entwickeln. Das Binnenland behielt immer einen vorwiegend hauswirtschaftlichen Charakter. Der autarke Hof, die Selbstversorgung von den eigenen Gütern hatte auch für die städtischen Schichten nie in dem Maße an Bedeutung verloren, wie in der abendländischen Gesellschaft der neueren Zeit. Mit dem Absinken der Bevölkerung trat diese Seite des antiken Gesellschaftsaufbaus nun wieder stärker in Erscheinung.

Bei dem Abklingen der Völkerwanderungen wurde die Bewegung wieder rückläufig. Das Einströmen und schließlich die Festsetzung so vieler, neuer Stämme schuf die Basis für eine neue und umfassendere Besiedlung des ganzen, europäischen Raumes. In der Karolingerzeit hat diese Besiedlung noch so gut wie vollkommen hauswirtschaftlichen Charakter, vieleicht selbst in stärkerem Maße als in der Merowingerzeit[25]); daß sich das politische Zentrum noch weiter ins Binnenland verschob, wo bisher — wie gesagt, im Zusammenhang mit den Schwierigkeiten des Landtransports — von wenigen Ausnahmen, wie dem Hethiterreich, abgesehen, kaum je das politische Zentrum der großen Herrschaftseinheiten in der Ahnenreihe des Abendlandes gelegen hatte, mag ein Ausdruck dafür sein. Man kann annehmen, daß die Bevölkerung schon in dieser Periode ganz langsam ins Wachsen kam. Wir hören auch aus ihr schon hier und da von Rodungen; und das ist immer ein Zeichen dafür, daß der Boden knapp zu werden, die Besiedlungsdichte zu steigen beginnt. Aber alles das sind ganz gewiß zunächst Ansätze. Noch sind die Völkerbewegungen keineswegs zur Ruhe gekommen. Erst etwa vom 9. Jahrhundert ab mehren sich die Anzeichen dafür, daß die Bevölkerung rascher wächst. Und nicht allzulange danach zeigen sich bereits hier und da in den karolingischen Nachfolgegebieten Symptome einer gesellschaftlichen Übervölkerung.

Verringerung der Bevölkerung am Ausgang der Antike, langsamer Wiederanstieg unter veränderten Bedingungen in der Zeit, die den Völkerbewegungen folgt, ein summarischer Rückblick muß hier genügen, um die Kurve der Bewegung ins Gedächtnis zurückzurufen.

14. Phasen spürbarer Übervölkerung wechseln in der Geschichte der europäischen Völker mit solchen geringeren, inneren Druckes ab. Aber, was man unter einer Übervölkerung zu verstehen hat, bedarf der Erklärung. Nicht die absolute Anzahl der Menschen, die ein bestimmtes Gebiet bewohnen, ist dafür verantwortlich. In einer stark industrialisierten Gesellschaft mit relativ intensiver Bewirtschaftung des Bodens, mit entwickeltem Fernhandel und etwa einer Herrschaftsform, die durch Anlage der Ein- und Ausfuhrzölle den industriellen Sektor gegenüber dem agrarischen

begünstigt, kann eine Anzahl von Menschen mehr oder weniger auskömmlich leben, die in einer natural wirtschaftenden Gesellschaft mit extensiven Anbaumethoden und geringem Fernhandel eine Übervölkerung mit allen typischen Symptomen dieses Zustandes bedeuten würde. „Übervölkerung" nennen wir also zunächst ein solches Wachstum der Bevölkerung eines bestimmten Gebiets, daß bei dem bestehenden Gesellschaftsaufbau für immer weniger Menschen die Befriedigung ihrer Standardbedürfnisse möglich ist. Unsere bisherigen Erfahrungen lehren uns nur eine „Übervölkerung" relativ zu bestimmten Gesellschaftsformen und einem bestimmten Bedürfnisstandard kennen, eine gesellschaftliche Übervölkerung.

Deren Symptome sind in einigermaßen differenzierten Gesellschaften, im Großen gesehen, immer die gleichen: Wachstum der Spannungen im Innern der Gesellschaft, verstärkte Abschließung derer, die „haben", also im Falle einer vorwiegend natural wirtschaftenden Gesellschaft „Boden haben", von jenen die „nicht haben" oder jedenfalls nicht genügend, um sich ihrem Standard entsprechend zu ernähren, und oft zugleich auch innerhalb der „Haves" verstärkte Abschließung derer, die mehr, gegenüber jenen, die weniger haben; stärkerer und betonterer Zusammenschluß der Menschen in gleicher, sozialer Lage zur Abwehr der andrängenden Außenstehenden oder umgekehrt zur Eroberung der von anderen monopolisierten Chancen. Ferner verstärkter Druck auf Nachbargebiete, die weniger dicht besiedelt oder schwächer verteidigt sind und schließlich verstärkte Auswanderungstendenzen, Antrieb zur Eroberung oder mindestens zur Besiedlung neuer Böden.

Es ist schwer zu sagen, ob die überlieferten Quellen ausreichen, um uns ein genaueres Bild von dem Bevölkerungswachstum Europas in den Jahrhunderten des Seßhaftwerdens zu geben und vor allem auch von den Unterschieden in der Bevölkerungsdichte der verschiedenen Gebiete.

Eines aber ist sicher: Wenn die Wanderbewegungen langsam zum Stillstand kommen, wenn die ganz großen Kämpfe und Besitzverschiebungen unter den verschiedenen Stämmen ein Ende haben, zeigen sich, eines nach dem anderen, alle Symptome einer solchen „gesellschaftlichen Übervölkerung", eines raschen Wachstums der Bevölkerung, mit dem die gesellschaftlichen Institutionen sich umformen.

15. Die Symptome des zunehmenden Bevölkerungsdruckes zeigen sich zuerst besonders deutlich im Gebiet des westfränkischen Reiches.

Etwa im 9. Jahrhundert läßt hier — zum Unterschied vom ostfränkischen Reich — die Bedrohung durch fremde Stämme langsam nach. Die Normannen sind in dem Teil des Reiches, der nach ihnen den Namen hat, zunächst zur Ruhe gekommen. Sie durchdringen sich, vor allem auch mit Hilfe der westfränkischen Kirche, sehr rasch mit jener Sprache, jener gesamten Tradition rings um sie, in der gallo-romanische mit fränkischen Elementen sich mischen. Sie fügen ihrerseits neue Elemente hinzu. Vor allem der Verwaltungsaufbau im Rahmen der Territorialherrschaft bekommt von ihnen wichtige Impulse. Aber jedenfalls spielen sie von nun an ihre Rolle als einer der Stämme im Bund der westfränkischen Territorialherrschaften, und zwar als einer der führenden, für die Gesamtentwicklung dieses Reiches entscheidenden Stämme.

Die Araber, die Sarazenen beunruhigen noch mitunter die Mittelmeerküsten, aber im ganzen bilden auch sie vom 9. Jahrhundert ab kaum noch eine Bedrohung für den Bestand des Reiches.

Im Osten Frankreichs liegt das Gebiet des deutschen Imperiums, das unter den sächsischen Kaisern wieder ganz stark ist. Die Grenze zwischen ihm und dem westfränkischen Reich verschiebt sich vom zehnten bis ins erste Viertel des 13. Jahrhunderts von wenigen Ausnahmen abgesehen kaum [26]). 925 wird Lothringen vom Reich zurückgewonnen, 1034 Burgund. Im übrigen ist auf dieser Linie bis 1226 die Spannung nicht besonders groß. Die Expansionstendenzen des Reiches sind im wesentlichen nach Osten gerichtet.

Die Bevölkerungszunahme nach der Völkerwanderung.

Die Bedrohung des westfränkischen Reiches von außen ist also relativ gering. Aber gering sind ganz entsprechend auch die Möglichkeiten zu einer Expansion über die bestehenden Grenzen hinaus. Vor allem der Osten ist, sei es durch die Besiedlungsdichte, sei es durch die kriegerische Stärke des Reichs, für die Gewinnung neuer Böden vom westfränkischen Reich aus gesperrt.

Aber im Innern dieses Gebiets beginnt die Bevölkerung nun, da die Bedrohung von außen einigermaßen zur Ruhe gekommen ist, merklich zu wachsen. Sie wächst in den Jahrhunderten, die dem 9. Jahrhundert folgen, so stark, daß sie am Anfang des 14. Jahrhunderts wahrscheinlich beinahe ebenso groß ist, wie später am Anfang des 18. Jahrhunderts[27]).

Auch diese Bewegung wird gewiß nicht geradlinig vor sich gegangen sein, aber daß im ganzen gesehen die Bevölkerung ständig wuchs, zeigen eine Fülle von Einzelerscheinungen, die man im Zusammenhang sehen muß, um die Gewalt der Gesamtbewegung und den Sinn der Einzelerscheinung innerhalb ihrer zu verstehen.

Vom Ende des 10. Jahrhunderts ab, stärker dann im 11., wird der Druck auf den Boden, das Verlangen nach neuem Land und nach größerer Ergiebigkeit des Vorhandenen in dem westfränkischen Gebiet immer sichtbarer.

Neuland gerodet wurde, wie gesagt, hier und da auch schon in der Karolingerzeit, und gewiß gelegentlich auch schon früher. Aber im 11. Jahrhundert beschleunigt sich das Tempo und das Ausmaß der Rodungen. Wälder werden niedergelegt, Sumpfgebiete, soweit es der Stand der Technik erlaubt, in Ackerland verwandelt. Etwa von 1050 bis gegen 1300 ist für das Gebiet Frankreichs das große Zeitalter der Rodung[28]), der Eroberung neuer Erde im Innern. Gegen 1300 verlangsamt sich hier diese Bewegung wieder.

IV.
Einige Beobachtungen zur Soziogenese der Kreuzzüge.

16. Der große Ansturm von außen hat aufgehört. Die Erde ist fruchtbar. Die Bevölkerung wächst. Der Boden, wichtigstes Produktionsmittel, Inbegriff des Eigentums und des Reichtums in dieser Gesellschaft, wird knapp. Die Rodung, der Aufschluß neuer Erde im Innern, reicht bei weitem nicht aus, um der Knappheit abzuhelfen. Man muß außerhalb der Grenzen nach neuen Böden suchen. Mit der inneren Kolonisation Hand in Hand geht die äußere, die Eroberung von Neuland in anderen Gebieten. Schon am Beginn des 11. Jahrhunderts ziehen normannische Ritter nach Süditalien und vermieten einzelnen Fürsten dort ihre Dienste als Krieger[29]). 1029 wird einer von ihnen für seine Dienste mit einem kleinen Stück Land an der Nordgrenze des Herzogtums Neapel belehnt. Andere folgen nach; darunter weitere Söhne eines kleinen normannischen Seigneurs, Tancred de Hauteville. Er hat im ganzen zwölf Söhne, und wie sollen sie alle sich auch nur einigermaßen im Rahmen ihres Standards von dem väterlichen Boden ernähren? Acht von ihnen gehen also nach Süditalien und erlangen dort nach und nach, was ihnen in der Heimat versperrt ist: Die Herrschaft über ein Stück Land. Einer der Brüder, Robert Guiscard, wird allmählich zum anerkannten Führer der normannischen Krieger im Kampf. Er faßt die zerstreuten Güter oder Herrschaften, die sich Einzelne erworben haben, zusammen. Von 1060 an beginnen sie unter seiner Führung nach Sizilien vorzudringen. 1085, beim Tode Robert Guiscards, sind die Sarazenen bereits in der Südwestecke der Insel zusammengedrängt. Alles andere ist in normannischem Besitz und bildet ein neues normannisches Feudalreich.

Das Ganze war nicht eigentlich geplant. Am Beginn stehen der Druck und die verschlossenen Chancen in der Heimat,

Einige Beobachtungen zur Soziogenese der Kreuzzüge.

die Auswanderung Einzelner, deren Erfolg Andere nach sich zieht; am Ende wird ein Reich daraus.

Ähnliches vollzieht sich in Spanien.

Schon im 10. Jahrhundert ziehen französische Ritter den spanischen Fürsten zu Hilfe im Kampf gegen die Araber.

Das westfränkische Gebiet grenzt, wie gesagt, anders als das ostfränkische, nicht an ein weites Kolonisationsgebiet mehr oder weniger ungeeinter Stämme. Im Osten hindert das Reich die weitere Expansion. Die iberische Halbinsel ist der einzige unmittelbare Ausweg. Bis in die Mitte des 11. Jahrhunderts sind es auch hier zunächst Einzelne oder kleine Haufen, die über die Berge ziehen; dann allmählich werden es Heere. Die Araber, im Innern zerspalten, leisten zeitweilig geringen Widerstand. 1085 wird Toledo genommen, 1094 unter der Führung des Cid Valencia, und kurz darauf wieder verloren. Der Kampf geht hin und her. 1095 erhält ein französischer Graf das zurückgewonnene Gebiet von Portugal zu Lehen. Aber erst 1147 mit Hilfe der Kreuzfahrer des zweiten Kreuzzugs gelingt es seinem Sohn Lissabon endgültig in die Hand zu bekommen, und dort seine Herrschaft als feudaler König einigermaßen zu stabilisieren.

Von Spanien abgesehen bleibt in der Nähe Frankreichs nur noch jenseits des Kanals eine Möglichkeit, neue Böden zu gewinnen. Auch in dieser Richtung sind einzelne normannische Ritter schon vor der Mitte des 11. Jahrhunderts gezogen. 1066 zieht dann der Normannenherzog mit einem Heer normannischer und französischer Ritter nach der Insel hinüber, gewinnt die Herrschaft und verteilt den Boden neu. Die Expansionsmöglichkeiten, die Aussicht auf Neuland in der Nähe Frankreichs werden immer beschränkter. Der Blick richtet sich in die Ferne.

1095, noch bevor die größeren Feudalherrn die Bewegung aufnehmen, macht sich eine Schar unter Führung des Ritters Walter Habenichts oder Gautier Senzavoir auf den Weg nach Jerusalem; sie geht in Kleinasien zugrunde. 1097 zieht ein gewaltiges Kriegsheer unter Führung normannischer und französischer Territorialherrn ins heilige Land. Die Kreuzfahrer lassen sich erst von dem oströmischen Kaiser die zu erobernden Länder zu Lehen geben, dann fahren sie weiter, erobern Jerusalem und gründen neue, feudale Territorialherrschaften.

Nichts läßt annehmen, daß diese Expansion sich ohne Lenkung der Kirche, ohne die Verbindung des Glaubens mit dem heiligen Land gerade unmittelbar dorthin gerichtet hätte. Aber nichts macht es auch wahrscheinlich, daß ohne den sozialen Druck im Innern des westfränkischen Gebiets, dann auch aller anderen Gebiete der lateinischen Christenheit, Kreuzzüge zustande gekommen wären.

Die Spannungen im Innern dieser Gesellschaft kamen nicht nur als Verlangen nach Boden und Brot zum Ausdruck. Sie lasteten als seelischer Druck auf den ganzen Menschen. Der gesellschaftliche Druck gab die bewegende Kraft, wie ein Motor Strom gibt. Er setzte die Menschen in Bewegung. Die Kirche lenkte die vorgegebene Kraft. Sie nahm die Not auf und gab ihr eine Hoffnung und ein Ziel außerhalb Frankreichs. Sie gab dem Kampf um neue Böden einen umfassenden Sinn und eine Rechtfertigung. Sie ließ ihn zu einem Kampf für den Glauben werden.

17. Die Kreuzzüge sind eine spezifische Form der ersten großen Expansions- und Kolonisationsbewegung des christlichen Abendlandes. In den Völkerbewegungen, durch die Jahrhunderte lang Stämme von Osten und Nordosten in westlicher und südwestlicher Richtung vorgetrieben worden waren, hatten sich die nutzbaren Flächen Europas bis zu den äußersten Grenzen, den britannischen Inseln, hin mit Menschen vollgefüllt. Nun saßen sie fest. Das gemäßigte Klima, der fruchtbare Boden, die ungebundenen Triebkräfte begünstigten eine rasche Vermehrung. Das Land wurde zu eng. Die Völkerwelle hatte sich gewissermaßen in einer Sackgasse gefangen, und die Beengten drängten nach Osten zurück, in den Kreuzzügen ebenso, wie in Europa selbst, wo das deutsche Siedlungsgebiet in harten Kämpfen langsam

immer weiter nach Osten über die Elbe hinaus bis zur Oder, dann bis zur Weichselmündung, schließlich bis nach Preußen vorgeschoben wurde, und selbst bis zu den baltischen Landen, wenn auch dahin nur noch die Wanderungswelle der deutschen Ritter, nicht mehr die der deutschen Bauern gelangte.

Aber gerade dieses letzte Phänomen weist besonders deutlich auf Eigentümlichkeiten hin, die zusammen mit einer Reihe von anderen diese erste Phase gesellschaftlicher Übervölkerung und Expansion von späteren unterscheidet. Wenn der Prozeß der Zivilisation, mit ihm die Bindung und Regelung des Trieblebens, fortschreitet — und er schreitet aus Gründen, von denen noch zu reden sein wird, in den oberen Schichten immer stärker fort, als in den unteren —, dann nimmt auch der Kinderreichtum langsam ab, und zwar in den unteren Schichten gewöhnlich weniger stark, als in den oberen. Dieser Unterschied zwischen der durchschnittlichen Kinderzahl der oberen und der unteren Schichten ist für die Aufrechterhaltung des Standards der ersteren sehr oft von großer Bedeutung.

Jene erste Phase raschen Bevölkerungswachstums im christlichen Abendland zeichnet sich dadurch vor den späteren aus, daß sich in ihr die Schicht der Herrschenden, des Kriegerstandes oder Adels, kaum weniger rasch vermehrt, als die Schicht der Leibeigenen, der Hintersassen, der Bauern, kurz derer, die unmittelbar selbst den Boden bestellen. Der Kampf um die vorhandenen Chancen, die sich mit dem Wachstum der Bevölkerung notwendig zunächst für den Einzelnen verringerten, die unablässigen Fehden, die diese Spannungen auslösten, die hohe Kindersterblichkeit, Krankheiten und Seuchen, das alles mag einen Teil des Menschenüberschusses wieder weggerafft haben; und es ist möglich, daß die relativ ungeschützte Bauernschicht davon stärker betroffen wurde als die Krieger: überdies war die Freizügigkeit der ersten Schicht so beschränkt, und vor allem auch die Kommunikation, der Austausch zwischen verschiedenen Gebieten so schwer, daß der Überschuß der Arbeitskräfte sich keineswegs etwa rasch und gleichmäßig über das Land verteilen konnte; daher mochte in einem Gebiet mitunter durch Fehden und Verwüstung, durch Seuchen, durch Aufschluß von Neuland oder auch durch die Flucht von Leibeigenen Mangel an Arbeitskräften entstehen, während sich in anderen der Überschuß sammelte. Wir haben in der Tat gelegentlich aus der gleichen Zeit deutliche Zeugnisse für einen Überschuß an Unfreien in dem einen Gebiet und aus einem anderen Zeugnisse für das Bemühen von Herren, zur Bearbeitung ihrer Ländereien freie Hintersassen, Gäste, hospites heranzuziehen[30]), also Arbeitskräfte, denen bessere Bedingungen geboten wurden.

Aber wie dem auch sei, entscheidend für den Charakter der Prozesse, die sich hier abspielen, ist es, daß sich in dieser Gesellschaft nicht nur ein Überschuß, eine „Reservearmee" der arbeitenden Unfreien oder Halbfreien bildete, sondern auch eine „Reservearmee" der Oberschicht, Ritter ohne Besitz oder ohne genügend Besitz, um ihren Standard aufrechtzuerhalten. Nur so kann man den Charakter dieser ersten, abendländischen Ausbreitungsbewegung und ihrer Expansionszüge verstehen. Bauern, Söhne von Unfreien, waren gewiß in dieser oder jener Gestalt an den Kolonisationskämpfen beteiligt, aber den Hauptimpuls bekamen sie aus der Landnot der Ritter. Neue Böden konnten nur unmittelbar mit dem Schwert erobert werden. Die Ritter machten mit ihrer Waffe den Weg frei, sie hatten die Führung, und sie bildeten das Gros der Heere. Der Menschenüberschuß der Oberschicht, des Adels, gab dieser ersten Expansions- und Kolonisationsperiode ihr besonderes Gepräge.

Der Schnitt zwischen denen, die in irgendeiner Form Boden hatten, und denen, die nicht oder nicht genügend Boden hatten, geht quer durch diese Gesellschaft hin. Auf der einen Seite stehen die Monopolisten des Bodens, Kriegerfamilien, also Adelshäuser, die Gutsherren in erster Linie, aber auch Bauern, Leibeigene, Halbfreie, „hospites", die irgendwo auf einem Stück Land, das sie — kümmerlich oder nicht — ernährt, festsitzen. Auf der anderen Seite stehen die vom Boden Abgedrängten aus dieser, wie aus jener Schicht. Die vom Boden Abgedrängten aus dieser Schicht, aus der Schicht der Nichtadligen — abgedrängt durch den Mangel an Chancen oder durch die Bedrückung der Herren —, haben ihren Anteil an der Auswanderung oder Kolonisation, aber sie bilden vor allem auch das Menschenmaterial der werdenden Stadtkommunen. Die Abgesperrten aus jener, aus der Kriegerschicht, kursorisch gesagt, die „jüngeren Söhne", die, deren Erbe zu klein ist, sei es für ihren Anspruch, sei es selbst zur bloßen Ernährung, die „Habenichtse" unter den Rittern zeigen sich im Lauf der Jahrhunderte in den verschiedensten, sozialen Charaktermasken: Als Kreuzritter, als Bandenführer, als Soldritter im Dienste größerer Herren, und sie bilden schließlich auch das Material für die ersten Formen der stehenden Heere.

18. Der bekannte und oft zitierte Satz „Kein Boden ohne Seigneur" ist nicht nur ein Rechtsgrundsatz. Er ist zugleich eine soziale Parole des Kriegerstandes. Er drückt das Bedürfnis der Ritter aus, allen irgendwie verfügbaren Boden in Besitz zu nehmen. Früher oder später ist das in allen Gebieten der lateinischen Christenheit der Fall. Jedes nutzbare Stück Land kommt in festen Besitz. Aber die Nachfrage nach Land bleibt bestehen oder wächst sogar noch. Die Chancen, sie zu befriedigen, sinken. Der Expansionsdrang steigt ebenso, wie die Spannung im Innern der Gesellschaft selbst. Aber die spezifische Dynamik, die diese ganze Gesellschaft damit erhält, setzt nicht nur die zu kurz Gekommenen in Bewegung; sie teilt sich zwangsläufig auch denen mit, die über Boden verfügen, die reich an Land sind. Der soziale Druck äußert sich bei den ärmeren, verschuldeten, absinkenden Rittern als ein einfaches Verlangen nach einem Stück Boden und arbeitenden Händen, die sie ihrem Standard entsprechend ernähren. Er wirkt sich bei den reicheren Kriegern, bei den größeren Grund- und Territorialherren ebenfalls als ein Drang nach neuen Böden aus. Aber was

unten ein einfaches Verlangen nach standesgemäßen Subsistenzmitteln ist, das ist oben ein Drang nach Vergrößerung der Herrschaft, nach „mehr" Land und damit zugleich nach mehr Macht, nach größerer, gesellschaftlicher Stärke. Auch dieses Streben nach Vergrößerung des Besitzes bei den reicheren Gutsherren, vor allem auch bei denen der obersten Stufe, den Grafen, Herzögen und Königen entsprang nicht allein einem persönlichen Ehrgeiz des Einzelnen. Es ist oben am Beispiel der westfränkischen Karolinger und auch der ersten Kapetinger gezeigt worden, wie unablässig durch die Automatismen der um Bodenbesitz und Bodenvergebung zentrierten Vergesellschaftung selbst Königshäuser zwangsläufig ins Absinken kamen, falls sie nicht die Möglichkeit hatten, immer neue Böden zu erobern. Und wenn wir durch diese ganze Phase der äußeren und inneren Expansion hin nicht nur die ärmeren, sondern auch viele, reiche Ritter ständig nach Neuland, nach Vergrößerung ihrer Hausmacht drängen sehen, so ist das nichts als ein Ausdruck dafür, wie stark der Aufbau und die Lage dieser Gesellschaft durch alle Schichten hin beständig zu diesem Verlangen nach neuen Böden antrieben, sei es einfach nach dem Besitz von Land bei den zu kurz Gekommenen, sei es nach dem Besitz von „mehr" Land bei den Reicheren.

Man hat geglaubt, dieses Streben nach „mehr" Besitz, das Erwerbsstreben, sei ein spezifisches Merkmal des „Kapitalismus" und damit also der neueren Zeit. Die mittelalterliche Gesellschaft dagegen zeichne sich durch ein Begnügen mit der Wahrung des gerechten, des standesgemäßen Einkommens aus.

Das ist mit bestimmten Begrenzungen sicherlich richtig, wenn man bei dem Streben nach „mehr" nur das Streben nach mehr Geld ins Auge faßt. Aber über eine große Strecke des Mittelalters hin stellt nicht Geldbesitz, sondern Bodenbesitz die wesentliche Form des Besitzes dar. Das Erwerbsstreben, wenn man diesen Ausdruck einmal beibehalten darf, hat also hier notwendigerweise eine andere Form und eine andere Richtung; es verlangt andere Verhaltensweisen als in einer Gesellschaft mit mehr oder weniger ausgebildeter Geld- und Marktwirtschaft. Es mag richtig sein, daß in der neueren Zeit zum erstenmal eine auf Handel spezialisierte Schicht entsteht, deren Streben dahin geht, durch unablässige Arbeit immer mehr Geld zu erwerben. Die Strukturen der Gesellschaft, die in dem vorwiegend naturalwirtschaftenden Sektor des Mittelalters zum Erwerb von immer mehr Produktionsmitteln drängen — gesellschaftliche Struktureigentümlichkeiten sind es hier und dort —, entziehen sich leicht dem Blick, weil das Streben sich hier nicht unmittelbar auf den Erwerb von mehr Geld, sondern auf den Erwerb von mehr Boden richtet. Es kommt hinzu, daß sich in dieser Zeit politische und militärische Funktionen noch nicht in der Weise von den ökonomischen Funktionen differenziert haben, wie allmählich dann in der neueren Gesellschaft. Militärische Aktion, politisches und ökonomisches Streben sind weitgehend identisch, und das Streben nach größerem Reichtum in der Form von Bodenbesitz ist gleichbedeutend mit dem Streben nach Vergrößerung des herrschaftlichen Machtbereichs, der Souveränität, und nach Vergrößerung der militärischen Stärke. Der Reichste in einem bestimmten Gebiet, nämlich der an Boden Reichste, ist hier unmittelbar auch der militärisch Mächtigste, der das größte Gefolge erhalten kann; er ist zugleich auch Heerführer und Herrscher.

Gerade weil in dieser Gesellschaft der Inhaber einer Gutsherrschaft dem anderen in gewisser Weise gegenüberstand, wie heute ein Staat dem anderen, bedeutete die Erwerbung von neuem Land durch den einen Nachbarn unmittelbar oder mittelbar eine Gefahr für die andern. Es bedeutete, wie heute, eine Gleichgewichtsverschiebung in einem meist sehr labil ausbalancierten System von Herrschaften, die stets für einander potentielle Verbündete und potentielle Feinde waren. Und dies ist also der einfache Mechanismus, der in dieser Phase der inneren und äußeren Expansion die reicheren und mächtigeren Ritter nicht weniger als die ärmeren in Bewegung hielt, in ständiger Hut vor Vergrößerung Anderer, ständig auf der Suche nach Vergrößerung des eigenen Besitzes. Wenn eine Gesellschaft erst einmal im Zusammenhang mit Bodensperre und Bevölkerungsdruck in eine solche Bewegung geraten ist, dann bleibt der, der nicht mitkämpft, während die anderen kämpfen, der nur seinen Besitzstand wahrt, während die anderen nach Vergrößerung suchen, notwendigerweise am Ende „weniger" und schwächer als die anderen und in beständig wachsender Gefahr, ihnen bei der nächsten, besten Gelegenheit zu unterliegen. Die reichen Ritter und Territorialherren dieser Zeit sahen das nicht so theoretisch und allgemein, wie es hier ausgesprochen ist; aber sie sahen ganz konkret, wie ohnmächtig sie waren, wenn andere an Boden und Herrschaft Reichere neben ihnen saßen oder wenn andere in ihrer Nachbarschaft neuen Boden und neue Herrschaftsbereiche gewannen. Man könnte das genauer am Beispiel von Kreuzzugsführern zeigen, etwa am Beispiel Gottfrieds v. Bouillon, der sein heimatliches Besitztum verkauft und verpfändet, um in der Ferne ein neues, größeres zu suchen und der in der Tat ein Königreich findet. Man könnte es aus späterer Zeit etwa am Beispiel der Habsburger zeigen, die in der Tat auch als Kaiser im wesentlichen besessen waren von dem Gedanken an die Vergrößerung ihrer „Hausmacht", die aber auch als Kaiser, ohne den Rückhalt an einer eigenen Hausmacht, faktisch völlig ohnmächtig waren; gerade im Zusammenhang mit seiner Armut und Ohnmacht war ja der erste Kaiser dieses Hauses von den starken und eifersüchtig auf ihre Macht bedachten Territorialherren für diese Position ausersehen worden. Man könnte es besonders gut veranschaulichen an der Bedeutung, die die Eroberung Englands durch den Normannenherzog für die Entwicklung des westfränkischen Reiches hatte. Tatsächlich bedeutete dieser Machtzuwachs eines Territorialherren eine völlige Verschiebung des Gleichgewichts innerhalb des Bundes von Territorialherrschaften, den dieses Reich darstellte. Der Normannenherzog, der in seinem eigenen Territorium, der

Normandie, selbst von dem Wirken der zentrifugalen Kräfte nicht viel weniger betroffen war, als alle anderen Territorialherren, eroberte ja England nicht für die Normannen im ganzen, sondern durchaus zur Vergrößerung seiner eigenen Hausmacht. Und die Neuverteilung des englischen Bodens an die Krieger, die mit ihm kamen, war ausdrücklich darauf berechnet, dem Wirken der zentrifugalen Kräfte in seinem neuen Herrschaftsbereich einen Riegel vorzuschieben und die Bildung von größeren Territorialherrschaften auf englischem Boden zu verhindern. Daß er Land an seine Ritter verteilen mußte, war selbstverständlich und geboten allein schon durch die Notwendigkeiten seiner Beherrschung und Verwaltung; aber er vermied es einem Einzelnen ein geschlossenes, größeres Herrschaftsgebiet zuzuweisen. Er wies auch den Höherstehenden, die zu ihrem Unterhalt den Ertrag größerer Bezirke verlangen konnten, Böden an, die mehr oder weniger über das Land verstreut lagen[31]).

Zugleich war er mit dieser Eroberung automatisch zum mächtigsten Territorialherrn des westfränkischen Reiches aufgerückt. Früher oder später mußte es zwischen seinem Haus und dem Haus der Herzöge von Francien, den Inhabern des Königstitels, zum Kampf um die Vormacht in diesem Reiche und um die Königskrone selbst kommen. Und man weiß, in welchem Maße die Entwicklung in den folgenden Jahrhunderten von diesem Kampf zwischen den Herzögen von Francien und den Normannenherzögen bestimmt ist, wie die Herrscher der Isle de France ihrerseits langsam durch Erwerbung von neuen Gebieten die Machtverschiebung ausgleichen, und wie sich schließlich in diesen Kämpfen diesseits und jenseits des Kanals zwei verschiedene Herrschaftsgebiete und zwei verschiedene Nationen bilden. Aber das ist ganz gewiß nur eines der vielen Beispiele für die Automatismen dieser ganz stark dynamischen Phase des Mittelalters, die reichere, wie ärmere Ritter zum Verlangen nach neuen Böden drängten.

V.
Ausdehnung der Gesellschaft im Innern: Bildung neuer Organe und Instrumente.

19. Der Weg, auf den die Motoren dieser gesellschaftlichen Expansion, die Disproportionalität zwischen der Zahl der Menschen, die stieg, und dem Boden, der in festem Besitz war, einen großen Teil der Herrenschicht trieb, die Eroberung neuen Bodens, war den Menschen der Unterschicht, den Arbeitenden, zum guten Teil versperrt. Die Zwänge, die hier vom Boden abdrängten, führten vorwiegend in andere Richtung: zur Differenzierung der Arbeit. Die vom Boden abgedrängten Unfreien bildeten, wie gesagt, das Material für die werdenden Handwerkersiedlungen, die sich langsam an günstig gelegene Herrensitze ankristallisierten, das Material für die werdenden Städte.

Etwas größere Agglomerationen von Menschen — das Wort „Stadt" gibt vielleicht ein falsches Bild — finden sich auch schon in der natural wirtschaftenden Gesellschaft des 9. Jahrhunderts. Aber es waren nicht etwa Gemeinder, die „statt von der Bearbeitung des Bodens vielmehr von Handwerk und Handel lebten oder irgendwelche Sonderrechte und Sonderinstitutionen hatten[32])". Es waren Festungen und zugleich landwirtschaftliche Verwaltungszentren größerer Herren. Die Städte von ehemals selbst hatten ihre Einheit verloren. Es waren nebeneinander gesetzte Stücke, Gruppen, die sehr oft verschiedenen Rittern und damit zu verschiedenen Gutsherrschaften gehörten, teils zu weltlichen, teils zu geistlichen, und von denen jede ihr wirtschaftliches Eigenleben führte. Für jegliche wirtschaftliche Aktivität darin bildete allein die Gutswirtschaft, die Domäne des Gutsherrn, den Rahmen. Man produzierte und konsumierte im wesentlichen unmittelbar auf dem gleichen Platz[33]).

Aber im 11. Jahrhundert kamen diese Gebilde ins Wachsen. Auch hier, ähnlich wie bei den meisten ritterlichen Ex-

pansionen, aber hier in der Schicht der Unfreien, waren es
zunächst unorganisierte Einzelne, der Überschuß der Arbeitenden, die bei solchen ländlichen Zentren angetrieben wurden.
Und die Haltung der Gutsherren zu den Neuankömmlingen,
die in jedem Falle zuvor irgend eine andre Gutsherrschaft
verlassen hatten, war nicht immer die gleiche[34]). Manchmal gaben sie ihnen ein gewisses Mindestmaß von Freiheit; in den weitaus meisten Fällen erwarteten und verlangten sie von ihnen die gleichen Dienste und Abgaben, wie
von ihren anderen Leibeigenen und Hintersassen. Aber die
größere Ansammlung solcher Existenzen veränderte das
Stärkeverhältnis zwischen dem Herrn und den Menschen
der unteren Schicht. Die Neuankömmlinge erstarkten durch
ihren Zusammenschluß, und sie erzwangen sich allmählich
überall in blutigen und oft recht langwierigen Kämpfen eigene,
neue Rechte. Am frühesten brachen diese Kämpfe in Italien
aus, etwas später in Flandern: 1030 in Cremona, 1057 in
Mailand, 1069 in Mans, 1077 in Cambrai, 1080 in St. Quentin,
1099 in Beauvais, 1108—1109 in Noyon, 1112 in Laon, 1127 in
St. Omer. Diese Daten zusammen mit den Daten der ritterlichen Expansion geben zum mindesten einen gewissen allgemeinen Eindruck von den inneren Spannungen, die in
dieser Phase die Gesellschaft in Bewegung setzten. Es handelt
sich um die ersten Befreiungskämpfe arbeitender, bürgerlicher Menschen. Daß sie sich nach manchen Niederlagen
schließlich überall in den verschiedensten Gegenden Europas
eigene Rechte, erst ein kleineres, dann ein größeres Maß von
Freiheit im Kampf mit den Männern des Kriegerstandes
erstreiten konnten, zeigt die Stärke der Chancen, die ihnen
die gesellschaftliche Entwicklung in die Hände legte. Und
diese eigentümliche Erscheinung, dieser langsame Auftrieb
von unteren, arbeitenden, städtischen Schichten zu politischer
Selbständigkeit, schließlich dann — zunächst in Gestalt des
Berufsbürgertums — zur politischen Führung, sie enthält
den Schlüssel zu fast allen jenen strukturellen Besonderheiten, durch die sich die abendländischen Gesellschaften

von denen des Orients unterscheiden, und durch die sie ihr spezifisches Gepräge gewinnen.

Am Anfang des 11. Jahrhunderts gibt es im wesentlichen nur zwei Klassen von Freien, die Krieger oder Edlen und die Geistlichkeit, darunter existieren nur Leibeigene, Unfreie, Halbfreie; es gibt «ceux qui prient, ceux qui combattent, ceux qui travaillent[35])».

Um 1200, also im Laufe von zwei Jahrhunderten oder genauer gesagt, sogar nur von anderthalb Jahrhunderten, denn wie Rodungen und kolonisatorische Expansion verstärkt und beschleunigt sich auch diese Bewegung besonders von 1050 an, haben sich eine ganze Reihe von Handwerkersiedlungen, von Kommunen, eigene Rechte und Rechtsprechung, Privilegien und Autonomie erstritten. Ein dritter Stand von Freien tritt neben die anderen. Die Gesellschaft expandiert unter dem Druck von Bodensperre und Bevölkerungswachstum nicht nur in die Weite, sie expandiert gewissermaßen auch im Innern; sie differenziert sich, sie setzt neue Zellen an, sie bildet neue Organe, die Städte.

20. Aber mit der wachsenden Differenzierung der Arbeit, mit den neuen, größeren Märkten, die sich hier bilden, mit dem langsamen Austausch über etwas größere Entfernungen hin, wächst auch der Bedarf an mobilen und einheitlichen Tauschmitteln.

Wenn der Leibeigene oder Hintersasse dem Herrn seine Abgaben bringt, wenn die Ketten zwischen Produzenten und Konsumenten ganz kurz und ohne Zwischenglieder sind, dann braucht die Gesellschaft keine Recheneinheit, kein Tauschmittel, auf das alle anderen getauschten Objekte, wie auf ein gemeinsames Maß, bezogen werden können. Nun aber, mit der allmählichen Loslösung von Verarbeitern aus der Wirtschaftseinheit des Gutshofes, mit der Ausbildung eines wirtschaftlich selbständigen Handwerks und dem Austausch von Produkten durch mehrere Hände, durch längere Ketten hin, nun kompliziert sich das Geflecht der Tauschakte. Man braucht ein einheitliches, mobiles Maß, ein Tauschobjekt, auf das alle anderen als ihr Maß bezogen werden können. Man braucht, wenn Arbeitsdifferenzierung und Austausch komplizierter und lebhafter werden, mehr Geld. Das Geld ist in der Tat gleichsam eine Inkarnation des gesellschaftlichen Gewebes, ein Symbol für das Geflecht der Tauschakte und der Menschenketten, in die ein Gut auf dem Wege von seinem Naturalzustand zur Konsumtion gelangt. Man braucht es erst, wenn sich innerhalb einer Austauschgesellschaft längere Ketten bilden, also bei einer bestimmten Bevölkerungsdichte, einer größeren, gesellschaftlichen Verflechtung und Differenzierung.

Es führt hier zu weit, der Frage nach dem allmählichen Zurücktreten der geldwirtschaftlichen Beziehungen in vielen Gebieten der Spätantike und ihrem neuen Auftrieb etwa vom 11. Jahrhundert an, genauer nachzugehen; aber eine Bemerkung über die Fragerichtung ist im Zusammenhang mit dem Vorhergesagten notwendig.

Es ist gewiß unerläßlich, darauf hinzuweisen, daß das Geld eigentlich niemals in dem älteren Siedlungsgebiet Europas gänzlich außer Gebrauch kam. Es gab die ganze Zeit über geldwirtschaftliche Enklaven in dem naturalwirtschaftlichen Feld, und dazu außerhalb des karolingischen Gesamtgebietes große Bezirke des alten Römerreichs, in denen der Geldverkehr niemals in dem Maße zurücktrat, wie in diesem. Man kann also immer und mit großem Recht nach den „Antezedenzien" der Geldwirtschaft im christlichen Abendland fragen, nach den Enklaven, in denen sie sich nie verlor; man kann fragen: Woher stammt die Geldwirtschaft? Welches sind ihre Ursprünge? Von wo lernte man wieder den Gebrauch des Geldes? Und diese Fragestellung, diese Untersuchungsrichtung ist nicht ohne Wert; denn es ist in der Tat schwer denkbar, daß dieses Instrument verhältnismäßig so rasch wieder in Gebrauch gekommen wäre, wenn es nicht in anderen, vorangehenden oder benachbarten Zivilisationen so weit entwickelt worden wäre, wenn man es überhaupt nicht gekannt hätte.

Aber die wesentlichste Seite der Frage nach dem Wiederanwachsen des Geldverkehrs im Abendland wird damit nicht beantwortet. Es bleibt zu fragen, weshalb die abendländische Gesellschaft über eine lange Strecke ihrer Entwicklung hin verhältnismäßig wenig Geld brauchte, und warum allmählich der Bedarf und dann auch der Gebrauch des Geldes mit allen seinen umformenden Konsequenzen in der Gesellschaft wieder wuchs. Es bleibt auch hier nach den bewegenden, den verändernden Faktoren zu fragen. Und diese Frage wird nicht beantwortet, wenn man nach den Antezedenzien der Geldwirtschaft fragt, wenn man die Abstammung des Geldes oder der Geldwirtschaft untersucht. Sie wird erst beantwortet, wenn man die aktuellen, gesellschaftlichen Prozesse untersucht, die nach dem langsamen Verebben des Geldverkehrs in der ausgehenden, antiken Welt von neuem menschliche Beziehungen, Formen der Integration und Verflechtung hervorbrachten, die den Bedarf an Geld wieder wachsen ließen: Der Zellenbau der Gesellschaft differenzierte sich. Ein Ausdruck dafür war der Neuanstieg des Geldgebrauchs. Daß nicht nur die innere Expansion, das etwa auch die Wanderungs- und Kolonisationsbewegungen selbst durch die Mobilisierung von Eigentum, durch die Erweckung neuer Bedürfnisse, durch die Herstellung von Handelsbeziehungen über längere Strecken hin eine wichtige Rolle dabei spielten, ist ohne weiteres einsichtig. Jede Einzelbewegung im gesamten Spiel der Prozesse wirkt auf die andern hemmend oder verstärkend zurück, und das Geflecht der Bewegungen und Spannungen kompliziert sich von nun an mit der gesellschaftlichen Differenzierung beträchtlich. Man kann die einzelnen Faktoren nicht absolut isolieren. Aber ohne die Differenzierung im Innern der Gesellschaft selbst, ohne den Übergang des Bodens in feste Hände, ohne die starke Vermehrung der Bevölkerung, ohne die Bildung selbständiger Handwerker- und Händlerkommunen hätte sich der Bedarf an Geld im Innern der Gesellschaft nie so rasch wieder steigern, der Sektor der geldwirtschaftlichen Beziehungen nie so schnell wieder vergrößern können. Man kann das Geld, man kann die Verringerung oder Vermehrung seines Gebrauchs nicht für sich verstehen, sondern immer nur von den Menschen, von dem Aufbau der menschlichen Beziehungen her. Hier, in den Veränderungen der menschlichen Integration, sind die primären Kräfte dieser Verwandlung zu suchen; ganz gewiß trieb dann der Gebrauch des Geldes, kam er erst einmal ins Wachsen, diese ganze Bewegung, Bevölkerungswachstum, Differenzierung, Wachstum der Städte bis zu einem bestimmten Sättigungspunkte, seinerseits wieder weiter voran.

„Die Anfänge des 11. Jahrhunderts sind noch durch das Fehlen größerer Geldtransaktionen gekennzeichnet. Der Reichtum ist gewissermaßen immobil in den Händen der Kirche und der weltlichen Grundherren[36])."

Dann steigert sich allmählich das Bedürfnis nach beweglichen Tauschmitteln. Das gemünzte Geld, das vorhanden ist, reicht nicht aus. Man greift zunächst zu Aushilfsmitteln, tauscht etwa mit Hilfe von Platten und Schmuckstücken aus edlem Metall, die man wiegt, um eine Rechnungseinheit zu haben; auch Pferde können als Wertmesser eine Rolle spielen; dem wachsenden Bedarf entsprechend strömt neues gemünztes Geld ein, das heißt: von Autoritäten geaichte Edelmetallstücke von bestimmtem Gewicht. Und wahrscheinlich hat sich mit dem wachsenden Bedürfnis nach beweglichen Tauschmitteln der Prozeß auf verschiedenen Stufen wiederholt; vielleicht hat der Tausch mit Hilfe von naturalen oder halbnaturalen Aushilfsmitteln, wenn der Münzvorrat für die erweiterten Bedürfnisse wieder nicht ausreichte, immer von neuem einmal an Terrain gewonnen. Langsam schraubt die steigende Differenzierung und Verflechtung der menschlichen Aktionen, das wachsende Handels- und Tauschvolumen, das Münzvolumen hoch und dieses wiederum jenes. Dazwischen entstehen stets von neuem Disproportionalitäten.

In der zweiten Hälfte des 13. Jahrhunderts ist dann,

mindestens in Flandern, in anderen Gebieten vielleicht etwas früher oder später, der mobile Reichtum sehr beträchtlich. Er zirkuliert ziemlich rasch[37] „dank einer Serie von Instrumenten, die inzwischen geschaffen worden sind": Eigengeprägtes Goldgeld — bis dahin wurde in Frankreich selber, ähnlich wie bisher in Abessinien, kein eigenes Goldgeld geprägt; was in Gebrauch war, was in den Schatzkammern lag, waren byzantinische Goldmünzen — ferner Wechselgeld, der Wechsel- und Meßbrief, alles das sind Symbole dafür, wie das unsichtbare Geflecht der Tauschketten sich verdichtete.

21. Aber wie konnten sich Tauschbeziehungen zwischen verschiedenen Orten und Gebieten herstellen und eine Differenzierung der Arbeit über den lokalen Bereich hinaus, wenn die Transportmittel unzulänglich, wenn die Gesellschaft zur Bewegung von Lasten über etwas größere Landstrecken hin unfähig war?

Beispiele aus der Karolingerzeit zeigten schon, wie der König mit seinem Hof von Pfalz zu Pfalz reisen mußte, um die Produkte seiner Güter gewissermaßen an Ort und Stelle aufzuzehren. So klein dieser Hofhalt im Verhältnis zu den Hofhalten selbst der frühen, absolutistischen Phase gewesen sein mag, es war so beschwerlich, die Gütermengen, die man zu seiner Ernährung brauchte, hin und her zu bewegen, daß sich die Menschen zu den Gütern hinbewegen mußten.

In der gleichen Periode aber, in der die Bevölkerung, die Städte, die Verflechtung und deren Instrumente stärker und spürbarer ins Wachsen kam, entwickelten sich auch die Transportmittel.

Das Geschirr des Pferdes, wie der Zug- und Lasttiere überhaupt, war in der alten Welt für den Transport schwerer Lasten über längere Strecken wenig geschaffen. Es ist eine Frage, welche Strecken und welche Lasten man damit bewältigen konnte, aber offenbar genügte diese Beförderungsart dem Aufbau und den Bedürfnissen der antiken Wirtschaft im Binnenland. Durch die ganze Antike hin blieb der Landtransport, verglichen mit dem Transport zu Wasser, außerordentlich teuer[38]), langwierig und beschwerlich. So gut, wie alle größeren Handelszentren lagen an der See oder auch an schiffbaren Flüssen. Und diese Zentrierung des Hauptverkehrs um die Wasseradern ist für den Aufbau der antiken Gesellschaft nicht wenig charakteristisch. Hier, an den Wasserwegen und vor allem an den Meeresufern, entstanden reiche und zum Teil überaus dicht bevölkerte, städtische Zentren, deren Bedarf an Lebensmitteln und an Luxusgütern sehr oft aus recht fernliegenden Gegenden gedeckt wurde und die einen Knotenpunkt, ein Glied in den differenzierten Ketten eines weitreichenden Tauschverkehrs bildeten. In den riesigen Gebieten dahinter, die im wesentlichen nur dem Überlandverkehr offen standen, also in dem weitaus größten Teil des römischen Imperiums, deckte die Bevölkerung ihre primären Bedürfnisse unmittelbar aus den Erzeugnissen der engeren Umgebung; hier herrschten kurze Tauschketten, also das, was wir etwas undifferenziert als „naturalwirtschaftliche Beziehungen" bezeichnen, vor; hier war Geld nur in verhältnismäßig geringem Umfang im Gebrauch; und zum Bezug von Luxusartikeln war die Kaufkraft dieses naturalwirtschaftlichen Sektors der Antike zu gering. Der Kontrast zwischen dem kleinen, städtischen Sektor und den gewaltigen Binnenlandsbereichen war also sehr beträchtlich. Wie schmale Nervenstränge waren die größeren, städtischen Siedlungen an den Wasserwegen entlang in die weiten Landgebiete eingelagert und zogen deren Kraft, deren Arbeitsprodukte an sich, bis schließlich mit dem Zerfall der zentralisierten Herrschaftsapparatur und zum Teil im aktiven Kampf ländlicher Elemente gegen die Stadtherrn der agrarische Sektor von der Vorherrschaft der Städte wieder frei wurde, bis dieser schmale, stärker differenzierte, großstädtische Sektor mit seinen weiterreichenden Verflechtungen zerfiel und — in etwas veränderter Form — kurze, regional beschränkte Tausch-Verflechtungen und natural-wirtschaftliche Institutionen die seinen überwucherten. In diesem dominierenden, städtischen Sektor der antiken Gesellschaft aber bestand offenbar kein

Bedürfnis, den Überland-Transport weiter zu entwickeln. Alles, was ihm das eigene Land nicht oder nur mit hohen Transportkosten liefern konnte, kam ihm bequemer über das Wasser zu.

Aber nun war in der karolingischen Zeit einer großen Völkergemeinschaft, vor allem auch durch die arabische Expansion, die Hauptverkehrsader der alten Welt, das Mittelmeer, verschlossen. Der Landverkehr, die Binnenverflechtung bekam mit dieser Abdrängung vom Mittelmeer eine ganz andere Bedeutung als zuvor. Das Wachstum der Binnenlandverflechtung drängte zur Entwicklung der Landverkehrsmittel, mit der zugleich wieder Verflechtung und Austausch in dieser Richtung vorangetrieben wurden. Und wenn auch dann, wie in der Antike, Überseeverbindungen, etwa der Verkehr zwischen Venedig und Byzanz, zwischen den flandrischen Städten und England, für den weiteren Auftrieb des Abendlandes von neuem entscheidende Bedeutung erhielten, der spezifische Charakter der abendländischen Entwicklung wurde nicht weniger entscheidend durch die Tatsache mitbestimmt, daß das Netz der Überseeverbindungen mit einem immer dichteren Netz von Überlandverbindungen verknüpft war, daß sich auch im Binnenland allmählich größere Handelszentren und Märkte entwickelten. Die Entwicklung der Landtransportmittel über den Stand der Antike hinaus ist ein besonders anschaulicher Ausdruck für diese werdende Differenzierung und Verflechtung der Gesellschaft über die Binnenlandräume Europas hin.

Der Gebrauch des Pferdes als Zugtier war, wie gesagt, in der römischen Welt nicht sehr weit entwickelt. Das Geschirr lief über die Gurgel[39]). Das war vielleicht sehr dienlich für den Reiter, um das Pferd fügsam zu halten und um es leicht dirigieren zu können. Der zurückgeworfene Kopf, die „stolze" Haltung des Pferdes, der man oft auf antiken Reliefs begegnet, hängt mit dieser Art des Anschirrens zusammen. Aber diese Methode machte das Pferd oder etwa auch den Maulesel verhältnismäßig unbrauchbar als Zugtier, besonders für schwerere Lasten, die ihm notwendigerweise die Gurgel zusammendrücken mußten.

Und Ähnliches gilt für die Art des Beschlags. Es fehlte in der Antike der genagelte Eisenhuf, der dem Fuß des Pferdes erst die volle Widerstandsfähigkeit gibt und die ganze Ausnutzung seiner Kraft beim Ziehen gestattet.

Beides ändert sich langsam vom 10. Jahrhundert an. In der gleichen Phase, in der sich allmählich das Tempo der Rodungen beschleunigt, in der die Gesellschaft sich differenziert und städtische Märkte sich bilden, in der als Symbol der Verflechtung das Geld wieder in stärkeren Gebrauch kommt, machen auch die Landtransportmittel, das Gerät zur Ausnutzung der tierischen Arbeitskraft entscheidende Fortschritte. Und diese Verbesserung, so unscheinbar sie uns heute erscheinen mag, hatte in dieser Phase kaum eine geringere Bedeutung als die Entwicklung der Maschinentechnik in einer späteren.

„In gewaltigem Konstruktionseifer", wie man gesagt hat[40]), wird im Laufe des 11. und 12. Jahrhunderts langsam der Nutzungsbereich der tierischen Arbeit vergrößert. Das Hauptgewicht der Zuglast wird von der Gurgel fort auf die Schultern verlegt. Das Hufeisen erscheint. Und im 13. Jahrhundert ist im Prinzip die moderne Zugtechnik für Pferd und auch für Zugvieh geschaffen. Die Grundlage für den Überlandtransport größerer Lasten über längere Strecken hin ist gelegt. In der gleichen Zeit taucht der Räderkarren auf und Ansätze zu einer Straßenpflasterung. Die Wassermühle kann mit der Entwicklung der Transporttechnik eine Bedeutung gewinnen, die ihr in der Antike fehlte. Es konnte sich lohnen, ihr auf über etwas größere Strecken hin das Getreide zuzuführen[41]). Auch das war ein Schritt auf dem Wege der Differenzierung und Verflechtung, der Aussonderung von Funktionen aus dem geschlossenen Bezirk des Gutshofs.

VI.
Über einige neue Elemente im Aufbau der mittelalterlichen Gesellschaft, verglichen mit der antiken.

22. Die Veränderung des Verhaltens und des Trieblebens, die wir „Zivilisation" nennen, hängt mit der stärkeren Verflechtung der Menschen und ihrer wachsenden Abhängigkeit voneinander aufs engste zusammen. Man sieht an den wenigen Beispielen, die hier gegeben werden konnten, diese Verflechtung gewissermaßen im Werden. Und schon hier, in dieser verhältnismäßig frühen Phase, ist die Art der gesellschaftlichen Verflechtung des Abendlandes in bestimmten Punkten anders als in der Antike. Der Zellenbau der Gesellschaft begann sich von neuem zu differenzieren, und zwar unter mannigfacher Nutzung dessen, was aus der vorangehenden Phase hoher Differenzierung an Institutionen noch in ihrer Reichweite zurückgeblieben war. Aber die Bedingungen, unter denen sich diese erneute Differenzierung vollzog, und damit die Art und Richtung dieser Differenzierung selbst, sie wichen in mancher Hinsicht von denen der vorangehenden Differenzierungsphase ab.

Man hat von einer „Renaissance des Handels" im 11. oder 12. Jahrhundert gesprochen. Und wenn man damit meint, daß nun Institutionen der Antike gewissermaßen zum Wiederaufleben kamen, so ist das sicherlich richtig. Ohne das Erbe der Antike wäre die Bewältigung und Gestaltung der Probleme, vor die die Gesellschaft im Zuge dieser Entwicklung gestellt war, gewiß nicht in dieser Weise gelungen. Es war in gewisser Hinsicht ein Aufbau auf älteren Fundamenten. Aber der Motor der Bewegung lag nicht im „Lernen von der Antike". Er lag im Innern dieser Gesellschaft selbst, in ihren Automatismen, in den Bedingungen, unter denen sich die Menschen miteinander einrichten mußten. Und schon diese Automatismen, schon diese Bedingungen waren nicht mehr die gleichen, wie in der Antike. Die Vorstellung ist sehr verbreitet, als gelange das Abendland eigentlich erst mit der Renaissance wieder „auf den Stand der Antike" und dann allmählich „über ihn hinaus". Aber ob es sich nun um ein „Hinausgelangen" um einen „Fortschritt" handelt oder nicht, Aufbaugesetzlichkeiten und Entwicklungsrichtungen, die gegenüber der Antike etwas Neues darstellen, zeichnen sich nicht erst in der Renaissance ab, sondern zum erstenmal — zum mindesten mit einer gewissen Deutlichkeit — bereits in der frühen Phase der Expansion und des Wachstums, von der hier die Rede war.

Zwei solcher Strukturunterschiede sollen hier herausgegriffen werden: Es fehlte in der Gesellschaft des Abendlandes die billige Arbeitskraft der Kriegsgefangenen, der Sklaven. Oder wenn sie hier und da vorhanden war — und sie fehlte in der Tat nicht ganz —, so spielte sie doch im Gesamtaufbau der Gesellschaft keine sehr bedeutende Rolle mehr. Das gab der sozialen Entwicklung von vornherein eine andere Richtung.

Nicht weniger wichtig war ein anderer Umstand, der schon erwähnt wurde. Die Wiederbesiedlung vollzog sich nicht wie ehemals um ein Meer und auch nicht so ausschließlich um Flußwege herum, sondern zu einem wesentlichen Teil im Binnenland und im Zusammenhang mit Landverkehrsadern. Beide Erscheinungen, sehr oft in engster Verflechtung, stellten die Menschen der abendländischen Gesellschaft von vornherein vor Probleme, die die antike Gesellschaft nicht zu lösen brauchte und deren Wirkung die gesellschaftliche Entwicklung in neue Bahnen lenkte. Daß Sklaven bei der Bewirtschaftung der Güter eine geringe Rolle spielten, mag mit dem Fehlen von größeren Sklavenreservoiren zusammenhängen oder auch mit dem Ausreichen der eingeborenen, leibeigenen Bevölkerung für die Bedürfnisse der Kriegerschicht; wie dem auch sei, der geringen Bedeutung von Sklavenarbeit entsprechend fehlen auch die typischen, sozialen Gesetzmäßigkeiten einer Sklavenwirtschaft. Und erst vom Hintergrund dieser anderen Gesetzmäßigkeiten erhält die Eigenart der abendländischen ihre rechte Beleuchtung. Nicht nur die Arbeitsteilung, die Verflechtung der Menschen, die wechselseitige Abhängigkeit von Ober- und Unterschichten und mit ihr die Trieblage beider Schichten entwickeln sich in einer Gesellschaft mit Sklaven anders als in einer Gesellschaft mit mehr oder weniger freier Arbeit, auch die sozialen Spannungen und selbst die Funktionen des Geldes sind hier und dort nicht die gleichen, um von der Bedeutung der freien Arbeit für die Entwicklung der Arbeitsapparatur ganz abzusehen.

Es muß hier genügen, den Prozessen, die der Zivilisation im Abendland ihr spezifisches Gesicht geben, eine kurze Zusammenfassung der anderen Prozesse gegenüberzustellen, die sich in einer Gesellschaft mit ausgebildeten Sklavenmärkten abspielen. Sie sind in dieser nicht weniger zwingend als in jener. Als Resumé der heutigen Forschung sind die Mechanismen einer auf Sklavenarbeit aufgebauten Gesellschaft in folgender Form zusammengefaßt worden[42]):

". . . Slave-labour interferes with the work of production by free-labour. It interferes in three ways: it causes the withdrawal of a number of men from production to supervision and national defence; it diffuses a general sentiment against manual labour and any form of concentrated activity; and more especially it drives free labourers out of the occupations in which the slaves are engaged. Just as, by Gresham's law, bad coins drive out good, so it has been found by experience that, in any given occupation or range of occupations, slave-labour drives out free; so that it is even difficult to find recruits for the higher branches of an occupation if it is necessary for them to acquire skill by serving an apprenticeship side by side with slaves in the lower.

This leads to grave consequences; for the men driven out of these occupations are not themselves rich enough to live on the labour of slaves. They therefore tend to form an intermediate class of idlers who pick up a living as best they can — the class known to modern economists as 'mean whites' or 'white trash' and to students of Roman history as 'clientes' or 'faex Romuli'. Such class tends to emphasize both the social unrest and the military and agressive character of a slave-state . . .

A slave society is therefore a society divided sharply into three classes: masters, mean whites and slaves; and the middle class is an idle class, living on the community or on warfare, or on the upper.

But there is still another result. The general sentiment against productive work leads to a state of affairs in which the slaves tend to be the only producers and the occupations in which they are engaged the only industries of the country. In other words, the community will rely for its wealth upon occupations which themselves admit of no change or adaptation to circumstances, and which, unless they supply deficiencies of labour by breeding, are in perpetuel need of capital. But this capital cannot be found elsewhere in the community. It must therefore be sought abroad: and a slave community will tend, either to engage in aggressive warfare, or to become indebted for capital to neighbours with a free-labour system . . .''

Die Beschäftigung von Sklaven treibt die Freien mehr oder weniger stark aus der Arbeit als einer unwürdigen Beschäftigung heraus. Es bildet sich neben der nichtarbeitenden Oberschicht von Sklavenbesitzern eine nichtarbeitende Mittelschicht. Die Gesellschaft ist durch die Beschäftigung von Sklaven an eine verhältnismäßig einfache Arbeitsapparatur gebunden, an eine technische Apparatur, die von Sklaven bedient werden kann und die gerade deswegen auch Veränderungen, Verbesserungen, der Anpassung an neue Situationen relativ schwer zugänglich ist. Die Reproduktion des Kapitals ist an die Reproduktion der Sklaven gebunden, also direkt oder indirekt an den Erfolg von Kriegszügen, an die Ergiebigkeit der Sklavenreservoire und niemals in dem Maße kalkulierbar, wie in einer Gesellschaft, in der nicht ganze Menschen für Lebenszeit gekauft werden, sondern einzelne Arbeitsleistungen von Menschen, die sozial mehr oder weniger frei sind.

Erst von diesem Hintergrund wird verständlich, welche Bedeutung es für die ganze Entwicklungsrichtung der abendländischen Gesellschaft hatte, daß bei dem langsamen Anstieg der Bevölkerung im frühen Mittelalter die Sklaven fehlten oder jedenfalls keine große Rolle spielten. Die Gesellschaft kam von vornherein auf eine andere Bahn als in der römischen Antike[43]). Sie war anderen Gesetzmäßigkeiten unterworfen als dort. Die Stadtrevolutionen des 11. und 12. Jahrhunderts, die schrittweise Befreiung der Arbeitenden, der vom Lande Losgelösten, der Bürger, aus der Macht der ritterlichen Grundherrn ist ein erster Ausdruck dafür. Von hier führt eine Linie zu der allmählichen Umbildung des Abendlandes zu einer als Ganzes arbeitenden Gesellschaft. Das Fehlen von Sklavenimporten und von Sklavenarbeit gibt den Arbeitenden auch als Unterschicht ein beträchtliches, gesellschaftliches Schwergewicht. Je weiter die Verflechtung der Menschen fortschreitet und je stärker mit ihr auch der Boden und die Bodenprodukte in den Kreislauf des Handels, in die Gesetzmäßigkeiten des Geldes einbezogen werden, desto stärker werden auch die nichtarbeitenden Oberschichten, Krieger oder Adel von den arbeitenden Unter- oder Mittelschichten abhängig; desto mehr gewinnen diese an gesellschaftlicher Stärke. Der Aufstieg bürgerlicher Schichten zur Oberschicht ist ein Ausdruck für diese Gesetzmäßigkeit. Genau umgekehrt, wie in der antiken Sklavengesellschaft, wo die städtischen Freien wenigstens zu einem beträchtlichen Teil immer aus der Arbeit herausgetrieben wurden, zog in der abendländischen Gesellschaft als Folge der Arbeit von Freien die wachsende Abhängigkeit aller von allen schließlich auch die Angehörigen der ehemals nicht arbeitenden Oberschichten immer stärker in den Kreislauf der Arbeitsteilung hinein. Und auch die technische Entwicklung des Abendlandes, auch die Entwicklung des Geldes zu jener spezifischen Form des „Kapitals", die für das Abendland charakteristisch ist, hat das Fehlen von Sklavenarbeit und die Entwicklung freier Arbeit zur Voraussetzung.

23. Das ist, kurz skizziert, eines der Beispiele für spezifisch abendländische Entwicklungstendenzen, die vom Mittelalter zur neueren Zeit hin durchgehen.

Kaum weniger bedeutsam war die Tatsache, daß sich die Besiedlung im Mittelalter nicht um ein Meer herum vollzog. Die früheren Schübe wandernder Völker hatten, wie gesagt, im europäischen Raum immer nur in Ufergebieten und vor allem an den Küstengebieten des mittelländischen Meeres zu intensiverer Handelsverflechtung und zur Integration größerer Gebietseinheiten geführt. Das gilt von Griechenland, und es gilt erst recht von Rom. Die Herrschaft der Römer dehnte sich langsam um das Becken des großen Binnenmeers aus, und umschloß es schließlich von allen Seiten. „Seine äußersten Grenzen am Rhein, an der Donau, am Euphrat, an der Sahara bildeten einen riesigen Verteidigungszirkel, der die Zugänge zu dem Küstengürtel sicherte. Unzweifelhaft ist das Meer für das Römerreich zugleich die Grundlage seiner politischen und seiner wirtschaftlichen Einheit[44].“

Auch die germanischen Stämme drängen zunächst überall nach dem Mittelmeer, und sie gründen zunächst ihre Reiche überall im Gebiete des Römerreichs um das Meer, das die Römer „mare nostrum" genannt hatten[45]). Die Franken kamen nicht mehr so weit; sie fanden alle Küstenregionen besetzt. Sie versuchten mit Gewalt durchzubrechen. Und schon alle diese Veränderungen und Kämpfe mögen die Kommunikationen des Mittelmeerkreises erschüttert und gelockert haben. Gründlicher zerstört wurde offenbar die alte Bedeutung des Mittelmeers als Verkehrsweg, als Bindemittel, als Grundlage und Zentrum jeder höheren Kulturentwicklung auf europäischem Boden durch den Einbruch der Araber. Erst mit ihm zerreißen die gelockerten Verbindungsfäden endgültig. Aus dem römischen wird zum guten Teil ein arabischer See. „Das Band, das Ost- und Westeuropa, byzantinisches Kaiserreich und die Germanenreiche im Westen verband, ist durchbrochen. L'invasion de l'Islam ... eut, en effet, pour conséquence de placer celles-ci dans des conditions qui n'avaient jamais existé depuis les premiers temps de l'histoire[46]).“ Um es etwas anders auszudrücken: Es hatte sich zum mindesten bisher in den Binnenländern Europas jenseits von großen Flußtälern und einigen wenigen Militärstraßen noch nie eine reicher differenzierte Gesellschaft und damit auch noch nie eine differenziertere Produktion entwickelt.

Mechanismen der Feudalisierung.

Es ist augenblicklich noch schwer zu entscheiden, ob tatsächlich der arabische Einbruch allein die Bedingungen für eine stärker im Binnenland zentrierte Entwicklung schuf. Die Füllung der europäischen Räume mit den Stämmen der Völkerwanderung mag das ihre dazu beigetragen haben. Aber eine entscheidende Bedeutung für die Entwicklungsrichtung der west- und mitteleuropäischen Gesellschaft hatte diese zeitweilige Abschnürung von den Hauptadern des bisherigen Verkehrs jedenfalls.

In der Karolingerzeit gruppierte sich in der Tat ein mächtiges Gebiet zum erstenmal um ein ganz weit im Binnenland gelegenes Zentrum. Die Gesellschaft war vor die Aufgabe gestellt, die binnenländischen Kommunikationen stärker zu entwickeln. Als es ihr im Lauf von Jahrhunderten gelang, war auch von dieser Seite her das Erbe der Antike unter neue Bedingungen gestellt. Es wurde der Grund für Formationen gelegt, die die Antike nicht kannte. Von hier aus sind gewisse Unterschiede zwischen den antiken Integrationseinheiten und den anderen, die sich langsam im Abendlande herausbilden, zu verstehen: Staaten, Nationen, wie immer wir diese Einheiten nennen, es sind zum guten Teil um binnenländische Zentren oder Hauptstädte gruppierte und durch binnenländische Adern miteinander verbundene Völkergruppen.

Wenn dann später von den abendländischen Zentren nicht nur eine Küstenkolonisation oder eine Kolonisation um große Flußtäler herum angestrebt und entwickelt wurde, sondern eine Kolonisation über große Binnengebiete hin, wenn vom Abendland aus tatsächlich weite Teile der Erde besetzt und besiedelt wurden, so lagen die Voraussetzungen dafür in der Ausbildung von binnenländischen Kommunikationsformen, die nicht an Sklavenarbeit gebunden waren, bei den Mutterländern selbst. Auch die Anfänge dieser Entwicklungsrichtung liegen im Mittelalter.

Und wenn schließlich heute auch der binnenländisch-agrarische Sektor der Gesellschaft in einem Maß in den Kreislauf der differenzierten Arbeitsteilung und der weitgespannten Tausch-Verpflechtungen einbezogen ist, wie noch nie zuvor, so liegen die Ansätze zu dieser Entwicklung ebenfalls hier.

Niemand kann heute sagen, daß die Gesellschaft des Abendlandes, einmal auf diesen Weg gebracht, auch unbedingt auf ihm weitergehen mußte. Ein ganzes Geflecht von Hebeln, das heute noch keineswegs durchschaubar ist, wirkte dahin, daß sie sich auf diesem Wege erhalten und stabilisieren konnte. Aber es ist wichtig zu sehen, daß diese Gesellschaft bereits hier, in dieser Frühzeit, den Weg einschlug, auf dem sie nachher in der neueren Zeit blieb. Man kann sich leicht vorstellen, daß von der Entwicklung der Erdgesellschaft her gesehen, diese ganze Periode, Mittelalter und Neuzeit zusammen, einmal als eine einzige, zusammengehörige Epoche, als ein großes „Mittelalter" erscheint. Und es ist kaum weniger wichtig zu sehen, daß das Mittelalter im engeren Sinne des Wortes nicht nur jene statische Periode, jener „versteinerte Wald" war, als den man es oft beschreibt, sondern, daß es in ihm Phasen und Sektoren voller Bewegung in eben jener Richtung gab, in der sich dann die neuere Zeit weiter fortbewegte, Phasen der Expansion, der fortschreitenden Arbeitsteilung, der gesellschaftlichen Transformationen und Revolutionen, der Verbesserung des Arbeitsgeräts. Daneben gab es allerdings Sektoren und Phasen, in denen die Institutionen und Gedanken fester wurden und gewissermaßen „versteinerten". Aber auch dieser Wechsel zwischen Phasen und Sektoren in voller Expansion und anderen Phasen, anderen Sektoren, in denen der Kampf mehr um die Erhaltung als um die Ausbreitung und Fortentwicklung geht, und in denen die gesellschaftlichen Institutionen fester werden, ist der neueren Zeit keineswegs fremd, wenn auch das Tempo der gesellschaftlichen Entwicklung und selbst dieses Wechsels erheblich größer geworden ist als im Mittelalter.

VII.
Zur Soziogenese des Feudalismus.

24. Gesellschaftliche Expansionsprozesse haben ihre Grenzen. Sie laufen sich früher oder später fest. Auch die Expansionsbewegung, die etwa im 11. Jahrhundert begann, kam ganz allmählich zum Stehen. Es war immer schwerer für die westfränkischen Ritter durch Rodung neuen Boden aufschließen zu lassen. Boden unmittelbar jenseits der Grenzen war kaum noch oder nur in schweren Kämpfen zu gewinnen. Die Kolonisation in den Küstengebieten des östlichen Mittelmeers kam nach den ersten Erfolgen nicht mehr weiter voran. Aber die Kriegerbevölkerung wuchs noch immer. Die Affekte, die Triebe auch dieser Herrenschicht waren durch gesellschaftliche Abhängigkeiten und durch Zivilisationsprozesse weniger gebunden als die der folgenden Oberschichten. Die Herrschaft der Männer über die Frauen war noch recht wenig erschüttert. „Auf jeder Seite der Chroniken dieser Zeit werden Ritter, Barone, große Herren erwähnt, die acht, zehn, zwölf männliche Kinder haben und noch mehr[47]." Das sogenannte „Feudalsystem", das im 12. Jahrhundert deutlicher hervortritt und im 13. Jahrhundert gewissermaßen feststeht, ist nichts als die Abschlußform dieser Expansionsbewegung im agrarischen Sektor der Gesellschaft; im städtischen hält diese Bewegung in andrer Form noch etwas länger an, bis sie dann schließlich ihre Abschlußform in dem geschlossenen Zunftsystem findet. Es wird für alle Krieger im Innern dieser Gesellschaft, die nicht schon über ein Stück Boden, über Güter verfügen, immer schwerer, an den Boden heranzukommen, und für die Häuser, die über einen kleineren Landbesitz verfügen, immer schwerer, neuen hinzuzugewinnen und ihr Besitztum zu vergrößern. Die Besitzverhältnisse versteifen sich. Der Aufstieg wird immer schwerer. Und dementsprechend versteifen sich auch die Standesunterschiede zwischen den Kriegern. Die Hierarchie in der Adelsschicht, die den ver-

schiedenen Größenordnungen des Landbesitzes korrespondiert, tritt immer deutlicher hervor. Und die verschiedenen Titel, die ehemals den Dienstgrad oder, wie wir heute sagen würden, die „Beamtenstellung" bezeichnet hatten, fixieren sich nun mehr und mehr in einem neuen Sinn: sie verbinden sich mit dem Namen eines bestimmten Hauses als Ausdruck für die Größe seines Bodenbesitzes und damit zugleich auch seiner militärischen Macht. Die Herzogshäuser sind die Abkömmlinge eines der königlichen Dienstleute, den ein König ehemals als seinen Vertreter über ein Territorium gesetzt hat; sie werden allmählich selbst zum mehr oder weniger unabhängigen Lehnsherrn über dieses ganze Territorium und, innerhalb seiner, zum Besitzer eines mehr oder weniger großen unverlehnten Hausguts. Ähnlich die Grafen oder «comtes». Die «vicomtes» sind Abkömmlinge eines Mannes, den ein Graf an seiner Stelle als Vizegraf über ein bestimmtes, kleineres Gebiet gesetzt hat, und der nun über dieses kleinere Gebiet als sein erbliches Eigentum verfügt. Die „Seigneurs" oder „Sires" sind Abkömmlinge eines Mannes, den ein Graf früher als Wache über eine seiner Burgen oder Schlösser gesetzt hat, oder der sich vielleicht auch in dem kleineren Gebiet, über das er als Wache gesetzt war, selbst eine Burg gebaut hat[48]). Nun ist auch in seinem Haus die Burg und das Land herum erblicher Besitz geworden. Jeder hält, was er hat. Er läßt sich von oben nichts mehr entreißen. Und es kann von unten niemand mehr hinein. Das Land ist verteilt. Aus einer Gesellschaft, die nach innen und außen expandiert, und in der Aufstieg, der Erwerb von Land oder von mehr Land für einen Krieger nicht allzu schwer ist, also aus einer Gesellschaft mit relativ offenen Chancen oder Positionen, wird im Laufe einiger Generationen eine Gesellschaft mit mehr oder weniger geschlossenen Positionen.

25. Übergänge aus Phasen mit größeren Aufstiegs- und Expansionsmöglichkeiten zu anderen mit einer Verringerung der Chancen zur Befriedigung der Standard- und Aufstiegsbedürfnisse, mit stärkerer Abriegelung aller in ihrer Lage

und verstärktem Zusammenschluß der gleich Gelagerten, Prozesse dieser Art vollziehen sich häufiger in der Geschichte. Wir selbst stehen mitten in einer solchen Transformation, modifiziert durch die besondere Elastizität der industriellen Gesellschaft, durch die Möglichkeit, beim Abschluß eines Sektors neue Chancen in einem anderen zu eröffnen, und durch den verschiedenen Entwicklungsstand der interdependenten Gebiete. Aber im ganzen gesehen bedeutet nicht nur jede Krise einen Schub in der einen, jede Konjunktur einen Schub in der anderen Richtung, sondern der große Trend der Gesellschaft weist zunächst immer deutlicher in die Richtung eines Systems mit geschlossenen Positionen.

Man erkennt solche Perioden schon von weitem an einer gewissen Verdüsterung der Seelen, mindestens bei den zu kurz Gekommenen, an einer Verhärtung und Erstarrung der gesellschaftlichen Formen, an den Sprengungsversuchen von unten und, wie gesagt, an dem stärkeren Zusammenschluß der Gleichgelagerten in hierarchischer Ordnung.

Im einzelnen allerdings verlaufen die Prozesse in einer vorwiegend naturalwirtschaftlichen anders als in einer geldwirtschaftlichen Gesellschaft, wenn auch nicht weniger strikt. Was auf den ersten Blick dem späteren Betrachter an dem Feudalisierungsprozeß vor allem anderen unverständlich erscheint, ist die Tatsache, daß weder die Könige, noch die Herzöge, noch alle unteren Rangstufen die allmähliche Verwandlung ihrer Dienstleute in mehr oder weniger selbständige Besitzer des Lehens verhindern konnten. Aber gerade das Durchgehende dieses Phänomens zeigt die Stärke der gesellschaftlichen Automatismen, die hier am Werke waren. Es sind oben bereits die Zwänge skizziert worden, die in einer natural wirtschaftenden Kriegergesellschaft das Königshaus langsam bergab führten, wenn es den Inhabern der Krone nicht immer wieder gelang, zu expandieren, das heißt neue Böden zu erobern. Analoge Prozesse spielten sich mit der Verringerung der Expansionsmöglichkeit und der äußeren Bedrohung durch die ganze Kriegergesellschaft hin ab. Es sind die typischen Gesetzmäßigkeiten einer auf Bodeneigentum aufgebauten Gesellschaft, in der die Handelsverflechtung keine große Rolle spielt, in der jeder Gutsbesitz mehr oder weniger autark ist, und in der der kriegerische Zusammenschluß zum Schutz oder zum Angriff die primäre Form der Integration von größeren Gebieten ist.

Im Stammesverband leben die Krieger, zu Hundertschaften zusammengefaßt, verhältnismäßig eng beieinander. Dann breiten sie sich langsam über das ganze Land. Ihre Zahl wächst. Aber mit der Vermehrung, mit der Ausbreitung über ein großes Gebiet verliert sich auch der Schutz, den ehemals Stamm oder Hundertschaft dem Einzelnen geboten haben. Die einzelnen Familien, die nun für sich und zum Teil durch größere Strecken getrennt auf ihren Gütern und Burgen sitzen, die einzelnen Krieger, Herrscher auch über diese Familie, Herrscher zugleich über eine mehr oder weniger große Zahl von Leibeigenen, Hörigen, Halbfreien verschiedenster Abstufungen, sie sind nun im weiten Gebiet isolierter als zuvor. Sehr allmählich stellen sich in dem ganzen Land unter den Kriegern neue Beziehungsformen her, Funktionen der größeren Menge und Weite, der größeren Isolierung des Einzelnen und der Gesetzmäßigkeiten des Bodenbesitzes.

Mit der allmählichen Lösung des Stammesverbands und der Verschmelzung germanischer Krieger mit Angehörigen der gallo-romanischen Oberschicht, mit der Ausbreitung der Krieger über ein weites Gebiet hat der Einzelne keine andere Möglichkeit sich gegen sozial Stärkere zu schützen als die, sich in den Schutz eines Mächtigeren zu stellen. Diese ihrerseits haben keine andere Möglichkeit, sich gegen gleich Mächtige, gegen andere, die über einen annähernd gleich großen Bodenbesitz und damit über annähernd gleiche, kriegerische Macht verfügen, zu schützen, als durch die Hilfe von Kriegern, die ihnen ihre kriegerischen Dienste, ihren Arm zur Verfügung stellen, und denen sie dafür Land geben oder deren schon vorhandenes Land sie schützen.

Individuelle Angewiesenheiten stellen sich her. Individuell

geht der einzelne Krieger mit einem andern ein beschworenes Bündnis ein. Der im Heere höher Rangierende, über ein größeres Landgebiet Verfügende — eines bedingt das andere, und ein Wechsel hier ist zugleich früher oder später ein Wechsel dort — ist „Lehnsherr", der sozial Schwächere ist „Vasall", und er kann unter Umständen seinerseits wieder Krieger, die über noch weniger Land verfügen, die noch schwächer an Produktionsmitteln und an kriegerischer Ausrüstung sind, gegen Dienste in seinen Schutz nehmen. Das Eingehen solcher individuellen Bündnisse ist zunächst die einzige Form, in der die Menschen vor den Menschen Schutz finden können.

Das „Feudalsystem" steht in einem eigentümlichen Kontrast zur Stammesverfassung. Mit deren Lösung stellen sich zwangsläufig neue Gruppierungen, neue Integrationsformen her. Es erfolgt, verstärkt durch die Mobilität und die Expansionstendenz der Gesellschaft, ein mächtiger Schub von Individualisierung. Es ist eine Individualisierung relativ zum Stammesverband und zum Teil auch relativ zum Familienverband, wie es später Schübe von Individualisierung relativ zum Lehnsverband, zum Zunftverband, zum Standesverband und immer wieder von neuem zum Familienverband geben wird. Und der Lehnsschwur ist nichts anderes als die Besieglung des Schutzbündnisses zwischen einzelnen Kriegern, als die sakrale Verfestigung der individuellen Beziehung zwischen einem Boden vergebenden und schützenden Krieger und einem Dienste vergebenden Krieger. Der König steht im Anfangsstadium der Bewegung auf der einen Seite. Er verfügt als Eroberkönig faktisch über den ganzen Boden und leistet keinerlei Dienste; er vergibt nur Böden. Der Leibeigene steht auf der anderen Seite der Pyramide, er verfügt über keinerlei Böden und leistet nur Dienste oder, was das gleiche sagt, Abgaben. Alle Stufen dazwischen haben zunächst ein Doppelgesicht. Sie haben nach unten Land und Schutz und nach oben Dienste zu vergeben. Aber dieses Geflecht von Angewiesenheiten des jeweils Höheren auf Dienste, vor allem auf kriegerische Dienste, des jeweils Niedrigeren auf Böden oder Schutz barg Spannungen in sich, die zu ganz spezifischen Verschiebungen führten. Der Prozeß der Feudalisierung ist nichts anderes als eine solche zwangsläufige Verschiebung in diesem Geflecht von Angewiesenheiten. In einer bestimmten Phase ist immer und überall im Abendland die Angewiesenheit der jeweils Höheren auf Dienste größer als die Angewiesenheit der jeweiligen Vasallen, wenn sie einmal über ein Stück Land verfügen, auf Schutz. Das gibt den zentrifugalen Kräften in dieser Gesellschaft, in der jedes Stück Land seinen Herren ernährt, ihre Stärke. Das ist die einfache Gesetzlichkeit jener Prozesse, in deren Verlauf durch die ganze Stufenleiter der Kriegergesellschaft immer von neuem aus den Dienstleuten von ehemals selbständig verfügende Besitzer ihres Lehens und aus Diensttiteln einfache Rangbezeichnungen entsprechend der Größe des Besitzes und der militärischen Stärke werden.

26. Diese Verschiebungen und ihre Mechanismen wären an sich nicht schwer zu begreifen, wenn der spätere Betrachter nicht immer und immer wieder den Gedanken an das, was er „Recht" nennt, an die Beziehungen zwischen den Kriegern der feudalen Gesellschaft herantrüge. So zwingend sind die Denkgewohnheiten der eigenen Gesellschaft, daß der Rückblickende unwillkürlich zu fragen geneigt ist: Warum ließen sich denn die Könige, die Herzöge, die Grafen diese Wegnahme der Verfügungsgewalt über den Grund und Boden, über den ursprünglich sie selbst voll verfügten, gefallen? Warum machten sie nicht ihren „Rechtsanspruch" geltend?

Aber es handelt sich hier nicht um das, was man in einer differenzierteren Gesellschaft „Rechtsfragen" nennt. Es ist geradezu die Voraussetzung für das Verständnis der feudalen Gesellschaft, daß man die eigenen „Rechtsformen" nicht als das Recht schlechthin betrachtet. Die Rechtsformen entsprechen in jeder Zeit dem Aufbau der Gesellschaft. Die

Herausbildung von allgemeinen, schriftlich fixierten Rechtsnormen, die zu den Eigentumsformen der industriellen Gesellschaft gehören, haben ein sehr hohes Maß von gesellschaftlicher Verflechtung und, damit im Zusammenhang, die Herausbildung von Zentral-Institutionen zur Voraussetzung, die in ihrem Herrschaftsgebiet ein und demselben Recht allgemeine Gültigkeit verschaffen können, die stark genug sind, um in diesem Gebiet schriftlichen Verträgen, dem fixierten Gesetz und dem Spruch ihrer befugten Repräsentanten auch bei Widerstrebenden Respekt zu verschaffen. Die Macht, die in der neueren Zeit Rechtstiteln und Eigentumsansprüchen ihren Rückhalt gibt, ist nicht mehr so unmittelbar sichtbar. Sie ist gegenüber dem Einzelnen so groß, die Gewißheit ihres Daseins, die Drohung, die von ihr ausgeht, ist so selbstverständlich, daß sie nur noch sehr selten durch einen kohäsischen Kampf auf die Probe gestellt wird. Gerade deswegen ist die Neigung so groß, dieses Recht zu betrachten, als ob es für sich bestünde, als ob es vom Himmel gefallen wäre, als ob es „das Recht" schlechthin wäre, das bestünde, auch wenn diese Machtapparatur es nicht hielte oder wenn die Machtapparatur einen anderen Aufbau hätte.

Die Vermittlungsketten zwischen Rechts- und Machtapparatur sind heute, entsprechend der reicheren gesellschaftlichen Differenzierung, länger geworden. Und da die Rechtsapparatur sehr oft, wenn auch nicht immer, und ganz gewiß nie vollkommen, unabhängig von der Machtapparatur arbeitet, so kann man besonders leicht übersehen, daß das Recht hier, wie in jeder Gesellschaft, Funktion des Gesellschafts-Aufbaus, Ausdruck der gesellschaftlichen Stärkeverhältnisse, Symbol für den Angewiesenheits- und Abhängigkeitsgrad der verschiedenen sozialen Gruppen oder — was das gleiche sagt — für die gesellschaftlichen Stärkeverhältnisse ist[49]).

In der feudalen Gesellschaft trat das unverdeckter zutage. Die Interdependenz der Menschen und Gebiete war geringer. Es gab keine stabile Machtapparatur über das ganze Gebiet hin. Die Besitzverhältnisse regulierten sich unmittelbar nach dem Maß der wechselseitigen Angewiesenheit und der tatsächlichen gesellschaftlichen Stärke *).

---

*) Bemerkung über den Begriff der gesellschaftlichen Stärke. Die „gesellschaftliche Stärke" eines Menschen oder einer Gruppe ist ein komplexes Phänomen. Sie ist, bezogen auf den Einzelnen, niemals ganz identisch mit seiner individuellen, körperlichen Stärke und, bezogen auf ganze Gruppen, nicht mit deren Summierung. Aber körperliche Kraft und Gewandtheit können unter Umständen ein wesentliches Element der gesellschaftlichen Stärke bilden. Es hängt vom Gesamtaufbau der Gesellschaft und der Stellung des Einzelnen in ihr ab, welchen Anteil die körperliche Stärke an der gesellschaftlichen hat. Diese, die gesellschaftliche Stärke, ist in ihr Struktur und in ihrem Aufbau so verschieden, wie Struktur und Aufbau der Gesellschaften selbst. In der industriellen Gesellschaft z. B. kann sich höchste, gesellschaftliche Stärke eines Einzelnen mit sehr geringer, physischer Kraft verbinden, obgleich es Phasen in ihrer Entwicklung geben kann, in denen körperliche Stärke als Ingredienz der gesellschaftlichen wieder größere Bedeutung für alle erlangt.

In der feudalen Kriegergesellschaft ist eine beträchtliche, körperliche Stärke unentbehrliches Element der gesellschaftlichen, aber jene allein ist keineswegs ausschlaggebend für diese. Etwas vereinfacht kann man sagen: Die gesellschaftliche Stärke eines Mannes ist, der Chance nach, in der feudalen Kriegergesellschaft genau so groß, wie der Umfang und die Ergiebigkeit des Bodens, über den er faktisch verfügt. Seine physische Stärke bildet ohne Zweifel ein wesentliches Element dieser Verfügungsgewalt. Wer nicht, wie ein Krieger zu kämpfen und den eigenen Körper in Angriff und Verteidigung einzusetzen vermag, hat auf die Dauer in dieser Gesellschaft kaum eine Chance zu besitzen. Aber wer einmal in dieser Gesellschaft über ein größeres Stück Land verfügt, besitzt als Monopolist des in dieser Gesellschaft wichtigsten Produktionsmittels eine gesellschaftliche Stärke, nämlich Chancen über seine persönliche individuelle Kraft hinaus. Er kann anderen, die auf Boden angewiesen sind, davon abgeben und ihre Dienste dafür in Anspruch nehmen. Daß seine gesellschaftliche Stärke so groß ist, wie der Umfang und die Ergiebigkeit der Böden, über die er tatsächlich verfügt, heißt zugleich: sie ist so groß, wie sein Gefolge, sein Heer, seine kriegerische Stärke.

Aber eben damit ist zugleich klar, daß er auf Dienste angewiesen ist, um seinen Boden zu erhalten und zu verteidigen. Diese seine Angewiesenheit auf Gefolgsleute verschiedener Stufen ist ein wich-

Mechanismen der Feudalisierung.

Es gibt in der industriellen Gesellschaft eine Art der Beziehung, die man in einem gewissen Sinn mit der Beziehung zwischen den Kriegern oder Gutsherrn in der feudalen Gesellschaft vergleichen kann, und an der man sich die Gesetzlichkeit dieser Beziehung verständlich machen mag. Das ist die Beziehung zwischen den Staaten. Auch in diesen Beziehungen entscheidet ganz unverhüllt die gesellschaftliche Stärke, an der neben der wechselseitigen Angewiesenheit oder Abhängigkeit, stammend aus der ökonomischen Verflechtung, die militärische Stärke einen relativ sehr großen Anteil hat; allerdings ist dieses Kriegspotential seinerseits wieder, ähnlich, wie in der Kriegergesellschaft, durch die Größe und Ergiebigkeit des Territoriums, durch die Zahl und das Arbeitspotential der Menschen, die auf ihm ernährt werden können, entscheidend mitbestimmt.

Auch für die Beziehungen zwischen den Staaten gibt es kein Recht von der Art des Rechts, das innerhalb ihrer Gültigkeit

tiges Element in deren gesellschaftlicher Stärke. Wuchs diese, nämlich seine Angewiesenheit auf Dienste, so wurde seine gesellschaftliche Stärke geringer; wuchs bei Nicht-Besitzenden der Bedarf und die Nachfrage nach Boden, so wurde die gesellschaftliche Stärke derer, die bereits über Boden verfügten, größer. Die gesellschaftliche Stärke eines Menschen oder einer Gruppe ist vollständig nur in Proportionen auszudrücken. Dies ist ein einfaches Beispiel dafür.

Genauer zu untersuchen, was „gesellschaftliche Stärke" ist, wäre eine Aufgabe für sich. Welche Bedeutung sie für das Verständnis der gesellschaftlichen Vorgänge in Vergangenheit und Gegenwart hat, braucht kaum gesagt zu werden. Auch „politische Macht" ist nichts als eine bestimmte Form von gesellschaftlicher Stärke. Man kann daher weder das Verhalten, noch die Schicksale der Menschen, der Gruppen, der sozialen Schichten, der Staaten verstehen, wenn man nicht, unbelastet durch das, was die Betreffenden selber sagen und glauben, ihre tatsächliche, gesellschaftliche Stärke prüft. Das politische Spiel selbst würde manches von seinem Hasard-Charakter und seinen Mysterien verlieren, wenn das Geflecht der gesellschaftlichen Stärkeverhältnisse aller Länder in Analysen einigermaßen offen läge. Genauere Methoden dafür auszuarbeiten, bleibt eine der vielen soziologischen Aufgaben der Zukunft.

hat. Es fehlt eine umgreifende Machtapparatur, die einem solchen zwischenstaatlichen Recht Rückhalt geben könnte. Das Vorhandensein eines Völkerrechts ohne Machtapparatur kann die Tatsache nicht verdecken, daß sich die Beziehungen zwischen den Völkern, auf längere Sicht betrachtet, ausschließlich nach den gesellschaftlichen Stärkeverhältnissen regulieren, und daß jede Verschiebung in diesen Stärkeverhältnissen, jeder Machtzuwachs, jede Vergrößerung eines Landes in den verschiedenen Balancesystemen der Erdteile und — bei der wachsenden Verflechtung — nun auch schon innerhalb der ganzen Erdgesellschaft, eine automatische Schwächung der gesellschaftlichen Stärke anderer Länder bedeutet.

Und auch hier verstärkt sich die Spannung zwischen den "Haves" und den "Haves-not", zwischen denen, die für ihren Anspruch und ihren Standard zu wenig, und denen, die für ihren Standard genug Boden oder Produktionsmittel haben, automatisch, je mehr sich die bürgerliche Erdgesellschaft in diesem Sektor dem Zustand eines ,,Systems mit geschlossenen Chancen" nähert.

Es ist mehr als eine zufällige Analogie, die zwischen dem Verhältnis der einzelnen Burgherren in der feudalen Gesellschaft und dem von Staaten in der industriellen besteht. Die Ähnlichkeit hat ihre Gründe in der Entwicklungskurve der abendländischen Gesellschaft selbst. Im Laufe dieser Entwicklung, im Zuge der wachsenden Verflechtung und Interdependenz stellen sich Beziehungsformen analoger Art, darunter auch Rechtsformen, die zunächst zwischen relativ kleinen Integrations- und Gebietseinheiten bestanden, auf immer neuen Stufen zwischen Integrations- und Gebietseinheiten einer höheren Größenordnung wieder her, wenn auch der Übergang in Gruppen anderer Größenordnung eine gewisse qualitative Veränderung mit sich bringt.

Es wird zu zeigen sein, welche Bedeutung der Prozeß, dessen Bild sich hier herauszuarbeiten beginnt, also die Herstellung immer größerer, im Innern relativ pazifizierter, nach außen kriegsbereiter Integrationseinheiten für die Veränderung des Verhaltens und des Trieblebens, für den Zivilisationsprozeß hatte.

In der Tat ähnelten die Beziehungen der einzelnen Burgherren zueinander dem der heutigen Staaten. Die ökonomische Verflechtung, der Tauschverkehr, die Arbeitsteilung zwischen den einzelnen Gutsherrschaften war allerdings im 10. und 11. Jahrhundert noch ganz unvergleichlich viel geringer als bei diesen, und geringer war dementsprechend auch die wirtschaftliche Abhängigkeit der Krieger voneinander. Um so unmittelbarer entscheidend für das Verhältnis zwischen den Einzelnen war ihr Kriegspotential, Größe des Gefolges und des Bodens, über den sie tatsächlich verfügten. Es läßt sich immer und immer wieder beobachten, daß in dieser Gesellschaft auf die Dauer kein Treuschwur und kein Vertrag — ähnlich wie heute im Verhältnis der Staaten — den Veränderungen der gesellschaftlichen Stärke standhielt. Die Vasallentreue regulierte sich letzten Endes immer ganz genau nach dem tatsächlichen Maß von Angewiesenheit zwischen den Verbundenen, nach dem Spiel von Angebot und Nachfrage zwischen denen auf der einen Seite, die Böden und Schutz vergaben und Dienste im weitesten Sinne des Wortes brauchten, und denen auf der anderen Seite, die Dienste gaben und Böden oder Schutz brauchten. Wenn die Expansion, wenn Eroberung oder Aufschluß neuer Böden schwerer wurden, lagen zunächst einmal die größeren Chancen hier immer auf der Seite derer, die Dienste gaben und Böden empfingen; das ist der Hintergrund für die erste jener Verschiebungen, die sich nun in dieser Gesellschaft abspielen, für die Verselbständigung der Dienstleute.

Boden ist in dieser Gesellschaft immer „Eigentum" dessen, der tatsächlich darüber verfügt, der die Besitzrechte wirklich ausübt, und der stark genug ist, das, was er einmal in Händen hat, zu verteidigen. Daher befindet sich der, der Böden verlehnen muß, um Dienste zu erhalten, zunächst einmal immer gegenüber dem Boden Empfangenden, dem Dienstmann, dem Belehnten im Nachteil. Der „Lehnsherr" hat das „Recht" auf den verlehnten Boden, gewiß, aber der Belehnte verfügt tatsächlich darüber. Das Einzige, was den Belehnten dann, wenn er den Boden einmal hat, noch auf den Lehnsherren angewiesen macht, ist dessen Schutz im weitesten Sinne des Wortes. Schutz aber braucht man nicht immer. Wie die Könige der feudalen Gesellschaft immer dann stark sind, wenn die Lehnsleute ihres Schutzes, ihrer Führung bei der Bedrohung durch äußere Feinde bedürfen, und erst recht, wenn sie neues Land erobert, neue Böden zu verteilen haben, schwach dagegen, wenn ihre Lehnsleute nicht bedroht, und neuer Boden nicht zu erwarten ist, so sind auch die Lehnsherren anderer Größenordnung schwach, wenn die, denen sie einmal Boden verlehnt haben, nicht gerade ihres Schutzes bedürfen.

Der Lehnsherr irgendeiner Stufe kann den einen oder anderen seiner Lehnsleute durch Gewalt zum Einhalten seiner Verpflichtung bringen und ihn mit Gewalt von seinem Boden verjagen. Aber er kann es nicht mit allen, nicht einmal mit vielen machen. Denn er braucht — da man nicht daran denken kann, Leibeigene zu bewaffnen — die Dienste der einen Krieger, um einen anderen verjagen zu können oder er braucht neue Böden, um neue Dienste bezahlen zu können. Aber zur Eroberung selbst braucht er neue Dienste. Auf diesem Wege zerfällt in der Tat das westfränkische Gebiet im 10. und 11. Jahrhundert in eine Fülle kleiner und immer kleinerer Herrschaftsgebiete. Jeder Baron, jeder Vicomte, jeder Seigneur verfügt von seiner Burg oder seinen Burgen aus über Gut und Güter, wie ein Herrscher über seinen Staat. Die Macht der nominellen Lehnsherren, der zentraleren Autoritäten, ist gering. Die zwingenden Mechanismen im Spiel von Angebot und Nachfrage, die den tatsächlich über den Boden verfügenden Lehnsmann im allgemeinen auf den Schutz des Lehnsherrn weniger angewiesen machen, als diesen auf Lehnsdienste, haben ihr Werk getan. Die Desintegration des Besitzes, der Übergang des Bodens aus der Verfügungsgewalt der Könige in die abgestufte Verfügungsgewalt der Kriegergesellschaft im ganzen — dies und nichts anderes ist die „Feudalisierung" —, hat die äußerste Grenze erreicht. Aber das gesellschaftliche Spannungssystem, das sich mit dieser mächtigen Desintegrierung herstellt, enthält zugleich die Antriebe zu einem Gegenschub, zu einer neuen Zentralisierung.

VIII.
Zur Soziogenese des Minnesangs und der courtoisen Umgangsformen.

27. Man kann in dem Prozeß der Feudalisierung zwei Phasen unterscheiden: Eine Phase der äußersten Desintegration, von der so eben die Rede war, dann eine Phase, in der die Bewegung rückläufig zu werden beginnt, und in der die ersten, noch lockeren Formen einer Re-integration etwas größeren Umfanges auftreten. Damit beginnt, wenn man einmal diesen Zustand äußerster Desintegration als Ausgangspunkt nimmt, ein langer, geschichtlicher Prozeß, in dessen Verlauf immer größere Gebiete und Menschenmengen interdependent und schließlich zu fester organisierten Integrationseinheiten werden.

„Im 10. und noch im 11. Jahrhundert geht die Zerstückelung immer weiter. Es scheint, daß niemand mehr einen Herrschaftsteil behalten wird, der groß genug ist, um eine Aktion von einiger Wirksamkeit auszuüben. Die Lehen, die Herrschaftschancen, die Rechte zerteilen sich mehr und mehr ... Von oben nach unten, die ganze Stufenleiter entlang, ist jede Autorität auf dem Wege zu immer größerer Desintegration.

Dann, schon im 11. und besonders im 12. Jahrhundert, vollzieht sich eine Reaktion. Es tritt ein Phänomen ein, das sich in der Geschichte unter verschiedenen Formen mehrmals wiederholt hat. Die Grundherren, die besser placiert sind und die größeren Chancen haben, belegen die feudale Bewegung mit Beschlag. Sie geben dem feudalen Recht, das sich zu fixieren beginnt, eine andere Wendung. Sie fixieren es zuungunsten ihrer Vasallen. Ihre Anstrengungen werden von bestimmten, größeren, historischen Zusammenhängen begünstigt ... Und diese Reaktion spielt sich zunächst einmal im Sinne einer Konsolidierung der einmal erlangten Position ab[50])."

Nach dem allmählichen Übergang der Krieger-Gesellschaft aus einer mobileren Phase mit verhältnismäßig großen Aufstiegs- oder Expansionschancen für den Einzelnen in eine Phase mit immer geschlosseneren Positionen, in der zunächst einmal jeder zu halten und zu festigen sucht, was er hat, verschiebt sich von neuem das Schwergewicht unter den Kriegern, die über das ganze Land hin, wie „reguli", wie kleine Könige auf ihren Burgen sitzen: Die wenigen reicheren und größeren Grundherren gewinnen an gesellschaftlicher Stärke gegenüber den vielen kleineren.

Von dem Monopolmechanismus, der damit langsam sein Werk beginnt, wird im Folgenden noch ausführlicher zu reden sein. Nur auf einen Faktor im Getriebe, das sich von nun an immer entschiedner wieder zugunsten der wenigen größeren und zuungunsten der vielen kleineren Kriegerexistenzen auswirkt, sei hier hingewiesen: Auf die Bedeutung der langsamen Kommerzialisierung. Das Geflecht der Abhängigkeiten, das Spiel von Angebot und Nachfrage nach Böden, Schutz und Diensten in der weniger differenzierten Gesellschaft des 10. und auch noch des 11. Jahrhunderts ist einfach in seinem Aufbau. Langsam im 11., stärker und rascher im 12. Jahrhundert kompliziert sich das Geflecht. Es ist beim heutigen Stand der Forschung schwer, das Wachstum des Handelsverkehrs und der Geldmittel, die in dieser Zeit in Umlauf kommen, genauer zu bestimmen. Nur dies gäbe die Möglichkeit, die Veränderungen der gesellschaftlichen Stärkeverhältnisse wirklich zu übersehen. Genug, die Differenzierung der Arbeit, der Sektor des Markt- und Geldverkehrs in der Gesellschaft wächst, wenn auch noch immer und noch für lange Zeit die naturale Form der Wirtschaft bei weitem den Vorrang hat; und dieses Wachstum des Handels- und Geldverkehrs kommt den wenigen, reichen und großen Grundherren in ganz anderem Maße zugute als dem Gros der kleinen. Diese leben im großen und ganzen weiter auf ihren Gütern, wie sie bisher gelebt. Sie verzehren direkt, was ihre Güter bringen, und ihre Verflechtung in das Netz der Handels- und Tauschbeziehungen ist minimal. Jene dagegen gelangen nicht nur durch die Überschußerträge ihrer Güter in das Geflecht der Handelsbeziehungen hinein. Auch die wachsenden Handwerker- und Händlersiedlungen, die Städte, schließen sich meist an die Festungen und Verwaltungszentren der großen Herrschaften an, und wie schwankend auch Beziehungen zwischen den großen Herren und den Kommunen ihres Gebiets noch immer sind, wie sehr sie auch zwischen Mißtrauen, Feindseligkeit, offenen Kämpfen und friedlichen Abmachungen hin- und hergehen, letzten Endes stärken auch sie und die Abgaben, die von ihnen kommen, die großen Grundherren gegenüber den kleineren; sie bieten jenen Chancen, die aus dem ewigen Zirkel von Bodenverlehnung gegen Dienste und Appropriation des Lehens durch den Belehnten herausführen, Chancen, die den zentrifugalen Kräften entgegenwirken. An den Höfen der großen Grundherren sammelt sich kraft ihrer direkten oder indirekten Verflechtung in das Handelnetz, sei es in Naturalien, sei es in geprägtem oder ungeprägtem Edelmetall, ein Reichtum, der dem Gros der kleineren Grundherren fehlt. Und diese Chancen begegnen sich mit einer wachsenden Nachfrage nach Chancen, einem wachenden Angebot an Diensten durch zu kurz gekommene Krieger oder andere vom Boden abgedrängte Existenzen. Je geringer die Expansionsmöglichkeiten der Gesellschaft werden, desto größer wird die Reservearmée aller Schichten, auch der Oberschicht. Sehr viele auch aus dieser Schicht sind schon zufrieden, wenn sie durch irgendeine Funktion an den Höfen der großen Gutsherren einfach ein Unterkommen, Bekleidung und Beköstigung finden; und wenn sie irgendwann einmal durch die Gnade eines großen Herren ein Stück Land, ein Lehen, erhalten, so ist das ein besonderer Glücksfall. Das in Deutschland gut bekannte Schicksal Walthers von der Vogelweide ist in dieser Hinsicht auch für die Lebensläufe vieler Männer in Frankreich durchaus typisch. Und von dem Untergrund dieser gesellschaftlichen Zwangsläufigkeiten aus läßt sich einigermaßen ahnen, was alles an Demütigungen, vergeblichen Bittgängen und Enttäuschungen hinter Walthers Ausruf liegen mag: „Ich hab mein Lehen!"

28. Die Höfe der größeren Feudalherren, der Könige, Herzöge, Grafen, der hohen Barone oder, um ein allgemeineres Wort zu gebrauchen, der Territorialherren ziehen also kraft der wachsenden Chancen in ihren Kammern auch eine wachsende Anzahl von Menschen an sich. Ganz analoge Prozesse werden sich einige 100 Jahre später an den Höfen der absoluten Fürsten und Könige gleichsam auf einer höheren Integrationsstufe von neuem vollziehen. Aber dann ist die Verflechtung der Gesellschaft, die Entwicklung des Handels- und Geldverkehrs bereits so groß, daß ein regelmäßiges Steuereinkommen aus dem ganzen Herrschaftsgebiet und eine von dem absoluten Herrscher aus diesem Steuereinkommen erhaltene stehende Truppe von Bauern- und Bürgersöhnen mit adligen Offizieren die zentrifugalen Kräfte, die Selbständigkeitsgelüste der adligen Gutsherren über das ganze Land hin völlig paralysieren kann. Hier, im 12. Jahrhundert, ist die Integration, die Verkehrs- und Handelsverflechtung noch nicht im entferntesten so weit gediehen. In Gebieten von der Größenordnung eines Königreichs ist es noch ganz unmöglich den zentrifugalen Kräften auf die Dauer zu begegnen; selbst in Territorien von der Gebietsgröße eines Herzogtums oder einer Grafschaft ist es noch immer recht schwer und meist erst nach mehr oder weniger harten Kämpfen möglich, Vasallen, die ihren Boden der Verfügungsgewalt des Lehnsherren entziehen wollen, zu bändigen. Der Zuwachs an gesellschaftlicher Stärke fällt den reicheren Feudal-

herren in erster Linie auf Grund der Größe ihres Hausgutes, ihres unverlehnten Besitzes zu; die Träger des Königstitels selbst unterscheiden sich in dieser Beziehung durchaus nicht von den anderen, großen Feudalherren. Die Chancen, die sie alle kraft ihres großen Landbesitzes aus Handels- und Geldverkehr an sich ziehen können, geben ihnen eine Überlegenheit, auch eine militärische Überlegenheit, über die kleineren, selbstgenügsamen Ritter zunächst in der Reichweite einer Landschaft, eines Territoriums; hier ist selbst bei den schlechten Weg- und Verkehrsverhältnissen dieser Zeit der Zugriff einer zentraleren Gewalt nicht mehr gar so schwer; und das alles kommt zusammen, um auf dieser Entwicklungsstufe den Herren einer mittleren Gebietsgröße, kleiner als die eines Königsreichs oder „Staates" im späteren Sinn dieses Wortes und größer als die des Gros' der Rittergüter, eine besondere, gesellschaftliche Bedeutung zu geben.

Aber damit ist keineswegs gesagt, daß bei diesem Stand der Entwicklung auch nur für die Größe eines Territoriums eine wirklich stabile Herrschafts- und Verwaltungsapparatur geschaffen werden konnte. Die Interdependenz der Gebiete und die Durchdringung des Landes mit Geld war noch nicht im entferntesten so weit gediehen, um dem höchsten und reichsten Feudalherren eines Gebiets die Schaffung eines ausschließlich oder auch nur vorwiegend mit Geld besoldeten Beamtentums und damit eine straffere Zentralisierung zu ermöglichen. Es bedurfte ganzer Serien von Kämpfen, die überdies immer wieder aufflackerten, ehe die Herzöge, Könige, Grafen ihre gesellschaftliche Stärke auch nur innerhalb ihres eigenen Territoriums einigermaßen geltend machen konnten; und wie immer diese Kämpfe ausgingen, die Vasallen, die kleineren und mittleren Ritter hatten nach wie vor in ihren Gutsbezirken Herrschaftsrechte und -funktionen; hier schalteten sie weiter, wie kleine Könige. Aber während sich die Höfe der großen Feudalherren bevölkerten, während sich hier die Kammern füllten und Güter aus- und einzugehen begannen, führte dieses Gros der kleineren Ritter weiter ihr selbstgenügsames und oft recht beschränktes Leben; sie holten von den Bauern, was irgend zu holen war; sie ernährten recht und schlecht ein paar Diener und die zahlreichen Söhne und Töchter; sie lagen untereinander in beständiger Fehde; und die einzige Form, in der diese kleineren Ritter etwas mehr bekommen konnten als den Ertrag ihrer eigenen Felder, war die Brandschatzung der Felder von anderen, vor allem die Plünderung in den Gebieten der Abteien und Klöster, allmählich dann auch, wenn der Geldverkehr und damit auch der Geldbedarf größer wurde, der Überfall auf Städte und Warentransporte und der Gewinn aus dem Lösegeld von Kriegsgefangenen. Krieg, Raub, Überfall und Plünderung war für die natural wirtschaftenden Krieger eine reguläre Form des Erwerbs, überdies die einzige, die ihnen zugänglich war; und je kümmerlicher sie lebten, desto mehr waren sie auf diese Erwerbsform angewiesen.

Die langsam wachsende Kommerzialisierung und Monetisierung begünstigte also in der Tat die wenigen, großen Guts- und Feudalherren gegenüber der Masse von kleineren. Aber die Überlegenheit der Könige, Herzöge oder Grafen war noch nicht im entferntesten so groß, wie später im Zeitalter des Absolutismus.

28. Analoge Schwergewichtsverlagerungen haben sich, wie gesagt, öfters in der Geschichte vollzogen. Die stärkere Differenzierung zwischen großbürgerlichen und kleinbürgerlichen Schichten mag dem Betrachter des 20. Jahrhunderts am besten vertraut sein. Auch hier verschiebt sich nach einer Phase des freieren Konkurrenzkampfes mit relativ großen Aufstiegschancen und Bereicherungsmöglichkeiten auch für die kleineren und mittleren Besitzer das Schwergewicht innerhalb des Bürgertums allmählich zuungunsten dieser wirtschaftlich schwächeren und zugunsten der wirtschaftlich stärkeren Gruppen. Wer nur ein kleines oder mittleres Besitztum hat, kann, abgesehen von wenigen Branchen, die sich neu eröffnen, immer schwerer zu großem Vermögen gelangen. Die direkte oder indirekte Abhängigkeit der kleineren und mitt-

leren Existenzen von den größeren wächst. Und während sich jenen die Chancen verringern, eröffnen sich diesen fast automatisch immer weitere Chancen der Vergrößerung.

Analoges vollzog sich in der westfränkischen Rittergesellschaft des späteren 11. und des 12. Jahrhunderts. Die Expansionsmöglichkeiten des vorwiegend natural wirtschaftenden, agrarischen Sektors der Gesellschaft waren so gut wie erschöpft. Die Arbeitsteilung, der kommerzielle Sektor der Gesellschaft war — mit manchen Rückschlägen — noch in der Ausdehnung und im Wachsen begriffen. Das Gros der ritterlichen Gutsherren profitierte von dieser Ausdehnung nur wenig. Die wenigen, großen, ritterlichen Gutsherren hatten daran Anteil und profitierten von ihr. Damit vollzog sich in der feudalen Rittergesellschaft selbst eine Differenzierung, die für Lebenshaltung und Lebensart nicht ohne Folgen blieb.

„Die feudale Gesellschaft als Ganzes, sagt Luchaire in seiner unvergleichlichen Darstellung der Gesellschaft in der Zeit Philipp Augusts [51]), ändert mit Ausnahme einer Elite ... ihre Gewohnheiten und Sitten seit dem 9. Jahrhundert kaum. Beinahe überall bleibt der Burgherr ein brutaler und räuberischer Haudegen; er zieht in den Krieg, schlägt sich im Turnier, verbringt die Friedenszeit mit der Jagd, ruiniert sich durch Verschwendungen, bedrückt die Bauern, erpreßt die Nachbarn und plündert die Ländereien der Kirche."

Die Schichten im Bannkreis der langsam wachsenden Arbeitsteilung und Monetisierung sind in Bewegung; die anderen verharren und werden nur unter Widerständen und gleichsam passiv in den Stromkreis der verändernden Kräfte hineingezogen. Es ist gewiß nie ganz richtig, wenn man sagt, diese oder jene Schicht sei „geschichtslos". Aber was man sagen kann, ist dies: Die Lebensbedingungen der kleineren Gutsherren oder Ritter verändern sich nur ganz langsam. Sie nehmen an der Tauschverflechtung, an dem Geldstrom, an der rascheren Bewegung, die mit ihm durch die Gesellschaft hingeht, keinen unmittelbaren und aktiven Anteil. Und wenn sie die Stöße und Erschütterungen der gesellschaftlichen Bewegungen zu spüren bekommen, dann geschieht das so gut wie immer in einer für sie ungünstigen Form. Alles das sind Störungen, die Gutsherren wie Bauern zumeist nicht verstehen und sehr oft hassen, es sei denn, daß sie durch die Abdrängung von dem autarken Grund in die Schichten mit rascherer Strömung mehr oder weniger gewaltsam hineingetrieben werden. Sie essen, was ihr Boden, ihre Ställe und die Arbeit der Hörigen hergibt. Darin verändert sich nichts. Wird es knapp oder will man mehr, dann holt man es sich mit Gewalt, durch Raubzüge und Plünderung. Das ist ein einfaches, leicht übersehbares und unabhängiges Dasein; hier die Ritter, sehr viel später auch noch die Bauern, sind und bleiben in gewisser Weise immer Herren auf ihrem Land. Steuern, Handel, Geld, das Steigen und Fallen der Marktpreise, alles das sind fremde und oft feindliche Erscheinungen aus einer anderen Welt.

Der natural-wirtschaftliche Sektor der Gesellschaft, der im Mittelalter und noch lange darüber hinaus den überwiegenden Teil der vergesellschafteten Menschen umfaßt, bleibt gewiß auch in dieser frühen Zeit von den geschichtlich-gesellschaftlichen Bewegungen keineswegs unberührt. Aber ungeachtet aller Erschütterungen bleibt das Tempo der substanziellen Veränderungen in ihm, verglichen mit den Veränderungen in anderen Schichten, sehr gering. Er ist nicht „geschichtslos"; aber es reproduzieren sich hier für eine sehr große Anzahl von Menschen im Mittelalter, und eigentlich erst spät in der neueren Zeit für eine immer kleinere Anzahl, stets die gleichen Lebensbedingungen. Hier wird weiter und weiter vorwiegend auf dem Platze und im Rahmen der gleichen Wirtschaftseinheit produziert und konsumiert; die stärkere, überlokale Verflechtung in anderen Bezirken der Gesellschaft wird erst spät und vermittelt spürbar. Die Arbeitsteilung und Arbeitstechnik, die in dem kommerzialisierten Sektor rascher vorangehen, verändern sich hier nur langsam.

Und weit später legen sich daher hier auch jene eigentümlichen Zwänge, jene strikteren Regelungen und Zurückhaltungen über die Seele der Menschen, die im Geldgeflecht, im Geflecht der größeren Funktionsteilung mit seiner wachsenden Zahl von sichtbaren und unsichtbaren Abhängigkeiten den Menschen formen. Weit zögernder und langsamer unterliegen hier Triebleben und Verhalten der Zivilisation.

Wie gesagt, im Mittelalter und noch lange darüber hinaus, umfaßt dieser agrarische, natural wirtschaftende Sektor mit seiner geringen Arbeitsteilung, seiner geringen überlokalen Verflechtung und seinem starken Beharrungsvermögen den weitaus größeren Teil der Bevölkerung. Man muß, um den Zivilisationsprozeß wirklich zu verstehen, diese Polyphonie der Geschichte, das langsame Tempo in der Veränderung der einen, das raschere in der Veränderung anderer Schichten und die Proportion zwischen ihnen im Auge behalten. Die Herren dieses großen, langsam beweglichen, agrarischen Sektors der mittelalterlichen Welt, die Ritter, sind zum größten Teil in ihrem Verhalten und ihren Trieben kaum direkt durch Geldketten gebunden; sie kennen meist keinen anderen Vermittler zu ihrem Lebensunterhalt — und damit keine andere unmittelbare Abhängigkeit — als das Schwert. Allenfalls die Gefahr der körperlichen Überwältigung, die Kriegsdrohung eines sichtbar Überlegenen, also direkte, körperliche Zwänge von außen können sie zu einer Zurückhaltung bringen. Im übrigen spielen ihre Affekte in allen Schrecken und Freuden des Lebens ziemlich unabhängig und ungedämpft. Ihre Zeit — und die Zeit ist, wie das Geld, eine Funktion der gesellschaftlichen Interdependenz — ist nur in ganz geringem Maße durch Abhängigkeit und Angewiesenheit auf andere zu einer kontinuierlichen Einteilung oder Regelung gedrängt. Das gleiche gilt von den Trieben. Sie sind wild, grausam, zu Ausbrüchen geneigt und hingegeben an die Lust des Augenblicks. Sie können es sein. Wenig in ihrer Lage zwingt sie dazu, sich selbst Zwang aufzuerlegen; wenig in ihrer Konditionierung, das auszubilden, was man ein strenges und stabiles Über-Ich nennen könnte, Funktion der in Selbstzwänge transformierten Fremdzwänge und äußeren Abhängigkeiten.

Gegen das ausgehende Mittelalter hin ist dann wohl schon eine etwas beträchtlichere Anzahl von Rittern in die Einflußsphäre der großen, ritterlichen Feudalhöfe hineingezogen; und die Beispiele, die oben an Hand einer Reihe von Bildern für das Leben eines Ritters gegeben worden sind (s. Bd. I S. 283 ff.), stammen aus diesem Kreis. Aber das Gros der Ritter lebte auch in dieser Zeit noch nicht sehr viel anders als im 9. oder 10. Jahrhundert. Ja, eine allmählich immer kleinere Anzahl von Gutsherren führte ein ähnliches Leben sogar noch lange über das Mittelalter hinaus. Und wenn man einer Dichterin, wenn man George Sand vertrauen kann — sie selbst versichert ausdrücklich die historische Richtigkeit —, so gab es einzelne solcher ungebändigten, feudalen Existenzen in den Winkeln der französischen Provinz noch bis kurz vor der französischen Revolution, nun doppelt wild, verängstigt und grausam kraft ihrer Außenseiterlage. Sie schildert das Leben in einer dieser letzten Burgen, die jetzt, weniger, weil sie sich geändert haben, als deswegen, weil sich die Gesellschaft ringsum geändert hat, mehr oder weniger den Charakter einer Räuberhöhle haben, in ihrer Novelle «Mauprat»:

«Mon grand-père, sagt der Held der Erzählung, était dès lors avec ses huit fils le dernier débris que notre province eût conservé de cette race de petits tyrans féodaux dont la France avait été couverte et infestée pendant tant de siècles. La civilisation, qui marchait rapidement vers la grande convulsion révolutionnaire, effaçait de plus en plus ces exactions et ces brigandages organisés. Les lumières de l'éducation, une sorte de bon goût, reflèt lointain d'une cour galante, et peutêtre le pressentiment d'un réveil prochain et terrible du peuple pénétraient dans les chateaux et jusque dans le manoir à demi-rustique des gentillâtres.»

Man müßte ganze Stücke dieser Schilderung hierher setzen, um zu zeigen, wie Verhaltensweisen, die im 10., 11., 12. Jahrhundert für einen großen Teil der Oberschicht charakteristisch waren, sich kraft ähnlicher Lebensbedingungen nun noch immer bei einzelnen Außenseitern finden. Da ist noch immer die Ungeregeltheit und Ungedämpftheit der Triebe.

Es fehlt noch immer deren Verwandlung in die vielen Arten verfeinerter Lust, die die Gesellschaft ringsum nun schon kennt. Da ist das Mißtrauen gegenüber den Frauen, die im wesentlichen Objekt der sinnlichen Befriedigung sind, die Freude an Plünderung und Vergewaltigung, das Verlangen, niemanden als Herren über sich anzuerkennen, die Unterwürfigkeit der Bauern, von denen man lebt, und dahinter die mit der Waffe, durch physische Gewalt nicht faßbaren Zwänge: Die Verschuldung, die Enge und Armseligkeit des Lebens in scharfem Kontrast zu der Größe des Anspruchs, und das Mißtrauen gegenüber dem Geld bei den Herren, wie bei den Bauern:

«Le Mauprat ne demandait pas d'argent. Les valeurs monétaires sont ce que le paysan de ces contrées réalise avec le plus de peine, ce dont il se dessaisit avec le plus de répugnance. ‚L'argent est cher' est un de ses proverbes, parce que l'argent représente pour lui autre chose qu'un travail physique. C'est un commerce avec les choses et les hommes du dehors, un effort de prévoyance ou de circonspection, un marché, une sorte de lutte intellectuelle qui l'enlève à ses habitudes d'incurie, en un mot un travail de l'esprit; et pour lui c'est le plus pénible et le plus inquiétant.»

Hier sind noch immer vorwiegend natural wirtschaftende Enklaven im weiten, durch Handelsbeziehungen und Arbeitsteilung verflochtenen Feld. Man kann sich selbst hier des Hineingezogenwerdens in den Stromkreis des Geldes nicht mehr ganz erwehren. Vor allem die Steuern, dann auch schon die Notwendigkeit, mancherlei zu kaufen, was man nicht selbst erzeugt hat, drängen in diese Richtung. Aber die eigentümlich unanschauliche Regelung und Voraussicht, die Zurückhaltung von Neigungen über das Maß der notwendigen, körperlichen Arbeit hinaus, die jede Verflechtung in Geldketten den Menschen auferlegt, ist und bleibt in diesen Bezirken eine verhaßte und im Grunde unverständliche Art von Zwang.

Dieses Zitat bezieht sich auf Herren und Bauern aus dem Ende des 18. Jahrhunderts. Es mag hier genügen, um das langsame Veränderungstempo dieses Gesellschaftssektors und etwas von der Haltung seiner Menschen noch einmal zu illustrieren.

29. Aus der weiten, natural wirtschaftenden Landschaft mit ihrer Unzahl von Burgen, ihren vielen, kleineren und größeren Herrschaftsgebieten hoben sich also in Frankreich langsam während des 11., deutlicher während des 12. Jahrhunderts zwei neue Arten von Gesellschaftsorganen, zwei neue Siedlungs- oder Integrationsformen heraus, die das Wachsen der Arbeitsteilung und der Menschenverflechtung markieren: Die Höfe der größeren Feudalherren und die städtischen Siedlungen. Beide Institutionen stehen ihrer Soziogenese nach in engster Verbindung, so mißtrauisch und so feindlich sich auch oft die Menschen beider zueinander verhalten.

Man darf das nicht mißverstehen. Nicht etwa mit einem Schlage stellt sich ein differenzierterer Sektor, Siedlungsformen, in denen direkt oder indirekt auf Grund von Tausch und Arbeitsteilung etwas größere Menschenmengen ernährt werden können, dem undifferenzierteren, natural wirtschaftenden Sektor entgegen. Unendlich langsam bauen sich zunächst in den Weg der Güter vom Naturzustand zur Konsumtion neue, wirtschaftlich selbständige Stationen ein. Und so, Schritt für Schritt, wachsen also auch Städte und größere Feudalhöfe aus jener Betriebsform, die sich auf den kleineren Gütern erhält, heraus. Weder die städtischen Siedlungen noch die großen Feudalhöfe sind im 12. Jahrhundert und selbst noch lange danach auch nur im entferntesten dermaßen von den natural wirtschaftenden Bezirken abgetrennt, wie später dann etwa im 19. Jahrhundert die Städte von dem sog. offenen Land. Im Gegenteil, städtische und ländliche Produktion stehen hier noch immer in engster Verbindung miteinander. Und die wenigen großen Feudalhöfe sind zwar durch Überschußerträge, durch Abgaben, die ihnen zuströmen, ebenso wie durch einen größeren Luxusbedarf an das Handelsnetz und den Marktverkehr angeschlossen, aber der größte

Teil ihres Alltagbedarfs wird noch immer unmittelbar aus den Erträgen der Domanialgüter gedeckt; und in diesem Sinn sind auch sie noch vorwiegend natural wirtschaftende Höfe. Allerdings differenziert sich gerade wegen der Größe dieses Domanialbesitzes auch der Betrieb innerhalb seiner selbst. Ähnlich, wie etwa in der Antike die großen Sklavengüter zum Teil für den Markt arbeiten, zum Teil aber unmittelbar für den großen Haushalt der Herrschaft und in diesem Sinn noch immer eine differenziertere Art der marktlosen Wirtschaft und Betriebsform darstellen, so auch diese großen Feudalbesitzungen. Das mag bis zu einem gewissen Grade für die einfacheren Arbeiten innerhalb ihrer gelten; das gilt vor allem auch für die Organisation des Betriebs. Der Domanialbesitz der großen Feudalherren bildet ja so gut wie nie einen einzigen, mächtigen, landschaftlich geschlossenen Komplex. Die Güter sind auf recht verschiedenen Wegen, durch Eroberungen, Erbschaften, Schenkungen oder Heiraten ganz allmählich in eine Hand gekommen. Sie liegen meist in verschiedenen Gegenden innerhalb des Territoriums verstreut, und sie sind daher auch nicht mehr so leicht übersehbar wie ein kleineres Besitztum. Man braucht eine Zentralapparatur, Menschen, die das Aus- und Eingehen der Güter beaufsichtigen, die die Rechnungen führen, so einfach das auch zunächst geschehen sein mag, Menschen, die zugleich das Einkommen der Abgaben überwachen und sich darüber hinaus mit der Verwaltung des Territoriums befassen. „Der kleine Feudalhof war unter intellektuellem Gesichtspunkt ein rudimentäres Organ, besonders wo der Herr selber weder schreiben noch lesen konnte[52])." Die Höfe der großen und reichen Feudalherren ziehen zunächst einmal schon zu Verwaltungszwecken einen Stab von gelehrten Klerikern an sich. Aber diese großen Feudalherren sind, wie gesagt, kraft der Chancen, die ihnen in dieser Zeit zuströmen, die reichsten und mächtigsten Männer ihres Gebiets, und es wächst mit der Möglichkeit zugleich auch das Verlangen, dieser Stellung durch Glanz und Schmuck des Hofes Ausdruck zu geben. Sie sind reicher nicht nur als die anderen Ritter, sondern zunächst auch als irgendwelche Stadtbürger. Daher haben die großen Feudalhöfe im Bild dieser Zeit auch eine weit größere, kulturelle Bedeutung als die Städte. Sie werden im Konkurrenzkampf der Territorialherren untereinander zu Repräsentationsstätten für die Macht und den Reichtum ihrer Gebieter. Diese ziehen nicht nur zu Verwaltungszwecken schreibende Männer an sich, sondern auch als Geschichtsschreiber ihrer Taten und Schicksale. Sie zeigen sich freigiebig zu Spielleuten, die ihren und ihrer Dame Preis singen. Die großen Höfe werden zu „potentiellen Zentren der literarischen Patronage" und zu „potentiellen Zentren der Geschichtsschreibung[53]". Es gibt hier noch keinen Buchmarkt. Und im Rahmen der weltlichen Gesellschaft ist für den, der sich auf Schreiben und Dichten spezialisiert hat, der davon leben muß, Kleriker oder nicht, die höfische Patronage die einzige Form, in der er seinen Lebensunterhalt finden kann[54]).

Hier, wie immer in der Geschichte, entwickeln sich höhere und verfeinerte Arten der Dichtung aus einfacheren im Zusammenhang mit einer Differenzierung der Gesellschaft, mit der Herausbildung von reicheren und verfeinerteren Gesellschaftskreisen. Der Dichter schafft hier noch nicht als ein ganz auf sich gestelltes Individuum für ein anonymes Publikum, von dem er allenfalls einzelne Vertreter kennt. Er schafft und spricht unmittelbar für Menschen, die er kennt, mit denen er täglich umgeht; und die Geselligkeit, die Beziehungs- und Umgangsformen, die Atmosphäre dieses Gesellschaftskreises ebenso, wie seine soziale Stellung in ihm, kommen in seinen Worten zum Ausdruck.

Spielleute ziehen von Burg zu Burg. Es sind Sänger, es sind sehr oft auch nur Possenreißer und Narren im einfachsten Sinn des Wortes. Und als solche finden sie sich auch in den Burgen der einfacheren und kleineren Ritter. Aber sie kommen hierher nur zu vorübergehendem Besuch. Es ist hier kein Raum, kein Interesse, sehr oft wohl auch nicht die Mittel zur dauernden Ernährung und Belohnung eines Spielmanns.

Nur an den wenigen, größeren Hofhaltungen sind für eine solche dauernde Erhaltung von Spielleuten Raum, Mittel und Interesse vorhanden. Und unter Spielleuten hat man dabei in der Tat Funktionen in einer ganzen Skala vom einfachen Possenreißer und Narren bis zum Minnesänger und Troubadour zu verstehen. Die Funktion differenziert sich mit ihrem Publikum. Die größten, reichsten — und das heißt zugleich auch die in der feudalen Rangordnung am höchsten rangierenden — Herren hatten die Chance, die besten Kräfte an ihren Hof zu ziehen. Hier waren mehr Menschen versammelt; hier gab es die Möglichkeit zu einer verfeinerten Geselligkeit und Unterhaltung; hier verfeinerte sich also auch der Ton der Dichtung. Der Gedanke „je höher der Herr und die Herrin, desto höher und besser auch der Sänger" ist in dieser Zeit selbst oft genug ausgesprochen worden[55]). Er galt im Grunde als selbstverständlich. Und sehr oft lebte an den großen Feudalhöfen nicht nur einer, sondern mehrere Sänger. „Je höher die persönlichen Eigenschaften und der Rang einer Fürstin, je glänzender ihre Hofhaltung, desto mehr Lobdichter versammelte sie zu ihrem Dienst[56])." Dem Machtkampf zwischen den großen Feudalherren korrespondierte ein ständiger Prestigekampf. Der Dichter ebenso wie der Geschichtsschreiber gehörten zu dessen Instrumenten. Daher bedeutet der Übergang eines Minnesängers aus dem Dienst eines Herrn in den eines anderen sehr oft auch einen völligen Wechsel der politischen Überzeugungen, die von ihm vorgetragen wurden[57]). Mit Recht ist vom Minnelied gesagt worden: „Es war nach Sinn und Zweck ein politischer Panegyrikus in der Form der persönlichen Huldigung[58])."

30. Für das Auge des Rückblickenden erscheint der Minnesang leicht als eine Ausdrucksform der ritterlichen Gesellschaft schlechthin; und die Gewohnheit ihn so zu sehen, wurde dadurch unterstützt und verstärkt, daß sich mit dem Absterben der Ritterfunktionen, mit der wachsenden Gebundenheit auch der adligen Oberschicht im Anstieg des Absolu-

tismus das Bild der freieren und ungebundeneren Rittergesellschaft für den Rückblickenden mit einem Sehnsuchtsschleier umgab. Aber es ist schwer zu denken, daß der Minnesang und vor allem seine zarteren Töne — nicht immer ist er zart — aus dem gleichen Leben stammen, wie die ungedämpften, die rauhen und rüden Verhaltensformen, die, ihrer Lage entsprechend, dem Gros der Ritter zu eigen waren; es ist auch schon hervorgehoben worden, daß der Minnesang eigentlich „ritterlicher Geistesart sehr widerspricht [59])". Man muß die ganze Landschaft in ihrer beginnenden Differenzierung vor Augen haben, um diesen Widerspruch zu lösen, und um die menschliche Haltung zu verstehen, die in der Troubadourlyrik zum Ausdruck kommt.

Drei Formen des ritterlichen Schicksals heben sich im Anstieg des 11. und 12. Jahrhunderts mit vielerlei Übergängen gegeneinander ab. Da sind die kleineren Ritter, Herren über ein oder ein paar nicht zu umfangreiche Güter; da sind die großen und reichen Ritter, die Territorialherren, verglichen mit jenen gering an Zahl, und schließlich die Ritter ohne Land oder nur mit geringem Land, die sich in den Dienst und die Abhängigkeit von größeren Rittern begeben. Nicht ausschließlich, aber hauptsächlich aus dieser letzten Gruppe stammen die ritterlichen, die adligen Minnesänger. Der Weg des Singens und Dichtens im Dienst eines großen Herren und einer edlen Frau ist einer der Wege, die sich den vom Lande Abgedrängten aus der Oberschicht sowohl, wie aus der städtisch-ländlichen Unterschicht eröffnet. Abkömmlinge beider Schichten finden sich in dieser Funktion als Troubadoure an den großen Feudalhöfen zusammen. Und wenn sich auch gelegentlich einmal einer der großen Feudalherren selbst am Singen und Dichten beteiligt, ihr Gepräge bekommen Troubadourlyrik und Minnedienst aus dieser Gebundenheit sozial abhängiger Menschen im Kreis einer reichen und langsam in festere Formen gefaßten Geselligkeit. Die menschlichen Beziehungen und Zwänge, die sich hier herstellen, sind noch nicht ganz so beständig und strikte geregelt, sie sind auch noch nicht so unentrinnbar, wie später an den größeren und weit stärker von Geldbeziehungen geformten absolutistischen Höfen, aber auch sie wirken bereits in der Richtung einer strengeren Regelung der Triebe; im beschränkten Kreis des Hofes und gefördert vor allem durch die Gegenwart der Herrin werden friedlichere Umgangsformen zur Pflicht; man darf sich davon gewiß keine übertriebenen Vorstellungen machen; die Pazifizierung der Seelen ist noch längst nicht so weit gediehen, wie später, wo der absolute König schließlich sogar die Duelle verbieten kann; noch immer sitzt das Schwert locker, und Krieg und Fehde sind nahe; aber die Dämpfung der Wallungen, die Sublimierung im Zirkel der feudalhöfischen Geselligkeit ist unverkennbar und unvermeidlich. Die ritterlichen, wie die bürgerlichen Sänger sind sozial abhängige Existenzen; und die gesellschaftliche Basis ihres Singens, ihrer Haltung, ihrer Trieb- und Affektlage bildet das Dienstverhältnis.

„Mochte der höfische Sänger seiner Kunst und Person Achtung und Ansehen sichern, über den landfahrenden Spielmann erhob er sich dauernd nur dann, wenn er vom Fürsten oder der Fürstin in Dienst genommen wurde. Minnelieder, die er an eine noch nicht besuchte Herrin aus der Ferne richtet, hatten keinen anderen Zweck, als die Bereitwilligkeit und den Wunsch auszudrücken, bei der Adressatin Hofdienst zu leisten. Das war und blieb nach Lage der Dinge das reale Ziel für alle, die aus ihrer Kunst ihren Lebensunterhalt gewinnen mußten, für Männer geringer Herkunft ebenso, wie für die nachgeborenen und daher erblosen Söhne aus vornehmem Haus . . ."

„. . . An Walthers v. d. Vogelweide Dienstverhältnissen können wir, dank Konrad Burdachs klaren Feststellungen, ein typisches Beispiel beobachten. König Philipp hatte Walther ‚an sich genommen', d. h. der Dichter wurde in die familia aufgenommen: Das war der übliche Ausdruck für den Eintritt in die Ministerialität. Es war ein Dienst ohne beneficium und auf Kündigung von vier Wochen zu einem Jahr. War die Zeit abgelaufen, dann konnte er sich mit Erlaubnis des bisherigen einen neuen Herren suchen. Walther erhielt von Philipp kein Lehen, auch nicht von Dietrich v. Meißen, noch von Otto IV. oder Hermann v. Thüringen, zu dessen Ingesinde er einmal gehörte. Auch bei dem Bischof Wolfgar v. Ellenbrechtskirchen stand er nur vorübergehend in Dienst. Bis endlich Friedrich II., ein Kenner der Kunst und selbst Poet, ihm ein beneficium gewährte, das ihm ein Auskommen sicherte. Ein honos, ein Land oder Amtslehen (erst später auch ein Geldlehen), war in dem naturalwirtschaftlichen feudalen Zeitalter die höchste Ehrung für geleistete Dienste und das Ziel der letzten Wünsche. Selten genug wurde es höfischen Sängern, in Frankreich wie in Deutschland, verliehen. Meist mußten sie zufrieden sein als Hofdichter zur Unterhaltung der Gesellschaft zu dienen und dafür Herberg und Nahrung zu empfangen, und als besondere Ehrung ... die Ausstattung, deren sie zum Hofdienst bedurften [60])."

31. Die besondere Affektlage, die im Minnesang zum Ausdruck kommt, ist von dieser gesellschaftlichen Stellung der Minnesänger unabtrennbar. Die Ritter des 9. und 10. Jahrhunderts und auch später noch immer die Mehrheit der Ritter ging mit ihren eigenen oder gar mit niedrigerstehenden Frauen im allgemeinen nicht sehr zart um. Die Frauen waren in den Burgen dem Zugriff des stärkeren Mannes immer unmittelbar ausgesetzt. Sie konnten sich mit List und Schläue wehren, aber der Mann war hier Herrscher. Und die Beziehungen zwischen den Geschlechtern regelten sich, wie in jeder Kriegergesellschaft mit mehr oder weniger ausgeprägter Männerherrschaft, nach der Kraft und oft genug im offenen oder versteckten Kampf, den jeder mit seinen Mitteln ausfocht.

Wir hören gelegentlich von Frauen, die sich nach Temperament und Neigung wenig von Männern unterscheiden. Die Burgherrin ist in diesem Falle eine „Virago" mit heftigem Temperament, lebhaften Leidenschaften, von Jugend auf allen körperlichen Übungen unterworfen, die an allen Vergnügungen und Gefahren der Ritter ringsum teilnimmt [61]). Aber oft genug hören wir auf der anderen Seite, wie ein Krieger, König oder einfacher Seigneur, seine Frau schlägt. Es erscheint fast als eine stehende Gewohnheit: Der Ritter wird wütend und schlägt die Frau mit der Faust auf die Nase, daß Blut kommt:

Mechanismen der Feudalisierung.

«Le roi l'entend et la colère lui monte au visage: il lève le poing et la frappe sur le nez, si bien qu'il en fit sortir quattre gouttes de sang. Et la dame dit: Bien grand merci. Quand il vous plaira, vous pourrez recommencer.»

„Man könnte, sagt Luchaire [62]), andere Szenen des gleichen Genres zitieren: Immer der Schlag mit der Faust auf die Nase." Übrigens wird auch oft genug der Ritter ausdrücklich getadelt, der von seiner Frau Rat annimmt.

«Dame, allez vous mettre à l'ombre, sagt etwa ein Ritter, et, par dedans vos chambres peintes et dorées, allez avec vos suivantes manger et boire, occupez-vous de teindre la soie: C'est votre métier. Le mien est de frapper de l'épée d'acier.»

„Man kann — wiederum nach Luchaire — den Schluß ziehen, daß auch noch in der Epoche Philipp Augusts die höfische, die courtoise, den Frauen günstigere Haltung nur ausnahmsweise in den feudalen Kreisen zu finden war. In der großen Mehrheit der Herrschafts- und Burgbezirke herrschte noch immer die alte, wenig respektvolle und brutale Tendenz vor, überliefert und, wenn man will, übertrieben, in der Mehrzahl der «chansons de geste». Man darf sich auf Grund der Liebestheorien der provenzalischen Troubadoure und einiger «Trouvères» aus Flandern und der Champagne keine Illusionen machen: Die Gefühle, die sie ausdrücken, waren, so glauben wir, die einer Elite, einer sehr kleinen Minorität . . .[63])."

Die Differenzierung zwischen dem Gros der kleineren und mittleren Ritterhöfe und den wenigen, großen Ritterhöfen, die enger an das langsam wachsende Netz der Handels- und Geldverflechtung angeschlossen waren, bringt, wie man sieht, auch eine Differenzierung des Verhaltens mit sich. Sicherlich standen sich diese Haltungen nicht so schroff gegenüber, wie es zunächst in der Nachzeichnung erscheint. Auch hier mag es immer wieder eine Reihe von Übergängen und wechselseitigen Einflüssen gegeben haben. Aber im großen und ganzen kann man sagen, daß sich eine friedlichere Geselligkeit um die Herrin des Hofes nur in diesen wenigen, großritterlichen Höfen bildete; nur hier hatte der Sänger Chancen, einen mehr oder weniger langen Dienst zu finden, und nur hier stellte sich jene eigentümliche Stellung des dienenden Mannes zu der Herrin des Hofes her, die in der Minnelyrik ihren Ausdruck hat.

Der Unterschied zwischen der Haltung und den Gefühlen, die im Minnesang zum Ausdruck kommen, und der anderen, brutaleren, die in den chansons de geste vorherrscht und für die wir auch aus der Geschichte selbst Zeugnisse genug besitzen, geht mit anderen Worten auf zwei verschiedene Arten der Beziehung zwischen Mann und Frau zurück, die zwei verschiedenen Schichten in der Feudalgesellschaft entsprechen, und die sich mit jener Schwergewichtsverlagerung innerhalb ihrer herstellen, von der die Rede war. In einer Gesellschaft von Landedelleuten, die relativ locker auf ihren Burgen und Gütern über das weite Land verteilt sitzt, sind im allgemeinen die Chancen für ein Übergewicht des Mannes über die Frau, also für eine mehr oder weniger unverhüllte Art von Männerherrschaft sehr groß. Und wo immer eine Kriegerschicht oder eine Schicht von Landedelleuten das Gesamtverhalten einer Gesellschaft stark beeinflußt hat, finden sich die Spuren der Männerherrschaft, Formen einer reinen Männergeselligkeit mit ihrer spezifischen Erotik und ein gewisses Beiseitestehen der Frau mehr oder weniger ausgeprägt in der Tradition.

Eine Beziehung dieser Art herrschte auch in der mittelalterlichen Kriegergesellschaft vor. Bezeichnend für sie ist eine eigentümliche Art von Mißtrauen der Geschlechter gegeneinander, Ausdruck für die große Differenz der Lebensformen oder des Lebensraumes, in dem sich die Geschlechter bewegen, und für die seelische Fremdheit, die damit entsteht. Wie später, solange die Frau vom Berufsleben ausgeschlossen ist, so leben auch hier, wo die Frauen im allgemeinen von der Zentralsphäre des männlichen Lebens, von der kriegerischen Betätigung, ausgeschlossen sind, die Männer den Hauptteil ihres Lebens für sich und unter sich. Und der Überlegenheit entspricht eine mehr oder weniger ausgesprochene Verachtung des Mannes für die Frau: „Geht in Eure zierlich geschmückten Gemächer, Dame, unser Geschäft ist der Krieg." Das ist durchaus typisch. Die Frau gehört in die Kemenate. Und auch hier erhält sich diese Haltung, wie der Lebensaufbau, die gesellschaftliche Basis, von der sie produziert wird, sehr lange. Ihre Spuren finden sich in der französischen Literatur bis ins 16. Jahrhundert, genau so lange, wie die Oberschicht vorwiegend eine Krieger- und Landadelsschicht ist[64]), dann verschwindet diese Haltung aus der Literatur, die nun in Frankreich so gut wie ausschließlich von höfischen Menschen kontrolliert und modelliert wird, aber ganz gewiß nicht aus dem Leben des ländlichen Adels selbst.

Die großen, absolutistischen Höfe sind in der europäischen Geschichte die Stätten, in denen sich bisher am vollkommensten eine Gleichheit der zentralen Lebenssphäre und damit auch der Verhaltensformen für Mann und Frau herstellt. Es würde zu weit führen, hier zu zeigen, warum bereits die großen Feudalhöfe des 12. Jahrhunderts, dann erst recht und unvergleichlich viel ausgeprägter die absolutistischen Höfe den Frauen besondere Chancen zur Überwindung der Männerherrschaft und zur Gleichstellung mit den Männern boten. Man hat u. a. darauf hingewiesen, daß in Südfrankreich die Frau schon früh Lehnsherrin werden, Besitz haben und eine politische Rolle spielen konnte; und es ist die Vermutung ausgesprochen worden, daß diese Tatsache die Entwicklung des Minnesangs begünstigt hat[65]). Aber einschränkend ist dem gegenüber auch schon hervorgehoben worden, daß „die Thronfolge der Töchter nur möglich war, wenn die männlichen Verwandten, der Lehnsherr und die Nachbarn die Erbin ihren Besitz ungestört antreten ließen[66])". In der Tat blieb auch in der schmalen Schicht der großen Feudalherren die Überlegenheit des Mannes über die Frau, die aus seiner Kriegerfunktion stammte, immer spürbar. Im Lebensraum der großen Feudalhöfe selbst trat allerdings die kriegerische Funktion der Männer bis zu einem gewissen Grade zurück. Hier lebte zum erstenmal in der weltlichen Gesellschaft eine größere Anzahl von Menschen, auch von Männern, in hierarchischer Ordnung und in beständiger, sehr enger Verflechtung unter den Augen der Zentralperson, des Territorialherrn, beisammen. Und schon das allein zwang alle Abhängigen zu einer gewissen Zurückhaltung. Hier war eine Fülle von unkriegerischer Verwaltungsarbeit, von Schreiberarbeit, zu leisten. Alles das schuf eine etwas friedlichere Atmosphäre. Wie überall dort, wo die Männer zum Verzicht auf körperliche Gewalt gezwungen sind, stieg das soziale Gewicht der Frauen. Hier, im Innern der großen Feudalhöfe, stellte sich ein gemeinsamer Lebensraum, eine gemeinsame Geselligkeit von Männern und Frauen her.

Gewiß war an diesen Höfen die Männerherrschaft keineswegs, wie später gelegentlich an den absolutistischen Höfen, gebrochen. Für den Herrn dieses Hofes stand noch immer seine Funktion als Ritter und Kriegsführer allen anderen voran; auch seine Ausbildung war die eines Kriegers und zentriert um das Waffenhandwerk. Gerade deswegen war die Frau ihm in der Sphäre der friedlichen Geselligkeit überlegen. Wie so oft in der Geschichte des Abendlandes war auch hier zunächst nicht der Mann, sondern die Frau einer höheren Schicht für geistige Bildung, für Lektüre freigesetzt; die Mittel der großen Höfe gaben der Frau die Möglichkeit, ihre Freizeit zu füllen und solchen Luxusbedürfnissen nachzugehen; sie konnte Dichter, Sänger, gelehrte Kleriker heranziehen; und so entstanden hier auch zuerst um die Frauen herum Zirkel friedlicherer, geistiger Regsamkeit. „Im vornehmen Kreis war während des 12. Jahrhunderts die Bildung der Frau durchschnittlich feiner als die des Mannes [67].'' Das bezieht sich gewiß nur auf den Mann gleichen Standes, auf den Ehemann. Das Verhältnis zu ihm, zu dem Ehemann, unterschied sich auch hier noch nicht gar so sehr von dem in der Kriegergesellschaft üblichen. Es war gemäßigter und vielleicht etwas verfeinerter, als bei den kleineren

Rittern; aber der Zwang, den sich der Mann im Verhältnis zu seiner eigenen Frau auferlegte, war im allgemeinen nicht besonders groß. Auch hier war ganz unzweideutig der Mann der Herrscher.

32. Nicht diese Beziehung, nicht die Beziehung von Ehemann und Ehefrau ist diejenige Form der menschlichen Beziehung, die der Troubadourlyrik und dem Minnesang zugrunde liegt, sondern die Beziehung des sozial niedrigerstehenden Mannes zu der sozial höherstehenden Frau. Und nur in derjenigen Schicht, im Bereich solcher Höfe, die reich und mächtig genug waren, solche Beziehungen entstehen zu lassen und zu pflegen, findet sich der Minnesang. Das aber ist in der Tat, verglichen mit dem Ganzen der Ritterschaft, eine schmale Schicht, eine „Elite".

Der Zusammenhang zwischen dem gesellschaftlichen Aufbau der Beziehung und dem Aufbau des Trieblebens tritt dabei ganz unzweideutig zutage. Im Gros der feudalen Gesellschaft, wo der Mann der Herrscher, wo die Abhängigkeit der Frau vom Mann unverhüllt und kaum eingeschränkt ist, nötigt auch nichts den Mann, seinen Trieben Zwang und Zurückhaltung aufzuerlegen. Von „Liebe" ist in dieser Kriegergesellschaft wenig die Rede. Und man hat den Eindruck, daß der Verliebte unter diesen Kriegern lächerlich erscheinen müßte. Die Frau erscheint hier im allgemeinen den Männern als ein Wesen inferiorer Art. Es sind genug davon vorhanden. Sie dienen zur Befriedigung der Triebe in ihrer einfachsten Form. Die Frauen sind dem Manne gegeben «pour sa nécessité et délectation». So ist es in späterer Zeit einmal ausgedrückt worden; aber es entspricht genau dem Verhalten des Kriegers in dieser früheren. Was er bei der Frau sucht, ist körperliche Lust; darüber hinaus «il n'est guère hommes qui pour avoir patience, endurent leurs femmes [68])».

Die Zwänge, die auf dem Triebleben der Frau lasten, sind von jeher in der abendländischen Geschichte und dann, abgesehen von den großen, absolutistischen Höfen, so ziemlich durch die ganze, abendländische Geschichte hin, erheblich größer, als die des ebenbürtigen Mannes. Daß die Frau dieser Kriegergesellschaft in hohen Positionen und dementsprechend mit einem gewissen Maß von Freiheit immer weit eher und leichter zur Bewältigung, Verfeinerung, zur fruchtbaren Transformation der Affekte gelangt, als der gleichgestellte Mann, mag unter anderem auch ein Ausdruck dieser beständigen Gewöhnung und der frühzeitigen Konditionierung in dieser Richtung sein. Sie ist auch im Verhältnis zu dem nach außen sozial gleichstehenden Mann ein abhängiges, ein sozial niedrigerstehendes Wesen.

Dem entspricht es, daß in der Kriegergesellschaft erst die Beziehung des sozial niedrigerstehenden und abhängigen Mannes zu der sozial höherstehenden Frau jenen zu einem An-sich-Halten, zur Versagung, zur Bändigung der Triebe und damit zur Umformung nötigt. Es ist kein Zufall, daß sich in dieser menschlichen Situation als gesellschaftliches, nicht nur als individuelles Phänomen das herausbildet, was wir „Lyrik" nennen und — ebenfalls als gesellschaftliches Phänomen — jene Umformung der Lust, jene Tönung des Gefühls, jene Sublimierung und Verfeinerung der Affekte, die wir „Liebe" nennen. Hier entstehen, nicht nur ausnahmsweise, sondern gesellschaftlich-institutionell verfestigt, Kontakte zwischen Mann und Frau, die es auch dem stärkeren Mann unmöglich machen, sich die Frau einfach zu nehmen, wenn er Lust hat, die dem Mann die Frau unerreichbar oder schwer erreichbar machen, und zugleich, weil sie höher steht, weil sie schwer erreichbar ist, vielleicht besonders begehrenswert. Dies ist die Situation, dies die Gefühlslage des Minnesangs, in dem von nun an immer wieder durch die Jahrhunderte hin die Liebenden etwas von ihren eigenen Empfindungen wieder erkennen.

Sicherlich sind eine Fülle von Troubadour- und Minneliedern im wesentlichen Ausdruck einer feudalhöfischen Konvention, Zierate der Geselligkeit und Instrumente des Gesellschaftsspiels. Es mag eine ganze Anzahl von Troubadouren gegeben haben, deren innere Beziehung zu der Herrin nicht so überaus groß war, und die sich persönlich bei anderen, leichter erreichbaren Frauen schadlos hielten. Aber weder diese Konvention, noch ihr Ausdruck hätte entstehen können, wenn echte Erfahrungen und Empfindungen dieser Art fehlten. Sie haben einen Kern von ungekünsteltem Gefühl und wirklich Erlebtem. Man kann solche Töne nicht einfach ersinnen oder erfinden. Einige haben geliebt und einige haben Kraft und Größe genug gehabt, ihrer Liebe mit Worten Ausdruck zu geben; es ist nicht einmal schwer zu sagen, in welchen Gedichten Gefühl und Erlebnis echt und in welchen sie mehr oder weniger konventionell sind. Es mußten erst Einige die Worte und Töne zu ihrem Empfinden gefunden haben, damit Andere mit ihnen spielen, damit eine Konvention daraus werden konnte. „Die guten Dichter, das steht fest, haben auch in diese Dichtung des Liebenswahns ihre Wahrheit gemischt: Aus der Fülle ihres Lebens ist ihnen der Stoff ihrer Lieder zugeströmt[69])."

33. Man hat sehr oft nach den literarischen Quellen und Vorbildern des Minnesangs gefragt. Und hat, wahrscheinlich mit Recht, auf seine Verwandtschaft mit der religiösen Minnelyrik und der lateinischen Vagantenpoesie hingewiesen[70]).

Aber die Enstehung des Minnesangs ist nicht allein und nicht in ihrem Kern aus literarischen Antezedenzien zu verstehen. Vaganten- und Marienlyrik bargen viele Möglichkeiten der Weiterbildung in sich. Warum veränderte sich die Art, in der sich die Menschen auszudrücken suchten? Warum blieben, um die Frage ganz simpel zu stellen, diese beiden, Marien- und Vagantenlyrik, nicht auch weiter vorherrschende Ausdrucksformen der Gesellschaft? Warum nahm man Form- und Gefühlselemente von ihnen und bildete daraus etwas Neues? Warum erhielt das Neue gerade jene Gestalt, die wir unter dem Namen des „Minnesangs" kennen? Die Geschichte hat ihre Kontinuität: die Späterkommenden knüpfen wissentlich oder nicht an das Vorhandene an und führen es fort. Aber welches sind die Dynamismen der Bewegung, welches die gestaltenden Kräfte der geschichtlichen Veränderungen? Das ist auch hier die Frage. Die Quellenforschung, die Untersuchung der Antezedenzien, hat gewiß auch für das Verständnis des Minnesangs eine mehr oder weniger große Bedeutung, aber ohne soziogenetische und psychogenetische Untersuchungen bleibt seine Entstehung, sein Lehnszusammenhang dunkel. Man kann den Minnesang als überindividuelles Phänomen, in seiner gesellschaftlichen Funktion, nämlich seiner Funktion in der feudalen Gesellschaft als Ganzem, ebenso, wie das Spezifische an seiner Form, das Typische an seinen Gehalten nicht verstehen, wenn man die spezifische Form der Beziehung, die aktuelle Situation der Menschen, die sich in ihm aussprechen, und die Genese dieser Situation nicht kennt. Dazu bedarf es für dieses spezielle Problem mehr Raum, als ihm hier zur Verfügung steht, wo es auf einen größeren Bewegungszusammenhang abgesehen ist; wenn für eine einzelne Erscheinung, wie den Minnesang, in diesem Zusammenhang die Fragerichtung präzisiert ist und einige Grundlinien seiner soziogenetischen und psychogenetischen Konstitution, so ist alles geschehen, was hier für diese Aufgabe geleistet werden sollte.

34. Die großen, geschichtlichen Veränderungen haben ihre strikte Gesetzmäßigkeit. Sehr oft sieht es heute in Darstellungen so aus, als folgten die einzelnen Gestaltungen der Gesellschaft, deren Geschichte die Geschichte ist, eher zufällig aufeinander, ähnlich wie im Kopfe Peer Gynts die Gestalten einer Wolke: bald sieht sie wie ein Pferd aus, bald wie ein Bär, bald die Gesellschaft romanisch oder gotisch und bald barock.

Ein paar Grundlinien aus dem Triebwerk der geschichtlichen Prozesse, die zur Gestaltung der Gesellschaft im Sinne des „Feudalsystems" führen, und schließlich zu jener Art von Beziehungen, die sich im Minnesang ausdrückt, sind hier bloßgelegt worden. Da ist das raschere Wachstum der Bevölkerung nach der Völkerwanderungszeit im Zusammenwirken mit den immer fester werdenden Besitzverhältnissen,

Bildung eines Menschenüberschusses in der Adelsschicht, wie in der Schicht der Unfreien oder Halbfreien, und der Zwang für die Freigesetzten hier und dort, sich neue Dienste zu suchen.

Da ist, im Zusammenhang damit, das langsame Einschalten von Stationen in den Weg der Güter von der Produktion zur Konsumtion, das Wachstum des Bedarfs an einheitlichen, mobilen Tauschmitteln, die Verschiebung des Schwergewichts innerhalb der Feudalgesellschaft zugunsten der relativ wenigen großen, zuungunsten der vielen kleineren Herren, die Bildung großritterlicher Feudalhöfe im Zentrum eines Gebiets von der Größenordnung eines Territoriums, an denen sich ritterlich-feudale Züge mit höfischen zu einer eigentümlichen Einheit verbinden, wie naturalwirtschaftliche Beziehungen mit geldwirtschaftlichen im Ganzen dieser Gesellschaft.

Da ist das Prestige- und Repräsentationsbedürfnis dieser großen Feudalherren im blutigen oder unblutigen Konkurrenzkampf untereinander; da ist ihr Distinktionswillen gegenüber den kleineren Rittern; und als Ausdruck alles dessen werden hier Dichter und Sänger, die Herren und Herrin preisen, die den Interessen und politischen Meinungen des Herrn, Geschmack und Schönheit der Herrin Worte geben, zu mehr oder weniger festen, gesellschaftlichen Institutionen.

Da ist, ebenfalls nur in dieser kleinen Oberschicht der Rittergesellschaft, eine erste Form der Emanzipation, der größeren Bewegungsfreiheit für die Frau — sehr gering, ganz gewiß, wenn man sie mit der Bewegungsfreiheit der Frau an den großen, absolutistischen Höfen vergleicht —, ständigere Kontakte zwischen der Herrin dieses Hofes, der sozial höherstehenden Frau, und dem Troubadour, dem sozial niedrigerstehenden und abhängigen Mann, Ritter oder nicht, Unerreichbarkeit oder schwerer Zugang zu der begehrten Frau, Zwang zum An-sich-Halten für den sozial abhängigen Mann, zur Rücksicht, zu einer gewissen, noch sehr gemäßigten Regelung und Umformung des Trieblebens und schließlich der

Ausdruck solcher schwer verwirklichbaren Wünsche in der Sprache der Traums, im Gedicht.

Die Schönheit des einen Gedichts, die leere Konventionalität des anderen, die Größe dieses, die Kleinheit jenes Minnesängers, das sind Fakten für sich. Der Minnesang als gesellschaftliche Institution aber, in deren Rahmen sich der Einzelne entfaltet — nur von ihm ist hier die Rede —, bildet sich unmittelbar in diesem Spiel der gesellschaftlichen Prozesse.

35. In eben dieser Situation, nämlich an den großritterlichen Feudalhöfen, bildet sich zugleich eine festere Konvention der Umgangsformen, eine gewisse Mäßigung der Affekte, eine Regelung der Manieren heraus. Es ist jener Standard der Manieren, jene Konvention des Umgangs, jene Ausfeilung des Verhaltens, der man in dieser Gesellschaft selbst den Namen der „Courtoisie" gab. Und erst wenn man das, was in dem vorangehenden Kapitel von dem courtoisen Verhalten sichtbar wurde, in das einbaut, was in diesem zum Verständnis dieser Feudalhöfe gesagt worden ist, rundet sich das Bild.

Vorschriften der courtoisen Gesellschaft sind oben an den Anfang verschiedener Beispielreihen gestellt worden, die den Prozeß der Zivilisation des Verhaltens illustrieren sollten. Die Soziogenese der großen, ritterlichen Feudalhöfe ist zugleich die Soziogenese dieses courtoisen Verhaltens. Auch die „Courtoisie" ist eine Verhaltensform, die sich wohl zunächst und in erster Linie bei den sozial abhängigeren Existenzen im geselligen Kreise dieser ritterlich-höfischen Oberschicht herausbildete[71]). Aber wie dem auch sei, jedenfalls zeigt sich eines mit alledem von neuem deutlich: Dieser courtoise Verhaltensstandard ist nicht in irgendeinem Sinne ein Anfang; er ist in keiner Weise ein Beispiel dafür, wie sich das Verhalten gestaltet, wenn die Affekte gesellschaftlich, nämlich durch die Beziehungen der Menschen zueinander, nicht gebunden oder „natürlich" spielen. Einen solchen Zustand der absoluten Trieb-Ungebundenheit oder des „Anfangs" gibt es überhaupt nicht. Die relativ große Ungebundenheit der Triebäußerungen in der courtoisen Oberschicht, groß, verglichen mit denen der späteren, weltlichen Oberschichten des Abendlandes, entspricht genau der Integrationsform, dem Maß und der Art von wechselseitiger Abhängigkeit, in der die Menschen hier miteinander zu leben gehalten sind.

Hier ist die Arbeitsteilung geringer als in jener Phase, in der sich die straffere, absolutistische Herrschaftsapparatur bildet; die Handelsverflechtung ist geringer, geringer dementsprechend auch die Anzahl der Menschen, die an einem Platz ernährt werden können; und wie immer sich die Abhängigkeitsverhältnisse im einzelnen gestalten, das gesellschaftliche Geflecht der Abhängigkeiten, die sich in dem einzelnen Menschen kreuzen, ist hier weniger engmaschig und weniger weitreichend als in Gesellschaften mit höherer Arbeitsteilung, als dort, wo mehr Menschen beständig dicht miteinander in einer genauer durchgearbeiteten Ordnung leben; und weniger streng, weniger beständig und gleichmäßig ist infolgedessen hier auch die Regelung und Bindung, der das Triebleben des Einzelnen unterworfen ist; aber sie ist hier, an den größeren Feudalhöfen, schon beträchtlich größer als an den kleineren, als im Gros der Kriegergesellschaft, in der die Angewiesenheit der Menschen aufeinander noch viel weniger weitreichend und differenziert, die Verflechtung der Einzelnen noch erheblich weitmaschiger ist, in der kaum eine andere funktionelle Abhängigkeit die Menschen so stark aneinander bindet, wie Krieg und Gewalt; gemessen an dem Verhalten und der Affektlage hier stellt die „Courtoisie" bereits eine Verfeinerung, ein Distinktionsmerkmal dar. Und die Polemik, die ziemlich unveränderlich in den mittelalterlichen Manierenvorschriften enthalten ist — tue das nicht und tue jenes nicht — weist mehr oder weniger unmittelbar auf dieses Verhalten im Gros der Ritterschaft zurück, das sich vom 9. oder 10. Jahrhundert bis etwa zum 16. Jahrhundert genau so langsam und geringfügig änderte, wie ihre Lebensbedingungen.

36. Noch fehlt bei dem heutigen Stand der Entwicklung eine sprachliche Apparatur, die dem allmählichen Gleiten aller dieser Prozesse angepaßt ist. Es ist ein unpräzises und vorläufiges Hilfsmittel, wenn man sagt: Die Gebundenheit der Menschen und ihrer Triebäußerungen wurde „größer", die Integration wurde „enger", die Interdependenz „stärker", eben so, wie es an die geschichtlich-gesellschaftliche Wirklichkeit nicht ganz herankommt, wenn man sagt: Dies ist „naturalwirtschaftlich", jenes „geldwirtschaftlich", oder, um die Ausdrucksform, die hier gewählt wurde, zu wiederholen: „Der Sektor der geldwirtschaftlichen Beziehungen wuchs." Um wieviel „wuchs" er, Schritt für Schritt? In welcher Weise wurden die Bindungen „größer", die Integration „enger", die Interdependenz „stärker"? Unsere Begriffe sind zu undifferenziert; sie haften zu sehr am Bild materieller Substanzen. Es handelt sich bei alledem nicht nur um gradweise Verschiebungen, um ein „mehr" oder „weniger". Jedes „Stärker"-werden der Bindungen und Interdependenzen ist ein Ausdruck dafür, daß die Bindungen der Menschen aneinander, ihre Angewiesenheiten aufeinander, ihre Abhängigkeiten voneinander anders werden, qualitativ anders; dies ist gemeint, wenn man von Verschiedenheiten der Gesellschaftsstruktur spricht. Und mit dem dynamischen Geflecht der Abhängigkeiten und Angewiesenheiten, in das ein Menschenleben versponnen ist, nehmen auch Triebe und Verhaltensweisen der Menschen andere Gestalt an; dies ist gemeint, wenn man von den Verschiedenheiten im Aufbau des Seelenhaushaltes oder im Standard des Verhaltens spricht. Daß solche qualitativen Veränderungen zuweilen bei allem Hin und Her der Bewegung über lange Strecken hin Veränderungen in ein und derselben Richtung sind, kontinuierlich gerichtete Prozesse, nicht nur ein regelloser Wechsel, legt es nahe und macht es möglich, beim Vergleich verschiedener Phasen in Komparativen zu sprechen. Es ist damit nicht gesagt, daß die Richtung, in der diese Prozesse sich bewegen, eine Richtung zum Bessern, ein „Fort-

schritt", oder eine Richtung zum Schlechteren, ein „Rückschritt" sei. Aber es ist damit auch nicht gesagt, daß es sich nur um quantitative Veränderungen handelt. Hier, wie so oft in der Geschichte, sind es Strukturveränderungen, die sich von der Seite der quantitativen Änderungen am leichtesten, am anschaulichsten, aber vielleicht auch am oberflächlichsten fassen lassen.

Man sieht die Bewegung: Erst steht Burg gegen Burg, dann Territorium gegen Territorium, dann Staat gegen Staat, und heute erscheinen am Horizonte der Geschichte die ersten Anzeichen und Kämpfe um eine Integration von Gebieten und Menschenmassen in einer noch höheren Größenordnung. Man kann vermuten, daß mit der weiter wachsenden Verflechtung allmählich Integrationseinheiten in einer noch höheren Größenordnung unter einer stabilen Herrschaftsapparatur zusammengebracht und im Innern befriedet werden können, die nun ihrerseits die Waffen im Kampf nach außen gegen Menschengeflechte der gleichen Größenordnung zu richten haben, bis mit einer weiteren Verflechtung, einer noch stärkeren Verringerung der Entfernungen auch sie allmählich zusammenwachsen und die Erdgesellschaft befriedet ist. Das mag noch Jahrhunderte oder Jahrtausende dauern, wie dem auch sei, das Wachstum der Integrations- und Herrschaftseinheiten zu immer weiteren Größeneinheiten ist immer zugleich ein Ausdruck für strukturelle Änderungen im Aufbau der Gesellschaft, der menschlichen Beziehungen selbst. Jedesmal, wenn sich das Schwergewicht innerhalb der Gesellschaft Integrationseinheiten einer neuen Größenordnung zuneigt — in der Gewichtsverlagerung zugunsten der großen, zuungunsten der kleineren und mittleren Feudalherren, dann der Könige über die großen Feudal- oder Territorialherren kommt je ein Schub in dieser Richtung zum Ausdruck —, jedesmal hängt die Wandlung damit zusammen, daß die gesellschaftlichen Funktionen sich anders und stärker differenziert haben, daß die Aktionsketten der Gesellschaftsorganisation, der militärischen, wie der wirtschaftlichen Organisation, mehr Glieder bekommen haben und länger geworden sind. Jedesmal bedeutet es, daß das Geflecht der Angewiesenheiten und Abhängigkeiten, die sich in dem Einzelnen kreuzen, größer und seiner Struktur nach anders geworden ist; und jedesmal ändert sich in genauester Korrespondenz mit dem Aufbau dieses Geflechts von Abhängigkeiten auch die Modellierung des Verhaltens und des ganzen emotionalen Lebens, die Gestalt des Seelenhaushalts. Der Prozeß der „Zivilisation" ist, von der Seite des Verhaltens und des Trieblebens her gesehen, dasselbe, wie, von der Seite der menschlichen Beziehungen her gesehen, der Prozeß der fortschreitenden Verflechtung, die zunehmende Differenzierung der gesellschaftlichen Funktionen und, ihr entsprechend, die Bildung immer umfassenderer Interdependenzen, immer größerer Integrationseinheiten, von deren Ergehen und Bewegungen der Einzelne abhängig ist, ob er es weiß oder nicht.

Der allgemeinen Sicht zunächst für die früheste und unkomplizierteste Phase etwas von den anschaulichen Fakten zur Seite zu stellen, ist hier versucht worden; und von dem Fortgang dieser Bewegung, von den Mechanismen, die sie weitertreiben, wird sogleich zu reden sein. Man hat zunächst gesehen, wie und warum in der frühen, vorwiegend natural wirtschaftenden Phase der abendländischen Geschichte die Integration und die Errichtung stabiler Herrschaftsapparaturen für große Reiche noch wenig Chancen hat. Hier können Eroberkönige zwar im Kampf riesige Gebiete zusammenbringen und eine Zeitlang mit dem Ansehen ihres Schwertes auch zusammenhalten, aber der Aufbau der Gesellschaft erlaubt noch nicht die Schaffung einer stabilen Herrschaftsorganisation, die dem eroberten Reich auch über längere Friedenszeiten hin und mit relativ friedlichen Mitteln Bestand und Zusammenhalt zu geben vermag. Welche gesellschaftlichen Prozesse die Ausbildung einer solchen stabilen Herrschaftsapparatur und damit zugleich eine ganz andre Bindung des Einzelnen möglich machen, bleibt zu zeigen.

Mechanismen der Feudalisierung.

Man hat gesehen, wie im 9. und 10. Jahrhundert mit der geringeren, äußeren Bedrohung — mindestens im westfränkischen Gebiet — und entsprechend der geringen, ökonomischen Verflechtung auch die Desintegration der Herrschaftsfunktionen einen außerordentlich hohen Grad erreicht. Jedes kleine Gut ist ein Herrschaftsbezirk, ein „Staat" für sich, jeder kleine Ritter dessen unabhängiger Herr und Gebieter. Die gesellschaftliche Landschaft zeigt nichts als eine Fülle von durcheinander gewürfelten Herrschafts- und Wirtschaftseinheiten; jede von ihnen ist im wesentlichen autark und ohne größere Abhängigkeit von anderen, abgesehen von einigen Enklaven, fremden Händlern etwa oder Klöstern und Abteien, die gelegentlich in etwas größerem, überlokalem Zusammenhang miteinander stehen. In der weltlichen Herrenschicht ist die Integration durch den Kampf in Angriff oder Verteidigung die wesentliche Form der Verflechtung. Da ist nicht viel, was diese Menschen der Herrenschicht zu einer regelmäßigen und beständigen Bändigung der Affekte bringen kann. Dies ist eine „Gesellschaft" in jenem weiteren Sinn des Wortes, durch den es jede mögliche Form der menschlichen Integration überhaupt bezeichnet. Es ist noch nicht eine „Gesellschaft" in jenem engeren Sinn des Wortes, der auf eine beständigere, relativ enge und gleichmäßige Integration von Menschen mit mehr oder weniger großem Zwang zur Enthaltung von Gewalttätigkeiten, mindestens im inneren Verkehr, hinweist. Die Frühform einer solchen „Gesellschaft" im engeren Sinn des Wortes bildet sich langsam an den großritterlichen Feudalhöfen heraus. Hier, wo im Zusammenhang mit der Größe der Gutserträge und dem Anschluß an das Handelsnetz, größere Gütermengen zusammenströmen, wo mehr Menschen, Dienste suchend, angetrieben werden und eine Unterkunft finden können, hier ist auch eine größere Anzahl von Menschen beständig zu einem im Innern friedlichen Umgang gezwungen und verbunden. Das verlangt, vor allem auch im Zusammenhang mit der Gegenwart von höherstehenden Frauen, eine gewisse Regelung und

Zurückhaltung des Verhaltens, eine etwas genauere Modellierung der Affekte und Umgangsformen.

37. Diese Zurückhaltung mag nicht immer so groß gewesen sein, wie es nach der Konvention des Minnesangs im Verhältnis von Sänger und Herrin der Fall war. Die courtoisen Manierenvorschriften geben von dem Alltagsstandard des Verhaltens, das man hier forderte, ein genaueres Bild. Auch auf den Umgang der Ritter mit Frauen fällt hier, wo nicht allein das Verhältnis des Sängers zur Herrin des Hofes in Betracht gezogen wird, gelegentlich einiges Licht.

Da heißt es z. B. in einem „spruch von den mannen[72])":

> „Vor allen Dingen hüete dich
> daz du mit frowen zühtelich
> schallest, daz stât dir wol
> ....
> ist aber daz ez kome dar zuo
> daz dich ir einiu sitzen tuo
> zuo ir, des bis gemant
> und sitz ir niht ûf ir gewant
> ouch niht ze nâch, daz rât ich dir
> wiltu iht (je) reden heimlich zir,
> begrîf sie mit den armen niht
> swaz dir ze reden mit ir geschiht."

Dieses Maß von Rücksicht auf Frauen zu nehmen, mag vom Standard der kleinritterlichen Gewohnheiten aus bereits ein beträchtliches Maß von Anstrengung erfordert haben; es ist, wie in den anderen courtoisen Vorschriften, gering, verglichen mit der Zurückhaltung, die etwa dem Höfling am Hofe Ludwigs XIV. zur Gewohnheit gemacht wird. Und das gibt zugleich einen Eindruck von dem verschiedenen Stand der Interdependenz, von den Unterschieden des Abhängigkeitsgeflechts, das hier und dort durch jedes Leben hin Gewohnheiten züchtete. Aber es zeigt zugleich auch, daß die Courtoisie in der Tat einen Schritt auf dem Wege bedeutet, der schließlich zu unserer Triebmodellierung führt, einen Schritt in der Richtung der „Zivilisation".

Mechanismen der Feudalisierung.

Die ganz locker integrierte, weltliche Oberschicht von Kriegern und deren Symbol, die Burg im autarken Gutsbezirk, auf der einen Seite und die enger integrierte, weltliche Oberschicht von Höflingen, zusammengefaßt im absolutistischen Hof, dem Zentralorgan eines Königreichs, auf der anderen, das sind gewissermaßen die Pole des Beobachtungsfeldes, das hier fürs erste aus einer weit längeren und breiteren Bewegung herausgeschnitten wird, um zur Soziogenese der zivilisatorischen Wandlung einen Zugang zu eröffnen.

Wie sich aus der Burgenlandschaft langsam die größeren Feudalhöfe, die Zentren der Courtoisie, herausheben, ist von bestimmten Seiten her gezeigt worden. Bleibt also noch die Aufgabe, die Grundzüge jenes Triebwerks von Prozessen aufzuzeigen, kraft deren e i n e m der großen Feudal- oder Territorialherrn, dem König, ein Übergewicht über die anderen gegeben wurde und die Chance, eine stabilere Herrschaftsapparatur über ein Gebiet, das viele Territorien umfaßt, einen „Staat" zu lenken. Das ist zugleich der Weg, der vom Verhaltensstandard der „Courtoisie" zum Standard der «Civilité» führt.

Zweiter Teil.
Zur Soziogenese des Staates.

I.
Die erste Station des aufsteigenden Königshauses: Konkurrenzkämpfe und Monopolbildung im Rahmen eines Territoriums.

1. Die Königskrone bedeutet in verschiedenen Phasen der gesellschaftlichen Entwicklung etwas sehr verschiedenes, wenn auch allen ihren Trägern faktisch oder nominell gewisse Zentralfunktionen, vor allem die Funktion der Kriegführung gegen einen äußeren Feind, gemeinsam sind.

Am Beginn des 12. Jahrhunderts ist das ehemalige westfränkische Reich, kaum noch bedroht von starken, äußeren Feinden, endgültig in eine Reihe verschiedener Herrschaftseinheiten zerfallen[73]):

„Das Band, das ehemals die ‚Provinzen‘ und die feudalen Dynastien mit dem ‚Chef‘ der Monarchie verband, ist so gut wie vollkommen zerrissen. Die letzten Spuren der faktischen Unterordnung, die Hugo Capet und seinem Sohn erlaubten, wenn auch nicht mehr in den großen Lehnsgebieten zu agieren, so doch wenigstens dort zu erscheinen, sind verschwunden. Die feudalen Gruppen erster Ordnung haben ... die Allüren von unabhängigen Staaten, die jedem äußeren Einfluß des Königs und ganz gewiß seinen Aktionen verschlossen sind. Die Beziehungen der großen Feudalherren zu den Trägern der Krone sind auf ein Mindestmaß beschränkt. Und die Umbildung spiegelt sich bereits in den offiziellen Titeln und Formeln. Die feudalen Fürsten des 12. Jahrhunderts hören auf sich «comtes du Roi» oder «comtes du royaume» zu nennen."

In dieser Lage tut der „König", was die anderen großen Feudalherrn tun: Er konzentriert sich auf die Festigung seines Besitzstandes, auf die Vergrößerung seiner Macht in jenem Gebiet, das als einziges seinem Zugriff noch einigermaßen offen steht, in dem Herzogtum Francien.

Ludwig VI., König von 1108—1137, ist sein ganzes Leben hindurch vor allem mit zwei Aufgaben beschäftigt: seinen unmittelbaren Bodenbesitz innerhalb des Herzogtums Francien, die Ländereien und Burgen, die nicht oder nur in kleinen Stücken verlehnt sind, also sein Haus- oder Domanialgut, zu vergrößern, und — ebenfalls innerhalb des Herzogtums Francien — alle möglichen Konkurrenten, alle Krieger, die sich mit ihm an Macht messen können, niederzukämpfen. Eine Aufgabe fördert die andere: Den Feudalherrn, die er gezähmt oder besiegt hat, nimmt er ihren Besitz oder Stücke ihres Besitzes fort, ohne sie als Ganzes von neuem zu verlehnen; er vergrößert so in ganz kleinen Schritten sein Hausgut, die wirtschaftliche und militärische Grundlage seiner Macht.

2. Der Träger der Königskrone ist hier zunächst nichts anderes, als ein großer Feudalherr. Die Machtmittel, die ihm zur Verfügung stehen, sind noch so gering, daß mittlere und — zusammengeschlossen — selbst viele, kleinere Feudalherrn ihm erfolgreichen Widerstand entgegensetzen können. Nicht nur die Vormachtstellung des Königshauses im großen Gebiet des Königsreiches ist mit dem Zurücktreten der Funktion des gemeinsamen Heerführers und der fortschreitenden Feudalisierung verschwunden; selbst seine Vormacht, seine Monopolstellung innerhalb des angestammten Territoriums ist höchst zweifelhaft; sie wird ihm von anderen konkurrierenden Gutsherren oder Kriegerfamilien bestritten. Das Kapetingerhaus kämpft in der Person Ludwigs VI. gegen die Häuser von Montmorency, Beaumont, Rochefort, Montlhéry, Ferté-Alais, Puiset und viele andere[74]), wie das Hohenzollernhaus viele Jahrhunderte später in der Person des großen Kurfürsten gegen die Quitzows und Rochows kämpft. Nur waren die Chancen der Kapetinger um vieles ungünstiger; der Unterschied zwischen den kriegerischen und finanziellen Macht-

mitteln der Kapetinger und ihrer Gegner war entsprechend dem anderen Stand der Geld-, Steuer- und Heerestechnik kleiner. Der Große Kurfürst hatte schon eine Art von monopolistischer Verfügungsgewalt über die Machtmittel seines Territoriums; Ludwig VI. war, wenn man etwa von der Begünstigung durch kirchliche Institutionen absieht, im wesentlichen ein Großgrundbesitzer, Herr über einen großen Domänenbesitz, der sich mit Herren über etwas kleinere Hausbesitzungen und dementsprechend auch etwas kleinere Kriegsmacht messen mußte; und erst dem Sieger in diesen Kämpfen konnte eine Art von Monopolstellung innerhalb des Territoriums, eine Stellung jenseits des Konkurrenzbereiches anderer Häuser zufallen.

Nur wer die Berichte der Zeitgenossen liest, kann ermessen, wie wenig die militärischen und wirtschaftlichen Machtmittel des Kapetingerhauses in dieser Zeit über die Machtmittel anderer Feudalhäuser des Herzogtums Francien hinausgingen und wie schwierig bei der schwachen, ökonomischen Verflechtung, bei der geringen Entwicklung von Transport- und Kommunikationsmitteln, unter den Bedingungen der feudalen Heeres- und Belagerungsorganisation der Kampf um die Monopolstellung des „Fürsten" selbst in diesem kleinen Gebiet eines Territoriums war.

Da ist zum Beispiel die Festung der Familie Montlhéry, die den Weg zwischen den beiden wichtigsten Teilen der kapetingischen Domäne, die Verbindungslinie zwischen den Gebieten um Paris und um Orléans beherrscht. Der Kapetingerkönig Robert hatte 1015 einem seiner Diener oder Beamten, dem «grand forestier», diesen Boden mit der Erlaubnis gegeben, dort eine Burg zu bauen. Der Enkel dieses «grand forestier» beherrscht von der Burg aus das umliegende Gebiet bereits, wie ein unabhängiger Herr. Das ist eine jener typischen, zentrifugalen Bewegungen, wie sie sich zwangsläufig überall in dieser Zeit vollziehen[75]). Dem Vater Ludwigs VI. gelingt es dann endlich nach vielen Mühen und Kämpfen wieder, zu einer Art von Verständigung mit dem

Hause Montlhéry zu gelangen; er verheiratet einen etwa
zehnjährigen Bastardsohn mit der Erbin von Montlhéry und
bringt so die Burg in die Verfügungsgewalt seines Hauses.

«Allons, beau fils Louis, sagt er[76]) kurz vor seinem Tode zu seinem
ältesten Sohn und Erben Ludwig VI., garde bien cette tour de
Montlhéry, qui en me causant tant de tourments, m'a vieilli avant
l'âge et par laquelle je n'ai jamais pu jouir d'une paix durable ni
d'une véritable repos ... Elle était le centre de tous les perfides de
près ou de loin et il n'arrivait de désordre que par elle ou avec son
concours ... Car ... Montlhéry se trouvant entre Corbeil d'une
part et Châteaufort à droit, toutes les fois qu'il survenait quelque
conflit Paris se trouvait investi, de sorte qu'il n'y avait plus de
communication possible entre Paris et Orléans, si ce n'est avec une
force armée.»

Verbindungsprobleme, wie sie heute in den zwischenstaatlichen Beziehungen keine geringe Rolle spielen, sind bei
diesem Stand der gesellschaftlichen Entwicklung nicht weniger wichtig und nicht weniger schwierig in einer anderen
Größendimension: in den Beziehungen eines Feudalherrn —
mag er den Königstitel tragen oder nicht — zu anderen und
für die vergleichsweise mikroskopische Wegstrecke Paris—
Orléans; Montlhéry liegt 24 km von Paris entfernt.

Faktisch ist dann noch ein guter Teil der Regierungszeit
Ludwigs VI. mit Kämpfen um diese Festung angefüllt, bis
es schließlich doch gelingt, den Besitz des Hauses Montlhéry
endgültig zum Besitz des Kapetingerhauses zu schlagen; das
bedeutete, wie immer in solchen Fällen, zugleich eine militärische Stärkung und eine wirtschaftliche Bereicherung des
siegreichen Hauses. Die Herrschaft von Montlhéry brachte
Einkünfte im Werte von 200 livres — eine stattliche Summe
für diese Zeit —, und zu ihr gehörten 13 direkte Lehen und
20 von diesen abhängige, indirekte oder Afterlehen[77]), deren
Inhaber nun die Kriegsmacht der Kapetinger vergrößerten.

Nicht weniger langwierig und schwierig waren die anderen
Kämpfe, die Ludwig VI. zu führen hatte. Drei Expeditionen,
1111, 12 und 18 brauchte er allein, um die Vormachtstellung
einer einzelnen Ritterfamilie im Orléansgebiet zu brechen[78]);

Die erste Station des aufsteigenden Königshauses.

und es hat ihn zwanzig Jahre gekostet, ehe er mit den Häusern v. Rochefort, Ferté-Alais oder Puiset fertig wurde und deren Besitzungen zu dem Hausgut der eigenen Familie schlagen konnte. Dann allerdings war der kapetingische Domänenbesitz so groß und so gefestigt, daß seine Besitzer kraft der wirtschaftlichen und militärischen Chancen, die eine Gutsherrschaft von solchem Umfang in ihre Hand gab, dem Konkurrenzbereich aller anderen Krieger des Herzogtums Francien ziemlich entwachsen waren und eine Art von Monopolstellung in diesem Territorium einnahmen.

Vier oder fünf Jahrhunderte später hat sich eine Königsfunktion herausgebildet, deren Inhaber Monopolist riesiger militärischer und finanzieller Machtmittel aus dem ganzen Gebiet des Königreichs ist. Kämpfe wie sie Ludwig VI. mit anderen Feudalherren im Rahmen eines Territoriums führt, stellen die ersten Schritte auf dem Weg zu dieser späteren Monopolstellung des Königshauses dar. Zunächst ist dieses Haus der nominellen Könige seinem Bodenbesitz, seiner militärischen und ökonomischen Stärke nach den Feudalhäusern ringsum nur wenig überlegen. Die Differenzierung des Besitzes ist verhältnismäßig gering, und relativ gering ist dementsprechend auch die gesellschaftliche Differenzierung unter den Kriegern, welches auch immer die Titel sein mögen, mit denen sie sich schmücken. Dann akkumuliert eines dieser Häuser durch Heirat, durch Kauf, durch Eroberung mehr und mehr Besitz an Land und gewinnt damit zwangsläufig eine Vormachtstellung unter seinen Nachbarn. Daß es gerade das alte Königshaus ist, dem es gelingt, im Herzogtum Francien diese Vormachtstellung zu gewinnen, mag — abgesehen von seinem nie ganz unbeträchtlichen Bodenbesitz, der ihm den neuen Start ermöglicht — mit persönlichen Qualitäten seiner Vertreter, mit der Stützung durch die Kirche und einer Art von traditionellem Ansehen zusammenhängen. Aber die gleiche Differenzierung des Besitzes unter den Kriegern vollzieht sich, wie gesagt, in der gleichen Zeit auch in anderen Territorien. Es ist jene Verschiebung des Schwergewichts in der Kriegergesellschaft zugunsten der wenigen großen und zuungunsten der vielen kleinen und mittleren Ritterfamilien, von der oben schon die Rede gewesen ist. In jedem Territorium gelingt es früher oder später einer Kriegerfamilie durch Akkumulation von Landbesitz die Vormacht über die anderen, eine Art von Hegemonie oder Monopolstellung unter ihnen zu gewinnen. Daß der Träger der Krone, daß Ludwig der Dicke das Gleiche unternimmt, sieht wie ein Verzicht auf die Königsfunktion aus. Aber es bleibt ihm bei dieser Verteilung der gesellschaftlichen Machtmittel nichts anderes übrig. Das Hausgut und die Herrschaft im engeren Stammesgebiet bildet bei dem Aufbau dieser Gesellschaft das wichtigste, militärische und finanzielle Fundament auch der Königsmacht. Durch die Konzentrierung seiner Kräfte auf den kleinen Raum von Francien, durch die Schaffung einer Hegemonial- und Monopolstellung im beschränkten Gebiet eines Territoriums, legt Ludwig VI. den Grund für die folgende Expansion seines Hauses; er schafft damit ein potentielles Kristallisationszentrum für das größere Gebiet Frankreichs, wenn man auch gewiß nicht annehmen darf, daß er in einer prophetischen Vision diese Zukunft vorausgesehen hat; er handelt unter den unmittelbaren Zwängen seiner aktuellen Situation; er muß Monthléry gewinnen, wenn er nicht die Verbindung zwischen Teilen seines eigenen Gebiets verlieren will; er muß die mächtigste Familie des Orléansgebiets niederkämpfen, soll seine eigene Macht dort nicht schwinden. Würde es dem Kapetinger nicht gelungen sein, eine Vormachtstellung in Francien zu gewinnen, wäre sie wohl über kurz oder lang — wie in den übrigen Landschaften Frankreichs — einem anderen Haus zugefallen.

Der Mechanismus der Vormachtbildung ist immer der Gleiche. In ähnlicher Weise — durch Akkumulation des Besitzes — sind langsam in der neueren Zeit einzelne, wirtschaftliche Unternehmungen aus dem Konkurrenzbereich der anderen herausgewachsen und kämpfen miteinander, bis schließlich eines oder zwei von ihnen einen bestimmten Zweig der Wirtschaft monopolartig kontrollieren und beherrschen. In ähnlicher Weise — durch Akkumulation von Landbesitz und damit durch Vergrößerung des militärischen und finanziellen Potentials — kämpfen in der neueren Zeit Staaten um die Vormacht über einen Erdteil. Aber das, was hier in der stärker funktionsteiligen Gesellschaft relativ differenziert von statten geht, die wirtschaftliche und die militärischherrschaftliche Vormachtbildung, vollzieht sich in der vorwiegend naturalwirtschaftenden Gesellschaft Ludwigs VI. noch ungetrennt: Das Haus, das die Herrschaft über ein Territorium innehat, ist zugleich das bei weitem reichste Haus dieses Territoriums, das Haus, das über den größten Domanialbesitz in diesem Territorium verfügt; und seine Herrschaftsgewalt schwindet, wenn es nicht kraft der Größe seiner Domanialeinkünfte, kraft der Menge seiner Lehns- und Gefolgsleute allen anderen Kriegerfamilien im Bereich seines Territoriums an Kriegsmacht überlegen ist.

Ist die Vormachtstellung eines Kriegerhauses in diesem kleineren Gebiet einigermaßen gesichert, dann tritt der Kampf um die Hegemonie in einem weiteren Gebiet in den Vordergrund, der Kampf zwischen den wenigen größeren Territorialherren um die Vormacht innerhalb des Königsreichs. Dies ist die Aufgabe, die sich den Nachkommen Ludwigs VI., den folgenden Generationen des Kapetingerhauses stellt.

II.

Exkurs über einige Unterschiede im Entwicklungsgang Englands, Frankreichs und Deutschlands.

1. Die Aufgabe, die der Kampf um die Vormacht, und das heißt zugleich um die Zentralisierung und die Herrschaft, den Beteiligten stellte, war aus einem sehr einfachen Grund für England und Frankreich eine andere, als für das Gebiet des deutsch-römischen Imperiums: Dieses Imperium war ein Gebilde von einer ganz anderen Größe als jene beiden; die

landschaftlichen Verschiedenheiten, die gesellschaftlichen Divergenzen waren hier außerordentlich viel größer als dort; das gab den lokalen, zentrifugalen Tendenzen eine ganz andere Stärke; das machte die Ausbildung einer territorialen Vormacht, die allen anderen überlegen war, und damit die Zentralisierung unvergleichlich viel schwerer; es hätte — als Kraftquelle des Herrscherhauses — einer weit größeren und stärkeren Territorial- oder Hausmacht bedurft, als in Frankreich oder England, um die zentrifugalen Kräfte dieses deutschrömischen Imperiums zu bändigen und es als Ganzes dauerhaft zu einer Einheit zusammenzufassen. Es spricht vieles dafür, daß diese Aufgabe, die zentrifugalen Tendenzen in einem so gewaltigen Gebiet beständig im Schach zu halten, bei dem damaligen Stand der Arbeitsteilung, der Verflechtung, der Kriegs-, Verkehrs- und Verwaltungstechnik überhaupt noch kaum lösbar war.

2. Die Größenordnung, in der sich gesellschaftliche Prozesse abspielen, bildet ein nicht zu vernachlässigendes Element ihrer Struktur, ganz gewiß: ein Element unter anderen. Wenn man sich fragt, warum die Zentralisierung und Integrierung im Gebiet Frankreichs und auch Englands so viel eher und vollkommener gelang als in den deutschen Gebieten, darf man diesen Punkt nicht außer acht lassen. Der Entwicklungstrend der drei Gebiete ist in dieser Hinsicht höchst verschieden.

Wenn die Königskrone des westfränkischen Gebiets dem Kapetingerhaus zufällt, reicht das Gebiet, in dem dieses Haus eine wirkliche Macht hat, von Paris bis Senlis im Norden und im Süden bis Orléans. 25 Jahre vorher war Otto I. in Rom zum römischen Kaiser gekrönt worden. Die Widerstandsversuche anderer deutscher Stammesoberhäupter waren von ihm, zunächst vor allem gestützt auf die kriegsgewohnten Kräfte seines eigenen Stammesgebietes, blutig niedergeschlagen worden. Das Imperium Ottos reichte in dieser Zeit ungefähr von Antwerpen und Cambrai im Westen mindestens — nämlich ohne die ostelbischen Markgrafschaften — bis an die Elbe und weiter südlich bis über Brünn und Olmütz hinaus im Osten; es reichte im Norden bis nach Schleswig und im Süden bis Verona und Istrien; dazu kam noch ein guter Teil von Italien und zeitweise Burgund. Was man hier vor sich hat, ist also in der Tat ein Gebilde in einer absolut anderen Größendimension und infolgedessen auch durchzogen von weit größeren Spannungen und Interessengegensätzen, als das westfränkische Gebiet, selbst wenn man dessen später hinzukommende normannisch-englische Kolonie hinzurechnet. Die Aufgabe, die den Herzögen von Francien und den Herzögen der Normandie oder des angevinischen Territoriums als Königen beim Kampf um die Hegemonie in diesem Gebiet bevorstand, war eine ganz andere als die Aufgabe, die jeder Herrscher des deutsch-römischen Imperiums zu bestehen hatte. Dort, in dem kleinen Gebiet, ging die Zentralisierung oder Integrierung mit mannigfachen Ausschlägen nach der einen oder nach der anderen Seite im ganzen gesehen ziemlich kontinuierlich voran. Hier dagegen, in dem unvergleichlich viel größeren Gebiet, versuchte immer von neuem ein Haus von Territorialherren vergeblich mit der Kaiserkrone zugleich auch eine wirkliche, stabile Hegemonie über das ganze Imperium zu gewinnen. Eines dieser Häuser nach dem anderen verbrauchte im Kampf mit dieser furchtbaren Aufgabe das, was trotz allem anderen immer weiter die zentrale Quelle seiner Einkünfte und damit seiner Machtstellung blieb; sie verbrauchten ihren Stammes- oder Domanialbesitz. Und nach jedem vergeblichen Anlauf eines neuen Hauses ging die Dezentralisierung, die Verfestigung der zentrifugalen Kräfte einen Schritt weiter.

Kurz vor der Zeit, in der die Kräfte des französischen Königshauses sich allmählich wieder zu sammeln beginnen, in der dieses Haus in der Person Ludwigs VI. zunächst einmal beginnt, seinen Territorial- und Domanialbesitz zu konsolidieren, ist in dem deutsch-römischen Imperium unter dem vereinten Ansturm der großen, deutschen Territorialherren, der Kirche, der oberitalienischen Städte und seines ältesten

Sohnes, also unter dem Ansturm der verschiedensten, zentrifugalen Kräfte, Kaiser Heinrich IV. zusammengebrochen. Das gibt einen gewissen Vergleichspunkt für die Frühzeit des französischen Königtums. Später, wenn der französische König Franz I. das ganze Gebiet seines Königreichs so in der Hand hat, daß er keine Ständeversammlungen mehr einzuberufen braucht und Steuern erhebt, ohne die Besteuerten zu befragen, hat Kaiser Karl V. und seine Verwaltung selbst in seinen Erb- und Stammlanden mit einer ganzen Fülle von lokalen Ständeversammlungen zu verhandeln, ehe er die für Hof, Heer und Verwaltung des Reiches notwendigen Abgaben zusammenbringt; und das alles, samt den Einkünften aus den überseeischen Kolonien, reicht längst nicht zur Deckung der Ausgaben, die zur Erfüllung seiner weitverzweigten Herrschaftsaufgabe erforderlich sind. Als Karl V. abdankt, steht die kaiserliche Verwaltung finanziell vor dem Bankrott. Auch er hat sich im Kampf mit der Aufgabe, über ein so gewaltiges Reich mit seinen verfestigten, zentrifugalen Kräften zu herrschen, verbraucht und ruiniert. Und es ist ein Ausdruck für eine Umformung der Gesellschaft im allgemeinen und die der Königsfunktion im besonderen, daß die Habsburger sich dennoch in der Herrschaft erhalten.

3. Der Mechanismus der Staatenbildung — im neueren Sinn des Wortes „Staat" — ist, wie gesagt, im europäischen Raum, wo die Gesellschaft aus einer vorwiegend naturalwirtschaftlichen Phase kontinuierlich in eine geldwirtschaftliche gelangt, in großen Zügen immer der gleiche. Er wird am Beispiel Frankreichs noch genauer zu demonstrieren sein. Man findet mindestens in der Geschichte der großen europäischen Staaten immer eine frühe Phase, bei der im Gebiete des späteren Staates Herrschaftseinheiten in der Größendimension eines Territoriums die entscheidende Rolle spielen, also kleinere und lockerere Herrschaftseinheiten, wie sie sich ähnlich auch an vielen anderen Stellen der Erde bei geringerer Arbeitsteilung und Verflechtung von Zeit zu Zeit immer wieder hergestellt haben, entsprechend den Grenzen, die

beim Vorherrschen naturalwirtschaftlicher Beziehung der Herrschaftsorganisation gesetzt sind. Ein Beispiel dafür sind die feudalen Territorialherrschaften, die sich im Bereich des deutsch-römischen Imperiums dann mit dem Vordringen der Geldwirtschaft zu kleinen Königreichen, Herzogtümern oder auch Grafschaften verfestigen, ein anderes sind Gebiete, wie das Fürstentum Wales oder das Königreich Schottland, die nun mit England in dem Vereinigten Königreich von Großbritannien und Nord-Irland verschmolzen sind; und ein weiteres Beispiel stellt jenes Herzogtum Francien dar, von dessen Entwicklung zu einer festeren, feudalen Herrschaftseinheit soeben die Rede war.

Schematisch gezeichnet verläuft der Prozeß zwischen den verschiedenen, mehr oder weniger eng benachbarten Territorialherrschaften ganz analog zu jenem, der sich zuvor innerhalb eines festen Territoriums zwischen den einzelnen Gutsherren oder Rittern bis zum Erwerb der Vormachtstellung durch einen von ihnen und damit zur Bildung einer etwas festeren Territorialherrschaft abspielt. Wie in einer bestimmten Phase zunächst mehrere Gutsherrschaften, so finden sich in der folgenden Phase eine Reihe von Herrschaftseinheiten der nächsthöheren Größendimension, von Herzogtümern oder Grafschaften, in eine Konkurrenzsituation gestellt, in die Notwendigkeit, zu expandieren, wenn sie nicht früher oder später von expandierenden Nachbarn besiegt oder abhängig werden wollen.

Es ist oben bereits ausführlicher dargelegt worden, wie sich in dieser Gesellschaft im Zusammenhang mit dem Wachstum der Bevölkerung, mit der Verfestigung des Bodenbesitzes und den Schwierigkeiten der äußeren Expansion die Konkurrenz um den Boden im Innern verstärkt. Es ist gezeigt worden, wie sich dieser Drang nach dem Boden bei den ärmeren Rittern als ein einfaches Verlangen nach standesgemäßem Unterhalt, bei den obersten und reichsten als ein Antrieb zum Verlangen nach „mehr" Land auswirkt; denn wer in einer Gesellschaft mit solchem Konkurrenzdruck nicht „mehr" erwirbt, wird automatisch „weniger", wenn er nur bewahrt, was er besitzt. Hier sieht man von neuem die Wirkung des Druckes, der diese Gesellschaft von oben bis unten durchzieht: Er treibt die Territorialherrn gegeneinander; und er setzt ebendamit den Monopolmechanismus in Gang. Zunächst hält sich auch hier die Differenzierung der Machtmittel noch in einem Rahmen, der einer ganzen Anzahl von feudalen Territorialherrschaften erlaubt, sich miteinander zu messen; dann nach vielen Siegen und Niederlagen werden einige durch Akkumulation von Machtmitteln stärker, andere scheiden aus dem Konkurrenzkampf um die Vormacht aus; diese hören auf, Figuren erster Größe in diesem Kampf zu sein; jene, die wenigen, kämpfen weiter miteinander und der Ausscheidungsprozeß wiederholt sich, bis schließlich die Entscheidung nur noch zwischen zwei Territorialherrschaften steht, die durch Siege über andere, durch deren freiwillige oder erzwungene Angliederung groß geworden sind; alle übrigen haben nun — ob sie sich am Kampfe beteiligten oder neutral blieben — durch das Wachstum und die Machtfülle dieser beiden den Charakter von Figuren zweiter oder dritter Ordnung bekommen, und in dieser Funktion haben sie immerhin noch ein gewisses gesellschaftliches Schwergewicht. Jene beiden aber nähern sich schon einer Monopolstellung; sie sind aus dem Konkurrenzbereich der übrigen herausgewachsen; zwischen ihnen steht die Entscheidung.

In diesen „Ausscheidungskämpfen", diesem gesellschaftlichen Selektionsprozeß spielen ganz gewiß persönliche Qualitäten Einzelner, ebenso wie andere „Zufälle" mannigfacher Art, etwa der späte Tod eines Mannes oder das Fehlen männlicher Erben in einem Herrscherhaus für die Frage, welches Territorium siegt, aufrückt und sich vergrößert, zuweilen eine entscheidende Rolle.

Der gesellschaftliche Prozeß, die Tatsache, daß eine Gesellschaft mit vielen relativ gleich großen Macht- und Besitzeinheiten bei starkem Konkurrenzdruck zur Vergrößerung einiger Weniger und schließlich zu einer Monopolbildung tendiert, ist von solchen Zufällen weitgehend unabhängig; sie können eine beschleunigende oder verlangsamende Wirkung auf diesen Prozeß haben. Aber gleichgültig, wer der Monopolist ist, daß es früher oder später zu einer solchen Monopolbildung kommt, hat — mindestens unter den bisherigen Aufbaubedingungen der Gesellschaft — einen sehr hohen Grad von Wahrscheinlichkeit. Man würde diese Feststellung vielleicht in der Sprache der exakten Naturwissenschaft ein „Gesetz" nennen. Genau besehen handelt es sich um die relativ präzise Formulierung für einen recht einfachen, gesellschaftlichen Mechanismus, der, einmal in Gang gesetzt, weiter arbeitet, wie ein Uhrwerk: Ein Menschengeflecht, in dem kraft der Größe ihrer Machtmittel relativ viele Einheiten miteinander konkurrieren, neigt dazu, diese Gleichgewichtslage (Balance vieler durch viele, relativ freie Konkurrenz) zu verlassen und sich einer anderen zu nähern, bei der immer weniger Einheiten miteinander konkurrieren können; sie nähert sich mit anderen Worten einer Lage, bei der eine gesellschaftliche Einheit durch Akkumulation ein Monopol über die umstrittenen Machtchancen erlangt.

4. Von dem generellen Charakter des Monopolmechanismus wird im Folgenden noch etwas ausführlicher die Rede sein. Immerhin schien es notwendig, hier bereits darauf hinzuweisen, daß ein Mechanismus dieser Art auch in der Staatenbildung am Werke ist, ähnlich, wie zuvor bei der Bildung von kleineren Herrschaftseinheiten, von Territorialherrschaften, oder nachher bei der Bildung von größeren. Erst wenn man diesen Mechanismus vor Augen hat, kann man sich verständlich machen, welche Faktoren ihn in der Geschichte der verschiedenen Länder modifizieren oder gar hemmen. Erst so sieht man mit einer gewissen Schärfe, weshalb die Aufgabe, die ein potentieller Zentralherr des deutsch-römischen Imperiums zu bestehen hatte, so unvergleichlich viel schwerer zu bewältigen war als jene, die einem potentiellen Zentralherrn des westfränkischen Ge-

biets bevorstand. Auch in diesem Imperium hätte sich durch eine Reihe von Ausscheidungskämpfen, durch beständige Akkumulation von Territorien in den Händen des Siegers eine Territorialherrschaft bilden müssen, die allen anderen so überlegen, so reich an Machtmitteln und so gefestigt war, daß der Sammelpunkt ihrer Machtmittel, ihr Herrscherhaus, in die Lage kam, nach und nach auch die übrigen durch friedliche oder kriegerische Zwänge von sich abhängig zu machen und sie schließlich seiner Herrschaftsapparatur durch Einordnung oder durch Beseitigung der ihren anzugliedern; nur so hätte es zu einer Zentralisierung dieses disparaten Imperiums kommen können, und es hat an Vormachtkämpfen, die in dieser Richtung gingen, nicht gefehlt; nicht allein Kämpfe, wie die zwischen Welfen und Staufern, auch die Kämpfe zwischen Kaisern und Päpsten mit ihren besonderen Komplikationen gehörten dazu. Sie alle blieben weit vom Ziel. Die Wahrscheinlichkeit dafür, daß sich ein zureichendes Kristallisationszentrum, eine eindeutige Vormacht herausbildete, war bei einem Gebiet solchen Umfangs und solcher Disparatheit außerordentlich viel geringer als bei kleineren Gebieten, noch dazu in einer Phase, in der die wirtschaftliche Verflechtung geringer, die Entfernungen um ein Vielfaches größer waren als in späteren Phasen. Und in jedem Fall mußten Ausscheidungskämpfe innerhalb eines so großen Gebietes sehr viel mehr Zeit in Anspruch nehmen als in den benachbarten kleineren.

In welcher Weise es dann schließlich dennoch zur Staatenbildung im Gebiet des deutsch-römischen Imperiums kam, ist bekannt genug. Unter den deutschen Territorialherrschaften — um hier von dem analogen Prozeß unter den italienischen abzusehen — bildete sich eine Territorialmacht heraus, die vor allem durch Expansion im deutschen oder halb-deutschen Kolonialgebiet langsam in eine Konkurrenzsituation mit der älteren Habsburgermacht hineinwuchs: die Territorialmacht der Hohenzollern. Es kam zu einem Vormachtskampf, zum Sieg der Hohenzollern, zur Herausbildung einer eindeutigen Vormacht unter den deutschen Territorialherrschaften und damit schließlich Schritt für Schritt zur Zusammenfassung der deutschen Territorien unter einer Herrschaftsapparatur. Aber dieser Kampf um die Vormacht zwischen den beiden mächtigsten Teilgebieten des Imperiums, der die stärkere Integration, die Staatenbildung innerhalb seiner einleitete, bedeutete zugleich einen weiteren Schritt zur Desintegration des alten Kaiserreichs. Die Habsburgerlande schieden mit ihrer Niederlage aus dem Herrschaftsverband aus. Das war in der Tat einer der letzten Schritte auf dem Weg der langsamen und beständigen Zersetzung des alten Imperiums. Immer wieder im Lauf der Jahrhunderte waren Teilgebiete abgebröckelt und zu selbständigen Herrschaftseinheiten geworden. Als Ganzes war es zu groß, zu disparat und damit hemmend für den Prozeß der Staatenbildung.

Darüber nachzudenken, warum die Staatenbildung im Gebiet des deutsch-römischen Kaiserreichs so viel mühsamer und so viel später gelang als bei den westlichen Nachbarn, das hat gewiß seine Bedeutung noch ganz unmittelbar für das Verständnis des 20. Jahrhunderts; und von solchen aktuellen Erfahrungen her — etwa aus der Erfahrung des Unterschieds, der zwischen den seit langem gefestigten, besser ausbalancierten und durch Expansion gesättigten, westlichen Staaten und den erst seit kurzem einigermaßen gefestigten, zu spät zur Expansion gekommenen Nachfolgestaaten des alten Imperiums besteht — erhält diese Frage auch heute oft ihre Tönung. Unter strukturellen Gesichtspunkten scheint sie nicht so überaus schwer beantwortbar, jedenfalls nicht schwerer als die Komplementärfrage, die für das Verständnis geschichtlicher Strukturen kaum unwichtiger ist als sie, und auf die hier wenigstens hingewiesen werden soll: als die Frage, warum dieser Koloß trotz seines ungünstigen Aufbaus und trotz der zwangsläufigen Stärke seiner zentrifugalen Kräfte so lange zusammenhielt, warum dieses Imperium nicht schon eher zerfiel.

5. Als Ganzes zerfiel es spät; aber durch Jahrhunderte bröckelten immer wieder — vor allem im Westen und Süden — Randgebiete des deutsch-römischen Reiches ab und gingen ihre eigenen Wege, während zugleich eine unablässige Kolonisation, eine Ausbreitung des deutschen Siedlungsgebiets nach dem Osten die Gebietsverluste im Westen bis zu einem gewissen Grade kompensierten; nur bis zu einem gewissen Grade: Das Imperium reichte bis ins späte Mittelalter und teilweise noch darüber hinaus im Westen bis zur Maas und zur Rhone. Sieht man von allen Schwankungen ab und betrachtet man nur den allgemeinen Trend der Bewegung, dann gewinnt man die Vision einer ständigen Abschleifung und Verkleinerung des Imperiums bei einer langsamen Verlagerung der Expansionsrichtung und des Schwergewichts im Innern vom Westen nach Osten. Es wäre eine Aufgabe, diesen Trend genauer herauszuarbeiten, als es hier geschehen kann. Immerhin ist er, was die reine Gebietsgröße angeht, noch in den letzten Veränderungen des eigentlich deutschen Gebiets erkennbar:

Der deutsche Bund vor	1866	630 098 qkm
Deutschland nach	1870	540 484 qkm
Deutschland nach	1918	471 000 qkm.

In England und auch in Frankreich ist der Trend der Bewegung annähernd umgekehrt. Hier entwickeln sich die traditionellen Institutionen zunächst in relativ ganz kleinen und beschränkten Gebieten und dehnen ihren Wirkungskreis langsam aus. Man kann das Schicksal der Zentralinstitute, Aufbau und Entwicklung der ganzen Herrschaftsapparatur in diesen Ländern nicht verstehen, man kann den Unterschied zwischen ihnen und den entsprechenden Formationen bei den Nachfolgestaaten des alten Imperiums nicht erklären, wenn man diesen einfachen Faktor, dieses langsame Wachstum vom kleinen zum größeren hin, nicht mit in Rechnung stellt.

Verglichen mit dem deutsch-römischen Kaiserreich hatte

das Inselterritorium, das der Normannenherzog Wilhelm 1066 eroberte, eine recht geringe Ausdehnung. Es erinnert ungefähr an Preußen unter den ersten Königen. Es umfaßte bis auf kleine Strecken an der Nordgrenze gegen Schottland hin das heutige England, also das Inselgebiet ohne Schottland und Wales, im ganzen etwa 131764 qkm. Wales wird erst gegen Ende des 13. Jahrhunderts völlig mit England vereinigt (England mit Wales 151130 qkm). Personalunion mit Schottland besteht erst seit 1603. Solche Zahlen sind nichts als anschauliche, aber zunächst noch sehr rohe Hinweise auf Struktur-Unterschiede. Sie weisen darauf hin, daß die Bildung der englischen Nation und dann der britannischen sich, verglichen mit jener der großen, kontinentalen Nationen, in einem Rahmen vollzieht, der während einer entscheidenden Phase nur wenig über den einer Territorialherrschaft hinausging. Das, was Wilhelm der Eroberer und seine nächsten Nachfolger aufbauten, war in der Tat nichts anderes als eine große Territorialherrschaft des westfränkischen Reiches und nicht sehr verschieden von denen, die zur selben Zeit in Francien, Aquitanien oder Anjou existierten. Die Aufgabe, die den Territorialherren dieses Gebietes durch den Kampf um die Vormacht auferlegt war — durch die einfache Notwendigkeit, zu expandieren, wenn nicht ein anderer ihnen durch Expansion überlegen werden sollte —, diese Aufgabe der potentiellen Zentralherren stand hier in der Tat außerhalb aller Vergleichsmöglichkeiten mit jener, die das kontinentale Imperium seinen Zentralherren stellte; das gilt schon für jene erste Phase, in der das Inselgebiet eine Art von westfränkischer Kolonie bildete, in der seine normannischen oder angevinischen Herrscher zugleich über beträchtliche Territorien auf dem Kontinent verfügten, und in der sie dementsprechend noch um die Vormacht in dem westfränkischen Nachfolgegebiet kämpften; das gilt erst recht für die Phase, in der sie vom Kontinent auf die Insel zurückgeworfen waren und in der es darum ging, von England aus allein diese Insel unter einer Herrschaftsapparatur zusammenzufassen. Und wenn die Königsfunktion, ebenso wie das Verhältnis von König und Ständen sich hier anders formierte als in dem kontinentalen Imperium, so liegt einer der wirkenden Faktoren — ganz gewiß nicht der einzige — in der relativen Kleinheit und natürlich auch der Abgesondertheit des Gebietes, das es zu einigen galt. Die Chance zu einer großen, landschaftlichen Differenzierung war in diesem Gebiet sehr viel geringer, die Vormachtkämpfe zwischen zwei Rivalen einfacher als zwischen den vielen dort. Das englische Parlament läßt sich, was die Art seiner Bildung und damit seine Struktur angeht, in keiner Weise mit den deutschen Reichsständen, sondern zunächst allenfalls mit deutschen Landständen vergleichen. Und ähnlich verhält es sich mit allen übrigen Institutionen. Sie wachsen, wie England selbst, vom kleineren zum größeren; aus Institutionen eines feudalen Territoriums werden kontinuierlich Institutionen eines Staates und eines Imperiums.

Auch hier aber verstärken sich von einer bestimmten Größe des zusammengefaßten Gebietes ab sofort wieder die zentrifugalen Tendenzen. Selbst für den fortgeschrittenen Stand der Verflechtung und der Kommunikationen erweist sich heute dieses Imperium als gefährlich groß. Nur eine sehr erfahrene und elastische Regierungskunst hält es mit vielen Schwierigkeiten als Herrschaftseinheit zusammen. Unter Voraussetzungen, die ganz gewiß von denen des alten, deutschen Kaiserreichs erheblich verschieden sind, zeigt sich hier noch immer, wie ein sehr großes Imperium, das durch Eroberung und Kolonisation zusammengebracht ist, schließlich zur Auflösung in eine Reihe mehr oder weniger selbständiger Herrschaftseinheiten oder wenigstens zur Umformung in eine Art von „Bundesstaat" tendiert. Und so, aus der Nähe betrachtet, erscheint dieser Mechanismus fast als selbstverständlich.

6. Das Stammgebiet der Kapetinger, das Herzogtum Francien, war kleiner als das englische Gebiet, über das der Normannenherzog verfügte. Es hatte etwa die Größe der

Mark Brandenburg in der Stauferzeit. Aber hier, im Rahmen des Imperiums, dauerte es 5 oder 6 Jahrhunderte, bis aus diesem kleinen Kolonialgebiet eine Macht geworden war, die in irgendeiner Weise mit den alten, verfestigten Territorialherrschaften des Reiches in Wettbewerb treten konnte. In dem beschränkteren Rahmen des westfränkischen Nachfolgegebiets, waren die Machtmittel eines solchen Gebiets, zusammen mit der materiellen und spirituellen Hilfe, die kirchliche Instanzen dem Kapetingerhaus gaben, groß genug, um diesem Haus sehr bald die Aufnahme des Kampfes um die Vormacht über größere Bezirke Frankreichs zu ermöglichen.

Das Nachfolgegebiet des westfränkischen Reiches, der Entwurf des späteren Frankreich, stand seinem Umfang nach, grob gesprochen, in der Mitte zwischen dem späteren England und dem deutsch-römischen Kaiserreich. Die landschaftlichen Divergenzen und damit auch die Stärke der zentrifugalen Kräfte, waren hier weniger groß als in dem benachbarten Imperium, und leichter dementsprechend die Aufgabe des potentiellen Zentralherren. Diese Divergenzen und mit ihnen die Stärke der zentrifugalen Kräfte waren größer als auf der britannischen Insel[79]. Aber hier, in England, war gerade wegen der Beschränktheit des Gebiets auch unter bestimmten Umständen leichter eine Einigung der verschiedenen Stände und vor allem der Krieger des ganzen Gebiets gegen den Zentralherren möglich, zumal noch die Landverteilung Wilhelm des Eroberers Kontakte und einheitliche Interessen der gutsbesitzenden Schichten über ganz England hin begünstigte, einheitliche Interessen mindestens in ihrem Verhältnis zum Zentralherren. Es wird noch zu zeigen sein, wie ein gewisses Maß von Uneinheitlichkeit und Disparatheit des Herrschaftsgebiets, nicht so groß, um einen Zerfall wahrscheinlich zu machen, und groß genug, um einen unmittelbaren Zusammenschluß der Stände über das ganze Land hin zu erschweren, die Position des Zentralherren stärkt.

Die Chancen, die das westfränkische Nachfolgegebiet seiner Ausdehnung nach für das Aufkommen eines Zentralherren, für die Ausbildung eines Herrschaftsmonopols bot, waren also nicht schlecht.

Bleibt im Einzelnen zu sehen, wie das Kapetingerhaus diese Chancen ergriff, und durch welche Mechanismen sich überhaupt ein Herrschaftsmonopol in diesem Gebiet herausarbeitete.

III.
Über den Monopolmechanismus.

1. Die Gesellschaft, die wir die Gesellschaft der neueren Zeit nennen, ist, vor allem im Abendland, durch einen ganz bestimmten Stand der Monopolbildung charakterisiert. Die freie Verfügung über militärische Machtmittel ist dem Einzelnen genommen und einer Zentralgewalt vorbehalten[80]), welche Gestalt immer sie haben mag, und ebenso ist die Erhebung der Steuerabgaben vom Besitz oder vom Einkommen der einzelnen Menschen in den Händen einer gesellschaftlichen Zentralgewalt konzentriert. Die finanziellen Mittel, die so zur Verfügung dieser Zentralgewalt zusammenströmen, halten das Gewaltmonopol aufrecht, das Gewaltmonopol hält das Abgabenmonopol aufrecht. Keines von beiden hat in irgendeinem Sinn den Vorrang vor dem anderen, nicht das wirtschaftliche Monopol vor dem militärischen, nicht das militärische vor dem wirtschaftlichen. Es handelt sich um zwei Seiten der gleichen Monopolstellung. Wenn die eine schwindet, wird die andere automatisch nachfolgen, mag auch gelegentlich das Herrschaftsmonopol bald von dieser, bald von jener Seite her stärker erschüttert werden.

Vorformen einer solchen monopolistischen Verfügung über Abgaben und Heer in einem verhältnismäßig großen Gebiet hat es auch in Gesellschaften mit geringerer Funktionsteilung zuweilen schon gegeben, vor allem als Folge großer Eroberungszüge. Was sich erst bei einer sehr fortgeschrittenen

Funktionsteilung der Gesellschaft herausbildet, ist eine beständige, spezialisierte Verwaltungsapparatur dieser Monopole. Erst mit der Herausbildung dieses differenzierten Herrschaftsapparats bekommt die Verfügung über Heer und Abgaben ihren vollen Monopolcharakter; erst mit ihr wird das Militär- und Steuermonopol zu einer Dauererscheinung. Die sozialen Kämpfe gehen nun nicht mehr um die Beseitigung des Herrschaftsmonopols, sondern nur um die Frage, wer über die Monopolapparatur verfügen soll, woher sie sich rekrutieren und wie ihre Last und ihr Nutzen verteilt werden soll. Erst mit der Herausbildung dieses beständigen Monopols der Zentralgewalt und dieser spezialisierten Herrschaftsapparatur nehmen die Herrschaftseinheiten den Charakter von „Staaten" an.

In ihnen kristallisieren sich gewiß an die beiden genannten Monopole eine Reihe von anderen an. Aber diese beiden sind und bleiben die Schlüsselmonopole. Wenn sie verfallen, verfallen alle anderen, verfällt der „Staat".

2. Die Frage ist, wie und warum es zu dieser Monopolbildung kommt.

In der Gesellschaft des 9., 10. und 11. Jahrhunderts ist sie entschieden noch nicht vorhanden. Vom 11. Jahrhundert ab sieht man sie sich — im westfränkischen Nachfolgegebiet — langsam herausbilden. Zunächst übt jeder Krieger im Land, der über ein Stück Boden verfügt, alle jene Herrschaftsfunktionen aus, die dann allmählich, verwaltet durch das Instrument einer Spezialistenmaschine, zum Monopol einer Zentralgewalt werden. Er führt Kriege zum Erwerb neuer Böden oder zur Verteidigung des seinen, wenn immer es ihm beliebt. Der Erwerb von Boden samt der Herrschaftsfunktionen, die mit seinem Besitz verbunden sind, ebenso wie die kriegerische Verteidigung des Besitzes sind, um in der Sprache einer späteren Zeit zu reden, der „Privatinitiative" überlassen. Und da hier bei der steigenden Bevölkerung die Nachfrage nach Böden, der Druck auf den Boden, der Landhunger außerordentlich stark ist, so ist auch der Konkurrenzkampf um Böden über das ganze Land hin in vollem Gange — ein Konkurrenzkampf mit den Mitteln kriegerischer und wirtschaftlicher Gewalt zum Unterschied von den Konkurrenzkämpfen etwa des 19. Jahrhunderts, die Kraft der staatlichen Gewaltmonopole nun ausschließlich mit den Mitteln wirtschaftlicher Gewalt geführt werden.

Die Erinnerung an Konkurrenzkämpfe und Monopolbildungen, die sich unmittelbar unter unseren Augen vollziehen, ist für das Verständnis der Monopolmechanismen in früheren Phasen der Gesellschaft nicht ohne Nutzen, und es hat, wenn man das Ganze dieser gesellschaftlichen Entwicklung ins Auge faßt, einen guten Sinn, im Anblick der früheren an die späteren zu erinnern. Diese hat jene zur Voraussetzung und das Zentrum beider Bewegungen bildet die Akkumulation des jeweils wichtigsten Produktionsmittels oder wenigstens die Akkumulation der Verfügungsgewalt darüber in immer weniger Händen, dort die Akkumulation von Böden, hier die Akkumulation von Geld.

Von dem Mechanismus der Monopolbildung ist bereits kurz gesprochen worden[81]): **Wenn in einer größeren, gesellschaftlichen Einheit — so etwa läßt er sich zusammenfassend ausdrücken — viele der kleineren, gesellschaftlichen Einheiten, die die größere durch ihre Interdependenz bilden, relativ gleiche, gesellschaftliche Stärke haben und dementsprechend frei — ungehindert durch schon vorhandene Monopole — miteinander um Chancen der gesellschaftlichen Stärke konkurrieren können, also vor allem um Subsistenz- und Produktionsmittel, dann besteht eine sehr große Wahrscheinlichkeit dafür, daß einige siegen, andere unterliegen und daß als Folge davon nach und nach immer weniger über immer mehr Chancen verfügen, daß immer mehr aus dem Konkurrenzkampf ausscheiden müssen und in direkte oder indirekte Abhängigkeit von einer immer kleineren Anzahl geraten.**

Das Menschengeflecht, das sich in dieser Bewegung befindet, nähert sich also, falls keine hemmenden Anordnungen getroffen werden können, einem Zustand, bei dem die faktische Verfügungsgewalt über die umkämpften Chancen in einer Hand liegt; es ist aus einem System mit offeneren Chancen zu einem System mit geschlosseneren Chancen geworden[82]).

Das allgemeine Schema, nach dem sich dieser Ablauf vollzieht, ist recht einfach: In einem gesellschaftlichen Raum soll es eine bestimmte Anzahl von Menschen geben, und eine bestimmte Anzahl von Chancen, die knapp oder unzureichend ist im Verhältnis zum Bedürfnis der Menschen. Angenommen es kämpft in diesem Raum von allen diesen Menschen zunächst je einer mit je einem anderen um die vorhandenen Chancen, dann ist die Wahrscheinlichkeit, daß sie alle sich unendlich lange in dieser Gleichgewichtslage halten, und daß in keinem dieser Paare ein Partner siegt, außerordentlich gering, wenn es sich tatsächlich um einen freien, von keiner Monopolmacht beeinflußten Wettkampf handelt, und die Wahrscheinlichkeit, daß früher oder später Einzelne der Kämpfenden über ihren Gegner siegen, ist außerordentlich groß; siegen aber Einige der Kämpfenden, so vermehren sich ihre Chancen; die der Besiegten verringern sich; in der Hand eines Teils der ursprünglich Kämpfenden sammeln sich größere Chancen; der andere Teil scheidet aus dem unmittelbaren Wettbewerb mit ihnen aus; angenommen es kämpft von den Siegenden von neuem je Einer mit je einem Anderen, so wiederholt sich das Spiel: wiederum siegt ein Teil und gewinnt die Verfügungsgewalt über die Chancen der Besiegten; eine noch kleinere Anzahl von Menschen verfügt über eine noch größere Anzahl von Chancen; eine noch größere Anzahl von Menschen ist aus dem freien Konkurrenzkampf ausgeschieden; und der Vorgang wiederholt sich bis schließlich im optimalen Fall ein Einzelner über alle Chancen verfügt und alle Anderen von ihm abhängig sind.

In der geschichtlichen Wirklichkeit handelt es sich gewiß nicht immer nur um einzelne Menschen, die in diesen Verflechtungsmechanismus geraten, sondern oft genug um ganze Gesellschaftsverbände, zum Beispiel um Territorien oder um Staaten. Die Abläufe sind in Wirklichkeit meist weit komplizierter, als es dieses Schema zeigt, und überdies voll von Variationen. Es kommt zum Beispiel häufig vor, daß sich eine Reihe von Schwächeren zusammenschließen, um einen Einzelnen, der zu viel Chancen akkumuliert hat, und der zu stark geworden ist, vereint niederzukämpfen. Gelingt es ihnen, ziehen sie die Chancen des Besiegten oder einen Teil davon an sich, so geht der Kampf darum und damit um die Vormacht unter ihnen selbst weiter. Der Effekt, die Verschiebung der Stärkeverhältnisse ist immer die gleiche. Auch auf diesem Wege tendiert das System dazu, durch eine Reihe von Ausscheidungskämpfen hindurch früher oder später einer immer kleineren Anzahl Menschen eine immer größere Anzahl Chancen in die Hände zu spielen.

Gang und Tempo dieser Gleichgewichtsverlagerung zuungunsten der Vielen und zugunsten einer immer kleineren Anzahl ist dabei in hohem Maße von dem Verhältnis abhängig, in dem Nachfrage und Angebot von Chancen stehen. Gesetzt den Fall, daß die Anzahl der Nachfragenden und die Anzahl der Chancen sich im Lauf der Bewegung als Ganzes nicht verändern, so wird die Nachfrage nach Chancen sich mit der Umlagerung verstärken; die Zahl der Abhängigen, die Stärke der Abhängigkeit wird sich vergrößern und ihre Art verändern. Wenn an Stelle relativ unabhängiger, gesellschaftlicher Funktionen mehr und mehr abhängige in der Gesellschaft hervortreten — zum Beispiel an Stelle freier Ritter höfische Ritter und schließlich Höflinge oder an Stelle relativ unabhängiger Kaufleute abhängige Kaufleute und Angestellte — dann verändert sich notwendigerweise zugleich die Affektmodellierung, der Aufbau des Triebhaushalts und des Denkens, kurzum der ganze, soziogene Habitus und die sozialen Attituden der Menschen, und zwar nicht weniger bei denen, die sich einer Monopolstellung nähern, als bei denen, für die sich bestimmte Chancen mit der Möglichkeit, frei um sie zu konkurrieren, verschlossen haben, und die dementsprechend in direkte oder indirekte Abhängigkeit geraten sind.

3. Denn dieser Prozeß ist keineswegs so zu verstehen, als ob in seinem Verlauf einfach immer weniger „frei" und immer mehr „gebunden" werden, obgleich er in bestimmten Phasen einen Anblick bietet, der diese Beschreibung nahelegt. Betrachtet man das Ganze der Bewegung, dann erkennt und versteht man unschwer, daß — mindestens in jeder höher und reicher differenzierten Gesellschaft — die Abhängigkeit von einer bestimmten Phase des Prozesses ab auf eigentümliche Weise umschlägt. Je mehr Menschen durch das Spiel des Monopolmechanismus in Abhängigkeit geraten, desto größer wird die gesellschaftliche Stärke zwar nicht der einzelnen Abhängigen, aber der Abhängigen als eines Ganzen im Verhältnis zu den wenigen oder dem einen Monopolisten, und zwar sowohl durch ihre Anzahl, wie durch die Angewiesenheit der Wenigen, die sich einer Monopolstellung nähern, auf immer mehr Abhängige zur Bewahrung und Bewirtschaftung der monopolisierten Chancen. Mag es sich um Land, um Soldaten oder um Geld in irgendeiner Form handeln, je mehr sich davon in einer Hand akkumuliert, desto weniger wird es für diesen Einzelnen übersehbar, desto sicherer wird er durch sein Monopol selbst auf immer mehr Andere angewiesen, desto stärker wird er von dem Geflecht seiner Abhängigen abhängig. Es handelt sich um Veränderungen, die oft Jahrhunderte brauchen, um spürbar zu werden, weitere Jahrhunderte, um ihre Ausprägung in dauerhaften Institutionen zu finden; besondere Aufbau-Gesetzlichkeiten der Gesellschaft mögen unendliche Hemmungen in den Verlauf des Prozesses einschalten; sein Mechanismus und sein Trend ist eindeutig. Je umfassender die monopolisierten Chancen werden, je größer und arbeitsteiliger das Geflecht der Menschen wird, die als Funktionäre an der Bewirtschaftung der Monopolchancen Teil haben oder von deren Arbeit, von deren Funktion der Bestand des Monopols in irgendeiner Hinsicht abhängig ist, desto stärker macht dieses ganze

Herrschaftsfeld des Monopolisten ein Eigengewicht und eine Eigengesetzlichkeit geltend; der Monopolherr kann sich ihr fügen und sich die Beschränkungen auferlegen, die seine Funktion als Zentralherr eines so mächtigen Gebildes erfordert; er kann sich auch gehen lassen und seinen persönlichen Neigungen und Affekten den Vorrang vor allen anderen geben; dann wird früher oder später der komplizierte Gesellschaftsapparat, zu dem sich die privat akkumulierten Chancen ausgewachsen haben, in Unordnung geraten und ihn erst recht seinen Widerstand, seine Eigengesetzlichkeit spüren lassen. Je umfassender und je arbeitsteiliger mit anderen Worten ein Monopolbesitz wird, desto sicherer und desto ausgeprägter strebt er einem Punkt zu, bei dem der oder die Monopolherren zu Zentralfunktionären eines funktionsteiligen Apparats werden, mächtiger vielleicht als andere Funktionäre, aber kaum weniger abhängig und gebunden als sie. Diese Veränderung mag sich fast unmerklich in kleinen Schritten und Kämpfen vollziehen oder dadurch, daß ganze Gruppen von Abhängigen ihre gesellschaftliche Stärke gegenüber den wenigen Monopolherren durch Gewalt geltend machen, jedenfalls tendiert so oder so die Verfügungsgewalt der durch Privatinitiative in vielen Ausscheidungskämpfen akkumulierten Chancen dazu, von einem optimalen Punkt der Besitzgröße ab den Händen der Monopolherren zu entgleiten und in die Hände der Abhängigen als eines Ganzen oder zunächst wenigstens einiger Gruppen von Abhängigen überzugehen, etwa in die Verfügungsgewalt der bisherigen Monopolverwaltung. Das Privatmonopol Einzelner vergesellschaftet sich; es wird zu einem Monopol ganzer Gesellschaftsschichten, zu einem öffentlichen Monopol, zum Zentralorgan eines Staates.

Der Entwicklungsgang dessen, was wir heute den ,,Staatshaushalt" nennen, bietet ein anschauliches Beispiel für diesen Prozeß. Der Staatshaushalt entwickelt sich aus dem ,,Privathaushalt" feudaler Herrscherhäuser; genauer gesagt: es gibt zunächst noch keine Scheidung zwischen dem, was man später als „öffentliche" und als „private" Einnahmen oder Ausgaben einander gegenüberstellt. Die Einnahmen der Zentralherren stammen im wesentlichen aus ihrem persönlichen Haus- oder Domanialbesitz; aus diesen Einnahmen werden in genau der gleichen Weise die Ausgaben für den Hofhalt, für Jagden, Kleider oder Geschenke des Herrschers bestritten, wie für die relativ kleine Verwaltung, für Soldtruppen, so weit sie vorhanden sind, oder etwa auch für die Anlage von Burgen. Dann kommt immer mehr Land in der Hand eines Herrscherhauses zusammen; die Bewirtschaftung der Einnahmen und Ausgaben, die Verwaltung und Verteidigung seines Besitzes wird für den Einzelnen immer unübersehbarer. Aber selbst, wenn der unmittelbare Besitz des Herrscherhauses, sein Domanialgut, schon längst nicht mehr die wichtigste Einnahmequelle der Herrschaft ist, wenn mit der zunehmenden Kommerzialisierung der Gesellschaft Geldabgaben aus dem gesamten Lande in die „Kammern" des Zentralherrn strömen und aus dem Monopol über den Boden mit dem Gewaltmonopol zugleich ein Geldabgaben- oder Steuermonopol geworden ist, selbst dann verfügt der Zentralherr zunächst weiter darüber, wie über ein persönliches Einkommen seines Hauses. Er kann zunächst noch immer darüber entscheiden, wieviel von diesen Einnahmen zum Bau von Schlössern, zur Verteilung von Geschenken, zum Unterhalt seiner Küche und des gesamten Hofhalts ausgegeben werden soll, und wieviel etwa zum Unterhalt der Truppen und zur Bezahlung der Herrschaftsverwaltung. Die Verteilung der Einnahmen aus den monopolisierten Chancen ist in sein Belieben gestellt. Sieht man genauer zu, dann erkennt man allerdings, wie der Entscheidungsspielraum des Monopolbesitzers durch das riesige Menschengeflecht, zu dem sein Besitz allmählich geworden ist, sich mehr und mehr beschränkt. Seine Angewiesenheit auf den Verwaltungsstab und dessen Einfluß wachsen; die fixen Kosten des Monopolapparats werden ständig größer; und am Ende dieser Entwicklung, der absolute Herrscher mit seiner scheinbar uneingeschränkten Verfügungsgewalt steht bereits in außerordentlich hohem Maße unter dem Druck, unter dem Gesetz und in funktioneller Abhängigkeit von der Gesellschaft, die er beherrscht. Seine Unumschränktheit ist nicht einfach eine Konsequenz seiner monopolistischen Verfügung über Chancen, sondern die Funktion einer besonderen Aufbaueigentümlichkeit der Gesellschaft in dieser Phase, von der noch zu reden sein wird. Aber jedenfalls besteht auch in der Budgetaufstellung des französischen Absolutismus noch keine Scheidung zwischen „privaten" und „öffentlichen" Ausgaben des Königs.

Wie dann schließlich die Vergesellschaftung des Herrschaftsmonopols im Budget zum Ausdruck kommt, ist bekannt genug. Der Inhaber der Zentralgewalt, welchen Titel immer er tragen mag, bekommt im Budget eine Summe zugewiesen, wie jeder andere Funktionär; von ihr bestreitet der Zentralherr, König oder Präsident, die Ausgaben seines Haus- oder Hofhalts; die Ausgaben, die die Herrschaftsorganisation des Landes notwendig macht, werden streng von den Ausgaben getrennt gehalten, die einzelne Personen für ihre eigenen Zwecke machen; aus dem privaten Herrschaftsmonopol ist ein öffentliches Herrschaftsmonopol geworden, selbst wenn es ein Einzelner als Funktionär der Gesellschaft in Händen hat.

Und das gleiche Bild ergibt sich, wenn man die Bildung der Herrschaftsapparatur im Ganzen verfolgt. Sie wächst aus der — wenn man will — „privaten" Hof- und Domänenverwaltung der Könige oder Fürsten heraus. So gut wie alle Organe der staatlichen Herrschaftsapparatur entstehen durch Differenzierung von Funktionen des fürstlichen Haushalts, zuweilen unter Assimilation von Organen einer lokalen Selbstverwaltung. Wenn schließlich diese Herrschaftsapparatur staatlich oder öffentlich geworden ist, dann bildet der Haushalt ihrer Zentralherrn bestenfalls ein Organ unter anderen darin und schließlich kaum noch das.

Dies ist eines der ausgeprägtesten Beispiele dafür, wie aus privatem Besitz eine öffentliche Funktion wird, und wie sich das Monopol eines Einzelnen — gewonnen als Folge einer Reihe von siegreich bestandenen Konkurrenz- oder Ausscheidungskämpfen durch Akkumulation von Chancen im Laufe mehrerer Generationen — schließlich vergesellschaftet.

Es führt hier zu weit, genauer zu zeigen, was es eigentlich bedeutet, daß aus der gleichsam „privaten" Verfügungsgewalt Einzelner über monopolisierte Chancen eine „öffentliche" oder „staatliche" oder „gesellschaftliche" Verfügungsgewalt wird. Alle diese Ausdrücke haben, wie gesagt, nur ihren vollen Sinn, bezogen auf Gesellschaften mit sehr weitgehender Funktionsteilung; erst in solchen Verbänden ist die Tätigkeit und die Funktion jedes Einzelnen mittelbar oder unmittelbar von denen sehr vieler Anderer abhängig und erst hier ist das Gewicht dieser vielen, ineinander verflochtenen Aktionen und Interessen so groß, daß sich auch die Wenigen, die über riesige Chancen monopolistisch verfügen, seinem Druck und seiner Gewalt nicht entziehen können.

Gesellschaftliche Abläufe im Sinne des Monopolmechanismus finden sich in vielen Gesellschaften, auch in Gesellschaften mit relativ geringer Funktionsteilung und Verflechtung. Auch in ihnen tendiert jedes Monopol von einem bestimmten Grad der Akkumulation ab dazu, der Verfügungsgewalt eines Einzelnen zu entgleiten und in die Verfügung ganzer Gesellschaftsgruppen überzugehen, oft zunächst in die Gewalt der früheren Herrschaftsfunktionäre, der ersten Diener des Monopolisten. Der Feudalisierungsprozeß ist ein Beispiel dafür. Es ist oben gezeigt worden, wie auch im Verlaufe dieses Prozesses die Verfügung über einen relativ sehr großen Bodenbesitz und sehr große militärische Machtmittel dem Monopolherrn entgleitet und in verschiedenen Wellen zunächst in die Gewalt seiner ehemaligen Funktionäre oder deren Erben, dann in die abgestufte Gewalt der ganzen Kriegerschicht übergeht. In Gesellschaften mit geringerer Interdependenz der gesellschaftlichen Funktionen führt dieser Vergesellschaftungsschub notwendigerweise entweder zu einer Art von „Anarchie", zu einem mehr oder weniger vollkommenen Zerfall des Monopols oder zu dessen Aneignung statt durch Einen durch eine Oligarchie. Später führen solche Schübe zugunsten der Vielen statt zu einer Aufteilung der Monopolchancen nur zu einer andern Verfügung über sie; erst im Zuge der wachsenden, gesellschaftlichen Interdependenz aller Funktionen wird es möglich, Monopole, auch ohne sie aufzulösen, der willkürlichen Nutzung durch einige Wenige ganz zu entziehen: Wo immer die Funktionsteilung stark und überdies im Wachsen ist, da kommen die Wenigen, die in immer neuen Wellen Chancen monopolistisch für sich allein in Anspruch nehmen, durch ihre Angewiesenheit auf die Dienste aller anderen und damit durch ihre funktionelle Abhängigkeit von ihnen früher oder später in Schwierigkeiten und in Nachteil gegenüber den Vielen. Das immer reicher funktionsteilige Menschengeflecht als ein Ganzes hat ein Eigengesetz, das sich jeder privaten Monopolisierung von Chancen immer stärker entgegenstemmt. Die Tendenz der Monopole, etwa des Gewalt- und Steuermonopols, aus „privaten" zu „öffentlichen" oder „staatlichen" Monopolen zu werden, ist nichts anderes als eine Funktion der gesellschaftlichen Interdependenz. Ein stark und wachsend funktionsteiliges Menschengeflecht drängt einfach durch das Eigengewicht, das ihm als Ganzem innewohnt, einer Gleichgewichtslage zu, bei dem die Verteilung des Nutzens und der Erträge von monopolisierten Chancen zugunsten einiger Weniger unmöglich wird. Wenn es uns heute als selbstverständlich erscheint, daß bestimmte Monopole, vor allem die Schlüsselmonopole der Herrschaft, „staatlich" oder „öffentlich" sind, obwohl sie das früher durchaus nicht waren, so bezeichnet das einen Schritt in der angegebenen Richtung. Es ist durchaus möglich, daß sich in den Kurs eines solchen Prozesses kraft der besonderen Bedingungen einer Gesellschaft immer und immer wieder Hemmungen einschalten; ein Beispiel besonderer Art für solche Hemmungen ist oben am Entwicklungsgang des alten, deutsch-römischen Imperiums aufgezeigt worden; und wo immer ein Gesellschaftsgeflecht eine bestimmte, für die jeweilige Monopolbildung optimale Größe überschreitet, werden sich ähnliche Erscheinungen zeigen. Aber das Hinstreben eines solchen Menschengeflechts zu einem ganz bestimmten Aufbau, bei dem die Monopole zum Nutzen und im Sinne des ganzen Menschenverbandes verwaltet werden, bleibt spürbar, welche Faktoren sich auch immer als Gegenmechanismen einschalten und den Ablauf in einer ständig wiederkehrenden Konfliktssituation festhalten mögen.

Der Prozeß der Monopolbildung hat also, zunächst einmal allgemein betrachtet, einen ganz klaren Aufbau. Der freie Konkurrenzkampf hat in diesem Prozeß seine genau bestimmbare Stelle und seine gute Funktion: Es ist ein Kampf und Wettbewerb relativ Vieler um Chancen, über die noch nicht das Monopol eines Einzelnen oder einiger Weniger besteht. Jeder gesellschaftlichen Monopolbildung geht ein solcher freier Ausscheidungskampf voraus; jeder freie, gesellschaftliche Ausscheidungs- oder Konkurrenzkampf tendiert zur Monopolbildung.

Gegenüber dieser Phase der freien Konkurrenz bedeutet die Monopolbildung auf der einen Seite eine Schließung des direkten Zugangs zu bestimmten Chancen für viele und für immer mehr Menschen; sie bedeutet auf der anderen Seite eine immer stärkere Zentralisierung der Verfügungsgewalt über diese Chancen. Durch diese Zentralisierung werden die Chancen dem unmittelbaren Kampf der Vielen entzogen; sie stehen im optimalen Fall zur Verfügung einer einzelnen, gesellschaftlichen Einheit. Diese aber, der Monopolist, ist nie in der Lage, die Erträge seines Monopols allein für sich zu verbrauchen; er ist ganz besonders nicht dazu in der Lage innerhalb einer stark funktionsteiligen Gesellschaft. Er mag zunächst, wenn er die gesellschaftliche Stärke dazu hat, einen gewaltigen Teil der Monopolerträge für sich in Anspruch nehmen und Dienste mit dem Lebensminimum vergelten. Jedenfalls muß er, eben weil er von Diensten und

Funktionen anderer abhängig ist, einen großen Teil der Chancen, über die er verfügt, an andere verteilen, und zwar einen um so größeren Teil, je größer der akkumulierte Besitz wird, einen um so größeren auch, je größer seine Angewiesenheit auf andere und damit deren gesellschaftliche Stärke wird. Um die Verteilung dieser Chancen erhebt sich also jetzt von neuem ein Konkurrenzkampf unter denen, die auf solche Chancen angewiesen sind; aber während in der vorangehenden Phase der Konkurrenzkampf „frei" war, nämlich allein davon abhängig, wer sich an einem bestimmten Zeitpunkt als stärker oder schwächer erwies, ist er jetzt auch davon abhängig, für welche Funktion oder zu welchem Zweck der Monopolist den Einzelnen aus seiner Übersicht über das Ganze seines Herrschaftsbereichs braucht. An die Stelle des freien Konkurrenzkampfes ist ein gebundener, von einer Zentralstelle, von Menschen her gelenkter oder jedenfalls lenkbarer Konkurrenzkampf getreten; und die Eigenschaften, die in diesem gebundenen Konkurrenzkampf Erfolg versprechen, die Selektion, die er vornimmt, die Menschentypen, die er produziert, sind von denen der vorangehenden Phase des freien Konkurrenzkampfes höchst verschieden.

Der Unterschied zwischen der Situation des freien Feudaladels und der des höfischen Adels bildet ein Beispiel dafür. Dort entscheidet die gesellschaftliche Stärke des einzelnen Hauses, Funktion zugleich seiner wirtschaftlichen und kriegerischen Ausrüstung, wie der physischen Kraft und Geschicklichkeit des Einzelnen, über die Verteilung der Chancen, und die unmittelbare Anwendung von Gewalt ist in diesem freien Wettbewerb um Chancen ein unentbehrliches Kampfmittel. Hier entscheidet letzten Endes über die Verteilung der Chancen der, dessen Haus oder dessen Vorgänger als Sieger aus diesem Gewaltkampf hervorgegangen sind, und der daher ein Gewaltmonopol besitzt; kraft dieses Monopols ist nun im Konkurrenzkampf des Adels um die Chancen, die der Fürst zu verteilen hat, die unmittelbare Anwendung von Gewalt weitgehend ausgeschaltet; die Mittel des Wettbewerbs haben sich verfeinert oder sublimiert; die Zurückhaltung der Affektäußerungen, die dem Einzelnen seine Abhängigkeit von dem Monopolherrn auferlegt, ist gewachsen; und die Einzelnen schwanken nun hin und her zwischen dem Widerstand gegen die Zwänge, denen ihr Dasein unterliegt, dem Haß gegen ihre Abhängigkeit und Gebundenheit, der Sehnsucht zurück nach der Ungebundenheit des freien, ritterlichen Wettbewerbs auf der einen Seite und dem Stolz auf die angezüchtete Selbstbeherrschung oder der Freude an den neuen Lustmöglichkeiten, die sie eröffnet, auf der anderen; es ist, kurz gesagt, ein Schub auf dem Wege der Zivilisation.

Der nächste Schritt ist dann die Übernahme des Gewalt- und Steuermonopols samt aller anderen Herrschaftsmonopole, die auf ihnen beruhen, durch das Bürgertum. Das ist in dieser Zeit eine Schicht, die als Ganzes über bestimmte, wirtschaftliche Chancen in der Form eines unorganisierten Monopols verfügt; aber diese Chancen sind zwischen ihren Mitgliedern zunächst noch so gleichmäßig verteilt, daß relativ viele von ihnen frei miteinander konkurrieren können. Worum diese Schicht mit den Fürsten kämpft, und was ihr schließlich auch zufällt, ist nicht die Zerstörung des Herrschaftsmonopols; sie trachtet nicht danach, diese monopolisierten Chancen der Steuern und der militärisch-polizeilichen Gewalt wieder unter ihre einzelnen Mitglieder aufzuteilen; ihre Mitglieder wollen nicht Grundherren werden, von denen jeder für sich über eine eigene Kriegsmacht und über eigene Abgaben verfügt. Der Bestand eines Monopols der Steuererhebung und der physischen Gewaltanwendung ist die Grundlage ihrer eigenen, gesellschaftlichen Existenz; er ist die Voraussetzung für die Beschränkung des freien Konkurrenzkampfes, den sie miteinander um bestimmte, wirtschaftliche Chancen führen, auf das Mittel der wirtschaftlichen Gewalt.

Was sie bei dem Kampf um die Herrschaftsmonopole anstreben und was sie schließlich erreichen, ist, wie gesagt, nicht die Aufteilung der bereits vorhandenen Monopole, sondern eine andere Verteilung ihrer Lasten und Erträge. Daß die Verfügung über diese Monopole jetzt statt von einem absoluten Fürsten von einer ganzen Schicht abhängt, ist ein Schritt in der eben dargelegten Richtung; es ist ein Schritt auf jenem Wege, auf dem die Chancen, die dieses Monopol gibt, immer weniger nach der persönlichen Gunst und im persönlichen Interesse Einzelner verteilt werden, sondern nach einem unpersönlicheren und genaueren Plan im Interesse vieler interdependent Verbundener und schließlich im Interesse eines ganzen, interdependenten Menschengeflechts.

Durch Zentralisierung, durch Monopolisierung werden mit anderen Worten Chancen, die zuvor durch kriegerische oder wirtschaftliche Gewalt von Einzelnen erstritten werden mußten, einer Planung unterwerfbar und handhabbar. Der Kampf um die Monopole richtet sich von einem bestimmten Punkt der Entwicklung ab nicht mehr auf ihre Zerstörung, sondern er geht um die Verfügungsgewalt über ihre Erträge, um den Plan, nach dem sie aufgebaut und nach dem ihre Last und ihr Nutzen repartiert werden sollen, mit einem Wort um die Verteilungsschlüssel. Die Verteilung selbst, die Aufgabe des Monopolherrn und der Monopolverwaltung wird in diesem Kampf aus einer relativ privaten zu einer öffentlichen Funktion; ihre Abhängigkeit von allen anderen Funktionen des interdependenten Menschengeflechts tritt auch organisatorisch mehr und mehr in Erscheinung. Die Zentralfunktionäre sind im ganzen dieses Geflechts nun Abhängige, wie alle anderen. Es bilden sich feste Institutionen zu ihrer Kontrolle durch einen mehr oder weniger großen Teil aller der Menschen, die von dieser Monopolapparatur abhängen; und die Verfügung über das Monopol, die Besetzung seiner Schlüsselpositionen selbst entscheidet sich nicht durch einen einmaligen monopol-,,freien" Konkurrenzkampf, sondern durch regelmäßig wiederkehrende

Ausscheidungskämpfe ohne Waffengewalt, die von dem Monopolapparat geregelt werden, durch monopolistisch „gebundene" Konkurrenzkämpfe. Es bildet sich mit anderen Worten das, was wir ein „demokratisches Regime" zu nennen pflegen. Diese Art von Regime ist nicht, wie es sich heute — bei der bloßen Nahsicht auf bestimmte, wirtschaftliche Monopolprozesse unserer Zeit — oft dem Bewußtsein darzustellen scheint, mit dem Vorhandensein von Monopolen schlechthin unvereinbar und in seinem Bestand abhängig von dem Bestand eines Spielfeldes mit möglichst freier Konkurrenz, sondern es hat selbst geradezu den Bestand von hochorganisierten Monopolen zur Voraussetzung, wenn es auch gewiß nur unter bestimmten Umständen, nur bei einem ganz spezifischen Aufbau des gesamten, gesellschaftlichen Feldes und erst in einer sehr fortgeschrittenen Phase der Monopolbildung entstehen oder gar dauerhaft funktionieren kann.

Zwei große Phasen also lassen sich in dem Ablauf eines Monopolmechanismus unterscheiden, soweit unser Stand der Erfahrung ein Urteil darüber erlaubt: Erstens die Phase der freien Konkurrenz oder der Ausscheidungskämpfe mit der Tendenz zur Akkumulation von Chancen in immer weniger und schließlich in einer Hand, die Phase der Bildung der Monopols; zweitens die Phase, in der die Verfügungsgewalt über die zentralisierten und monopolisierten Chancen dazu tendiert, aus den Händen eines Einzelnen in die einer immer größeren Anzahl überzugehen und schließlich zu einer Funktion des interdependenten Menschengeflechts als eines Ganzen zu werden, also die Phase, in der aus dem relativ „privaten" ein „öffentliches" Monopol wird.

Es fehlt an Ansätzen zu der zweiten Phase auch in Gesellschaften mit relativ geringer Funktionsteilung nicht. Zu ihrer vollen Ausprägung aber kann sie offenbar nur in Gesellschaften mit sehr reicher und überdies steigender Funktionsteilung kommen.

Die Gesamtbewegung läßt sich auf eine recht einfache

Formel bringen. Sie geht von einer Situation aus, in der eine ganze Schicht über unorganisierte Monopolchancen verfügt, und in der dementsprechend die Verteilung der Monopolchancen unter die Mitglieder dieser Schicht im wesentlichen durch freien Kampf und offene Gewalt entschieden wird; sie strebt einer Situation zu, in der die Verfügung einer Schicht über Monopolchancen — und weiter die Verfügung aller von diesen Chancen Abhängigen als eines interdependenten Ganzen — zentral organisiert und durch Kontrollinstitutionen gesichert ist, und in der die Verteilung der Monopolerträge nach einem Plan erfolgt, der in keiner Weise am Interesse Einzelner, sondern am Kreislauf der arbeitsteiligen Prozesse selbst, am optimalen Ineinanderarbeiten aller funktionsteilig verbundenen Menschen orientiert ist.

Soviel über den Konkurrenz- und Monopolmechanismus im allgemeinen. Seine volle Bedeutung erhält dieses allgemeine Schema erst im Zusammenhang mit konkreten Fakten; an ihnen muß es sich bewähren.

Man hat gewöhnlich, wenn heute von „freier Konkurrenz" und von „Monopolbildungen" gesprochen wird, zunächst einmal Fakten der Gegenwart vor Augen; man denkt in erster Linie an den „freien Konkurrenzkampf" um „ökonomische" Chancen, den Menschen oder Menschengruppen im Rahmen bestimmter Spielregeln mit dem Mittel wirtschaftlicher Gewalt ausfechten, und in dessen Verlauf die Einen ihre Verfügung über wirtschaftliche Chancen allmählich vergrößern unter Vernichtung, Unterwerfung oder Beschränkung der wirtschaftlichen Existenz von Anderen.

Aber diese wirtschaftlichen Konkurrenzkämpfe unserer Tage führen nicht nur unmittelbar unter unseren Augen zu einer steten Verengerung des Kreises der wirklich „monopolfreien" Konkurrenten und zu einer langsamen Formierung monopolartiger Gebilde, sie haben — es ist oben schon gelegentlich darauf hingewiesen worden — selbst bereits den festen Bestand von bestimmten, weit fortgeschritteneren Monopolbildungen zur Voraussetzung; ohne den Bestand von Monopolorganisationen der körperlichen Gewalttat und der Steuern, zunächst mit national begrenzter Reichweite, wäre die Beschränkung dieses Kampfes um „wirtschaftliche" Chancen auf das Mittel der „wirtschaftlichen" Gewalt und die Aufrechterhaltung seiner fundamentalen Spielregeln auch innerhalb der einzelnen Staaten über längere Zeiträume hin nicht möglich. Die wirtschaftlichen Kämpfe und Monopolbildungen der neueren Zeit stehen mit anderen Worten an einer bestimmten Stelle innerhalb eines umfassenderen, geschichtlichen Zusammenhangs. Und erst beim Anblick dieses weiteren Zusammenhanges erhält das, was über den Konkurrenz- und Monopolmechanismus im allgemeinen gesagt worden ist, seinen vollen Sinn; erst wenn man den Bildungsgang dieser nun schon weit festeren „staatlichen" Monopolinstitute ins Auge faßt, die wohl nur in einer Phase mächtiger Expansion und Differenzierung eine „wirtschaftliche Sphäre" zu unbehinderter, individueller Konkurrenz und damit zu neuen, privaten Monopolbildungen freigeben, dann erst tritt für den Blick des Beobachters in der Fülle der einzelnen, geschichtlichen Fakten das Spiel der Mechanismen, die Ordnung, die Struktur, die Gesetzmäßigkeit solcher Monopolbildungen schärfer hervor.

Wie kam es zur Bildung dieser „staatlichen" Monopolorganisationen? Wie sahen die Konkurrenzkämpfe aus, die zu ihnen hinführten?

Es muß hier genügen, diese Prozesse in der Geschichte des Landes weiter zu verfolgen, in dem sie sich am geradlinigsten abspielten und das im Zusammenhang damit durch lange Perioden hin zur modellgebenden Vormacht Europas wurde, in der Geschichte Frankreichs. Man darf dabei die Mühe nicht scheuen, sich in eine Reihe von Einzelheiten zu vertiefen; anders kann man dem allgemeinen Schema der Prozesse niemals die Erfahrungsfülle hinzugewinnen, ohne die es leer ist, — wie die Erfahrungsfülle chaotisch für das Bewußtsein dessen, der die Ordnung und die Strukturen darin nicht sieht.

IV.
Die frühen Konkurrenzkämpfe im Rahmen des Königreichs.

1. Daß innerhalb des westfränkischen Nachfolgegebiets früher oder später eines der rivalisierenden Kriegerhäuser die Vormacht und schließlich eine Monopolstellung gewann, und daß auf diese Weise die vielen, kleineren, feudalen Territorialherrschaften zu einer größeren Herrschaftseinheit zusammengeschlossen wurden, hatte entsprechend der Gesetzlichkeit des Monopolmechanismus einen sehr hohen Grad von Wahrscheinlichkeit.

Daß gerade dieses bestimmte Haus, die Kapetinger, aus der langen Reihe von Ausscheidungskämpfen als Sieger hervorging und damit zum Exekutor des Monopolmechanismus wurde, das war zunächst weit weniger wahrscheinlich oder sicher, wenn sich auch eine Reihe von Faktoren, die dieses Haus beim Aufstieg gegenüber konkurrierenden Häusern begünstigten, unschwer herausarbeiten ließen. Man kann sagen, daß es sich erst im Laufe des hundertjährigen Krieges endgültig entschied, ob die Nachkommen der Kapetinger oder die eines anderen Hauses die Monopolbildner oder Zentralherren des werdenden Staates sein würden.

Es ist nicht unwichtig, den Unterschied zwischen diesen beiden Fragestellungen, zwischen dem allgemeinen Problem der Monopol- und Staatenbildung und der spezielleren Frage, warum gerade dieses Kriegerhaus die Hegemonie gewann und bewahrte, im Auge zu behalten. Mehr von jener Frage, als von dieser war und ist hier die Rede.

Der erste Schub dieser Monopolbildung nach der starken Nivellierung der Besitzverhältnisse, die bis ins 10. und selbst bis ins 11. Jahrhundert weitergeht, ist oben skizziert worden. Es ist die Monopolbildung im Rahmen eines Territoriums. Innerhalb dieser kleinen Bezirke spielen sich die ersten Ausscheidungskämpfe ab, und zunächst in ihnen verschiebt sich das Gleichgewicht zugunsten von Wenigen, schließlich zugunsten eines Einzigen. Ein Haus — immer ist ein Haus, eine Familie die gesellschaftliche Einheit, die sich durchsetzt, nicht ein Einzelner — erkämpft sich soviel Boden, daß die anderen sich mit ihm an kriegerischer und wirtschaftlicher Stärke nicht mehr messen können. Solange die Möglichkeit, sich mit ihm zu messen, noch besteht, ist auch das Lehnsverhältnis ein mehr oder weniger nominelles Verhältnis. Mit der Verschiebung der gesellschaftlichen Stärke bekommt es eine neue Realität. Es stellen sich neue Abhängigkeitsbeziehungen her, wenn auch die Abhängigkeit der vielen Kriegerfamilien von der einen, die nun faktisch zur mächtigsten des Territoriums geworden ist, bei dem Fehlen einer durchgebildeten Zentralapparatur weder die kontinuierliche Stärke noch den Charakter hat, den sie später im Rahmen des absolutistischen Regimes erhält.

Es ist charakteristisch für die Strenge, mit der dieser Monopolmechanismus arbeitet, daß sich analoge Prozesse annähernd zu der gleichen Zeit ziemlich in allen Territorien des westfränkischen Gebiets abspielen. Ludwig VI., Herzog von Francien und dem Namen nach König des ganzen Gebietes, ist, wie gesagt, nur ein Repräsentant dieser Stufe der Monopolbildung unter anderen.

2. Wenn man die Karte Frankreichs etwa für die Zeit von 1032 betrachtet, gewinnt man einen deutlichen Eindruck von der politischen Aufspaltung des Gebietes in eine Reihe größerer und kleinerer Territorialherrschaften[83]). Was man da vor sich sieht, ist gewiß noch nicht das Frankreich, das wir kennen. Dieses werdende Frankreich, das westfränkische Nachfolgegebiet, ist im Südosten durch die Rhône begrenzt; Arles und Lyon liegen außerhalb seiner in dem Königreich Burgund; außerhalb seiner liegt nördlich davon auch die Gegend des heutigen Toul, Bar le Duc und Verdun, die ebenso wie die Gegend von Aachen, dann von Antwerpen und weiter hinauf die von Holland zum Königreich Lothringen gehört. Die traditionelle Ost- und Nordgrenze des westlichen, karolingischen Nachfolgegebietes liegt tief im

Gebiet des heutigen Frankreich. Aber weder diese Grenze des nominellen Kapetingerreiches, noch die Grenzen der kleineren, politischen Einheiten innerhalb seiner haben in dieser Zeit schon ganz die Funktion oder die Festigkeit der heutigen Staatsgrenzen. Geographische Einschnitte, Flußtäler und Gebirge, geben zusammen mit sprachlichen Unterschieden und lokalen Traditionen den Grenzen eine gewisse Stabilität. Da aber jedes Gebiet, ob klein oder groß, Besitztum einer Kriegerfamilie ist, so sind in erster Linie bestimmend dafür, was zu einer Herrschaftseinheit zusammengehört, die Siege und Niederlagen, die Heiraten und Käufe oder Verkäufe dieser Familie; und der Wechsel der Herrschaftsgewalt über ein bestimmtes Gebiet ist relativ groß.

Geht man vom Süden nach Norden, dann sieht man zunächst nördlich der Grafschaft Barcelona, also nördlich der Pyrenäen, das Herzogtum der Gascogne bis in die Gegend von Bordeaux und die Grafschaft von Toulouse; daran schließt sich, um nur die größeren Einheiten zu nennen, das Herzogtum Guyenne an, also Aquitanien, dann die Grafschaft von Anjou, Stammsitz des zweiten französisch-englischen Königshauses, die Grafschaften von Maine und Blois, das Herzogtum der Normandie, Stammsitz des ersten französisch-englischen Königshauses, die Grafschaften von Troyes, von Vermandois und von Flandern, und schließlich, zwischen dem normannischen Herrschaftsgebiet, den Grafschaften von Blois, Troyes und anderen, das kleine Herrschaftsgebiet der Kapetinger, das Herzogtum Francien. Es ist schon hervorgehoben worden, daß dieses Herrschaftsgebiet der Kapetinger so wenig, wie andere Territorialherrschaften eine volle Einheit im geopolitischen oder militärischen Sinne des Wortes bildet; es besteht aus zwei oder drei größeren, zusammenhängenden Gebieten, der Isle de France, dem Berry und dem Orleansgebiet, dazu aus verstreuten, kleineren Besitzungen in Poitou, im Süden, an den verschiedensten Punkten Frankreichs, die auf diese oder jene Weise in den Besitz der Kapetinger gelangt sind[84].

3. In den meisten dieser Territorien hat also zur Zeit Ludwigs VI. ein bestimmtes Haus durch Akkumulation von Bodenbesitz eine faktische Vormachtstellung über die anderen gewonnen. Die Kämpfe zwischen diesen Fürstenhäusern und den kleineren Adelsgeschlechtern innerhalb der Territorialherrschaften flackern immer wieder einmal auf, und Spannungen zwischen ihnen bleiben noch lange spürbar.

Aber die Chancen für einen erfolgreichen Widerstand der kleineren Feudalhäuser sind nicht mehr sehr groß. Ihre Abhängigkeit von dem jeweiligen Lehns- oder Territorialherrn tritt im Laufe des 11. Jahrhunderts langsam deutlicher zutage. Die monopolartige Stellung der Fürstenhäuser innerhalb ihres Territoriums ist nur noch selten zu erschüttern. Und was der Gesellschaft von nun an immer stärker ihren Charakter gibt, das sind die Kämpfe zwischen diesen Fürstenhäusern um die Vormacht innerhalb eines größeren Gebietes. In diese Kämpfe werden die Menschen durch die gleiche Zwangsläufigkeit getrieben, wie in die Kämpfe der vorangehenden Stufe: Wenn der eine Nachbar größer und damit mächtiger wird, gerät der andere Nachbar in Gefahr, von ihm überwältigt oder von ihm abhängig zu werden; er muß erobern, um nicht zu unterliegen. Und wenn zunächst noch Kolonisationszüge, Expansionskriege nach außen die Spannung im Innern bis zu einem gewissen Grade entlasten, so verstärkt sich diese innere Spannung um so mehr, je geringer die Chancen zu einer äußeren Expansion werden. — Der Verflechtungsmechanismus des freien Konkurrenzkampfes treibt sein Spiel von nun ab innerhalb eines beschränkteren Kreises, nämlich unter denjenigen Kriegerfamilien, die zu Zentralhäusern eines Territoriums geworden sind.

4. Der Zug des Normannenherzogs nach England war, wie gesagt, einer der Expansionszüge, die für diese Zeit charakteristisch sind, einer unter vielen. Auch er stand im Zeichen des allgemeinen Landhungers, der die wachsende Bevölkerung, vor allem die Kriegerbevölkerung, ob arm, ob reich, in Atem hielt.

Aber diese Bereicherung des Normannenherzogs, diese Vergrößerung seiner militärischen und finanziellen Machtmittel bedeutete zugleich eine schwere Erschütterung des bisherigen Gleichgewichts unter den Territorialherren Frankreichs. Diese Verschiebung wurde nicht sofort in ihrer vollen Stärke spürbar; denn der Eroberer brauchte Zeit, um die Machtmittel seiner neuen Herrschaft zu organisieren und auch als das geschehen war, trat bei der geringen Verflechtung der westfränkischen Territorien die Bedrohung, die dieser Machtzuwachs der Normannenherzöge für andere Territorialherren bedeutete, zunächst mehr in der unmittelbaren Nachbarschaft der Normandie, also im nördlichen Frankreich zutage, als weiter unten im Süden. Spürbar aber wurde sie, und am unmittelbarsten betroffen war das Haus, das den traditionellen Vormachtsanspruch im östlichen Nachbargebiet der Normandie hatte, das Haus der Herzöge von Francien, die Kapetinger. Es ist nicht unwahrscheinlich, daß die Bedrohung durch den stärkeren Nachbarn für Ludwig VI. einen mächtigen Antrieb in der Richtung darstellte, an der er mit Zähigkeit und Energie sein Leben lang festgehalten hat, einen Antrieb zur Festigung seiner Vormacht und zur Besiegung jedes möglichen Rivalen innerhalb seines Territoriums selbst.

Daß er, der nominelle König und Lehnsherr des westfränkischen Gebietes, faktisch entsprechend der Beschränktheit seines Besitzes weit schwächer war als sein Vasall und Nachbar, der nun als Herrscher von England zugleich ebenfalls eine Königskrone trug, das zeigte sich bei jeder Auseinandersetzung zwischen ihnen.

Wilhelm der Eroberer hatte dadurch, daß er dieses Inselland neu eroberte, die Möglichkeit gehabt, eine für diese Zeit relativ stark zentralisierte Herrschaftsorganisation zu schaffen. Er verteilte das eroberte Land in einer Weise, die die Bildung von gleich reichen und gleich mächtigen Häusern, von Geschlechtern, die mit dem seinen rivalisieren konnten, nach Möglichkeit verhindern sollte. Die Verwaltungsapparatur des englischen Zentralherrn war die fortgeschrittenste ihrer Zeit; es gab selbst für Geldeinnahmen bereits ein gesondertes Amt.

Schon das Heer, mit dem Wilhelm der Eroberer die Herrschaft über die Insel gewonnen hatte, bestand nur zum Teil aus seiner feudalen Gefolgschaft, zum andern aber aus Soldrittern, die zugleich das Verlangen nach neuen Böden trieb. Nun, nach der Eroberung, war der Schatz des normannischen Zentralherrn erst recht groß genug, um Krieger in Sold nehmen zu können; und ganz abgesehen von der Größe ihrer feudalen Gefolgschaft, gab auch das den Inselherren eine militärische Überlegenheit über die kontinentalen Nachbarn.

Ludwig der Dicke von Francien konnte sich so etwas ebensowenig leisten, wie seine Vorgänger. Man hat ihm nachgesagt, daß er geldgierig gewesen sei, daß er mit allen Mitteln, die ihm zu Gebote standen, Geld in seinen Besitz zu bringen suchte. In der Tat tritt gerade in dieser Zeit, wie in vielen Perioden, in denen das Geld relativ selten, die Disproportion zwischen dem vorhandenen Vorrat und dem Bedarf besonders spürbar ist, auch der Drang oder, wenn man will, die Gier nach dem Geld besonders hervor. Aber Ludwig VI. befand sich in der Tat gegenüber dem auch an Geld reicheren Nachbarn in einer besonderen Notlage. In dieser Hinsicht, ebenso wie in der Frage der Herrschaftsorganisation, der Zentralisierung und der Ausschaltung möglicher Rivalen im Innern, gab das Inselterritorium ein Beispiel, dem die kontinentalen Territorialherren folgen mußten, wenn sie nicht aus dem Kampf um die Vormacht ausscheiden wollten.

Am Anfang des 12. Jahrhunderts ist also zunächst das Kapetingerhaus spürbar schwächer als das rivalisierende Haus, das über die Länder und Menschen jenseits des Meeres verfügt. Ludwig VI. wird so gut wie in jedem Kampf mit dem englischen Rivalen besiegt, wenn es diesem auch nicht gelingt, in das Gebiet von Francien selbst einzudringen. Das ist die Lage, in der der Herr von Francien sich darauf beschränkt, die Basis seiner Macht, sein Hausgut, zu vergrößern und den Widerstand der kleineren Feudalherren in oder zwischen seinen Territorien zu brechen. Er rüstet damit gewissermaßen sein Haus für jenen großen Konkurrenzkampf, jenen jahrhundertelangen Kampf um die Vormacht im westfränkischen Nachfolgegebiet, in dessen Verlauf immer mehr westfränkische Territorien zu einem einzigen Herrschaftsblock in der Hand eines einzigen Kriegerhauses zusammenwachsen, und in den von nun an alle anderen Spannungen dieses Gebietes mehr oder weniger unmittelbar verwoben sind, für den Kampf um die Krone Frankreichs zwischen den Herren der Isle de France und den Herren der englischen Insel.

5. Das Haus, das den Vormachtkampf mit den Kapetingern aufnimmt, wenn das Haus Wilhelm des Eroberers erlischt, sind die Plantagenets. Ihre Stammherrschaft ist Anjou[85]), ebenfalls ein Nachbargebiet von Francien. Sie arbeiten sich ziemlich in der gleichen Zeit herauf, wie die Kapetinger, und auch annähernd in der gleichen Art. Wie in Francien unter Philipp I., so ist auch in dem benachbarten Anjou unter Foulque die tatsächliche Macht der Grafen gegenüber ihren Vasallen ganz gering geworden. Wie Philipps Sohn, Ludwig VI., der Dicke, so kämpfen auch Foulques Sohn, Foulque der Junge, und dessen Sohn, Geoffroi Plantagenet, die kleineren und mittleren Feudalherren ihres Gebietes langsam nieder; und auch sie schaffen damit die Grundlage zur weiteren Expansion.

In England selbst vollzieht sich zunächst der umgekehrte Prozeß, der die Mechanismen dieser Kriegergesellschaft von der anderen Seite her zeigt. Als Heinrich I. Enkel Wilhelms des Eroberers stirbt, ohne männliche Erben zu hinterlassen, erhebt Etienne v. Blois, Sohn einer Tochter Wilhelms, Anspruch auf den englischen Thron. Er erlangt die Anerkennung der weltlichen Feudalherren und der Kirche; aber er ist selbst nicht mehr, als ein mittlerer, normannischer Feudalherr; sein persönliches Besitztum, die Hausmacht, auf die er sich stützen muß, ist beschränkt. Und er ist also ziemlich ohnmächtig gegenüber den anderen Kriegern und auch gegenüber dem Klerus seines Gebietes. Mit seinem Regierungsantritt setzt sofort eine Desintegrierung der Herrschaftsgewalt auf der Insel ein. Die Feudalherren bauen Burgen über Burgen, prägen eigenes Geld, ziehen Steuern aus ihrem Gebiete ein, kurzum, sie nehmen alle die Machtmittel für sich in Anspruch, die bisher, entsprechend ihrer überlegenen, gesellschaftlichen Stärke, ein Monopol der normannischen Zentralherren gewesen waren. Außerdem begeht Etienne v. Blois eine Reihe von Ungeschicklichkeiten, die ihm besonders die Kirche entfremden, und die sich vielleicht ein Stärkerer als er hätte leisten können, nicht ein Mann, der die Hilfe anderer braucht. Das hilft den Rivalen.

Als Rivalen treten die Grafen von Anjou auf. Geoffroy Plantagenet hat die Tochter des letzten, normannisch-englischen Königs geheiratet. Und er hat zu dem Anspruch, den er auf Grund dieser Heirat erhebt, auch die Macht. Er faßt langsam in der Normandie Fuß. Sein Sohn, Heinrich Plantagenet, vereinigt bereits Maine, Anjou, Touraine und die Normandie unter seiner Herrschaft. Und er kann es, gestützt auf diese Macht, unternehmen, das englische Herrschaftsgebiet seines Großvaters wiederzuerobern, wie es ehemals der Normannenherzog eroberte. 1153 setzt er über. 1154, 22 Jahre alt, wird er König, und zwar, kraft seiner militärischen und finanziellen Machtmittel ebenso wie durch persönliche Energie und Begabung, ein stark zentralisierender König. Zwei Jahre vorher war er außerdem durch seine Heirat mit der Erbin von Aquitanien Herr über dieses südfranzösische Gebiet geworden. Und er vereinigt also jetzt mit dem englischen ein Festlandsgebiet, demgegenüber das Gebiet des Kapetingerhauses recht klein erscheint. Die Entscheidung darüber, ob die westfränkischen Territorien von der Isle de France aus oder von Anjou aus integriert werden, ist völlig offen. England selbst ist erobertes Land und zunächst mehr Objekt als Subjekt der Politik[86]). Es ist — wenn man so will — ein halb koloniales Teilgebiet im lockeren Bunde der westfränkischen Territorien.

Das Bild der Herrschaftsverteilung in dieser Zeit erinnert von ferne an das gegenwärtig aus Ostasien bekannte: Das relativ kleine Inselgebiet und ein um das vielfache größeres Herrschaftsgebiet auf dem Kontinent sind in einer Hand. Der ganze Süden des ehemaligen Kapetingerreiches gehört dazu. Nicht zum Herrschaftsbereich des Plantagenet gehört hier vor allem die Grafschaft Barcelona; deren Zentralherren sind im Zuge der gleichen Expansionsbewegung und ebenfalls auf Grund eines Heiratsanspruchs Könige von Aragon geworden. Sie lösen sich und ihr Gebiet langsam und zunächst beinahe unvermerkt aus dem Verband der westfränkischen Territorien heraus.

Nicht zu dem angevinisch-englischen Herrschaftsbereich gehört hier im Süden — außer einer kleineren, geistlichen Herrschaft — ferner noch die Grafschaft Toulouse; und deren Gebieter, ebenso wie kleinere Herren nördlich des aquitanischen Gebietes, beginnen sich entsprechend der bedrohlichen Stärke des angevinischen Reiches dem rivalisierenden Kräftezentrum, den Kapetingern, zuzuneigen; die Balancegesetze, die in solchen Gleichgewichtssystemen das Handeln lenken, sind im großen und ganzen immer die gleichen; ihre Spielweise ist hier, im kleineren Bezirk des westfränkischen Territorialbundes, kaum sehr verschieden von jener, die etwa im neueren Europa und andeutungsweise bereits über die ganze Erde hin die Politik der Staaten bestimmt; solange sich noch keine absolute Vormacht herausgebildet hat — also eine Vormacht, die dem Konkurrenzspielraum der anderen ganz unzweideutig entwachsen ist, und die damit eine monopolartige Stellung in diesem Gleichgewichtssystem einnimmt — solange suchen die Einheiten zweiter Stärke einen Block gegenüber jener Einheit zu bilden, die durch Zusammenschluß vieler Gebiete der Vormachtstellung am nächsten ist; eine Blockbildung provoziert die andere; und wie lange auch immer dieses Spiel hin und her

gehen mag, das System als Ganzes tendiert zum festeren
Zusammenschluß immer größerer Gebiete um ein Zentrum
zur Konzentrierung der wirklichen Entscheidungsgewalt bei
immer weniger Einheiten und schließlich in einem einzigen
Zentrum.

Die Expansion des Normannenherzogs schuf einen Block,
der zunächst vor allem das Gleichgewicht im Norden Frankreichs zu seinen Gunsten verschob. Die Expansion des
Hauses von Anjou baute darauf auf und gelangte einen
Schritt weiter; der Block des angevinischen Reiches stellte
bereits das Gleichgewicht im ganzen, westfränkischen Gebiet in Frage; dieser Block mochte noch sehr locker gefügt,
die zentralisierende Herrschaftsapparatur darin noch in ihren
Anfängen sein, die Bewegung, in der immer ein Haus das
andere unter dem Druck des allgemeinen Bodenhungers zum
Zusammenschluß oder zum Drang nach „mehr" Land trieb,
kam in diesen Blockbildungen deutlich genug zum Ausdruck.
Vom Süden abgesehen gehörte jetzt zum Herrschaftsbereich
der Plantagenets in einem breiten Streifen der ganze Westen
Frankreichs. Formell war der König von England für dieses
Festlandgebiet Vasall der Kapetingerkönige. Aber das
„Recht" gilt wenig, wenn keine entsprechende, gesellschaft-
liche Stärke dahinter steht.

Als im Jahre 1177 der Nachfolger Ludwigs VI., Ludwig VII.
von Francien, nun schon ein alter und müder Mann, eine
Zusammenkunft mit dem Vertreter des rivalisierenden
Hauses, mit Heinrich II., dem jungen König von England
hat, da sagt er zu ihm:

«O roi, depuis le commencement de votre règne et avant, vous
m'avez comblé d'outrages en foulant aux pieds la fidélité que vous
me deviez et l'hommage, que vous m'aviez prêté; et de tous ces
outrages, le plus grand, le plus manifeste, c'est votre injuste usur-
pation de l'Auvergne que vous détenez au détriment de la couronne de France. Certes la vieillesse que me talonne m'ôte la force de
recouvrer cette terre et d'autres; mais devant Dieu, devant ces
barons du royaume et nos fidèles, je proteste publiquement pour les
droits de ma couronne et notamment pour l'Auvergne, le Berry et

Châteauroux, Gisors et le Vexin normand, suppliant le Roi des rois, qui m'a donné un héritier, de lui accorder ce qu'il m'a dénié[87]).»

Das Vexin — eine Art von normannischem Elsaß-Lothringen — war die umstrittene Grenzlandschaft zwischen dem Herrschaftsgebiet der Kapetinger und dem normannischen Herrschaftsgebiet der Plantagenets. Durch das Gebiet von Berry lief weiter im Süden die Grenze zwischen der Kapetingerherrschaft und der des Hauses Anjou. Die Plantagenets waren offensichtlich bereits stark genug, um Teile der Kapetingerherrschaft selbst an sich zu ziehen. Der Kampf um die Vormacht zwischen Kapetingern und Plantagenets war in vollem Gange; und der Gebieter der angevinischen Herrschaft war dem von Francien immer noch weit überlegen.

So sind auch die Forderungen, die der Kapetinger an den Gegner richtet, im Grunde recht bescheiden; er will im wesentlichen ein paar Landstriche zurückbekommen, die er zu seiner eigenen Herrschaft rechnet. An mehr kann er zunächst gar nicht denken. Der Glanz der angevinischen Herrschaft die Beschränktheit der eigenen steht ihm klar vor Augen.

«Nous Français, hat er gelegentlich beim Vergleich mit dem Rivalen gesagt, nous n'avons que du pain et du vin, et du contentement.»

6. Aber diese Herrschaftsgebilde hatten, wie gesagt, noch keine sehr große Festigkeit. Sie waren in der Tat „Privatunternehmungen"; sie waren wie diese unterworfen den gesellschaftlichen Gesetzmäßigkeiten des Konkurrenzkampfes, aber wie diese auch von den persönlichen Fähigkeiten ihres Besitzers, von dessen Alter, von der Erbfolge und von ähnlichen persönlichen Faktoren in ihrem Bestand weit stärker abhängig, als die Herrschaftsgebilde einer späteren Phase, in der nicht nur die Person des Besitzers, sondern auch eine gewisse Funktionsteilung, eine Fülle von organisierten Interessen und ein stabiler Herrschaftsapparat größere Einheiten zusammenhielt.

1189 steht von neuem ein Kapetinger dem Plantagenet gegenüber. Fast alle strittigen Gebiete sind inzwischen der

Kapetingerherrschaft zurückgewonnen. Und nun ist der Plantagenet ein alter Mann; der Kapetinger ist jünger; es ist der Sohn Ludwigs VII., Philipp II. mit dem Beinamen Augustus. Das Alter, wie gesagt, bedeutet viel in einer Gesellschaft, in der der Besitzer einer Macht die Kriegführung noch nicht delegieren kann, in der von seiner persönlichen Initiative sehr viel abhängt, und in der er selbst in Person mit angreifen oder verteidigen muß. Heinrich II., persönlich ein starker Herr, der die Herrschaft über sein großes Gebiet immer noch fest in der Hand hat, ist überdies nun im Alter durch die Aufstände und sogar durch den Haß seines ältesten Sohnes Richard mit dem Beinamen Löwenherz geplagt, der gelegentlich selbst mit dem rivalisierenden Kapetinger gemeinsame Sache gegen den Vater macht.

Die Schwäche des Gegners nutzend, hat sich Philipp Augustus die Auvergne und die von seinem Vater erwähnten Teile des Berry wiedergeholt. Einen Monat, nachdem sie sich bei Tour gegenüberstanden, stirbt Heinrich II. 56jährig.

1193 — Richard Löwenherz liegt gefangen — holt sich Philipp das lange umstrittene Vexin. Sein Verbündeter ist Johann, der jüngere Bruder des Gefangenen.

1199 stirbt Richard. Er, wie sein Bruder und Nachfolger Johann, der dann bald Johann ohne Land sein wird, haben viel von der Basis ihrer Herrschaft, von dem Hausgut und dem Schatz ihres Vaters vertan. Johann gegenüber aber steht als Rivale ein Mann, der die ganze Erniedrigung und Einschränkung der Kapetingermacht durch das Wachstum der angevinisch-englischen am eigenen Leibe gespürt hat und dessen ganze Energie, angestachelt durch solche Erfahrungen, in eine Richtung drängt: Mehr Land, mehr Macht. Mehr und immer mehr. Er — wie vor ihm die ersten Plantagenets — ist besessen von diesem Verlangen. Als später einmal Johann ohne Land ihn anfragt, ob er nicht etwas von den an Philipp verlorenen Ländern gegen Bezahlung zurückkaufen könne, antwortet ihm Philipp, ob er nicht jemanden wisse, der sein Land verkaufen wolle; er möchte eher noch etwas dazukaufen. Und in dieser Zeit ist Philipp bereits ein landreicher und mächtiger Mann.

Es handelt sich, wie man sieht, in der Tat hier noch nicht um einen Kampf zwischen Staaten oder Nationen. Die ganze Bildungsgeschichte der späteren Monopolorganisationen, der Staaten und Nationen, bleibt unverständlich, solange diese vorangehende, gesellschaftliche Phase der „Privatinitiative" nicht in ihrer Eigenart erfaßt ist. Es handelt sich um einen Kampf konkurrierender oder rivalisierender Häuser, die sich entsprechend einer allgemeinen Bewegung dieser Gesellschaft zunächst als kleine, dann als immer größere Einheiten wechselseitig zur Expansion, zum Streben nach mehr Besitz treiben.

Die Schlacht von Bouvines 1214 gibt fürs erste den Ausschlag. Johann von England und seine Verbündeten werden von Philipp Augustus besiegt. Und, wie so oft in der feudalen Kriegergesellschaft, bedeutet die Niederlage im Kampf nach außen auch hier eine Schwächung im Innern. Bei der Heimkehr findet Johann Barone und Klerus im Aufruhr und ihre Forderung ist die „Magna Carta". Umgekehrt: Für Philipp Augustus bedeutet der Sieg im Kampf nach außen zugleich eine Stärkung der Macht im Innern seines Herrschaftsgebietes.

Philipp Augustus hatte als Erbe seines Vaters im wesentlichen die kleinen Binnengebiete von Paris und Orléans, dazu noch Teile des Berry übernommen. Er fügte — um nur einige der größeren Erwerbungen zu nennen — die Normandie hinzu, damals eines der größten und reichsten Territorien des ganzen Reiches, ferner die Gebiete von Anjou Maine, Touraine, wichtige Teile von Poitou und der Saintonge, Artois, Valois, Vermandois, das Gebiet von Amiens und einen großen Teil des Gebietes um Beauvais. „Der Herr von Paris und Orléans ist zum größten Territorialherrn Nordfrankreichs geworden[88])." Er hat „das Kapetingerhaus zur reichsten Familie Frankreichs[89])" gemacht. Seine Herrschaft hat Ausgänge zur See gewonnen. In anderen Territorien Nordfrankreichs, in Flandern, Champagne, Bourgogne und Bretagne ist sein Einfluß entsprechend seiner Macht im Steigen. Und selbst im Süden verfügt er schon über ein nicht unbeträchtliches Gebiet.

Noch immer ist diese Kapetingerherrschaft alles andere als ein geschlossenes Territorium. Zwischen Anjou und dem Orléansgebiet liegt die Herrschaft der Grafen von Blois. Im Süden, die Küstengebiete um Saintes und weiter östlich die Auvergne, sind mit den nördlichen Gebieten noch kaum verbunden. Aber diese selbst, das alte Hausgebiet zusammen mit der Normandie und den neu eroberten Gebieten nördlich davon bis über Arras hinauf, bildet rein geographisch schon einen ziemlich geschlossenen Block.

Auch Philipp Augustus hatte noch nicht „Frankreich" in unserem Sinne vor Augen und sein wirkliches Herrschaftsgebiet war noch nicht dieses Frankreich. Was er vor allem im Auge hatte, war die territoriale, die militärische und wirtschaftliche Vergrößerung seiner Hausmacht und die Niederringung des gefährlichsten Konkurrenten, der Plantagenets. Beides war ihm gelungen. Das Herrschaftsgebiet der Kapetinger war beim Tode Philipps ungefähr viermal so groß wie bei seinem Regierungsantritt. Die Plantagenets dagegen, die bisher mehr auf dem Kontinent als auf der Insel gelebt hatten, und deren Verwaltungsstab auch in England selbst aus kontinentalen Normannen und Angehörigen ihrer anderen Festlandsgebiete ebensogut, wie aus Männern der Insel bestand, verfügten auf dem Festland jetzt lediglich noch über einen Teil des ehemaligen Aquitanien, über das Gebiet nördlich der mittleren und westlichen Pyrenäen an der Küste entlang bis zur Mündung der Gironde, unter dem Namen des Herzogtums Guyenne; dazu kamen ein paar Inseln des normannischen Archipels. Das Gleichgewicht hatte sich zu ihren Ungunsten verschoben. Ihre Macht war kleiner geworden; aber sie war, dank ihrer Inselherrschaft, nicht gebrochen. Nach einiger Zeit verschob sich das Gleichgewicht auch auf dem Festland wieder zu ihren Gunsten. Der Ausgang des

Kampfes um die Hegemonie im westfränkischen Nachfolgegebiet war noch lange unentschieden. Es scheint, als habe Philipp Augustus nach den Plantagenets als Hauptrivalen die Grafen von Flandern empfunden, und daß hier in der Tat ein weiteres Machtzentrum vorhanden war, zeigt die ganze weitere Geschichte Frankreichs. Philipp soll gelegentlich einmal gesagt haben: Entweder werde Francien flandrisch oder Flandern französisch werden. Das Bewußtsein dafür, daß es in allen diesen Kämpfen der wenigen großen, Territorialhäuser um Vormacht oder Verlust der Selbständigkeit ging, hat ihm gewiß nicht gefehlt. Aber er konnte sich noch ebensogut Flandern, wie Francien als Vormacht über das ganze Gebiet vorstellen.

7. Die Nachfolger Philipp Augusts halten zunächst an dem Kurs, den er eingeschlagen hat, fest: sie suchen das größere Herrschaftsgebiet zu festigen und weiter auszudehnen. Die Barone von Poitou wenden sich sofort nach den Tode Philipp Augusts wieder den Plantagenets zu. Ludwig VIII., der Sohn Philipp Augusts, sichert dieses Gebiet von neuem der eigenen Herrschaft, ebenso die Saintonge, Aunis und Languedoc, dazu Teile der Pikardie und die Grafschaft Perche. Es beginnt — z. T. in der Form des Religionskrieges, des Kampfes gegen die albigensischen Ketzer — der Vorstoß des Kapetingerhauses nach Süden in den Bereich des einzigen, großen Territorialherren, der sich dort unten neben den Plantagenets noch mit der Kapetingermacht messen kann, in den Herrschaftsbereich des Grafen von Toulouse.

Der nächste Kapetinger, Ludwig IX., der Heilige, muß wiederum die rasch zusammengewachsenen Besitzungen vor allen möglichen Angriffen von innen und außen schützen; zugleich baut er weiter: er vereinigt Teile der Languedoc im Norden der östlichen Pyrenäen, die Grafschaften Mâcon, Clermont, Mortain und einige kleinere Gebiete mit seiner Hausmacht. Philipp III., der Kühne, erwirbt die Grafschaft Guines zwischen Calais und St. Omer, die allerdings 12 Jahre später wieder an die Erben des Grafen zurückgeht; er zieht durch Kauf oder Schutzversprechen alles, was sich an kleineren Besitzungen ringsum nur bietet, an sich; und die Einbeziehung der Champagne und des großen Territoriums von Toulouse in den Herrschaftsbereich seines Hauses bereitet er vor.

Es gibt jetzt im ganzen westfränkischen Gebiet kaum noch einen einzigen Territorialherren, der sich unverbündet mit den Kapetingern messen kann, abgesehen von den Plantagenets. Diese allerdings sind nicht weniger nachdrücklich als die Kapetinger damit beschäftigt, ihren Machtbereich zu vergrößern. Auf dem Kontinent hat sich ihre Herrschaft von neuem über das Herzogtum Guyenne hinaus ausgedehnt. Jenseits des Meeres haben sie Wales unterworfen und sind dabei, Schottland zu erobern. Noch gibt es Möglichkeiten der Ausdehnung für sie, die nicht unmittelbar zum Zusammenstoß mit den Kapetingern führen müssen. Und auch diese selbst haben noch Expansionsraum in anderer Richtung. In der gleichen Zeit, unter Philipp dem Schönen, dehnt sich ihr Herrschaftsbereich bis an die Grenzen des deutsch-römischen Imperiums aus, nämlich auf der einen Seite bis zur Maas, die man damals gewöhnlich als die natürliche und — in Erinnerung an die Teilung des Karolingerreichs 843 — zugleich als die traditionelle Grenze des westfränkischen Gebiets betrachtet; auf der anderen Seite — weiter im Süden — dehnt er sich bis zur Rhône und Saône aus, also bis zu den Gebieten der Provence, der Dauphiné und der Grafschaft Burgund, die ebenfalls nicht zum traditionellen Verband der westfränkischen Territorien gehören. Die Champagne und Brie mit vielen Annexen, zum Teil schon im Gebiet des deutschrömischen Kaiserreichs selbst, erwirbt Philipp durch Heirat. Von dem Grafen von Flandern erwirbt er im Norden die Herrschaften Lille, Douai und Béthune; die Grafschaften Chartres und die Herrschaft Beaugency nimmt er aus dem Besitz der Grafen v. Blois. Außerdem erwirbt er die Grafschaften von Marche und Angoulême, die geistlichen Gebiete von Cahors, Mende und Puy, dazu weiter im Süden die Grafschaft Bigorre und die Vizegrafschaft von Soule.

Seine drei Söhne, Ludwig X., Philipp V. und Karl IV. sterben dann einer nach dem anderen, ohne männliche Erben zu hinterlassen; Hausgut und Krone der Kapetinger fallen dem Abkömmling eines jüngeren Sohnes aus dem Kapetingerhause zu, dem die Grafschaft Valois als Apanage gehört.

Bis hierhin führt zunächst eine kontinuierliche Anstrengung durch Generationen hin ziemlich in die gleiche Richtung: zur Akkumulation von Land. Es muß hier genügen, die Resultate dieser Anstrengung zusammenzufassen. Immerhin läßt schon diese Zusammenfassung, schon die bloße Namensnennung der vielen Landschaften, die da Schritt für Schritt zusammengebracht werden, etwas von dem beständigen offenen oder versteckten Ringen ahnen, in dem die verschiedenen Fürstenhäuser miteinander liegen, und in dem eines dieser Häuser nach dem anderen, besiegt von einem stärkeren, verschwindet. Man mag den Sinn dieser Namen voll realisieren oder nicht, sie geben einen gewissen Eindruck davon, welche starken Antriebe aus der gesellschaftlichen Situation des Kapetingerhauses selbst durch so verschiedenartige Individuen hindurch in die gleiche Richtung drängen.

Wenn man die Karte betrachtet, wie sie sich beim Tode Karls IV. darstellt, des letzten Kapetingers, der in direkter Erbfolge auf den Thron kommt, dann sieht man folgendes: Der große, französische Komplex der Kapetingerherrschaft — d. h. der Komplex, der sich unmittelbar um das Herzogtum Francien gruppiert — reicht von der Normandie im Westen bis zur Champagne im Osten und im Norden bis zur Canche; das Artoisgebiet, das sich noch weiter nördlich anschließt, ist als Apanage an einen Angehörigen des Hauses fortgegeben. Etwas weiter südlich — durch das apanagierte Gebiet von Anjou getrennt — gehört zum direkten Verfügungsbereich der Pariser Fürsten die Grafschaft von Poitiers; noch weiter im Süden gehört ihnen die Grafschaft Toulouse und Teile des ehemaligen Herzogtums Aquitanien. Das Ganze ist schon ein mächtiger Länderkomplex; aber es ist noch immer kein zusammenhängendes Gebiet; es hat immer noch das typische Aussehen eines territorialen Familienbesitzes, dessen einzelne Stücke weniger durch ihre wechselseitige Angewiesenheit, durch irgendeine Art von Funktionsteilung, als durch die Person des Besitzers, durch „Personalunion", und durch die gemeinsame Verwaltungszentrale zusammengehalten werden; das landschaftliche Selbstbewußtsein, die Sonderinteressen und der Sondercharakter jedes Territoriums ist noch recht stark spürbar. Aber ihr Zusammenschluß unter ein und demselben Fürstenhaus und teilweise auch unter der gleichen Verwaltungszentrale räumt zunächst einmal eine Reihe von Hemmungen fort, die einer stärkeren Verflechtung entgegenstehen; er korrespondiert der Tendenz zur Ausweitung der Handelsbeziehungen, zur Intensivierung der überlokalen Verflechtung, die in kleinen Teilen der städtischen Bevölkerung selbst schon spürbar ist, ohne daß übrigens diese Tendenz als Antrieb des Zusammenschlusses oder der Expansion von Fürstenhäusern damals auch nur im entferntesten die gleiche Rolle spielt, wie später, etwa im 19. Jahrhundert, bei einem ganz anderen Entwicklungsstand der bürgerlich-städtischen Schichten. Hier, im 11., 12. und 13. Jahrhundert bildet der Kampf um Bodenchancen, die Rivalität zwischen einer immer kleineren Anzahl von Kriegerfamilien den primären Antrieb zum Zusammenschluß größerer Territorien; bei den wenigen, größer werdenden Kriegergeschlechtern, bei den Fürstenhäusern, liegt zunächst die Initiative; in ihrem Schutz entfalten sich die Städte und die Handelsverflechtungen; beide profitieren von der Herrschaftskonzentration; sie tragen ohne Zweifel auch das ihre zu ihr bei; davon wird noch zu reden sein; und ganz gewiß haben städtische Schichten, wenn einmal größere Gebiete unter einer Herrschaft zusammengeschlossen sind, auch in dieser Zeit schon einen entscheidenden Anteil an der Verfestigung und Intensivierung des Zusammenschlusses; ohne die Hilfsmittel an Menschen und Finanzwerten, die den Fürsten aus städtischen Schichten, aus der wachsenden Kommerzialisierung zuströmen, wäre weder die Expansion, noch die Herrschaftsorganisation dieser Jahrhunderte denkbar; aber Städte und Kommerzialisierung wirken hier noch weniger unmittelbar und mehr als Instrumente oder Organe der Fürstenhäuser zur Integrierung größerer Gebiete hin. Diese, die Integrierung oder der Zusammenschluß von Gebieten, bedeutet in erster Linie die Besiegung eines Kriegerhauses durch ein anderes, also das Aufgehen des einen im anderen oder bestenfalls seine Unterwerfung, seine Abhängigkeit von dem Sieger.

Betrachtet man das Terrain, wie es sich am Anfang des 14. Jahrhunderts beim Aussterben der direkten Kapetinger darstellt, unter diesem Gesichtspunkt, dann sieht man leicht die Richtung der Veränderung. Das Ringen kleinerer und mittlerer Kriegerhäuser um Boden oder mehr Boden hat gewiß nicht aufgehört; aber diese Fehden spielen nicht mehr im entferntesten die Rolle, die sie noch in der Zeit Ludwigs VI. und erst recht in der seiner Vorgänger hatten. Damals waren die Böden relativ gleichmäßig unter viele aufgeteilt; gewiß gab es Besitzunterschiede, die den Zeitgenossen als recht beträchtlich erschienen sein mögen. Aber selbst die Besitzungen und damit die Machtmittel der nominellen Fürstenhäuser waren so gering, daß eine ganze Anzahl von Ritterhäusern in ihrer Nachbarschaft sich als Rivalen oder Konkurrenten um Boden oder Machtchancen mit ihnen messen konnten; es war der „Privatinitiative" aller dieser vielen Häuser überlassen, wieweit sie sich an diesem allgemeinen Kampf beteiligten. Nun, im 14. Jahrhundert, stellen diese vielen Kriegerhäuser einzeln keine Macht mehr dar, die zählt; allenfalls zusammengeschlossen, als Stand, haben sie ein gewisses, gesellschaftliches Schwergewicht; aber die eigentliche Initiative liegt jetzt nur noch bei ganz wenigen Kriegerhäusern, die als vorläufige Sieger aus den bisherigen Ausscheidungskämpfen hervorgegangen sind, und die so viel Boden akkumuliert haben, daß alle anderen Kriegerhäuser sich nicht mehr mit ihnen zu messen vermögen, sondern nur noch in Abhängigkeit von ihnen handeln können. Diesen anderen, dem Gros der Krieger, ist die Möglichkeit, unmittelbar aus eigener, gesellschaftlicher Kraft, also auf dem Wege der freien Konkurrenz, neuen Boden zu erwerben, und damit auch die Möglichkeit zum unabhängigen, sozialen Aufstieg im großen und ganzen verschlossen. Jedes Kriegerhaus muß zum mindesten da bleiben, wo es nun einmal in der sozialen Stufenleiter steht, wenn es nicht gerade dem einen oder anderen seiner Mitglieder gelingt, durch die Gunst und damit durch die Abhängigkeit von einem der ganz großen Herren hoch zu kommen.

Die Zahl derer, die im Felde des westfränkischen Gebiets noch als Unabhängige miteinander um Boden- und Machtchancen konkurrieren können, ist immer geringer geworden. Es existiert kein selbständiges Herzogshaus der Normandie mehr und keines von Aquitanien; aufgegangen oder untergegangen sind — um nur die allergrößten zu nennen — die Grafenhäuser der Champagne und die von Anjou und Toulouse. Es gibt jetzt neben dem Haus von Francien nur noch vier andere Häuser in diesem Gebiet, die zählen: Die Herzöge von Burgund, die Herzöge der Bretagne, die Grafen von Flandern und die mächtigsten, die Könige von England, Herzöge von Guyenne und Herren über einige kleinere Gebiete. Aus einer Kriegergesellschaft mit relativ freier Konkurrenz ist eine Gesellschaft mit monopolartig beschränkter Konkurrenz geworden; und aus den fünf großen Kriegerhäusern, die noch über einigermaßen konkurrenzfähige Machtmittel verfügen, und die dementsprechend auch noch eine gewisse Selbständigkeit behaupten, heben sich selbst wieder zwei Häuser als die mächtigsten heraus, die Kapetinger und ihre Nachfolger, Könige von Frankreich, und die Plantagenets, Könige von England. In der Auseinandersetzung zwischen ihnen muß sich entscheiden, wer über das vollendete Herrschaftsmonopol in dem westfränkischen Nachfolgegebiet verfügen wird, und wo das Zentrum, wo die Grenzen des Monopolgebietes liegen.

V.
Neue Stärkung der zentrifugalen Kräfte: Der Konkurrenzkreis der Prinzen.

8. Aber die Bildung des Herrschaftsmonopols vollzieht sich bei weitem nicht so gradlinig, wie es bei der bloßen Betrachtung der Bodenakkumulation zunächst erscheint. Je größer der Landbesitz wird, der da nach und nach von den Kapetingern zusammengebracht und zentralisiert wird, desto nachdrücklicher macht sich auch die Gegenbewegung bemerkbar; desto stärker wird von neuem die Tendenz zur Dezentralisierung; und noch immer wird diese Tendenz, wie in der stärker naturalwirtschaftlichen Phase, die vorangeht, wie z. B. in der Karolingerzeit, in erster Linie durch die nächsten Angehörigen und Vasallen des Monopolherrn repräsentiert. Aber die Spielweise der dezentralisierenden, gesellschaftlichen Kräfte hat sich nun beträchtlich verändert. Geld, Handwerk und Handel spielen nun in der Gesellschaft eine erheblich größere Rolle als damals; Menschengruppen, die sich mit alledem spezialistisch befassen, das Bürgertum, haben ein eigenes, soziales Schwergewicht bekommen; die Verkehrsmittel haben sich entwickelt; alles das bietet der Herrschaftsorganisation eines größeren Gebietes Chancen, die früher gefehlt haben. Die Diener, die der Zentralherr zur Verwaltung und Bewachung seines Besitzes ins Land schickt, können sich nicht mehr so leicht verselbständigen; ein wachsender Teil dieser Helfer und Diener des Zentralherrn stammt nun überdies aus städtischen Schichten; die Gefahr, daß solche Bürgersleute sich aus Dienern der Zentralherren zu ihren Konkurrenten entwickeln, ist unvergleichlich viel geringer als früher, wo der Zentralherr einen Teil seiner Helfer aus dem Kriegerstand nehmen mußte, und wo selbst Unfreie, die er heranzog, kraft des Bodenbesitzes, mit dem sie für ihre Dienste belohnt wurden, sehr rasch in die Machtposition und damit auch in den sozialen Rang eines Kriegers oder Adligen hineinwuchsen.

Neue Stärkung der zentrifugalen Kräfte.

Eine bestimmte, soziale Kategorie von Menschen aber stellt für den Zusammenhalt von sehr großen Besitzungen in einer Hand noch immer eine bedeutende Bedrohung dar, mag immerhin ihre Gewalt sich verringert, ihre Wirkweise sich verändert haben; sie bleiben und werden auch unter den veränderten, gesellschaftlichen Bedingungen immer wieder von neuem die Hauptexponenten der Dezentralisation: das sind die nächsten Angehörigen des Zentralherrn, also je nachdem seine Onkel, seine Brüder, seine Söhne und gelegentlich, wenn auch in weit geringerem Maße, selbst seine Schwestern oder Töchter.

Herrschaftsgebiet und Herrschaftsmonopol sind in dieser Zeit nicht eigentlich der Besitz eines einzelnen Individuums; sie stellen noch in hohem Maße ein Familieneigentum dar, den Besitz eines Kriegerhauses; alle nächsten Angehörigen dieses Hauses haben und erheben einen Anspruch zum mindesten auf Teile dieses Besitzes; das ist ein Anspruch, dem sich der jeweilige Chef dieses Hauses noch für lange Zeit um so weniger entziehen kann oder will, je größer der Familienbesitz wird. Ganz gewiß handelte es sich dabei nicht um einen „Rechtsanspruch" im späteren Sinn des Wortes; es gibt in dieser Gesellschaft kaum mehr als in Ansätzen ein allgemeines oder übergreifendes „Recht", dem auch die größeren Kriegsherren unterworfen sind; denn es gibt noch keine übergreifende Macht, die ein solches Recht durchzusetzen vermag. Erst im Zusammenhang mit der Bildung von Gewaltmonopolen, mit der Zentralisierung der Herrschaftsfunktionen setzt sich ein allgemeineres Recht, ein gemeinsamer Rechtscode für große Gebiete durch. Die Kinder auszustatten, ist eine gesellschaftliche Verpflichtung, die man als Brauch häufig genug in den „Coutumes" niedergelegt findet. Ganz gewiß konnten sich an diesen Brauch nur die begüterteren Familien halten; gerade deswegen verband sich mit ihm ein mehr oder weniger hoher Prestigewert. Wie hätte sich das reichste Haus des Landes, das Königshaus, dieser Prestige-Verpflichtung entziehen können?

Zur Soziogenese des Staates.

Der Territorialbesitz eines Hauses ist nach wie vor, wenn auch in immer beschränkterem Sinne, das, was wir einen Privatbesitz nennen würden. Der Chef dieses Hauses verfügt darüber genau so unumschränkt und vielleicht noch unumschränkter, wie etwa heute ein Großgrundbesitzer über seine Güter oder wie der Chef eines großen Familienunternehmens über dessen Kapital, dessen Einkünfte und dessen einzelne Zweige. Wie jener das eine oder andere seiner Güter zugunsten seines jüngeren Sohnes oder als Mitgift seiner Tochter abtrennen kann, ohne dessen Bewohner, dessen Bauern oder Bedienstete zu fragen, ob ihnen der neue Herr zusagt, wie dieser Kapital für die Mitgift seiner Tochter herauszieht oder seinen Sohn als Leiter über ein Zweigunternehmen einsetzt, ohne seinen Angestellten die mindeste Rechenschaft schuldig zu sein, so verfügen die Fürsten in jener früheren Phase über Dörfer, Städte, Güter und Territorien ihres Herrschaftsgebiets. Und der Impuls, aus dem der Herr eines großen Besitzes seine Söhne und Töchter zu versorgen sucht, ist hier ziemlich der gleiche, wie dort. Ganz abgesehen von der möglichen Vorliebe des Herrn für eines seiner jüngeren Kinder, gehört auch deren standesgemäße Ausstattung zur Erhaltung und Bekundung des sozialen Standards eines Hauses und — mindestens scheinbar, mindestens für den unmittelbar aufs Nächste gerichteten Blick — zur Vergrößerung der Chancen für die Macht und die Dauer des Hauses. Daß diese Abtrennung von Besitzungen und Herrschaftsfunktionen zugunsten von Familienangehörigen sehr oft gerade die Macht und die Dauer des Hauses gefährdet, das ist eine Tatsache, die sich im Bewußtsein der Fürsten oft erst nach einer langen Reihe recht schmerzlicher Erfahrungen durchsetzt. Die letzte und volle Konsequenz aus solchen Erfahrungen hat in Frankreich eigentlich erst Ludwig XIV. gezogen. Er hat mit unerbittlicher Strenge alle Angehörigen seines Hauses — soweit es sich irgend tun ließ, selbst den Thronerben — von jeder Herrschaftsfunktion und von jeder selbständigen Machtposition ferngehalten.

9. Am Beginn dieser Entwicklungslinie, in jener frühen Phase, in der der Hausbesitz des Kapetingerhauses kaum bedeutender ist, als der vieler, anderer Kriegerfamilien des Landes, liegt die Gefahr, die jede Zersplitterung dieses Besitzes mit sich bringen muß, unmittelbar zutage. Die direkte Bedrohung durch benachbarte Feudalfamilien setzt selten aus. Das zwingt innerhalb jeder Familie zum Zusammenhalten der Menschen, wie des Besitzes. Gewiß, man zankt, man streitet, man bekämpft sich auch hier, wie überall, innerhalb des Hauses selbst. Aber zugleich arbeitet auch immer die ganze Familie oder wenigstens ein Teil von ihr an der Verteidigung des Hausbesitzes und — gegebenenfalls — an seiner Ausbreitung. Das relativ kleine Besitztum der Königsfamilie, wie jedes anderen Kriegerhauses, ist wesentlich autark; ein ausgeprägtes, gesellschaftliches Eigengewicht fehlt ihm; und es hat in der Tat sehr stark den Charakter eines kleinen Familienunternehmens. Die Brüder, die Söhne, auch die Mütter und Frauen der Familienoberhäupter haben je nach ihrer persönlichen Stärke und je nach den Umständen ein Wort über die Herrschaftsführung mit zu reden. Aber man kommt kaum auf den Gedanken, irgendeinen bedeutenderen Teil von dem Hausbesitz abzutrennen und ihn einem einzelnen Mitglied des Hauses als sein individuelles Besitztum zu überlassen. Die jüngeren Söhne des Familienoberhauptes bekommen wohl hier und da eine kleine Gutsherrschaft, oder sie erheiraten sich auch ein kleines Besitztum; aber wir hören auch gelegentlich von dem einen oder anderen der jüngeren Söhne des Königshauses, daß er ein ziemlich ärmliches Leben führen muß.

Das ändert sich um so entschiedener, je reicher das Königshaus wird; wenn schließlich das Kapetingerhaus zur reichsten Familie des ganzen Territoriums oder gar des ganzen Landes geworden ist, dann ist es auch unmöglich, die jüngeren Söhne des Hauses leben zu lassen, wie kleine Ritter. Das Ansehen des Königshauses selbst verlangt, daß alle seine Angehörigen, daß auch die jüngeren Söhne und die Töchter des Königs eine standesgemäße Ausstattung erhalten, nämlich ein mehr oder weniger umfangreiches Gebiet, über das sie herrschen und von dessen Einkünften sie leben können. Außerdem ist jetzt, wo sich die Kapetinger durch Besitz und Macht weit über die meisten anderen Familien des Landes erheben, die Gefahr, die eine Abspaltung vom Hausbesitz bedeutet, nicht mehr so unmittelbar zu spüren. Und so wächst mit der Vergrößerung des kapetingischen Herrschaftsgebietes zugleich ziemlich stetig auch der Umfang der Gebiete, die als Apanagen an die jüngeren Kinder der Könige gehen. Auf einer neuen Basis setzt die Desintegrierung ein.

Ludwig VI., der Dicke, gibt seinem Sohn Robert die nicht sehr umfangreiche Grafschaft Dreux. Philipp Augustus, der Mann des ersten, großen Aufstiegs aus der Beschränktheit, hält den schwer erkämpften Besitz noch mit fester Hand zusammen; das einzige, was er wieder fortgibt, ist eine kleine Herrschaft St.-Riquier als Mitgift seiner Schwester.

Ludwig VIII. bestimmt in seinem Testament bereits, daß die Grafschaften Artois, Poitiers, Anjou und Maine, also beträchtliche Teile des Hausguts, wenn auch nie dessen Kernstück, als Apanagen an seine Söhne gehen sollen.

Ludwig IX. gibt seinen Söhnen Alençon, den Perche und Clérmont als Apanage; Philipp III. stattet einen jüngeren Sohn mit der Grafschaft Valois aus. Aber Poitiers, Alençon und der Perche kommen wieder zum kapetingischen Hausgut zurück, als deren prinzliche Besitzer ohne männliche Erben sterben.

1285 sind fünf Grafschaften, Dreux, Artois, Anjou, Clérmont und Valois als Apanagen vom Hausgut abgetrennt, 1328 beim Tode Karls des Schönen sind es bereits neun.

Wenn Philipp von Valois Hausgut und Krone der Kapetinger erbt, werden die Apanagen seines Hauses, Valois, Anjou und Maine wieder mit dem größeren Besitz der regierenden Familie vereinigt. Die Grafschaft Chartres fällt mit dem Tode eines anderen Valois an das Krongut zurück. Philipp selbst gewinnt noch einige kleinere Herrschaften dazu, unter ihnen die Herrschaft von Montpellier, die er dem König von Majorka abkauft. Vor allem aber gelangt unter ihm die Dauphiné in den Besitz der Kapetinger; damit kommt die Expansion der Kapetinger über die traditionellen Grenzen des westfränkischen Reiches nach Osten, in das lotharingische Nachfolgegebiet — eine Expansion, die schon Philipp der Schöne durch die Erwerbung des Erzbischofssitzes Lyon, durch eine engere Verbindung mit den Bischofsstädten Toul und Verdun eingeleitet hat, — einen mächtigen Schritt voran.

Die Art aber, in der die Dauphiné in den Besitz der Pariser Herren kommt, ist für die Beziehung der zentralisierenden und der dezentralisierenden Kräfte dieser Zeit nicht weniger bezeichnend, als für die Bedeutung der Apanagen. Die Dauphiné gehörte zu jenem arelatischen oder burgundischen Reich, das im Anschluß an das lotharingische Zwischenreich östlich von Rhône und Saône entstand. Sein letzter Herrscher, Hubert II., überläßt oder, genauer gesagt, verkauft seinen Besitz nach dem Tod seines einzigen Sohnes dem Erben der Kapetinger unter einer Reihe von Bedingungen; zu ihnen gehört die Bezahlung seiner beträchtlichen Schulden, und zu ihnen gehört unter anderem auch die Bestimmung, daß Philipps zweiter, nicht sein ältester Sohn, die Dauphiné erhalten solle. Offensichtlich wünscht der Besitzer der Dauphiné sein Land jemandem zu geben, der reich genug ist, die Summen zu bezahlen, die er braucht; dadurch, daß er es den Herrschern von Francien überläßt, schützt er es gleichzeitig davor, nach seinem Tode zum Streitobjekt für andere Nachbarn zu werden, denn die Pariser Könige sind stark genug, ihre Erwerbungen zu verteidigen; und dies ist gewiß nicht das einzige Beispiel für die Anziehungskraft, die die gewaltige Macht der Kapetingerfamilie auf schwächere Nachbarn ausübt; auch das Schutzbedürfnis der Schwächeren ist einer der Faktoren, die den Prozeß der Zentralisierung und Monopolisierung wenn er einmal eine bestimmte Stufe erreicht hat, fördert und weitertreibt.

Aber zugleich will der alte Herrscher, dem der Erbe gestorben ist, offenbar auch verhindern, daß sein Land, die Dauphiné, mit dem Übergang in französischen Besitz ganz ihre Selbständigkeit verliert. Deshalb fordert er, daß sein Gebiet dem zweiten Sohn des Königs als Apanage gegeben werden solle; damit verbindet sich offensichtlich die Erwartung, daß dieses Gebiet ein eigenes Herrscherhaus und eine Art von Eigenexistenz bewahren werde. In dieser Richtung beginnen sich in der Tat damals immer deutlicher die apanagierten Gebiete zu entwickeln.

Philipp von Valois aber hält sich nicht an diese Abmachung. Er gibt die Dauphiné nicht seinem jüngeren, sondern seinem älteren Sohn, dem Thronerben Johann, „mit Rücksicht darauf, so erklärt die Verordnung[90]), daß die Dauphiné an der Grenze gelegen ist, daß eine gute und starke Herrschaft in der Dauphiné für die Verteidigung und Sicherheit des Königreichs notwendig ist, daß, wenn man es anders täte, große Gefahr für die Zukunft des Königreichs entstehen könne". Die Gefahr, die mit der Abtrennung von Gebieten an jüngere Söhne verbunden ist, wird also in dieser Zeit bereits ziemlich klar erkannt; eine ganze Reihe von Äußerungen bezeugt das. Aber die Notwendigkeit, seine jüngeren Söhne würdig zu versorgen, besteht für den König fort. Er hat seinem jüngeren Sohn die Dauphiné aus Sicherheitsgründen vorenthalten; aber er gibt ihm statt dessen das Orléansgebiet als Herzogtum und eine Reihe von Grafschaften dazu.

Und sein ältester Sohn, Johann der Gute, eben jener Mann, dem auf diese Weise die Dauphiné zufällt, geht nach dem Tode des Vaters als König über das ganze Gebiet noch erheblich weiter: er spendet aus vollen Händen. Er gibt zunächst zwei Grafschaften, dann vier Vizegrafschaften aus dem Bestand der Domäne fort. Er stattet seinen zweiten Sohn Ludwig mit Anjou und Maine aus, sein jüngerer Sohn bekommt die Grafschaft Poitiers, dann Maçon. Noch größere Schenkungen folgen.

10. Johann der Gute ist 1350 zur Herrschaft gekommen. Schon unter seinem Vorgänger, ist die seit langem latente

Spannung zwischen den beiden, größten Herrschaftseinheiten und den beiden, mächtigsten Kriegerhäusern des westfränkischen Nachfolgegebiets zum Ausbruch gekommen; 1337 hat jene Kette von kriegerischen Auseinandersetzungen begonnen, die man den „hundertjährigen Krieg" nennt. Den Plantagenets, den Inselherren, ist jede weitere Expansion auf dem Festland versperrt; selbst ihr bisheriger festländischer Besitzstand ist dauernd bedroht, solange sie nicht die Kapetingerherrschaft vernichtet, und die Bildung einer anderen starken Vormacht auf dem Kontinent verhindert haben. Und umgekehrt, auch den Pariser Herren ist die weitere Expansionsmöglichkeit stark beschränkt, auch ihre Machtstellung ist dauernd bedroht, solange die Inselbewohner nicht niedergekämpft oder wenigstens vom Festland vertrieben sind. Es ist die strenge Zwangsläufigkeit einer echten Konkurrenzsituation, die diese beiden Häuser samt den von ihnen abhängigen Menschen gegeneinander treibt, und die — da lange Zeit hindurch keiner der Hauptakteure den anderen entscheidend zu schlagen vermag — dem Kampf seine Dauer gibt.

Zunächst aber sind die Pariser Könige aus mannigfachen Gründen im Nachteil. Johann der Gute wird 1356 in der Schlacht bei Poitiers von dem englischen Thronerben, dem Prinzen von Wales, gefangen genommen und nach England geschickt. Sofort kommen in seinem Gebiet, dem nun der noch nicht zwanzigjährige Thronerbe, der Dauphin Karl, als Regent vorsteht, die latenten Spannungen zum Ausbruch: Revolution in Paris, Bauernaufstände und Ritterplünderungen im Lande. Die englischen Truppen, verbündet mit einem anderen Abkömmling des Kapetingerhauses, mit dem Besitzer ehemals apanagierter Gebiete, dem König von Navarra, besetzen große Teile des westlichen Frankreich; sie kommen selbst bis in die Gegend von Paris. Johann der Gute schließt, um freizukommen, einen Vertrag mit den Plantagenets und ihren Verbündeten, der diesen das ganze Festlandsgebiet von neuem überläßt, über das zuletzt noch Richard Löwenherz am Ausgang des 12. Jahrhunderts verfügt hatte. Aber die Generalstände des französischen Herrschaftsgebietes, die der Dauphin 1356 einberufen hat, erklären, dieser Vertrag sei nicht durchzulassen und nicht durchzuführen; die einzige würdige Antwort darauf sei ein guter Krieg. Und das ist ohne Zweifel ein deutlicher Ausdruck dafür, wie stark in dem großen Hausbesitz der Kapetingererben nun schon jene Interdependenz, jenes Eigengewicht und jenes Eigeninteresse der Beherrschten geworden ist, die der Königsfunktion langsam den Charakter eines privaten Monopols nehmen werden. Aber zunächst ist diese Entwicklung erst in den Anfängen. Der Kampf beginnt zwar von neuem, und der Vertrag von Brétigny, durch den er 1359 provisorisch abgeschlossen wird, ist auch etwas günstiger für die Valois als der erste, den Johann selbst in England abgeschlossen hat; immerhin muß noch etwa ein Viertel dessen, was ehemals Philipp der Schöne besessen hatte, an die Plantagenets abgetreten werden, vor allem südlich der Loire Poitou, Saintonge, Aunis, Limousin, Perigord, Quercy, Bigorre und einige andere Gebiete, die zusammen mit der älteren, englischen Besitzung von Guyenne das Fürstentum von Aquitanien bilden, ferner weiter im Norden Calais, die Grafschaft Guines, die von Ponthieu und Montreuil-sur-Mer; dazu kommen statt der vier Millionen, die im Londoner Vertrag gefordert worden waren, drei Millionen Goldtaler als Lösegeld für den König. Aber dieser selbst, ein braver und ritterlicher Mann, kehrt aus der Gefangenschaft zurück, offenbar ohne die Tragweite der Niederlage zu übersehen. Sein Verhalten in dieser Situation zeigt deutlich, in welchem Maße er noch immer der verfügungsberechtigte Besitzer des ganzen Gebietes ist, das ihm bleibt, und aus dem einmal „Frankreich", ein Staat und eine Nation, werden wird. Er fühlt, daß sein Haus nun erst recht seinen Glanz nach außen demonstrieren muß. Das Minderwertigkeitsgefühl der Niederlage drängt auch hier zur Überbetonung des eigenen Prestiges. Und er findet, daß die Würde und der Glanz seines Hauses keinen besseren Ausdruck finden können als dadurch, daß alle seine Söhne bei der Ratifikation des Friedensvertrages als Herzöge figurieren. Einer der ersten Akte nach seiner Rückkehr aus der Gefangenschaft ist daher die Bildung von Herzogtümern aus Gebieten seiner Herrschaft als Apanagen für seine Söhne. Sein ältester Sohn ist bereits Herzog der Normandie und Dauphin, den nächsten, Ludwig, macht er zum Herzog von Anjou und Maine, dem folgenden, Johann, gibt er als Herzogtum Berry und die Auvergne, und dem jüngsten, Philipp, die Touraine. Das ist im Jahre 1360.

Ein Jahr später, 1361, stirbt der junge 15jährige Herzog von Burgund. Er hat zwei Jahre vorher Margarethe, Tochter und einzige Erbin des Grafen von Flandern, geheiratet; aber er stirbt, ohne Kinder zu hinterlassen. Es ist ein großes Gebiet, das mit dem unerwarteten Tode des jungen Herzogs ohne Herren bleibt; nicht nur das eigentliche Herzogtum Burgund gehört dazu, sondern auch die Grafschaften von Boulogne und Auvergne, und überdies jenseits der traditionellen Grenzen des westfränkischen Reiches die Grafschaft Burgund, die Franche-Comté, und anderes mehr. Johann der Gute beansprucht auf Grund etwas komplizierter, verwandtschaftlicher Beziehungen dieses ganze Besitztum für sich. Niemand ist da, es ihm streitig zu machen, und er gibt es 1363 seinem jüngsten Sohn, Philipp, den er besonders liebt, der sich in der Schlacht bei Poitiers an seiner Seite besonders tapfer geschlagen hat, und der mit ihm in die Gefangenschaft gegangen ist, als Apanage an Stelle der Touraine, „mit Rücksicht darauf, so sagt er, daß wir natürlicherweise gehalten sind, unseren Kindern so viel mitzugeben, daß sie den Glanz ihres Ursprungs in Ehren aufrecht erhalten können, und in der Meinung, daß wir besonders großzügig den unter ihnen ausstatten müssen, dessen Verdienste das mit besonderem Nachdruck verlangen"[91]).

Das Faktum dieser Apanagierungen, ebenso wie deren Motivierung, zeigen ganz unzweideutig an, bis zu welchem Grade die französische Territorialmacht auch in dieser Zeit noch immer den

Charakter eines Familienbesitzes hat; aber sie zeigen zugleich auch, welchen Vorschub dieser Charakter der Zersplitterung leistet. Gewiß sind in dieser Zeit bereits starke Tendenzen in entgegengesetzter Richtung wirksam, Tendenzen, die zu einer Zurückdrängung des Privat- oder Domanialcharakters der Herrschaft hindrängen; von den Gruppen, die diese Gegentendenz am Hof repräsentieren, wird sogleich noch zu reden sein. Und sicherlich hängt es zu einem guten Teil mit dem persönlichen Charakter, mit dem individuellen Schicksal Johanns des Guten zusammen, daß die Neigung zur reichen Ausstattung aller Königssöhne um des Familienprestiges willen bei ihm besonders stark zum Ausdruck kommt. Aber diese Tendenz hängt hier offensichtlich nicht weniger stark mit der Verschärfung der Konkurrenzsituation zusammen, deren Ausdruck der hundertjährige Krieg ist, und die nach der Niederlage erst recht zu einer besonders eindringlichen Demonstration des Reichtums der Kapetingererben hindrängt. Jedenfalls verstärkt sich unter Johann nur eine spezifische Tendenz des großen Familienbesitzes, der sich von einer bestimmten Besitzgröße ab keiner der vorangehenden Repräsentanten des Kapetingerhauses hatte entziehen können. Ihre Folgen sind klar.

Wenn Johann der Gute stirbt, ist der Bestand und die Besetzung der Zentralfunktion trotz der Schwächung und trotz der Niederlage in keiner Weise zweifelhaft. Das ist ein gewisser Ausdruck dafür, wie stark nun bereits neben der Funktion des Heerführers andere gesellschaftliche Funktionen die Machtstellung des Zentralherrn begründen. Der Dauphin, ein körperlich schwacher, aber gescheiter, durch die Nöte der Jugend erfahren gemachter Mann, tritt unter dem Namen Karl V. die Herrschaft an. Er ist der Oberherr über alle Besitzungen, die der Vertrag von Brétigny den Kapetingererben gelassen hat, also auch über die apanagierten Gebiete. Aber wenn man sich die Herrschaftsverteilung genau ansieht, dann erkennt man deutlich, wie unter der Decke dieser Oberherrschaft des Königs die zentrifugalen Tendenzen

Neue Stärkung der zentrifugalen Kräfte.

wieder an Stärke gewonnen haben. Von neuem zeichnen sich in dem kapetingischen Herrschaftsgebiet eine Reihe von Territorialbildungen ab, die mehr oder weniger deutlich nach Selbständigkeit trachten, und die untereinander in einer Konkurrenzsituation stehen. Aber was dieser Konkurrenzsituation innerhalb des westfränkischen Nachfolgegebiets nun ihren besonderen Charakter gibt, ist die Tatsache, daß beinahe alle, die daran teil haben, Abkömmlinge des Kapetingerhauses selbst sind. Es sind — von wenigen Ausnahmen abgesehen — Apanagierte und ihre Nachkommen, die sich nun als potentielle Konkurrenten oder Rivalen gegenüberstehen. Es gibt gewiß auch noch größere Territorialherren, die nicht oder jedenfalls nicht direkt Angehörige des Königshauses sind. Aber sie sind im Kampf um die Vormacht nicht mehr Akteure erster Ordnung.

Zu diesen gehört in der Zeit Johanns des Guten zunächst Karl der Schlechte, König von Navarra; dessen Vater, Philipp von Evreux, war ein Enkel Philipps III., ein Neffe Philipps des Schönen und Karls von Valois; seine Mutter war eine Enkelin Philipps des Schönen, eine Tochter Ludwigs X.; er selbst ist überdies der Schwiegersohn Johanns des Guten. Ihm gehören neben dem Pyrenäenterritorium von Navarra eine Reihe von ehemals apanagierten Gebieten des kapetingischen Hausbesitzes, vor allem die Grafschaft von Evreux und Teile des Herzogtums der Normandie. Sein Besitz reicht also recht bedrohlich bis in die Nähe von Paris selbst.

Karl der Schlechte von Navarra ist einer der ersten Vertreter dieses Kampfes unter den Angehörigen und Apanagierten des Kapetingerhauses selbst um die Vormacht im westfränkischen Gebiet und schließlich um die Krone. Er ist der Hauptverbündete der Plantagenets auf dem Festland in der ersten Phase des hundertjährigen Krieges. Er ist eine Zeit lang während dieses Krieges militärischer Befehlshaber von Paris (1358); selbst die Bürgerschaft der Stadt, selbst Etienne Marcel steht vorübergehend auf seiner Seite; und er scheint seinem Traum, die Königskrone dem anderen Kapetingererben zu entreißen, nicht ganz fern. Seine Zugehörigkeit zum Hause der Zentralherren gibt ihm in dieser Richtung Antriebe, Machtmittel und Ansprüche, die jedem Nichtzugehörigen fehlen.

Der Plantagenet, mit dem er sich verbündet, Eduard III. ist ebenfalls, wenn auch nur von der weiblichen Linie her, ein sehr naher Verwandter der Kapetinger. Auch er ist ein Enkel Philipps III., ein Neffe Philipps des Schönen und Karls von Valois; seine Mutter ist eine Tochter Philipps des Schönen, eine Nichte Karls von Valois, und er ist also den Kapetingern mindestens ebenso nahe verwandt, wie der französische König ihm gegenüber, wie Johann der Gute, der Enkel Karls von Valois.

Nördlich an das Festlandsgebiet der Plantagenets schließen sich die Gebiete an, die Johann der Gute seinen jüngeren Söhnen gegeben hat, die Territorien Ludwigs, Herzogs von Anjou, Johanns, Herzogs von Berry, und Philipps des Kühnen, Herzogs von Burgund, ferner das Gebiet Ludwigs, Herzogs von Bourbon; auch dieser, der Herzog von Bourbon, ist ein Abkömmling der Kapetinger; er stammt von einem Bruder Philipps III., Robert, Grafen von Clermont, ab, der die Erbin von Bourbon, Beatrice, geheiratet hat; seine Mutter ist eine Valois, seine Schwester die Frau Karls V.; und er selbst ist also mütterlicherseits ein Onkel Karls VI., wie die Herzöge von Anjou, Burgund und Berry väterlicherseits. Dies sind die Hauptakteure in den Spannungen und Kämpfen der Zeit Johanns des Guten, Karls V. und Karls VI. Abgesehen von den Plantagenets und dem Bourbonen sind sie insgesamt Besitzer von apanagierten Gebieten des kapetingischen Erbes, die nun ihrerseits um die Vergrößerung ihrer Hausmacht und letzten Endes um die Vormacht kämpfen.

Das Schwergewicht innerhalb dieser Spannungen neigt sich zunächst unter Karl V. noch einmal dem regierenden Valois zu. Als er stirbt, ist sein Sohn und Nachfolger erst 12 Jahre alt. Hier, wie immer, begünstigen Umstände, wie dieser — Zufälle, vom Ganzen der Entwicklung her gesehen, —

Neue Stärkung der zentrifugalen Kräfte.

bestimmte Tendenzen, die im Aufbau der Gesellschaft bereits vorhanden sind. Die Jugend und Schwäche des regierenden Valois macht die zentrifugalen Kräfte, die seit langem im Wachsen sind, stark und bringt die Spannungen zwischen ihnen zum Ausbruch.

Karl V. hatte die Dauphiné endgültig dem Hausgut einverleibt; er hatte die normannischen Gebiete des Königs von Navarra wieder in seinen Besitz gebracht, ebenso eine Reihe von anderen apanagierten Gebieten, wie das Herzogtum Orléans und die Grafschaft von Auxerre. Aber bei seinem Tode gibt es bereits sieben große Feudalherren im Lande, die von dem heiligen Ludwig abstammen, die also Abkömmlinge des Kapetingerhauses sind; man nennt sie in dieser Zeit die «princes des fleurs de lis»; und es gibt jetzt — abgesehen von einer Reihe kleinerer und mittlerer Herren, die längst aufgehört haben, eine selbständige Rolle in den Vormachtkämpfen zu spielen[92]) — nur noch zwei größere Häuser neben den Plantagenets, deren Mitglieder nicht in direkter, männlicher Linie Abkömmlinge des Kapetingerhauses sind, die Herzöge der Bretagne und die Grafen von Flandern. Aber der Graf von Flandern hat in dieser Zeit ein einziges Kind, eine Tochter. Um deren Hand und damit um den zukünftigen Besitz von Flandern erhebt sich nach dem Tode des jungen Herzogs von Burgund, dem sie ursprünglich angetraut war, der unvermeidliche Wettstreit zwischen den Plantagenets und den Erben der Kapetinger. Schließlich fällt nach vielem Hin und Her die Hand der Erbtochter von Flandern mit Hilfe des Haupts der Valois, mit Hilfe Karls V., dessen jüngerem Bruder Philipp zu, der durch die Verfügung seines Vaters bereits Herzog von Burgund geworden ist; die Eheschließung der großen Feudalherren vollzieht sich ausschließlich unter Gesichtspunkten, die wir heute „geschäftlich" nennen würden, unter dem Gesichtspunkt der Besitzvergrößerung und des territorialen Konkurrenzkampfes. Philipp der Kühne vereinigt also nach dem Tode des Grafen von Flandern dessen Besitz mit dem von Burgund; und aus der

Schicht der großen, älteren Feudalhäuser bleibt auf dem Festland jetzt allein noch das Herzogshaus der Bretagne zurück. An die Stelle dieser älteren Schicht aber ist nun aus den Verzweigungen des Kapetingerhauses und des Kapetingerbesitzes selbst ein neuer, engerer Kreis von Territorialherren und Territorialbesitzungen getreten, die durch den Mechanismus des territorialen Konkurrenz- und Vormachtkampfes gegeneinander getrieben werden. Die Zwänge, die, entsprechend der weniger weitreichenden Verflechtung oder Funktionsteilung, in jeder vorwiegend natural wirtschaftenden Gesellschaft und vor allem in jeder naturalwirtschaftenden Kriegergesellschaft den Bestand eines Herrschafts- und Besitzmonopols über größere Gebiete hin bedrohen, und die zur Desintegration des Besitzes, zur Stärkung von zentrifugalen Kräften hindrängen, haben von neuem ihr Werk getan. Noch einmal vollzieht sich einer jener Desintegrationsschübe, wie sie Jahrhunderte früher zur Desintegration der Karolingerherrschaft, dann zur feudalen Gesellschaftsordnung des 12. Jahrhunderts hinführten: noch einmal neigen Menschen, an die ein Zentralherr Böden aus seinem großen Besitz vergeben hat, dazu, sich selbständig oder unabhängig zu machen und zu Konkurrenten des geschwächten Zentralhauses zu werden. Aber die Möglichkeit, den Konkurrenzkampf aufzunehmen, ist jetzt auf wenige Abkömmlinge des ursprünglichen Zentralhauses selbst beschränkt; das ist ein deutliches Anzeichen dafür, wie sehr sich in diesem gesellschaftlichen Felde der Aufbau der menschlichen Beziehungen inzwischen geändert hat, wie weit dieses Menschengeflecht mindestens in seinem agrarischen Sektor, bereits zu einem System mit geschlossenen Chancen geworden ist.

11. Die Rivalität zwischen den mächtigsten «princes des fleurs de lis» tritt nach dem Tode Karls V. im Kampf um die Regentschaft und die Vormundschaft des unmündigen Thronerben sofort zutage. Karl V. hatte seinen Bruder Ludwig, Herzog von Anjou, zum Regenten, seinen Bruder Philipp, Herzog von Burgund, und seinen Schwager Ludwig,

Herzog von Bourbon, zu Vormündern seines Sohnes bestellt. Das war offenbar das Einzige, was er tun konnte, um nicht die ganze Macht in die Hände eines einzelnen Mannes gelangen zu lassen. Eben dies aber, die ganze Macht, ist es, die Ludwig von Anjou und die im Grunde auch Philipp anstrebt. Sie wünschen, Vormundschaft und Regentschaft zu vereinigen. Und die Auseinandersetzungen der rivalisierenden Angehörigen des Königshauses erfüllen dann die ganze Regierungszeit Karls VI., der wenig eigene Entscheidungskraft besitzt, und der schließlich in eine Art von Wahnsinn verfällt.

Die Hauptpersonen des Vormachtskampfes unter den Königsverwandten wechseln zuweilen. An die Stelle Ludwigs von Anjou tritt etwa in einer bestimmten Phase des Kampfes als stärkster Rivale des Burgunderherzogs der jüngere Bruder Karls VI., Ludwig, der als Apanage über das Herzogtum Orléans verfügt. Aber, wie auch die Personen wechseln, die Verflechtungszwänge, die sie treiben, bleiben die gleichen: Immer wieder stehen zwei oder drei Menschen innerhalb dieses nun schon sehr beschränkten Konkurrenzkreises einander gegenüber, von denen keiner zulassen will — und ohne Gefahr für seine Existenz auch nicht zulassen kann —, daß einer der andern stärker wird, als er selbst. Diese Konkurrenzkämpfe zwischen den Königsverwandten aber verflechten sich notwendigerweise zugleich in die größere Auseinandersetzung dieser Zeit, die noch längst nicht zur Entscheidung gekommen ist, in die Auseinandersetzung mit den Plantagenets, deren Zweige sich auf Grund analoger Mechanismen in ähnliche Auseinandersetzungen verwickeln.

Man muß sich die Lage dieser Angehörigen des Königshauses vergegenwärtigen: Sie sind ihr Leben lang zweite oder dritte. Ihr Gefühl sagt ihnen häufig genug, sie könnten bessere und stärkere Kronträger sein, als der Mann, der nun einmal der legitime Erbe der Krone und des Hauptbesitzes ist. Zwischen ihnen und diesem Ziel steht oft nur ein, oft nur zwei oder drei Menschen; und es fehlt nicht an Beispielen dafür in der Geschichte, daß zwei oder noch mehr solcher Menschen kurz hintereinander sterben und dem Nächsten in der Reihe den Weg zur größeren Herrschaft freimachen. Aber meist führt auch dann noch der Weg dahin durch harte Kämpfe mit den Rivalen. Der weniger Mächtige gelangt in dieser Zeit und in dieser Sphäre fast nie zum Thron, wenn er nur einer Seitenlinie des Hauses angehört, mag er selbst den gerechtesten Anspruch haben; fast immer finden sich in dieser Epoche Andere, die ihm seinen Anspruch streitig machen; ihr Anspruch mag schlechter sein, sie werden siegen, wenn sie die Stärkeren sind. So sind die Nächsten um den Thron, die ja ohnedies schon als Apanagierte Herren über ein mehr oder weniger großes Territorium sind, in dieser Zeit, so weit sie irgend können, damit beschäftigt, sich Stützpunkte zu schaffen, vorhandene Stützpunkte auszubauen, ihren Besitz, ihre Einnahmen, ihre Macht zu vergrößern. Können sie nicht unmittelbar an den Thron heran, so soll ihre Herrschaft jedenfalls nicht weniger reich, nicht weniger mächtig und glänzend sein als die der Rivalen, ja wenn möglich noch glänzender als die des Königs, der ja schließlich nichts anderes als der größte aller Rivalen oder Konkurrenten ist.

Dies ist die Lage und dies die Haltung der nächsten Verwandten des schwachen Karls VI., seiner Onkel — nicht aller, aber einiger unter ihnen —, dann auch seines Bruders. Und mit gewissen Veränderungen, mit immer geringeren Chancen für die Zweiten und Dritten reproduzieren sich diese Haltung, diese Situation, diese Spannungen um den Thron durch die verschiedensten, individuellen Begabungen hindurch bis zu jener Zeit, in der mit Heinrich von Navarra zum letztenmal ein relativ kleiner Territorialherr König von Frankreich wird und in Spuren, wie gesagt, bis zur Zeit Ludwigs XIV.

Die stärkste Person im Wettstreit der «princes des fleurs de lis» ist Philipp der Kühne, der jüngste Sohn Johanns des Guten. Er hat zunächst nur das Herzogtum Burgund als

Neue Stärkung der zentrifugalen Kräfte.

Apanage; er vereinigt dann damit — im wesentlichen auf Grund seiner Heirat — die Grafschaften Flandern, das Artoisgebiet, die Grafschaft Nevers und die Baronie von Doncy. Sein zweiter Sohn, Anton, Herzog von Brabant und Herr von Antwerpen, wird durch Heirat Herzog von Luxemburg; dessen Sohn heiratet die Erbin des Heinaut. Es sind die ersten Schritte der Burgunderherren auf dem Wege einer eigenen Expansion, die ersten Schritte zur Begründung einer festen Herrschaft, die wenigstens zum Teil jenseits des Machtbereiches der Pariser Könige im Gebiet des heutigen Holland liegt.

Ähnlich verhält sich der Bruder Karls VI., Ludwig, der stärkste Konkurrent Philipps des Kühnen, im Kampf um die Vormacht in Frankreich. Beide bauen mit beträchtlicher Eile und Konsequenz an einer eigenen Hausmacht. Ludwig erhält zunächst als Apanage das Herzogtum Orléans, das unter Karl V. nach dem Tode seines Onkels Philipps V. von Orléans wieder mit dem Krongut vereinigt worden war.

Dann erhält Ludwig drei oder vier Grafschaften und größere Besitzungen in der Champagne. Er erwirbt weiter — mit Hilfe der reichen Mitgift seiner Frau Valentine Visconti — mehrere Grafschaften, darunter die Grafschaft Blois, durch Kauf. Schließlich gehört ihm von seiner Frau her im italienischen Gebiet die Grafschaft Asti, und er besitzt die Anwartschaft auf einige andere italienische Territorien. Die Burgunder expandieren nach Holland hin, der Orléans hinüber nach Italien. Innerhalb des ehemaligen westfränkischen Gebietes selbst haben sich die Besitzverhältnisse erheblich verfestigt; die größten Stücke dieses Gebietes gehören teils den Londoner, teils den Pariser Königen; auch ein «prince des fleurs de lis» kann sich zwischen ihnen nur behaupten, er kann mit dem einen oder anderen im Kampf um die Vormacht nur dann konkurrieren, wenn er sich, so gut es eben geht, in irgendeiner anderen Richtung eine große, eigene Hausmacht aufbaut. Wie ehemals die Ausscheidungs- oder Vormachtkämpfe innerhalb der breiten, nachkarolingischen

Feudalität, so drängen nun analoge Spannungen von neuem Einzelne aus dem weit beschränkteren Konkurrenzkreis der großen, kapetingischen Territorialherren zur Ausdehnung ihres Gebiets, zu einem beständigen Verlangen nach mehr Besitz. Aber als Mittel der Expansion spielen jetzt Heirat, Erbschaft und Kauf mindestens eine ebenso wichtige Rolle, wie Kriege und Fehden. Nicht nur Habsburg heiratet sich groß. Da sich nun schon einmal in dieser Gesellschaft relativ große Besitzeinheiten mit einem entsprechend großen Kriegspotential herangebildet haben, so können einzelne Menschen, einzelne Kriegerhäuser, die in dieser Zeit noch aufsteigen wollen, das Risiko der kriegerischen Entscheidung überhaupt nur zu bestehen hoffen, wenn sie zuvor bereits über einen Territorialbesitz mit einigermaßen konkurrenzfähigem Kriegspotential verfügen. Und auch das also zeigt, wie stark sich während dieser Phase in der Sphäre des großen Boden- oder Territorialbesitzes die Konkurrenzmöglichkeiten bereits verringert haben, und wie der Aufbau der Spannungen zwischen den Menschen zur Bildung von Herrschaftsmonopolen für Gebiete einer höheren Größenordnung hindrängt.

Das französisch-englische Gebiet ist in dieser Zeit noch immer ein interdependentes Territorialsystem. Jede Veränderung der gesellschaftlichen Stärke zugunsten oder ungunsten eines der rivalisierenden Häuser affiziert früher oder später die anderen und damit das Gleichgewicht des ganzen Systems. Man kann zu jeder Zeit ziemlich genau sagen, wo innerhalb seiner die zentralen, wo die weniger zentralen Spannungen liegen; die Schwergewichtsverteilung und ihre Dynamik, ihre Veränderungskurve hat jeweils eine ziemlich genau umreißbare Gestalt. Und so, nicht nur als ein Kriegsspiel einiger ambitiöser, fürstlicher Individuen — obgleich es auch das ist —, sondern als eine der unvermeidlichen Entladungen innerhalb einer spannungsreichen Gesellschaft von Territorialbesitzungen bestimmter Größenordnung, als Konkurrenz- oder Vormachtkämpfe rivalisierender Häuser innerhalb eines interdependenten Systems von Herrschaftseinheiten mit sehr labilem Gleichgewicht, so muß man auch den hundertjährigen Krieg betrachten. Die Häuser von Paris und von London, allmählich vertreten durch zwei Seitenlinien der früheren Königshäuser, durch Valois und Lancaster, sind durch den Umfang ihres Besitzes und ihres Kriegspotentials die beiden Hauptrivalen; noch immer geht die Aspiration mindestens der Londoner Herren — gelegentlich auch der Pariser — dahin, das ganze westfränkische Nachfolgegebiet, die Festlandsterritorien und das erweiterte Inselreich, unter einer Herrschaft zu vereinigen. Erst im Laufe dieser Kämpfe selbst wird unzweideutig spürbar, wie groß bei diesem Stand der gesellschaftlichen Entwicklung die Widerstände sind, die sich der militärischen Eroberung und vor allem dem Zusammenhalt eines so großen und disparaten Gebietes unter der gleichen Herrschaft und dem gleichen Herrschaftsapparat entgegenstellen. Es ist eine Frage, an der man nicht ganz vorbeigehen kann, ob bei diesem Stand der gesellschaftlichen Entwicklung selbst nach einer völligen Besiegung der Valois durch die Inselkönige und ihre Verbündeten die Schaffung eines Herrschaftsmonopols und die dauernde Integration des Festlands- und des Inselgebietes, von London aus möglich gewesen wären. Aber wie dem auch sei, zunächst konkurrieren jedenfalls die Häuser von Paris und von London um die Vormacht in dem gleichen Gebiet miteinander, und alle anderen Konkurrenzspannungen innerhalb dieses Gebietes, also vor allem die Spannungen zwischen den verschiedenen Zweigen des Pariser Hauses selbst, kristallisieren sich an diese Hauptspannung des ganzen Territorialsystems an; so stehen zum Beispiel die burgundischen Valois in dem zentralen Kampf bald auf der einen, bald auf der anderen Seite.

Aber das Wachstum der Funktionsteilung und der überlokalen Interdependenz bringt nicht nur die verschiedenen Herrschaftseinheiten der erweiterten, westfränkischen Territorialgesellschaft als Freund und Feind näher aneinander. Weniger stark, doch unverkennbar beginnen in dieser Zeit auch schon Interdependenzen und Verschiebungen des territorialen Gleichgewichts über den größeren Raum des ganzen westlichen Europa hin spürbar zu werden. Die französisch-englische Territorialgesellschaft wird im Zuge der wachsenden Verflechtung nun allmählich immer mehr zu einem Teilsystem innerhalb des umfassenderen, europäischen Ländersystems. Im hundertjährigen Krieg tritt diese wachsende Interdependenz über größere Räume hin, die gewiß niemals vollkommen fehlte, schon deutlich in Erscheinung. Deutsche und italienische Fürsten werfen in dem Kampf um die Vormacht innerhalb des englisch-französischen Sektors ihre Interessen und ihre gesellschaftliche Stärke bereits mit in die Wagschale, wenn sie auch zunächst mehr die Rolle von Randfiguren spielen. Es kündigt sich hier bereits an, was wenige Jahrhunderte später, im Dreißigjährigen Krieg, schon weit ausgeprägter in Erscheinung tritt: Der Erdteil Europa als Ganzes beginnt ein interdependentes Ländersystem mit einer eigenen Gleich- und Schwergewichtsdynamik zu werden, innerhalb dessen jede Stärkeverschiebung mittelbar oder unmittelbar jede einzelne Einheit, jedes Land, in Mitleidenschaft zieht; noch einige Jahrhunderte später, im Kriege 1914/18, dem ersten „Weltkrieg", wie er genannt worden ist, kündigt sich dann an, wie die Spannungen und Gleichgewichtsverschiebungen im Zuge der gleichen Transformation, der immer weiter wachsenden Verflechtung, nun schon Herrschaftseinheiten über einen noch größeren Raum, Länder über weite Teile der Erde hin affizieren; Art und Stufen der Monopolbildung, auf die Spannungen einer solchen Weltverflechtung hinsteuern, ebenso wie ihr Ausgang, wie die Herrschaftseinheiten höherer Größenordnung, die sich in solchen Kämpfen herausbilden mögen, alles das hat in unseren Gedanken gewiß erst ganz vage Umrisse, wenn es überhaupt einmal am Horizont des Bewußtseins erscheint; aber das verhält sich kaum anders mit den Territorialhäusern und den Menschengruppen, die sich ehemals in den hundertjährigen Krieg verwickelt finden; auch von ihnen spürt jede Einheit nur die unmittelbare Bedrohung, die die Größe oder das Größerwerden der anderen für sie bedeutet; die größeren Einheiten, die in diesen Kämpfen langsam entstehen, Frankreich und England, wie wir sie kennen, sie sind für das Bewußtsein derer, die sie heranbilden, noch kaum gegenwärtiger als für uns etwa eine politische Einheit „Europa".

Wie im einzelnen die Spannungen zwischen den rivalisierenden Gruppen und Häusern zum Austrag kommen, wie sich das Schwergewicht im Kampf zwischen den Hauptakteuren, zwischen den englischen Lancaster, den französischen Valois und den burgundischen Valois, bald hierhin, bald dorthin neigt, wie die Engländer einen noch größeren Teil des französischen Bodens und selbst den französischen Königstitel an sich nehmen, wie schließlich dann durch das Auftreten der Jungfrau von Orléans alle Kräfte, die dem französischen Valois anhängen, sich zum erfolgreichen Widerstand sammeln und den schwachen König zuerst nach Reims zur Krönung, dann als Sieger nach Paris zurückführen, das alles läßt sich leicht an anderen Orten nachlesen.

Was auf diese Weise entschieden wird, ist die Frage, ob London und die anglonormannische Insel, oder ob Paris und das Hausgebiet der Herren von Francien Kristallisationszentrum des westfränkischen Nachfolgegebietes werden soll. Die Entscheidung fällt zugunsten von Paris. Die Londoner Herrschaft wird auf das Inselgebiet beschränkt. Der hundertjährige Krieg beschleunigt und vollzieht endgültig den Bruch zwischen dem Festlandsgebiet, das eigentlich nun erst wieder «la France» wird, nämlich das Herrschaftsgebiet der Herren von Francien, und dem überseeischen Gebiet, das ehemals nichts anderes als ein koloniales Territorium festländischer Territorialherren war. Dieser Krieg hat also zunächst einmal eine Desintegrierung zur Folge. Das Inselgebiet, die Nachkommen der kontinentalen Eroberer und der Eingeborenen, sie sind zu einer Gesellschaft à part geworden, die ihre eigenen Wege geht, die sich ihre eigenen, spezifischen Herrschaftsinstitutionen heranbildet, und die ihre Mischsprache zu einer spezifischen Einheit neuer Art fortentwickelt. Keinem der kämpfenden Rivalen ist es gelungen, die Herrschaft über das ganze Gebiet zu gewinnen und aufrechtzuerhalten. Den französischen Königen und den Menschen ihres Gebietes ist der Herrschaftsanspruch auf das Inselreich endgültig entglitten; den englischen Königen ist die Besiegung des Pariser Rivalen und die Rekolonisation des Festlandes mißglückt; wenn die Menschen ihres Gebietes neue Böden, neue Auswanderungsgebiete, neue Märkte brauchen, so müssen sie das alles von nun an weiter in der Ferne suchen. Die englischen Könige scheiden aus dem festländischen Spiel um die Vormacht und um die französische Krone aus. Es ist ein Vorgang, nicht unähnlich jenem, der sich Jahrhunderte später in der Gesellschaft der deutschen Territorialstaaten mit dem Sieg Preußens über Österreich vollzieht. Hier wie dort wird durch eine Desintegration die Integration auf ein kleineres Gebiet beschränkt und damit in hohem Maße erleichtert.

Aber dadurch, daß die Engländer vom Festland verdrängt werden, daß die englischen Könige aus dem Kampf um die Vormacht über das Festlandsgebiet ausscheiden, verlagern sich zugleich die Spannungen und die Balance innerhalb dieses Gebietes selbst. Solange die Londoner und die Pariser Könige einander im Kampf um die Vormacht einigermaßen die Waage halten und solange also die Konkurrenzsituation zwischen ihnen die Hauptachse dieses Gleichgewichtssystems bildet, haben die Rivalitäten zwischen den verschiedenen, festländischen Territorialherren nur eine sekundäre Bedeutung; sie können Erhebliches dazu beitragen, daß der Hauptkampf sich zugunsten der Pariser oder zugunsten der Londoner Herren entscheidet; aber sie können nicht unmittelbar einen der anderen Konkurrenten an die erste Stelle aufrücken lassen.

Nun, mit dem Ausscheiden der Engländer, wird die Konkurrenzsituation zwischen verschiedenen, festländischen Territorialherren, also vor allem die Rivalität zwischen verschiedenen Zweigen des Kapetingerhauses selbst, zur beherrschenden Spannung. Nicht entschieden oder jedenfalls nicht endgültig entschieden ist am Ausgang des hundertjährigen Krieges, durch welchen dieser Zweige und innerhalb welcher Grenzen die Integration der festländischen Territorien des westfränkischen Nachfolgegebiets zu einer Herrschaftseinheit höherer Größenordnung vollzogen werden wird. Und in dieser Richtung gehen also die Ausscheidungskämpfe weiter.

In den letzten Jahren Karls VII. gibt es neben dem Pariser Haus zum mindesten wieder acht größere Häuser, die in den entscheidenden Kämpfen um die Vormacht ihr Gewicht in die Wagschale werfen können; das sind die Häuser von Anjou, Alençon, Armagnac, Bourbon, Burgund, Bretagne, Dreux und Foix; jedes dieser Häuser ist selbst bereits durch mehrere Zweige vertreten; das mächtigste von ihnen ist das Haus von Burgund, das, gestützt auf Burgund und Flandern als den Kern seiner Hausmacht, mit großer Zähigkeit und Konsequenz an der Errichtung eines größeren Hausgebietes zwischen dem Imperium und Frankreich, verwandt dem früheren Lotharingien, arbeitet. Der Kampf um die Vormacht oder die Rivalität zwischen ihm und den Pariser Königen bildet jetzt die Hauptachse dieses Gleichgewichtssystems feudaler Territorien, aus dem mit dem Siege der letzteren dann schließlich „Frankreich" wird. Daneben bilden zunächst allenfalls noch das Haus der Bourbonen und das der Bretagne Machtzentren von größerer Bedeutung.

Mit Ausnahme des letzteren, des Herzogshauses der Bretagne, sind die Mitglieder aller genannten Häuser Abkömmlinge und Verwandte von Apanagierten, also Abzweigungen des Kapetingerhauses. Die seigneuriale, die nach-karolingische Feudalität hat sich, wie man es ausgedrückt hat, zu einer „prinzlichen", einer kapetingischen Feudalität „kontrahiert[93]"). Aus den Ausscheidungskämpfen der vielen, großen und kleinen Kriegerhäuser des westfränkischen Gebietes ist ein einzelnes Haus als Sieger hervorgegangen.

Dessen Monopolbesitz, der Monopolbesitz von Abkömmlingen des Kapetingerhauses, ist das ehemalige westfränkische Gebiet nun im großen und ganzen geworden.

Aber im Laufe der Generationen hat sich die Familie und mit ihr der angehäufte Territorialbesitz wieder etwas zerteilt; und nun streiten sich die verschiedenen Zweige der Familie miteinander um die Vormacht. Die Monopolbildung vollzieht sich nicht ganz so geradlinig, wie es auf den ersten Blick erscheint. Was man hier — in der Zeit nach dem hundertjährigen Kriege — vor sich hat, ist noch nicht eine vollkommene Konzentrierung oder Zentralisierung der herrschaftlichen Verfügungsgewalt an einer Stelle und in einer Hand, sondern eine Stufe auf dem Wege zu dem absoluten Monopol.

Es ist ein Zustand stark beschränkter Konkurrenz, der sich hergestellt hat. Für alle, die nicht zu einer bestimmten Familie gehören, ist innerhalb dieses Gebietes die Chance zum Erwerb und Besitz einer größeren Herrschaft oder zur Vergrößerung der vorhandenen und damit zur Beteiligung an den weiteren Ausscheidungs- und Konkurrenzkämpfen außerordentlich gering geworden.

VI.
Die letzten, freien Konkurrenzkämpfe und die endgültige Monopolstellung des Siegers

12. Was dem Monopolprozeß hier seinen besonderen Charakter gibt — und was die später Lebenden, also zunächst einmal die Menschen des 20. Jahrhunderts, beim Rückblick im Auge behalten müssen —, ist die Tatsache, daß gesellschaftliche Funktionen, die sich in der neueren Zeit differenziert haben, in dieser früheren Phase noch mehr oder weniger ungesondert sind. Es ist schon hervorgehoben worden, daß in der gesellschaftlichen Position des großen Feudalherrn, des Fürsten, die Funktion des reichsten Mannes, des Besitzers der größten Produktionsmittel seines Gebietes, mit der

Funktion des Herrschenden, des Besitzers der militärischen Verfügungsgewalt und der Jurisdiktion, zunächst noch völlig in eins gehen. Funktionen, die heute durch verschiedene, arbeitsteilig verbundene Menschen und Menschengruppen repräsentiert werden, etwa die Funktion eines Großgrundbesitzers und die Funktion des Regierungshauptes, bilden hier noch, untrennbar verbunden, eine Art von Privatbesitz. Das hängt damit zusammen, daß in dieser vorwiegend — wenn auch in langsam abnehmendem Maße — natural wirtschaftenden Gesellschaft der Boden, in der späteren Gesellschaft dagegen das Geld, die Inkarnation der Funktionsteilung, das wichtigste Produktionsmittel bildet. Es hängt aber nicht weniger damit zusammen, daß in der späteren Phase das Schlüsselstück jedes Herrschaftsmonopols, das Monopol der körperlichen, der militärischen Gewaltausübung, über größere Gebiete hin eine feste und stabile gesellschaftliche Institution bildet, während es sich in der vorangehenden Phase durch jahrhundertelange Kämpfe hindurch erst langsam entwickelt, und zwar zunächst einmal in der Form eines privaten, eines Familienmonopols.

Wir sind gewohnt zwei Sphären, „Wirtschaft" und „Politik", und zwei Arten von gesellschaftlichen Funktionen, „wirtschaftliche" und „politische" Funktionen voneinander zu unterscheiden; wir verstehen dabei unter „Wirtschaft" das ganze Geflecht der Tätigkeiten und Institutionen, die der Erzeugung und dem Erwerb von Konsumtions- und Produktionsmitteln dienen; aber es erscheint uns, wenn wir von „Wirtschaft" sprechen, zugleich auch als selbstverständlich, daß die Erzeugung und vor allem auch der Erwerb von Produktions- und Konsumtionsmitteln normalerweise ohne Androhung und ohne Ausübung körperlich-militärischer Gewalt von statten geht. Nichts ist weniger selbstverständlich. Für alle naturalwirtschaftenden Kriegergesellschaften — und nicht nur für sie — ist das Schwert ein sehr naheliegendes, ein unentbehrliches Mittel zum Erwerb von Produktionsmitteln und die Gewaltandrohung ein unentbehrliches Mittel der Produktion. Erst wenn die Funktionsteilung sehr weit vorangetrieben ist, erst wenn sich als Resultat langer Kämpfe eine spezialisierte Monopolverwaltung herangebildet hat, die die Herrschaftsfunktionen als gesellschaftliches Eigentum verwaltet, erst wenn ein zentralisiertes und öffentliches Gewaltmonopol über größere Gebiete hin besteht, erst dann können sich Konkurrenzkämpfe um Konsumtions- und Produktionsmittel unter weitgehender Ausschaltung von körperlicher Gewaltanwendung vollziehen, und dann erst existiert im reinen Sinne die Art von Wirtschaft, die wir „Wirtschaft", dann erst die Art des Konkurrenzkampfes, die wir „Konkurrenz" zu nennen gewohnt sind.

Die Konkurrenzbeziehung selbst ist eine weit allgemeinere und umfassendere, soziale Erscheinung, als es bei der Beschränkung des Begriffes „Konkurrenz" auf wirtschaftliche Strukturen[94] und dazu noch meist auf wirtschaftliche Strukturen des 19. und 20. Jahrhunderts zutage tritt. Eine Konkurrenzsituation stellt sich überall her, wo sich mehrere Menschen um dieselben Chancen bemühen, wo mehr Nachfragende vorhanden sind, als Chancen zur Befriedigung der Nachfrage, die Verfügung über diese Chancen mag in der Hand von Monopolisten liegen oder nicht. Die besondere Art der Konkurrenz, von der hier die Rede war, die sogenannte „freie Konkurrenz", ist dadurch charakterisiert, daß sich hier die Nachfrage Mehrerer auf Chancen richtet über die noch nicht jemand verfügt, der außerhalb des Konkurrenzspielraums der Rivalisierenden steht. Eine solche Phase der „freien Konkurrenz" gibt es in der Geschichte vieler Gesellschaften, wenn nicht aller; und ein „freier Konkurrenzkampf" entsteht daher zum Beispiel auch, wenn sich unter Mehreren, die in irgendeinem Sinne interdependent sind, Böden und kriegerische Chancen so gleichmäßig verteilen, daß niemand von ihnen unzweideutig der Chancenreichste, der gesellschaftlich Stärkste ist, also in jener Phase der Beziehungen zwischen feudalen Kriegerhäusern oder in jener Phase der Beziehungen zwischen Staaten, in der keiner von ihnen dem Rivalitätsspielraum der anderen schlechthin entwachsen ist, und in der für diese Beziehungen noch kein organisiertes, kein zentralisiertes Herrschaftsmonopol besteht. Ein „freier Konkurrenzkampf" entsteht ebenso, wenn sich Geldchancen unter viele, interdependent Verbundene in dieser Weise relativ gleichmäßig verteilen; und hier, wie dort wird der Kampf um so intensiver, je mehr die Bevölkerung, je mehr die Nachfrage nach solchen Chancen wächst, wenn nicht zugleich auch diese Chancen selbst wachsen.

Es ändert dabei an der Entwicklungsrichtung dieser freien Konkurrenzkämpfe verhältnismäßig wenig, daß sie das eine Mal etwa auch durch die Androhung und Ausübung körperlicher Gewalt ausgefochten werden, das andere Mal etwa nur durch Bedrohung mit dem sozialen Absinken, mit dem Verlust der wirtschaftlichen Unabhängigkeit, mit dem ökonomischen Ruin oder materieller Not. In den Kämpfen der feudalen Kriegerhäuser wirken die beiden Arten der Kampfmittel, die beiden Formen der Gewalt, die wir als körperlich-kriegerische Gewalt und als wirtschaftliche Gewalt voneinander unterscheiden, noch ziemlich ungetrennt zusammen. Diese feudalen Kämpfe haben in der Tat ihr funktionelles Analogon innerhalb der späteren, der stärker funktionsteiligen Gesellschaft sowohl in den freien, wirtschaftlichen Konkurrenzkämpfen, etwa in den Vormachtkämpfen einer Reihe von Handelshäusern der gleichen Branche, wie in den Vormachtkämpfen von Staaten innerhalb eines bestimmten territorialen Gleichgewichtssystems, die durch körperliche Gewaltanwendung zum Austrag kommen.

Hier und dort ist das, was als Kämpfe innerhalb der monopolfreien Sphäre in Erscheinung tritt, nur eine Schicht des beständigen Streites und der allgemeinen Konkurrenzkämpfe um beschränkte Chancen, die die ganze Gesellschaft durchzieht. Die Chancen derer, die frei, nämlich monopolfrei miteinander konkurrieren, stellen selbst einen unorganisierten Monopolbesitz gegenüber anderen dar, die nicht mit ihnen konkurrieren können, weil sie über erheblich geringere

Chancen verfügen, die also direkt oder indirekt von ihnen abhängig sind, die selbst miteinander um die Verteilung von Chancen einen gebundenen Konkurrenzkampf führen; und der Konkurrenzdruck der relativ Unabhängigen gegeneinander steht mit dem Druck der bereits von monopolisierten Chancen Abhängigen nach allen Seiten im engsten funktionalen Zusammenhang.

Hier und dort tendieren die freien Konkurrenzkämpfe, die Rivalitäten um Chancen, für die noch kein zentralisiertes und organisiertes Monopol besteht, durch mannigfache Schwankungen hindurch zur Niederkämpfung und Ausscheidung einer immer größeren Anzahl von Rivalen, die als soziale Einheiten zugrunde gehen oder in Abhängigkeit geraten, zur Akkumulation der umkämpften Chancen in den Händen einer immer kleineren Anzahl von Rivalen, zur Vormachts- und schließlich zur Monopolbildung. Auch diese, das gesellschaftliche Phänomen der Monopolbildung, ist nicht auf die Prozesse beschränkt, an die man heute gewöhnlich zuerst denkt, wenn von ,,Monopolen" die Rede ist. Die Akkumulation von Besitzchancen, die sich in Geldsummen verwandeln oder mindestens in Geldsummen ausdrücken lassen, stellt nur einen historischen Schub von Monopolbildungen unter vielen anderen dar. Funktionsgleiche Prozesse, also Tendenzen zu einem Aufbau des menschlichen Beziehungsgeflechts, bei dem einzelne Menschen oder Menschengruppen durch mittelbare oder unmittelbare Gewaltandrohung den Zugang anderer zu bestimmten, umworbenen Chancen beschränken und regeln können, solche Prozesse treten in mannigfacher Gestalt und an sehr verschiedenen Stellen der Menschheitsgeschichte auf.

Hier und dort steht bei diesen Kämpfen für alle Beteiligten ihre aktuelle, soziale Existenz voll auf dem Spiel; und das ist das Zwingende an diesen Kämpfen; das ist es, was solche Kämpfe und ihren Ablauf, wo immer sich die Grundsituation der freien Konkurrenz herstellt, so unvermeidlich und unentrinnbar macht. Ist eine Gesellschaft einmal in eine Bewegung dieser Art geraten, dann steht in der noch monopolfreien Sphäre jede soziale Einheit, ob es sich um Ritterfamilien, um wirtschaftliche Unternehmungen, um Territorien oder um Staaten handelt, immer vor der gleichen Alternative:

Sie können besiegt werden — ob sie nun mitkämpfen oder nicht — und das bedeutet für die zugehörigen Menschen im äußersten Falle Gefangenschaft, gewaltsamen Tod oder auch materielle Not, vielleicht Verhungern; das bedeutet für sie im gelindesten Falle soziales Absinken, Verlust der relativen gesellschaftlichen Selbständigkeit, Übergang in eine unmittelbarer abhängige Position, Aufgehen in einem größeren, gesellschaftlichen Komplex und damit Zerstörung dessen, was zunächst einmal für ihr Bewußtsein ihrem Leben Sinn, Wert und Dauer gibt, mag es auch anderen Mitlebenden oder später Lebenden als ihrem Sinn, ihrer sozialen Existenz und ihrer „Dauer" zuwider und damit als schlechthin zerstörenswert erscheinen.

Oder sie können sich ihrer nächsten Rivalen erwehren und siegen; dann erhält ihr Leben, ihre soziale Existenz, ihr Streben seine Erfüllung: sie ziehen die umkämpften Chancen an sich; die bloße Erhaltung der sozialen Existenz erfordert in der Situation der freien Konkurrenz immer zugleich deren Vergrößerung; wer hier nicht aufsteigt, bleibt zurück; und der Sieg bedeutet also zunächst — ob es beabsichtigt ist oder nicht — den Gewinn einer Vormachtstellung unter diesen nächsten Rivalen und deren Zurückdrängung in eine Position leichterer oder schwererer Abhängigkeit; der Gewinn des Einen ist hier notwendigerweise Verlust des Anderen, mag es sich um Böden, um kriegerische Machtmittel, um Geld oder um welche Substanzen der gesellschaftlichen Stärke auch immer handeln. Aber dieser Sieg bedeutet weiter über kurz oder lang die Gegenüberstellung und Auseinandersetzung mit einem Rivalen der neuen Größenordnung; von neuem drängt die Situation zur Vergrößerung des Einen, zum Aufgehen, zur Unterordnung, Erniedrigung oder Zerstörung des Anderen; die Verschiebung der Stärkeverhältnisse, die Vormachtbildung und -sicherung mag sich durch unverhüllte, kriegerische oder wirtschaftliche Gewalt, sie mag sich mehr auf dem Wege der friedlichen Vereinbarung und Verständigung vollziehen, wie es auch geschieht, die Rivalitäten treiben langsamer oder schneller durch eine Reihe von Untergängen und Vergrößerungen, von Aufstiegen und Abstiegen, von Sinnerfüllungen und Sinnzerstörungen in der Richtung auf eine neue, gesellschaftliche Ordnung, auf eine Monopolordnung voran, die keiner der Beteiligten eigentlich beabsichtigt oder vorausgesehen hat, und die an Stelle der monopolfreien Konkurrenzkämpfe monopolistisch gebundene Konkurrenzkämpfe treten läßt; und erst mit der Bildung solcher Monopole stellt sich schließlich auch die Möglichkeit zur Lenkung der Chancenverteilung — und damit der Kämpfe selbst — im Sinne eines störungsloseren Funktionierens der Zusammenarbeit unter den auf Gedeih und Verderb aneinander gebundenen Menschen ein.

Vor Alternativen dieser Art also stehen auch die Kriegerfamilien der mittelalterlichen Feudalgesellschaft; und der Widerstand der großen Feudalherren, zuletzt noch der kapetingischen oder prinzlichen Feudalität, gegen das Erstarken der Königsmacht will in diesem Sinne verstanden sein. Der Pariser König ist faktisch und für das Bewußtsein der anderen Territorialherren zunächst einer der ihren, nicht mehr; er ist für sie ein Rivale, und zwar von einer bestimmten Zeit ab der mächtigste, der bedrohlichste Rivale. Siegt er, so ist, wenn nicht ihre physische, so doch mindestens ihre bestehende, soziale Existenz zerstört, also das, was in ihren Augen ihrem Leben Sinn und Glanz gibt, die Selbständigkeit ihrer Herrschaft, die unabhängige Verfügungsgewalt über ihren Hausbesitz; ihre Ehre, ihr Rang, ihr gesellschaftliches Ansehen ist äußerstenfalls vernichtet, bestenfalls herabgedrückt. Siegen sie, dann ist fürs erste die Zentralisierung, die Vormacht- und Monopolbildung, die Staatenbildung verhindert; dann bleiben Burgund, Anjou, Bretagne oder was es sonst noch an Territorialherrschaften gibt, zunächst mehr oder weniger selbständige Herrschaftseinheiten; das mag einer Reihe von Zeitgenossen, vor allem den Königsbeamten, das mag uns selbst heute beim Rückblick als sinnlos erscheinen; denn wir identifizieren uns entsprechend dem anderen Stand der gesellschaftlichen Verflechtung im allgemeinen nicht mehr so stark mit solchen beschränkteren, landschaftlichen Einheiten. Für sie, für die Herren der Burgunderherrschaft oder der Bretagne und für einen guten Teil der von ihnen Abhängigen, ist es zunächst in höchstem Maße sinnvoll, die Bildung einer übermächtigen Vormacht und eines Zentralapparates in Paris zu verhindern; denn diese Vormachtbildung bedeutet tatsächlich ihren sozialen Untergang als selbständige, soziale Einheiten.

Aber wenn sie siegen, so stehen früher oder später die Sieger einander als Rivalen gegenüber; und diese Spannungen, die Kämpfe, die sich daraus entspinnen, können nicht eher enden, als bis sich von neuem eine überlegene Vormacht gebildet hat. **Wie etwa in der kapitalistischen Gesellschaft des 19. und vor allem des 20. Jahrhunderts der allgemeine Drang zu einer wirtschaftlichen Monopolbildung deutlich in Erscheinung tritt, ob nun im einzelnen Falle dieses oder jenes Haus im Konkurrenzkampf siegt und über die anderen hinauswächst, wie gleichzeitig eine analoge Tendenz zur eindeutigeren Vormachtbildung, die jeder Monopolbildung, jeder umfassenderen Integration vorausgeht, im Wettstreit der „Staaten", zunächst vor allem der europäischen Staaten, immer spürbarer wird, so zeigen auch die Kämpfe der mittelalterlichen Kriegerhäuser, später der großen Feudal- und Territorialherren einen allgemeinen Drang zur Monopolbildung.** Nur spielt sich hier zunächst dieser Prozeß in der Sphäre des Bodenbesitzes und der Herrschaftsfunktionen als einer untrennbaren Einheit ab, dann — mit dem stärkeren Vordringen des Geldgebrauchs — in etwas transformierter Form, nämlich in Form einer Zentralisierung der Abgaben und der Verfügung über alle Instrumente, die der körperlichen Überwältigung dienen.

13. Voll zum Ausbruch kommt die Rivalität zwischen dem französischen Zweig der Valois auf der einen Seite, dem burgundischen Zweig samt der übrigen, größeren, kapetingischen Feudalität auf der anderen Seite und dem letzten Vertreter der großen, vorkapetingischen Feudalität, dem Herzog der Bretagne, dazwischen, nach dem Tode Karls VII. in der zweiten Hälfte des 15. Jahrhunderts. Noch einmal sammeln sich die zentrifugalen Kräfte zum gemeinsamen Ansturm gegen diesen Pariser Valois, gegen Ludwig XI., dessen Reichtum und Macht nun, nach dem Ausscheiden des bisherigen Hauptgegners, des englischen Königs, für sie alle besonders gefährlich ist. Und der burgundische Valois, Karl der Kühne, hat einmal, als das Schwergewicht sich immer bedrohlicher dem französischen Herrschaftskomplex zuneigte, ganz deutlich ausgesprochen, was die meisten der Königskonkurrenten angesichts dieser Gefährdung ihrer sozialen Existenz gewünscht und empfunden haben mögen: «Au lieu d'un roi, j'en voudrais six!»[95])

Ludwig XI. selbst identifiziert sich keineswegs von vornherein mit der Königsaufgabe. Im Gegenteil. Er handelt als Kronprinz weitgehend im Sinne und im Geiste der anderen, großen, kapetingischen Feudalherren, die an der Desintegration des französischen Territorialkomplexes arbeiten; und er lebt eine Zeitlang am Hofe dessen, der der stärkste Rivale des Pariser Königtums ist, am Hofe des Burgunderherzogs; das hängt gewiß mit Fakten zusammen, die man persönlich nennen kann, vor allem mit der eigentümlichen Haßbeziehung Ludwigs zu seinem Vater; aber es ist zugleich ein Zeugnis mehr für diese spezifische Individualisierung des reichsten Hauses im Lande, die mit der Apanagierung jedes einzelnen Prinzen in Zusammenhang steht. Welches immer die früheren Ursachen für den Haß Ludwigs gegen seinen

Vater gewesen sein mögen, die Verfügung über ein eigenes Territorium bringt sein Gefühl und seine Aktionen in eine Front mit den anderen Rivalen seines Vaters. Selbst nach seiner Thronbesteigung denkt er zunächst noch vor allem daran, sich an denen zu rächen, die sich ihm als Dauphin feindlich gezeigt haben, und darunter sind viele, getreue Diener des Königtums, und die zu belohnen, die ihm als Kronprinz Freundschaft erwiesen haben, und darunter sind eine ganze Menge Gegner des Pariser Königtums. Die Herrschaft ist noch immer in ziemlich hohen Maße Privatbesitz und abhängig von den persönlichen Neigungen des Herrn. Aber sie hat zugleich auch bereits, wie jeder sehr große Besitz, eine recht strikte, eigene Gesetzlichkeit, der sich ihr Herr nicht widersetzen kann, ohne sie zu zerstören. Sehr bald werden die Feinde des Königtums zu Ludwigs Feinden; die dem Königtum dienen werden, zu seinen Freunden und Dienern; seine persönlichen Ambitionen werden eins mit den traditionellen Ambitionen des Pariser Zentralherrn und seine persönlichen Eigenschaften — seine Neugierde, sein fast krankhaftes Verlangen, hinter alle Geheimnisse rings um sich zu kommen, seine Verschlagenheit, die gradlinige Gewalt seines Hasses und seiner Vorlieben, selbst seine naive und starke Frömmigkeit, die ihn Heilige und besonders die Schutzpatrone seiner Gegner mit Geschenken umwerben läßt, wie käufliche Menschen — alles das entwickelt sich nun in jener Richtung, zu der seine gesellschaftliche Position als Herr des französischen Territorialbesitzes es hindrängt: Der Kampf gegen die zentrifugalen Kräfte, gegen die rivalisierenden Feudalherren wird zur entscheidenden Aufgabe seines Lebens. Und das Haus Burgund, die Freunde seiner Kronprinzenzeit, werden — entsprechend der immanenten Logik seiner Königsfunktion — zu seinen Hauptgegnern.

Der Kampf, den Ludwig XI. zu führen hat, ist keineswegs leicht. Manchmal scheint die Pariser Herrschaft dicht vor dem Zusammenbruch zu stehen. Am Ende seiner Regierungszeit sind dann schließlich — teils durch die Machtmittel, die ihm sein großer Besitz in die Hand spielt, teils durch die Geschicklichkeit, mit der er sie zu nutzen weiß, teils auch durch eine Reihe von Zufällen, die ihm zu Hilfe kommen — die Rivalen ziemlich endgültig besiegt. Karl der Kühne von Burgund wird 1476 von den Schweizern, die Ludwig zum Widerstand aufgemuntert hatte, bei Granson und Murten besiegt; 1477 kommt er bei dem Versuch, Nancy zu erobern, um. Damit scheidet der Hauptrivale der französischen Valois innerhalb des Konkurrenzkreises der Kapetingererben — und nach dem Ausscheiden der Engländer zunächst ihr stärkster Rivale überhaupt — nun seinerseits aus dem Wettbewerb der westfränkischen Territorialherren aus. Karl der Kühne hinterläßt eine einzige Tochter, Marie; und um deren Hand, um deren Erbe konkurriert Ludwig nun mit der Macht, die jetzt allmählich im weiteren, europäischen Raume zum Hauptrivalen des Pariser Königshauses wird, mit dem Haus der Habsburger. Je mehr sich die Ausscheidungskämpfe innerhalb des westfränkischen Nachfolgegebietes durch die Vormacht- und Monopolstellung eines Einzelnen der rivalisierenden Häuser dem Ende zuneigen, desto stärker rückt die Rivalität dieses siegreichen Hauses, das nun zum Zentrum des ganzen Gebietes zu werden beginnt, mit Machthabern ähnlicher Größenordnung außerhalb dieses Gebietes in den Vordergrund. Zunächst, in dem Konkurrenzkampf um Burgund, tragen die Habsburger den Sieg davon; Maximilian gewinnt mit der Hand Marias einen großen Teil der Burgunder Erbschaft. Damit ist eine Situation geschaffen, die der Rivalität zwischen den Habsburgern und den Pariser Königen für mehr als zwei Jahrhunderte Nahrung gibt. Immerhin kommt das Herzogtum Burgund selbst und zwei unmittelbare Annexe aus der burgundischen Erbmasse zum Krongut der Valois zurück. Die Teile des burgundischen Erbes, die zur Abrundung des französischen Herrschaftsgebietes besonders wichtig sind, werden mit diesem vereint.

Zurück bleiben innerhalb des westfränkischen Nachfolgegebietes jetzt noch vier Häuser, die über Territorien von einiger Bedeutung verfügen. Unter ihnen das stärkste oder, genauer gesagt, das wichtigste und von alters her selbständigste ist das Haus von Bretagne. Aber keines dieser Häuser kann sich nun noch mit dem Pariser Haus an gesellschaftlicher Stärke messen; die Herrschaft des französischen Königs ist dem Konkurrenzbereich der benachbarten Territorialherren entwachsen. Er nimmt eine Monopolstellung unter ihnen ein. Früher oder später, durch Vertrag, durch Gewalt, durch welche Zufälle immer werden sie von ihm abhängig und verlieren ihre Selbständigkeit.

Es ist, wenn man will, ein Zufall, daß gegen Ende des 15. Jahrhunderts ein Herzog der Bretagne bei seinem Tod, wie zuvor der Burgunderherzog, nur eine einzige Tochter hinterläßt. Der Streit, den dieser Zufall auslöst, zeigt genau die nun bestehende Kräftekonstellation. Von den übrigen Territorialherren des alten, westfränkischen Gebietes ist keiner mehr stark genug, um dem Pariser Herrn das bretonische Erbe streitig zu machen. Wie beim burgundischen Erbe, so kommt auch bei diesem der Rivale nun von außen; auch hier ist die Frage, ob der Habsburger oder der Valois die Bretagne erheiraten wird, Karl VIII., der junge Sohn Ludwigs XI., oder Maximilian von Habsburg, römischer Kaiser und Herr von Burgund, dessen Hand durch den Tod der Burgunder Erbin wieder frei geworden ist. Wie im Fall von Burgund, so gelingt es dem Habsburger auch hier, sich mit der jungen Anne von Bretagne zunächst wenigstens kommissarisch zu verheiraten. Aber nach vielem Hin und Her — den Ausschlag gibt schließlich die Meinung der bretonischen Stände — fällt die Hand der Erbin dann doch Karl von Frankreich zu. Die Habsburger protestieren; es kommt zum Krieg zwischen den Rivalen, es kommt schließlich zu einer Verständigung und zu einem Kompromiß: Die Freigrafschaft Burgund, die nicht zu dem traditionellen, westfränkischen Länderkomplex gehört, und die nicht so unmittelbar inmitten des nunmehrigen französischen Herrschaftsgebietes liegt, wird dem Habsburger überlassen; dafür erkennt Maximilian die Erwerbung der Bretagne durch Karl VIII. an. Und als Karl VIII. kinderlos stirbt, läßt sein Nachfolger, der Valois des Orléanszweiges, Ludwig XII., ohne Zögern seine bestehende Ehe durch den Papst für ungültig erklären und heiratet die einundzwanzigjährige Witwe seines Vorgängers, um deren Erbe, die Bretagne, dem Krongut, das nun sein Gut geworden ist, zu erhalten. Als aus dieser Ehe nur Töchter hervorgehen, verheiratet der König seine älteste Tochter, der als Erbin ihrer Mutter die Herrschaft über die Bretagne zusteht, mit dem Thronanwärter, dem nächsten lebenden Abkömmling der Familie, dem Grafen Franz von Angoulême. Die Gefahr, daß dieses wichtige Gebiet einem Rivalen, also nun vor allem einem Habsburger, zufallen könne, drängt immer in die gleiche Richtung. Und so, unter dem Druck des Konkurrenzmechanismus, wird nun also auch das letzte Territorium des westfränkischen Gebietes, das sich durch alle Ausscheidungskämpfe hin seine Selbständigkeit bewahrt hatte, langsam in das Herrschaftsgebiet der Pariser Könige integriert. Zunächst, wenn der Erbe der Apanage von Angoulême unter dem Namen Franz I. König wird, bewahrt die Bretagne noch eine gewisse Selbständigkeit. Das Unabhängigkeitsverlangen ihrer Stände ist und bleibt auch noch weiter recht lebendig; aber die kriegerische Potenz eines einzelnen Territoriums ist nun schon viel zu gering zu einem erfolgreichen Widerstand gegen die großen Herrschaftseinheiten, die sich ringsum gebildet haben. 1532 wird die tatsächliche Zugehörigkeit der Bretagne zum französischen Herrschaftsgebiet institutionell verfestigt.

Als selbständige Territorien, als Gebiete, die nicht zum Herrschaftsbereich der Pariser Könige oder — wie Flandern und Artois — zum Gebiet der Habsburger gehören, bleiben im ehemals westfränkischen Gebiet jetzt noch das Herzogtum von Alençon, die Grafschaften von Nevers und Vendôme, die Herrschaften von Bourbon und Albret zurück[96]). Wenn auch einzelne ihrer Herren, etwa der Herr von Albret oder das Haus von Bourbon, noch immer, so gut es geht, auf die Vergrößerung ihrer Herrschaft hinarbeiten und von Königskronen träumen[97]), ihre Gebiete sind jetzt kaum noch etwas anderes als Enklaven im Herrschaftsgebiet der französischen Könige. Die Träger der Krone sind dem Konkurrenzbereich dieser anderen Territorialherren völlig entwachsen. Die Häuser, die hier ehemals bestanden, sind in Abhängigkeit geraten oder verschwunden. Innerhalb des ehemaligen westfränkischen Gebietes sind die Pariser Könige nun endgültig ohne Rivalen; ihre Stellung hier erhält von nun ab immer ausgesprochener den Charakter einer absoluten Monopolstellung. Aber außerhalb des westfränkischen Gebietes haben sich ähnliche Prozesse abgespielt, wenn auch zunächst noch nirgends der Monopolprozeß und das Spiel der Ausscheidungskämpfe so weit vorangetrieben worden ist, wie in Frankreich. Immerhin haben auch die Habsburger nun ein Hausgebiet zusammengebracht, das durch sein militärisches und finanzielles Potential die meisten anderen Herrschaften des europäischen Festlandes weit überragt. Was zuvor schon anläßlich der burgundischen und der bretonischen Erbschaft zutage trat, das tritt nun, vom Anfang des 16. Jahrhunderts ab, immer deutlicher in Erscheinung: Das Haus der Habsburger Kaiser und das Haus der französischen Könige, vertreten zunächst durch Karl V. und Franz I., stehen einander jetzt als Rivalen einer neuen Größenordnung gegenüber. Beide haben für ein sehr umfassendes Gebiet ein mehr oder weniger ausgeprägtes Herrschaftsmonopol inne; sie selbst ringen miteinander um Chancen und um die Vormacht innerhalb eines größeren Gebietes, für das noch kein Herrschaftsmonopol besteht, also als „freie Konkurrenten". Und die Rivalität zwischen ihnen wird dementsprechend nun für geraume Zeit zu einer Hauptachse eines größeren, des werdenden, europäischen Spannungssystems.

14. Das französische Herrschaftsgebiet ist seinem Umfang nach beträchtlich kleiner als das Hausgebiet der Habsburger. Aber es ist erheblich stärker zentralisiert, und es ist vor

allem geschlossener, nämlich militärisch durch „natürliche Grenzen" besser geschützt. Seine westlichen Grenzen liegen am Kanal und am atlantischen Meer; das ganze Küstengebiet bis hinab nach Navarra ist nun geschlossen in der Hand der französischen Könige. Die südliche Grenze bildet das Mittelländische Meer; auch hier gehört — mit Ausnahme von Roussillon und der Cerdagne — nun das ganze Küstengebiet zur französischen Herrschaft. Im Osten bildet die Rhône die Grenze gegenüber der Grafschaft von Nizza und dem Herzogtum von Savoyen; vorerst nur durch Dauphiné und Provence ist die Grenze über die Rhône hinaus bis zu den Alpen hin vorgeschoben. Nördlich davon, gegenüber der Freigrafschaft Burgund, bilden weiter Rhône und Saône die Grenze des Königreichs; die Saône wird im mittleren und unteren Teil etwas überschritten. Im Norden und Nordosten sind die Grenzen des heutigen Frankreich noch weniger erreicht; nur durch die Besitznahme der Erzbistümer Metz, Toul und Verdun kommt das Königreich dem Rhein nahe; aber das sind zunächst noch Enklaven, vorgeschobene Posten im Gebiet des deutschen Imperiums; die Grenze zu ihm liegt nur wenig westlich von Verdun, weiter nördlich etwa in der Gegend von Sédan; wie die Freigrafschaft Burgund, so gehören auch Flandern und Artois zum Gebiet der Habsburger. Es ist eine der Fragen, die zunächst im Vormachtkampf mit ihnen zur Entscheidung steht, ob und wie weit die Grenze sich hier verrücken wird. Für geraume Zeit hält sich die französische Herrschaft zunächst in diesem Bereich. Erst in den Jahren 1610 bis 1659 wird dann im Norden das Artoisgebiet, ferner die Gegend zwischen Frankreich und den drei Erzbistümern und — als neue Enklave im Kaiserreich — Ober- und Niederelsaß an Frankreich angegliedert; nun erst nähert sich Frankreich dem Rhein[98]). Ein großer Teil der Gebiete, die heute Frankreich bilden, ist jetzt zu einer Herrschaftseinheit zusammengefaßt. Offen ist nur noch die Ausdehnungsmöglichkeit, die Frage, ob und wo diese Einheit innerhalb des europäischen Spannungssystems endgültig

„natürliche", das heißt gut zu verteidigende Grenzen finden wird.

Dem Rückschauenden, der in der Ordnung eines Staates, in Gesellschaften mit einem stabilen und zentralisierten Monopol der körperlichen Gewaltausübung, der als Franzose in Frankreich, als Deutscher in Deutschland lebt, ihm erscheint leicht der Bestand eines solchen Gewaltmonopols und der Zusammenschluß eines Gebietes von solcher Größe und Art als etwas so Selbstverständliches und Zweckmäßiges, daß er sie unwillkürlich wie etwas bewußt Geplantes betrachtet; und er beobachtet, er bewertet dementsprechend oft die einzelnen Aktionen, die zu ihnen führen, unter dem Gesichtspunkt ihrer unmittelbaren Zweckmäßigkeit für die Ordnung, die ihm sinnvoll und selbstverständlich erscheint. Er ist geneigt, weniger die aktuellen Verstrickungen und Zwangsläufigkeiten zu prüfen, aus denen heraus Gruppen und Personen ehemals handelten, weniger deren unmittelbare Pläne, Wünsche und Interessen, als die Frage, ob es gut oder schlecht für das war, womit er selbst sich identifiziert. Und als müßten, als könnten die Akteure der Vergangenheit bereits eine prophetische Vision jener Zukunft vor Augen haben, die für ihn, den Rückschauenden, sinnvolle und vielleicht emphatisch bejahte Gegenwart ist, so lobt und verurteilt er diese Akteure der zu ihm hinführenden Geschichte, so teilt er ihnen Zensuren aus, je nachdem, ob ihre Handlungen zu dem erwünschten Resultat gradlinig hinführen oder nicht.

Aber durch solche Zensuren, durch solche Ausdrücke der persönlichen Befriedigung, durch diese subjektivistische oder parteiische Betrachtung der Vergangenheit verdeckt man sich meist den Zugang zu den elementaren Bildungsgesetzlichkeiten und Mechanismen, zur wirklichen Strukturgeschichte und Soziogenese der historischen Gebilde. Diese Gebilde entwickeln sich immer im Kampf entgegengesetzter oder, genauer gesagt, in der Auseinandersetzung ambivalenter Interessen. Das, was in solchen Kämpfen schließlich zugrunde oder in neuen Formationen aufgeht, wie die fürstlichen Herrschaften in der Königsherrschaft und die Königsherrschaft im bürgerlichen Staat, das ist für das Werden dieser neuen Formation nicht weniger unentbehrlich als der begünstigte, der siegreiche Gegner selbst. Ohne gewaltsame Aktionen, ohne die Antriebe der freien Konkurrenz gäbe es kein Gewaltmonopol und dementsprechend auch keine Befriedung, keine Zurückdrängung und Regelung der Gewaltausübung über größere Bezirke hin.

Das Hin und Her der Bewegung, die zur Integrierung immer größerer Gebiete um den Kristallisationskern des Herzogtums Francien führt, mag veranschaulichen, wie sehr die vollendete Integration des westfränkischen Gebietes Resultat einer Reihe von Ausscheidungskämpfen eines Verflechtungsautomatismus, wie wenig sie Resultat einer prophetischen Vision oder eines strengen Planes ist, an dem alle einzelnen krontragenden Individuen festhalten.

«Assurément», so hat einmal Henri Hauser gesagt[99]), «il y a toujours quelque chose d'un peu factice à se placer dans une position a posteriori et à regarder l'histoire à rebrousse-poil, comme si la monarchie déjà administrative et la France déjà centralisée de Henri II avaient été de toute éternité destinées à naître et à vivre dans des limites déterminées . . .»

Erst wenn man selbst wieder für einen Augenblick in der vergangenen Landschaft steht, wenn man das Ringen der vielen Kriegerhäuser und ihre unmittelbaren Lebensnotwendigkeiten, ihre nächsten Ziele sieht, wenn man mit einem Wort das ganze Risiko ihrer Kämpfe und ihrer sozialen Existenz vor Augen hat, kann man verstehen, wie wahrscheinlich eine Vormacht- und Monopolbildung in diesem Gebiet, wie ungewiß ihr Zentrum und ihre Grenzen waren.

Von den französischen Königen und ihren Repräsentanten gilt bis zu einem gewissen Grade, was gelegentlich einmal von dem amerikanischen Pionier gesagt worden ist[100]):

«He didn't want all the land; he just wanted the land next to his.»

Diese einfache und präzise Formulierung bringt sehr gut

zum Ausdruck, wie aus der Verflechtung von unzähligen individuellen Interessen und Absichten — sei es von gleichgerichteten, sei es von verschieden gerichteten und feindlichen — schließlich etwas entsteht, das, so wie es ist, von keinem der Einzelnen geplant oder beabsichtigt worden ist, und das doch zugleich aus Absichten und Aktionen vieler Einzelner hervorging. Und dies ist eigentlich das ganze Geheimnis der gesellschaftlichen Verflechtung, ihrer Zwangsläufigkeit, ihrer Aufbaugesetzlichkeit, ihrer Struktur, ihres Prozeßcharakters und ihrer Entwicklung; dies ist das Geheimnis der Soziogenese und der Beziehungsdynamik.

Die Repräsentanten des französischen Königtums hatten kraft ihrer zentralen Position in den späteren Phasen der Bewegung gewiß etwas weiterreichende Absichten und Aktionsradien innerhalb des Prozesses der Integration, als die einzelnen, amerikanischen Pioniere. Aber auch sie sahen klar und distinkt immer nur die nächsten Schritte und das nächste Stück Land vor sich, das sie bekommen mußten, wenn es nicht ein anderer bekommen sollte, wenn nicht ein unbequemer Nachbar oder Konkurrent stärker werden sollte, als sie selbst; und wenn Einzelne von ihnen zugleich das Bild einer größeren Königsherrschaft mit sich trugen, dann war dieses Bild lange Zeit hindurch mehr der Schatten vergangener Monopolbildungen, Abglanz der karolingischen und der westfränkischen Königsherrschaft in ihrem Geiste; es war mehr das Produkt der Erinnerung, als das einer prophetischen Vision und einer neuen Zielsetzung für die Zukunft. Hier, wie immer, ergab sich aus der Verflechtung vieler, individueller Interessen, Pläne und Aktionen eine Entwicklungsrichtung, eine Gesetzmäßigkeit des Ganzen der verflochtenen Menschen, die kein Einzelner bezweckt hatte, und ein Gebilde, das keiner der Agierenden eigentlich geplant hatte, ein Staat: Frankreich. Gerade darum bedarf ein Gebilde dieser Art zu seinem Verständnis des Durchbruchs in eine noch wenig bekannte Wirklichkeitsebene; in die Ebene der eigengesetzlichen Beziehungen, ins Feld der Beziehungsdynamik.

VII.
Die Gewichtsverteilung im Innern der Herrschaftseinheit. Ihre Bedeutung für die Zentralgewalt. Die Bildung des „Königsmechanismus".

15. Zwei große Phasen sind in der Entwicklung von Monopolen unterschieden worden: Die Phase der freien Konkurrenz mit dem Drang zur Bildung von mehr oder weniger privaten Monopolen und die allmähliche Verwandlung der „privaten" in „öffentliche" Monopole. Aber es handelt sich, genau besehen, bei dieser Bewegung nicht um ein einfaches Nacheinander der Tendenzen; wenn auch die Vergesellschaftung der Herrschaftsmonopole im Laufe einer solchen Veränderung erst spät zu ihrer vollen Ausprägung kommt und zu einer dominanten Erscheinung wird, die Strukturen, die Verflechtungserscheinungen, die zu ihr hinführen, sind schon längst in jener Phase vorhanden und wirksam, in der sich aus mannigfachen Konkurrenzkämpfen heraus langsam das Herrschaftsmonopol in der Form eines Privatbesitzes heranbildet.

Sicherlich bedeutet etwa die französische Revolution einen gewaltigen und besonders spürbaren Schub auf dem Wege der Vergesellschaftung des Steuer- oder des Gewaltmonopols im Bereich Frankreichs. Hier gehen diese Herrschaftsmonopole nun tatsächlich in die Verfügungsgewalt oder mindestens in die institutionell gesicherte Kontrolle breiterer Gesellschaftsschichten über; der Zentralherr, welchen Titel er immer tragen mag, und alle anderen, die das Herrschaftsmonopol ausüben, werden unzweideutiger als zuvor Funktionäre unter anderen innerhalb des ganzen Geflechts einer funktionsteiligen Gesellschaft; ihre funktionelle Abhängigkeit von den Repräsentanten anderer, gesellschaftlicher Funktionen ist so groß geworden, daß sie in der Gesellschaftsorganisation klar und deutlich zum Ausdruck kommt. Vorhanden aber ist diese funktionelle Abhängigkeit der Herrschaftsmonopole und ihrer Inhaber von anderen Funktionen der Gesellschaft auch schon in den vorangehenden Phasen; sie ist nur noch nicht so stark; deswegen kommt sie für lange Zeit in der Organisation, in dem institutionellen Gefüge der Gesellschaft nicht unmittelbar und unverdeckt zum Ausdruck; deswegen hat die Verfügungsgewalt des Inhabers der Herrschaftsmonopole zunächst noch mehr oder weniger den Charakter des „Privatbesitzes".

16. Tendenzen zu einer Art von „Vergesellschaftung" der Monopolstellung einer einzelnen Familie zeigen sich, wie gesagt, unter bestimmten Umständen, nämlich wenn ihr Verfügungsbereich oder ihr Besitz relativ sehr groß zu werden beginnt, auch in vorwiegend naturalwirtschaftenden Gesellschaften. Was wir „Feudalismus" nennen, was oben als das Wirken der zentrifugalen Kräfte beschrieben wurde, ist nichts anderes als der Ausdruck solcher Tendenzen; sie zeigen an, daß die funktionelle Abhängigkeit eines Herrn von seinen Dienern oder Untertanen, also von breiteren Schichten, im Wachsen ist; sie führen zum Übergang der Verfügungsgewalt über Böden und kriegerische Machtinstrumente aus der Hand einer einzelnen Kriegerfamilie und ihres Oberhauptes zuerst in die abgestufte Verfügungsgewalt ihrer nächsten Diener und Verwandten, dann unter Umständen in die der ganzen Kriegergesellschaft. Es ist schon darauf hingewiesen worden, daß hier „Vergesellschaftung" entsprechend der Eigentümlichkeit des Bodenbesitzes und der Gewaltinstrumente zugleich eine Auflösung des zentralisierten — wenn auch locker zentralisierten — Monopols bedeutet; sie führt hier zur Umwandlung eines einzelnen, großen Monopolbesitzes in eine Reihe von kleineren Monopolbesitzungen, also in eine dezentralisierte und weniger organisierte Form des Monopols. Solange der Bodenbesitz die vorherrschende Form des Besitzes bleibt, können sich unter Umständen immer von neuem Schübe in dieser oder jener Richtung vollziehen, Vormachtbildungen auf dem Wege des freien Konkurrenzkampfes, Zusammenfassung großer Bodenflächen und Kriegermassen unter einem einzelnen, kriegerischen Zentralherrn,

Dezentralisierungsschübe unter dessen Nachfolgern, neue Konkurrenzkämpfe in verschiedenen Schichten ihrer Diener, ihrer Verwandten oder der Beherrschten weiteren Grades, neue Versuche zu einer Vormachtbildung; und das Ganze dieser Zentralisierungs- und Dezentralisierungsschübe kann unter Umständen — je nach den geographischen oder klimatischen Gegebenheiten, je nach den besonderen Wirtschaftsformen, je nach der Art der Tiere und Pflanzen, von denen das Leben der Menschen abhängt und stets auch im Zusammenhang mit dem traditionellen Aufbau der Heilsorganisation — zu einem komplexen Ineinander von sozialen Ablagerungen verschiedener solcher Schübe führen. Die Geschichte der andern, auch der nicht-europäischen Feudalgesellschaften zeigt in dieser Hinsicht überall die gleiche Gesetzmäßigkeit. Aber so stark ein Hin und Her dieser Art auch in der Entwicklung Frankreichs spürbar ist, verglichen mit den meisten, anderen Gesellschaften dieser Art vollzieht sich hier die Bewegung relativ geradlinig.

Modifiziert und schließlich durchbrochen wird dieser Rhythmus, der immer von neuem zur Auflösung des großen monopolartigen Herrschaftsbesitzes zu führen droht, erst in dem Maße, in dem mit der zunehmenden Funktionsteilung in einer Gesellschaft statt der Verfügungsgewalt über Böden die Verfügung über Geldmittel zur dominanten Besitzform wird. Erst dann löst sich das große, zentralisierte Monopol beim Übergang aus der Hand eines Herrn oder eines kleinen Kreises in die Verfügungsgewalt eines größeren Kreises nicht mehr in viele, kleinere Bezirke auf, wie das bei jedem Feudalisierungsschub der Fall ist, sondern es wird, zentralisiert, wie es ist, langsam zu einem Instrument der funktionsteiligen Gesellschaft als eines Ganzen, also zunächst zu einem Zentralorgan dessen, was wir den Staat nennen.

Die Entwicklung des Tausch- und Geldverkehrs samt der sozialen Formationen, die sein Träger sind, steht mit der Gestalt und der Entwicklung des Herrschaftsmonopols innerhalb eines bestimmten Gebiets in unablässiger Wechselbeziehung; beide Entwicklungsreihen greifen ständig ineinander und schrauben sich wechselseitig hoch. Die Gestalt und der Entwicklungstrend der Herrschaftsmonopole werden von den verschiedensten Seiten her durch diese Differenzierung der Gesellschaft, durch das Fortschreiten des Geldverkehrs und die Ausbildung von Geld erwerbenden und besitzenden Schichten beeinflußt. Anderseits ist auch das Gedeihen der Arbeitsteilung selbst, die Sicherung von Wegen und Märkten über größere Gebiete hin, die Regelung der Münzprägung und des gesamten Geldverkehrs, der Schutz der friedlichen Produktion vor dem Einbruch körperlicher Gewalt und eine Fülle von andern Koordinations- und Regulierungsmaßnahmen in hohem Maße von der Ausbildung größerer Monopol- und Zentralinstitute abhängig. Je mehr sich mit andern Worten die Arbeitsgänge, die gesamten Funktionen in einem Gesellschaftsverband differenzieren, je länger und komplizierter die Ketten der individuellen Aktionen werden, die ineinander greifen müssen, damit die einzelne Aktion ihren gesellschaftlichen Zweck erfüllt, desto ausgeprägter tritt an dem Zentralorgan ein ganz spezifischer Charakter hervor: **Der Charakter des obersten Koordinations- und Regulationsorgans für das Gesamte der funktionsteiligen Prozesse.** Ohne entsprechend hoch organisierte Organe mit dieser Funktion können von einer bestimmten Höhe der Differenzierung an die funktionsteiligen Prozesse innerhalb einer Gesellschaft weder vorankommen, noch aktuell funktionieren. Diese Funktion fehlt ganz gewiß auch den Zentralinstituten der einfacher organisierten und weniger differenzierten Gesellschaften nicht ganz. Selbst eine so locker verbundene Gesellschaft, wie die Gesellschaft der vielen, autarken Gutsherren im 9. und 10. Jahrhundert brauchte unter bestimmten Umständen einen obersten Koordinator. Wenn ein starker Feind von außen drohte, also zur Kriegsführung, war auch hier jemand nötig, der den Zusammenhalt der vielen Ritter sicherte, der ihre Tätigkeit koordinierte, und der die letzten

Entscheidungen traf. In dieser Situation trat die Interdependenz der vielen, zerstreut lebenden Herren wieder deutlicher zutage. Jeder Einzelne war bedroht, wenn die Zusammenarbeit des ganzen Heeres versagte. Und da also in dieser Situation die Angewiesenheit aller auf einen Zentralherrn, auf den König, beträchtlich wuchs, stieg ganz entsprechend auch dessen Bedeutung, dessen gesellschaftliche Stärke und Macht, — wenn er seine gesellschaftliche Funktion ausfüllte, wenn er nicht besiegt wurde. Aber wenn die äußere Bedrohung oder die Expansionsmöglichkeit fortfiel, war bei diesem Aufbau der Gesellschaft die Angewiesenheit ihrer einzelnen Menschen und Gruppen auf ein oberstes Koordinierungs- und Regulierungszentrum verhältnismäßig gering. Als ein dauernder, ein spezialisierter und differenzierter Aufgabenbereich tritt diese Funktion an den Zentralorganen erst reiner hervor, wenn ein Gesellschaftsverband als Ganzes sich reicher und immer reicher differenziert, wenn sich in seinem Zellenbau langsam immer neue Funktionen, neue Berufsgruppen und Schichten herausbilden; dann erst werden regulierende und koordinierende Zentralorgane für die Aufrechterhaltung des ganzen, gesellschaftlichen Getriebes so unentbehrlich, daß sie bei Veränderungen der gesellschaftlichen Stärke innerhalb seiner zwar umbesetzt und auch umorganisiert, aber nicht mehr aufgelöst werden können, wie es ehemals im Zuge von Feudalisierungsschüben geschah.

17. Die Bildung von besonders stabilen und spezialisierten Zentralorganen für größere Gebiete ist eine der hervorstechendsten Erscheinungen der abendländischen Geschichte. Es gibt, wie gesagt, Zentralorgane irgendeiner Art in jedem Gesellschaftsverband. Aber wie die Differenzierung und Spezialisierung der gesellschaftlichen Funktionen im Abendland einen höheren Stand erreicht hat als in irgendeinem andern Gesellschaftsverband der Erde — und wie sie dann erst vom Abendland aus auch in andern Verbänden diesen Stand zu erreichen beginnt —, so gewinnen auch zuerst im Abendland spezialisierte

Zentralorgane ein sonst unbekanntes Maß von Stabilität. Dabei gewinnen die Zentralorgane, die Zentralfunktionäre mit ihrer steigenden Bedeutung als oberste gesellschaftliche Koordinatoren und Regulatoren durchaus nicht notwendig zugleich an herrschaftlicher Verfügungsgewalt. Man könnte leicht auf den Gedanken kommen, daß sich mit der fortschreitenden Zentralisierung, mit der strafferen Regulierung und Überwachung des gesamten, gesellschaftlichen Verkehrs von stabilen Zentralen her auch die Scheidung von Herrschenden und Beherrschten verschärfen und stabilisieren müsse. Der wirkliche Geschichtsverlauf gibt ein andres Bild. Es fehlt in der abendländischen Geschichte gewiß nicht an Phasen, in denen die Verfügungsgewalt und der Entscheidungsspielraum der gesellschaftlichen Zentrale so groß ist, daß man mit einigem Recht von einer „Herrschaft" der Zentralherrn sprechen kann. Aber gerade in der neueren Geschichte vieler, abendländischer Gesellschaftsverbände gibt es auch Phasen, in denen bei aller Zentralisierung die Verfügungsgewalt über die zentralisierten Institutionen selbst derart geteilt und differenziert ist, daß es schwer ist, unzweideutig festzustellen, wer die Herrscher und wer die Beherrschten sind. Der Entscheidungsspielraum, der sich mit den Zentralfunktionen verbindet, wechselt. Manchmal wird er größer; dann gewinnen die Menschen, die über diese Funktionen verfügen, das Ansehen von „Herrschenden". Manchmal wird er geringer, ohne daß damit zugleich die Zentralisierung, die Bedeutung der Zentralorgane als oberstes Koordinations- und Regulationszentrum geringer wird. Es sind mit anderen Worten an den Zentralorganen, wie an jeder andern, gesellschaftlichen Formation zwei Charaktere voneinander zu unterscheiden: **Ihre Funktion innerhalb des Menschengeflechts, dem sie angehören, und die gesellschaftliche Stärke, die sich jeweils mit dieser Funktion verbindet.** Was wir „Herrschaft" nennen, ist in einer höher differenzierten Gesellschaft nichts anderes als die besondere, gesellschaftliche Stärke, die bestimmte Funktionen, die vor allem die Zentralfunktionen ihren Inhabern im Verhältnis zu den Vertretern anderer Funktionen verleihen. Die gesellschaftliche Stärke aber bestimmt sich bei den obersten Zentralfunktionen einer hochdifferenzierten Gesellschaft ganz in der gleichen Weise, wie bei allen andern Funktionen: Sie entspricht — wenn diese Funktionen nicht mit der dauernden Verfügung über einen individuell vererbbaren Monopolbesitz verbunden sind — allein dem Maß von Angewiesenheit der verschiedenen, interdependenten Funktionen aufeinander. Daß die „Herrschaftsgewalt" der Zentralfunktionäre größer wird, ist in einer Gesellschaft mit großer Funktionsteilung ein Ausdruck dafür, daß die Angewiesenheit anderer Gruppen und Schichten innerhalb dieses Verbandes auf ein oberstes Koordinations- und Regulationsorgan steigt; daß diese geringer wird, stellt sich uns als eine Beschränkung jener dar. Nicht nur jener frühere Abschnitt der Staatenbildung, der hier ins Zentrum der Betrachtung gestellt ist, auch die gegenwärtige Geschichte der abendländischen Staatengesellschaften bietet Beispiele genug für solche Veränderungen in der gesellschaftlichen Stärke der Zentralfunktionäre. Sie alle sind sichere Anzeichen für spezifische Veränderungen der Spannungsverhältnisse im Innern der ganzen Gesellschaft. Auch hier wieder stößt man durch alle Verschiedenheiten der Sozialstrukturen hindurch auf bestimmte Verflechtungsmechanismen, die — mindestens in differenzierteren Gesellschaften — ganz allgemein zu einer Verringerung oder Vergrößerung der gesellschaftlichen Stärke von Zentralgewalten hindrängen. Ob nun Adel und Bürgertum oder Bürgertum und Arbeiterschaft, ob, in Verbindung mit diesen größeren, kleinere Spitzenzirkel, etwa konkurrierende Gruppen am Fürstenhof oder oberste Heeres- und Parteiapparate, die Pole der aktuell entscheidenden Spannungsachse in einer Gesellschaft bilden, immer ist es eine ganz bestimmte Anordnung der gesellschaftlichen Kräfteverhältnisse, die die Stellung der Zentralgewalt in ihrer Mitte stärkt, eine andere, die sie schwächt.

Die Gewichtsverteilung im Innern der Herrschaftseinheit.

Von diesem Verflechtungsmechanismus, der die Stärke der Zentralgewalt bestimmt, ist hier kurz zu reden. Der Prozeß der gesellschaftlichen Zentralisierung im Abendland, und darin vor allem die Phase der „Staatenbildung", ebenso wie der Prozeß der Zivilisation, bleibt unverständlich, wenn man nicht auch von dieser elementaren Gesetzmäßigkeit der Verflechtungsmechanik, gleichsam als einen Leitfaden des Denkens, ein allgemeines Beobachtungsschema vor Augen hat. Diese „Zentralisierung", die Staatenbildung ist in den Abschnitten, die vorangehen, von der Seite des Machtkampfes zwischen verschiedenen Fürstenhäusern und Herrschaftseinheiten her gezeigt worden, also von der Seite dessen, was wir heute die „auswärtigen Angelegenheiten" einer solchen Herrschaftseinheit nennen würden. Nun stellt sich das Komplementärproblem; es stellt sich die Aufgabe, jenen Verflechtungsvorgängen innerhalb einer dieser Herrschaftseinheiten nachzugehen, die der Zentralgewalt — verglichen mit der vorangehenden Phase — eine besondere Stärke und Festigkeit und damit dem Ganzen die Gestalt eines „absolutistischen Staates" geben. In der geschichtlichen Wirklichkeit wirken diese beiden Prozeßreihen — die Gewichtsverteilung und -veränderung der Schichten innerhalb einer Herrschaftseinheit und die Gewichtsverlagerungen im Spannungssystem der verschiedenen Herrschaftseinheiten unablässig ineinander.

Im Zuge der Konkurrenzkämpfe zwischen verschiedenen Territorialherrschaften wächst — das ist gezeigt worden — ein Fürstenhaus langsam über die andern hinaus. Es wächst damit in die Funktion des obersten Regulators für eine größere Herrschaftseinheit hinein; aber es hat diese Funktion nicht geschaffen. Sie fällt ihm kraft der Größe seines in Konkurrenzkämpfen akkumulierten Besitzes und der monopolistischen Verfügungsgewalt über Kriegsinstrumente und Abgaben zu; sie selbst aber bildet sich, sie erhält ihre Gestalt und ihre jeweilige Stärke kraft der zunehmenden Differenzierung der Funktionen im Ganzen dieses Gesellschaftsverbandes. Und von hieraus gesehen scheint es zunächst geradezu paradox, daß der Zentralherr in dieser Phase der Staatenbildung eine so überaus große, gesellschaftliche Stärke erlangt; denn er gerät ja nun, vom Ausgang des Mittelalters an, mit der rascher voranschreitenden Funktionsteilung auch immer spürbarer in funktionelle Abhängigkeit von den andern Funktionen; gerade in dieser Zeit gewinnt der Kreislauf der funktionsteiligen Aktionsketten eine immer größere Weite und Festigkeit; die Eigengesetzlichkeit der gesellschaftlichen Prozesse, der Funktionärscharakter der Zentralgewalt, der schließlich dann nach der französischen Revolution allmählich einen klareren, institutionellen Ausdruck erhält, macht sich nun bereits weit stärker geltend als im Mittelalter; die Abhängigkeit der Zentralherrn von der Höhe der Geldeinnahmen aus dem Ganzen ihres Herrschaftsgebiets ist ein unzweideutiger Ausdruck dafür: Ganz ohne Zweifel ist etwa Ludwig XIV. bereits außerordentlich viel stärker an diesen Kreislauf, an dieses Eigengesetz der weit verzweigten Aktionsketten gebunden, als z. B. Karl der Große. Wieso hatte dennoch in dieser Phase der Zentralherr zunächst einen so großen Entscheidungsspielraum, ein so hohes Maß von gesellschaftlicher Stärke, daß wir von seiner „Unumschränktheit" zu sprechen pflegen?

Es war in der Tat nicht allein die monopolistische Verfügung des Fürsten über die militärischen Machtmittel, die die andern Schichten seines Herrschaftsgebiets und besonders die keineswegs machtlosen Spitzenschichten in Schach hielt, sondern auf Grund einer eigentümlichen Verflechtungskonstellation war die Angewiesenheit gerade dieser Schichten auf einen obersten Koordinator und Regulator des spannungsreichen Gefüges in dieser Phase so groß, daß sie wohl oder übel den Kampf um Kontrolle und um Mitbestimmung bei den obersten Entscheidungen für längere Zeit aufgeben mußten.

Man kann diese eigentümliche Verflechtungskonstellation nicht verstehen, ohne eine Besonderheit der menschlichen

Beziehungen ins Auge zu fassen, die ebenfalls mit der zunehmenden Funktionsteilung in der Gesellschaft immer ausgeprägter hervortritt: Das ist ihre **offene oder latente Ambivalenz**. In den Beziehungen einzelner Menschen sowohl, wie in denen verschiedener Funktionsschichten zeigt sich eine spezifische **Zwiespältigkeit oder gar eine Vielspältigkeit der Interessen** um so stärker, je weiter und reicher gegliedert das Netz der Interdependenzen wird, in das eine einzelne, soziale Existenz oder eine ganze Funktionsklasse verflochten ist. Hier sind alle Menschen, alle Gruppen, Stände oder Klassen, in irgendeiner Form aufeinander angewiesen; sie sind potentielle Freunde, Verbündete oder Aktionspartner; und sie sind zugleich potentielle Interessengegner, Konkurrenten oder Feinde. In naturalwirtschaftlichen Gesellschaften gibt es gelegentlich ganz unzweideutig negative Beziehungen, reine — und darum ungemilderte — Feindschaft. Wenn wandernde Nomaden in ein bereits besiedeltes Gebiet einbrechen, dann mischt sich in die Beziehungen zwischen ihnen und den Siedlern dieses Gebiets unter Umständen keine Spur von wechselseitiger, funktioneller Angewiesenheit. Zwischen diesen Gruppen besteht dann in der Tat eine reine Feindschaft auf Tod und Leben. Und weit größer ist in solchen einfacher gegliederten Gesellschaften auch die Chance zu einem Verhältnis klarer und unkomplizierter, wechselseitiger Angewiesenheit, zu ungemischten Freundschaften, Bündnissen, Liebes- oder Dienstbeziehungen. In der eigentümlichen Schwarz-weiß-Zeichnung vieler, mittelalterlicher Bücher, die oft nichts anderes zu kennen scheinen, als gute Freunde oder Bösewichte, kommt die größere Bereitschaft der mittelalterlichen Wirklichkeit zu Beziehungen dieser Art deutlich zum Ausdruck. Allerdings gibt es in dieser Wirklichkeit entsprechend der größeren, funktionellen Ungebundenheit vieler Menschen häufig auch ein rasches Umspringen von einem Extrem ins andere, ein „Nacheinander", einen leichten Wechsel von entschiedener Freundschaft zu entschiedener Feindschaft. Wenn die gesellschaftlichen Funktionen und Interessen der Menschen immer weitverzweigter und widerspruchsvoller werden, begegnet man in ihrem Verhalten und ihrem Empfinden immer häufiger einer eigentümlichen Spaltung, einem „Zugleich" von positiven und negativen Elementen, einer Mischung von relativ gedämpfter Zuneigung und gedämpfter Abneigung in verschiedenen Proportionen und Schattierungen. Die Möglichkeiten zu einer reinen und in keiner Weise ambivalenten Feindschaft werden seltener; und immer spürbarer bedroht jede Aktion gegen einen Gegner zugleich auch in irgendeiner Form die soziale Existenz dessen, der sie unternimmt; sie stört zugleich das ganze Triebwerk der funktionsteiligen Handlungsketten, dessen Teil die bestehende, soziale Existenz beider ist. Es würde hier zu weit führen, auf diese fundamentale Vielspältigkeit der Interessen, auf ihre Konsequenzen für das politische Spiel oder den psychischen Habitus und auf ihre Soziogenese im Zusammenhang mit der fortschreitenden Funktionsteilung genauer einzugehen. Aber schon das wenige, was in diesem Zusammenhang darüber gesagt werden kann, läßt erkennen, daß sie eine der folgenreichsten Struktureigentümlichkeiten der höher differenzierten Gesellschaften ist und eine der wichtigsten Prägeapparaturen für das zivilisierte Verhalten.

Ambivalent in diesem Sinne werden zum Beispiel mit der wachsenden Funktionsteilung immer ausgesprochener die Beziehungen zwischen verschiedenen Herrschaftseinheiten. Die Beziehungen zwischen den Staaten unserer Tage, vor allem die Beziehungen zwischen den Staaten Europas, bieten ein anschauliches Exempel dafür. Wenn auch die Verflechtung und die Aufteilung der Funktionen zwischen ihnen noch nicht so weit gediehen ist, wie die Funktionsteilung innerhalb ihrer, so bedroht dennoch heute bereits jede kriegerische Entladung dermaßen dieses hochdifferenzierte Geflecht der Nationen als Ganzes, daß sich am Ende der Sieger selbst in einer schwer erschütterten Lage findet. Er kann — und er will nicht einmal mehr — das feindliche Land dermaßen bevölkerungsarm und wüst machen, daß er Teile seiner eigenen Bevölkerung dort anzusiedeln vermag. Er muß um seines Sieges willen den hoch industrialisierten Apparat des Gegners nach Möglichkeit zerstören und muß dann zugleich um seines eigenen Friedens willen diesen Apparat in gewissen Grenzen zu erhalten oder wiederherzustellen suchen. Er kann Kolonialbesitzungen, Grenzkorrekturen, Absatzmärkte, wirtschaftliche oder militärische Vorteile, kurzum einen generellen Machtvorsprung gewinnen; aber eben weil im Ringen der hochdifferenzierten Gesellschaftsverbände untereinander jeder Rivale und Gegner zugleich Aktionspartner an den Fließbändern der gleichen, arbeitsteiligen Maschinerie ist, so führt jede rasche und radikale Veränderung in einem Sektor dieses Geflechts unweigerlich auch zu Störungen und Veränderungen in dem andern. Gewiß hört deswegen der Konkurrenz- und Monopolmechanismus hier nicht zu spielen auf. Die unvermeidlichen Vormachtkämpfe werden nur für dieses ganze empfindliche Ländersystem immer riskanter; aber auch durch diese schwierigeren Spannungen und Entladungen hindurch tendiert dieses System langsam zu eindeutigeren Vormachtbildungen und zu einem zunächst **föderativen Zusammenschluß** größerer Einheiten um bestimmte Vormachtzentren.

Und immer stärker ambivalent in dem gleichen Sinne wird mit der fortschreitenden Funktionsteilung auch die Beziehung zwischen verschiedenen, sozialen Schichten **innerhalb** eines Herrschaftsverbandes. Auch hier — und hier auf weit engerem Grunde — kämpfen Gruppen, deren soziale Existenz funktionsteilig aufeinander abgestimmt ist, um bestimmte Chancen miteinander. Auch sie sind Gegner und Aktionspartner zugleich. Es gibt Grenzsituationen, in denen die bestehende Organisation einer Gesellschaft so schlecht funktioniert und die Spannungen innerhalb ihrer so groß werden, daß es für einen mächtigen Sektor der Menschen und Schichten darin gewissermaßen ,,nicht mehr darauf ankommt''; in einer solchen Situation vermag die negative Seite der ambivalenten Beziehung, der Interessengegensatz, so sehr die Oberhand über ihre positive Seite zu gewinnen, über die Gemeinsamkeit der Interessen, stammend aus der Interdependenz der Funktionen, daß es zu gewaltsamen Entladungen der Spannung, zu einer ruckweisen Verschiebung der sozialen Gewichte und zur Neuorganisation der Gesellschaft auf einer veränderten, sozialen Basis kommt. Bis zu einer solchen revolutionären Situation werden die funktionsteilig verbundenen Schichten immer wieder zwischen ihren mannigfach gespaltenen und widerspruchsvollen Interessen hin- und hergeworfen. Sie pendeln zwischen dem Verlangen, dem sozialen Gegner mehr oder weniger große Vorteile abzugewinnen, und der Angst davor, im Kampf gegen ihn zugleich den ganzen Gesellschaftsapparat zu ruinieren, von dessen Funktionieren ihre aktuelle, soziale Existenz selbst abhängt. Und dies ist die Konstellation, dies die Form der Beziehung, die den Schlüssel zum Verständnis der Veränderungen in der gesellschaftlichen Stärke der Zentralfunktionäre birgt: Wenn die Kooperation der mächtigsten Funktionsklassen keine besondere Schwierigkeit macht, wenn ihre Interessengegensätze nicht groß genug sind, um ihnen ihre wechselseitige Angewiesenheit zu überdecken und das Funktionieren des ganzen, gesellschaftlichen Apparats zu bedrohen, dann ist der Entscheidungsspielraum der Zentrale mehr oder weniger beschränkt; er neigt dazu, größer zu werden, wenn im Trend der Prozesse die Spannung zwischen bestimmten Hauptgruppen der Gesellschaft wächst; und er erreicht sein Optimum, wenn zwar der größere Teil der verschiedenen Funktionsklassen noch so sehr an der Erhaltung ihrer sozialen Existenz in der bestehenden Form interessiert sind, daß sie jede größere Störung des Gesamtapparates und die entsprechende, tiefe Erschütterung ihrer eigenen Existenz entschieden fürchten, wenn aber zugleich auch der strukturelle Interessengegensatz zwischen mächtigen Funktionsgruppen so groß ist, daß ein regelmäßiger, freiwilliger Kompromiß kaum noch zustande kommt und beunruhigende, soziale

Die Gewichtsverteilung im Innern der Herrschaftseinheit.

Scharmützel ohne entschiedenen Sieg und entschiedene Niederlage zur Dauererscheinung werden. Am ausgeprägtesten ist das der Fall in Phasen, in denen verschiedene Gruppen oder Schichten eines Gesellschaftsverbandes annähernd gleich stark geworden sind, in denen solche Schichten einander an gesellschaftlicher Stärke ungefähr die Waage halten, mögen sie auch, wie zum Beispiel Adel und Bürgertum oder Bürgertum und Arbeiterschaft, institutionell einander durchaus nicht gleichgestellt sein. Wer in dieser Konstellation, in einer solchen, durch entscheidungslose Kämpfe ermüdeten und beunruhigten Gesellschaft die Verfügung über die obersten Regulations- und Kontrollorgane erlangen kann, hat die Chance, den Kompromiß zur Erhaltung der bestehenden, sozialen Gewichtsverteilung zwischen den gespaltenen Interessen zu erzwingen. Die verschiedenen Interessengruppen können weder auseinander noch zueinander; das macht sie zur Erhaltung ihrer aktuellen, sozialen Existenz auf die oberste Koordinationszentrale in ganz anderem Maße angewiesen, es macht sie von deren Inhabern in ganz anderem Maße abhängig, als es in Situationen der Fall ist, in denen die interdependenten Interessen weniger disparat und direkte Vereinbarungen zwischen ihren Vertretern leichter sind. Geht es dem Gros der verschiedenen Funktionsklassen oder mindestens ihren agierenden Spitzengruppen noch nicht so schlecht, daß sie ihre bestehende, soziale Existenz ganz aufs Spiel zu setzen geneigt sind, und fühlen sie sich zugleich so durcheinander bedroht, sind die Gewichte zwischen ihnen so gleichmäßig verteilt, daß jede den mindesten Vorteil, die mindeste Stärkung der andern Seite fürchtet, dann binden sie gegenseitig ihre Kräfte: das gibt der Zentralgewalt eine größere Chance als jede andere Konstellation im Innern einer Gesellschaft; es gibt ihren Inhabern, wer immer sie sein mögen, einen optimalen Entscheidungsspielraum. Die Variationen dieser Verflechtungsfigur in der geschichtlichen Wirklichkeit sind mannigfacher Art. Daß sie sich, scharf ausgeprägt, allein in höher differenzierten Gesellschaften herstellt, daß in weniger interdependenten, weniger funktionsteiligen Gesellschaften vor allem Kriegserfolg und militärische Stärke eine starke Zentralgewalt über größere Gebiete hin begründen, ist schon gesagt worden. Und auch in differenzierteren Gesellschaften spielt gerade für starke Zentralgewalten die Bewährung im Krieg, in der Auseinandersetzung mit andern Herrschaftseinheiten sicherlich eine entscheidende Rolle. Aber wenn man von diesen äußeren Verflechtungen einer Gesellschaft und von ihrer Bedeutung für die Balance im Innern zunächst einmal absieht, wenn man sich fragt, wie gerade in einer reicher differenzierten Gesellschaft trotz der großen und gleichmäßigeren Interdependenz aller Funktionen voneinander eine starke Zentralgewalt möglich ist, dann stößt man immer von neuem auf jene spezifische Konstellation, die sich hier zunächst in der Form eines allgemeinen Beobachtungsschemas heraushebt: **Die Stunde der starken Zentralgewalt innerhalb einer reich differenzierten Gesellschaft rückt heran, wenn die Interessenambivalenz der wichtigsten Funktionsgruppen so groß wird und die Gewichte sich zwischen ihnen so gleichmäßig verteilen, daß es weder zu einem entschiedenen Kompromiß, noch zu einem entschiedenen Kampf und Sieg zwischen ihnen kommt.**

Es ist eine Verflechtungsapparatur dieser Art, die hier kurz als „Königsmechanismus" bezeichnet wird. In der Tat erlangt die Zentralgewalt die optimale, gesellschaftliche Stärke eines „absolutistischen" Königtums im Zusammenhang mit einer solchen Konstellation der sozialen Kräfte. Aber eine Balanceapparatur dieser Art findet sich ganz gewiß nicht nur als soziogenetisches Triebwerk einer starken Herrschaft von Königen; sie findet sich in differenzierteren Gesellschaften am Grunde jeder starken Einherrschaft, welches auch immer ihr Name sei. Immer balanciert der Mann oder die Männer im Zentrum auf einer Spannung von großen oder kleinen Gruppen, die sich als interdependente Gegner, als

Gegner und Aktionspartner, wechselseitig in Schach halten. Diese Art der Verflechtung mag auf den ersten Blick als ein höchst gebrechlicher Mechanismus erscheinen. Die geschichtliche Wirklichkeit zeigt, wie zwingend und unausweichlich sie, gleich allen andern Verflechtungsapparaturen, die einzelnen Menschen, die sie bilden, gebunden zu halten vermag, — bis schließlich die kontinuierliche Gewichtsverlagerung, in der sie sich bei ihrer ständigen Reproduktion durch Generationen und Generationen befindet, mehr oder weniger gewaltsame Änderungen in der Art der wechselseitigen Bindung und damit neue Verflechtungrformationen möglich macht.

18. Die Gesetzlichkeit der Gesellschaftsmechanik bringt den Zentralherrn und den Zentralapparat in eine sonderbare Lage, und zwar um so entschiedener, je spezialisierter dieser Apparat und seine Organe sind. Der Zentralherr und die Menschen seines Stabes mögen als Exponenten einer bestimmten, sozialen Formation an die Spitze der Zentralverwaltung gelangt sein; oder sie mögen sich vorwiegend aus einer bestimmten Schicht der Gesamtgesellschaft rekrutieren — wenn jemand einmal in eine Position des Zentralapparats gelangt ist und sich für einige Zeit dort behauptet, so zwingt sie ihm ihre eigene Gesetzmäßigkeit auf. Sie distanziert ihn mehr oder weniger stark von allen, übrigen Gruppen und Schichten der Gesamtgesellschaft, auch von der Gruppe, die ihn hochgetragen hat, von der Schicht, aus der er stammt. Der Zentralherr hat in einer differenzierteren Gesellschaft kraft seiner spezifischen Funktion auch spezifische Interessen. Seine Funktion ist es, über den Zusammenhalt und die Sicherung der ganzen Gesellschaft, wie sie nun einmal besteht, zu wachen, und er ist also bis zu einem bestimmten Grade an dem Interessenausgleich zwischen den anderen Funktionsgruppen interessiert. Und schon diese Aufgabe, die ihm einfach durch seine tägliche Erfahrung nahegelegt wird, durch das Fenster, aus dem er in das Gesellschaftsgetriebe hineinsieht, diese Aufgabe bereits distanziert ihn mehr oder weniger von allen übrigen Funktionsgruppen. Aber zugleich muß er,

wie die übrigen Menschen, auch über die Wahrung seiner eigenen, sozialen Existenz wachen; er muß darauf hinarbeiten, daß seine eigene, gesellschaftliche Stärke nicht geringer, vielleicht sogar darauf, daß sie größer wird; und in diesem Sinne ist auch er Partei innerhalb des gesellschaftlichen Kräftespiels. Soweit auch seine Interessen kraft der Eigentümlichkeit seiner Funktion mit der Sicherheit und dem Funktionieren des ganzen, gesellschaftlichen Gefüges verbunden sind, er muß zugleich innerhalb dieses Gefüges Einzelne begünstigen, er muß innerhalb seiner Kämpfe bestehen und Bündnisse eingehen unter dem Gesichtspunkt der Stärkung seiner persönlichen Position. Auch dabei werden die Interessen des Zentralherrn niemals ganz identisch mit denen irgendeiner einzelnen Schicht oder Gruppe seiner Gesellschaft. Sie können zeitweilig mit denen der einen oder anderen Gruppe zusammengehen, aber wenn sich der Zentralherr zu stark mit einer dieser Gruppen identifiziert, wenn die Distanz zwischen ihm und irgendeiner Gruppe sich allzusehr verringert, ist früher oder später die gesellschaftliche Stärke seiner eigenen Position bedroht. Denn diese Stärke hängt, wie gesagt, auf der einen Seite davon ab, daß ein gewisses Gleichgewicht zwischen den verschiedenen Gruppen und ein gewisses Maß von Kooperation oder Zusammenhalt zwischen den verschiedenen Interessen einer Gesellschaft besteht; aber sie hängt auf der anderen Seite auch zugleich davon ab, daß starke und ständige Spannungen und Interessengegensätze zwischen ihnen vorhanden sind. Der Zentralherr untergräbt seine eigene Position sowohl, wenn er seine Machtmittel und seine Unterstützung dazu hergibt, eine einzelne Gruppe seines engeren oder weiteren Gesellschaftskreises auf Kosten der anderen ganz überlegen und stark zu machen; die Angewiesenheit auf einen obersten Koordinator und damit der Herrschaftscharakter seiner Funktion schrumpft notwendig, wenn eine einzelne Gruppe oder Schicht in der Gesellschaft unzweideutig die Oberhand über alle anderen Gruppen erlangt oder besitzt, es sei denn, daß diese Gruppe selbst sehr uneinheitlich und von starken Spannungen durchzogen ist. Und die Position des Zentralherrn ist nicht weniger geschwächt und untergraben, wenn sich die Spannungen zwischen den Hauptgruppen seiner Gesellschaft so verringern, daß sie selbst ihre Kooperation regeln und sich zu gemeinsamen Aktionen verbünden können. Das gilt zum mindesten für relativ friedliche Zeiten. In Kriegszeiten, wenn ein äußerer Feind der ganzen Gesellschaft oder wenigstens ihrer wichtigsten Gruppen zu bekämpfen ist, kann ein Zurücktreten der inneren Spannungen auch für den Zentralherrn nützlich und ohne Gefahr sein.

Der Zentralherr und sein Apparat bildet, um es mit einem Wort zu sagen, innerhalb seiner Gesellschaft ein Interessenzentrum eigener Art. Seine Position drängt oft eher zu einer Verbindung mit der zweitstärksten als zu einer Identifizierung mit der stärksten Gruppe seiner Gesellschaft; und sein Interesse verlangt sowohl eine gewisse Kooperation, wie eine gewisse Spannung zwischen deren Teilen. Seine Stellung hängt also nicht nur von der Art und von der Stärke der Ambivalenz zwischen diesen verschiedenen Formationen der Gesamtgesellschaft ab; seine Beziehung zu jeder dieser Formationen selbst ist ambivalent.

Das Grundschema der gesellschaftlichen Apparatur, die auf diese Weise entsteht, ist recht einfach. Der Einherrscher, der König, ist als Einzelner an sich immer unvergleichlich viel schwächer, als die Gesamtgesellschaft, deren Herr oder oberster Diener er ist. Wenn diese Gesamtgesellschaft oder auch nur beträchtliche Teile von ihr geschlossen gegen ihn stünden, wäre er ihrem Druck gegenüber ohnmächtig, wie jeder Einzelne gegenüber dem Druck eines ganzen Geflechts interdependenter Menschen ohne Macht ist. Die einzigartige Stellung, die Herrschaftsfülle eines einzelnen Menschen als Zentralherrn einer Gesellschaft erklärt sich, wie gesagt, daraus, daß die Interessen der Menschen dieser Gesellschaft zum Teil in der gleichen, zum Teil aber in entgegengesetzter Richtung liegen, daß ihre Aktionen sowohl aufeinander abgestellt, wie gegeneinander gerichtet sind; sie erklärt sich aus der fundamentalen Ambivalenz der sozialen Beziehungen innerhalb eines differenzierten Gesellschaftsverbandes. Es gibt Umstände, unter denen die positive Seite dieser Beziehungen dominant wird oder bei denen sie jedenfalls nicht durch die negative Seite verdeckt ist. Auf dem Wege zum Dominantwerden der negativen aber gibt es Durchgangsphasen, in denen die Antagonismen, die Interessengegensätze so groß werden, daß die Interdependenz der Aktionen und Interessen, die fortbesteht, für das Bewußtsein der Beteiligten zurücktritt, ohne ganz an Bedeutung zu verlieren. Die Verflechtungsfigur, die damit entsteht, ist oben geschildert worden: Verschiedene Teile der Gesellschaft halten sich an sozialer Stärke annähernd die Waage; die Spannungen zwischen ihnen kommen in einer Kette von größeren und kleineren Kämpfen zum Ausdruck; aber keine Seite kann die andere besiegen oder vernichten; sie können nicht zusammenkommen, weil jede Stärkung der Interessen einer Seite die soziale Existenz der anderen bedroht; sie können nicht auseinander, weil ihre soziale Existenz interdependent ist. Das ist die Situation, die dem König, dem Mann an der Spitze, dem Zentralherrn, seine optimale Macht gibt. Sie zeigt unzweideutig, wo seine spezifischen Interessen liegen. Durch dieses Ineinander von starken Interdependenzen und starken Antagonismen entsteht eine Gesellschaftsapparatur, die als eine gefährliche, eine zugleich bedeutende und grausame Erfindung gelten könnte, wäre sie das Werk eines einzelnen Gesellschaftsingenieurs. Wie alle sozialen Gebilde in diesen Phasen der Geschichte, so entsteht auch dieses, auch diese „Königsapparatur", die einem einzelnen Menschen als oberstem Koordinator eine besondere Herrschaftsfülle gibt, ganz allmählich und ungeplant im Verlauf der gesellschaftlichen Prozesse.

Man veranschaulicht sich diese Apparatur am einfachsten, wenn man von dem Bild des Tauziehens ausgeht. Gruppen, soziale Kräfte, die sich annähernd die Waage halten, spannen

Die Gewichtsverteilung im Innern der Herrschaftseinheit.

ein Tau. Eine Seite stemmt sich mit aller Gewalt gegen die andere; sie zerren unablässig aneinander; aber keine Seite kann die andere beträchtlich aus ihrer Position bringen. Gibt es bei dieser Lage äußerster Spannung zwischen Gruppen, die an dem gleichen Tau in entgegengesetzter Richtung ziehen, die doch zugleich durch dieses Tau aneinander gebunden sind, einen Einzelnen, der keiner der beiden, ringenden Gruppen ganz angehört, der die Möglichkeit hat, seine individuelle Kraft bald in der Richtung der einen, bald in der Richtung der anderen Gruppe einzusetzen, und der dabei sorgfältig darauf achtet, daß die Spannung selbst sich nicht verringert, daß keine der beiden Seiten ein entschiedenes Übergewicht gewinnt, so ist er es, der tatsächlich das ganze Spannungsgeflecht steuert; der minimale Kraftaufwand eines einzelnen Menschen, der für sich allein weder die eine, noch die andere Gruppe und ganz gewiß nicht die vereinigten Gruppen in Bewegung setzen könnte, genügt bei dieser Anordnung der gesellschaftlichen Kräfte, um das Ganze zu bewegen. Es ist klar, warum er genügt: Innerhalb dieser Gleichgewichtsapparatur sind enorme Kräfte latent gebunden; sie können ohne Auslöser nicht zur Wirkung kommen. Der Fingerdruck eines Einzelnen löst die von der Gegenseite gebundenen Kräfte aus; er verbindet sich mit den latenten Kräften, die in die gleiche Richtung wirken, so daß sie ein kleines Übergewicht gewinnen. Das läßt sie in Erscheinung treten. Die Gesellschaftsapparatur stellt bei dieser Anordnung gewissermaßen eine Kraftstation dar, die automatisch den kleinsten Kraftaufwand des Einzelnen am Steuer vervielfacht. Aber es bedarf einer höchst vorsichtigen Handhabung dieser Apparatur, damit sie für längere Zeit mehr oder weniger störungslos funktioniert. Der Steuernde ist ihrem Gesetz und ihren Zwängen genau so untertan, wie alle übrigen darin. Sein Entscheidungsspielraum ist größer als der ihre, aber er ist von dem Aufbau der Apparatur in höchstem Maße abhängig; er ist alles andere als unumschränkt.

Das ist zunächst nicht mehr als ein schematischer Aufriß jener Anordnung der gesellschaftlichen Kräfte, die einem Zentralherrn sein Optimum an Macht gibt. Aber dieser Aufriß zeigt klar und deutlich die Grundstruktur seiner gesellschaftlichen Position. Nicht zufällig, nicht jedesmal, wenn eine starke Herrscherpersönlichkeit geboren wird, sondern wenn ein bestimmter Gesellschaftsaufbau die Chance dazu gibt, erlangt das Zentralorgan jene optimale Stärke, die gewöhnlich in einer starken Einherrschaft ihren Ausdruck findet. Der relativ große Entscheidungsspielraum, der einem Zentralherrn über eine große und differenzierte Gesellschaft auf diese Weise gelassen ist, kommt dadurch zustande, daß er im Kreuzfeuer der sozialen Spannungen steht, daß er auf den verschieden gerichteten Interessen und Ambitionen, die sich in seinem Herrschaftsgebiet die Waage halten, spielen kann.

Ganz gewiß vereinfacht das Schema den tatsächlichen Sachverhalt bis zu einem gewissen Grade. Die Balance des Spannungsfeldes, das jede Gesellschaft darstellt, kommt in einigermaßen differenzierten Menschengeflechten immer durch das Mit- und Gegeneinander einer ganzen Reihe von Gruppen und Schichten zustande. Aber die Bedeutung dieser multipolaren Spannung für die Position des Zentralherrn ist keine andere, als die jener bipolaren Spannung, wie sie das Schema zeigt.

Der Antagonismus zwischen verschiedenen Teilen der Gesellschaft hat ganz gewiß nicht nur die Form eines bewußten Kampfes. Was den Ausschlag gibt, was die Spannungen produziert, sind auch hier weit weniger Pläne und bewußt gesetzte Kampfziele, als anonyme Verflechtungsmechanismen. Es sind, um ein Beispiel zu nennen, weit mehr die Mechanismen der vordringenden Monetisierung und Kommerzialisierung, als bewußte Anschläge bürgerlich-städtischer Kreise, die am Ausgang des Mittelalters das Gros der ritterlichen Feudalherren bergab drängen. Aber wie immer die Antagonismen, die mit dem Vordringen der Geldverflechtung entstehen, in den Plänen und Kampfzielen einzelner Menschen oder Gruppen zum Ausdruck kommen, mit ihnen wächst zugleich die Spannung zwischen den stärker werdenden, städtischen Schichten und den funktionell schwächer werdenden Herren des Landes; mit dem Anwachsen dieser Verflechtung und dieser Spannung aber wächst auch der Entscheidungsspielraum derer, die auf dem Wege des Konkurrenzmechanismus zu Zentralherren des Ganzen geworden sind, der Könige, bis sie schließlich, zwischen Bürgertum und Adel balancierend, in der Form des absoluten Königtums ihre optimale Stärke gewinnen.

19. Es ist oben gefragt worden, wie es überhaupt möglich sei, daß sich in einer differenzierteren Gesellschaft eine Zentralgewalt von der Stärke der absolutistischen heranbildet und hält, trotzdem die Zentralherren hier von dem Gang der ganzen, funktionsteiligen Maschinerie nicht weniger abhängig sind, als die Inhaber anderer Stellen. Das Schema des Königsmechanismus gibt die Antwort. Nicht mehr die militärische Stärke, nicht mehr die Größe der Besitztümer und Einnahmen allein können die gesellschaftliche Stärke der Zentralherren in dieser Phase erklären, wenn auch ohne diese beiden Komponenten überhaupt keine Zentralstelle eines Gesellschaftsverbandes funktionieren kann. Damit Zentralherren in einer differenzierteren Gesellschaft eine so optimale Stärke erlangen können, wie im Zeitalter des Absolutismus, dazu bedarf es überdies noch einer besonderen Kräfteverteilung im Innern ihrer Gesellschaft.

In der Tat erlangt die gesellschaftliche Institution des Königtums ihre größte, gesellschaftliche Stärke in jener Phase der Gesellschaftsgeschichte, in der ein schwächer werdender Adel mit aufsteigenden, bürgerlichen Gruppen bereits in mannigfacher Hinsicht rivalisieren muß, ohne daß einer den anderen entschieden aus dem umstrittenen Felde zu schlagen vermag. Die rascher fortschreitende Monetisierung und Kommerzialisierung des 16. Jahrhunderts gibt bürgerlichen Gruppen einen mächtigen Auftrieb; sie drückt das Gros der Kriegerschicht, den alten Adel, beträchtlich herab. Am Ende der sozialen Kämpfe, in denen diese heftige Transformation der Gesellschaft zum Ausdruck kommt, ist die Interdependenz zwischen Teilen des Adels und Teilen des Bürgerstandes beträchtlich größer geworden. Der Adel, dessen gesellschaftliche Funktion und dessen Gestalt selbst in einer entschiedenen Wandlung begriffen ist, hat es nun mit einem dritten Stande zu tun, dessen Mitglieder zum Teil sozial weit stärker und aufstiegsbegieriger geworden sind als zuvor. Viele Familien des alten Kriegeradels sterben aus, viele, bürgerliche Familien nehmen Adelscharakter an und ihre Abkömmlinge vertreten selbst im Laufe von wenigen Generationen die Interessen des umgebildeten Adels gegenüber denen des Bürgerstandes, die nun entsprechend der engeren Verflechtung auch unausweichlicher gegeneinander gestellt sind.

Aber das Ziel dieses Bürgerstandes oder mindestens ihrer Spitzengruppen ist nicht etwa — wie das beträchtlicher Teile des Bürgertums von 1789 — die Beseitigung des Adels als einer gesellschaftlichen Institution. Das höchste Ziel der einzelnen, bürgerlichen Individuen ist es, wie gesagt, für sich und ihre Familie selbst einen Adelstitel mit seinen Privilegien zu erlangen; und die repräsentierenden Spitzengruppen dieses Bürgertums als Ganzes gehen darauf aus, Privilegien und Prestige des Schwertadels an sich zu ziehen; sie wollen nicht den Adel als solchen beseitigen, sondern bestenfalls als neuer Adel an die Stelle oder auch nur neben den alten Adel treten. Unablässig betont diese Spitzengruppe des dritten Standes, die noblesse de robe, während des 17. und vor allem während des 18. Jahrhunderts, daß ihr Adel ein ebenso guter, wichtiger und echter Adel sei, wie der des Schwertadels. Und die Rivalität, die darin zum Ausdruck kommt, äußert sich ganz gewiß nicht nur in Worten und Ideologien. Ein beständiges, wenn auch mehr oder weniger verstecktes und unentschiedenes Ringen um Machtpositionen und Machtvorsprünge zwischen den Repräsentanten der beiden Stände steht dahinter.

Die Gewichtsverteilung im Innern der Herrschaftseinheit.

Es ist gelegentlich hier schon hervorgehoben worden, daß man sich das Verständnis für die soziale Konstellation dieses absolutistischen Regimes versperrt, wenn man von der Vorstellung ausgeht, als sei das Bürgertum dieser Phase ungefähr die gleiche Formation, wie heute oder mindestens gestern, wenn man mit anderen Worten als typischsten und sozial wichtigsten Repräsentanten des Bürgertums den „selbständigen Kaufmann" ansieht. Der sozial einflußreichste und repräsentativste Vertreter des Bürgertums im 17. und 18. Jahrhundert ist, zum mindesten in den größeren Ländern des Kontinents, der bürgerliche Fürsten- oder Königsdiener, also ein Mann, dessen nähere oder weitere Vorfahren gewiß Handwerker oder Kaufleute waren, der aber selbst nun eine amtsähnliche Stellung innerhalb des Herrschaftsapparates bekleidet. Bevor kaufmännische Schichten selbst die Spitzengruppe des Bürgertums bilden, stehen hier zunächst an der Spitze des dritten Standes — um in unserer Sprache zu reden — Beamte.

Der Aufbau und der Charakter der Staatsstellen ist in den einzelnen Ländern zum Teil recht verschieden. Im alten Frankreich ist der gewichtigste Repräsentant des Bürgertums eine eigentümliche Mischung von Rentier und Beamten; es ist ein Mann, der mit seinem Geld eine Stelle im Staatsapparat als sein persönliches und gleichsam privates Besitztum gekauft hat oder der sie, was auf das gleiche herauskommt, von seinem Vater ererbt hat. Er genießt auf Grund dieser Amtsstellung eine Reihe von ganz bestimmten Privilegien; mit vielen dieser Stellen ist zum Beispiel Steuerfreiheit verbunden; und das investierte Kapital verzinst sich ihm in der Form von Sporteln, von Gehalt oder durch andere Bezüge, die ihm seine Stellung einbringt.

Es sind Männer dieser Art, Männer der „Robe", die während des „ancien régime" das Bürgertum in den Ständeversammlungen vertreten, die auch außerhalb dieser Versammlungen im allgemeinen seine Sprecher, die Vertreter seiner Interessen gegenüber den anderen Ständen und den Königen sind. Und was immer der dritte Stand hier an sozialem Gewicht, an gesellschaftlicher Stärke besitzt, in den Forderungen, in dem Auftreten, in der politischen Taktik dieser Spitzengruppe kommt es zum Ausdruck. Gewiß sind die Interessen dieser bürgerlichen Oberschicht nicht immer ganz identisch mit denen der übrigen bürgerlichen Gruppen. Gemeinsam aber ist ihnen — neben vielem anderen — vor allem ein Interesse: Das Interesse an der Aufrechterhaltung ihrer verschiedenen Privilegien. Denn durch Sonderrechte, durch Privilegien, ist nicht nur die soziale Existenz des Adligen oder des Amtsinhabers ausgezeichnet; auf Privilegien ruht auch die Existenz des Kaufmanns in dieser Zeit; von Privilegien hängt der Bestand des Zunfthandwerks ab. Wie auch im einzelnen diese Privilegien beschaffen sind, das Bürgertum, das hier als soziales Gewicht in irgendeinem Sinne zählt, ist bis in die zweite Hälfte des 18. Jahrhunderts hinein, genau, wie der Adel selbst, eine ständische, durch Sonderrechte charakterisierte und aufrechterhaltene Formation. Und hier stößt man also von einer bestimmten Seite her auf jene Verflechtungsmaschinerie, kraft deren dieses Bürgertum niemals zu einem entscheidenden Schlag gegen seinen Gegenspieler, den Adel, ausholen kann. Es vermag diese oder jene einzelnen Sonderrechte des Adels zu bekämpfen; aber es kann nie und es will auch niemals die gesellschaftliche Institution der Privilegien selbst beseitigen, die den Adel zu einem Sonderstand macht; denn seine eigene, soziale Existenz, an deren Erhaltung ihm alles liegt, wird ebenfalls durch Privilegien aufrechterhalten und geschützt.

Erst wenn immer stärker im Zellenbau der Gesellschaft bürgerliche Existenzen hervortreten, deren gesellschaftliche Basis nicht mehr ständische Privilegien sind, wenn im Zusammenhang damit ein immer größerer Sektor der Gesellschaft alle, diese von der Regierung garantierten oder geschaffenen Sonderrechte als schwere Störung für den ganzen Ablauf der funktionsteiligen Prozesse erkennt, dann erst sind die sozialen Kräfte vorhanden, die den Adel entschieden bekämpfen können, die nicht nur einzelne Adelsprivilegien, sondern das gesellschaftliche Institut der Adelsprivilegien selbst beseitigen wollen.

Aber die neubürgerlichen Gruppen, die nun die Einrichtung dieser Privilegien als solche bekämpfen, greifen damit, ob sie es wissen oder nicht, zugleich auch an das Fundament der altbürgerlichen Formationen, des ständischen Bürgertums. Dessen Privilegien, dessen ganze ständische Organisationsform hat nur so lange eine gesellschaftliche Funktion als ihm gegenüber ein privilegierter Adelsstand existiert. Die Stände sind feindliche oder, genauer gesagt, ambivalente Geschwister, interdependente Zellen der gleichen, gesellschaftlichen Ordnung. Wenn die Institution des einen vernichtet ist, fällt automatisch die des anderen, fällt diese Ordnung als Ganzes.

In der Tat ist die Revolution von 1789 nicht einfach ein Kampf des Bürgertums gegen den Adel. Durch sie wird die soziale Existenz des ständischen Bürgertums, voran die der Robe, der privilegierten Amtsinhaber des dritten Standes und auch die des alten, ständischen Zunfthandwerks ganz ebenso vernichtet, wie die des Adelsstandes. Und dieses gemeinsame Ende beleuchtet mit einem Schlage die ganze, soziale Verwicklung, die spezifische Kräftekonstellation der vorangehenden Phase. Sie illustriert, was oben zunächst ganz allgemein über die Interdependenz und die Interessenambivalenz bestimmter, sozialer Schichten, über die Balanceapparatur, die mit ihr entsteht und über die gesellschaftliche Stärke der Zentralgewalt gesagt worden ist. Die politisch relevanten Teile des Bürgertums im Zeitalter des Absolutismus sind bis zum Hervortreten eines neuen, nicht ständischen Bürgertums, das sich ganz langsam aus dem älteren herausdifferenziert, in ihren Interessen, ihrem Handeln und Denken völlig an den Bestand und die spezifische Balance einer ständischen Ordnung gebunden. Gerade deswegen fangen sie sich bei allen Auseinandersetzungen mit dem Adel und natürlich auch mit dem ersten Stand, mit der Geistlichkeit, wie diese selbst, immer von neuem in der Schlinge ihrer ambivalenten Interessen. Sie können sich im Interessenkampf mit dem Adel niemals allzuweit vorwagen, ohne sich ins eigene Fleisch zu schneiden; jeder entscheidende Schlag gegen den Adel als Institution würde den ganzen Staats- und Gesellschaftsapparat erschüttern und damit, wie ein Wurfholz, die bestehende, soziale Existenz dieses privilegierten Bürgertums selbst treffen. Alle privilegierten Schichten sind gleichermaßen daran interessiert, den Kampf gegeneinander nicht zu weit zu treiben; sie alle haben nichts mehr zu fürchten als eine tiefgreifende Erschütterung und Gleichgewichtsverlagerung des ganzen Gesellschaftsapparats.

Aber sie können zugleich auch einen Kampf miteinander nicht vermeiden; denn ihre Interessen, gleichgerichtet auf der einen Seite, stehen an vielen Punkten in diametralem Gegensatz. Die sozialen Gewichte sind zwischen ihnen so verteilt und die Rivalität zwischen ihnen ist so groß, daß sich der eine Teil durch jeden kleinen Vorteil des anderen, durch alles, was der anderen Seite den mindesten Machtvorsprung geben könnte, bedroht fühlt. Dementsprechend fehlt es auf der einen Seite nicht an überaus höflichen und selbst an freundschaftlichen Beziehungen zwischen Angehörigen der verschiedenen Gruppen; aber auf der anderen Seite bleibt die Beziehung zwischen den Vertretern der beiden Stände, und vor allem zwischen ihren Spitzengruppen während des ganzen «ancien régime» höchst gespannt. Jeder fürchtet den anderen; jeder beobachtet die Schritte des anderen ständig mit verhaltenem Mißtrauen. Überdies ist diese gewichtigste Spannungsachse zwischen Adel und Bürgertum in eine Fülle von anderen, nicht weniger ambivalenten eingebettet. Die Ämterhierarchie des weltlichen Herrschaftsapparates befindet sich ständig in einem offenen oder latenten Konkurrenzkampf um Machtbefugnisse und Prestige mit der kirchlichen Ämterhierarchie. Diese, der Klerus, stößt an bestimmten Punkten immer wieder mit dem einen oder dem anderen Adelskreis zusammen. Und so kommt es in diesem multipolaren Balancesystem ständig zu kleineren Explosionen und Scharmützeln, zu sozialen Machtproben in mannigfachen, ideologischen Verkleidungen und aus den verschiedensten, oft ganz nebensächlichen Anlässen.

Der König oder sein Stellvertreter aber lenkt und steuert dieses ganze Getriebe, indem er sein Gewicht bald in der einen, bald in der anderen Richtung einsetzt. Und seine gesellschaftliche Stärke ist eben deswegen so groß, weil die strukturelle Spannung zwischen den Hauptgruppen dieses Gesellschaftsgeflechts zu stark ist, um sie zu unmittelbaren Abmachungen über die gemeinsamen Angelegenheiten und damit auch zu einem entschlossenen, gemeinsamen Vorgehen gegen den König selbst gelangen zu lassen.

Man weiß, daß in einem einzigen Lande während dieser Periode bürgerlichen und adligen Gruppen ein solches gemeinsames Vorgehen gegen den König gelingt, in England. Welches auch immer die besonderen Aufbaueigentümlichkeiten der englischen Gesellschaft sind, die hier die Spannungen zwischen den Ständen geringer werden lassen und stabile Kontakte zwischen Teilen beider ermöglichen — die soziale Konstellation, die hier nach manchem Hin und Her dazu führt, den Entscheidungsspielraum des Zentralherrn zu beschränken, macht von neuem deutlich auf Grund welcher Verflechtungskonstellation sich in anderen Ländern die große, gesellschaftliche Stärke, die absolutistische Gestalt der Zentralgewalt erhält.

Es fehlt während des 16. und noch im frühen 17. Jahrhundert auch in Frankreich nicht an Versuchen zu einem Zusammenschluß von Menschen der verschiedensten, sozialen Herkunft und zu einem gemeinsamen Vorgehen verschiedener, sozialer Formationen gegen die bedrohlich groß gewordene Macht des Königtums. Sie alle scheitern. In diesen Bürgerkriegen und Revolten zeigt sich unverhüllt, wie stark auch in Frankreich bei den verschiedenen, ständischen Gruppen das Verlangen ist, den Entscheidungsspielraum der Könige und ihrer Repräsentanten zu beschränken. Aber es zeigt sich in ihnen nicht weniger deutlich, wie stark die Rivalitäten und Interessengegensätze zwischen diesen Gruppen sind, die ein gemeinsames Vorgehen in dieser Richtung verhindern. Jede von ihnen möchte das Königtum zu ihren Gunsten beschränken und jede von ihnen ist gerade stark genug, um zu verhindern, daß das einer anderen gelingt. Sie alle halten sich gegenseitig in Schach und finden sich dementsprechend am Ende wieder, resigniert, in die gemeinsame Abhängigkeit von einem starken König.

Es gibt mit anderen Worten innerhalb jener großen, gesellschaftlichen Transformation, die bürgerliche Gruppen funktionell stärker, adlige Gruppen funktionell schwächer werden läßt, eine Phase, in der sich beide Funktionsgruppen — bei allen Spannungen zu dritten Gruppen und innerhalb ihrer selbst — im großen und ganzen an gesellschaftlicher Stärke die Wage halten. Damit stellt sich in der Tat für kürzere oder für längere Zeit jene Verflechtungsapparatur her, die oben als „Königsmechanismus" beschrieben wurde: Die Gegensätze zwischen den beiden Hauptgruppen sind zu groß, um einen entschiedenen Kompromiß zwischen ihnen wahrscheinlich zu machen; und die Art der Gewichtsverteilung, ebenso, wie die enge Interdependenz ihrer gesellschaftlichen Existenz läßt es nicht zu einem entschiedenen Kampf und zur klaren Vormachtstellung eines von ihnen kommen. So, unfähig, sich zu einigen, unfähig, sich mit voller Kraft zu bekämpfen und zu besiegen, müssen sie einem Zentralherrn alle jene Entscheidungen überlassen, die sie selbst nicht herbeiführen können.

Diese Apparatur bildet sich, wie gesagt, blind und ungeplant im Laufe der gesellschaftlichen Prozesse. Ob sie gut oder schlecht gesteuert wird, das allerdings hängt in hohem Maße von der Person dessen ab, dem die Funktion des Zentralherrn zufällt. Ein paar Hinweise auf einzelne, geschichtliche Fakten müssen hier genügen, um zu zeigen, wie sie sich bildet, und um das, was hier über den absolutistischen Königsmechanismus im allgemeinen gesagt worden ist, zu illustrieren.

Die Gewichtsverteilung im Innern der Herrschaftseinheit.

20. In der Gesellschaft des 9. und 10. Jahrhunderts gibt es zwei Schichten von Freien, die Kleriker und die Krieger. Darunter, die Masse der mehr oder weniger Unfreien, die von der Waffenführung ausgeschlossen sind, haben keinen aktiven Anteil an dem gesellschaftlichen Leben, wenn auch der Bestand der Gesellschaft von ihrer Tätigkeit abhängig ist. Die Angewiesenheit der Krieger, der mehr oder weniger autarken Gutsherren, auf die Koordinationstätigkeit eines Zentralherrn ist, wie gesagt, unter den besonderen Umständen des westfränkischen Gebietes gering. Die Angewiesenheit der Kleriker auf den König ist aus den verschiedensten Gründen weit größer. Die Kirche des westfränkischen Gebietes hat, anders als die des Imperiums, nie eine ganz große, weltliche Macht erlangt. Die Erzbischöfe sind hier nicht Herzöge geworden. Die kirchlichen Pairs stehen und bleiben hier im großen und ganzen außerhalb des Systems konkurrierender Territorialherren. Ihre zentrifugalen, auf Schwächung des Zentralherrn gerichteten Interessen sind daher nicht besonders stark. Die Besitzungen des Klerus liegen mehr oder weniger verstreut inmitten der Herrschaftsgebiete weltlicher Herren. Sie sind deren Attacken und Übergriffen ununterbrochen ausgesetzt. Die Kirche wünscht also eine Zentralgewalt, einen König, der Macht genug hat, ihr Schirmherr gegen weltliche Gewalt zu sein. Die Fehden, die großen und kleinen Kriege, die ununterbrochen über das ganze Gebiet hin aufflackern, sind den Mönchen und den anderen Klerikern, die gewiß in dieser Zeit kriegstüchtiger und selbst kriegslustiger sind, als später, die aber jedenfalls nicht vom Kriege und für den Krieg leben, oft höchst unwillkommen. Diese Fehden und Kriege spielen sich häufig genug auf ihren Rücken ab. Und immer von neuem rufen mißhandelte, gekränkte, in ihren Rechten beschränkte Priester und Abteien im ganzen Lande den König als Richter an.

Die starke, nur selten getrübte Verbindung zwischen den ersten Kapetingerkönigen und der Kirche ist durchaus nichts

Zufälliges; sie hat ihre Ursache auch nicht allein in der persönlichen Glaubensstärke dieser ersten Kapetinger, sondern sie ist zugleich der Ausdruck einer zutage liegenden Interessenkonstellation. Die Königswürde ist in dieser Phase, was immer sie sonst sein mag, stets auch ein Instrument der Priester in der Auseinandersetzung mit den Menschen der Kriegerkaste. Die Königsweihe, Salbung und Krönung werden immer eindeutiger vom kirchlichen Investitionszeremoniell her bestimmt; das Königtum erhält eine Art von sakralem Charakter; es wird in gewissem Sinne zu einer kirchlichen Funktion. Daß es hier zum Unterschied von verwandten Erscheinungen in anderen Gesellschaften nur zu solchen Ansätzen einer Verschmelzung von weltlicher und geistlicher Zentralgewalt kommt, daß diese Entwicklungsrichtung dann sehr bald abbricht, hängt nicht zum wenigsten mit dem Aufbau der christlichen Kirche selbst zusammen. Diese Kirche ist älter und auch organisatorisch fester gefügt als die meisten, weltlichen Herrschaftsbereiche dieser Zeit; und sie hat ein eigenes Oberhaupt, das selbst immer unzweideutiger den Anspruch darauf erhebt, mit der geistlichen die weltliche Vormacht und Zentralgewalt über alle anderen zu verbinden; früher oder später entsteht dementsprechend eine Konkurrenzsituation und ein Vormachtkampf zwischen dem Papst und dem weltlichen Zentralherrn eines bestimmten Gebietes; dieser Kampf endet überall damit, daß der Papst auf seine geistliche Vormachtstellung zurückgeworfen wird, daß der weltliche Charakter der Kaiser und Könige wieder reiner hervortritt, daß die Ansätze zu deren Einbau in die kirchliche Hierarchie und das kirchliche Ritual sich zurückbilden, ohne ganz zu verschwinden. Aber daß es auch in der abendländischen Welt zu solchen Ansätzen kommt, verdient — besonders für den Vergleich der geschichtlichen Strukturen und für den Aufschluß der Unterschiede zwischen verschiedenen Gesellschaftsprozessen der Erde — eine gewisse Beachtung.

Die westfränkischen Könige ihrerseits gehen in dieser

Die Gewichtsverteilung im Innern der Herrschaftseinheit.

Phase zunächst ganz eng mit der Kirche zusammen, entsprechend jener Aufbaugesetzlichkeit ihrer Funktion, von der oben die Rede war. Sie stützen sich auf die zweitstärkste, auf die schwächere Gruppe in der Auseinandersetzung mit der stärkeren und gefährlicheren. Sie sind nominell Lehnsherren aller anderen Krieger. Aber im Herrschaftsgebiet der anderen, großen Herren sind sie zunächst so gut wie machtlos, und selbst in ihrem eigenen Territorium ist ihre Macht stark beschränkt. Die enge Verbindung des Königshauses mit der Kirche macht die Klöster, Abteien und Bistümer im Gebiete anderer Territorialherren zu Bastionen des Königtums; sie stellt etwas von dem geistlichen Einfluß der kirchlichen Organisation über das ganze Land hin zu seiner Verfügung; die Könige ziehen von der Schreibgewandtheit der Kleriker, von dem politischen und organisatorischen Erfahrungsschatz der kirchlichen Bürokratie und nicht zuletzt auch von ihrer Finanzkraft auf mannigfache Weise Nutzen. Es ist eine offene Frage, ob die Könige der frühen Kapetingerzeit außer den Einkünften aus ihren eigenen Territorium überhaupt noch eigentlich „königliche Einkünfte", Abgaben aus dem ganzen, westfränkischen Königsgebiet erhalten; wenn sie noch Einkünfte solcher Art haben, so sind das jedenfalls kaum noch beträchtliche Zuschüsse zu den Einkünften aus ihrem Hausgebiet. Eines aber ist sicher: Sie erhalten aus Gebieten jenseits ihres eigenen Territoriums Abgaben kirchlicher Institutionen, etwa die Einnahmen eines vakanten Bistums oder auch gelegentlich Beihilfen bei außerordentlichen Angelegenheiten. Und wenn irgend etwas dem traditionellen Königshaus einen Machtvorsprung vor den konkurrierenden Häusern gibt, wenn etwas dazu beiträgt, daß sich in diesen frühen Ausscheidungskämpfen zunächst einmal innerhalb ihres Territoriums gerade wieder die Kapetinger hocharbeiten, dann ist es dieses Bündnis der nominellen Zentralherren mit der Kirche. Aus ihr vor allem stammen in dieser Phase mit ihren mächtigen, zentrifugalen Tendenzen diejenigen gesellschaftlichen Kräfte, die über das Leben der einzelnen Könige hinaus für eine Kontinuität des Königtums und in der Richtung einer Zentralisierung arbeiten. Die Bedeutung des Klerus als gesellschaftliche Triebkraft der Zentralisierung tritt dann, ohne sich ganz zu verlieren, in dem Maße zurück, in dem die des dritten Standes ansteigt. Aber schon in dieser Phase zeigt sich, wie die Spannungen zwischen verschiedenen, sozialen Gruppen der Gesellschaft, also zunächst die Spannungen zwischen der Priesterschicht und der Kriegerschicht, dem Zentralherrn zunutze kommen, und es zeigt sich zugleich auch, wie er an diese Spannungen gebunden, wie er deren Gefangener ist. Die Machtfülle der vielen Kriegsherren drängt König und Kirche zusammen, wenn es auch an kleineren Konflikten zwischen ihnen nicht gefehlt hat. Zur ersten großen Auseinandersetzung zwischen König und Kirche, zum ersten, wirklichen Machtkampf zwischen ihnen aber kommt es erst in jener Zeit, in der reichlichere Machtmittel an Menschen und Geld aus dem bürgerlichen Lager dem König zuzuströmen beginnen, in der Zeit Philipp Augusts.

21. Mit der Herausbildung eines dritten Standes kompliziert sich das Spannungsgeflecht, und die Spannungsachse im Innern der Gesellschaft verlagert sich. Wie sich in einem interdependenten System konkurrierender Länder oder Territorialherren jeweils bestimmte Hauptspannungen abzeichnen, mit denen sich alle anderen Antagonismen als sekundäre Spannungen verbinden, bis schließlich das Übergewicht eines der großen Kräftezentren wächst und sich verfestigt, ähnlich gibt es auch im Innern jedes Herrschaftsgebiets bestimmte zentrale Spannungen, an die sich viele, kleinere ankristallisieren, und die sich allmählich zugunsten der einen oder der anderen Seite verlagern. Gehört zu diesen zentralen Spannungen bis ins 11. und 12. Jahrhundert hinein die ambivalente Beziehung zwischen den Kriegern und dem Klerus, so rückt von diesen Jahrhunderten ab langsam aber stetig der Antagonismus zwischen den Kriegern und den städtisch-bürgerlichen Gruppen als zentrale, innere Spannung in den Vorder-

grund. Mit ihr, mit der ganzen Differenzierung der Gesellschaft, deren Ausdruck sie ist, gewinnt der Zentralherr eine neue Bedeutung: Die Angewiesenheit aller Teile der Gesellschaft auf einen obersten Koordinator wächst. Die Könige, die sich im Zuge der Vormachtkämpfe durch das Wachstum ihres Herrschaftsgebiets aus der Kriegerschicht mehr und mehr herausheben, distanzieren sich gleichzeitig immer deutlicher von allen übrigen Kriegern durch ihre Stellung in den Spannungen zwischen diesen und den städtischen Schichten. Sie stehen innerhalb dieser Spannung keineswegs eindeutig auf der Seite der Krieger, zu denen sie ihrer Herkunft nach gehören. Sondern sie legen ihr Gewicht bald zugunsten der einen, bald zugunsten der anderen Seite in die Wagschale.

Die Gewinnung von Kommunalrechten durch die Städte ist der erste Markstein auf diesem Wege. Die Könige dieser Phase, vor allem Ludwig VI. und VII., samt ihren Repräsentanten stehen, wie alle anderen Feudalherren, den werdenden Kommunen mit Mißtrauen und zum mindesten mit „halber Feindseligkeit[101]" gegenüber, besonders im Bereich ihrer eigenen Domäne. Erst allmählich erfassen die Könige den Nutzen dieser ungewohnten Gebilde; es braucht, wie immer, eine gewisse Zeit, bis sie gewahr werden, daß die Herausbildung eines dritten Standes im Zellenbau der Gesellschaft eine gewaltige Vergrößerung ihrer eigenen Chancen bedeutet. Dann aber fördern sie mit großer Konsequenz die Interessen dieses dritten Standes, soweit es ihren eigenen Interessen entspricht. Sie fördern vor allem die steuerbare, finanzielle Potenz der Bourgeoisie. Aber sie bekämpfen, wenn immer sie die Macht dazu haben, mit allem Nachdruck den Anspruch der Städte auf Herrschaftsfunktionen, der mit der wachsenden, ökonomischen und sozialen Macht der städtischen Schichten nicht ausbleibt. Der Anstieg des Königtums und der des Bürgertums stehen in engster, funktioneller Abhängigkeit voneinander; teils bewußt, teils ohne es zu wissen, schrauben sich die beiden, sozialen Positionen wechselseitig in die Höhe, aber auch ihre Beziehungen sind und bleiben stets ambivalent; es hat an feindseligen Auseinandersetzungen zwischen beiden nicht gefehlt und es hat zunächst selbst nicht an Gelegenheiten gefehlt, bei denen Adel und Bürgertum gemeinsam versuchen, die herrschaftliche Verfügungsgewalt der Könige einzuschränken. Die Könige finden sich durch das ganze Mittelalter hin immer von neuem in Situationen, in denen sie für bestimmte Maßnahmen die Einwilligung der versammelten Ständevertreter suchen müssen; und der Verlauf der Ständeversammlungen, der kleineren regionalen, wie der größeren, in denen weite Teile des Königreichs vertreten sind, zeigt deutlich, wie verschieden hier noch bei allen Schwankungen der Spannungsaufbau der Gesellschaft von dem der absolutistischen Periode ist [102]). Die ständischen Parlamente — um an ihren englischen Namen zu erinnern — funktionieren, ähnlich wie die Parteiparlamente der bürgerlich-industriellen Gesellschaft, solange für bestimmte Zwecke eine unmittelbare Verständigung zwischen den Vertretern verschiedener Schichten möglich ist; sie funktionieren um so schlechter, je schwieriger unmittelbare Kompromisse, je größer die Spannungen in der Gesellschaft werden; und in dem gleichen Maße wachsen die Machtchancen für den Zentralherrn. In der Tat sind bei der geringeren Geld- und Handelsverflechtung in der mittelalterlichen Welt zunächst weder die Interdependenzen noch die Antagonismen zwischen den landbesitzenden Kriegerschichten und den städtischen Bürgerschichten so angelegt, daß sie die Regelung ihrer Beziehungen den Zentralherren überlassen müssen. Jeder Stand, Ritter und Bürger ebenso, wie der Klerus, lebt bei allen Kontakten zunächst doch noch weit ausgesprochener, als später, in einem eigenen Bezirk für sich. Die verschiedenen Stände konkurrieren noch nicht so häufig und so unmittelbar um die gleichen, gesellschaftlichen Chancen; und die bürgerlichen Spitzengruppen sind noch bei weitem nicht stark genug, um dem Adel, den Kriegern ihren sozialen Vorrang streitig machen zu können. Nur an einer Stelle der Gesellschaft drängen aufsteigende, bürgerliche Elemente mit Hilfe des König-

Die Gewichtsverteilung im Innern der Herrschaftseinheit.

tums Ritter und Geistliche allmählich ganz unmittelbar aus ihren Positionen: innerhalb der Herrschaftsapparatur, also, um in unserer Sprache zu reden, als Beamte.

22. Die funktionelle Abhängigkeit des Königtums von dem Geschehen in der Gesamtgesellschaft tritt in der Entwicklung des Herrschaftsapparats, in der Differenzierung aller jener Institutionen, die zunächst nicht viel mehr als Teile der königlichen Haus- und Domänenverwaltung sind, besonders klar zutage. Wenn die Gesellschaft der Freien im wesentlichen nur aus Rittern und Geistlichen besteht, setzt sich auch der Herrschaftsapparat vor allem aus Rittern und Geistlichen zusammen, wobei, wie schon gesagt, die Kleriker oder „clercs" meist getreue Diener und Repräsentanten der Königsinteressen, die Feudalherren dagegen auch am Hofe und innerhalb der Königsverwaltung selbst oft genug Rivalen des Königs sind, mehr bedacht auf die Ausbildung der eigenen Machtposition, als auf die Festigung der des Königs. Dann, wenn die Kriegerschicht außerhalb der Herrschaftsapparatur sich stärker differenziert, wenn sich im Zuge der Ausscheidungskämpfe große und kleinere Feudalherren stärker voneinander scheiden, spiegelt sich auch diese Konstellation im Aufbau der wachsenden Herrschaftsapparatur: Kleriker und Angehörige kleinerer Kriegerhäuser bilden ihren Stab; größere Feudelherren finden sich nur noch in einigen, wenigen Positionen, etwa als Mitglieder des großen Rats oder des engeren Rats.

Schon in dieser Phase fehlt es gewiß nicht ganz an Menschen aus der Schicht unterhalb der Krieger und Priester in der königlichen Verwaltung, wenn auch Elemente unfreier Herkunft in der Entwicklung des französischen Zentralapparats offenbar nicht die gleiche Rolle spielen, wie in der Entwicklung der deutschen. Vielleicht hängt das damit zusammen, daß sich dort etwas früher als hier aus dieser Schicht heraus Stadtgemeinden und damit ein dritter Stand von Freien zu selbständiger Bedeutung erhebt. Jedenfalls steigt im Gebiete Frankreichs mit dem Wachstum der Städte zugleich auch der Anteil städtischer Elemente an den Posten der Königsverwaltung und diese Elemente durchdringen hier allmählich bereits während des Mittelalters den Herrschaftsapparat bis zu einem Grade, der in den meisten, deutschen Territorien noch bis weit in die Neuzeit hinein nicht erreicht wird.

Sie gelangen in diesen Apparat auf einem doppelten Wege[103]): Einmal durch ihren wachsenden Anteil an den weltlichen Stellen, das heißt an Stellen, die zuvor von Adligen ausgefüllt waren, dann durch ihren Anteil an geistlichen Stellen, also als „clercs". Der Ausdruck „clerc" ändert etwa vom Ende des 12. Jahrhunderts ab langsam seine Bedeutung; die Bedeutung „Kleriker" tritt in ihm zurück, und er bezeichnet mehr und mehr einfach den Mann, der studiert hat, der Latein lesen und schreiben kann, mag sein, daß die ersten Stufen der geistlichen Laufbahn zunächst noch die Voraussetzung dafür bilden. Nach und nach säkularisiert sich dann im Zusammenhang mit der Ausweitung des Verwaltungsapparats sowohl die Bezeichnung „clerc", wie bestimmte Arten des Universitätsstudiums immer stärker. Man lernt nicht mehr ausschließlich Latein, um Geistlicher, man lernt es auch unmittelbar, um Beamter zu werden. Gewiß gibt es nach wie vor immer noch Bürgerliche, die einfach wegen ihrer kommerziellen oder organisatorischen Tüchtigkeit in den Rat des Königs gelangen. Die Mehrzahl der Bürgerlichen aber gelangt durch das Studium, durch die Kenntnis des kanonischen und römischen Rechts in die höheren Bezirke des Herrschaftsapparats. Das Studium wird zu einem normalen Aufstiegsweg für die Söhne der städtischen Spitzenschichten. Bürgerliche Elemente drängen langsam die adligen und geistlichen Elemente in dem Herrschaftsapparat zurück. Die Schicht der Fürstendiener, der „Beamten", wird — zum Unterschied von Deutschland — zu einer ausschließlich bürgerlichen Formation.

«Dès Philippe-Auguste au plus tard . . . les légistes, vrais «chevaliers ès lois» apparaissaient: ils allaient, pour en faire la loi monarchi-

Die Gewichtsverteilung im Innern der Herrschaftseinheit.

que, se charger d'amalgamer la loi féodale avec la loi canonique et la loi romaine ... Petite armée de trente scribes en 1316, de 104 ou 105 en 1359, d'une soixantaine en 1361, ces clercs de la chancellerie gagnèrent maints avantages à grossoyer constamment dans le voisinage du roi. La grande masse formerait des notaries privilégiés: l'élite (trois sous Philippe le Bel, douze avant 1388, seize en 1406, huit en 1413) donnerait naissance aux clercs du secret ou bien aux secrétaires des Finances ... L'avenir était à eux. A la différence des grands officiers palatins, ils n'avaient pas d'ancêtres, mais ils allaient être eux-mêmes des ancêtres [104]).»

Es bildet sich mit dem Wachstum des Königsbesitzes eine Spezialistenschicht, deren soziale Stellung in erster Linie von ihrer Dienststellung abhängt, deren ständisches Prestige, deren persönliches Interesse mit den Interessen des Königtums und des Herrschaftsapparats weitgehend identisch sind. Wie zuvor und auch weiterhin noch in schwächerem Maße Angehörige der Kirche, so sind es nun Angehörige des dritten Standes, die in den verschiedensten Funktionen, als Schreiber und Räte des Königs, als Steuerverwalter, als Mitglieder der obersten Gerichte, die Interessen der Zentralfunktion wahren und die Kontinuität der Königspolitik über das Leben des einzelnen Königs hinaus und oft genug gegen die persönlichen Neigungen des einzelnen Kronträgers zu sichern suchen. Auch hier tragen bürgerliche Schichten das Königtum, die Könige bürgerliche Schichten hoch.

23. Mit dieser fast vollkommenen Zurückdrängung des Adels aus dem Herrschaftsapparat aber erlangt das Bürgertum im Laufe der Zeiten eine Machtposition, die für die Balanceverhältnisse im Innern der Gesellschaft von größter Bedeutung ist. Es sind in Frankreich, wie schon erwähnt, beinahe bis ans Ende des ancien régime nicht die reichen Kaufleute, es sind auch nicht unmittelbar die Zünfte, die in den Auseinandersetzungen mit dem Adel das Bürgertum repräsentieren, sondern es ist die Beamtenschaft in ihren verschiedenen Formationen. Die Schwächung der sozialen Position des Adels, die Stärkung der des Bürgertums kommt am deutlichsten darin zum Ausdruck, daß die hohe Beamten-

schaft mindestens vom Beginn des 17. Jahrhunderts ab den Anspruch darauf erhebt, dem Adel sozial gleichwertig zu sein. In der Tat hat in dieser Zeit die Verflechtung und die Spannung zwischen Adel und Bürgertum jene Stärke erreicht, die dem Zentralherrn eine besonders große Macht sichert.

Dies, die Durchdringung des Zentralapparats mit den Söhnen des städtischen Bürgertums, ist eine der Verflechtungsfiguren, die am unmittelbarsten zeigt, wie eng die funktionelle Interdependenz zwischen dem Aufstieg des Königtums und dem des Bürgertums ist. Die bürgerliche Oberschicht, zu der sich die Familien der höheren „Königsdiener" allmählich entwickeln, gewinnt später, im 16. und 17. Jahrhundert, so sehr an gesellschaftlicher Stärke, daß ihr der Zentralherr ausgeliefert wäre, hätte nicht sie selbst in Adel und Geistlichkeit soziale Gegengewichte, deren Widerstand ihre Kräfte bindet; und es ist nicht schwer zu beobachten, wie die Könige, wie vor allem Ludwig XIV. dann beständig auf dieser Spannungsapparatus spielen. In der vorangehenden Phase aber sind zunächst noch Adel und Geistlichkeit — bei aller Ambivalenz, die auch hier schon dieser Beziehung innewohnt — weit stärkere Gegenspieler der Zentralgewalt als das städtische Bürgertum. Gerade deswegen sind die aufstiegsbegierigen Bürgerlichen ebenso willkommene, wie bereitwillige Helfer des Königstums. Die Könige lassen das Netz der Zentralapparatur zu einer Monopolstellung von Menschen des dritten Standes werden, weil dieser Stand noch sozial schwächer ist als der erste und zweite Stand.

Von einer anderen Seite her zeigt sich diese Interdependenz zwischen dem Wachstum der gesellschaftlichen Stärke von König und Bürgertum, dem Schwächer-Werden des Adels und auch der Geistlichkeit, wenn man die finanziellen Verflechtungen ihrer sozialen Existenz betrachtet. Daß diese Gewichtsverschiebung zuungunsten des Adels nur zu einem geringen Teil auf bewußte und planmäßige Aktionen bürgerlicher Kreise zurückgeht, ist schon hervorgehoben worden.

Die Gewichtsverteilung im Innern der Herrschaftseinheit.

Sie ist einmal eine Folge des Konkurrenzmechanismus, durch den das Gros des Adels in Abhängigkeit von einem einzelnen Adelshaus, von dem Königshaus, und damit in gewissem Sinne auf die gleiche Stufe wie das Bürgertum gerät. Sie ist auf der anderen Seite vor allem eine Folge der fortschreitenden Geldverflechtung. Mit der in Zickzackkurven ansteigenden Vermehrung des Geldvolumens geht eine ständige Geldentwertung Hand in Hand. Diese Geldvermehrung und Geldentwertung beschleunigt sich im 16. Jahrhundert außerordentlich. Und der Adel, der von den Einkünften seiner Güter lebt, der seine Einnahmen nicht entsprechend der Geldentwertung vermehren kann, verarmt. Die Religionskriege — um nur diesen Schlußakt hier zu erwähnen — haben für den schwächer werdenden Adel die gleiche Bedeutung, die so oft Bürgerkriege für sinkende Schichten haben: Sie verdecken ihnen zunächst die Unausweichlichkeit ihres Schicksals. Die Trubel und Unruhen, die Selbstbewährung im Kampf, die Möglichkeit zu Beutezügen und die Leichtigkeit des Gewinns, das alles erweckt in dem Adel den Glauben, er könne die bedrohte, soziale Position halten und sich vor dem Absturz, vor der Verarmung retten. Von den wirtschaftlichen Umwälzungen, in deren Wirbeln sie hin und her getrieben werden, ahnen die Betroffenen kaum etwas. Sie sehen, daß das Geld sich vermehrt, daß die Preise steigen, aber sie verstehen es nicht. Brantôme, einer der höfischen Krieger dieser Zeit, hat diese Stimmung festgehalten:

«... tant s'en faut», sagt er[105]), «que ceste guerre (civile) ait appauvry la France, elle l'a du tout enrichie, d'autant qu'elle descouvrit et mit en évidence une infinité de trésors cachez soubz terre, qui ne servoient de rien, ... et les mirent si bien au soleil et convertirent en belles et bonnes monnoyes à si grand' quantité, qu'on vist en France reluyre plus de millions d'or qu'auparavant de millions de livres et d'argent, et paroistre plus de testons neufz, beaux, bons et fins, forgez de ces beaux trésors cachez, qu'auparavant il n'y avoit de douzains ... Ce n'est pas tout: les riches marchans, les usuriers, les bancquiers et autres raque-deniers jusques aux prebstres, quintenoient leurs escus cachez et enfermez dans leurs coffres, n'en eussent pas faict plaisir ny presté pour un double, sans de gros intérestz et usures excessives ou par achaptz et engagemens de terres, biens et maisons à vil prix; de sorte que le gentilhomme, qui, durant les guerres étrangères s'estoit appauvry et engagé son bien, ou vendu, n'en pouvoit plus et ne sçavoit plus de quel bois se chauffer, car ces marauts usuriers avoient tout rafflé: mais ceste bonne guerre civile les restaura et mit au monde. Sie bien que j'ay veu tel gentilhomme, et de bon lieu, qui paradvant marchoit par pays avec deux chevaux et un petit lacquays, il se remonta si bien, qu'on le vist, durant et après la guerre civile, marcher par pays avec six et sept bons chevaux... Et voilà comme la brave noblesse de France se restaura par la grâce, ou la graisse, pour mieux dire, de ceste bonne guerre civile.»

In Wahrheit findet sich der größte Teil des französischen Adels bei seiner Rückkehr aus diesem „guten" Bürgerkrieg, durch dessen „Fett" er geglaubt hatte, sich zu restaurieren, mehr oder weniger von Schulden bedrängt und ruiniert wieder. Das Leben wird kostspieliger. Die Gläubiger, neben reichen Kaufleuten, Wucherern und Bankiers, vor allem auch höhere Beamte, Männer der Robe, drängen auf Bezahlung der geliehenen Gelder; sie bemächtigen sich, wo sie nur können, der Adelsgüter und mit ihnen auch oft genug der Adelstitel.

Die Edelleute aber, denen ihre Güter bleiben, finden sehr bald, daß ihre Einnahmen nicht mehr ausreichen, um die Kosten des teureren Lebens zu decken:

«Les seigneurs qui avaient cédé des terres à leurs paysans contre des redevances en espèces, continuaient à percevoir le même revenu, mais qui n'avait plus la même valeur. Ce qui coûtait cinq sols au temps passé en coûtait vingt au temps d'Henri III. Les nobles s'appauvrissaient sans le savoir[106].»

24. Das Bild der gesellschaftlichen Gewichtsverteilung, das sich hier bietet, ist ziemlich unzweideutig. Die Veränderung des Gesellschaftsaufbaues, die seit langem zuungunsten des alten Kriegeradels und zugunsten bürgerlicher Schichten arbeitet, beschleunigt sich im 16. Jahrhundert. Diese gewinnen an sozialem Schwergewicht, was jene verlieren. Die

Die Gewichtsverteilung im Innern der Herrschaftseinheit.

Antagonismen in der Gesellschaft wachsen. Der Kriegeradel begreift die Gewalt der Prozesse nicht, die ihn aus seiner angestammten Position drängen, aber sie verkörpern sich ihm in diesen Männern des dritten Standes, mit denen er nun immer unmittelbarer um die gleichen Chancen, vor allem um Geld, aber durch das Geld auch um seine eigenen Böden und selbst um den sozialen Vorrang konkurrieren muß. Damit stellt sich langsam jene Gleichgewichtsapparatur her, die einem Einzelnen, dem Zentralherrn, seine optimale Verfügungsgewalt gibt.

In den Kämpfen des 16. und 17. Jahrhunderts sieht man bürgerliche Korporationen vor sich, die reich, auch zahlreich, und damit mächtig genug geworden sind, um den Herrschafts- und Machtansprüchen des Kriegeradels den stärksten Widerstand entgegenzusetzen, die aber weder fähig noch stark genug sind, die Krieger, die Waffenführung unmittelbar von sich abhängig zu machen. Man sieht einen Adel, der noch stark und kriegerisch genug ist, um für die aufsteigenden bürgerlichen Schichten eine ständige Bedrohung darzustellen, aber schon zu schwach, vor allem ökonomisch zu schwach, um unmittelbar über die städtischen Menschen und ihre Abgaben verfügen zu können. Daß dem Adel in dieser Zeit die Funktion der Verwaltung und Rechtsprechung schon völlig entglitten ist, daß diese Funktionen ganz in den Händen bürgerlicher Korporationen liegen, trägt zu dieser Schwäche des Adels nicht wenig bei. Aber noch vermag kein Teil der Gesellschaft auf die Dauer ein entscheidendes Übergewicht über den anderen zu erlangen. Bei dieser Lage erscheint der König immer von neuem jeder Schicht oder Körperschaft als Bundesgenosse und Helfer gegenüber der Bedrohungen durch andere Gruppen und Körperschaften, deren sie allein nicht Herr werden können.

Gewiß bestehen Adel und Bürgertum selbst aus verschiedenen Gruppen und Schichten, deren Interessen durchaus nicht immer in der gleichen Richtung liegen. In die primäre Spannung zwischen diesen beiden Ständen verflechten sich eine ganze Reihe von anderen Spannungen, sei es innerhalb ihrer, sei es zwischen einzelnen dieser Gruppen und dem Klerus; aber der Bestand aller dieser Gruppen und Schichten ist zugleich auch mehr oder weniger von dem der anderen abhängig; keine von ihnen ist zunächst stark genug, die bestehende Ordnung als Ganzes umzustürzen; die Spitzengruppen, die einzigen, die im Rahmen der bestehenden Institutionen einen gewissen, politischen Einfluß ausüben können, sind am wenigsten an einer radikalen Änderung interessiert. Und diese Vielfalt der Spannungen stärkt so erst recht die Herrschaftschancen der Könige.

Gewiß würde jede dieser Spitzengruppen, die Spitze des Adels, die höfischen „Großen", ebenso wie die des Bürgertums, die Parlamente, von ihrer Seite her die Königsmacht gern beschränken. Bestrebungen oder wenigstens Ideen, die in diese Richtung gehen, tauchen durch das ganze «ancien régime» hin immer von neuem auf. Auch in ihrer Stellung zum Königtum sind die sozialen Gruppen, deren Interessen und Wünsche gegeneinander gehen, zwiespältig. Es fehlt nicht an Gelegenheiten, bei denen das deutlich wird; es fehlt selbst nicht an vorübergehenden Bündnissen von Adelsgruppen mit städtisch-bürgerlichen Schichten, vor allem mit den Parlamenten, gegen die Vertreter des Königtums. Aber wenn irgend etwas, dann zeigt der Verlauf solcher gelegentlichen Bündnisse die Schwierigkeit einer unmittelbaren Verständigung, die Stärke der Spannungen und die Rivalität, die zwischen ihnen besteht.

Man denke etwa an den Aufstand der „Fronde": Ludwig XIV. ist noch minderjährig. Mazarin regiert. Noch einmal, für längere Zeit zum letzten Male, vereinigen sich die verschiedensten, sozialen Gruppen, um gegen die durch den Minister repräsentierte Allgewalt des Königtums Sturm zu laufen. Parlamente und ständischer Adel, städtische Korporationen und Männer des hohen Adels, sie alle versuchen, die schwache Stunde des Königtums, die Regentschaft der Königin, ausgeübt durch den Kardinal, für sich zu nutzen.

Aber das Bild dieses Aufstandes zeigt in der Tat klar genug, wie gespannt die Beziehungen zwischen allen diesen Gruppen sind. Die Fronde ist eine Art von sozialem Experiment. Sie legt noch einmal den Aufbau dieser Spannungsapparatur offen, die der starken Zentralgewalt ihre Chance gibt, die aber gewöhnlich dem Blick entzogen bleibt, wenn sich diese Zentralgewalt stabilisiert hat: Sowie einer der verbündeten Gegenspieler den mindesten Vorteil für sich zu gewinnen scheint, fühlen sich andere bedroht, verlassen das Bündnis, bekämpfen ihre ehemaligen Verbündeten mit Marzarin gemeinsam, kehren zum Teil wieder zu den alten Verbündeten zurück. Jeder dieser Menschen, jede dieser Gruppen will die Königsmacht schmälern; aber jeder will es zu seinen Gunsten; jeder von ihnen fürchtet zugleich, die Macht eines anderen könne sich vergrößern. Schließlich stellt sich — nicht zuletzt dank der Geschicklichkeit, mit der Mazarin die Chancen dieser Spannungsapparatur zu nutzen weiß — das alte Gleichgewicht zugunsten des bisherigen Königshauses wieder her. Ludwig XIV. hat die Lehre dieser Tage nie vergessen; weit bewußter und sorgfältiger als alle seine Vorgänger hat er über der Wahrung dieses Gleichgewichts, über der Aufrechterhaltung der bestehenden, sozialen Unterschiede und Spannungen gewacht.

25. Lange Zeit während des Mittelalters sind die städtischen Schichten, ihrer gesellschaftlichen Position nach, entschieden schwächer als der Kriegeradel. In dieser Zeit ist die Interessengemeinschaft zwischen den Königen und dem bürgerlichen Teil der Gesellschaft beträchtlich, wenn sie auch nicht so groß ist, daß es an Reibungen und selbst am Kämpfen zwischen den Städten und dem Zentralherrn fehlt; und eine der sichtbarsten Folgen dieser Interessengemeinschaft ist, wie gesagt, die Verdrängung des Adels aus der Herrschaftsorganisation des Königtums und deren Durchdringung mit Menschen bürgerlicher Herkunft.

Dann, wenn sich im Zuge der Geldverflechtung und der Monopolbildung die gesellschaftliche Stärke des Adels im Verhältnis zu der des Bürgertums verringert, setzen die Könige ihr Gewicht wieder etwas mehr zugunsten des Adels ein. Nun sichern sie den Bestand des Adels als einer gehobenen Schicht vor dem andrängenden Bürgertum, und zwar gerade soweit, als es nötig ist, um die sozialen Unterschiede zwischen Adel und Bürgertum und damit das Spannungsgleichgewicht in ihrem Herrschaftsgebiet zu wahren. So sichern sie etwa dem Gros des Adels seine Steuerfreiheit, die das Bürgertum aufgehoben oder mindestens eingeschränkt sehen möchte. Aber das reicht ganz gewiß nicht hin, um den wirtschaftlich schwachen Besitzern des Bodens eine ökonomische Grundlage zu geben, die ihren Ansprüchen als Oberschicht und der Notwendigkeit zu einer unterscheidenden und sichtbaren Repräsentation genügt. Die Masse des Landadels führt trotz der Steuerfreiheit durch das ganze «ancien régime» hin ein recht beschränktes Leben. Sie kann sich an materiellem Wohlstand mit den Spitzenschichten des Bürgertums kaum messen. Den Behörden, vor allem den Gerichten gegenüber ist sie in keiner günstigen Lage; denn deren Stellen sind mit Menschen bürgerlicher Herkunft besetzt. Es kommt hinzu, daß die Könige, unterstützt durch Teile der gesellschaftlichen Meinung in Adelskreisen, an der Bestimmung festhalten, daß ein Adliger, der sich direkt im Handel und als Kaufmann betätigt, seinen Adelstitel ablegen und auf seine Adelsvorrechte verzichten müsse, wenigstens für die Zeit dieser Betätigung. Auch diese Bestimmung dient gewiß zur Aufrechterhaltung der bestehenden Unterschiede zwischen Bürgertum und Adel, an der die Könige nicht weniger interessiert sind als der Adel selbst. Aber damit ist dem Adel zugleich auch der einzige, unmittelbare Weg zu größerem Wohlstand verschlossen. Allenfalls indirekt, durch Heirat, kann er gelegentlich von dem Reichtum Nutzen ziehen, der aus Handel und Amtsbesitz stammt. Der Adel würde nichts von dem Glanz und der gesellschaftlichen Bedeutung haben, die er im 17. und 18. Jahrhundert noch besitzt, er würde unfehlbar dem wirtschaftlich stärker werdenden Bürgertum und vielleicht einem neuen Bürgeradel erliegen, wenn er oder wenigstens ein kleiner Teil von ihm nicht mit Hilfe des Königtums am Hofe eine neue Monopolstellung erlangt hätte, die ihm eine standesgemäße und repräsentative Lebensführung ermöglicht und ihn zugleich vor der Vermischung mit bürgerlichen Tätigkeiten bewahrt: Die Hofämter, die mannigfachen Ämter des königlichen Haushalts werden dem Adel vorbehalten; damit finden Hunderte und schließlich Tausende von Adligen mehr oder weniger reichlich bezahlte Stellen; die Gunst der Könige, bezeugt durch gelegentliche Schenkungen, tut ein übriges; die Nähe zum König gibt diesen Stellen ein hohes Prestige. Und so hebt sich aus dem Gros des ländlichen Adels eine Adelsschicht heraus, die den bürgerlichen Spitzenschichten an Glanz und Einfluß die Wage halten kann, der höfische Adel. Wie ehemals, da das Bürgertum schwächer als der Adel war, die Posten der Königsverwaltung mit Hilfe des Königtums zu einem Monopol bürgerlicher Schichten wurden, so werden nun, da der Adel schwächer wird, ebenfalls mit Hilfe der Könige, die Hofämter zu einem Monopol des Adels.

Die ausschließliche Besetzung der Hofämter mit Adligen geht ebensowenig mit einem Male oder allein nach dem Plan eines einzelnen Königs vor sich, wie früher die ausschließliche Besetzung aller anderen Staatsämter mit Bürgerlichen.

Unter Heinrich IV. und noch unter Ludwig XIII. sind die Hofämter ebenso, wie die Mehrzahl der militärischen Chargen und erst recht der Verwaltungs- und Gerichtsämter käufliche Positionen und damit Eigentum ihres Inhabers; das gilt selbst von den Gouverneursposten, den Posten des militärischen Befehlshabers in den einzelnen Bezirken des Königsreichs. Ganz gewiß kann in bestimmten Fällen der Inhaber eines solchen Postens sein Amt nur mit der Einwilligung des Königs ausüben, und es kommt selbstverständlich auch vor, daß irgendeine Position allein durch die Gunst des Königs vergeben wird; aber im allgemeinen hat die Besetzung der

Ämter durch Kauf in dieser Zeit schon über die Besetzung der Ämter durch Gunst die Oberhand gewonnen. Und da der größte Teil des Adels sich an Geldbesitz mit den oberen Schichten des Bürgertums in keiner Weise messen kann, so dringt der dritte Stand oder mindestens Familien, die aus ihm hervorgegangen, die erst kürzlich geadelt sind, langsam aber zusehends nun auch in die Hofämter und die militärischen Posten ein. Nur die großen Adelsfamilien des Landes haben, zum Teil dank der Größe ihres Landbesitzes, zum Teil auf Grund der Pensionen, die ihnen der König zahlt, noch Einkommen genug, um sich gegen solche Konkurrenz in Positionen dieser Art zu halten.

Dabei ist die Neigung, dem Adel in dieser Situation zu helfen, bei Heinrich IV. ebenso wie bei Ludwig XIII. und bei Richelieu ganz unverkennbar. Nicht einen Augenblick vergessen sie alle, daß sie selbst zum Adel gehören. Und Heinrich IV. ist überdies an der Spitze eines Adelsheeres auf den Thron gelangt. Aber ganz abgesehen davon, daß auch sie gegenüber den wirtschaftlichen Prozessen, die sich zuungunsten des Adels auswirken, ziemlich ohnmächtig sind, die Königsfunktion selbst hat ihre eigene Notwendigkeit, und das Verhältnis dieser Funktion zum Adel ist ambivalent. Heinrich IV. ebenso wie Richelieu und alle ihre Nachfolger wollen und müssen, um sich selbst zu sichern, den Adel von allen Stellen, die einen politischen Einfluß geben, nach Möglichkeit fernhalten, und sie wollen, sie müssen zugleich den Adel als einen selbständigen, sozialen Faktor im gesellschaftlichen Gleichgewicht erhalten.

Das Doppelgesicht des absolutistischen Hofes entspricht genau diesem zwiespältigen Verhältnis von König und Adel: Dieser Hof ist ein Instrument zur Beherrschung des Adels und gleichzeitig ein Instrument seiner Versorgung. In dieser Richtung entwickelt er sich ganz allmählich.

Inmitten eines Adelskreises zu leben, ist auch für Heinrich IV. eine selbstverständliche Gewohnheit. Aber seine Politik ist noch nicht ganz streng darauf gerichtet, von dem

Teil des Adels, der die Gunst des Königs zu erhalten wünscht, den ständigen Aufenthalt am Hof zu fordern. Er hat wohl auch noch nicht die Mittel, um einen so gewaltigen Hofstaat zu finanzieren, und um in dem Maße Hofämter, Gnaden und Pensionen zu vergeben, wie später Ludwig XIV. In seiner Zeit ist außerdem das gesellschaftliche Feld noch in sehr lebhafter Bewegung. Adlige Familien sinken ab, bürgerliche steigen auf. Die Stände bestehen, aber ihr Personenstand ist in starkem Wechsel begriffen. Die Mauer, die die Stände trennt, ist voll von Durchlässen. Persönliche Tüchtigkeit oder Untüchtigkeit, persönliches Glück oder Unglück bestimmen in dieser Zeit die Chancen einer Familie oft in ebenso hohem Maße, als ihre ursprüngliche Zugehörigkeit zu diesem oder jenem Stand. Auch die Eingangstore zum Hof und zu Hofämtern stehen in dieser Zeit Menschen bürgerlicher Herkunft noch ziemlich weit offen.

Der Adel beklagt das. Er selbst ist es, der wünscht und vorschlägt, diese Ämter sollen ihm vorbehalten bleiben. Und nicht nur diese Ämter allein. Er wünscht einen Anteil an vielen anderen; er möchte die verlorene Position im Herrschaftsapparat zurückgewinnen. Im Jahre 1627 richtet er an Ludwig XIII. unter der Überschrift «Requestes et articles pour la rétablissement de la Noblesse» ein Gesuch mit genauen Vorschlägen in dieser Richtung [107]).

In diesem Gesuch ist zuerst einmal gesagt, daß es der Adel sei, dem nächst der Hilfe Gottes und dem Schwert Heinrichs IV. die Erhaltung dieser Krone zu danken sei, in einer Zeit, in der sich die Mehrzahl der anderen Schichten zur Empörung hinreißen lassen hätte; trotzdem aber sei der Adel «au plus pitoyable état qu'elle fut jamais . . . la pauvreté l'accable . . . l'oisiveté la rend vicieuse . . . l'oppression l'a presque réduite aus désespoir.»

In wenigen Worten ist hier das Bild der sinkenden Schicht gezeichnet. Es entspricht weitgehend der Wirklichkeit. Die meisten Güter sind überschuldet. Viele Adelsfamilien haben ihren ganzen Besitz verloren. Die Jugend des Adels ist ohne

Hoffnung; die Unruhe und der soziale Druck, der von den Freigesetzten ausgeht, ist allenthalben im Leben dieser Gesellschaft zu spüren. Was soll man tun?

Unter den Gründen für diesen Zustand wird ausdrücklich das Mißtrauen angeführt, daß einige Männer des Adels durch ihre Anmaßung und ihren Ehrgeiz dem König eingeflößt hätten; dadurch seien schließlich die Könige zu der Meinung gekommen, die Macht solcher Adligen durch deren Ausschließung von Ämtern und Würden, die sie vielleicht mißbraucht hätten, und durch Erhebung des dritten Standes herabzumindern, so daß seit dieser Zeit die Adligen der Gerichts- und Steuerverwaltung beraubt und aus den Räten des Königs verbannt worden seien.

Schließlich fordert der Adel zur Besserung seiner Lage in 22 Artikeln unter anderem folgendes: Neben den militärischen Befehlshaberstellen der einzelnen Gouvernements des Königreiches sollen vor allem die zivilen und militärischen Chargen des königlichen Hauses — also das Gerippe dessen, was nachher in der Tat den Hof zu einer Versorgungsanstalt für den Adel macht — aufhören, verkäuflich zu sein und dem Adel vorbehalten werden.

Außerdem fordert der Adel in diesen Artikeln einen gewissen Einfluß auf die Provinzialverwaltung und den Zutritt einiger besonders geeigneter Edelleute zu den hohen Gerichten, den Parlamenten, zum mindesten mit beratender Stimme und ohne Bezüge; und er fordert schließlich auch, daß ein Drittel der Mitglieder des Finanzrates, des Kriegsrates und andere Teile der königlichen Herrschaftsorganisation aus seinen Reihen genommen werden.

Von allen diesen Forderungen erfüllt sich, wenn man von geringfügigen, kleineren Forderungen absieht, nur eine einzige: Die Hofämter werden dem Bürgertum verschlossen und dem Adel vorbehalten. Alle anderen Forderungen, sofern sie in irgendeinem noch so bescheidenen Sinne auf eine Beteiligung des Adels an der Herrschaft oder auf seine Anteilnahme an der Verwaltung des Landes hinauslaufen, bleiben unerfüllt.

Die Gewichtsverteilung im Innern der Herrschaftseinheit.

In vielen deutschen Territorien suchen und erhalten Adlige neben den militärischen immer auch Verwaltungs- und Gerichtsämter; mindestens seit der Reformation findet man sie dementsprechend auch auf den Universitäten[108]). Die meisten höheren Staatsämter bleiben hier geradezu ein Monopol des Adels; und im übrigen halten sich hier gewöhnlich Adlige und Bürgerliche innerhalb vieler anderer Staatsämter nach einem genauen Verteilungsschlüssel die Waage.

In dem französischen Zentralorgan kommt, wie gesagt, die Spannung und das beständige offene oder latente Ringen zwischen den beiden Ständen darin zum Ausdruck, daß der gesamte Verwaltungsapparat eine Monopolstellung des Bürgertums bleibt, während der gesamte Hofapparat im engeren Sinne des Wortes, der immer schon zu einem großen Teil von Adligen besetzt ist, der aber mit dem Käuflichwerden der Ämter in die Gefahr der Verbürgerlichung gerät, im 17. Jahrhundert endgültig zu einer Monopolstellung des Adels wird.

Bereits Richelieu hat in seinem Testament empfohlen, diesen Eingang zum Hof denen zu verschließen, die „nicht das Glück einer adligen Herkunft haben"[109]). Ludwig XIV. hat dann schließlich die Zugangsmöglichkeiten zu solchen Hofämtern für Bürgerliche aufs äußerste verengt; ganz geschlossen hat auch er sie nicht. Nach vielen vorbereitenden Bewegungen, in denen sich gewissermaßen die gesellschaftlichen Interessen des Adels und die des Königtums wechselseitig erproben und ausweigen, erhält damit schließlich der Hof seine ausgeprägte Gestalt als Versorgungsanstalt für Adlige auf der einen Seite, als Beherrschungs- und Zähmungsanstalt der alten Kriegerschicht auf der anderen. Das ungebundenere, ritterliche Leben ist endgültig vorbei.

Für das Gros des Adels verknappt sich von nun an nicht nur die wirtschaftliche Grundlage, sondern auch sein Wirkraum und sein Lebenshorizont wird enger. Er bleibt bei einem mehr oder weniger knappen Einkommen auf seinen Landsitz beschränkt. Die Ergänzung dieser Enge durch das

Feldlager und dem Ortswechsel im Kriege fällt, zum Teil wenigstens, fort. Auch im Kriege kämpft er nicht mehr für sich als freier Ritter, sondern in einer strenger geregelten Ordnung als Offizier. Und es bedarf eines besonderen Glücksfalles oder besonderer Beziehungen, damit jemand für die Dauer aus dem Kreise dieses ländlichen Adels in den Kreis mit weiterem Horizont, mit größeren Entfaltungsmöglichkeiten und mit höherem Prestige gelangt, in den Kreis des höfischen Adels.

Dieser, der kleinere Teil des Adels, findet am Königshof, er findet in und um Paris eine neue, labilere Heimat. Bis zu Heinrich IV. und Ludwig XIII. ist es für den einzelnen Adligen, der zum höfischen Kreise gehört, noch nicht so schwer, immer wieder einmal den Aufenthalt am Hof mit dem Aufenthalt auf seinem eigenen Landsitz oder dem eines anderen Großen zu vertauschen. Bis zu dieser Zeit gibt es zwar einen höfischen Adel, der sich aus dem breiteren, ländlichen heraushebt; aber diese Gesellschaft ist noch stärker dezentralisiert. Ludwig XIV., frühzeitig erfahren gemacht durch den Aufstand der „Fronde", nutzt die Angewiesenheit des Adels auf ihn mit allem Nachdruck und mit großer Folgerichtigkeit. Er will „unmittelbar unter seinem Blick alle diejenigen vereinigen, die mögliche Führer eines Aufruhrs sind, und deren Schlösser als Versammlungsort dienen können ... [110])".

Der Aufbau von Versailles entspricht den beiden in einander verschlungenen Tendenzen des Königtums, der Aufgabe, Teile des Adels zu versorgen und sichtbar herauszuheben, wie der anderen, ihn zu beherrschen und zu zähmen, in vollkommener Weise. Der König gibt, und er gibt seinen Günstlingen gelegentlich recht reichlich; aber er verlangt Gehorsam; er läßt den Adel seine Abhängigkeit von dem Geld und den anderen Chancen, die er zu verteilen hat, ständig fühlen.

„Der König, so berichtet Saint-Simon in seinen Erinnerungen [111], sah nicht allein darauf, daß der hohe Adel sich an seinem Hofe ein-

Die Gewichtsverteilung im Innern der Herrschaftseinheit.

fand, er verlangte es auch von dem kleineren Adel. Bei seinem Lever und seinem Coucher, bei seinen Mahlzeiten, in seinen Gärten zu Versailles, immer blickte er um sich und bemerkte jedermann. Den Vornehmen nahm er es übel, wenn sie ihren ständigen Aufenthalt nicht bei Hofe nahmen, den anderen, wenn sie nur selten kamen, und seine volle Ungnade traf die, welche sich nie oder fast nie zeigten. Wenn einer von diesen etwas wünschte, sagte der König stolz: ‚Ich kenne ihn nicht.' Und dieses Urteil war unwiderruflich. Er nahm es zwar nicht übel, wenn man den Landaufenthalt liebte, doch mußte man darin Maß halten und bei längerem Aufenthalt seine Vorsichtsmaßregeln zuvor treffen. Bei einer Reise, die ich in meiner Jugend wegen eines Prozesses nach Rouen machte, ließ mir der König durch den Minister schreiben, um die Veranlassung derselben zu erfahren."

Diese Neigung, alles, was vorgeht, ganz genau zu überwachen, ist nicht wenig charakteristisch für den Aufbau dieser Königsherrschaft. In ihr kommt sehr deutlich zum Ausdruck, wie stark im Grunde die Spannungen sind, die der König beobachten und bewältigen muß, um seine Herrschaft aufrechtzuerhalten, und zwar nicht nur im Innern seiner Gesellschaft, sondern auch außerhalb ihrer. „Die Kunst der Regierung ist gar nicht schwer und auch gar nicht unangenehm, so etwa hat Ludwig XIV. einmal in den Anweisungen für den Thronfolger gesagt; diese Kunst besteht ganz einfach darin, daß man die wirklichen Gedanken aller Prinzen Europas kennt, daß man alles weiß, was die Menschen vor uns verbergen wollen, ihre Geheimnisse, und sie genau überwacht[112])."

„Des Königs Neugierde, zu wissen, was um ihn vorging, so erzählt St.-Simon an einer anderen Stelle[113]), wuchs immer mehr; er beauftragte seinen ersten Kammerdiener und den Gouverneur von Versailles, eine Anzahl Schweizer in den Dienst aufzunehmen. Diese erhielten die königliche Livrée, hingen nur von den eben Genannten ab, und hatten den geheimen Auftrag, Tag und Nacht überall durch die Gänge und Passagen herumzustreifen, sich zu verstecken, die Leute zu beobachten, zu verfolgen, zu sehen, wohin sie gingen und wann sie zurückkamen, ihre Gespräche zu belauschen und von allem genauen Bericht zu geben.

Kaum etwas ist so charakteristisch für den eigentümlichen Aufbau der Gesellschaft, der eine starke Einherrschaft möglich macht, als diese Notwendigkeit, alles möglichst genau zu überwachen, was in dem Herrschaftsbereich des Zentralherrn vor sich geht. Diese Notwendigkeit ist ein Ausdruck für die mächtigen Spannungen und die große Labilität der sozialen Apparatur, ohne die sich mit den Koordinationsfunktionen des Zentralherrn keine dermaßen große Macht verbinden würde. Das starke Spannungsgleichgewicht zwischen den verschiedenen, sozialen Gruppen, die sich an sozialer Stärke annähernd die Waage halten, und die ebenfalls stark ambivalente Stellung jeder dieser Gruppen zu dem mächtigen Zentralherrn selbst, die daraus folgt, alles das ist gewiß nicht von irgendeinem König geschaffen worden. Aber wenn sich diese Konstellation mit ihrem außerordentlichen Spannungsreichtum im Spiel der Verflechtungsprozesse einmal hergestellt hat, dann ist es für den Zentralherrn lebenswichtig, sie in ihrer ganzen Labilität aufrechtzuerhalten. Diese Aufgabe aber erfordert eine möglichst genaue Überwachung der Untertanen.

Dabei hat Ludwig XIV. aus guten Gründen ein besonders wachsames Auge für die Menschen, die ihm im Range am nächsten stehen. Die Arbeitsteilung, die gleichmäßigere Abhängigkeit aller von allen und damit auch die Abhängigkeit des Zentralherrn von den Massenschichten der Bevölkerung ist hier noch nicht soweit gediehen, daß der Druck der breiteren Volksschichten die größte Bedrohung für den König darstellt, wenn auch Unruhen unter der Masse, vor allem unter der Bevölkerung von Paris, gewiß nicht ganz ohne Gefahr für den König sind; und einer der Gründe, aus denen der König seinen Hof von Paris nach Versailles verlegt, liegt zweifellos hier. Aber wenn immer unter den Vorgängern Ludwigs die Unzufriedenheit unter den breiteren Volksmassen wächst und zu Aufruhrbewegungen führt, dann sind es Mitglieder der Königsfamilie oder des höchsten Adels, die an ihre Spitze treten und die Parteiungen, die Unzufriedenheit für ihre eigenen Ambitionen nutzen. Hier, in seinem engsten Kreis, sind noch immer die gefährlichsten Rivalen des Monarchen.

Es ist oben gezeigt worden, wie sich allmählich im Zuge der Monopolbildung der Kreis der Menschen, die miteinander um Herrschaftschancen konkurrieren können auf die Mitglieder des Königshauses selbst beschränkt. Ludwig XI. hat schließlich diese prinzlichen Feudalherren besiegt und ihre Territorien zur Krone zurückgebracht; aber noch in den Religionskriegen stehen an der Spitze verschiedener Parteien Zweige der Königsfamilie einander gegenüber. Mit Heinrich IV. kommt nach dem Aussterben des Hauptzweiges noch einmal das Mitglied eines Nebenzweiges auf den Thron. Und auch weiterhin behalten die Prinzen von Geblüt, die „Großen", die Herzöge und Pairs von Frankreich, eine beträchtliche Macht. Worauf sich diese Macht gründet ist ziemlich deutlich: Sie gründet sich in erster Linie auf ihre Position als Gouverneure, als militärische Oberbefehlshaber einer Provinz und ihrer festen Plätze. Langsam, mit der Verfestigung der Herrschaftsmonopole, erhalten auch diese möglichen Rivalen der Könige den Charakter von Funktionären eines mächtigen Herrschaftsapparates. Aber sie widersetzen sich dieser Verwandlung. Der natürliche Bruder Ludwigs XIII., der Herzog v. Vendôme, Bastardsohn Heinrichs IV. erhebt sich gegen die Zentralgewalt an der Spitze einer Faktion; er ist Gouverneur der Bretagne und er glaubt auf Grund einer Heirat ein erbliches Anrecht auf diese Provinz zu haben. Dann ist es der Gouverneur der Provence, von dem der Widerstand ausgeht, dann der Gouverneur der Languedoc, der Herzog v. Montmorency; und auch den Widerstandsversuchen des hugenottischen Adels gibt eine ähnliche Machtposition die Basis. Das Heerwesen des Landes ist noch nicht endgültig zentralisiert; die Festungskommandanten und Kapitäne von festen Plätzen haben noch ein hohes Maß von Selbständigkeit; die Gouverneure der Provinzen betrachten ihre gekauften und bezahlten Plätze als

Eigentum. So kommt es in dieser Form noch einmal zu Aufflackern der zentrifugalen Tendenzen im Lande. Noch unter Ludwig XIII. sind sie spürbar. Der Bruder des Königs, Gaston, Herzog von Orléans, erhebt sich, ähnlich, wie viele Königsbrüder zuvor, zum Kampf gegen die Zentralgewalt. Er kündigt dem Kardinal in aller Form die Freundschaft auf, nachdem er die Führung der dem Kardinal feindlichen Faktion übernommen hat, und begibt sich nach Orléans, um so von einer festen, militärischen Position aus den Kampf gegen Richelieu und den König zu beginnen.

Richelieu hat schließlich alle diese Kämpfe gewonnen, nicht zuletzt mit Hilfe des Bürgertums und der überlegenen finanziellen Mittel, die es ihm liefert. Die widerstrebenden Großen sterben als Besiegte teils im Gefängnis, teils im Exil, teils im Kampf; selbst die Mutter des Königs läßt Richelieu im Ausland sterben.

«De croire que pour être fils ou frère du Roi ou prince de son sang, ils puissent impunément troubler le Royaume, c'est se tromper. Il est bien plus raisonnable d'assurer le Royaume et la Royauté que d'avoir égard à leurs qualités qui donneroient impunité.»

So sagt er in seinen Memorien. Ludwig XIV. hat die Früchte dieser Siege geerntet; aber das Gefühl der Bedrohung durch den Adel, und zwar gerade durch den hohen Adel, der ihm am nächsten steht, ist ihm in Fleisch und Blut übergegangen. Dem kleineren Adel sieht er ein begründetes Fernbleiben vom Hof gelegentlich nach. Den „Großen" gegenüber ist er unerbittlich. Und die Aufgabe des Hofes als eine Überwachungsanstalt tritt im Verhältnis zu ihnen besonders deutlich zutage. «La meilleure place de sûreté pour un fils de France est le cœur du Roi», gibt er zur Antwort, als sein Bruder ihn um ein Gouvernement und einen festen Platz, eine «place de sûreté» bittet. Daß sein ältester Sohn in Meudon gesondert Hof hält, sieht er höchst ungern. Und als der Thronfolger stirbt, läßt der König in aller Eile die Möbel des Schlosses verkaufen aus Furcht, derjenige seiner Enkel, dem Meudon zufällt, könne von diesem Schloß den gleichen Gebrauch machen und von neuem „den Hof teilen [114])".

Diese Unruhe war, so sagt St.-Simon, ganz grundlos. Denn keiner der Enkel des Königs hätte es gewagt, dem König zu mißfallen. Aber der König macht, wenn es sich um die Aufrechterhaltung seines Prestiges und die Sicherung seiner persönlichen Herrschaft handelt, in der Strenge seines Verfahrens keinerlei Unterschied zwischen seinen Verwandten und anderen Personen.

Damit haben die Herrschaftsmonopole, zentriert um die Monopole der Steuern und der körperlichen Gewalt, für eine bestimmte Stufe, nämlich als persönliche Monopole eines Einzelnen, ihre vollendete Form gefunden. Eine ziemlich gut arbeitende Überwachungsorganisation schützt sie. Aus dem Boden besitzenden und Boden oder Naturalrenten vergebenden König ist ein Geld besitzender und Geldrenten vergebender König geworden: Das gibt der Zentralisierung eine bisher unerreichte Stärke und Festigkeit. Die Kraft der zentrifugalen, gesellschaftlichen Kräfte ist endgültig gebrochen. Alle möglichen Konkurrenten des Monopolherrn sind in eine institutionell gesicherte Abhängigkeit von ihm gebracht. Nicht mehr in freier, sondern in monopolistisch gebundener Konkurrenz kämpft nun ein Teil des Adels, der höfische Adel, miteinander um die Chancen, die der Monopolherr zu vergeben hat, und er steht dabei unter dem ständigen Druck einer Reservearmee von ländlichen Adligen und von aufsteigenden, bürgerlichen Elementen. Der Hof ist die Organisationsform dieses gebundenen Konkurrenzkampfes.

Aber wenn auch die persönliche Verfügungsgewalt des Königs über die monopolisierten Chancen auf dieser Stufe groß ist, sie ist alles andere als unumschränkt. Im Aufbau dieser relativ privaten Monopolgewalt zeichnen sich bereits ganz unzweideutig die Strukturelemente ab, die schließlich dazu führen, daß aus dieser persönlichen Verfügung eines Einzelnen über die Monopole mehr und mehr eine öffentliche Verfügung, eine Verfügung unter der Kontrolle immer weiterer Teile des arbeitsteiligen Ganzen wird. Für Ludwig XIV. gilt in der Tat bis zu einem gewissen Grad das Wort: «L'Etât c'est moi», er mag es selbst ausgesprochen haben oder nicht: Institutionell hat die Monopolorganisation noch in beträchtlichem Maße den Charakter eines persönlichen Besitztums. Funktionell aber ist die Abhängigkeit des Monopolherrn von den anderen Schichten, von dem funktionsteiligen Ganzen der Gesellschaft bereits außerordentlich stark, und diese funktionelle Abhängigkeit ist überdies beständig im Wachsen, je weiter die Handels- und Geldverflechtung der Gesellschaft fortschreitet. Nur die besondere Situation der Gesellschaft, nur das eigentümliche Spannungsgleichgewicht zwischen den aufsteigenden bürgerlichen und den schwächer werdenden Adelsgruppen, dann zwischen den vielen, großen und kleinen Gruppen des Landes überhaupt, gibt dem Zentralherrn seinen gewaltigen Verfügungs- und Entscheidungsspielraum. Die größere Unabhängigkeit, mit der ehemals die Könige über ihren Guts- und Domänenbesitz verfügten, Ausdruck der geringeren, gesellschaftlichen Verflechtung, ist verschwunden. Das gewaltige Menschengeflecht, über das Ludwig XIV. herrscht, hat seine eigene Gesetzlichkeit und sein eigenes Schwergewicht, denen er sich fügen muß; es kostet eine gewaltige Anspannung, eine starke Selbstbeherrschung, das Gleichgewicht der Menschen und Gruppen in diesem Geflecht zu erhalten und, auf den Spannungen spielend, das Ganze zu steuern.

Diese Möglichkeit des Zentralfunktionärs, das ganze Menschengeflecht weitgehend in seinem persönlichen Interesse zu steuern, beschränkt sich in höherem Maße erst dann, wenn das Spannungsgleichgewicht, auf dem er balanciert, zugunsten des Bürgertums umkippt und sich eine neue Gesellschaftsbalance mit neuen Spannungsachsen herstellt. Erst damit beginnen auch institutionell aus den persönlichen Monopolen öffentliche Monopole zu werden. In einer langen Reihe von Ausscheidungskämpfen, in einer allmählichen Zentralisierung der physischen Gewaltmittel und der Steuerabgaben, im Zusammenhang mit einer immer stärkeren Funktionsteilung und mit dem Aufstieg berufsbürgerlicher Schichten organisiert sich die französische Gesellschaft Schritt für Schritt in der Form eines Staates.

VIII.
Zur Soziogenese des Steuermonopols.

26. Ein bestimmter Anblick dieser Monopolbildung und damit der Staatenbildung überhaupt entgeht dem rückblickenden Betrachter leicht, weil er meistens von den späteren Stadien, von den Ergebnissen dieses Prozesses ein klareres Bild hat, als von seinen weiter zurückliegenden Abschnitten: Er kann sich kaum noch vergegenwärtigen, daß sich dieses absolutistische Königtum und dieser zentralisierte Herrschaftsapparat früher einmal ganz allmählich als etwas für die Augen der Mitlebenden höchst Erstaunliches und Neues aus der mittelalterlichen Welt heraushob. Dennoch gibt eigentlich erst der Versuch, diesen Aspekt zurückzugewinnen, die Möglichkeit zu einem Verständnis für das, was da vor sich gegangen ist.

Die große Linie der Umbildung ist klar. Sie läßt sich von einem bestimmten, zentralen Punkt her mit wenigen Worten wiedergeben: **Der Landbesitz einer Kriegerfamilie, ihre Verfügungsgewalt über bestimmte Böden und ihr Anspruch auf Naturalabgaben oder Dienste verschiedener Art von den Menschen, die auf diesen Böden leben, verwandelt sich mit der fortschreitenden Funktionsteilung und im Laufe vieler Ausscheidungs- oder Konkurrenzkämpfe in eine zentralisierte Verfügung über die militärischen Machtmittel und über regelmäßige Geldabgaben oder Steuern eines weit größeren Gebietes.** Niemand darf jetzt innerhalb dieses Gebietes Waffen und Befestigungswerke benutzen oder körperliche Gewalt irgendeiner Art anwenden, ohne die Erlaubnis des Zentralherrn;

das ist etwas sehr Neues in einer Gesellschaft, in der ursprünglich eine ganze Schicht von Menschen je nach ihren Einkünften und ihrem Belieben Waffen benutzen und körperliche Gewalt anwenden konnte. Und jederman, von dem es der Zentralherr verlangt, ist jetzt gehalten, regelmäßig einen bestimmten Teil seiner Geldeinnahmen oder seines Geldbesitzes an den Zentralherrn abzuführen. Das ist erst recht etwas Neues, gemessen an dem, was ursprünglich in der mittelalterlichen Gesellschaft Brauch ist. Hier, in dieser vorwiegend natural wirtschaftenden Gesellschaft, in der Geldmittel verhältnismäßig rar sind, empfindet man das Verlangen der Fürsten und Könige nach einer Geldabgabe — von bestimmten, durch das Herkommen fixierten Gelegenheiten abgesehen — zunächst als etwas vollkommen Unerhörtes; man steht zu solchen Maßnahmen nicht sehr viel anders als zu Raubzügen oder zum Nehmen von Zins.

«Constituti sunt reditus terrarum, ut ex illis viventes a spoliatione subditorum abstineant[115])»; die Erträge der Ländereien sind dazu bestimmt, die von ihnen Lebenden von der Beraubung der Untertanen abzuhalten, so sagt gelegentlich einmal der hl. Thomas v. Aquino; und er bringt in diesem Punkte ganz gewiß nicht nur die Meinung kirchlicher Kreise zum Ausdruck, wenn auch zunächst wahrscheinlich kirchliche Institute wegen ihres größeren Geldbesitzes von solchen Maßnahmen besonders betroffen sind. Die Könige selbst denken nicht viel anders, wenn sie sich auch bei der allgemeinen Knappheit an Geldmitteln nicht enthalten können, immer wieder solche Zwangsabgaben zu verlangen. Philipp August zum Beispiel erregt durch eine Reihe von Geldumlagen und besonders durch die Kreuzzugsumlage des Jahres 1188, durch die berühmte «dîme saladine», eine solche Unruhe und einen solchen Widerstand, daß er schließlich im Jahre 1189 ausdrücklich erklärt, er befehle für immer, daß keine Umlagen mehr erhoben werden sollen. Damit, so heißt es in seiner Verordnung, weder er noch seine Nachfolger in den gleichen Fehler verfallen, untersage er mit seiner königllichen Autorität und mit der ganzen Autorität aller Kirchen und Barone des Königreichs, diese verdammenswerte Kühnheit. Wenn jemand, der König oder jemand anderes, «par une audace téméraire» versuchen sollte, darauf zurückzukommen, so wünsche er, daß man dem nicht Rechnung trage[116]). Mag sein, daß ihm bei der Formulierung dieses Erlasses erregte Notabeln die Feder führen. Aber als er sich 1190 zum Kreuzzug vorbereitet, ordnet er selbst ausdrücklich an, daß im Fall seines Todes während des Kreuzzugs ein Teil des Kriegsschatzes unter diejenigen verteilt werden solle, die durch die Umlagen verarmt seien. Die Geldabgaben, die die Könige verlangen, bedeuten in dieser relativ geldarmen Gesellschaft in der Tat etwas anderes als die Steuern in einer stärker kommerzialisierten Gesellschaft. Niemand rechnet mit ihnen, wie mit einer ständigen Einrichtung; der Marktverkehr und das ganze Preisniveau ist in keiner Weise auf sie eingestellt; sie kommen gewissermaßen aus heiterem Himmel als etwas Außergewöhnliches und Unerwartetes und führen dementsprechend zum Ruin einer ganzen Reihe von Existenzen. Die Könige oder ihre Vertreter machen sich das, wie man sieht, gelegentlich sogar bis zu einem gewissen Grade klar; aber bei der Beschränktheit der Geldeinnahmen, die sie unmittelbar aus ihren Domanialgütern erhalten können, stehen sie immer von neuem einmal vor der Alternative, sich entweder mit allen Mitteln der Drohung und der Gewalt durch Umlagen Geldmittel zu verschaffen oder in irgendeiner Form den rivalisierenden Kräften zu erliegen. Immerhin scheint die Erregung über den saladinischen Zehnten und der Widerstand, den diese Umlage auslöste, ziemlich lange im Gedächtnis der Menschen nachzuwirken. Erst 79 Jahre später verlangt von neuem ein König eine Geldumlage, eine «aide féodale» für seinen Kreuzzug.

Die allgemeine Vorstellung auch der Könige selbst ist die, daß die Herren eines Territoriums sich und ihre Herrschaft von den Einkünften ihres Domanialbesitzes im engeren Sinne des Wortes, also im wesentlichen von den Einkünften ihrer eigenen Güter, erhalten müssen. Gewiß heben sich die Träger der Krone und einige andere große Feudalherren im Zuge des Monopolmechanismus nun schon beträchtlich aus der Masse der Feudalherren heraus, und wir sehen, rückwärtsgewandt, daß da neue Funktionen im Werden sind. Aber diese neuen **Funktionen** wachsen sich erst langsam in vielen, kleinen Schritten und in einem beständigen Ringen mit den Vertretern anderer Funktionen zu festgefügten **Institutionen** aus. Zunächst ist der König ein großer Krieger unter vielen anderen großen und kleineren. Er lebt, wie gesagt, wie diese, von dem Ertrag seiner Güter; und, wie diese, hat er allerdings auch ein herkömmliches Anrecht, bei bestimmten außerordentlichen Anlässen Geldbeihilfen von den Bewohnern seines Gebietes zu erheben. Jeder Feudalherr verlangt und erhält bestimmte Geldabgaben, wenn seine Tochter sich verheiratet, wenn sein Sohn zum Ritter geschlagen wird und, zur Bezahlung des Lösegeldes, wenn er in Kriegsgefangenschaft gerät. Das sind die ursprünglichen feudalen Geldbeihilfen, die «aides féodales»; und die Könige verlangen diese «aides» ebenfalls, wie alle übrigen Feudalherren. Geldforderungen darüber hinaus haben keine Grundlage im Brauch; eben deswegen haben sie in dieser Gesellschaft ein ähnliches Ansehen, wie Raub und Erpressung.

Dann, etwa im 12. und 13. Jahrhundert, beginnt sich langsam eine weitere Form der fürstlichen Geldbeschaffung einzubürgern. Im 12. Jahrhundert wachsen langsam die Städte. Nach altem, feudalen Brauch sind zwar nur die Männer des Kriegerstandes, die Edlen oder Adligen, zum Kriegsdienst berufen und verpflichtet; aber die Bürger haben sich nun einmal selbst mit der Waffe in der Hand ihre Stadtfreiheit erkämpft oder sind im Begriff es zu tun; und etwa seit der Zeit Ludwigs VI. kommt der Brauch auf, auch die Stadtbewohner, die „Bourgeois", zu Kriegsdiensten heranzuziehen. Die Stadtbewohner aber ziehen es sehr bald vor, den Territorialherren statt der Kriegsdienste Geld anzubieten, damit er sich Krieger mieten kann. Sie kommerzialisieren die Kriegsdienste; und den Königen, den anderen großen Feudalherren ist das nicht unwillkommen. Das Angebot an Kriegsdiensten von seiten unversorgter oder nicht genügend versorgter Krieger ist meist größer als die Kaufkraft der rivalisierenden Territorialherren. So wird aus diesen städtischen Geldzahlungen zur Ablösung der Kriegsdienste ziemlich rasch ein fester Brauch oder eine Institution. Die Königsvertreter verlangen von jeder Stadtgemeinde für einen ganz bestimmten Feldzug die Ausrüstung von so und so viel Mann oder die Bezahlung der entsprechenden Summe, und die Stadtgemeinden bewilligen sie oder handeln auch etwas ab. Aber man versteht auch diesen Brauch durchaus nur als eine weitere Form der feudalen „Beihilfen" in bestimmten, außergewöhnlichen Fällen; man nennt sie die «aide de l'ost» und man faßt diese «aides» zusammen als die „Beihilfen in den vier Fällen".

Es führt hier zu weit, zu zeigen, wie die Stadtgemeinden selbst allmählich beginnen, für die verschiedenen Kommunalaufgaben eine Art von interner Besteuerung und Steuerapparatus auszubilden. Genug, die Forderungen der Könige dienen zu deren Entwicklung, wie auf der anderen Seite die städtischen Umlageinstitutionen, die sich gegen Ende des 12. Jahrhunderts zu verfestigen beginnen, von nicht zu unterschätzender Bedeutung für die Organisation der königlichen sind. Auch hier treiben sich — zumeist unwillkürlich — Bürgertum und Königtum wechselseitig an. Aber damit ist ganz gewiß nicht gesagt, daß die Bürger oder irgendeine andere Schicht der Gesellschaft gern und widerstandslos zahlen. Diese gelegentlichen Geldabgaben bei außergewöhnlichen Anlässen nicht anders, als später die regelmäßigen Geldabgaben, die Steuern, zahlt niemand, der sich nicht mittelbar oder unmittelbar dazu gezwungen fühlt. Die einen wie die anderen sind ein sehr genauer Ausdruck für die Art der wechselseitigen Abhängigkeit von Gruppen in einer Gesellschaft und für ihr Stärkeverhältnis.

Die Könige wollen und können noch nicht allzu starken Widerstand erregen, dazu ist die gesellschaftliche Stärke der Königsfunktion offenbar noch nicht groß genug. Auf der anderen Seite brauchen sie für ihre Funktion, für ihre Selbstbehauptung, vor allem zur Finanzierung der beständigen Konkurrenzkämpfe immer wieder Geldbeträge und allmählich immer größere Geldbeträge, die sie sich nur durch solche „Beihilfen" beschaffen können. Ihre Maßnahmen wechseln. Man sieht, wie die Königsvertreter unter dem Druck dieser Situation tasten und nach immer neuen Aushilfsmitteln suchen; sie wälzen die Hauptlast bald auf die eine, bald auf die andere der städtischen und der anderen Schichten ab. Aber man spürt auch, wie bei allem Hin und Her die gesellschaftliche Stärke des Königtums ständig im Wachsen ist, und wie mit diesem Wachstum, gefördert von ihm und es selber fördernd, die Geldabgaben allmählich einen anderen Charakter bekommen.

1292 verlangt der König eine Abgabe von 1 Denier für jedes Pfund vom Verkauf aller Waren, und zwar ist diese Abgabe sowohl vom Käufer, wie vom Verkäufer zu zahlen. Eine «exactio quaedam in regno Franciae non audita» nennt es ein Chronikschreiber der Zeit. In Rouen plündert man die Kasse der Königsbeamten, die das Geld einziehen. Rouen und Paris, die beiden wichtigsten Städte des Königsgebietes, kaufen sich schließlich mit einer festen Summe los[117]). Aber diese Umlage bleibt unter dem ominösen Namen «mal-tôte» noch lange im Gedächtnis des Volkes; und im Gedächtnis der Königsbeamten bleibt für einige Zeit der Widerstand, den sie erregt. Dementsprechend versucht es der König im folgenden Jahr mit einer Zwangsanleihe bei den reichen Bourgeois. Als auch das heftigen Widerstand auslöst, kommt man 1295 wieder auf die „Aide" in ihrer ursprünglichen Form zurück; man verlangt eine Umlage von allen Ständen, nicht nur von dem dritten Stand. Ein Hundertstel vom Wert jedes Gutes soll gezahlt werden. Aber der Ertrag dieser Umlage ist offenbar nicht groß genug. Im folgenden Jahr wird die Abgabe auf ein bis zwei vom Hundert erhöht. Und nun sind natürlich auch die betroffenen Feudalherren aufs äußerste empört. Der König erklärt sich also bereit, den geistlichen und weltlichen Feudalherren einen Teil dessen, was er aus ihrem Herrschaftsgebiet herauszieht, zu überlassen. Er beteiligt sie gewissermaßen an der Beute. Aber das kann sie nicht mehr ganz beruhigen. Vor allem die weltlichen Feudalherren, die Krieger, fühlen sich mehr und mehr in ihren angestammten Rechten, in ihrer selbständigen Herrschaftsgewalt und vielleicht schon in ihrer ganzen, sozialen Existenz durch diesen zentralen Herrschaftsapparat bedroht. Die Leute des Königs dringen überall ein; sie ziehen Rechte und Abgaben, die früher ausschließlich dem einzelnen Feudalherren zustanden, an sich. Und hier, wie so oft, sind es die Geldabgaben, die schließlich nur „dem Faß den Boden ausschlagen". Als 1314, kurz vor dem Tode Philipps des Schönen, wieder hohe Umlagen für einen Feldzug nach Flandern ausgeschrieben werden, wächst die Unruhe und die Unzufriedenheit, verstärkt durch die schlechte Kriegsführung, zum offenen Widerstand an. „Wir können die Erhebung dieser ‚Aides' nicht dulden, sagt einer der Betroffenen[118]), wir können sie nicht mit ruhigem Gewissen ertragen; wir verlören damit unsere Ehren, unsere Vorrechte und Freiheiten." „Eine neue Art der unberechtigten Ausquetschung, der unbilligen Einziehung, unbekannt in Frankreich und besonders in Paris, so berichtet ein anderer Mann dieser Zeit, wurde angewendet, um die Ausgaben zu decken; man sagt, sie sei für den flandrischen Krieg bestimmt. Die servilen Räte und Minister des Königs wollten, daß die Käufer und Verkäufer 6 Deniers von jedem Pfund des Verkaufspreises zahlten. Die Adligen und die Nichtadligen ... schlossen sich durch einen Eid zur Aufrechterhaltung ihrer Freiheiten und der des Vaterlandes zusammen."

In der Tat ist die Erregung so groß und so allgemein, daß sich Städte und Feudalherren gegen den König verbünden. Es ist eines jener geschichtlichen Experimente, an denen man den Grad ihrer Interessenverschiedenheit, die Stärke der Spannung, die zwischen ihnen besteht, ablesen kann. Unter der gemeinsamen Bedrohung durch die Geldforderungen der Königsvertreter und bei der starken Erregung, die sie auf allen Seiten auslöst, ist hier noch eine Eidgenossenschaft zwischen Bürgertum und Adel möglich. Wird sie von Dauer, wird sie wirksam sein? Es wurde schon darauf hingewiesen, daß in anderen Ländern, vor allem in England, auf Grund eines anderen, gesellschaftlichen Aufbaus allmählich eine Annäherung und ein gemeinsames Vorgehen bestimmter, städtischer und ländlicher Schichten zustande kommt, die — bei allen Spannungen und Feindseligkeiten auch zwischen ihnen selbst — schließlich nicht wenig zur Beschränkung der Königsmacht beiträgt. Der Verlauf solcher Bündnisse in Frankreich ist ansatzweise bereits hier und dann später, mit der wachsenden Interdependenz der Stände, immer ausgeprägter ein anderer. Die Einigkeit der Stände hält nicht lange vor; die Stoßkraft ihrer gemeinsamen Aktionen ist durch das wechselseitige Mißtrauen gebrochen. „Zorn und Unzufriedenheit bringen die Annäherung zustande, ihr Interesse läßt keine Einigkeit aufkommen [119])."

<blockquote>
«Il sont lignée deslignée
Contrefaite et mal alignée.»
</blockquote>

So sagt ein Lied der Zeit von den Verbündeten. Immerhin hinterläßt diese gewaltsame Reaktion gegen die willkürlich auferlegten Umlagen einen starken Eindruck, nicht zuletzt bei den Königsbeamten selbst. Solche Erschütterungen im Innern des Herrschaftsgebietes sind nicht ohne Gefahr für die Führung des Konkurrenzkampfes mit den äußeren Rivalen. Die gesellschaftliche Stellung des Zentralherren ist noch nicht stark genug, damit er allein die Abgaben und ihre Höhe festlegen kann; die Gewichte sind noch so verteilt, daß er mit den Ständen, von denen er etwas haben will, von Gelegenheit zu Gelegenheit verhandeln und ihre Zustimmung gewinnen muß. Denn etwas anderes als gelegentliche und außergewöhnliche Abgaben, als Geldbeihilfen für einen bestimmten, konkreten Zweck, sind die „Aides" auch jetzt noch nicht. Das ändert sich erst allmählich im Laufe des hundertjährigen Krieges. Nun wird der Krieg zu einer Dauererscheinung, und mit ihm werden es die Geldabgaben, die der Zentralherr zu seiner Führung braucht.

27. «On ne peut comprendre et apprécier la lutte que la royauté eut à soutenir, quand elle voulut fonder et développer son pouvoir fiscal, qu'en cherchant à se rendre compte des forces sociales et des intérêts qu'elle rencontre et qui firent obstacles à ses desseins[120].» Dieser Satz weist in der Tat auf den Grundzug der Soziogenese des Steuermonopols hin. Gewiß sehen die Könige selbst ebensowenig, wie irgendeiner ihrer Partner in diesem Ringen voraus, welche neue Institution sich dabei herausbilden wird; sie haben nicht eigentlich die allgemeine Absicht, „ihre Steuermacht zu vergrößern"; sie und ihre Vertreter wollen zunächst ganz einfach von Fall zu Fall möglichst viel Geld aus ihrem Herrschaftsgebiet herausholen, und es sind jeweils ganz bestimmte, vorliegende Aufgaben und Ausgaben, die sie dazu drängen. Kein einzelner Mensch hat die Steuern oder das Steuermonopol geschaffen; kein Einzelner und auch keine Reihe von Einzelnen hat durch die Jahrhunderte, in denen sich diese Institution langsam herausbildet, nach einem festgelegten Plan auf dieses Ziel hingearbeitet. Die Steuern, wie jede andere Institution, ist ein Produkt der gesellschaftlichen Verflechtung. Sie entstehen — wie aus einem Parallelogramm der Kräfte — aus dem Ringen der verschiedenen, sozialen Gruppen und Interessen, bis schließlich, mehr oder weniger spät, das Instrument, das sich da in einem ständigen Erproben der gesellschaftlichen Stärkeverhältnisse entwickelt hat, von den Interessierten immer bewußter und, wenn man so will, planmäßiger zu einer festgefügten Organisation oder Institution ausgebaut wird. Auf diese Weise, im Zusammenhang mit einer allmählichen Umbildung der Gesellschaft und mit einer Verlagerung der Stärkeverhältnisse in ihr, verwandeln sich die gelegentlichen Beihilfen an den Guts- oder Territorialherren, die für einen bestimmten Kriegszug oder als Lösegeld im Falle seiner Gefangennahme oder auch zur Ausstattung

seiner Töchter und Söhne gefordert und gegeben werden, in regelmäßige Geldabgaben. Wenn sich in der vorwiegend natural wirtschaftenden Gesellschaft der Geld- und Handelssektor langsam vergrößert, wenn aus einem bestimmten Haus von Feudalherren allmählich ein Haus von Königen über ein immer größeres Gebiet wird, verwandelt sich die feudale «aide aux quatre cas» Schritt für Schritt in Steuern.

Von 1328, dann noch stärker von 1337 ab beschleunigt sich diese Umbildung der außerordentlichen Beihilfen in regelmäßige Abgaben. 1328 wird in bestimmten Teilen des Königsgebietes wieder eine direkte Umlage für den Krieg mit Flandern erhoben, 1335 in einer Reihe von westlichen Städten eine indirekte Umlage, eine Abgabe von jedem Verkauf, für die Ausrüstung einer Flotte, 1338 wird allen königlichen Beamten etwas von ihrer Bezahlung abgezogen, 1340 wird die Abgabe vom Verkauf der Waren von neuem und ganz allgemein wieder hergestellt, 1341 kommt eine Sonderabgabe vom Verkauf des Salzes, die «gabelle du sel» hinzu. 1344, 1345, 1346 fährt man fort diese indirekten Abgaben zu erheben. Nach der Schlacht bei Crécy versuchen es die Königsbeamten wieder mit einer persönlichen und direkten Abgabe, 1347 und 1348 kommt man wieder zu der indirekten Form, zu der Verkaufsabgabe, zurück. Alles das sind gewissermaßen Experimente; alle diese Erhebungen gelten, wie gesagt, als vorübergehende Beihilfen der Gesellschaft zur Kriegsführung des Königs; es sind «les aides sur le fait de la guerre». Der König und seine Beamten erklären immer von neuem, daß die Geldforderungen zusammen mit den Feindseligkeiten aufhören werden[121]). Und wenn immer die Vertreter der Stände Gelegenheit dazu haben, unterstreichen sie das; sie suchen, wenn möglich, eine gewisse Kontrolle darüber zu erhalten, daß die Gelder, die aus den „Aides" einkommen, auch tatsächlich nur für Kriegszwecke verwendet werden. Die Könige selbst aber halten sich, zum mindesten von Karl V. ab, niemals sehr streng an diese Forderung. Sie haben die Verfügungsgewalt über die Kasse der «Aides», und sie bestreiten, wenn es ihnen nötig scheint, auch Ausgaben für ihren eigenen Haushalt aus ihr oder geben etwas von den Geldern zur Belohnung einzelner Günstlinge fort. Diese ganze Entwicklung, dieser Zustrom von Geldern in die Kasse des Königs ebenso, wie die Aufstellung einer Kriegsmacht, die von diesen Geldern bezahlt wird, führt langsam, aber sicher zu einer außerordentlichen Stärkung der Zentralfunktion. Jeder der Stände, und voran der Adel, stemmt sich gewiß, so gut er kann, dem Machtgewinn der Zentralgewalt entgegen. Aber auch hier bereits schwächt die Vielspältigkeit ihrer Interessen diesen Widerstand. Sie sind viel zu sehr von dem Kriege betroffen, sie sind viel zu unmittelbar an einer erfolgreichen Abwehr der Engländer interessiert, um dem König Abgaben zur Kriegsführung verweigern zu können. Dabei hintertreibt die Stärke der Antagonismen zwischen ihnen selbst, zusammen mit der Stärke der lokalen Differenzierung, nicht nur ein gemeinsames Vorgehen zur Beschränkung der Geldforderungen des Königs oder zur Kontrolle der einkommenden Gelder, sie verhindert auch eine unmittelbare ständische Organisierung der Kriegsführung. Die Bedrohung von außen macht die Menschen dieser noch verhältnismäßig wenig einheitlichen und wenig interdependenten Gesellschaft auf den König, den obersten Koordinator, und auf seinen Herrschaftsapparat in besonderem Maße angewiesen. So müssen sie es geschehen lassen, daß Jahr für Jahr immer wieder von neuem „außerordentliche Beihilfen" für den Krieg, der nicht endet, im Namen des Königs ausgeschrieben werden.

Schließlich, nach der Gefangennahme König Johanns in der Schlacht bei Poitiers, wird zur Bezahlung des enormen Lösegeldes, das die Engländer fordern, zum ersten Mal eine Abgabe nicht nur für ein, sondern für sechs Jahre ausgeschrieben. Hier, wie so oft, treibt das große, akzidentelle Ereignis nur schneller voran, was sich seit langem im Aufbau der Gesellschaft vorbereitet hat. In Wirklichkeit wird diese Abgabe nicht nur während der folgenden sechs, sondern während der folgenden zwanzig Jahre fortlaufend erhoben, und man kann vermuten, daß sich in dieser Zeit nun schon eine gewisse Anpassung des Marktverkehrs an solche Abgaben vollzieht. Überdies kommen zu dieser Verkaufsabgabe für das Lösegeld des Königs immer wieder Abgaben für andere Zwecke hinzu, 1663 eine direkte Abgabe zur Deckung der unmittelbaren Kriegskosten, 1367 eine andere zur Bekämpfung der räuberischen Soldateska, 1369, bei der Wiederaufnahme des Krieges, neue direkte und indirekte Abgaben, darunter die besonders verhaßte Herdsteuer, die «fouages».

„Alles das ist gewiß noch die feudale «Aide», aber verallgemeinert, uniformiert und erhoben nicht nur in der Domäne des Königs, sondern im ganzen Königreich unter der Überwachung einer gesonderten, zentralisierten Verwaltungsapparatur[122]).‟ In der Tat bilden sich in dieser Phase des hundertjährigen Krieges, in der die «Aides» langsam zu einer Dauererscheinung werden, Schritt für Schritt auch spezialisierte Amtsfunktionen heraus, die dem Einziehen und der Gerichtsbarkeit dieser „außerordentlichen Abgaben" — so heißen sie nach wie vor — gewidmet sind. Erst sind sie einfach repräsentiert durch einige «Généraux sur le fait des finances», die das Heer der für die «Aides» Verantwortlichen rings im Land überwachen. Dann, im Jahre 1370, gibt es schon zwei oberste Verwalter, von denen sich einer speziell mit den Finanzsachen, der andere speziell mit den gerichtlichen Fragen befasst, die sich aus der Einziehung der «Aides» ergeben. Das ist die erste Erscheinungsform dessen, was dann später durch das ganze «ancien régime» hin einer der wichtigsten Organe der Steuerverwaltung bleibt, die erste Erscheinungsform der Chambre oder Cour des Aides. Aber hier, in den Jahren 1370—1380, ist diese Institution gewissermaßen noch im Prozeß der Bildung; sie hat noch keine Festigkeit; sie ist zunächst noch ein Versuch in dem offenen oder lautlosen Ringen, in dem die verschiedenen, gesellschaftlichen Kräftezentren beständig ihre Stärke auf die Probe stellen. Und ihr Anblick läßt noch nicht, wie der vieler fest und stabil gewordener Institutionen, das gesellschaftliche Kräftespiel, aus dem sie als Resultante hervorgeht, vergessen. Jedesmal, wenn das Königtum unter dem Widerstand der verschiedenen Bevölkerungsteile seine Abgabeforderungen einschränken muß, treten auch diese Amtsfunktionen zurück. Ihr Bestand und die Kurve ihres Wachstums ist ein ziemlich genauer Gradmesser für die gesellschaftliche Stärke der Zentralfunktion und des Zentralapparates im Verhältnis zu Adel, Klerus und den städtischen Schichten.

Unter Karl V. werden, wie gesagt, die «aides sur le fait de la guerre» so permanent, wie der Krieg selbst. Sie lasten auf einem Volke, das durch diesen Krieg, durch Verwüstungen, Feuersbrünste, Handelsschwierigkeiten und nicht zuletzt durch die ununterbrochenen Durchzüge von Truppen, die ernährt sein wollen und sich gewaltsam ernähren, verarmt. Um so mehr drücken die Geldabgaben, die der König verlangt; und um so stärker empfindet man es als etwas dem Herkommen Widersprechendes, daß sie nun aus einer Ausnahmeerscheinung zur Regel werden. Solange Karl V. lebt, findet das alles keinen sichtbaren Ausdruck. Die Not wächst im stillen; mit ihr auch die Unzufriedenheit. Aber es scheint, daß der König sich über diese wachsende Spannung im Lande, über die unterdrückte Erregung, die sich besonders gegen die Abgaben richtet, einigermaßen im klaren ist. Wahrscheinlich zieht er auch die Gefahr in Rechnung, die diese Stimmung heraufbeschwören muß, wenn statt seiner, statt eines alten, erfahrenen Königs, ein Kind, sein minderjähriger Sohn, unter der Vormundschaft der rivalisierenden Verwandten auf den Thron kommt. Und vielleicht verbindet sich mit dieser Angst vor der Zukunft auch eine Art von Gewissensbissen. Sicher erscheinen dem König die Abgaben, die sein Apparat nun jahrein jahraus eingetrieben hat, als unvermeidlich und unentbehrlich. Aber selbst für ihn, der den Nutzen davon hat, haftet offenbar an diesen Abgaben noch der Geruch des Unberechtigten. Jedenfalls zeichnet er wenige Stunden vor seinem Tode, am 16. September 1380, eine Verordnung, durch die vor allem einmal die drückendste und unbeliebteste Abgabe, die Herdsteuer, die Reiche, wie Arme in der gleichen Weise belastet, aufgehoben wird. Wie sehr diese Anordnung der Lage entspricht, die durch den Tod des Königs geschaffen wird, zeigt sich sehr rasch. Die Zentralfunktion ist geschwächt, und die verhaltenen Spannungen im Lande kommen zum Ausbruch. Die rivalisierenden Verwandten des toten Königs, vor allem Ludwig v. Anjou und Philipp der Kühne v. Burgund, streiten sich um die Vorherrschaft und nicht zuletzt um die Verfügung über den Königsschatz. Die Städte beginnen gegen die Abgaben zu revoltieren. Das Volk verjagt die Königsbeamten, die die «Aides» einziehen. Und die große Erregung der unteren, städtischen Schichten ist dem reicheren Bürgertum zunächst nicht unwillkommen. Beider Verlangen geht hier in die gleiche Richtung. Die städtischen Notabeln, die im November 1380 mit den Vertretern der anderen Stände in Paris zusammenkommen, verlangen die Abschaffung der Königsabgaben. Wahrscheinlich verspricht der Herzog v. Anjou und der Kanzler des Königs schon unmittelbar unter diesem Druck die Erfüllung ihres Verlangens. Und am 16. November 1380 wird dann im Namen des Königs eine Verordnung erlassen, durch die «doresnavant à tousjours — von nun an und für immer — tous les fouaiges, imposicions, gabelles, IIIIes, XIIIes, dont ils — die Untertanen — ont esté et sont moult grevés, touz aydes, subsides quelxconques qui pour le fait des dictes guerres ont esté imposez . . .», abgeschafft werden.

„Das ganze Finanzsystem der letzten 10 Jahre, alle Eroberungen, die in den Jahren 1358/59 und 1367/68 gemacht wurden, werden geopfert. Das Königtum ist beinahe um ein Jahrhundert zurückgeworfen. Es befindet sich nahezu am gleichen Punkt, wie am Anfang des hundertjährigen Krieges[123]."

Wie ein noch nicht zur Ruhe gekommenes Kräftesystem pendelt die Gesellschaft im Kampf um die Machtverteilung zwischen den verschiedenen Polen hin und her. Es spricht für die gesellschaftliche Stärke, die der Zentralapparat und die Königsfunktion in dieser Zeit tatsächlich schon besitzt, daß sie die verlorene Position verhältnismäßig außerordentlich schnell wieder gewinnen können, obgleich der König selbst ein Kind und völlig abhängig von den Verwaltern und Dienern der Königsfunktion ist. Was sich später unter Karl VII. von neuem und mit besonderer Deutlichkeit zeigt, tritt auch hier schon einigermaßen klar zutage: Die Chancen, die sich bei diesem Aufbau und bei dieser Lage der französischen Gesellschaft mit der Königsfunktion verbinden, sind bereits so groß, daß das Königtum an gesellschaftlicher Stärke zunehmen kann, selbst wenn der König persönlich schwach oder ganz unbedeutend ist. Die Angewiesenheit der Gruppen und Schichten dieser Gesellschaft auf einen obersten Koordinator, der den Austausch und die Zusammenarbeit der verschiedenen, gesellschaftlichen Funktionen und Bezirke in Gang hält, wächst mit ihrer Interdependenz, und sie wächst erst recht unter dem Druck einer Kriegsgefahr. Und so liefern sie dem, der die gemeinsamen Interessen, vor allem im Kampf mit äußeren Feinden, vertritt, dem König und seinen Vertretern, freiwillig oder unfreiwillig, auch hier sehr bald wieder die Mittel, die zur Kriegführung notwendig sind; aber sie liefern damit zugleich auch dem Königtum die Mittel zu ihrer eigenen Beherrschung.

1382/83 ist das Königtum, das heißt der König samt allen den Verwandten, Räten und Dienern, die in irgendeinem Sinn zum Herrschaftsapparat gehören, von neuem in der Lage, den Städten, den Hauptzentren des Widerstandes, die Abgaben, die es für nötig hält, zu diktieren.

Die Frage der Abgaben steht im Zentrum der städtischen Aufstandsbewegung des Jahres 1382. Aber im Kampf um die Abgaben und die Verteilung der Lasten des Zentralapparates wird, wie so oft, die Frage der ganzen Macht- und Herrschaftsverteilung erprobt und entschieden. Das Ziel, sich die Mitbestimmung bei der Erhebung und Verteilung der Abgaben, also — von einem zentralen Punkt her —

die Kontrolle der Herrschaftsapparatur zu sichern, steht den städtischen Notabeln in dieser Zeit ziemlich klar vor Augen; und nicht ihnen allein; auch die Vertreter der anderen Stände drängen in den Ständeversammlungen gelegentlich in die gleiche Richtung. Der Gesichtskreis der unteren und mittleren, städtischen Schichten ist im allgemeinen begrenzter; sie wollen vor allem eine Befreiung von den drückenden Lasten, sonst nichts. Schon in dieser Richtung sind die Ziele der verschiedenen, städtischen Gruppen nicht ganz die gleichen, wenn sie sich hier — im Verhältnis zum Zentralapparat des Landes — auch nicht notwendig feindlich gegenüberstehen. Im engeren Zirkel der Städte selbst steht es anders damit. Hier gehen die Interessen der verschiedenen Schichten bei aller Verflechtung und gerade wegen ihrer engen Verflechtung sehr weitgehend in entgegengesetzte Richtung.

Die Stadtgemeinden sind in dieser Zeit bereits recht differenzierte Gebilde. Es gibt in ihnen eine privilegierte Oberschicht, die eigentliche Bourgeoisie, deren monopolartige Sonderstellung in der Verfügung über die städtischen Ämter und damit über die Stadtfinanzen zum Ausdruck kommt. Es gibt eine Mittelschicht, eine Art von Kleinbürgertum, die weniger begüterten Handwerker und Gewerbetreibenden; und es gibt schließlich die Masse der Gesellen und Arbeiter, das „Volk". Und auch hier wieder bilden die Steuern den Knotenpunkt, an dem die Interdependenz, wie die Gegensätze besonders deutlich zutage treten. Wenn überhaupt klare Forderungen zum Ausdruck kommen, dann verlangen die mittleren und unteren Gruppen direkte und abgestufte Abgaben, die jeden nach seinem Vermögen treffen, während die städtische Oberschicht indirekte Abgaben oder Abgaben zu gleichen Teilen bevorzugt. Die Erregung des Volkes über die Abgaben und die erste Aufruhrwelle ist, wie so oft, zunächst der städtischen Oberschicht nicht unwillkommen. Sie begünstigt die Bewegung, solange sie ihre eigene Opposition gegen das Königtum oder auch gegen den lokalen Feudalherren stärkt. Aber sehr schnell kehrt sich der Aufruhr gegen die Begüterten in der Stadt selbst. Er wird z. T. zu einem Kampf um die Stadtverwaltung zwischen dem herrschenden, bürgerlichen Patriziat und den mittleren Schichten, die zum mindesten ihren Anteil an den städtischen Ämtern verlangen, wie im größeren Bezirk die städtischen Notabeln ihren Anteil an der Herrschaft des Landes. Die städtische Oberschicht flieht oder setzt sich zur Wehr; und schließlich bedeutet für sie in diesem Stadium des Kampfes das Eintreffen der königlichen Truppen meistens eine Rettung.

Es führt hier zu weit diese Kämpfe und die Aufstandsbewegungen der verschiedenen Städte im einzelnen zu verfolgen. Sie enden mit einer weiteren Gewichtsverschiebung zugunsten des Zentralapparates und des Königtums. Die Hauptträdelsführer, vor allem die, die die Abgaben verweigert hatten, werden mit dem Tode bestraft, andere mit schweren Geldbußen. Den Städten als Ganzem werden hohe Geldabgaben auferlegt. In Paris werden die festen Königsburgen oder Bastillen verstärkt und neue gebaut, die von königlichen «gens d'armes» besetzt sind. Und die städtischen Freiheiten werden beschränkt. Mehr und mehr werden von nun ab die lokalen Stadtverwaltungen königlichen Beamten unterstellt, bis auch sie im wesentlichen Organe des königlichen Herrschaftsapparates sind; damit reicht dann die Stufenleiter des zentralen Herrschaftsapparates, deren Stelleninhaber die Spitzengruppe des Bürgertums bilden, von den Ministerposten und den höchsten Gerichtsämtern bis zu den Stellen der Bürger- und Zunftmeister. Und die Frage der Abgaben als Ganzes ist in dem gleichen Sinne entschieden. Sie werden nun von der Zentrale diktiert.

Prüft man die Gründe, aus denen diese Machtprobe so schnell und so entschieden zugunsten der Zentralfunktion ausgeht, dann stößt man auch hier auf das Bild, von dem schon so oft die Rede war: Es ist die Stärke der Antagonismen zwischen den verschiedenen Gruppen dieser Gesellschaft, die der Zentralfunktion ihre Stärke gibt. Die bürgerliche Oberschicht steht nicht nur in einem Spannungsverhältnis zu den weltlichen und geistlichen Feudalherren, sondern auch zu den unteren, städtischen Schichten. Hier ist es vor allem die Uneinigkeit der städtischen Schichten selbst, die den Zentralherren begünstigt. Und nicht weniger wichtig ist die Tatsache, daß auch zwischen den verschiedenen Städten des Königreichs noch kaum eine engere Verbindung besteht. Es gibt schwache Tendenzen zu einem gemeinsamen Vorgehen mehrerer Städte. Aber zu einer gemeinsamen Aktion ist die Verflechtung noch längst nicht eng genug. Die verschiedenen Städte stehen einander in gewissem Sinne noch wie fremde Herrschaftseinheiten gegenüber; überdies besteht auch zwischen ihnen ein mehr oder weniger ausgeprägter Konkurrenzkampf. So schließen die Königsvertreter zunächst einen halben Frieden mit Paris, um freie Hand gegenüber den flandrischen Städten zu haben. Derart gesichert, brechen sie den städtischen Widerstand in Flandern; dann brechen sie den Widerstand in Rouen, dann in Paris. Sie besiegen jede Stadt einzeln. Nicht nur die soziale, auch die regionale Zerspaltenheit — sofern sie sich, wie hier, in bestimmten Grenzen hält und mit einer gewissen Interdependenz Hand in Hand geht — begünstigt die Zentralfunktion. Gegenüber dem gesammelten Widerstand aller Bevölkerungsteile müßte das Königtum unterliegen. Jeder einzelnen Schicht, jeder einzelnen Region gegenüber ist die Zentralfunktion, der Machtmittel aus dem ganzen Lande zuströmen, der stärkere Teil.

Auch noch weiterhin versuchen Teile der Gesellschaft immer wieder einmal die wachsende Macht der Zentralfunktion einzuschränken oder zu brechen. Jedesmal stellt sich auf Grund der gleichen Aufbaugesetzlichkeit das erschütterte Spannungsgleichgewicht dieser Gesellschaft zugunsten des Königtums nach einiger Zeit von neuem her, und jede Machtprobe dieser Art treibt nur die Verfügungsgewalt des Zentralherren um ein weiteres Stück voran. Die Geldabgaben an den König, die Steuern, verschwinden dann und wann noch immer einmal für kurze Zeit oder sie werden für kurze Zeit wieder einmal eingeschränkt; aber sie leben auch stets sehr bald wieder auf. Und genau so verschwinden und erstehen wieder die Ämter, die sich mit der Verwaltung und Einziehung der Abgaben beschäftigen. Die Bildungsgeschichte der «Chambre des Aides» zum Beispiel ist voll von solchen Erschütterungen und plötzlichen Umschlägen. Da sind mehrere aufeinanderfolgende Wiederaufstehungen von 1370 bis 1390. Dann wieder 1413, 1418, 1425, 1462, 1464, 1474 erlebt sie, wie ihr Geschichtsschreiber sagt, „Überschwänge des Lebens und des Sterbens, das ganze Unvorhersehbare der Wiederauferstehungen[124]", bis schließlich eine festgefügte Institution des königlichen Herrschaftsapparates daraus wird. Und wenn sich auch ganz gewiß nicht nur die großen, sozialen Machtproben in diesen Schwankungen spiegeln, so gibt dieses Hin und Her im Werden der einzelnen Institution dennoch ein gewisses Bild von der Soziogenese der Königsfunktion, von dem Werden der Monopolorganisation überhaupt; es macht verständlich, wie wenig alle diese Funktionen und Gebilde aus langfristigen Plänen und als bewußte Schöpfungen Einzelner, wie sehr sie als Verflechtungserscheinungen im beständigen Ringen der gesellschaftlichen Kräfte, in tausend kleinen Schritten und Tastversuchen entstehen.

27. Die einzelnen Könige selbst sind in ihren Handlungen, in der Entfaltung ihrer persönlichen Kräfte völlig abhängig von der Lage, in der sie die Königsfunktion vorfinden. Selten zeigt sich das so deutlich, wie bei Karl VII. Er ist, als Individuum betrachtet, gewiß nicht sonderlich stark; er ist keine mächtige und große Person. Dennoch wird — nachdem nun einmal, durch welche Verflechtungen immer, die Engländer aus seinem Gebiet vertrieben sind — das Königtum in seiner Regierungszeit stärker und stärker. Der König steht nun als siegreicher Heerführer vor seinem Volke, so wenig er es persönlich ist. Im Kriege haben sich die ganzen finanziellen und menschlichen Hilfsmittel des Landes in der Hand der Zentralgewalt gesammelt. Die Zentralisierung der Heerführung, die monopolistische Verfügung über die Ab-

gaben ist ein gutes Stück vorangekommen. Der äußere Feind ist vertrieben, aber das Heer oder wenigstens ein guter Teil des Heeres ist noch da. Es gibt dem König ein solches Übergewicht im Innern, daß der Widerstand der Stände gegen seine Wünsche so gut wie aussichtslos ist, zumal die erschöpfte Bevölkerung vor allem eines wünscht und braucht: Frieden. In dieser Situation läßt der König 1436 erklären, daß ihm die Nation die «Aides» für unbegrenzte Zeit bewilligt habe, daß man ihn gebeten habe, nicht mehr erst die Stände zu versammeln, um über die Abgaben abzustimmen; die Kosten der Reise zu den Ständeversammlungen, so sagt er, seien eine allzu schwere Belastung für das Volk.

Diese Begründung ist gewiß aus der Luft gegriffen; die Maßnahme selbst, die Ausschaltung der Ständeversammlungen ist einfach ein Ausdruck für die gesellschaftliche Stärke des Königtums. Diese Stärke ist so groß geworden, daß die «Aides», die während des Krieges tatsächlich schon mehr oder weniger zu einer Dauererscheinung geworden sind, nun auch unverdeckt zu einer dauernden Einrichtung erklärt werden können; und diese Stärke ist auch bereits so unzweideutig geworden, daß der König die Verständigung mit den Besteuerten über Höhe und Art der Umlagen für unnötig hält. Es kommt, wie gesagt, auch weiterhin immer wieder einmal zu Rückschlägen, zu Widerstandsversuchen der Stände. Auch die Ausschaltung der ständischen Parlamente und die diktatorische Verfügungsgewalt der Könige verfestigt sich nicht ohne eine Reihe von Machtproben. Aber jede dieser Machtproben zeigt immer von neuem und immer entschiedener, wie zwingend in dieser Phase mit der fortschreitenden Differenzierung und Verflechtung der Gesellschaft auch die Stärke der Zentralfunktion wächst. Immer wieder ist es die in der Hand der Zentrale konzentrierte Kriegsmacht, die die Verfügungsgewalt der Zentralfunktion über die Abgaben sichert und steigert, und es ist die konzentrierte Verfügung über die Steuern, die eine immer stärkere Monopolisierung der physischen Gewaltausübung, der Kriegsmacht, ermöglicht. Schritt

Zur Soziogenese des Steuermonopols.

für Schritt schrauben sich beide Machtmittel hoch, bis sich schließlich an einem bestimmten Punkt die überlegene Stärke, die die Zentralfunktion in diesem Prozeß gewinnt, vor den Augen der erstaunten und erbitterten Zeitgenossen unverhüllt zeigt. Auch hier wieder macht, besser als jede Beschreibung, die zeitgenössische Stimme selbst dem Rückblickenden verständlich, wie das alles als etwas Neues über die Menschen hereinbricht, sie wissen nicht wie und warum.

Als unter Karl VII. der Zentralapparat beginnt, ganz offen Abgaben für die Dauer und ohne Einwilligung der Stände auszuschreiben und einzuziehen, schreibt Juvenal des Ursines, Erzbischof von Reims, an den König einen Brief darüber. Darin steht, frei übersetzt, unter anderem folgendes[125]):

„Wenn Eure Vorgänger einen Krieg vorhatten, dann gehörte es zu ihren Gepflogenheiten, die drei Stände versammeln zu lassen; sie forderten die Leute der Kirche, die Adligen und das gemeine Volk auf, in einer ihrer guten Städte mit ihnen zusammenzukommen. Dann kamen sie und ließen dort darlegen, wie die Sachen stünden, um dem Feind Widerstand zu leisten, und verlangten, daß man beriet, wie er seinen Krieg durchführen könne, um ihm dann, entsprechend dieser Beratung, mit Abgaben zu helfen. Ihr selbst habt es immer so gehalten, bis ihr gesehen und erkannt habt, daß Gott und Fortuna — die wandelbar ist — Euch so geholfen haben, daß Ihr Euch darüber erhaben fühltet. Die Aides und andere Abgaben setzt Ihr an und duldet, daß man sie ansetzt, wie Abgaben von Euren Domänen ohne die Einwilligung Eurer drei Stände.

Früher ... konnte man dieses Königreich mit gutem Recht «Royaume France» nennen, denn sie pflegten frei (francs) zu sein und hatten alle Freiheiten (franchises et libertés). Heute sind sie nicht mehr als Sklaven, besteuert nach Willkür (taillables à voulenté). Betrachtet man die Bevölkerung des Königreichs, so findet man nur noch den zehnten Teil derjenigen, die früher da war. Ich wünschte Eure Macht nicht zu verringern, sondern sie nach meinem kleinen Vermögen zu vergrößern. Es besteht kein Zweifel darüber, daß ein Fürst und Sie besonders von seinen Untertanen etwas abschneiden (tailler) und Aides erheben kann in bestimmten Fällen und besonders, um das Königreich und die öffentliche Sache (chose publique) zu verteidigen. Aber er muß sich darüber in vernünftiger Weise verständigen. Was meine Aufgabe, ist nicht seine. Mag sein, daß Sie in Sachen der Justizverwaltung souverän sind, und daß das Ihr Ressort ist. Aber was die Domanial-Einkünfte angeht, so haben Sie ihre Domäne und jeder Privatmann die seine (N. B. Das heißt mit anderen Worten, der König soll sich gefälligst von seinen Gütern, von seinen Domanialeinkünften ernähren, und sich nicht die souveräne Verfügung über die Abgaben des ganzen Landes anmaßen). Und heute schneidet man die Untertanen nicht nur, man schert ihnen nicht nur einfach die Wolle, sondern die Haut, das Fleisch und das Blut bis auf die Knochen."

Und an einer anderen Stelle gibt der Erzbischof seiner Empörung noch unverhüllter Ausdruck:

„Der verdient seiner Herrschaft beraubt zu werden, der sie nach Willkür gebraucht und nicht zur Hälfte zum Vorteil seiner Untertanen ... Hüten Sie sich also, daß der dicke Überfluß an Geld (wörtlich: das große Fett, die große Fülle), der Ihnen aus den Aides zufließt, die sie aus dem Körper ziehen, nicht ihre Seele zerstört. Sie sind auch der Chef dieses Körpers. Wäre es nicht große Tyrannei, wenn der Chef einer menschlichen Kreatur Herz, Hände und Füße (N. B. Wohl symbolisch für Geistlichkeit, Krieger und gemeines Volk) zerstören würde."

Von nun an und für lange Zeit sind es die Untertanen, die auf den öffentlichen Charakter in der Funktion des Königs hinweisen. Ausdrücke, wie „öffentliche Sache", wie „Vaterland" und selbst wie „Staat" werden zunächst meist in der Opposition zu den Fürsten und Königen gebraucht. Die Zentralherren selbst verfügen in dieser Phase über die monopolisierten Chancen, und vor allem über die Abgaben ihres Herrschaftsgebietes — Juvenal des Ursins sagt es —, wie über ein privates Besitztum. Und auch in diesem Sinne, als Antwort auf den oppositionellen Gebrauch solcher Worte, wie Vaterland oder Staat, muß man das einem König zugeschriebene Wort verstehen: „Der Staat bin ich".

Das Erstaunen über diese ganze Entwicklungsrichtung aber beschränkt sich nicht auf die Franzosen. Das Regime, das sich da in Frankreich herausbildet, die Stärke und Festigkeit des Zentralapparates und der Zentralfunktion, die früher oder später auf Grund analoger Strukturen dann in fast allen Ländern Europas zutage tritt, ist im 15. Jahrhundert erst recht etwas Erstaunliches und Neues für das Auge nichtfranzösischer Beobachter. Man braucht nur die Berichte der venezianischen Gesandten dieser Zeit zu lesen, um einen Eindruck davon zu erhalten, wie hier in Frankreich vor dem fremden Beobachter, und ganz gewiß vor einem Beobachter mit weitem Gesichtskreis und mannigfacher Erfahrung in solchen Dingen, die Vision einer Regierungsform auftaucht, die ihm unbekannt ist.

1492 schickt Venedig zwei Gesandte nach Paris, offiziell um Karl VIII. zu seiner Hochzeit mit Anne v. Bretagne Glück zu wünschen, aber in Wirklichkeit ohne Zweifel auch, um sich darüber zu unterrichten, wie und wo Frankreich seine Macht in Italien einzusetzen gedenkt und, ganz allgemein, auch darüber, wie es eigentlich in Frankreich aussieht, wie es mit seinen Finanzen steht, was der König und die Regierenden für Leute sind, was für Erzeugnisse man dort aus- und einführt, welche Parteiungen es gibt; die Gesandten sollen sich mit einem Wort über alles informieren, was wissenswert ist, damit Venedig politisch richtig zu handeln vermag. Und auch diese Gesandtschaften, die nun allmählich aus einer gelegentlichen zu einer ständigen Einrichtung werden, sind ein Zeichen dafür, wie Europa langsam in dieser Zeit über größere Räume hin interdependent wird.

Dementsprechend findet man in dem Bericht unter anderem eine genaue Darlegung der französischen Finanzen und des Finanzgebahrens in diesem Lande. Der Gesandte schätzt, daß der König etwa 3 600 000 Franken Einnahmen jährlich habe — davon «1 400 000 franchi da alcune imposizioni che si solevano metter estraordinarie ... le quali si sono continuate per tal modo che al presente sono fatte ordinarie.» Die Ausgaben de Königs schätzt der Gesandte auf 6 600 000 oder 7 300 000 franchi. Das Defizit, das auf diese Weise entsteht, wird, so berichtet er, auf folgende Weise eingebracht:

„Jedes Jahr, im Januar, versammeln sich die Direktoren der Finanzverwaltung jedes Gebietes — also die des eigentlichen Königsgebietes, die der Dauphiné, der Languedoc, der Bretagne und von

Zur Soziogenese des Staates.

Burgund — und machen einen Überschlag (fanno il calcolo) über die Einkünfte und Ausgaben für die Bedürfnisse des folgenden Jahres. Und zwar betrachten sie zuerst die Ausgaben (prima mettono tutta la spesa), und in Höhe des Defizits zwischen den Ausgaben und den zu erwartenden Einnahmen setzen sie eine allgemeine Steuer für alle Provinzen des Königreiches an. Von diesen Steuern zahlen weder Prälaten noch Edelleute irgend etwas, sondern nur das Volk. Auf diese Weise bringen die ordentlichen Einnahmen und diese taille soviel ein, als die Ausgaben des kommenden Jahres betragen mögen. Wenn während dieses Jahres ein Krieg ausbricht oder irgendeine andere, unerwartete Gelegenheit zu Ausgaben, so daß diese Ausschreibung nicht genügt, setzt man irgendeine andere Steuer an oder man beschneidet und vermindert die Pensionen, so daß man sich bei allen Gelegenheiten die nötige Summe verschafft [126].''

Es ist bisher häufig von der Bildung des Steuermonopols die Rede gewesen. Hier, in dieser Schilderung des venezianischen Gesandten, erhält man ein klares Bild von seiner Gestalt und seinem Funktionieren auf dieser Stufe der Entwicklung. Man stößt in dieser Schilderung zugleich auf eine der wichtigsten Struktureigentümlichkeiten, auf eine der Schlüsselstellungen im Aufbau des Absolutismus und — bis zu einem gewissen Grade — des „Staates" überhaupt: Die Ausgaben haben das Primat vor den Einnahmen. Dem einzelnen Menschen in der Gesellschaft, vor allem dem einzelnen, bürgerlichen Menschen, wird es im Lauf der Entwicklung immer stärker zur Gewohnheit und zur Notwendigkeit gemacht, seine Ausgaben ganz streng nach seinen Einnahmen zu richten. Im Haushalt eines gesellschaftlichen Ganzen dagegen bilden die Ausgaben den festen Punkt; und von ihnen werden die Einnahmen abhängig gemacht, nämlich die Abgaben, die man auf Grund des Steuermonopols von den einzelnen Mitgliedern der Gesellschaft fordert. Auch das ist ein Beispiel dafür, wie das Ganze, das sich aus der Verflechtung der Individuen ergibt, Aufbaueigentümlichkeiten besitzt und Gesetzlichkeiten unterliegt, die von denen des einzelnen Menschen verschieden und nicht vom Einzelnen her zu verstehen sind. Die einzige Grenze, die dem Geldbedarf einer solchen gesellschaftlichen Zentrale gesetzt ist, bildet die Steuerkapazität der Gesamtgesellschaft und die gesellschaftliche Stärke der einzelnen Gruppen im Verhältnis zu den verfügungsberechtigten Herren des Steuermonopols innerhalb ihrer. Später, wenn diese Monopolverwaltung unter die Kontrolle breiterer, bürgerlicher Schichten gekommen ist, trennt sich die Haushaltsführung der Gesamtgesellschaft mit aller Entschiedenheit von der Haushaltsführung der einzelnen Personen, die die zentralen Monopole als Funktionäre der Gesellschaft verwalten; die Gesellschaft als Ganzes, der Staat, kann und muß nach, wie vor die Abgabeforderungen, die Einnahmen, wesentlich von den gesellschaftlich notwendigen Ausgaben abhängig machen; die Könige, die einzelnen Zentralherren aber müssen sich nun bereits verhalten, wie jeder andere Einzelne; sie haben ihre genau festgelegten Bezüge und richten ihre Ausgaben nach ihren Einnahmen.

Hier, in der ersten Phase des vollendeten Monopols, verhält es sich anders. Königshaushalt und Gesellschaftshaushalt sind noch ungetrennt. Die Könige machen die Abgaben, die sie fordern, von den Ausgaben abhängig, die sie für notwendig halten, ob es sich nun um Ausgaben für Kriege oder für den Bau von Schlössern und um Geschenke an ihre Günstlinge handelt. Die Schlüsselmonopole der Herrschaft haben hier in der Tat den Charakter von persönlichen Monopolen. Aber was, von uns aus gesehen, nur der erste Abschnitt auf dem Wege der Bildung von gesellschaftlichen oder öffentlichen Monopolen ist, das erscheint vor den Augen dieser venezianischen Beobachter in der Zeit um 1500 als eine Neubildung, die sie nicht ohne Neugierde betrachten, wie man nun einmal unbekannte Sitten und Gebräuche fremder Völker zu betrachten pflegt. Bei ihnen zu Hause sieht es anders aus. Die Verfügungsgewalt der obersten venezianischen Behörde, ist, ähnlich, wie die der mittelalterlichen Fürsten, durch Selbstverwaltungsrechte und -körperschaften der verschiedenen Regionen und Stände in hohem Maße beschränkt. Auch Venedig ist das Zentrum eines größeren Herrschaftsgebietes. Andere Munizipalitäten haben sich freiwillig oder unfreiwillig unter seine Herrschaft begeben. Aber selbst bei unterworfenen Kommunen gehört es fast immer zu den Bedingungen, unter denen sie sich in das Herrschaftsgebiet Venedigs eingliedern lassen, „daß keine neue Auflage eingeführt werden dürfe ohne die Billigung der Mehrheit der Räte [127])". In den leidenschaftslosen Berichten des Außenstehenden, des venezianischen Gesandten, kommt die Umwandlung, die sich in Frankreich vollzogen hat, vielleicht noch stärker zum Ausdruck als zuvor in den Worten des betroffenen Erzbischofs von Reims.

1535 steht in dem Bericht des venezianischen Gesandten folgendes:

„Abgesehen davon, daß der König mächtig durch seine Waffen ist, er hat auch durch den Gehorsam seines Volkes Geld. Ich sage, daß seine Majestät gewöhnlich Einnahmen von zweieinhalb Millionen hat. Ich sage ‚gewöhnlich'; denn, wenn er will, kann er die Abgaben von seinem Volk erhöhen. Soviel Lasten, wie er ihnen auferlegt, soviel zahlen sie ohne jede Einschränkung. Aber ich muß in dieser Hinsicht sagen, daß die Landbevölkerung, die den Hauptteil dieser Lasten trägt, sehr arm ist, so daß jede Vermehrung der Lasten, wie gering sie sei, unerträglich sein würde."

1546 schließlich gibt der venezianische Gesandte Marino Cavalli einen ausführlichen und genauen Bericht über Frankreich, in dem das Eigentümliche an der Regierungsform dieses Landes, wie es sich für das Auge eines unbeteiligten Mannes mit weitem Gesichtskreis in dieser Zeit darstellt, besonders deutlich zutage tritt.

„Viele Königreiche, heißt es da [128]) unter anderem, sind fruchtbarer und reicher als Frankreich, zum Beispiel Ungarn und Italien, viele sind größer und mächtiger, zum Beispiel Deutschland und Spanien. Aber keines ist so geeint und so gehorsam, wie Frankreich. Ich glaube nicht, daß etwas anderes die Ursache seines Ansehens ist, als diese beiden: Einheitlichkeit und Gehorsam (unione e obbedienza). Gewiß ist die Freiheit, die am meisten ersehnte Gabe der Welt; aber nicht alle sind ihrer würdig. Daher sind gewöhnlich die einen Völker ganz zum Gehorsam geboren, die anderen zum Befehlen. Macht man es umgekehrt, dann geht es, wie gegenwärtig in Deutschland, wie früher in Spanien. Indes haben die Franzosen, die sich vielleicht dafür als ungeeignet erkannten, ihre Freiheit und ihren Willen vollkommen dem König übergeben. So genügt es, daß er sagt: Ich will so und soviel, ich bewillige so und soviel, ich beschließe so und soviel. Und das Ganze wird exekutiert und prompt getan, als ob sie alle das beschlossen hätten. Die Sache ist schon so weit gegangen daß heute einer von ihnen, der mehr Geist besitzt, als die anderen, gesagt hat: Früher hätten sich ihre Könige ‚reges Francorum' genannt, heute können sie sich ‚reges servorum' nennen. So zahlt man dem König nicht nur alles, was er verlangt, sondern alles andere Kapital ist ebenfalls dem Zugriff des Königs offen.

Vergrößert hat diesen Gehorsam des Volkes Karl VII., nachdem er das Land vom Joch der Engländer befreit hatte, nach ihm Ludwig XI. und Karl VIII., der Neapel eroberte. Ludwig XII. trug sein Teil dazu bei. Aber der regierende König (Franz I.) kann sich rühmen, alle seine Vorgänger um ein großes Stück übertroffen zu haben: Er läßt seine Untertanen Außerordentliches zahlen, soviel wie er will; er vereinigt neue Besitzungen mit dem Krongut, ohne etwas davon wieder fortzugeben. Und wenn er etwas davon wegschenkt, dann hat es nur Gültigkeit für die Lebenszeit des Schenkenden oder des Beschenkten. Und wenn einer oder der andere zu lange lebt, zieht man die ganze Schenkung als etwas der Krone Abträgliches zurück. Es ist wahr, daß einige nachher bestätigt werden. Und was sie in dieser Beziehung tun, tun sie auch mit Bezug auf die Anführer und die verschiedenen Grade der Miliz. Wenn also jemand in Euern Dienst tritt und sagt, er hat bei den Franzosen so und soviel Lohn, soviel Titel und Versorgungen gehabt, dann wird Eure Serenität wissen, von welcher Art diese Versorgungen, Titel und Schenkungen sind. Viele gelangen nie dazu oder nur ein einziges Mal in ihrem Leben bei einer Gelegenheit, manche bleiben zwei, drei Jahre ohne irgendeine Belohnung (che non toccano un soldo) zu bekommen. Eure Serenität, die nicht nur ganz bestimmte, sondern gewissermaßen erbliche Dinge vergibt, soll sich ganz gewiß nicht durch das Beispiel dessen, was man woanders macht, beeinflussen lassen. Für mein Urteil ist die Gewohnheit, nur für Lebenszeit zu geben ... ausgezeichnet. Sie gibt dem König immer Gelegenheit, dem Schenkungen zu machen, der es verdient; und es bleibt ihm immer etwas zu verschenken. Wenn die Schenkungen erblich wären, hätten wir zunächst jetzt ein verarmtes Francien, und die gegenwärtigen Könige hätten nichts mehr zu verschenken; so indessen werden sie von Personen bedient, die mehr Verdienste haben als die Erben irgendwelcher früheren Beschenkten. Eure Serenität mögen daran denken, wenn Frankreich das so macht, was sollten dann die anderen Fürsten tun, die nicht über ein so großes Land herrschen. Wenn man sich nicht gut überlegt, wozu diese erblichen Schenkungen führen — zur Erhaltung der Familie, wie man sagt — dann wird es eintreten, daß man keine anständigen Belohnungen mehr für die wirklich verdienten Menschen hat, oder man wird dem Volk neue Lasten auferlegen müssen. Das eine, wie das andere ist ungerecht und schädlich genug. Gibt man nur für Lebenszeit, so belohnt man nur die, die es verdienen. Die Güter zirkulieren und kommen nach einiger Zeit zum Fiskus zurück.... Seit achtzig Jahren hat man kontinuierlich mit der Krone Neues vereinigt, ohne etwas fortzugeben, durch Konfiskation, Eintritt in die Nachfolge oder Kauf. Auf diese Weise hat die Krone dermaßen alles absorbiert, daß es keinen einzigen Fürsten im ganzen Reich mehr gibt, der zwanzigtausend Scudi Einkommen besitzt. Und überdies sind die, welche Einkünfte und Ländereien besitzen, nicht ordentliche Besitzer; denn dann bleibt die Krone die Oberherrschaft kraft der Appelationen, der Umlagen, der Soldatengarnisonen und all der anderen neuen und außerordentlichen Lasten. Die Krone wird immer reicher, einheitlicher und bekommt ein riesiges Renomée; und das macht sie sicher vor Bürgerkriegen. Denn da es nichts als arme Fürsten gibt, so haben sie weder den Sinn noch die Möglichkeit, etwas gegen den König zu versuchen, wie es ehemals die Herzöge von Bretagne, Normandie, Burgund und viele andere große Herren der Gascogne machten. Und wenn sich jemand findet, der etwas Unüberlegtes tut, und versucht sich zu rühren, um irgendeine Änderung herbeizuführen, wie der v. Bourbon, das gibt dem König nur noch rascher Gelegenheit, sich durch dessen Ruin zu bereichern."

Hier hat man noch einmal, in einer Vision zusammengefaßt, einen Überblick über die entscheidenden Aufbaueigentümlichkeiten des werdenden Absolutismus. Ein Feudalherr hat die Vormacht vor allen seinen Konkurrenten, die Oberherrschaft über alle Böden gewonnen. Und diese Verfügung über die Böden kommerzialisiert oder monetisiert sich mehr und mehr. Die Wandlung äußert sich einmal darin, daß der König ein Monopol der Abgabeneinziehung und -festsetzung über das ganze Land hin besitzt, so daß er über das bei weitem größte Einkommen des Landes verfügt. Aus dem Boden besitzenden und Boden vergebenden König wird mehr und mehr ein über Geld verfügender und Geldrenten vergebender König. Eben damit vermag er auch immer mehr den verhängnisvollen Zirkel der naturalwirtschaftlichen Herrscher zu durchbrechen. Er bezahlt die Dienste, die er braucht, die militärischen Dienste, wie die höfischen oder die Verwaltungsdienste, nicht mehr durch Weggabe von Teilen seines Besitzes an die Dienenden, als deren erbliches Eigentum, wie es zum Teil offenbar noch in Venedig der Fall ist, sondern er gibt bestenfalls Böden und Geldrenten auf Lebenszeit weg, und zieht sie dann wieder ein, so daß sich der Kronbesitz nicht verringert; und in einer immer größeren Anzahl von Fällen belohnt er die Dienste nur noch mit Geldgeschenken, mit Gehältern. Er zentralisiert die Abgaben des ganzen Landes und verteilt die einströmenden Gelder wieder nach seinem Gutdünken und im Interesse seiner Herrschaft, so daß eine gewaltige und eine immer wachsende Anzahl Menschen im ganzen Lande mittelbar oder unmittelbar von der Gunst des Königs, von den Geldzahlungen der königlichen Finanzverwaltung abhängt. Es sind die mehr oder weniger privaten Interessen der Könige und ihrer nächsten Diener, die zu einer Ausnutzung der gesellschaftlichen Chancen in dieser Richtung hin drängen; aber was sich in dem Interessenkampf der verschiedenen, sozialen Funktionen herausbildet, ist jene Organisationsform der Gesellschaft, die wir „Staat" nennen. Das Steuermonopol ist zusammen mit dem Monopol der physischen Gewalt das Rückgrad dieser Organisationsform. Man kann die Genese, man kann das Vorhandensein von „Staaten" nicht verstehen, solange man sich nicht — sei es auch zunächst nur am Beispiel eines Landes — darüber Rechenschaft gibt, wie sich eines dieser Zentralinstitute des „Staates" im Zuge der Beziehungsdynamik, nämlich auf Grund einer ganz bestimmten Zwangsläufigkeit der Beziehungsstrukturen, der ineinander verflochtenen Interessen und Aktionen, Schritt für Schritt heranbildet. Das Zentralorgan der Gesellschaft erhält bereits hier — man sieht es aus dem Bericht des Venezianers — eine bisher unbekannte Stabilität und Stärke, weil sein verfügungsberechtigter Herr dank der Monetisierung der Gesamtgesellschaft zur Bezahlung von Diensten nicht mehr

Ländereien aus seinem eigenen Besitzvorrat zu vergeben braucht, der sich ohne Expansion mehr oder weniger rasch erschöpfen müßte, sondern nur noch Geldsummen aus den regelmäßig fließenden Steuereinnahmen. Die Eigenart des Geldes aber überhebt ihn schließlich auch jener Notwendigkeit, die sich zunächst von der Belohnung mit Böden auf die Belohnung mit Geld übertragen hatte: Sie überhebt ihn der Notwendigkeit, Dienste durch ein lebenslängliches und vererbliches Besitztum zu vergelten. Sie macht es möglich eine einzelne Dienstleistung oder eine Reihe von Dienstleistungen jeweils durch eine entsprechend große, einmalige Zahlung zu vergelten, durch einen Lohn oder ein Gehalt. Die mannigfachen und weitreichenden Konsequenzen dieser Wandlung müssen hier beiseite bleiben. Das Erstaunen des Venezianischen Gesandten zeigt zur Genüge, wie hier dieser heute alltägliche und selbstverständliche Gebrauch als etwas Neues vor den Augen der Menschen auftaucht. Zugleich zeigen die Erläuterungen, die er gibt, noch einmal besonders deutlich, weshalb erst die Monetisierung der Gesellschaft stabile Zentralorgane möglich macht: Die Geldzahlung hält alle darauf Angewiesenen in dauernder Abhängigkeit von der Zentrale. Nun erst können die zentrifugalen Tendenzen endgültig gebrochen werden.

Und aus diesem größeren Zusammenhang heraus muß man also auch verstehen, was dem Adel in dieser Zeit geschieht: Der König hat in der vorangehenden Zeit, als der übrige Adel noch stärker war, seine Macht als Zentralherr in gewissen Grenzen zugunsten des Bürgertums eingesetzt; so ist aus seinem Herrschaftsapparat eine Bastion des Bürgertums geworden. Nun, da im Zuge der Geldverflechtung und der militärischen Zentralisierung die Krieger, die Gutsherren, der Adel immer mehr ins Sinken kommt, setzt der König sein Gewicht und die Chancen, die er zu verteilen hat, in bestimmten Grenzen wieder etwas mehr zugunsten des Adels ein. Er schafft einem Teil des Adels die Möglichkeit, als eine gehobene Schicht über dem Bürgertum fortzubestehen.

Zur Soziogenese des Steuermonopols.

Langsam, nach den letzten fruchtlosen Widerstandsversuchen ständischer Elemente in den Religionskriegen und dann noch einmal in der Fronde, werden die Hofämter zu einem Privileg und damit zu einer Bastion des Adels. Auf diese Weise schützen die Könige den Vorrang des Adels; sie verteilen ihre Gunst und die Geldchancen, über die sie verfügen, so, daß die durch das Absinken des Adels gefährdete Balance gewahrt bleibt. Aber damit wird aus dem relativ freien Kriegeradel von ehemals ein Adel, der lebenslänglich in Abhängigkeit und im Dienst des Zentralherrn steht. Aus Rittern werden Höflinge. Und wenn man sich fragt, welche soziale Funktion eigentlich diese Höflinge haben, so liegt die Antwort hier. Man hat sich daran gewöhnt, den höfischen Adel des ancien régime als eine „funktionslose" Schicht zu bezeichnen. Und in der Tat, eine Funktion im Sinne der Arbeitsteilung und damit im Sinne der arbeitsteiligen Nationen des 19. und 20. Jahrhunderts, hat dieser Adel nicht gehabt. Der Funktionskreislauf des «ancien régime» ist ein anderer. Er ist wesentlich dadurch bestimmt, daß hier der Zentralherr noch in hohem Maße persönlicher Besitzer der Herrschaftsmonopole ist, daß es hier noch keine Scheidung zwischen dem Zentralherrn als Privatmann und dem Zentralherrn als Funktionär der Gesellschaft gibt. Der höfische Adel hat keine unmittelbare Funktion im Prozeß der Arbeitsteilung, aber er hat eine Funktion für den König. Er gehört zu den unentbehrlichen Fundamenten seiner Herrschaft. Er ermöglicht es dem König, sich von dem Bürgertum zu distanzieren, wie es ihm das Bürgertum ermöglicht, sich von dem Adel zu distanzieren. Er hält dem Bürgertum in der Gesellschaft das Gegengewicht. Das ist neben manchen anderen seine wichtigste Funktion für den König; ohne diese Spannung zwischen Adel und Bürgertum, ohne diesen betonten Unterschied der Stände verlöre der König den größten Teil seiner Verfügungsgewalt. Der Bestand des höfischen Adels ist in der Tat ein Ausdruck dafür, wie weit hier die Herrschaftsmonopole noch persönlicher Besitz des

Zentralherrn sind, wie weit die Einkünfte des Landes noch entsprechend dem Sonderinteresse der Zentralfunktion verteilt werden können. Die Möglichkeit einer Art von planmäßiger Verteilung der Landeseinnahmen ist mit deren Monopolisierung schon gegeben. Aber diese Möglichkeit der Planung wird hier noch zur Aufrechterhaltung von sinkenden Schichten oder Funktionen genutzt.

Es ist ein klares Bild vom Aufbau dieser absolutistischen Gesellschaft, das sich mit alledem ergibt: Die weltliche Gesellschaft des französischen ancien régime besteht entschiedener als die des 19. Jahrhunderts aus zwei Sektoren, einem größeren, ländlich agrarischen, einem kleineren, aber wirtschaftlich allmählich immer stärkeren, städtisch-bürgerlichen. In beiden gibt es eine Unterschicht, hier die städtischen Armen, die Masse der Gesellen und Arbeiter, dort die Bauern. In beiden gibt es eine untere Mittelschicht, hier die kleinen Handwerker und wohl auch noch die untersten Beamten, dort die ärmeren Landadligen in den Winkeln der Provinz, in beiden eine gehobene Mittelschicht, hier die wohlhabenden und reichen Kaufleute, die hohe städtische und in der Provinz selbst noch die höchste Gerichts- und Verwaltungsbeamtenschaft, dort der wohlhabendere Land- und Provinzadel. Und in beiden Sektoren gibt es schließlich eine Spitzenschicht, die bis hinein in den Hof reicht, die hohe Beamtenschaft, die noblesse de robe hier, der höfische Adel, die Spitze der noblesse d'épée, dort. Der König hält in den Spannungen innerhalb dieser Sektoren und zwischen diesen Sektoren, kompliziert durch die Spannungen und Bündnisse beider mit der entsprechend gegliederten Geistlichkeit, das Spannungsgleichgewicht mit Sorgfalt aufrecht. Er sichert die Privilegien und das gesellschaftliche Prestige des Adels gegenüber der wachsenden, ökonomischen Stärke bürgerlicher Gruppen. Und er verwendet, wie gesagt, einen Teil des Sozialprodukts, das er kraft seiner Verfügung über das Finanzmonopol zu verteilen hat, unmittelbar zur Ausstattung der adligen Spitzenschicht. Wenn dann nicht lange vor der Revolution, nachdem alle Reformversuche gescheitert sind, unter den Parolen der oppositionellen, bürgerlichen Gruppen die Forderung nach Beseitigung der Adelsprivilegien in den Vordergrund tritt, so ist darin also ganz unmittelbar auch die Forderung nach einer anderen Handhabung des Steuermonopols und der Steuererträge enthalten. Beseitigung der Adelsprivilegien, das heißt auf der einen Seite: Abschaffung der Steuerfreiheit des Adels, also eine andere Verteilung der Steuerlasten; es heißt auf der anderen Seite: Abschaffung oder Verringerung der vielen Hofämter, Vernichtung des — von diesem Neubürgertum, dem Berufsbürgertum her gesehen —, nutz- und funktionslosen Adels, und damit zugleich eine andere Verteilung der Steuererträge, eine Verteilung nicht mehr im Sinne des Königs, sondern mehr im Sinne des funktionsteiligen Ganzen der Gesellschaft oder zunächst wenigstens im Sinne des höheren Bürgertums selbst. Schließlich aber bedeutet die Beseitigung der Adelsprivilegien auch die Vernichtung der bisherigen Position des Zentralherrn als Wagehalter zwischen den beiden Ständen in ihrer bestehenden Rangordnung. In der Tat balancieren die Zentralherren der folgenden Periode auf einem anderen Spannungsgeflecht. Sie und ihre Funktion haben dementsprechend auch einen anderen Charakter. Nur eines bleibt sich gleich: Auch bei diesem anderen Aufbau der Spannungsachsen ist die Machtfülle der Zentralinstanzen relativ begrenzt, solange die Spannungen noch nicht allzu groß sind, solange mit andern Worten eine ständige, direkte Verständigung zwischen den Vertretern der Spannungspole noch möglich ist, und sie wächst in der Phase, in der diese Spannungen wachsen, solange noch nicht eine der ringenden Gruppen ein entschiedenes Übergewicht besitzt.

Zusammenfassung.

Entwurf zu einer Theorie der Zivilisation.

I.

Der gesellschaftliche Zwang zum Selbstzwang.

1. Was hat die Organisierung der Gesellschaft in der Form von „Staaten", was hat die Monopolisierung und Zentralisierung der Abgaben und der körperlichen Gewalttat innerhalb eines größeren Gebietes mit der „Zivilisation" zu schaffen?

Der Beobachter des Zivilisationsprozesses sieht sich vor ein ganzes Knäuel von Problemen gestellt. Da ist, um einige der wichtigsten hier vorwegzunehmen, zunächst die allgemeinste Frage: Wir sehen — und die Ausführungen im ersten Band dieser Arbeit haben es durch ein spezifisches Anschauungsmaterial zu verdeutlichen gesucht —, daß der Prozeß der Zivilisation eine Veränderung des menschlichen Verhaltens und Empfindens in einer ganz bestimmten Richtung ist. Aber offensichtlich haben nicht irgendwann einmal in vergangenen Zeiten einzelne Menschen diese Veränderung, diese „Zivilisation", beabsichtigt und allmählich ganz bewußt und „rational" durch zweckentsprechende Maßnahmen verwirklicht; offensichtlich ist die „Zivilisation" ebensowenig, wie die Rationalisierung ein Produkt der menschlichen „Ratio" und Resultat einer auf weite Sicht hin berechneten Planung. Wie wäre es denkbar, daß der allmählichen „Rationalisierung" bereits ein dermaßen „rationales" Verhalten und Planen über Jahrhunderte hin zugrunde liegt? Wie wäre es denkbar, daß der Prozeß der Zivilisation von

Menschen mit jener Langsicht, jener geregelten Bewältigung aller kurzfristigen Affekte in Gang gesetzt wurde, die selbst bereits einen langen Zivilisationsprozeß zur Voraussetzung hat?

In der Tat weist nichts in der Geschichte darauf hin, daß diese Veränderung „rational", etwa durch eine zielbewußte Erziehung von einzelnen Menschen oder einzelnen Menschengruppen durchgeführt worden ist. Sie vollzieht sich als Ganzes ungeplant; aber sie vollzieht sich dennoch nicht ohne eine eigentümliche Ordnung. Es ist oben ausführlicher gezeigt worden, wie etwa von den verschiedensten Seiten her Fremdzwänge sich in Selbstzwänge verwandeln, wie in immer differenzierterer Form menschliche Verrichtungen hinter die Kulisse des gesellschaftlichen Lebens verdrängt und mit Schamgefühlen belegt werden, wie die Regelung des gesamten Trieb- und Affektlebens durch eine beständige Selbstkontrolle immer allseitiger, gleichmäßiger und stabiler wird. Alles das geht gewiß nicht auf eine rationale Idee zurück, die vor Jahrhunderten irgendwann einmal einzelne Menschen konzipierten und die dann einer Generation nach der andern als Zweck des Handelns, als Ziel der Wünsche eingepflanzt wurde, bis sie schließlich in den „Jahrhunderten des Fortschritts" zur vollen Wirklichkeit wird; aber diese Transformation ist dennoch auch nicht nur ein strukturloser und chaotischer Wechsel.

Was sich hier von der Seite des Zivilisationsprozesses stellt, ist nichts anderes als das allgemeine Problem des geschichtlichen Wandels: Dieser Wandel als Ganzes ist nicht „rational" geplant; aber er ist auch nicht nur ein regelloses Kommen und Gehen ungeordneter Gestalten. Wie ist das möglich? Wie kommt es überhaupt in dieser Menschenwelt zu Gestaltungen, die kein einzelner Mensch beabsichtigt hat, und die dennoch alles andere sind als Wolkengebilde ohne Festigkeit, ohne Aufbau und Struktur?

Die vorangehenden Untersuchungen und vor allem diejenigen Teile darin, die Probleme der Gesellschaftsmechanik gewidmet sind, versuchen, eine Antwort auf diese Fragen zu geben. Sie ist einfach genug: Pläne und Handlungen, emotionale und rationale Regungen der einzelnen Menschen greifen beständig freundlich oder feindlich ineinander. **Diese fundamentale Verflechtung der einzelnen, menschlichen Pläne und Handlungen kann Wandlungen und Gestaltungen herbeiführen, die kein einzelner Mensch geplant oder geschaffen hat. Aus ihr, aus der Interdependenz der Menschen, ergibt sich eine Ordnung von ganz spezifischer Art, eine Ordnung, die zwingender und stärker ist, als Wille und Vernunft der einzelnen Menschen, die sie bilden**[129]). Es ist diese Verflechtungsordnung, die den Gang des geschichtlichen Wandels bestimmt; sie ist es, die dem Prozeß der Zivilisation zugrunde liegt.

Diese Ordnung ist weder „rational", — wenn man unter „rational" versteht: entstanden in der Weise einer Maschine aus der zweckgerichteten Überlegung einzelner Menschen, noch „irrational", — wenn man unter „irrational" versteht: entstanden auf unbegreifliche Weise. Sie ist gelegentlich von einzelnen Menschen mit der Ordnung der „Natur" identifiziert worden; sie wurde von Hegel und manchen Andern als eine Art von überindividuellem „Geist" interpretiert und seine Vorstellung von einer „List der Idee" zeigt, wie sehr auch ihn die Tatsache beschäftigte, daß sich aus allem Planen und Handeln der Menschen vieles ergibt, was kein Mensch bei seinem Handeln eigentlich beabsichtigt hat. Aber die Denkgewohnheiten, die uns auf Alternativen, wie „rational" oder „irrational", wie „Geist" oder „Natur" festzulegen neigen, erweisen sich hier als unzulänglich. Die Wirklichkeit ist auch in dieser Hinsicht nicht ganz so aufgebaut, wie es uns die Begriffsapparatur eines bestimmten Standards glauben machen will, die ganz gewiß zu ihrer Zeit als Kompaß durch die unbekannte Welt gute Dienste geleistet hat. **Die Eigengesetzlichkeit der gesellschaftlichen Verflechtungserscheinungen ist weder identisch mit** der Gesetzlichkeit des „Geistes", des individuellen Denkens und Planens, noch mit der Gesetzlichkeit dessen, was wir die „Natur" nennen, wenn auch alle diese verschiedenen Dimensionen der Wirklichkeit funktionell unablösbar miteinander verbunden sind. Aber der allgemeine Hinweis auf die Eigengesetzlichkeit der Verflechtungserscheinungen fördert das Verständnis solcher Erscheinungen wenig, er bleibt leer und mißverständlich, wenn man nicht zugleich unmittelbar an bestimmten, geschichtlichen Wandlungen selbst die konkreten Mechanismen der Verflechtung und damit das Wirken dieser Gesetzmäßigkeiten aufzeigt. Eben das gehört zu den Aufgaben, denen das dritte Kapitel dieser Arbeit gewidmet ist. Hier wurde versucht, zu zeigen, welche Art der Verflechtung, der wechselseitigen Angewiesenheit oder Abhängigkeit von Menschen, beispielsweise den Prozeß der Feudalisierung in Gang bringt. Hier ist gezeigt worden, wie der Zwang von Konkurrenzsituationen eine Reihe von Feudalherrn gegeneinander treibt, wie der Kreis der Konkurrierenden sich langsam verengert, wie es zur Monopolstellung eines von ihnen und schließlich — im Zusammenhang mit anderen Verflechtungsmechanismen — zur Bildung eines absolutistischen Staates kommt. Diese ganze Umorganisierung der menschlichen Beziehungen hat ganz gewiß ihre unmittelbare Bedeutung für jene Veränderung des menschlichen Habitus, deren vorläufiges Ergebnis unsere Form des „zivilisierten" Verhaltens und Empfindens ist; und von dem Zusammenhang zwischen diesem spezifischen Wandel im Aufbau der menschlichen Beziehungen und dem entsprechenden Wandel im Aufbau des psychischen Habitus wird sogleich noch zu reden sein. Aber der Anblick dieser Verflechtungsmechanismen ist auch noch in einem allgemeineren Sinne für das Verständnis des Zivilisationsprozesses von Bedeutung: Erst wenn man sieht, mit welch hohem Maß von Zwangsläufigkeit ein bestimmter Gesellschaftsaufbau, eine bestimmte Form der gesellschaftlichen Verflechtung kraft ihrer Spannungen zu einer spezifischen Veränderung und damit zu anderen Formen der Verflechtung hindrängt¹³⁰), erst dann kann man verstehen, wie jene Veränderungen des menschlichen Habitus, jene Veränderungen in der Modellierung des plastischen, psychischen Apparats zustande kommen, die sich in der Menschheitsgeschichte von den frühesten Zeiten an bis zur Gegenwart immer von neuem beobachten lassen. Und dann erst kann man es also auch verstehen, daß der Veränderung des psychischen Habitus im Sinne einer Zivilisation eine ganz bestimmte Richtung und Ordnung innewohnt, obgleich sie nicht von einzelnen Menschen geplant und durch „vernünftige", durch zweckentsprechende Maßnahmen herbeigeführt worden ist. Die Zivilisation ist nichts „Vernünftiges"; sie ist nichts „Rationales"¹³¹), so wenig sie etwas „Irrationales" ist. Sie wird blind in Gang gesetzt und in Gang gehalten durch die Eigendynamik eines Beziehungsgeflechts, durch spezifische Veränderungen der Art, in der die Menschen miteinander zu leben gehalten sind. Aber es ist durchaus nicht unmöglich, daß wir etwas „Vernünftigeres", etwas im Sinne unserer Bedürfnisse und Zwecke besser Funktionierendes daraus machen können. Denn gerade im Zusammenhang mit dem Zivilisationsprozeß gibt das blinde Spiel der Verflechtungsmechanismen selbst allmählich einen größeren Spielraum zu planmäßigen Eingriffen in das Verflechtungsgewebe und den psychischen Habitus, zu Eingriffen auf Grund der Kenntnis ihrer ungeplanten Gesetzmäßigkeiten.

Aber welche spezifische Veränderung der Art, in der die Menschen miteinander zu leben gehalten sind, modelliert den plastischen, psychischen Apparat der Menschen nun gerade im Sinne einer „Zivilisation"? Auch auf diese Frage ist die erste, die allgemeinste Antwort auf Grund dessen, was zuvor über die Wandlungen der abendländischen Gesellschaft gesagt wurde, recht einfach: Von den frühesten Zeiten der abendländischen Geschichte bis zur Gegenwart differenzieren sich die gesellschaftlichen Funktionen unter einem starken Konkurrenzdruck mehr und mehr. Je mehr sie sich differenzieren,

Der gesellschaftliche Zwang zum Selbstzwang.

desto größer wird die Zahl der Funktionen und damit der Menschen, von denen der Einzelne bei allen seinen Verrichtungen, bei den simpelsten und alltäglichsten ebenso, wie bei den komplizierteren und selteneren, beständig abhängt. Das Verhalten von immer mehr Menschen muß aufeinander abgestimmt, das Gewebe der Aktionen immer genauer und straffer durchorganisiert sein, damit die einzelne Handlung darin ihre gesellschaftliche Funktion erfüllt. Der Einzelne wird gezwungen, sein Verhalten immer differenzierter, immer gleichmäßiger und stabiler zu regulieren. Daß es sich dabei keineswegs nur um eine bewußte Regulierung handelt, ist schon hervorgehoben worden. Gerade dies ist charakteristisch für die Veränderung des psychischen Apparats im Zuge der Zivilisation, daß die differenziertere und stabilere Regelung des Verhaltens dem einzelnen Menschen von klein auf mehr und mehr als ein Automatismus angezüchtet wird, als Selbstzwang, dessen er sich nicht erwehren kann, selbst wenn er es in seinem Bewußtsein will. Das Gewebe der Aktionen wird so kompliziert und weitreichend, die Anspannung, die es erfordert, sich innerhalb seiner „richtig" zu verhalten, wird so groß, daß sich in dem Einzelnen neben der bewußten Selbstkontrolle zugleich eine automatisch und blind arbeitende Selbstkontrollapparatur verfestigt, die durch einen Zaun von schweren Ängsten Verstöße gegen das gesellschaftsübliche Verhalten zu verhindern sucht, die aber, gerade weil sie gewohnheitsmäßig und blind funktioniert, auf Umwegen oft genug solche Verstöße gegen die gesellschaftliche Realität herbeiführt. Aber bewußt oder nicht bewußt, die Richtung dieser Veränderung des Verhaltens im Sinne einer immer differenzierteren Regelung der gesamten, psychischen Apparatur ist bestimmt durch die Richtung der gesellschaftlichen Differenzierung, durch die fortschreitende Funktionsteilung und die Ausweitung der Interdependenzketten, in die, mittelbar oder unmittelbar, jede Regung, jede Äußerung des Einzelnen unausweichlich eingegliedert ist.

Wenn man ein einfaches Bild sucht, das diesen Unterschied

zwischen der Verflechtung des Einzelnen innerhalb einer weniger differenzierten und der Verflechtung innerhalb einer differenzierteren Gesellschaft veranschaulicht, dann mag man an die Wege und Straßen hier und dort denken. Sie sind gewissermaßen räumliche Funktionen der gesellschaftlichen Verflechtung, die als Ganzes nicht mehr allein in einer dem vierdimensionalen Kontinuum abgewonnenen Begriffsapparatur ausdrückbar ist. Man denke an die holprigen, ungepflasterten, von Regen und Wind verwüstbaren Landstraßen einer einfachen, natural wirtschaftenden Krieger-Gesellschaft. Der Verkehr ist, von wenigen Ausnahmen abgesehen, ganz gering; die Hauptgefahr, die hier der Mensch für den Menschen darstellt, hat die Form des kriegerischen oder räuberischen Überfalls. Wenn die Menschen um sich blicken, wenn sie mit dem Auge Bäume und Hügel absuchen oder auf der Straße selbst entlang sehen, dann geschieht es in erster Linie, weil sie immer gewärtig sein müssen, mit der Waffe in der Hand angegriffen zu werden, und erst in zweiter oder dritter Linie, weil sie irgend jemandem auszuweichen haben. Das Leben auf den großen Straßen dieser Gesellschaft verlangt eine ständige Bereitschaft zu kämpfen und die Leidenschaften in Verteidigung seines Lebens oder seines Besitzes gegen einen körperlichen Angriff spielen zu lassen. Der Verkehr auf den Hauptstraßen einer großen Stadt in der differenzierteren Gesellschaft unserer Zeit verlangt eine ganz andere Modellierung des psychischen Apparats. Hier ist die Gefahr eines räuberischen oder kriegerischen Überfalls auf ein Minimum beschränkt. Automobile fahren in Eile hierhin und dorthin; Fußgänger und Radfahrer suchen sich durch das Gewühl der Wagen hindurchzuwinden; Schutzleute stehen an den großen Straßenkreuzungen, um es mit mehr oder weniger Glück zu regulieren. Aber diese äußere Regulierung ist von Grund auf darauf abgestimmt, daß jeder Einzelne sein Verhalten entsprechend den Notwendigkeiten dieser Verflechtung aufs genaueste selbst reguliert. Die Hauptgefahr, die hier der Mensch für den Menschen bedeutet, entsteht dadurch, daß irgend jemand inmitten dieses Getriebes seine Selbstkontrolle verliert. Eine beständige Selbstüberwachung, eine höchst differenzierte Selbstregelung des Verhaltens ist notwendig, damit der Einzelne sich durch dieses Gewühl hindurchzusteuern vermag. Es genügt, daß die Anspannung, die diese stete Selbstregulierung erfordert, für einen Einzelnen zu groß wird, um ihn selbst und Andere in Todesgefahr zu bringen.

Das ist gewiß nur ein Bild. Das Gewebe der Aktionsketten, in das sich jede einzelne Handlung innerhalb dieser differenzierten Gesellschaft verflicht, ist weit komplizierter, die Selbstkontrolle, an die das Leben hier von klein auf gewöhnt, weit tiefer verankert, als es dieses Beispiel erkennen läßt. Aber es gibt zum mindesten einen Eindruck davon, wie das, was dem psychischen Habitus des „zivilisierten" Menschen in so hohem Maß sein Gepräge gibt, die Beständigkeit und Differenziertheit der Selbstzwänge, mit der Differenziertheit der gesellschaftlichen Funktionen, mit der Mannigfaltigkeit der Handlungen, die hier beständig aufeinander abgestimmt werden müssen, zusammenhängt.

Das Schema der Selbstzwänge, die Schablone der Triebmodellierung ist sicherlich recht verschieden je nach der Funktion, nach dem Standort des Einzelnen innerhalb dieses Gewebes, und es gibt auch heute in verschiedenen Sektoren der abendländischen Welt Abstufungen in der Stärke und Stabilität der Selbstzwangapparatur, die bei einer bloßen Nahsicht als sehr beträchtlich erscheinen. Es eröffnen sich hier eine Fülle von Einzelfragen, zu deren Beantwortung die soziogenetische Methode einen Zugang schaffen mag. Beim Vergleich mit dem Habitus der Menschen in weniger differenzierten Gesellschaften treten diese Unterschiede und Abstufungen innerhalb der differenzierteren an Bedeutung zurück, und die große Linie der Transformation, auf deren Hervorhebung es hier zunächst in erster Linie ankommt, tritt klar und scharf umrissen hervor: Mit der Differenzierung des gesellschaftlichen Gewebes wird auch die soziogene, psychische Selbstkontrollapparatur differenzierter, allseitiger und stabiler.

Aber die fortschreitende Differenzierung der gesellschaftlichen Funktionen ist nur die erste, die allgemeinste der gesellschaftlichen Transformationen, die sich dem Blick des Betrachters aufdrängt, wenn er nach den Ursachen für die Veränderung des psychischen Habitus im Sinne einer „Zivilisation" fragt. Mit ihr, mit dieser fortschreitenden Funktionsteilung geht eine totale Umorganisierung des gesellschaftlichen Gewebes Hand in Hand. Es ist oben ausführlich gezeigt worden, daß und warum in einer Gesellschaft mit geringer Funktionsteilung die Zentralorgane für Gesellschaften einer bestimmten Größenordnung verhältnismäßig unstabil und leicht dem Zerfall ausgesetzt sind; es ist gezeigt worden, wie durch ein bestimmtes Hebelwerk von Beziehungszwängen die zentrifugalen Tendenzen, die Mechanismen der Feudalisierung, langsam außer Kraft gesetzt werden und wie sich Schritt für Schritt stabilere Zentralorgane, festere Monopolinstitute der körperlichen Gewalttat, herausbilden. Die eigentümliche Stabilität der psychischen Selbstzwang-Apparatur, die als ein entscheidender Zug im Habitus jedes „zivilisierten" Menschen hervortritt, steht mit der Ausbildung von Monopolinstituten der körperlichen Gewalttat und mit der wachsenden Stabilität der gesellschaftlichen Zentralorgane in engstem Zusammenhang. Erst mit der Ausbildung solcher stabiler Monopolinstitute stellt sich jene gesellschaftliche Prägeapparatur her, die den Einzelnen von klein auf an ein beständiges und genau geregeltes An-sich-Halten gewöhnt; erst im Zusammenhang mit ihr bildet sich in dem Individuum eine stabilere, zum guten Teil automatisch arbeitende Selbstkontrollapparatur.

Wenn sich ein Gewaltmonopol bildet, entstehen befriedete Räume, gesellschaftliche Felder, die von Gewalttaten normalerweise frei sind. Die Zwänge, die innerhalb ihrer auf den einzelnen Menschen wirken, sind von anderer Art, als zuvor. Gewaltformen, die schon immer vorhanden waren, die aber

Der gesellschaftliche Zwang zum Selbstzwang.

bisher nur mit körperlicher Gewalt untermischt oder verschmolzen Bestand hatten, sondern sich von dieser; sie bleiben für sich und in entsprechend veränderter Form in den befriedeten Räumen zurück; am sichtbarsten sind sie für das Standardbewußtsein der Gegenwart durch die wirtschaftliche Gewalt, durch die ökonomischen Zwänge verkörpert; in Wirklichkeit ist es noch ein ganzes Gemisch verschiedener Arten von Gewalt oder Zwang, das in den Menschenräumen zurückbleibt, wenn die körperliche Gewalttat langsam von der offenen Bühne des gesellschaftlichen Alltags zurücktritt und nur noch in vermittelter Form an der Züchtung der Gewohnheiten mitarbeitet.

Allgemein betrachtet ist folgendes die Richtung, in der sich das Verhalten und der Affekthaushalt der Menschen ändern, wenn sich der Aufbau der menschlichen Beziehungen in der geschilderten Weise umbildet: Gesellschaften ohne stabiles Gewaltmonopol[129]) sind immer zugleich Gesellschaften, in denen die Funktionsteilung relativ gering und die Handlungsketten, die den Einzelnen binden, verhältnismäßig kurz sind. Umgekehrt: Gesellschaften mit stabileren Gewaltmonopolen, verkörpert zunächst stets durch einen größeren Fürsten- oder Königshof, sind Gesellschaften, in denen die Funktionsteilung mehr oder weniger weit gediehen ist, in denen die Handlungsketten, die den Einzelnen binden, länger und die funktionellen Abhängigkeiten des einen Menschen von anderen größer sind. Hier ist der Einzelne vor dem plötzlichen Überfall, vor dem schockartigen Einbruch der körperlichen Gewalt in sein Leben weitgehend geschützt; aber er ist zugleich selbst gezwungen, den eigenen Leidenschaftsausbruch, die Wallung, die ihn zum körperlichen Angriff eines Anderen treibt, zurückzudrängen. Und die anderen Formen des Zwanges, die nun in den befriedeten Räumen vorherrschen, modellieren Verhalten und Affektäußerungen des Einzelnen in der gleichen Richtung. Je dichter das Interdependenzgeflecht wird, in das der Einzelne mit der fortschreitenden Funktionsteilung versponnen ist, je größer die Menschenräume sind, über die sich dieses Geflecht erstreckt, und die sich mit dieser Verflechtung, sei es funktionell, sei es institutionell, zu einer Einheit zusammenschließen, desto mehr ist der Einzelne in seiner sozialen Existenz bedroht, der spontanen Wallungen und Leidenschaften nachgibt; desto mehr ist derjenige gesellschaftlich im Vorteil, der seine Affekte zu dämpfen vermag, und desto stärker wird jeder Einzelne auch von klein auf dazu gedrängt, die Wirkung seiner Handlungen oder die Wirkung der Handlungen von Anderen über eine ganze Reihe von Kettengliedern hinweg zu bedenken. Dämpfung der spontanen Wallungen, Zurückhaltung der Affekte, Weitung des Gedankenraums über den Augenblick hinaus in die vergangenen Ursach-, die zukünftigen Folgeketten, es sind verschiedene Aspekte der gleichen Verhaltensänderung, eben jener Verhaltensänderung, die sich mit der Monopolisierung der körperlichen Gewalt, mit der Ausweitung der Handlungsketten und Interdependenzen im gesellschaftlichen Raume notwendigerweise zugleich vollzieht. Es ist eine Veränderung des Verhaltens im Sinne der „Zivilisation".

Die Verwandlung des Adels aus einer Schicht von Rittern in eine Schicht von Höflingen ist ein Beispiel dafür. Dort, in den Räumen, in denen die Gewalttat ein unvermeidliches und alltägliches Ereignis ist, und in denen die Abhängigkeitsketten des Einzelnen verhältnismäßig kurz sind, weil er zum größten Teil unmittelbar von den Erzeugnissen seines eigenen Grund und Bodens lebt, dort ist eine starke und beständige Dämpfung der Triebe oder Affekte weder nötig, sie ist weder möglich, noch nützlich. Das Leben der Krieger selbst, aber auch das Leben aller Anderen, die in einer solchen Gesellschaft mit einer Oberschicht von Kriegern leben, ist unablässiger und unmittelbarer von Gewalttaten bedroht; es bewegt sich dementsprechend, gemessen an dem Leben in befriedeten Räumen, zwischen Extremen. Es gibt dem Krieger die Möglichkeit zu einer — im Verhältnis zu jener anderen Gesellschaft — außerordentlich großen Freiheit im

Auslauf seiner Gefühle und Leidenschaften, die Möglichkeit zu wilden Freuden, zu einer hemmungsloseren Sättigung von Lust an Frauen oder auch von Haß in der Zerstörung und Qual alles dessen, was Feind ist oder zum Feinde gehört. Aber es bedroht zugleich auch den Krieger, wenn er besiegt wird, mit einem außerordentlich hohen Maß von Ausgeliefertsein an die Gewalt und die Leidenschaft eines Anderen, und mit einer so radikalen Knechtung, mit so extremen Formen der körperlichen Qual, wie sie später, wenn das körperliche Quälen, wenn die Gefangensetzung und die radikale Erniedrigung des Einzelnen zum Monopol einer Zentralgewalt geworden sind, im Alltag normalerweise kaum noch vorkommen; mit dieser Monopolisierung wird die physische Bedrohung des Einzelnen langsam unpersönlicher; sie bleibt nicht mehr ganz so unmittelbar von augenblicklichen Affekten abhängig; sie wird allmählich immer stärker genauen Regeln und Gesetzen unterworfen; und schließlich mildert sie sich selbst bei einer Verletzung der Gesetze in gewissen Grenzen und mit bestimmten Schwankungen.

Die größere Triebungebundenheit und das höhere Maß von körperlicher Bedrohung, auf die man überall dort stößt, wo sich noch keine festen und starken Zentralmonopole herausgebildet haben, sind, wie man sieht, Komplementärerscheinungen. Größer ist bei diesem Aufbau der Gesellschaft die Möglichkeit zum Freilauf der Triebe und Affekte für den Siegreichen und Freien, größer aber auch die unmittelbare Gefährdung des Einen durch die Affekte des Anderen, und allgegenwärtiger die Möglichkeit der Knechtschaft und der hemmungslosen Erniedrigung, falls ein Mensch in die Gewalt eines anderen gerät. Das gilt nicht nur für die Beziehung von Krieger und Krieger, für die sich bereits im Zuge der Monetisierung und der Verengung des freien Konkurrenzkreises langsam ein affektmildernder Code des Verhaltens herausbildet; auch innerhalb der ganzen Gesellschaft steht zunächst die Ungebundenheit des Herrendaseins zu der Beschränktheit des Frauendaseins und dem radikalen Ausgeliefertsein der

Unterworfenen, Besiegten oder Leibeigenen in einem weit schärferen Gegensatz als später.

Dem Leben zwischen solchen Extremen, der beständigen Unsicherheit, in die der Aufbau dieses Menschengeflechts den Einzelnen hineinstellt, entspricht der Aufbau des individuellen Verhaltens und des individuellen Seelenhaushalts. Wie hier in den Beziehungen zwischen Mensch und Mensch schockartiger die Gefahr, plötzlicher und unberechenbarer die Möglichkeit des Sieges oder der Befreiung vor dem Einzelnen auftaucht, so wird er auch häufiger und unvermittelter zwischen Lust und Unlust hin- und hergeworfen. Die gesellschaftliche Funktion des freien Kriegers ist in der Tat nur in geringem Maße so gebaut, daß die Gefahren sehr lange voraussehbar sind, daß die Wirkung der einzelnen Handlungen sehr genau bis ins dritte oder vierte Glied bedacht zu werden vermag, wenn sie sich auch bereits im Mittelalter mit der zunehmenden Zentralisierung des Heerwesens langsam in dieser Richtung verwandelt. Zunächst ist es die unmittelbare Gegenwart, die den Antrieb gibt; wie diese, die augenblickliche Lage, wechselt, so wechseln auch die Affektäußerungen; bringt sie Lust, so wird die Lust voller ausgekostet, ohne Berechnung, ohne Gedanken an die möglichen Folgen in irgendeiner Zukunft; bringt sie Not, Gefangenschaft, Niederlage, so müssen auch sie rückhaltsloser erlitten werden; und die unaufhebbare Unruhe, die stete Nähe der Gefahr, die ganze Atmosphäre dieses weniger berechenbaren und unsichereren Lebens, in dem es allenfalls kleine und oft rasch vergängliche Inseln eines geschützteren Daseins gibt, erzeugt häufig genug selbst ohne äußeren Anlaß solche plötzlichen Umschwünge von ausgelassenster Lust zu tiefster Zerknirschung und Buße. Die Seele ist hier, wenn man sich einmal so ausdrücken darf, unvergleichlich viel mehr bereit und gewohnt, mit immer der gleichen Intensität von einem Extrem ins andere zu springen, und es genügen oft schon kleine Eindrücke, unkontrollierbare Assoziationen, um die Angst und den Umschwung auszulösen[132]).

Der gesellschaftliche Zwang zum Selbstzwang.

Wenn der Aufbau der menschlichen Beziehungen sich ändert, wenn sich Monopolorganisationen der körperlichen Gewalt bilden und statt des Zwanges der dauernden Fehden und Kriege die stetigeren Zwänge friedlicher, auf Geld- oder Prestigeerwerb gestellter Funktionen den Einzelnen in Bann halten, streben langsam die Affektäußerungen einer mittleren Linie zu. Die Schwankungen im Verhalten und in den Affektäußerungen verschwinden nicht, aber sie mäßigen sich. Die Ausschläge nach oben und unten sind nicht mehr so groß, die Umsprünge nicht mehr so unvermittelt.

Man sieht vom Gegenbild her deutlicher, was sich wandelt. Die Bedrohung, die der Mensch für den Menschen darstellt, ist durch die Bildung von Gewaltmonopolen einer strengeren Regelung unterworfen und wird berechenbarer. Der Alltag wird freier von Wendungen, die schockartig hereinbrechen. Die Gewalttat ist kaserniert; und aus ihren Speichern, aus den Kasernen, bricht sie nur noch im äußersten Falle, in Kriegszeiten und in Zeiten des gesellschaftlichen Umbruchs, unmittelbar in das Leben des Einzelnen ein. Gewöhnlich ist sie als Monopol bestimmter Spezialistengruppen aus dem Leben der anderen ausgeschaltet; und diese Spezialisten, die ganze Monopolorganisation der Gewalttat, steht jetzt nur noch am Rande des gesellschaftlichen Alltags Wache als eine Kontrollorganisation für das Verhalten des Einzelnen.

Auch in dieser Form, auch als Kontrollorganisation, hat die körperliche Gewalt und die Bedrohung, die von ihr ausgeht, einen bestimmenden Einfluß auf den Einzelnen in der Gesellschaft, er mag es wissen oder nicht. Aber es ist nicht mehr eine beständige Unsicherheit, die sie in das Leben des Einzelnen hineinträgt, sondern eine eigentümliche Form von Sicherheit. Sie wirft ihn nicht mehr als Schlagenden oder Geschlagenen, als körperlich Siegenden oder als körperlich Besiegten zwischen mächtigen Lustausbrüchen und schweren Ängsten hin und her, sondern von dieser gespeicherten Gewalt in der Kulisse des Alltags geht ein beständiger, gleichmäßiger Druck auf das Leben des Einzelnen aus, den er oft kaum noch spürt, weil er sich völlig an ihn gewöhnt hat, weil sein Verhalten und seine Triebgestaltung von der frühesten Jugend an auf diesen Aufbau der Gesellschaft abgestimmt worden sind. Es ist in der Tat die ganze Prägeapparatur des Verhaltens, die sich ändert; und ihr entsprechend ändern sich, wie gesagt, nicht nur einzelne Verhaltensweisen, sondern das ganze Gepräge des Verhaltens, der ganze Aufbau der psychischen Selbststeuerung. Die Monopolorganisation der körperlichen Gewalt zwingt den Einzelnen gewöhnlich nicht durch eine unmittelbare Bedrohung. Es ist ein auf mannigfache Weise vermittelter und ein weitgehend voraussehbarer Zwang oder Druck, den sie beständig auf den Einzelnen ausübt. Sie wirkt zum guten Teil durch das Medium seiner eigenen Überlegung hindurch. Sie selbst ist gewöhnlich nur als Potenz, als Kontrollinstanz in der Gesellschaft gegenwärtig; und der aktuelle Zwang ist ein Zwang, den der Einzelne nun auf Grund seines Wissens um die Folgen seiner Handlungen über eine ganze Reihe von Handlungsverflechtungen hinweg oder auf Grund der entsprechenden Erwachsenengesten, die seinen psychischen Apparat als Kind modelliert haben, auf sich selbst ausübt. Die Monopolisierung der körperlichen Gewalt, die Konzentrierung der Waffen und der Bewaffneten in einer Hand macht die Gewaltausübung mehr oder weniger berechenbar und zwingt die waffenlosen Menschen in den befriedeten Räumen zu einer Zurückhaltung durch die eigene Voraussicht oder Überlegung; sie zwingt diese Menschen mit einem Wort in geringerem oder höherem Maße zur Selbstbeherrschung.

Nicht als ob es an irgendeiner Art von Selbstbeherrschung in der mittelalterlichen Kriegergesellschaft oder in anderen Gesellschaften ohne differenzierte und feste Monopolverwaltungen der körperlichen Gewalttat jemals völlig fehlte. Die psychische Apparatur der Selbstkontrolle, das Über-Ich, das Gewissen oder, wie immer wir es nennen, alles das wird nur in einer solchen Kriegergesellschaft unmittelbar im Zusammenhang mit körperlichen Gewaltakten gezüchtet, erzwungen und unterhalten; ihre Gestalt entspricht diesem Leben mit seinen größeren Kontrasten und plötzlicheren Umsprüngen. Sie ist im Verhältnis zu der Selbstzwangapparatur in stärker pazifizierten Gesellschaften diffus, unstabil und voll von Durchlässen für heftige, affektive Entladungen; die Ängste, die das gesellschaftlich „richtige" Verhalten sichern, sind hier noch nicht im entferntesten dermaßen aus dem Bewußtsein des Einzelnen in das sogenannte „Innere" zurückgedrängt; wie die entscheidende Gefahr noch nicht aus einem Versagen der Selbstregelung, aus einem Nachlassen der Selbstkontrolle kommt, sondern durch eine unmittelbare, physische Bedrohung von außen, so hat auch die gewohnheitsmäßige Angst hier noch weit stärker die Gestalt einer Angst vor äußeren Mächten. Und wie sie weniger stabil ist, so ist diese Apparatur hier auch weniger umfassend, sie ist einseitiger oder partialer. Es mag etwa in einer solchen Gesellschaft eine relativ extreme Selbstbeherrschung im Ertragen von Schmerzen gezüchtet werden; aber sie wird ihr Komplement finden in etwas, das, gemessen an jenem anderen Standard, als extremer Freilauf der Affekte im Quälen von Anderen erscheint. Ganz entsprechend findet man etwa auch in bestimmten Sektoren der mittelalterlichen Gesellschaft relativ extreme Formen der Askese, des Selbstzwanges und der Selbstentsagung, denen nicht weniger extreme Lustentladungen in anderen Teilen der Gesellschaft gegenüberstehen, und häufig genug stößt man auf plötzliche Umschwünge von einer Haltung zur anderen im Leben eines einzelnen Menschen. Der Selbstzwang, den sich hier der Einzelne auferlegt, der Kampf gegen das eigene Fleisch, ist nicht weniger intensiv und einseitig, nicht weniger radikal und leidenschaftsdurchtränkt als sein Gegenstück, der Kampf gegen Andere oder das Auskosten von Genüssen.

Was sich mit der Monopolisierung der Gewalttat in den befriedeten Räumen herstellt, ist ein anderer Typus von Selbstbeherrschung oder Selbstzwang. Es ist eine leidenschaftslosere Selbstbeherrschung. Der Kontroll- und Überwachungsapparatus in der Gesellschaft entspricht die Kontrollapparatur, die sich im Seelenhaushalt des Individuums herausbildet. Diese wie jene sucht nun das ganze Verhalten, alle Leidenschaften gleichermaßen, einer genaueren Regelung zu unterwerfen. Beide — die eine zum guten Teil durch Vermittlung der anderen — üben einen steten, gleichmäßigen Druck zur Dämpfung der Affektäußerungen aus. Sie drängen zur Abschwächung der extremen Schwankungen im Verhalten und den Affektäußerungen. Wie die Monopolisierung der physischen Gewalt die Angst und den Schrecken verringert, die der Mensch vor dem Menschen haben muß, aber zugleich auch die Möglichkeit, Anderen Schrecken, Angst oder Qual zu bereiten, also die Möglichkeit zu bestimmten Lust- und Affektentladungen, so sucht auch die stetige Selbstkontrolle, an die nun der Einzelne mehr und mehr gewöhnt wird, die Kontraste und plötzlichen Umschwünge im Verhalten, die Affektgeladenheit aller Äußerungen gleichermaßen zu verringern. Wozu der Einzelne nun gedrängt wird, ist eine Umformung des ganzen Seelenhaushalts im Sinne einer kontinuierlichen, gleichmäßigen Regelung seines Trieblebens und seines Verhaltens nach allen Seiten hin.

Und ganz in der gleichen Richtung wirken die waffenlosen Zwänge und Gewalten, denen der Einzelne unmittelbar in den befriedeten Räumen selbst ausgesetzt ist, also etwa die wirtschaftlichen Zwänge. Auch sie sind weniger affektgesättigt, auch sie sind gemäßigter, stabiler und weniger sprunghaft als die Zwänge, die in einer monopolfreien Kriegergesellschaft der Mensch auf den Menschen ausübt. Und auch sie, verkörpert in den gesamten Funktionen, die sich dem Einzelnen in der Gesellschaft eröffnen, zwingen zu einer unaufhörlichen Rück- und Voraussicht über den Augenblick hinaus, entsprechend den längeren und differenzierteren Ketten, in die jede Handlung sich nun automatisch verflicht; sie fordern von dem Einzelnen eine beständige Bewältigung seiner augenblicklichen Affekt- und Triebregungen unter dem Gesichtspunkt der ferneren Wirkung seines Verhaltens; sie züchten in dem Einzelnen eine — relativ zu dem anderen Standard — gleichmäßige Selbstbeherrschung, die, wie ein fester Ring, sein ganzes Verhalten umfaßt, und eine beständigere Regelung seiner Triebe im Sinne der gesellschaftlichen Standarde. Dabei sind es, wie stets, nicht nur unmittelbar die Erwachsenenfunktionen selbst, die diese Zurückhaltung, diese beständige Regelung der Triebe und Affekte in den Menschen ausbilden; sondern die Erwachsenen erzeugen teils automatisch, teils ganz bewußt durch ihre Verhaltensweisen und Gewohnheiten entsprechende Verhaltensweisen und Gewohnheiten bei den Kindern; der Einzelne wird bereits von der frühesten Jugend an auf jene beständige Zurückhaltung und Langsicht abgestimmt, die er für die Erwachsenenfunktionen braucht; diese Zurückhaltung, diese Regelung seines Verhaltens und seines Triebhaushalts wird ihm von klein auf so zur Gewohnheit gemacht, daß sich in ihm, gleichsam als eine Relaisstation der gesellschaftlichen Standarde, eine automatische Selbstüberwachung der Triebe im Sinne der jeweiligen gesellschaftsüblichen Schemata und Modelle, eine „Vernunft", ein differenzierteres und stabileres „Über-Ich" herausbildet, und daß ein Teil der zurückgehaltenen Triebregungen und Neigungen ihm überhaupt nicht mehr unmittelbar zum Bewußtsein kommt.

Früher, in der Kriegergesellschaft, konnte der Einzelne Gewalt üben, wenn er stark und mächtig genug dazu war; er konnte seinen Neigungen in vielen Richtungen offen nachgehen, die inzwischen mit gesellschaftlichen Verboten belegt und unauslebbar geworden sind. Aber er bezahlte die größere Chance zur unmittelbaren Lust mit einer größeren Chance der offenliegenden und unmittelbaren Furcht; die mittelalterlichen Höllenvorstellungen lassen uns manches davon ahnen, wie stark und intensiv bei diesem Aufbau der Beziehungen zwischen Mensch und Mensch diese Furcht in dem Einzelnen war. Beides, Lust und Unlust, entlud sich hier offener und freier nach außen. Aber das Individuum war ihr Gefangener; der Einzelne wurde oft genug von seinen eigenen Empfindungen, wie von Naturgewalten, hin und her geworfen. Er beherrschte seine Leidenschaften weniger; er war stärker von ihnen beherrscht.

Später, wenn die Fließbänder, die durch das Dasein des Einzelnen laufen, länger und differenzierter werden, lernt das Individuum, sich gleichmäßiger zu beherrschen; der einzelne Mensch ist nun weniger der Gefangene seiner Leidenschaften als zuvor. Aber wie er nun stärker als früher durch seine funktionelle Abhängigkeit von der Tätigkeit einer immer größeren Anzahl Menschen gebunden ist, so ist er auch in seinem Verhalten, in der Chance zur unmittelbaren Befriedigung seiner Neigungen und Triebe unvergleichlich viel beschränkter als früher. Das Leben wird in gewissem Sinne gefahrloser, aber auch affekt- oder lustloser, mindestens, was die unmittelbare Äußerung des Lustverlangens angeht; und man schafft sich für das, was im Alltag fehlt, im Traum, in Büchern und Bildern einen Ersatz: so beginnt der Adel auf dem Wege der Verhöflichung Ritterromane zu lesen, so sieht der Bürger Gewalttat und Liebesleidenschaft im Film. Die körperlichen Auseinandersetzungen, die Kriege und Fehden verringern sich, und was nur irgend an sie erinnert, selbst das Zerlegen toter Tiere und der Gebrauch des Messers bei Tisch, wird zurückgedrängt oder mindestens einer immer genaueren, gesellschaftlichen Regelung unterworfen. Aber der Kriegsschauplatz wird zugleich in gewissem Sinne nach innen verlegt. Ein Teil der Spannungen und Leidenschaften, die ehemals unmittelbar im Kampf zwischen Mensch und Mensch zum Austrag kamen, muß nun der Mensch in sich selbst bewältigen. Die friedlicheren Zwänge, die seine Beziehungen zu anderen auf ihn ausüben, bilden sich in ihm ab; es verfestigt sich eine eigentümliche Gewohnheitsapparatur in ihm, ein spezifisches „Über-Ich", das beständig seine Affekte im Sinne des gesellschaftlichen Aufbaus zu regeln, umzuformen oder zu unterdrücken trachtet. Aber die Triebe, die leidenschaftlichen Affekte, die jetzt nicht mehr unmittelbar in den Beziehungen zwischen den Menschen zum Vorschein kommen dürfen, kämpfen nun oft genug nicht weniger heftig in dem Einzelnen gegen diesen überwachenden Teil seines Selbst. Und nicht immer findet dieses halb automatische Ringen des Menschen mit sich selbst eine glückliche Lösung; nicht immer führt die Selbstumformung, die das Leben in dieser Gesellschaft erfordert, zu einem neuen Gleichgewicht des Triebhaushalts. Oft genug kommt es in ihrem Verlauf zu großen und kleinen Störungen, zu Revolten des einen Teils im Menschen gegen den anderen oder zu dauernden Verkümmerungen, die eine Bewältigung der gesellschaftlichen Funktionen nun erst recht erschweren oder verhindern. Die vertikalen Schwankungen, wenn man es einmal so nennen darf, die Umsprünge von Furcht zur Lust, vom Genuß zur Buße werden geringer, der horizontale Sprung, der quer durch den ganzen Menschen hingeht, die Spannung zwischen „Über-Ich" und „Unbewußtem" oder „Unterbewußtsein" wird größer.

Auch hier wieder erweist sich der allgemeine Grundriß dieser Verflechtungserscheinungen, wenn man nicht nur statischen Strukturen, sondern ihrer Soziogenese nachgeht, als ziemlich einfach: Durch die Interdependenz größerer Menschengruppen voneinander und durch die Aussonderung der physischen Gewalttat innerhalb ihrer stellt sich eine Gesellschaftsapparatur her, in der sich dauernd die Zwänge der Menschen aufeinander in Selbstzwänge umsetzen; diese Selbstzwänge, Funktionen der beständigen Rück- und Voraussicht, die in dem Einzelnen entsprechend seiner Verflechtung in weitreichende Handlungsketten von klein auf herangebildet werden, haben teils die Gestalt einer bewußten Selbstbeherrschung, teils die Form automatisch funktionierender Gewohnheiten; sie wirken auf eine gleichmäßigere Dämpfung, eine kontinuierliche Zurückhaltung, eine genauere Regelung der Trieb- und Affektäußerungen nach einem differenzierten, der gesellschaftlichen Lage entsprechenden Schema hin; aber je nach dem inneren Druck, je nach der Lage der Gesellschaft und des Einzelnen in ihr· erzeugen sie auch eigentümliche

Spannungen und Störungen im Verhalten und Triebleben des Individuums; sie führen unter Umständen zu einer beständigen Unruhe und Unbefriedigtheit des Menschen, eben weil ein Teil seiner Neigungen und Triebe nur noch in verwandelter Form, etwa in der Phantasie, im Zusehen oder Zuhören, im Tag- oder Nachttraum Befriedigung finden kann; und manchmal geht die Gewöhnung an eine Affektdämpfung so weit — beständige Gefühle der Langeweile oder Einsamkeitsempfindungen sind Beispiele dafür — daß dem Einzelnen eine furchtlose Äußerung der verwandelten Affekte, eine geradlinige Befriedigung der zurückgedrängten Triebe in keiner Form mehr möglich ist. Einzelne Triebzweige werden in solchen Fällen durch einen spezifischen Aufbau des Beziehungsgeflechts, in dem der Mensch als Kind heranwächst, gewissermaßen anästhesiert; sie umgeben sich unter dem Druck der Gefahren, die ihre Äußerung im kindlichen Gesellschaftsraum mit sich bringen, dermaßen mit automatisch auftretenden Ängsten, daß sie unter Umständen für ein ganzes Leben taub und unansprechbar bleiben. In anderen Fällen mögen einzelne Triebzweige durch die schweren Konflikte, in die seine unbehauene, seine affektive und leidenschaftliche Natur das kleine Menschenwesen auf dem Wege der Modellierung zu einem „zivilisierten" Wesen unausweichlich bringt, so umgebogen werden, daß ihre Energien nur noch auf Seitenwegen, in Zwangshandlungen und anderen Störungserscheinungen einen unerwünschten Ausweg finden können. Wieder in anderen Fällen strömen diese Energien, derart verwandelt, in unkontrollierbare und einseitige Zu- und Abneigungen, in die Vorliebe für irgendwelche kuriosen Steckenpferde ein. Und hier, wie dort mag eine dauernde, scheinbar unbegründete, innere Unruhe anzeigen, wieviele Triebenergien auf diese Weise in eine Gestalt gebannt sind, die keine wirkliche Befriedigung zuläßt.

Der individuelle Zivilisationsprozeß vollzieht sich, wie der gesellschaftliche, bis heute zum größeren Teil blind. Unter der Decke dessen, was die Erwachsenen denken und planen, hat die Art der Beziehung, die sich zwischen ihnen und dem Heranwachsenden herstellt, Funktionen und Wirkungen in dessen Seelenhaushalt, die sie nicht beabsichtigt haben und von denen sie kaum etwas wissen. Ungeplant in diesem Sinne produzieren sich die extrem ungünstigen und gesellschaftlich abnormen Modellierungserscheinungen, wie sie diese Beispiele zeigen; die psychischen Abnormalitäten, die nicht eigentlich Modellierungserscheinungen sind, die auf unveränderliche, hereditäre Qualitäten zurückgehen, können hier außer Betracht bleiben. Aber der Habitus, der sich im Rahmen der jeweiligen gesellschaftlichen Norm hält und zugleich subjektiv befriedigender ist, produziert sich nicht weniger ungeplant. Aus der gleichen, gesellschaftlichen Prägeapparatur gehen in einer breiten Streuungskurve günstiger und ungünstiger gelagerte, menschliche Prägungen hervor. Die automatisch reproduzierten Ängste, die sich im Zuge der Zivilisierungskonflikte an bestimmte Triebäußerungen heften, mögen unter Umständen nicht zu einer dauernden und totalen Betäubung einzelner Triebzweige führen, sondern nur zu deren Dämpfung und Regelung im Rahmen dessen, was als normal gilt. Die Umleitung und Verwandlung einzelner Triebenergien mag, statt in gesellschaftlich nutzlosen Zwangshandlungen, statt in Vorlieben und Gewohnheiten, die als absonderlich gelten, in einer individuell höchst befriedigenden und gesellschaftlich höchst fruchtbaren Tätigkeit oder Begabung ihren Ausdruck finden. Hier, wie dort bildet sich das Beziehungsgeflecht der prägsamsten Phase, der Kinder- und Jugendzeit, in dem psychischen Apparat des einzelnen Menschen, in der Beziehung zwischen seinem Über-Ich und seinem Triebzentrum als sein individuelles Gepräge ab; hier wie dort verfestigt es sich zu einer Gewohnheitsapparatur, die in allen Verhaltensweisen, in allen weiteren Beziehungen zu andern Menschen zum Ausdruck kommt und fortgesponnen wird. In günstigeren Fällen mögen — bildlich gesprochen — die Wunden langsam vernarben, die die Zivilisierungskonflikte der Psyche des Einzelnen schlagen;

in ungünstigeren Fällen schließen sie sich nie oder öffnen sich leicht wieder bei neuen Konflikten. Hier dringen die im psychischen Apparat verfestigten, zwischenmenschlichen Konflikte der Frühzeit immer wieder störend in die weiteren, zwischenmenschlichen Beziehungen ein, sei es in der Form von Widersprüchen zwischen den einzelnen Selbstzwanggewohnheiten, die von den verschiedenen Beziehungen, den mannigfachen Abhängigkeiten und Angewiesenheiten des Kindes ihren Ausgang nehmen, sei es in der Form von ständig wiederkehrenden Auseinandersetzungen zwischen dieser Selbstzwangapparatur und dem Triebzentrum. Dort, in besonders günstigen Fällen, gleichen sich diese Widersprüche zwischen verschiedenen Stücken der Über-Ich-Apparatur langsam aus; die störendsten Konflikte zwischen ihr und dem Triebzentrum verkapseln sich langsam; sie verschwinden nicht nur aus dem hellen Bewußtsein, sondern sie sind so bewältigt und verarbeitet, daß sie ohne allzu große Unkosten an subjektiver Befriedigung auch unbeabsichtigt nicht mehr in die weiteren, zwischenmenschlichen Beziehungen einbrechen. In dem einen Falle bleibt die bewußte und unbewußte Selbstkontrolle immer noch an einzelnen Stellen diffus und offen für Durchlässe von gesellschaftlich unzweckmäßig gestalteten Triebenergien, im anderen wird diese Selbstkontrolle, die auch heute in den Jugendphasen oft mehr einem Getriebe von über-, unter- und gegeneinander geschobenen Eisschollen als einer glatten und festen Eisdecke gleicht, langsam einheitlich und stabil in guter Korrespondenz zu dem Aufbau der Gesellschaft. Aber da dieser Aufbau gerade in unseren Tagen höchst veränderlich ist, so verlangt er zugleich eine Elastizität der Verhaltens-Gewohnheiten, die in den meisten Fällen mit einem Verlust an Stabilität bezahlt werden muß.

Theoretisch ist es also nicht schwer zu sagen, worin der Unterschied zwischen einem individuellen Zivilisationsprozeß besteht, der als gelungen, und einem anderen, der nicht als gelungen gilt: In dem einen Fall bilden sich nach allen Mühen und Konflikten dieses Prozesses schließlich im Rahmen einer gesellschaftlichen Erwachsenenfunktion gut eingepaßte Verhaltensweisen, eine adäquat funktionierende Gewohnheitsapparatur heraus und zugleich — was nicht notwendig damit Hand in Hand geht — eine positive Lustbilanz; im anderen Fall wird entweder die gesellschaftlich notwendige Selbstregulierung immer wieder von neuem mit einer schweren Anspannung zur Bewältigung von entgegengerichteten Triebenergien, mit hohen Unkosten an persönlicher Befriedigung erkauft oder die Bewältigung dieser Energien, der Verzicht auf ihre Befriedigung, gelingt überhaupt nicht, und oft genug ist schließlich überhaupt keine positive Lustbilanz mehr möglich, weil die gesellschaftlichen Gebote und Verbote nicht nur durch andere Menschen, sondern auch durch den derart Geplagten selbst repräsentiert werden, weil eine Instanz in ihm selbst verbietet und bestraft, was die andere möchte.

In Wirklichkeit ist das Resultat des individuellen Zivilisationsprozesses nur in relativ wenig Fällen, nur an den Rändern der Streuungskurve ganz eindeutig ungünstig oder günstig. Die Mehrzahl der Zivilisierten lebt zwischen diesen Extremen auf einer mittleren Linie. Gesellschaftlich günstige und ungünstige Züge, persönlich befriedigende und unbefriedigende Tendenzen mischen sich in ihnen in verschiedenen Proportionen.

Der gesellschaftliche Modellierungsprozeß im Sinne der abendländischen Zivilisation ist besonders schwierig. Er muß, um auch nur einigermaßen zu gelingen, entsprechend dem Aufbau der abendländischen Gesellschaft, eine besonders reiche Differenzierung, eine besonders intensive und stabile Regulierung des psychischen Apparats produzieren. Er nimmt daher im allgemeinen, und vor allem in den mittleren und oberen Schichten, mehr Zeit in Anspruch als der Modellierungsprozeß in weniger differenzierten Gesellschaften. Der Widerstand gegen die Einpassung in den vorgegebenen Zivilisationsstandard, die Anspannung, die diese Einpassung, diese tiefgreifende Transformation des ganzen, psychischen

Apparats, den Einzelnen kostet, ist immer sehr beträchtlich. Und später als in weniger differenzierten Gesellschaften erlangt daher auch der Einzelne in der abendländischen Welt mit einer Erwachsenenfunktion zugleich den psychischen Habitus eines Erwachsenen, dessen Hervortreten im großen und ganzen den Abschluß des individuellen Zivilisationsprozesses bezeichnet.

Aber wenn auch hier diese Bearbeitung des psychischen Apparats besonders weitgehend und intensiv ist, Prozesse in der gleichen Richtung, gesellschaftliche und individuelle Zivilisationsprozesse, spielen sich ganz gewiß nicht nur im Abendland ab. Sie finden sich überall, wo unter einem Konkurrenzdruck die Funktionsteilung größere Menschenräume voneinander abhängig, wo eine Monopolisierung der körperlichen Gewalt eine leidenschaftsfreie Kooperation möglich und notwendig macht, überall, wo sich Funktionen herstellen, die eine beständige Rück- und Voraussicht auf die Aktionen und Absichten Anderer über viele Glieder hinweg erfordern. Bestimmend für Art und Grad solcher Zivilisationsschübe ist dabei immer die Weite der Interdependenzen, der Grad der Funktionsteilung und der Aufbau der Funktionen innerhalb ihrer.

II.
Ausbreitung des Zwangs zur Langsicht und des Selbstzwangs.

Was den Zivilisationsprozeß des Abendlandes zu einer besonderen und einzigartigen Erscheinung macht, ist die Tatsache, daß sich hier eine Funktionsteilung so hohen Ausmaßes, Gewalt- und Steuermonopole von solcher Stabilität, Interdependenzen und Konkurrenzen über so weite Räume und so große Menschenmassen hin hergestellt haben, wie noch nie in der Erdgeschichte.

Weiter reichende Geld- oder Handelsverflechtungen und hie und da in ihrer Mitte einigermaßen feste Monopolorgani-

Ausbreitung des Zwangs zur Langsicht und des Selbstzwangs.

sationen der körperlichen Gewalt haben sich zuvor offenbar fast nur an Wasserwegen entlang, also vor allem um Flußtäler und Meeresbecken entwickelt; die weiten Binnengebiete des Hinterlandes blieben dabei mehr oder weniger im Stande der Naturalwirtschaft, also relativ unverflochten und autark, selbst wenn einzelne Handelsadern sie durchzogen, einzelne größere Märkte vorhanden waren. Von der abendländischen Gesellschaft aus hat sich ein Interdependenzgeflecht entwickelt, das nicht nur die Meere weiter umspannt, als irgendein anderes in der Vergangenheit, sondern darüber hinaus auch mächtige Binnenlandsgebiete bis zum letzten Ackerwinkel. Dem entspricht die Notwendigkeit einer Abstimmung des Verhaltens von Menschen über so weite Räume hin und eine Voraussicht über so weite Handlungsketten, wie noch nie zuvor. Und entsprechend stark ist auch die Selbstbeherrschung, entsprechend beständig der Zwang, die Affektdämpfung und Triebregelung, die das Leben in den Zentren dieses Verflechtungsnetzes notwendig macht. Eine der Erscheinungen, die diesen Zusammenhang zwischen der Größe und dem inneren Druck des Interdepedenzgeflechts auf der einen, der Seelenlage des Individuums auf der anderen Seite besonders deutlich zeigt, ist das, was wir ,,das Tempo"[133]) unserer Zeit nennen. Dieses ,,Tempo" ist in der Tat nichts anderes, als ein Ausdruck für die Menge der Verflechtungsketten, die sich in jeder einzelnen, gesellschaftlichen Funktion verknoten, und für den Konkurrenzdruck, der aus diesem weiten und dicht bevölkerten Netz heraus jede einzelne Handlung antreibt. Es mag sich bei einem Beamten oder Unternehmer in der Fülle seiner Verabredungen oder Verhandlungen zeigen, bei einem Arbeiter in der genauen Abstimmung jedes Handgriffes auf eine bestimmte Minute und Zeitlänge, hier wie dort ist das Tempo ein Ausdruck für die Fülle der Handlungen, die voneinander abhängen, für die Länge und Dichte der Ketten, zu denen sich die einzelnen Handlungen zusammenschließen, wie Teile zu einem Ganzen, und für die Stärke der Wett- oder Ausscheidungskämpfe, die dieses ganze Interdependenzgeflecht in Bewegung halten. Hier wie dort erfordert die Funktion im Knotenpunkt so vieler Aktionsketten eine ganz genaue Einteilung der Lebenszeit; sie gewöhnt an eine Unterordnung der augenblicklichen Neigungen unter die Notwendigkeiten der weitreichenden Interdependenz; sie trainiert zu einer Ausschaltung aller Schwankungen im Verhalten und zu einem beständigen Selbstzwang. Das ist der Grund, aus dem sich so oft Tendenzen in dem Einzelnen gegen die durch sein eigenes Über-ich repräsentierte, gesellschaftliche Zeit auflehnen und aus dem so viele Menschen mit sich selbst in Kampf geraten, wenn sie pünktlich sein wollen. Man könnte an der Entwicklung der Zeitinstrumente und des Zeitbewußtseins — ebenso, wie an der des Geldes und anderer Verflechtungsinstrumente — mit ziemlicher Genauigkeit ablesen, wie die Funktionsteilung und mit ihr zugleich die Selbstregulierung, die dem Einzelnen auferlegt ist, voranschreitet.

Warum innerhalb dieses Geflechts die Schemata der Affektregulierung in mancher Hinsicht verschieden sind, warum etwa in dem einen Lande die Sexualität von stärkeren Restriktionen umgeben wird, als in dem anderen, ist eine Frage für sich; aber wie immer diese Unterschiede im einzelnen zustande kommen, die ganze Richtung der Verhaltensänderung, der „Trend" der Zivilisationsbewegung ist überall der gleiche. Immer drängt die Veränderung zu einer mehr oder weniger automatischen Selbstüberwachung, zur Unterordnung kurzfristiger Regungen unter das Gebot einer gewohnheitsmäßigen Langsicht, zur Ausbildung einer differenzierteren und festeren „Über-ich"-Apparatur. Und gleich ist auch — im Großen gesehen — die Art, wie diese Notwendigkeit, augenblickliche Affekte fernerliegenden Zwecken unterzuordnen, sich ausbreitet: Überall werden zunächst kleinere Spitzenschichten, dann immer breitere Schichten der abendländischen Gesellschaft von ihr erfaßt.

Es macht einen beträchtlichen Unterschied aus, ob jemand in einer Welt mit dichten, weit ausgesponnenen Abhängigkeitsbändern gleichsam nur als ein passives Objekt der Interdependenzen lebt, ob er von fernen Ereignissen in Mitleidenschaft gezogen wird, ohne daß er diese weitreichenden Verflechtungen seiner eigenen Existenz zu beeinflussen oder auch nur zu erkennen vermag, oder ob jemand eine Lage und eine Funktion in der Gesellschaft hat, die unmittelbar zu ihrer Bewältigung selbst eine dauernde Anspannung der Langsicht über größere Verflechtungen hin und eine beständige Regelung seines Verhaltens in deren Sinn erfordert. Zunächst sind es in der abendländischen Entwicklung bestimmte Ober- und Mittelschichtfunktionen, die von ihren Inhabern eine solche beständige, aktive Selbstdisziplinierung auf längere Sicht erzwingen, höfische Funktionen in den Herrschaftszentren eines großen Gesellschaftsverbandes und kaufmännische Funktionen in den Zentren der Fernhandelsverflechtung, die unter dem Schutz eines einigermaßen stabilen Gewaltmonopols stehen. Aber zu den Besonderheiten der gesellschaftlichen Prozesse des Abendlandes gehört es, daß sich hier, mit der Ausdehnung der Interdependenzen selbst, zugleich die Notwendigkeit zu einer solchen Langsicht und einer solchen aktiven Abstimmung des individuellen Verhaltens auf eine größere, räumliche und zeitliche Ferne über immer weitere Schichten der Gesellschaft hin ausbreitet. Auch die Funktionen, auch die gesamte gesellschaftliche Lage der jeweils unteren, sozialen Schichten erfordert und ermöglicht mehr und mehr eine gewisse Langsicht und erzeugt eine entsprechende Verwandlung oder Zurückhaltung aller jener Neigungen, die eine augenblickliche oder kurzfristige Befriedigung auf Kosten der fernerliegenden versprechen. In der Vergangenheit waren die Funktionen der unteren handarbeitenden Schichten im allgemeinen nur so weit in das Interdependenzgeflecht verwoben, daß ihre Inhaber die Fernwirkungen spürten und — wenn sie ungünstig waren — mit Unruhe und Aufruhr, mit kurzfristigen Affektentladungen beantworteten. Aber ihre Funktionen waren nicht so aufgebaut, daß sich in ihnen selbst beständig die Fremdzwänge in Selbstzwänge umsetzten; ihre täglichen Lebensaufgaben machten sie nur wenig fähig, zugunsten von etwas, das nicht hier und jetzt greifbar schien, ihre naheliegenden Wünsche und Affekte zurückzuhalten. Und so hatten solche Ausbrüche kaum je einen langdauernden Erfolg.

Es wirken hier verschiedene Verkettungen zusammen. Innerhalb jedes größeren Menschengeflechts gibt es, in verschiedenen Abstufungen, zentrale und weniger zentrale Sektoren. Die Funktionen in diesen zentralen Sektoren, also zum Beispiel die höheren Koordinationsfunktionen, zwingen nicht nur wegen ihrer zentraleren Lage, wegen der Fülle von Handlungsketten, die sich in ihnen kreuzen, zu einem beständigeren und strafferen An-sich-halten. Es verbindet sich entsprechend der Fülle von Handlungen, die von denen ihrer Inhaber abhängen, auch eine größere, gesellschaftliche Stärke mit ihnen. Was der abendländischen Entwicklung ihr besonderes Gepräge gibt, ist die Tatsache, daß in ihrem Verlauf die Abhängigkeit aller von allen gleichmäßiger wird. In steigendem Maße hängt das höchst differenzierte, höchst arbeitsteilige Getriebe der abendländischen Gesellschaften davon ab, daß auch die unteren, agrarischen und städtischen Schichten ihr Verhalten und ihre Tätigkeit aus der Einsicht in langfristigere und fernerliegende Verflechtungen regeln. Diese Schichten hören auf, schlechthin „untere" soziale Schichten zu sein. Der arbeitsteilige Apparat wird so empfindlich und kompliziert, Störungen an jeder Stelle der fließenden Bänder, die durch ihn hingehen, bedrohen so sehr das Ganze, daß die leitenden, die eigentlich verfügenden Schichten, im Druck der eigenen Ausscheidungskämpfe zu immer größerer Rücksicht auf die breiten Massenschichten genötigt sind. Aber wie deren Funktionen im Zuge dieser Veränderung zentraler werden und ein größeres Gewicht innerhalb des ganzen arbeitsteiligen Menschengeflechts gewinnen, so erfordern und ermöglichen sie gleichzeitig auch zu ihrer Bewältigung eine größere Langsicht. Sie gewöhnen, meist unter einem starken gesellschaftlichen Druck, schrittweise an eine Zurückhaltung der augenblicklichen Affekte, an eine Disziplinierung des Gesamtverhaltens aus einer weiterreichenden Einsicht in die Verflechtungen des Ganzen, in dem sie arbeiten, und in ihre Aufgabe, ihre Lage darin. Damit wird also auch das Verhalten derer, die ehemals Unterschichten waren, mehr und mehr in eine Richtung gedrängt, die sich zunächst auf die abendländischen Oberschichten beschränkte. Es wächst im Verhältnis zu diesen ihre gesellschaftliche Stärke; aber es wächst auch das Training zur Langsicht, wer immer es zunächst leiten, wer immer dieser Langsicht die Denkmodelle geben mag; auch auf sie wirkt mehr und mehr jene Art von Fremdzwängen, die sich im Individuum zu Selbstzwängen umformt; auch in ihnen wächst die horizontale Spannung zwischen einer Selbstkontrollapparatur, einem „Über-Ich", und den unauslebbar gewordenen, den besser oder schlechter umgeformten, geregelten oder unterdrückten Triebenergien. So breiten sich innerhalb der abendländischen Gesellschaft selbst noch beständig Zivilisationsstrukturen aus; so tendiert zugleich das ganze Abendland, Unterschichten und Oberschichten zusammen, dahin, eine Art von Oberschicht und Zentrum eines Verflechtungsnetzes zu werden, von dem sich Zivilisationsstrukturen über immer weitere Teile des besiedelten und unbesiedelten Erdballs außerhalb des Abendlandes hin ausbreiten. Und erst die Vision dieser umfassenden Bewegung, dieser schubweisen Ausbreitung bestimmter Funktions- und Verhaltensstrukturen zu immer neuen Schichten und Gegenden hin, erst die Einsicht, daß wir selbst noch mitten im Wellengang, mitten in den Krisen einer solchen Zivilisationsbewegung stehen, nicht an deren Ende, sie erst rückt das Problem der „Zivilisation" ins rechte Licht. Wie sieht, — das ist die Frage —, wenn man aus der Gegenwart in die Vergangenheit schreitet, Schub für Schub der Wellenschlag dieser Bewegung aus?

III.
Verringerung der Kontraste, Vergrößerung der Spielarten.

Die Zivilisation vollzieht sich in einer langen Reihe von Auf- und Abstiegsbewegungen. Immer wieder einmal nimmt eine untere, aufsteigende Schicht oder Gesellschaft die Funktion und die Haltung einer Oberschicht gegenüber anderen Schichten oder Gesellschaften an, die nach ihr von unten nach oben drängen; und immer folgt der aufgestiegenen, der zur Oberschicht gewordenen eine noch breitere, noch menschenreichere Schicht oder Gruppe auf den Fersen.

Die vielen Fragen, die sich aus den Unterschieden und Abstufungen im Verhalten von Ober-, Mittel- und Unterschichten ergeben, bilden einen Problemkreis für sich. Im allgemeinen kann man sagen, daß Unterschichten ihren Affekten und Trieben unmittelbarer nachgeben, daß ihr Verhalten weniger genau reguliert ist, als das der zugehörigen Oberschichten; die Zwänge, die auf Unterschichten wirken, sind über große Teile der Geschichte hin Zwänge der unmittelbaren, körperlichen Bedrohung, der Bedrohung mit körperlicher Qual oder mit dem Ausgelöschtwerden durch Schwert, Elend und Hunger. Und solche Gewalten, solche Situationen führen nicht zu einer stabilen Umformung der Fremdzwänge in Selbstzwänge. Ein mittelalterlicher Bauer, der auf Fleisch verzichtet, weil er zu arm ist, weil das Vieh für die Herrentafel bestimmt ist, also lediglich unter physischem Zwang, wird seinem Verlangen nach Fleisch nachgeben, wenn immer er es ohne äußere Gefahr tun kann, zum Unterschied von dem Ordensstifter aus oberen Schichten, der sich im Gedanken an das Jenseits und im Gefühl seiner Sündhaftigkeit selbst den Genuß von Fleisch versagt. Der völlig Besitzlose, der unter einer ständigen Hungerdrohung oder im Zwang des Zuchthauses für Andere arbeitet, wird zu arbeiten aufhören, wenn die Bedrohung durch die äußere Gewalt aufhört, zum Unterschied von dem begüterten Kaufmann, der für

Verringerung der Kontraste, Vergrößerung der Spielarten.

sich selbst weiter und weiter arbeitet, obgleich er vielleicht auch ohne diese Arbeit zum Leben genug hat, den nicht schlechthin die Not, sondern der Druck des Konkurrenz-, des Macht- und Prestigekampfes im Geschäft hält, weil sein Beruf, sein gehobener Standard Sinn und Legitimierung seines Lebens darstellt, und dem schließlich dieser beständige Selbstzwang die Arbeit so zur Gewohnheit macht, daß sein Seelenhaushalt etwas von seinem Gleichgewicht verliert, wenn er nicht mehr arbeiten kann.

Es gehört zu den Eigentümlichkeiten der abendländischen Gesellschaft, daß sich im Laufe ihrer Entwicklung dieser Kontrast zwischen der Lage und dem Verhaltenscode der oberen und der unteren Schichten erheblich verringert. Es breiten sich im Laufe dieser Entwicklung Unterschichtcharaktere über alle Schichten hin aus. Daß allmählich die abendländische Gesellschaft als Ganzes eine reguliert arbeitende Gesellschaft geworden ist, ist ein Symptom dafür; früher war die Arbeit Merkmal der unteren Schichten. Und zugleich breiten sich Charaktere, die früher zu den Unterscheidungsmerkmalen von Oberschichten gehörten, ebenfalls über die ganze Gesellschaft hin aus. Die Verwandlung der gesellschaftlichen Fremdzwänge in Selbstzwänge, in eine automatische, zur selbstverständlichen Gewohnheit gewordene Triebregulierung und Affektzurückhaltung — möglich nur bei Menschen, die normalerweise vor der äußersten, körperlichen Bedrohung durch Schwert oder Hungertod geschützt sind — vollzieht sich innerhalb des Abendlandes mehr und mehr auch bei den breiten Massenschichten.

Bei einer Nahsicht, die nur einen kurzen Ausschnitt dieser Bewegung umfaßt, mag der Unterschied zwischen Triebmodellierung und Verhalten der unteren und der oberen Schichten in der zivilisierten Welt noch als sehr beträchtlich erscheinen. Faßt man den großen Zug der Bewegung über die Jahrhunderte hin ins Auge, dann sieht man, daß die scharfen Kontraste zwischen dem Verhalten der verschiedenen sozialen Gruppen — ebenso, wie die Kontraste und Umsprünge im Verhalten der einzelnen Individuen — sich beständig verringern. Die Triebmodellierungen, die Verhaltensformen, der ganze Habitus der unteren Schichten in der zivilisierten Gesellschaft nähert sich mit der steigenden Bedeutung ihrer Funktionen im Ganzen des arbeitsteiligen Geflechts mehr und mehr dem der anderer Gruppen, zunächst vor allem dem der Mittelschichten, mag auch ein Teil der Selbstzwänge und Tabus, die bei diesen aus dem Drang, sich zu „unterscheiden", stammen, aus dem Verlangen nach einem bestimmten, höheren Prestige, bei jenen vorerst fehlen, mag auch die Art der gesellschaftlichen Abhängigkeit bei jenen noch nicht einen solchen Grad von Affektbindung und beständiger Langsicht notwendig oder möglich machen, wie bei den gleichzeitigen Oberschichten.

Diese Verringerung der Kontraste in der Gesellschaft, wie in den Individuen, diese eigentümliche Durchdringung und Mischung von Verhaltensweisen, die ursprünglich extrem verschiedenen, sozialen Lagerungen entsprechen, ist für die ganze Entwicklungsrichtung der abendländischen Gesellschaft nicht wenig charakteristisch. Sie ist eines der wichtigsten Eigentümlichkeiten des Prozesses der „Zivilisation". Aber diese Bewegung der Gesellschaft und der Zivilisation vollzieht sich gewiß nicht gradlinig. Innerhalb der großen Bewegung gibt es immer von neuem größere und kleinere Wellen, in denen sich die Kontraste in der Gesellschaft und die Schwankungen im Verhalten der Individuen, die Affektausbrüche wieder vergrößern.

Was sich unter unseren Augen vollzieht, was wir im engeren Sinne als die „Ausbreitung der Zivilisation" zu bezeichnen pflegen, die Ausbreitungszüge unserer Institutionen und Verhaltensstandarde über das Abendland hinaus, das sind, wie gesagt, die bisher letzten Wellen einer Bewegung, die sich zunächst durch Jahrhunderte innerhalb des Abendlandes selbst vollzogen hat, und deren Trend, deren charakteristische Figuren sich hier durchsetzen, längst bevor es den Begriff der „Zivilisation" gibt. Von der abendländischen Gesellschaft — als einer Art von Oberschicht — breiten sich heute, sei es durch Besiedlung mit Occidentalen, sei es durch Assimilierung von Oberschichten anderer Völkergruppen, abendländisch „zivilisierte" Verhaltensweisen über weite Räume jenseits des Abendlandes hin aus, wie sich ehemals innerhalb des Abendlandes selbst von dieser oder jener gehobenen Schicht, von bestimmten, höfischen oder kaufmännischen Zentren her Verhaltensmodelle ausbreiteten. Der Verlauf aller dieser Expansionen ist nur zu einem geringen Teil durch die Pläne und Wünsche derer bestimmt, deren Verhaltensweisen übernommen werden. Die modellgebenden Schichten sind auch heute nicht schlechthin die freien Schöpfer oder Urheber der Expansionsbewegung. Diese Ausbreitung der gleichen Verhaltensweisen von den „weißen Mutter- oder Vaterländern" aus folgt der Einbeziehung jener anderen Menschenräume in das gleiche Geflecht der politischen und wirtschaftlichen Interdependenzen, in den Bereich der Ausscheidungskämpfe zwischen und innerhalb der Nationen des Abendlandes. Nicht die „Technik" ist die Ursache dieser Verhaltensänderung; was wir „Technik" nennen, ist selbst nur eines der Symbole, eine der letzten Verfestigungsformen jener beständigen Langsicht, zu der die Bildung immer längerer Handlungsketten und der Wettkampf unter den derart Verbundenen hindrängt. Die „zivilisierten" Verhaltensformen breiten sich in diesen anderen Räumen aus, weil und sofern sich in ihnen durch die Einbeziehung in das Interdependenzgeflecht, dessen Zentrum zunächst die Abendländer bilden, ebenfalls die Struktur der Gesellschaft, der Aufbau der menschlichen Beziehungen im Ganzen ändern. Technik, Schulerziehung, alles das sind Teilerscheinungen. Auch hier, in den Expansionsgebieten des alten Occidents, bilden sich mehr und mehr die gesellschaftlichen Funktionen, in die sich der Einzelne einfügen muß, derart um, daß sie ein beständiges Langsichttraining und eine gleich starke Regelung der Affekte erfordern und ermöglichen, wie im Abendland selbst. Dies, die Umbildung der gesamten, gesellschaftlichen Existenz, ist auch hier das Fundament der Zivilisation des Verhaltens. Eben darum aber bahnt sich auch hier — im Verhältnis des Abendlandes zu anderen Gebieten der Erde — jene Verringerung der Kontraste an, die allen Wellen der Zivilisationsbewegung eigentümlich ist.

Diese immer wiederkehrende Einschmelzung von Verhaltensweisen der funktional oberen Schichten in das der aufsteigenden, unteren ist nicht wenig bezeichnend für die merkwürdig zwiespältige Stellung der Oberschichten in diesem Prozeß. Die Gewöhnung an eine Langsicht, die strengere Regelung des Verhaltens und der Affekte, die ihre Funktionen und ihre Lage den jeweiligen Oberschichten zur Gewohnheit machen, bilden für diese Schichten, also zum Beispiel für die kolonisierenden Europäer, wichtige Instrumente ihrer Überlegenheit über andere; sie dienen ihnen als Unterscheidungsmerkmale; sie gehören zu den Prestige gebenden Kennzeichen ihrer Stellung als Oberschicht. Gerade deswegen ahndet eine solche Gesellschaft den Verstoß gegen das herkömmliche Schema der Trieb- und Affektregelung, das „Sich-gehen-lassen" eines ihrer Mitglieder, mit einem mehr oder weniger scharfen Verruf; sie ahndet solche Verstöße um so strenger, je größer die gesellschaftliche Stärke der unteren Gruppe wird, je mehr die Menschen einer solchen Gruppe nach oben drängen und je intensiver die Konkurrenz, nämlich der Kampf um die gleichen Chancen, zwischen der oberen und der unteren Gruppe ist. Die Anspannung und Langsicht, die es kostet, die gehobene Stellung als Oberschicht aufrechtzuerhalten, kommt so im inneren Verkehr der Gesellschaft durch die Stärke der gesellschaftlichen Überwachung zum Ausdruck, die ihre Mitglieder aufeinander ausüben. Die Furcht, die aus der Lage der ganzen Gruppe, aus ihrem Kampf um die Erhaltung der gehobenen Position und aus deren größerer oder geringerer Bedrohung stammt, wirkt auf diese Weise unmittelbar als Triebkraft zur Aufrechterhaltung des Verhaltenscodes, zur Züchtung des Über-Ich in ihren einzelnen Mitgliedern; sie setzt sich in individuelle Angst, in die Furcht des Einzelnen vor der persönlichen Degradierung oder auch nur vor Minderung seines Prestiges in der eigenen Gesellschaft um; und es ist diese als Selbstzwang angezüchtete Furcht vor der Verringerung des eigenen Ansehens in den Augen anderer, mag sie nun die Gestalt der Scham oder etwa die des Ehrgefühls annehmen, die die ständige, gewohnheitsmäßige Wiedererzeugung des unterscheidenden Verhaltens und die strenge Triebregelung dahinter im einzelnen Menschen sichert.

Aber während so auf der einen Seite diese Oberschichten — und Oberschichtfunktionen haben, wie gesagt, in mancher Hinsicht abendländische Nationen als Ganzes — dazu drängen und gedrängt sind, ihr besonderes Verhalten und ihre spezifische Triebregelung als Unterscheidungsmerkmale mit allen Kräften aufrechtzuerhalten, drängt auf der anderen Seite ihre eigene Lage, wie der Aufbau der Gesamtbewegung, in der sie treiben, auf die Dauer schließlich mehr und mehr zur Abschwächung der Verhaltensunterschiede. Die Ausbreitungsbewegung der abendländischen Zivilisation zeigt diesen Doppelcharakter deutlich genug. Diese Zivilisation ist das unterscheidende und Überlegenheit gebende Kennzeichen der Okzidentalen. Aber zugleich erzeugen und erzwingen die Menschen des Abendlandes unter dem Druck ihres eigenen Konkurrenzkampfes in weiten Teilen der Erde eine Veränderung der menschlichen Beziehungen und Funktionen zu ihrem eigenen Standard hin. Sie machen weite Teile der Welt von sich abhängig, und werden zugleich — entsprechend einer immer wieder beobachtbaren Gesetzlichkeit der fortschreitenden Funktionsteilung — von ihnen selbst abhängig. Sie bauen auf der einen Seite durch eine Reihe von Institutionen oder durch eine strenge Überwachung ihres eigenen Verhaltens einen Zaun zwischen sich und den Gruppen, die sie kolonisieren und die sie mit dem „Recht des Stärkeren" als unter sich stehend betrachten; sie breiten auf der anderen Seite mit ihren Gesellschaftsformen auch ihre Verhaltensformen und Institutionen dorthin aus. Sie arbeiten, zum guten Teil ohne es zu wollen, in einer Richtung, die früher oder später dazu führt, daß sich die Unterschiede der gesellschaftlichen Stärke sowohl, wie die des Verhaltens zwischen Kolonisatoren und Kolonisierten verringern. Zum Teil schon in unserer Zeit beginnen die Kontraste spürbar kleiner zu werden. Je nach der Kolonisationsform, je nach der Lage eines Gebietes in dem großen, funktionsteiligen Netz und nicht zuletzt schließlich je nach der eigenen Geschichte und Struktur eines Gebietes beginnen sich in einzelnen Räumen jenseits des Abendlandes Durchdringungs- und Mischungsprozesse zu vollziehen, verwandt jenen Anderen, die oben am Beispiel des höfischen und des bürgerlichen Verhaltens in verschiedenen Ländern des Abendlandes selbst skizziert worden sind. Auch in den Kolonialgebieten dringen, je nach der Lage und der gesellschaftlichen Stärke der verschiedenen Gruppen, abendländische Verhaltensweisen von oben nach unten, und gelegentlich selbst schon von unten nach oben, wenn man einmal an diesem räumlichen Bilde festhalten soll, und verschmelzen zu neuen, einzigartigen Einheiten, zu neuen Spielarten des zivilisierten Verhaltens. **Die Kontraste des Verhaltens zwischen den jeweils oberen und den jeweils unteren Gruppen verringern sich mit der Ausbreitung der Zivilisation; die Spielarten oder Schattierungen des zivilisierten Verhaltens werden größer.** Dies, die beginnende Umformung orientalischer oder afrikanischer Menschen in der Richtung des abendländischen Verhaltensstandards, repräsentiert das bisher letzte Vorfluten der Zivilisationsbewegung, das wir sehen können. Aber wie diese Welle sich hebt, zeichnen sich in ihr bereits die Ansätze neuer und weiterer Wellen in der gleichen Richtung ab; denn was sich der abendländischen Oberschicht in den Kolonialgebieten als untere, aufsteigende Schicht nähert, sind zunächst meist die Oberschichten der dortigen Völkergruppen.

Einen Schritt zurück, im Abendlande selbst spürt man

Verringerung der Kontraste, Vergrößerung der Spielarten.

gleichzeitig den Wellenschlag jener entsprechenden Bewegung, von der die Rede war: Die Einbeziehung der unteren, städtischen und agrarischen Schichten in den Standard des zivilisierten Verhaltens, die steigende Gewöhnung auch dieser Schichten an eine Langsicht, an eine gleichmäßigere Dämpfung und eine genauere Regelung der Affekte, die immer stärkere Ausbildung einer Selbstzwangapparatur auch bei ihnen. Und auch hier bilden sich je nach der Strukturgeschichte eines Landes im Rahmen des zivilisierten Verhaltens recht verschiedene Modellierungen oder Spielarten der Affektgestaltung heraus. Man sieht etwa in England im Verhalten der Arbeiter noch das von Landedelleuten und das von Kaufleuten innerhalb eines großen Fernhandelsnetzes durchscheinen, in Frankreich zugleich das der Höflinge und eines durch Revolution zur Macht gekommenen Bürgertums. Man findet auch bei den Arbeitern eine genauere Regelung der Verhaltensformen, eine stärker traditionsgesättigte Höflichkeit in Nationen, die länger als Kolonialnationen die Funktion einer Oberschicht inmitten eines weiten Interdependenzgeflechts hatten, eine weniger genaue, weniger ausgeschliffene Regelung der Affekte in Nationen, die spät oder überhaupt nicht zur kolonialen Expansion kamen, weil sich bei ihnen starke Gewalt- und Steuermonopole, eine Zentralisierung der nationalen Machtmittel — Voraussetzung für jede dauerhafte, koloniale Expansion — erst später als bei den konkurrierenden Nationen bildeten.

Und weiter zurück, im 17., 18. und 19. Jahrhundert — je nach dem Aufbau des Landes hier früher, dort später — begegnet man der gleichen Figur in einem noch engeren Kreise: der Durchdringung von Verhaltensweisen des Adels und des Bürgertums. Entsprechend den Stärkeverhältnissen herrschen auch hier in dem Durchdringungsprodukt zunächst die Modelle vor, die der Lage der oberen Schichten entsprechen, dann die Verhaltensweisen der unteren aufsteigenden Schichten, bis schließlich als Niederschlag der vergangenen Prozesse jeweils ein Amalgam, eine neue Einheit von einzigartigem Charakter entsteht. Und auch hier stößt man auf jene zwiespältige Lage der Oberschicht, in der sich heute die Bannerträger der „Zivilisation" finden. Auch der höfische Adel, der Bannerträger der «civilité», wird zu einer strengeren Zurückhaltung der Affekte und einer genaueren Durchformung des Verhaltens nach und nach durch seine stärkere Verflechtung in ein Netz von Interdependenzen gedrängt; sie kommt hier zum Ausdruck durch die Zange von Königtum und Bürgertum, in die er gerät. Auch ihm, dem höfischen Adel, dient dieses An-sich-halten, zu dem Funktion und Lage ihn zwingen, zugleich als Prestigewert, als Mittel der Unterscheidung von den andrängenden, unteren Schichten, und er unternimmt auf der einen Seite alles, was er kann, damit diese Unterschiede sich nicht verwischen. Nur der Eingeweihte, nur der Zugehörige sollte das Geheimnis des guten Benehmens kennen; nur im Verkehr der guten Gesellschaft selbst sollte man es lernen können. Die Schrift über das «Savoir-vivre», das berühmte „Handorakel", habe Grazian offensichtlich dunkel gehalten, so erklärt eine höfische Prinzessin einmal[134]), damit nicht jeder in einem Buch für wenige Groschen diese Kenntnis kaufen könne, und Courtin vergißt nicht, in der Einleitung zu seinem Traktat über die «Civilité» hervorzuheben, daß sein Manuskript eigentlich nur zum privaten Gebrauch einiger Freunde geschrieben wurde, daß es auch gedruckt nur für Menschen der guten Gesellschaft bestimmt sei. Aber schon hier zeigt sich die Zwiespältigkeit dieser Lage. Die höfische Aristokratie konnte auf Grund der eigentümlichen Verflechtung, in der sie lebte, nicht verhindern, ja, sie trug selbst durch ihre Kontakte mit reichen, bürgerlichen Schichten, die sie in dieser oder jener Form brauchte, dazu bei, daß sich ihre Manieren, ihre Gebräuche, ihr Geschmack und ihre Sprache, über andere Schichten hin ausbreiteten, zunächst im 17. Jahrhundert über kleine Spitzengruppen des Bürgertums hin — der „Exkurs über die höfische Modellierung des Sprechens[135])" gibt ein anschauliches Beispiel dafür —, dann im 18. Jahrhundert über breitere Schichten des Bürgertums; die Masse der Civilité-Schriften, die in dieser Zeit erscheinen, zeigt es deutlich. Auch hier sind die Gewalten des Verflechtungsstromes als eines Ganzen, die Spannungen und Konkurrenzkämpfe, die innerhalb seiner zu einer immer größeren Differenzierung und Funktionsteilung, zur Abhängigkeit des Einzelnen von einer immer größeren Anzahl Anderer, zum Auftrieb immer breiterer Schichten drängen, stärker als der Wall, den der Adel selbst um sich zu ziehen suchte.

Es sind kleine Funktionszentren, in denen sich der Zwang der wachsenden Funktionsverflechtung zur Langsicht, zu einer differenzierteren Selbstdisziplinierung, zu einer festeren Über-Ich-Bildung zuerst bemerkbar macht; dann wandeln sich immer mehr Funktionskreise innerhalb des Abendlandes selbst in dem gleichen Sinne; schließlich beginnt, unter Anknüpfung an schon vorhandene Zivilisationsformen, die gleiche Transformation der gesellschaftlichen Funktionen und damit des Verhaltens, des ganzen psychischen Apparats, in den außer-europäischen Ländern. Das ist das Bild, das sich ergibt, wenn man mit einem Blick den bisherigen Zug der abendländischen Zivilisationsbewegung im gesellschaftlichen Raum als Ganzes zu überschauen sucht.

IV.
Die Verhöflichung der Krieger.

Die höfische Gesellschaft des 17. und 18. Jahrhunderts, und vor allem der höfische Adel Frankreichs, der ihr Zentrum bildet, nimmt im Ganzen dieser Wellenbewegung, dieses Vorflutens oberer, dieses Aufsteigens unterer Verhaltensformen und ihrer schließlichen Durchdringung in immer weiteren Kreisen, eine eigentümliche Stellung ein. Die Hofleute sind, wie gesagt, nicht die Urheber oder Erfinder der Affektdämpfung und der gleichmäßigeren Durchformung des gesamten Verhaltens. Sie, wie alle anderen Menschen in dieser Bewegung, folgen Verflechtungszwängen, die kein einzelner

Mensch und auch keine einzelne Gruppe geplant hat. Aber in dieser höfischen Gesellschaft wird der Grundstock vieler Verhaltens- und Verkehrsformen ausgeprägt, die dann, durchtränkt von anderen und je nach der Lage der tragenden Schichten verwandelt, mit dem Zwang zur Langsicht zu immer weiteren Funktionskreisen wandern. Ihre besondere Situation macht die Menschen der höfischen, guten Gesellschaft stärker als irgendeine andere, abendländische Gruppe im Zuge dieser Bewegung zu Spezialisten für die Durchformung und Modellierung des Verhaltens im gesellschaftlichen Verkehr; denn zum Unterschied von allen folgenden Gruppen in der Lage einer Oberschicht haben sie zwar eine gesellschaftliche Funktion, aber keinen Beruf.

Nicht nur im Prozeß der abendländischen Zivilisation, sondern auch in anderen Zivilisationsprozessen, zum Beispiel in denen Ostasiens, hat die Modellierung, die das Verhalten an den großen Höfen, den Verwaltungszentralen der Schlüsselmonopole über Abgaben und körperliche Gewalt, erhält, die gleiche, große Bedeutung. Hier zuerst, am Sitz des Monopolherrn, laufen alle Fäden eines größeren Interdependenzgeflechts zusammen; hier kreuzen sich in einem bestimmten Abschnitt der gesellschaftlichen Prozesse mehr, hier kreuzen sich längere Aktionsketten als an irgendeinem anderen Punkt des Gewebes. Auch die Fernhandelsfäden, in die einzelne städtisch-kaufmännische Funktionszentren verflochten sind, erweisen sich niemals als dauerhaft und stabil, wenn sie nicht eine beträchtliche Zeit hindurch von starken Zentralgewalten geschützt werden. Dementsprechend ist die Langsicht, die strenge Regelung des Verhaltens, die dieses Zentralorgan von seinen Funktionären und von dem Fürsten selbst oder von seinen Stellvertretern und Dienern, verlangt, größer als an irgendeinem anderen Punkt. Zeremoniell und Etikette bringen diese Situation klar zum Ausdruck. Es drängt direkt und indirekt aus dem gesamten Herrschaftsgebiet auf den Zentralherrn und seine engere Umgebung soviel ein, jeder seiner Schritte, jede seiner Gesten ist unter Umständen von

Die Verhöflichung der Krieger.

so folgenschwerer und weitreichender Bedeutung, gerade weil und wenn die Monopole noch sehr stark den Charakter von privaten oder persönlichen Monopolen haben, daß ohne diese genaue Einteilung, ohne diese differenzierte Zurückhaltung und Distanzierung das Spannungsgleichgewicht in der Gesellschaft, auf dem die friedlichere Arbeit der Monopolverwaltung beruht, sehr schnell in Unordnung käme. Und wenn auch nicht immer direkt, so doch mindestens durch die Personen des Zentralherrn und seiner Minister hindurch, wirkt sich jede einigermaßen bedeutende Bewegung und Erschütterung in dem ganzen, großen Herrschaftsgebiet auch bei dem Gros der Höflinge, in der gesamten, engeren und weiteren Umgebung des Fürsten, aus. Mittelbar oder unmittelbar erzwingt die Verflechtung, in die jeder Mensch am Hofe unfehlbar gerät, zu einer beständigen Vorsicht, zu einem ganz genauen Abwägen alles dessen, was er sagt und tut.

Die Bildung von Gewalt- und Steuermonopolen und von großen Höfen um diese Monopole ist gewiß nicht mehr als eine Teilerscheinung im Zug der gesamten Prozesse, die eine allmähliche Zivilisation mit sich bringen. Aber sie ist eine jener Schlüsselerscheinungen, von denen man ohne allzu große Schwierigkeiten Zugang zu dem Triebwerk dieser Prozesse finden kann. Der große Königshof steht eine Zeitlang im Mittelpunkt jener gesellschaftlichen Verflechtungen, die eine Zivilisation des Verhaltens in Gang setzen und in Gang halten. Wenn man die Soziogenese des Hofes verfolgt, gerät man mitten in eine der zivilisatorischen Umformungen hinein, die besonders markant ist und die zugleich eine unerläßliche Voraussetzung für alle weiteren Veränderungen in der Richtung einer Zivilisation darstellt: Man sieht, wie Schritt für Schritt an Stelle eines Kriegeradels ein gezähmter Adel mit gedämpfteren Affekten tritt, ein höfischer Adel. Nicht nur innerhalb des abendländischen Zivilisationsprozesses, sondern, soweit sich sehen läßt, innerhalb jedes größeren Zivilisationsprozesses überhaupt, ist einer der entscheidendsten Vorgänge die Verhöflichung der Krieger.

Aber es braucht kaum gesagt zu werden, daß es sehr verschiedene Stufen und Grade dieser Verhöflichung, dieser inneren Pazifizierung einer Gesellschaft, gibt. Im Abendland vollzieht sich die Verhöflichung der Krieger ganz allmählich vom 11. oder 12. Jahrhundert an, bis sie schließlich im 17. und 18. Jahrhundert langsam ihren Abschluß findet.

Wie es dazu kommt, ist oben ausführlicher geschildert worden: Erst ist da die weite Landschaft mit ihren vielen Burgen und Gutshöfen; die Verflechtung der Menschen ist gering; die alltägliche Angewiesenheit und dementsprechend der Horizont geht bei dem Gros der Krieger, wie der Bauern nicht über den engsten Bezirk hinaus:

"Localism was writ large across the Europe of the early Middle Ages, the localism at first of the tribe and the estate, later shaping itself into those feudal and manorial units upon which mediaeval society rested. Both politically and socially these units were nearly independent, and the exchange of products and ideas was reduced to a minimum [136]."

Dann heben sich aus der Fülle der Burgen und Gutshöfe in jeder Landschaft einzelne heraus, deren Herren in vielen Kämpfen durch die wachsende Größe ihres Landbesitzes und ihrer Kriegsmacht eine Vormachtstellung über die anderen Krieger in einem mehr oder weniger großen Bezirk erlangt haben. Ihre Wohnsitze werden entsprechend der größeren Menge von Gütern, die da zusammenströmen, zur Herberge für eine größere Anzahl von Menschen, zu „Höfen" in einem neuen Sinn des Wortes. Die Menschen, die hier Chancen suchend zusammenkommen, darunter immer auch eine Anzahl von ärmeren Kriegern, sind schon nicht mehr so unabhängig, wie die freien Krieger, die selbstherrlich auf ihren mehr oder weniger autarken Gütern sitzen; sie alle stehen schon in einer Art monopolistisch gebundener Konkurrenz. Und schon hier, in einem Menschenkreis, der verglichen mit dem der absolutistischen Höfe noch klein ist, zwingt das Beieinander einer Reihe von Menschen, deren Handlungen beständig ineinandergreifen, auch die Krieger, die in diese

Die Verhöflichung der Krieger.

Verflechtung geraten, zu einem gewissen Maß von beständiger Rücksicht und Langsicht, zu einer stärkeren Regelung des Verhaltens und — vor allem im Verkehr mit der Herrin des Hofes, von der sie abhängen — zu einer größeren Zurückhaltung der Affekte, zu einer Umformung des Triebhaushalts. Der courtoise Verhaltenscode gibt eine Vorstellung von der Regelung des Umgangs, die Minnelieder[137]) einen Eindruck von der Triebbewältigung, die an diesen größeren und kleineren Territorialhöfen notwendig und üblich wird. Es sind Zeugnisse für die ersten Schübe in jener Richtung, die dann schließlich zu einer vollen Verhöflichung des Adels und einer dauernden Umformung seines Verhaltens im Sinne der „Zivilisation" führt. Aber das Verflechtungsnetz, in das hier der Krieger gerät, ist noch nicht sehr weitreichend und geschlossen. Muß man sich am Hof an eine gewisse Zurückhaltung gewöhnen, so gibt es noch unzählige Menschen und Situationen, denen gegenüber man sich keinen sonderlichen Zwang aufzuerlegen braucht. Man kann dem Herrn und der Herrin des einen Hofes ausweichen in der Hoffnung, an einem anderen Herberge und Unterkommen zu finden. Die Landstraße ist voll von gesuchten und ungesuchten Begegnungen, die keine sehr große Regelung des Verhaltens erfordern. Am Hofe, im Verkehr mit der Herrin mag man sich Gewalttaten und Affektausbrüche untersagen; aber auch der courtoise Ritter ist in erster Reihe noch ein Krieger und sein Leben eine kaum abreißende Kette von Kriegen, Fehden und Gewalttaten. Die friedlicheren Verflechtungszwänge, die zu einer tiefgreifenden Umformung des Triebhaushalts drängen, wirken noch nicht beständig und gleichmäßig in sein Leben hinein; sie treten nur stellenweise auf, sie sind ständig durchbrochen und durchsetzt von kriegerischen Zwängen, die eine Affektzurückhaltung weder dulden noch erfordern. Dementsprechend verfestigen sich auch die Selbstzwänge, die sich der courtoise Ritter am Hofe auferlegt, noch in geringerem Maße zu halb unbewußt arbeitenden Gewohnheiten, zu einer fast automatisch wirkenden

Apparatur, die ihn formt und zurückhält. Die courtoisen Vorschriften — es ist schon darauf hingewiesen worden — richten sich in der Blütezeit der ritterlich-höfischen Gesellschaft zum guten Teil an Erwachsene und Kinder gleichermaßen; sich ihnen gemäß zu verhalten, wird unter Erwachsenen nie so selbstverständlich, daß man aufhören kann, davon überhaupt zu sprechen. Die entgegenstehenden Regungen verschwinden nicht aus dem Bewußtsein. Die Selbstzwangapparatur, das „Über-Ich", ist noch nicht sehr stark und gleichmäßig entwickelt.

Überdies fehlt hier einer der Hauptmotoren, der dann später, in der absolutistisch-höfischen Gesellschaft, in ganz besonderem Maße zu einer Verfestigung der guten Umgangsformen im einzelnen Menschen und zugleich zu einer fortschreitenden Verfeinerung dieser Umgangformen hindrängt: Der Auftrieb von städtisch-bürgerlichen Schichten gegen den Adel hin ist noch verhältnismäßig gering; und gering ist dementsprechend auch die Konkurrenzspannung zwischen den beiden Ständen. Gewiß, an den Territorialhöfen selbst konkurrieren zuweilen schon Krieger und Städter um die gleichen Chancen. Es gibt bürgerliche, wie adlige Minnesänger; auch in dieser Hinsicht zeigt der courtoise Hof ansatzweise eine ähnliche Aufbaugesetzlichkeit wie später, voll ausgeprägt, der absolutistische Hof: er bringt Menschen bürgerlicher und Menschen adliger Herkunft in ständige Berührung miteinander. Aber später, in der Zeit der voll ausgebildeten Herrschaftsmonopole, ist die funktionelle Verflechtung von Adel und Bürgertum, und damit die Möglichkeit zu beständigen Kontakten, wie zu dauernden Spannungen, auch außerhalb des Hofes bereits verhältnismäßig groß. Die Kontakte zwischen Bürgern und Kriegern, wie sie an den courtoisen Höfen vorkommen, stellen noch eine ziemlich isolierte Erscheinung dar. Im weiteren Raume dieser Gesellschaft selbst ist die Verflechtung, die wechselseitige Abhängigkeit von Bürgertum und Adel, noch sehr gering, gemessen an dem späteren Abschnitt. Die Städte und die

Die Verhöflichung der Krieger.

Feudalherren ihrer engeren und weiteren Umgebung stehen einander noch immer wie fremde, politische und soziale Einheiten gegenüber. Ein deutlicher Ausdruck dieser geringer entwickelten Funktionsteilung, ein anschaulicher Beleg für diese relativ große Unverbundenheit der verschiedenen Stände ist die Tatsache, daß die Beziehung und die Ausbreitung von Gebräuchen oder Ideen zwischen Stadt und Stadt, zwischen Hof und Hof, zwischen Kloster und Kloster, also die Beziehungen innerhalb der gleichen Schicht der Gesellschaft, oft selbst über weite Entfernungen hin größer sind, als die Kontakte zwischen Burgen und Städten der gleichen Gegend[138]). Und dies ist der Gesellschaftsaufbau, den man — gleichsam als Gegenbild — vor Augen haben muß, um jenen anderen Aufbau, jene anderen sozialen Prozesse zu verstehen, mit denen es allmählich zu einer immer stärkeren „Zivilisation" der psychischen Selbststeuerung kommt.

Hier, wie in jeder vorwiegend naturalwirtschaftenden Gesellschaft, ist der Austausch und damit also auch die Verflechtung, die wechselseitige Abhängigkeit zwischen verschiedenen Schichten, verglichen mit den folgenden Phasen, noch gering. Unausgeglichener ist demzufolge auch die gesamte Art der Lebensführung. Waffenmacht, Kriegspotential und Besitz stehen hier noch in engster und unmittelbarster Abhängigkeit voneinander. Dementsprechend lebt der waffenlose Bauer in einem Zustand der Niedrigkeit, er ist den waffentragenden Herren in einem Maße ausgeliefert, wie kein Mensch dem anderen im Alltag jener späteren Phasen, in denen sich bereits öffentliche oder staatliche Gewaltmonopole herausgebildet haben. Der Waffenherr auf der anderen Seite, der Krieger ist in einem Maße ungebunden, seine funktionelle Abhängigkeit von den Menschen der unteren Schicht — die gewiß niemals fehlt — ist durch die unmittelbare, körperliche Bedrohung, die von ihm ausgeht, dermaßen eingeschränkt, wie das ebenfalls später bei keinem Abhängigkeitsverhältnis oberer Schichten von unteren mehr der Fall ist. Und ähnlich verhält es sich mit dem Lebensstandard;

auch darin ist der Kontrast zwischen der obersten und der untersten Schicht in dieser Gesellschaft außerordentlich groß, vor allem offenbar in jener Phase, in der sich aus der Masse der Krieger selbst wieder eine immer kleinere Anzahl besonders mächtiger und begüterter Herren herausheben. Man begegnet ähnlich großen Kontrasten noch heute in Menschenräumen, die ihrem gesellschaftlichen Aufbau nach dem der abendländisch-mittelalterlichen Gesellschaft näher stehen, als das heutige Abendland selbst, also etwa in Indien oder in Abessinien: Angehörigen kleiner Spitzenschichten steht ein sehr hohes Einkommen zur Verfügung, von dem ein weit größerer Teil, als es etwa heute im Abendland bei hohen Einkommen der Fall ist, zum persönlichen Verbrauch seines Besitzers, zur Luxusausstattung dessen, was wir sein „Privatleben" nennen würden, also für Gewänder und Schmuck, für Wohnung und Stall, für Geschirr und Mahlzeiten, für Feste und andere Freuden, Verwendung finden kann und muß; die Angehörigen der untersten Schicht auf der anderen Seite, die Bauern, leben elend in steter Bedrohung durch Mißernte oder Hungersnot; auch normalerweise reicht der Ertrag ihrer Arbeit gerade hin, um sie vor dem Verhungern zu schützen; ihr Lebensstandard ist beträchtlich niedriger als der irgendeiner Schicht in den „zivilisierten" Gesellschaften. Und erst wenn diese Kontraste sich verringern, wenn unter dem Konkurrenzdruck, der diese Gesellschaft von oben bis unten in Atem hält, Schritt für Schritt die Funktionsteilung, die wechselseitige Abhängigkeit und Verflechtung verschiedener Funktionen über größere Räume hin immer stärker wird, wenn die funktionelle Abhängigkeit auch der Oberschichten wächst und die gesellschaftliche Stärke samt dem Lebensstandard der unteren steigt, dann erst kommt es langsam zu jener beständigen Langsicht und jenem „Ansichhalten" bei oberen, zu jenem beständigen Auftrieb von unteren Schichten und zu allen jenen anderen Veränderungen, die in den Ausbreitungsschüben der Zivilisationsbewegung zusammenwirken.

Die Verhöflichung der Krieger.

Zunächst — gleichsam am Ausgangspunkt dieser Bewegung — leben die Krieger mehr oder weniger ein Leben für sich, und die Städter oder die Bauern leben das ihre. Der Graben zwischen den Ständen ist selbst bei räumlicher Nähe noch tief; Gebräuche, Gebärden, Kleider oder Vergnügungen sind hier und dort voneinander verschieden, wenn es auch an Übertragungen gewiß nicht völlig fehlt. Nach allen Seiten hin ist der soziale Kontrast — oder wie es die Menschen einer uniformeren Welt gern nennen — die Buntheit des Lebens größer. Die Oberschicht, der Adel, spürt noch keinen sonderlich großen, sozialen Druck von unten; selbst das Bürgertum macht ihm noch kaum Funktion und Prestige streitig. Er braucht noch nicht beständig an sich zu halten und zu überlegen, um seine Position als Oberschicht ungemindert zu erhalten. Er hat sein Land und sein Schwert; die vorherrschende Gefahr für den einen Krieger sind andere Krieger. Und geringer ist dementsprechend auch die Kontrolle, die die Adligen untereinander auf ihr unterscheidendes Verhalten ausüben, geringer — auch von dieser Seite her — die Selbstkontrolle zu der der einzelne Ritter gedrängt ist. Er steht unvergleichlich viel sicherer und selbstverständlicher in seiner gesellschaftlichen Position, als der höfische Adlige. Er braucht das Rohe und Vulgäre nicht aus seinem Leben zu verbannen. Der Gedanke an die unteren Schichten hat nicht viel Beunruhigendes für ihn; es verbindet sich mit ihm nicht beständig eine gewisse Angst, und es liegt infolgedessen auch nicht, wie später, ein gesellschaftliches Verbot im Verkehr der Oberschicht auf allem, was an Unterschichten erinnert. Es erweckt kein **Peinlichkeitsgefühl**, Unterschichten oder Unterschichtgebärden zu sehen, sondern ein Gefühl der **Verachtung**, das unverhüllt, durch keine Zurückhaltung getrübt, durch keine Rücksicht umgeformt oder gedämpft, zum Ausdruck gebracht wird. Der kurze „Blick auf das Leben eines Ritters"[139]), der im Laufe dieser Arbeit möglich war, gibt einen gewissen Eindruck von dieser Haltung, obgleich das Anschauungsmaterial, das da gewählt wurde, bereits aus der späten, höfischen Periode des Rittertums stammt.

Wie die Krieger Schritt für Schritt in den Wirbel der stärkeren und engeren Verflechtung mit anderen Schichten und Gruppen hineingezogen werden, wie ein immer größerer Teil von ihnen mehr und mehr in funktionelle und schließlich auch in institutionelle Abhängigkeit von anderen gerät, ist oben von bestimmten Seiten her ausführlicher geschildert worden. Es sind über Jahrhunderte hin Prozesse, die in die gleiche Richtung wirken: Zum Verlust der militärischen und der wirtschaftlichen Autarkie für alle Krieger und zur Verhöflichung eines Teils von ihnen.

Man spürt das Wirken dieser Verflechtungsmechanismen bereits im 11. und 12. Jahrhundert, wenn sich die Territorialherrschaften verfestigen, und eine Anzahl von Menschen, darunter vor allem auch eine Anzahl von weniger begünstigten Kriegern, Dienste suchend, an die kleineren und größeren Fürstenhöfe gedrängt werden.

Dann heben sich langsam die wenigen, großen Höfe der prinzlichen Feudalität über alle anderen empor; nur Angehörige des Königshauses haben jetzt noch die Chance, sich frei miteinander messen zu können. Und vor allem der reichste, der glänzendste Hof dieses Konkurrenzkreises der prinzlichen Feudalität, der burgunder Hof, gibt einen Eindruck davon, wie langsam und schrittweise diese Verhöflichung der Krieger vor sich geht.

Schließlich, im 15. und vor allem im 16. Jahrhundert, beschleunigt sich die ganze Bewegung, aus der diese Verhöflichung der Krieger ihre Antriebe erhält, die Funktionsteilung, die Integration, die wechselseitige Verflechtung immer größerer Menschenräume und -schichten. Man sieht es besonders deutlich an der Bewegung jenes Gesellschaftsinstruments, dessen Gebrauch und dessen Veränderungen den Stand der Funktionsteilung, Weite und Art der gesellschaftlichen Interdependenzen am genauesten anzeigen, an der Bewegung des Geldes: Das Geldvolumen wächst rascher, und entsprechend rascher sinkt zugleich die Kaufkraft oder der Wert des Geldes. Auch diese Bewegung, wie die Verhöflichung von Kriegern, auch die Tendenz zu einer Entwertung des gemünzten Metalls setzt früh im Mittelalter ein; neu ist nun, im Übergang vom Mittelalter zur Neuzeit nicht die Monetisierung, die Verringerung der Kaufkraft des gemünzten Metalls als solche, sondern das Tempo und das Ausmaß dieser Bewegung; aber hier, wie so oft ist das, was zunächst nur als eine quantitative Veränderung erscheint, genauer besehen, Ausdruck für qualitative Veränderungen, für Veränderungen im Aufbau der menschlichen Beziehungen, für Umbildungen der Gesellschaftsstruktur.

Diese beschleunigte Geldentwertung ist gewiß nicht für sich allein die Ursache der gesellschaftlichen Veränderungen, die in dieser Zeit immer deutlicher zutage treten; sie ist eine Teilerscheinung, ein Hebel in einem umfassenderen Hebelwerk von gesellschaftlichen Verflechtungen. Unter dem Druck von Konkurrenzkämpfen einer bestimmten Stufe und Struktur wächst in dieser Zeit der Bedarf an Geld; ihn zu befriedigen, suchen und finden die Menschen neue Wege und Mittel. Aber diese Bewegung hat — es ist oben schon darauf hingewiesen worden[140]) — für verschiedene Gruppen der Gesellschaft eine recht verschiedene Bedeutung; eben darin zeigt sich, wie groß nun schon die wechselseitige, funktionelle Abhängigkeit dieser verschiedenen Schichten geworden ist: Begünstigt sind im Zuge dieser ganzen Veränderungen alle jene Gruppen, denen ihre Funktion erlaubt, die sinkende Kaufkraft des Geldes durch den Erwerb von mehr Geld, durch eine entsprechende Vergrößerung ihres Geldeinkommens auszugleichen, also vor allem bürgerliche Schichten und die Inhaber des Abgabenmonopols, die Könige; und benachteiligt sind Krieger- oder Adelsgruppen, die dem Namen nach immer das gleiche, der Kaufkraft nach ein immer geringeres Einkommen haben, je mehr und je schneller sich das Geld entwertet. Es sind die Strudel dieser Bewegung, von denen im 16. und 17. Jahrhundert nun immer mehr

Krieger an den Hof und damit in die unmittelbare Abhängigkeit des Königs getrieben werden, während auf der anderen Seite zugleich auch das Steuereinkommen der Könige so weit wächst, daß sie eine immer größere Anzahl von Menschen an ihrem Hofe erhalten können.

Wenn man die Hinterlassenschaft der Vergangenheit betrachtet, wie eine Art von ästhetischem Bilderbuch, wenn etwa der Blick vor allem auf den Wandel der „Stile" gerichtet ist, dann kann man leicht den Eindruck gewinnen, als habe sich von Zeit zu Zeit der Geschmack oder die Seele der Menschen, gleichsam sprunghaft, durch eine plötzliche Mutation von innen her gewandelt: Nun sind es „gotische Menschen", nun „Menschen der Renaissance", die man vor sich sieht, und nun „Menschen des Barock". Wenn man versucht, eine Vorstellung von dem Aufbau des ganzen Beziehungsgeflechts zu gewinnen, in das alle einzelnen Menschen einer bestimmten Epoche versponnen sind, wenn man den Veränderungen der Institutionen nachzugehen sucht, unter denen sie leben, oder der Funktionen, die ihre soziale Existenz begründen, dann schwindet der Eindruck mehr und mehr, daß sich irgendwann einmal plötzlich in vielen, einzelnen Seelen unerklärlicherweise und unabhängig von einander die gleiche Mutation vollzogen habe. Alle diese Veränderungen vollziehen sich geraume Zeit hindurch immer ganz langsam, in kleinen Schritten und zum guten Teil lautlos für Ohren, die nur die großen, weithin schallenden Ereignisse aufzunehmen imstande sind Die großen Explosionen, in denen sich Dasein und Haltung der einzelnen Menschen ruckartig und darum besonders spürbar wandeln, sind nichts als Teilerscheinungen innerhalb solcher langwieriger und oft fast unmerklicher, gesellschaftlicher Umlagerungen, deren Wirkung nur beim Vergleich verschiedener Generationen, bei der Konfrontierung des gesellschaftlichen Schicksals der Väter mit dem der Söhne und Enkel faßbar wird. So verhält es sich mit der Verhöflichung der Krieger, mit jener Veränderung, in deren Verlauf an die Stelle einer Oberschicht von freien Rittern eine Oberschicht von Höflingen tritt. Selbst in den letzten Phasen dieses Prozesses mögen noch immer viele Einzelne die Erfüllung ihres Daseins, ihrer Wünsche, Affekte und Begabungen in einem Leben als freie Ritter sehen; aber alle diese Begabungen und Affekte werden nun durch eine langsame Umgestaltung der menschlichen Beziehungen mehr und mehr unauslebbar; die Funktionen, die ihnen Raum gaben, verschwinden aus dem Gefüge des Menschengeflechts. Und nicht anders verhält es sich schließlich mit dem absolutistischen Hof selbst; auch er ist nicht von Einzelnen irgendwann einmal plötzlich ersonnen oder geschaffen worden, sondern er bildet sich auf Grund einer bestimmten Verlagerung der gesellschaftlichen Stärkeverhältnisse ganz allmählich heran; alle Einzelnen werden in ihn, in diese spezifische Form der Beziehung, durch eine bestimmte Angewiesenheit auf Andere hineingetrieben; sie halten sich darin durch ihre Angewiesenheit aufeinander, ihre Abhängigkeit voneinander wechselseitig fest, und der Hof wird aus dieser Verflechtung von Angewiesenheiten nicht nur einmal erzeugt, sondern er erzeugt sich als eine viele, einzelne Menschen überdauernde Form der menschlichen Beziehungen, als eine festgefügte Institution, immer wieder, solange diese bestimmte Art von wechselseitiger Angewiesenheit sich auf Grund eines bestimmten Aufbaus der Gesamtgesellschaft immer von neuem bei weiteren Menschen herstellt. Wie etwa die gesellschaftliche Institution einer Fabrik nicht faßbar ist, wenn man sich nicht aus dem Aufbau des ganzen, sozialen Feldes, das immer wieder Fabriken erzeugt, verständlich zu machen sucht, warum hier Menschen darauf angewiesen sind, als Angestellte oder Arbeiter einem Unternehmer Dienste zu leisten, und warum der Unternehmer seinerseits auf solche Dienste und Leistungen angewiesen ist, genau so ist auch die gesellschaftliche Institution des absolutistischen Hofes unfaßlich, wenn man nicht die Bedürfnisformel kennt, nämlich Art und Maß der wechselseitigen Angewiesenheit, durch die Menschen verschiedener

Art in dieser Form zusammengebunden und zusammengehalten wurden. Erst so erscheint der Hof, wie er wirklich war, vor unseren Augen; erst so verliert er das Aussehen einer zufälligen oder willkürlich geschaffenen Gruppierung, nach deren „Warum" zu fragen weder möglich noch nötig ist, und er gewinnt den Sinn eines Geflechts von menschlichen Beziehungen, das sich eine Zeitlang stets wieder in dieser Weise herstellte, weil es vielen, einzelnen Menschen Chancen zur Befriedigung bestimmter, immer von neuem in ihnen gesellschaftlich gezüchteter Bedürfnisse oder Angewiesenheiten bot.

Die Bedürfniskonstellation, aus der sich der „Hof" als eine Institution über Generationen hinweg immer von neuem wiederherstellte, ist oben gezeigt worden: Der Adel oder wenigstens Teile des Adels bedurften des Königs, weil mit der fortschreitenden Monopolbildung die Funktion des freien Kriegers aus der Gesellschaft verschwand, und weil im Zuge der zunehmenden Geldverflechtung die Gutserträge allein — gemessen am Standard des aufsteigenden Bürgertums — nicht mehr als einen mittelmäßigen Unterhalt und sehr oft nicht einmal ihn gewährten, ganz gewiß aber keine soziale Existenz, die der wachsenden Stärke bürgerlicher Schichten gegenüber das Prestige des Adels als Oberschicht hätte aufrechterhalten können. Unter diesem Druck begab sich ein Teil des Adels — wer immer hoffen konnte, dort ein Unterkommen zu finden — an den Hof und damit in die unmittelbare Abhängigkeit vom König. Allein das Leben hier, am Hofe, eröffnete dem einzelnen Adligen inmitten dieses sozialen Feldes noch Zugang zu wirtschaftlichen und zugleich zu Prestige-Chancen, die den Anspruch auf eine repräsentative Oberschichtexistenz einigermaßen befriedigen konnten. Wäre es den Adligen allein oder auch nur primär um wirtschaftliche Chancen gegangen, dann hätten sie nicht an den Hof zu gehen brauchen; zu Geld hätten viele von ihnen durch eine kaufmännische Betätigung — etwa durch eine Einheirat — besser und erfolgreicher kommen können, als durch das Leben am Hof. Aber um durch eine kaufmännische Tätigkeit zu Geld zu kommen, hätten sie ihren Adelsrang ablegen müssen; sie hätten sich in ihren eigenen Augen und in denen des übrigen Adels degradiert. Gerade dies aber, ihre Distanz vom Bürgertum, ihr Charakter als Adel, ihre Zugehörigkeit zu der obersten Schicht des Landes, gerade dies war es, was ihrem Leben für ihr eigenes Empfinden Sinn und Richtung gab; der Wunsch nach Erhaltung ihres ständischen Prestiges, das Verlangen, sich zu „unterscheiden", hatte als Motiv ihres Handelns durchaus den Vorrang vor dem Verlangen nach Reichtum, nach einer Akkumulation von Geld. Und sie gingen also nicht nur an den Hof, sie blieben nicht nur am Hof, weil sie vom König wirtschaftlich abhängig waren, sondern sie blieben vom König abhängig, weil sie allein durch den Gang an den Hof und das Leben inmitten der höfischen Gesellschaft diejenige Distanz zu allen Anderen und dasjenige Prestige aufrechterhalten konnten, an dem das Heil ihrer Seele, ihr Dasein als Angehörige der Oberschicht, der "Society" des Landes, hing. Ganz gewiß hätte mindestens ein Teil der höfischen Adligen nicht am Hofe leben können, wenn sich ihnen dort nicht auch wirtschaftliche Chancen mannigfacher Art geboten hätten; aber was sie suchten, waren nicht wirtschaftliche Existenzmöglichkeiten schlechthin — solche Möglichkeiten hätten sie, wie gesagt, nicht nur am Hofe finden können —, sondern Existenzmöglichkeiten, die sich mit der Aufrechterhaltung ihres unterscheidenden Prestiges, ihres Adelscharakters, vertrugen. Und diese doppelte Bindung, diese Bindung durch wirtschaftliche und durch Prestigenotwendigkeiten zugleich, ist in geringerem oder höherem Grade für alle Oberschichten charakteristisch, nicht nur für die Träger der «Civilité», sondern auch für die der „Zivilisation". Die eine, der Zwang, den die Zugehörigkeit zu einer „gehobenen" Schicht und das Verlangen, es zu bleiben, auf den Einzelnen ausübt, ist nicht weniger stark, nicht weniger modellierend, als der Zwang, der aus der einfachen Notwendigkeit, seinen Lebensunterhalt zu finden, stammt. Antriebe beider Art legen sich als eine doppelte und unzertrennbare Kette um den einzelnen Menschen solcher Schichten, und die eine Bindung, das Prestige-Verlangen, die Angst vor dem Prestige-Verlust, der Kampf gegen das Verwischen der sozialen Unterscheidungen, ist dabei ebensowenig jemals nur aus der anderen Bindung zu erklären, als ein maskiertes Verlangen nach mehr Geld, nach wirtschaftlichen Vorteilen, wie sie jemals auf die Dauer bei Schichten oder Familien zu finden ist, die unter einem ganz starken, äußeren Druck am Rand des Hungers und des Elends leben. Die Bindung durch das Verlangen nach einem bestimmten, sozialen Prestige findet sich als primäres Motiv des Handelns nur bei Angehörigen von Schichten, deren Einkommen unter normalen Umständen nicht allzu gering oder gar im Wachsen ist und erheblich über der Hungergrenze liegt. Bei solchen Schichten ist auch der Antrieb zur wirtschaftlichen Aktivität nicht mehr die einfache Notwendigkeit, den Hunger zu stillen, sondern das Verlangen nach Wahrung eines bestimmten, hohen, gesellschaftsüblichen Lebensstandards und Prestiges. Gerade das erklärt, weshalb in solchen gehobenen Schichten die Affektregelung und vor allem die Ausbildung von Selbstzwängen im allgemeinen größer ist, als bei den korrespondierenden Unterschichten: Die Angst vor dem Verlust oder auch nur vor der Minderung des gesellschaftlichen Prestiges ist einer der stärksten Motoren zur Umwandlung von Fremdzwängen in Selbstzwänge. Wie in vielen anderen Punkten, so zeigen sich auch in diesem die Oberschichtcharaktere, die Charaktere der „guten Gesellschaft", bei der höfischen Aristokratie des 17. und 18. Jahrhunderts besonders rein ausgeprägt, eben weil in ihrem Rahmen Geld zwar ein unentbehrliches und Reichtum sicherlich ein erwünschtes Instrument des Lebens, aber ganz gewiß noch nicht, wie in der bürgerlichen Welt, Zentrum auch des Prestiges sind. Die Zugehörigkeit zur höfischen Gesellschaft bedeutet für das Bewußtsein der Zugehörigen mehr als

Reichtum; gerade deswegen sind sie so völlig und ohne Ausweichmöglichkeiten an den Hof gebunden; gerade deswegen ist der Zwang des höfischen Lebens, der ihr Verhalten formt, so stark; es gibt für sie keinen anderen Ort, an dem sie ohne Degradierung leben können; und eben deswegen ist auch ihre Angewiesenheit auf den König, ihre Abhängigkeit von dem König so groß.

Der König seinerseits ist auf den Adel aus einer ganzen Reihe von Gründen angewiesen. Er bedarf für seine Geselligkeit einer Gesellschaft, deren Gesittung er teilt; es dient seinem Bedürfnis nach Heraushebung aus allen übrigen Gruppen des Landes, daß die Menschen, die ihn bedienen, sei es bei Tisch, sei es beim Schlafengehen oder bei der Jagd, dem höchsten Adel des Landes angehören. Ganz besonders aber braucht er den Adel als Gegengewicht gegen das Bürgertum, wie er das Bürgertum als Gegengewicht gegen den Adel braucht, wenn sich sein Spielraum bei der Verfügung über die Schlüsselmonopole nicht verringern soll. Es ist vor allem die Gesetzlichkeit des „Königsmechanismus", die den absolutistischen Herrscher auf den Adel angewiesen macht. Den Adel als unterschiedene Schicht und damit das Spannungsgleichgewicht zwischen Adel und Bürgertum aufrechtzuerhalten, keinen der beiden Stände zu stark, keinen von ihnen zu schwach werden zu lassen, das ist die Grundlage der Königspolitik.

Der Adel — und ebenso auch das Bürgertum — ist nicht nur von dem König abhängig; der König ist auch von der Existenz des Adels abhängig; aber ganz gewiß ist die Abhängigkeit des einzelnen Adligen vom König unvergleichlich viel größer, als die Abhängigkeit des Königs von irgendeinem einzelnen Adligen; das kommt in der Beziehung zwischen König und Adel, wie sie sich am Hofe herstellt, sehr deutlich zum Ausdruck.

Der König ist nicht nur der Unterdrücker des Adels, wie es Teile des höfischen Adels selbst empfinden; er ist auch nicht nur der Erhalter des Adels, wie es weite Teile des Bürgertums sehen; er ist beides. Und der Hof ist also ebenfalls beides: eine Zähmungs- und eine Erhaltungsanstalt des Adels. „Un Noble, sagt La Bruyère in seinem Abschnitt über den Hof, s'il vit chez luy dans sa Province, il vit libre, mais sans appuy: s'il vit à la Cour, il est protégé, mais il est esclave". Das Verhältnis ähnelt in mancher Hinsicht dem zwischen einem kleinen, selbständigen Geschäftsmann und den hohen Angestellten eines mächtigen Familienkonzerns. Am Hofe findet ein Teil des Adels die Möglichkeit zu einem standesgemäßen Unterhalt; aber die einzelnen Adligen stehen hier nicht mehr, wie ehemals die Ritter, in freier, kriegerischer **Konkurrenz** miteinander, sondern in monopolistisch gebundener Konkurrenz um die Chancen, die der **Monopolherr** zu vergeben hat. Und sie leben dabei nicht nur unter dem Druck dieses Zentralherrn; sie stehen nicht nur unter dem Konkurrenzdruck, den sie selbst und dazu noch eine Reservearmee von ländlichen Adligen aufeinander ausüben, sondern sie stehen vor allem auch unter dem Druck von aufsteigenden, bürgerlichen Schichten. Mit deren wachsender, gesellschaftlicher Stärke hat sich der höfische Adel ständig auseinander zu setzen; von den Abgaben, von den Steuererträgen, die hauptsächlich aus dem dritten Stande kommen, lebt er. Die Interdependenz, die Verflechtung der verschiedenen, gesellschaftlichen Funktionen, und vor allem die Interdependenz von Adel und Bürgertum, ist außerordentlich viel enger geworden, als in den vorangehenden Phasen. Allgegenwärtiger sind dementsprechend die Spannungen zwischen ihnen. Und wie sich derart der Aufbau der menschlichen Beziehungen ändert, wie nun der Einzelne ganz anders als zuvor in das Menschengeflecht eingebettet und durch das Gespinst seiner Abhängigkeiten modelliert wird, so ändert sich auch der Aufbau seines Bewußtseins- und Triebhaushalts. Die engere Interdependenz nach den verschiedensten Seiten hin, der starke und beständige Druck von den verschiedensten Seiten her verlangt und züchtet eine beständigere Selbstkontrolle, ein stabileres Über-ich und neue Formen des Benehmens im Verkehr von Mensch und Mensch: aus Kriegern werden Höflinge.

Wo immer man auf dieser Erde einigermaßen weitreichenden Zivilisationsprozessen begegnet, dort findet man auch in dem geschichtlich-gesellschaftlichen Hebelwerk, das diese Habitusveränderung auslöst, Vorgänge verwandter Art. Sie mögen sich langsamer oder rascher, sie mögen sich, wie hier, in einem einzigen großen Zuge oder in mehreren Schüben und starken Gegenschüben vollziehen, eine mehr oder weniger entschiedene, eine stabile oder vorübergehende Verhöflichung der Krieger gehört, so weit sich heute sehen läßt, zu den elementarsten, sozialen Voraussetzungen jeder größeren Zivilisationsbewegung. Und so wenig aktuelle Bedeutung auch das soziale Gebilde des Hofes auf den ersten Blick für unser gegenwärtiges Leben haben mag, zum Verständnis des Zivilisationsprozesses ist ein gewisses Verständnis für den Aufbau des Hofes unentbehrlich. Vielleicht wirft die eine oder andere seiner Aufbaueigentümlichkeiten zugleich auch noch Licht auf das Leben an starken Herrschaftszentralen überhaupt.

V.
Die Dämpfung der Triebe. Psychologisierung und Rationalisierung.

«La vie de la cour», so sagt La Bruyère[141]), est un jeu sérieux, mélancolique, qui applique: Il faut arranger ses pièces et ses batteries, avoir un dessein, le suivre, parer celui de son adversaire, hasarder quelquefois, et jouer de caprice; et après toutes ses rêveries et toutes ses mesures on est échec, quelquefois mat.»

Am Hof, und vor allem an dem großen, absolutistischen Hof, bildet sich zum erstenmal eine Art von Gesellschaft und von menschlichen Beziehungen mit Aufbaueigentümlichkeiten, die von nun an über eine große Strecke der abendländischen Geschichte hin und durch alle Verwandlungen hindurch immer von neuem ihre entscheidende Rolle spielen. Es bildet sich inmitten eines weiten Menschenraumes, der von körperlichen Gewalttaten im großen und ganzen frei ist, eine „gute Gesellschaft"; aber wenn auch die Anwendung körperlicher Gewalt aus dem Verkehr der Menschen nun zurücktritt, wenn es ihnen selbst auch verboten ist, sich zu duellieren, so übt der Mensch auf den Menschen nun in mannigfachen, anderen Formen Zwang und Gewalt aus. Das Leben in diesem Kreis ist kein friedliches Leben. Sehr viele Menschen hängen hier beständig voneinander ab. Der Druck der Konkurrenz um Prestige und die Gunst des Königs ist stark. Die „Affairen", die Rang- und Gunststreitigkeiten brechen nicht ab. Spielt der Degen als Mittel der Entscheidung keine so große Rolle mehr, so treten Intrigen, Kämpfe, bei denen um Karriere und sozialen Erfolg mit Worten gestritten wird, an ihre Stelle. Sie verlangen und züchten andere Eigenschaften, als die Kämpfe, die mit der Waffe ausgefochten werden können: Überlegung, Berechnung auf längere Sicht, Selbstbeherrschung, genaueste Regelung der eigenen Affekte, Kenntnis der Menschen und des gesamten Terrains werden zu unerläßlichen Voraussetzungen jedes sozialen Erfolges.

Jeder Einzelne gehört zu einer „Clique", zu einem Verkehrskreis, der ihn gegebenenfalls unterstützt; aber die Gruppierungen wechseln. Er geht Bündnisse ein, und zwar möglichst Bündnisse mit Personen, die hoch im höfischen Kurs rangieren; aber der Kurs der Personen wechselt ebenfalls oft sehr rasch; er hat Konkurrenten; er hat offene und versteckte Feinde; und die Taktik der Kämpfe, wie die der Bündnisse bedarf einer genauen Überlegung; Distanzierung und Näherung im Verhalten zu jedem anderen müssen genau dosiert werden; jeder Gruß, jedes Gespräch hat eine Bedeutung über das unmittelbar Gesagte oder Getane hinaus; sie zeigen den Kurswert der Menschen an; und sie tragen zur Bildung der höfischen Meinung über diesen Wert bei:

«Qu'un favori s'observe de fort près: car s'il me fait moins attendre dans son antichambre, qu'à l'ordinaire, s'il a le visage plus ouvert, s'il fronce moins le sourcil, s'il m'écoute plus volontiers, et s'il me reconduit un peu plus loin, je penserai qu'il commence à tomber, et je penserai vrai»[142].

Die Dämpfung der Triebe. Psychologisierung und Rationalisierung.

Der Hof ist eine Art von Börse; wie in jeder „guten Gesellschaft" bildet sich beständig im Austausch der Menschen eine „Meinung" über den Wert jedes Einzelnen; aber dieser Wert hat hier seine reale Grundlage nicht in dem Geldvermögen und auch nicht in den Leistungen oder dem Können des Einzelnen, sondern in der Gunst, die er beim König genießt, in dem Einfluß, den er bei anderen Mächtigen, in der Bedeutung, die er für das Spiel der höfischen Cliquen hat. Alles das, Gunst, Einfluß, Bedeutung, dieses ganze komplizierte und gefährliche Spiel, bei dem körperliche Gewaltanwendung und unmittelbare Affektausbrüche verboten sind und die Existenz bedrohen, verlangt von jedem Beteiligten eine beständige Langsicht, eine genaue Kenntnis jedes Anderen und seiner Stellung, seines Kurswertes im Geflecht der höfischen Meinungen; es erfordert eine genaue Differenzierung des eigenen Verhaltens entsprechend diesem Verflechtungswert. Jeder Mißgriff, jeder unvorsichtige Schritt drückt den Kurswert dessen, der ihn getan hat, in der höfischen Meinung herab; er bedroht unter Umständen seine ganze Stellung am Hof.

«Un homme, qui sait la cour, est maître de son geste, de ses yeux et de son visage; il est profond, impénétrable; il dissimule les mauvais offices, sourit à ses enemis, contraint son humeur, déguise ses passions, dément son cœur, agit contre ses sentiments»[143].

Die Verwandlung des Adels in der Richtung des „zivilisierten" Verhaltens ist unverkennbar. Sie ist hier noch nicht in allen Punkten so tiefgreifend und umfassend, wie später in der bürgerlichen Gesellschaft; denn allein gegenüber Standesgenossen braucht sich der Hofmann und die höfische Dame einen so starken Zwang anzutun, und nur in erheblich geringerem Maße gegenüber sozial Niedrigerstehenden. Ganz abgesehen davon, daß das Schema der Trieb- und Affektregulierung in der höfischen Gesellschaft ein anderes ist als in der bürgerlichen, auch das Wissen darum, daß es sich um eine Regulierung aus gesellschaftlichen Gründen handelt, ist noch wacher; die entgegenstehenden Neigungen schwinden wenigstens zum Teil noch nicht aus dem Tagesbewußtsein; die Selbstzwänge werden noch nicht so vollständig zu einer fast automatisch arbeitenden und alle menschlichen Beziehungen einschließenden Gewohnheitsapparatur. Aber ganz deutlich ist schon, wie sich der Mensch hier bereits in einer ganz spezifischen Form stärker differenziert und spaltet. Er steht sich gewissermaßen selbst gegenüber. Er „verbirgt seine Passionen", er „verleugnet sein Herz", er „handelt gegen sein Gefühl". Die augenblickliche Lust oder Neigung wird in Voraussicht der Unlust, die kommen wird, wenn man ihr nachgibt, zurückgehalten; und das ist in der Tat der gleiche Mechanismus, mit dem nun immer entschiedener durch Erwachsene — ob es nun die Eltern oder andere Personen sind -- von klein auf in den Kindern ein stabileres „Über-Ich" gezüchtet wird. Die momentane Trieb- und Affektregung wird gewissermaßen durch die Angst vor der kommenden Unlust überdeckt und bewältigt, bis diese Angst sich schließlich gewohnheitsmäßig den verbotenen Verhaltensweisen und Neigungen entgegenstemmt, selbst wenn gar keine andere Person mehr unmittelbar gegenwärtig ist, die sie erzeugt; und die Energien solcher Neigungen werden in eine ungefährliche, durch keine Unlust bedrohte Richtung gelenkt.

Dem Umbau der Gesellschaft, dem Wandel der zwischenmenschlichen Beziehungen entsprechend, baut sich auch der Affekthaushalt des Einzelnen um: Dort wächst die Reihe der Handlungen und die Zahl der Menschen, von denen der Einzelne und seine Handlungen beständig abhängen, hier die Gewohnheit zur Sicht über längere Ketten hin. Und wie sich so Verhalten und Seelenhaushalt des Einzelnen verändern, ändert sich in entsprechender Weise auch die Art, in der ein Mensch den anderen betrachtet; das Bild, das der Mensch vom Menschen hat, wird reicher an Schattierungen, es wird freier von momentanen Emotionen: es „psychologisiert" sich.

Wo der Aufbau der gesellschaftlichen Funktionen dem Einzelnen in höherem Maße erlaubt, unter dem Einfluß augenblicklicher Impulse zu handeln, als am Hof, dort ist es weder nötig noch möglich, sich sehr eingehend mit der Frage abzugeben, wie der persönliche Bewußtseins- und Affektaufbau eines Anderen beschaffen ist, und welche verborgenen Motive, welche Berechnungen dessen Verhalten zugrunde liegen. Greift hier Berechnung in Berechnung, so dort unmittelbarer Affekt in Affekt. Diese Stärke der unmittelbaren Affekte aber bindet den Einzelnen an eine beschränktere Anzahl von Verhaltensweisen: Jemand ist Freund oder Feind, jemand ist gut oder böse; und je nach dem, wie man einen Anderen gemäß dieser Schwarzweißzeichnung der Affekte sieht, verhält man sich. Es erscheint alles direkt auf den empfindenden Menschen bezogen. Daß die Sonne scheint, daß es jetzt gerade blitzt, daß ein Anderer lacht oder die Stirn runzelt, alles das appelliert bei diesem Affektaufbau unmittelbarer an das Gefühl dessen, der es sieht; und wie es ihn jetzt und hier freundlich oder feindlich erregt, so nimmt er es auch, als ob es freundlich oder feindlich für ihn gemeint sei. Es kommt ihm nicht in den Sinn, alles das, einen Blitz, der ihn beinahe trifft, eine Miene, die ihn verletzt, aus fernliegenden Zusammenhängen zu erklären, die unmittelbar gar nichts mit ihm selbst zu tun haben. Diese Langsicht auf Natur und Menschen gewinnen die Menschen erst in dem Grade, in dem die fortschreitende Funktionsteilung und die alltägliche Verflechtung in längere Menschenketten den Einzelnen an eine solche Langsicht und eine größere Zurückhaltung der Affekte gewöhnen. Dann erst lichtet sich langsam der Schleier ein wenig, den die Leidenschaften vor das Auge legen, und dem Blick eröffnet sich eine neue Welt, eine Welt, die freundlich oder feindlich für den einzelnen Menschen verläuft, ohne daß es unmittelbar feindlich oder freundlich für ihn gemeint zu sein braucht, eine Verkettung von Geschehnissen, deren Zusammenhänge einer leidenschaftsloseren Beobachtung über lange Strecken hin bedürfen, damit sie sich aufschließen.

Wie das Gesamtverhalten, so wird auch die Beobachtung der Dinge und Menschen im Zuge der Zivilisation affektneutraler; auch das „Weltbild" wird allmählich weniger unmittelbar durch die menschlichen Wünsche und Ängste bestimmt, und es orientiert sich stärker an dem, was wir „Erfahrung" oder „Empirie" nennen, an Verflechtungsreihen, die ihre eigene Gesetzmäßigkeit haben. Wie heute etwa in einem weiteren Schub dieser Art der Geschichts- und Gesellschaftsverlauf allmählich aus dem Nebel der persönlichen Affekte und Betroffenheiten, aus dem Dunst der Gruppensehnsüchte und -ängste hervortritt und sich dem Auge als ein autonomer Verflechtungszusammenhang darzustellen beginnt, so verhält es sich damals mit der Natur und — in beschränkterem Umkreis — mit den Menschen. Besonders im näheren und weiteren Zirkel des Hofes entwickelt sich das, was wir heute wohl eine „psychologische" Betrachtung des Menschen nennen würden, eine genauere Beobachtung des Anderen und seiner selbst über längere Motivationsreihen und größere Zusammenhangsketten hin, eben weil hier die Überwachung seiner selbst und die beständige, sorgfältige Beobachtung Anderer zu den elementaren Voraussetzungen für die Wahrung der gesellschaftlichen Position gehört. Aber das ist in der Tat nur eines der Beispiele dafür, wie sich das, was wir die „Orientierung an der Erfahrung" nennen, die Beobachtung über längere Verflechtungen hin, eben dann langsam zu entwickeln beginnt, wenn der Aufbau der Gesellschaft selbst den Einzelnen dazu drängt, seine augenblicklichen Affekte in stärkerem Maße zurückzuhalten und seine Triebenergien in höherem Maße umzuformen.

Saint-Simon beobachtet einmal jemanden, von dem er nicht genau weiß, woran er mit ihm ist. Er beschreibt sein eigenes Verhalten in dieser Lage folgendermaßen.

«Je m'aperçus bientôt, qu'il se refroidissait; je suivis de l'oeil sa conduite à mon égard, pour ne pas me méprendre entre ce qui pouvait être accidentel dans un homme chargé d'affaires épineuses et ce que j'en soupçonnais. Mes soupçons devinrent une évidence, qui me firent retirer de lui tout à fait sans toutefois faire semblant de rien.»[144])

Die Dämpfung der Triebe. Psychologisierung und Rationalisierung.

Diese höfische Kunst der Menschenbeobachtung ist — zum Unterschied von dem, was wir heute gewöhnlich „Psychologie" nennen —, niemals darauf abgestellt, den einzelnen Menschen für sich allein zu betrachten, als ob er die wesentlichen Züge seines Verhaltens unabhängig von seinen Beziehungen zu Anderen mit sich trage und gleichsam erst nachträglich zu Anderen in Beziehung trete; der Zugriff ist hier um so wirklichkeitsnäher, als der Einzelne immer in seiner gesellschaftlichen Verflochtenheit ins Auge gefaßt wird, als ein **Mensch in seinen Beziehungen zu anderen, als Einzelner in einer gesellschaftlichen Situation.**

Es ist oben darauf hingewiesen worden[145]), daß die Verhaltensvorschriften des 16. Jahrhunderts sich von denen der vorangehenden Jahrhunderte nicht so sehr oder jedenfalls nicht allein dem Inhalt nach unterscheiden, sondern vor allem durch den Ton, durch die veränderte Affektatmosphäre; psychologische Zusammenhänge, persönliche Beobachtungen beginnen in ihnen eine größere Rolle zu spielen. Ein Vergleich der Verhaltensschriften des Erasmus oder des della Casa mit den entsprechenden, mittelalterlichen Regeln zeigte es. Die Untersuchung über die gesellschaftlichen Veränderungen dieser Zeit, über den Umbau, den die menschlichen Beziehungen in dieser Phase erfahren, gibt die Erklärung dafür. Diese „Psychologisierung" der Verhaltensvorschriften oder, genauer gesagt, ihre stärkere Durchtränkung mit Beobachtungen und Erfahrungen, ist ein Ausdruck für die rascher fortschreitende Verhöflichung der Oberschicht und für die engere Verflechtung aller Teile der Gesellschaft in dieser Zeit. Man findet die Zeichen einer Verwandlung in dieser Richtung ganz gewiß nicht nur in den Schriften, die den Standard des „guten Benehmens" dieser Zeit festhalten; man findet sie ganz ebenso in den Werken, die zur Unterhaltung dieser Schichten dienen. Die Menschenbeobachtung, die das Leben im höfischen Kreise erfordert, findet ihren literarischen Ausdruck in einer Kunst der Menschenschilderung.

Entwurf zu einer Theorie der Zivilisation.

Das stärkere Verlangen nach Büchern innerhalb einer Gesellschaft ist an sich bereits ein sicheres Zeichen für einen starken Zivilisationsschub; denn die Triebverwandlung und -regulierung, die es sowohl erfordert, Bücher zu schreiben, wie sie zu lesen, ist in jedem Falle beträchtlich. Aber das Buch spielt in der höfischen Gesellschaft noch nicht ganz die gleiche Rolle, wie in der bürgerlichen. Der gesellige Verkehr, der Markt der Prestigewerte, bildet hier für jeden Einzelnen den Mittelpunkt seines Lebens; auch die Bücher sind weniger für die Lektüre im Studierzimmer oder in einer einsamen, dem Beruf abgewonnenen Freizeitstunde, als für das gesellschaftlich-gesellige Beisammen bestimmt; sie sind Teile und Fortsetzungen der Gespräche und geselligen Spiele, oder, wie die Mehrzahl der höfischen Memoiren, verhinderte Gespräche, Konversationen, zu denen aus diesem oder jenem Grunde der Partner fehlt. Die hohe Kunst der Menschenschilderung in den höfischen Memoiren, Briefen oder Aphorismen gibt so einen guten Eindruck von der differenzierten Menschenbeobachtung, zu der das höfische Leben selbst erzieht. Und auch hier, wie in vielen anderen Beziehungen, entwickelt in Frankreich die bürgerliche Gesellschaft das höfische Erbe besonders kontinuierlich fort; der Fortbestand einer Pariser „guten Gesellschaft" als Nutznießerin und Fortbildnerin dessen, was an Prestigeinstrumenten im höfischen Kreise entwickelt worden war, weit über die Revolution hinaus und bis in die Gegenwart hinein, mag dazu beigetragen haben. Jedenfalls kann man sagen, daß von der höfischen Menschenschilderung Saint-Simons und seiner Zeitgenossen zur Schilderung der „guten Gesellschaft" des 19. Jahrhunderts durch Proust — über Balzac, Flaubert, Maupassant und viele andere hinweg —, schließlich auch zur Gestaltung des Lebens breiterer Schichten durch Schriftsteller, wie Jules Romain oder André Malraux, und durch eine Reihe von französischen Filmen, eine gerade Traditionslinie führt, zu deren charakteristischsten Zügen eben diese Klarheit der Menschenbeobachtung gehört, dieses Vermögen, Menschen im Ganzen ihrer gesellschaftlichen Verflechtungen zu sehen und aus ihren wechselseitigen Verflechtungen verständlich zu machen. Die Einzelgestalt wird hier nie aus dem Gewebe ihrer gesellschaftlichen Existenz, aus ihren simplen Abhängigkeiten und Angewiesenheiten auf Andere künstlich herausgelöst. Gerade darum bewahrt sie in der Schilderung die Atmosphäre und Plastizität des wirklich Erlebten.

Und ähnlich, wie mit dieser „Psychologisierung" verhält es sich mit der „Rationalisierung", die langsam vom 16. Jahrhundert ab in den verschiedensten Äußerungen der Gesellschaft stärker spürbar wird. Auch sie ist nicht ein Faktum, das für sich steht; auch sie ist nur ein Ausdruck für die Veränderung des ganzen Seelenhaushalts, die in dieser Zeit stärker hervortritt, und für die wachsende Langsicht, die von nun ab ein immer größerer Teil der gesellschaftlichen Funktionen züchtet und erfordert.

Hier, wie in vielen anderen Punkten, bedarf es zum Verständnis des geschichtlich-gesellschaftlichen Werdens einer Auflockerung der Denkgewohnheiten, mit denen wir groß geworden sind. Es handelt sich bei dieser oft beobachteten, geschichtlichen Rationalisierung in der Tat nicht darum, daß im Lauf der Geschichte viele, einzelne Menschen ohne Zusammenhang miteinander, gleichsam auf Grund einer Art von prästabilierter Harmonie, zur selben Zeit von „innen" her ein neues Organ oder eine neue Substanz entwickeln, einen „Verstand" oder eine „Ratio", die bisher noch nicht da war. Es ändert sich die Art, in der die Menschen miteinander zu leben gehalten sind; deshalb ändert sich ihr Verhalten; deshalb ändert sich ihr Bewußtsein und ihr Triebhaushalt als Ganzes. Die „Umstände", die sich ändern, sind nichts, was gleichsam von „außen" an den Menschen herankommt; die „Umstände", die sich ändern, sind die Beziehungen zwischen den Menschen selbst.

Der Mensch ist ein außerordentlich modellierbares und variables Wesen; die Veränderungen der menschlichen Haltung, von denen hier die Rede war, sind Beispiele für diese Modellierbarkeit; sie bezieht sich durchaus nicht nur auf das, was wir als „psychologisch" von dem „Physiologischen" zu scheiden pflegen. Verschiedenartig modelliert wird im Lauf der Geschichte und entsprechend dem Geflecht von Abhängigkeiten, das durch ein Menschenleben hingeht, auch die „Physis" des Einzelnen in unablösbarem Zusammenhang mit dem, was wir „Psyche" nennen; man denke etwa an die Modellierung der Gesichtsmuskulatur und damit des Gesichtsausdrucks durch den Lebensgang eines Menschen; man denke an die Ausbildung von Lese- oder Schreibzentren im Gehirn. Ganz entsprechend steht es mit dem, was wir substanzialisierend „Ratio" oder „Verstand" und „Vernunft" nennen. Alles das existiert nicht — wie es die Wortbildung zu denken nahelegt — relativ unberührt von dem geschichtlich-gesellschaftlichen Wandel in der gleichen Weise, in der etwa Herz oder Magen existieren; sondern es sind Ausdrücke für eine bestimmte Modellierung des ganzen Seelenhaushalts; es sind Aspekte einer Modellierung, die sich sehr allmählich in vielen Schüben und Gegenschüben vollzieht, und die um so stärker hervortritt, je bündiger und totaler durch den Aufbau der menschlichen Abhängigkeiten spontane Trieb- und Affektentladungen des Individuums mit Unlust, mit Absinken und Unterlegenheit im Verhältnis zu Anderen oder gar mit dem Ruin der sozialen Existenz bedroht werden; es sind Aspekte jener Modellierung, mit der sich im psychischen Haushalt schärfer und schärfer Triebzentrum und Ichzentrum voneinander differenzieren, bis sich schließlich eine umfassende, stabile und höchst differenzierte Selbstzwangapparatur herausbildet. Es gibt nicht eigentlich eine „Ratio", es gibt bestenfalls eine „Rationalisierung".

Unsere Denkgewohnheiten machen uns leicht geneigt, nach „Anfängen" zu suchen; aber da ist nirgends ein „Punkt" in der Entwicklung der Menschen, von dem man sagen könnte: Bisher war noch keine „Ratio" da und nun ist sie „entstanden"; bisher gab es noch keine Selbstzwänge und kein „Über-Ich", und nun, in diesem oder

Die Dämpfung der Triebe. Psychologisierung und Rationalisierung.

jenem Jahrhundert, sind sie plötzlich da. Es gibt keinen Nullpunkt aller dieser Erscheinungen. Aber es bewältigt die Fakten ebensowenig, wenn man denkt: Alles das war, so wie es ist, schon immer da. Die Selbstzwangapparatur, der Bewußtseins- und Affekthaushalt „zivilisierter" Menschen, sie unterscheiden sich als Ganzes in ihrem Aufbau klar und deutlich von denen der sogenannten „Primitiven"; aber beides sind in ihrer Struktur klar durchschaubare Modellierungen annähernd gleicher naturaler Funktionen.

Die herkömmlichen Denkgewohnheiten stellen uns immer wieder vor statische Alternativen; es sind gewissermaßen eleatische Modelle, an denen sie geschult sind: Man kann sich nur viele, einzelne Punkte, einzelne sprunghafte Veränderungen vorstellen oder überhaupt keine Veränderung. Und es ist offenbar zunächst noch sehr schwer erträglich, sich in eine allmähliche, kontinuierliche Veränderung von bestimmter Ordnung und Gesetzmäßigkeit hineingestellt zu sehen, die sich für unseren Blick weiter zurück im Dunkel verliert, in eine Bewegung, die, soweit es möglich ist, als Ganzes gesehen sein will, wie die Bewegungskurve eines Pfeiles oder eines Stromes, nicht als Wiederkehr des Gleichen an verschiedenen Punkten oder als Springen von Punkt zu Punkt. Was sich in jenem Verlauf, den wir Geschichte nennen, verändert, sind, um es noch einmal zu sagen, die wechselseitigen Beziehungen der Menschen und die Modellierung, die der Einzelne innerhalb ihrer erfährt; aber gerade, wenn der Blick für diese fundamentale Geschichtlichkeit der Menschen frei wird, eröffnet sich ihm zugleich die Gesetzmäßigkeit, die Aufbaueigentümlichkeit des menschlichen Daseins, die sich gleich bleibt. Jede menschliche Einzelerscheinung ist nur verständlich, wenn man sie im Ganzen dieser steten Bewegung sieht; die Einzelheit ist nicht herauslösbar; sie bildet sich innerhalb dieses Bewegungszusammenhangs — die Bewegung mag uns als langsam erscheinen, wie bei vielen Primitiven, oder als rasch, wie bei uns — und in dessen Zuge, als Teil einer bestimmten Stufe oder Welle will sie erfaßt sein. So fehlt es nirgends unter Menschen an gesellschaftlichen Triebregulierungen und -restriktionen oder an einer gewissen Voraussicht; aber diese Voraussicht, die Affektbewältigung, hat, um irgendein Beispiel zu geben, unter einfachen Viehzüchtern oder in einer Kriegerkaste eine andere Gestalt und ein anderes Maß als unter Höflingen, Staatsbeamten oder den Angehörigen eines maschinisierten Heeres. Sie wird um so stärker und umfassender, je größer die Funktionsteilung und damit die Anzahl der Menschen wird, auf die die Handlung eines Einzelnen abgestimmt sein muß. Und die Art des „Verstandes" oder des „Denkens", die dem Einzelnen zur Gewohnheit gemacht wird, ist dementsprechend auch im Verhältnis zu Menschen seiner eigenen Gesellschaft so ähnlich und so verschieden wie die gesellschaftliche Lage, wie die Stellung im Menschen- geflecht, in der er auf- und in die er hineinwächst, ähnlich und verschieden von anderen, wie seine und seiner Eltern oder seiner wichtigsten Modelleure Funktion. Die Langsicht des Buchdruckers oder des Maschinenschlossers ist eine andere, als die des Buchhalters, die des Ingenieurs eine andere, als die des Verkaufsdirektors, die des Finanzministers verschieden von der des Chefs der Heeresleitung, wenn auch alle diese verschiedenen, oberflächlicheren Modellierungen sich durch die Interdependenz der Funktionen beständig bis zu einem gewissen Grade an- und ausgleichen. Verschieden ist — in einer tieferen Schicht — Rationalitäts- und Affektmodellierung dessen, der in einem Arbeiterhaushalt groß wurde, von den Strukturen dessen, der in sicherem Reichtum und Wohlstand aufwuchs: verschieden sind schließlich, entsprechend den Unterschieden ihrer Interdependenzgeschichte, Rationalität und Affektschema, Selbstbewußtsein und Triebaufbau der Deutschen und der Engländer, der Franzosen und der Italiener, verschieden die gesellschaftliche Modellierung der Okzidentalen als eines Ganzen von der der Menschen des Orients. Aber alle diese Unterschiede sind gerade deswegen verstehbar, weil ihnen die gleiche, menschlich-gesellschaftliche Gesetzmäßigkeit zugrunde liegt. Die in-

Die Dämpfung der Triebe. Psychologisierung und Rationalisierung.

dividuellen Differenzen innerhalb aller dieser Gruppen, etwa die Unterschiede der „Intelligenz", sind nichts als Differenzierungen im Rahmen von ganz bestimmten, geschichtlichen Modellierungsformen, Differenzierungen, zu denen die Gesellschaft, zu denen das Menschengeflecht, in dem der Einzelne heranwächst, je nach seinem Aufbau einen mehr oder weniger großen Spielraum gibt. Man denke etwa an das Phänomen der stark individualisierten, der sogenannten „schöpferischen Intelligenz". Das Wagnis des unautoritären, individuell selbständigeren Denkens, die Haltung, durch die sich jemand als ein Wesen von „schöpferischer Intelligenz" beweist, hat nicht nur ein sehr eigentümliches, individuelles Triebschicksal zur Voraussetzung. Dieses Wagnis ist überhaupt nur möglich bei einem ganz bestimmten Aufbau der Machtapparatur; es hat eine ganz spezifische Gesellschaftsstruktur zur Voraussetzung; und es hängt ferner davon ab, daß dem Einzelnen innerhalb einer Gesellschaft von solcher Struktur diejenige Schulung und diejenigen nicht sehr zahlreichen, gesellschaftlichen Funktionen zugänglich sind, die allein zur Entfaltung dieser individuell selbständigeren Lang- und Tiefsicht befähigen.

Verschieden in diesem Sinne ist also auch die Langsicht oder das „Denken" des Ritters von dem des Höflings. Eine Szene, die Ranke gelegentlich einmal mitteilt[146]), gibt einen guten Eindruck davon, wie mit der wachsenden Monopolisierung der Gewaltmittel die eigentümlich ritterliche Gewohnheits- und Affektlage zum Untergang verurteilt ist. Sie gibt, unter allgemeineren Gesichtspunkten, zugleich ein Beispiel dafür, in welcher Weise eine Wandlung im Aufbau der gesellschaftlichen Funktionen einen Wandel des Verhaltens erzwingt.

Der Herzog v. Montmorency, Sohn eines Mannes, der wesentlich zum Sieg Heinrichs IV. beigetragen, hatte sich empört. Er war ein ritterlich fürstlicher Mann, freigebig und glänzend, tapfer und hochstrebend. Er diente auch dem König; aber daß diesem oder, genauer gesagt, daß Richelieu allein die Macht und das Recht zu herrschen zustehen sollte, verstand er nicht und billigte er nicht. So begann er mit seinen Gefolgsleuten gegen den König zu kämpfen, wie in alten Zeiten oft ein Ritter, ein Feudalherr gegen den anderen gekämpft hatte. Es kam zum Treffen. Der Feldherr des Königs, Schomberg, stand ihm in einer nicht sehr günstigen Stellung gegenüber. Das aber, so berichtet Ranke, „war ein Vorteil, den Montmorency nur wenig achtete; indem er des feindlichen Haufens ansichtig wurde, machte er seinen Freunden den Vorschlag, unverzüglich auf denselben einzudringen. Denn vornehmlich in einem kecken Reiterlauf sah er den Krieg. Ein erfahrener Gefährte, Graf Rieux, ersuchte ihn solange zu warten, bis man mit ein paar Geschützen, die eben herbeigeschafft wurden, die Schlachtordnung des Feindes erschüttert habe. Aber schon war Montmorency von ungestümer Kampfeslust ergriffen. Er meinte, hier sei keine Zeit weiter zu verlieren, und dem ausgesprochenen Willen des ritterlichen Führers wagte der Ratgeber, wiewohl Unglück ahnend, nicht zu widerstehen. ‚Herr, rief er aus, ich will zu ihren Füßen sterben.'

Montmorency war durch einen mit prächtigen Federn rot, blau und isabel geschmückten Streithengst kenntlich; es war nur eine kleine Schar von Gefährten, die mit ihm über den Graben setzten; sie warfen alles vor sich nieder, was ihnen in den Weg kam; schlagend drangen sie vorwärts, bis sie endlich an die Front der eigentlichen Aufstellung des Feindes kamen. Da aber empfing sie ein nahes, rasches Musketenfeuer: Pferde und Männer wurden verwundet und getötet; Graf Rieux und die meisten andern fielen; der Herzog v. Montmorency verwundet, stürtzte mit seinem ebenfalls getroffenen Pferd und ward gefangen."

Richelieu ließ ihn vor ein Gericht stellen, dessen Urteils er sicher war, und bald darauf wurde der letzte Montmorency im Hof des Stadthauses von Toulouse enthauptet.

Den Impulsen unmittelbarer nachzugeben und nicht erst auf längere Sicht zu berechnen, gehörte in den vorangehenden Phasen, in denen die Krieger noch freier miteinander konkurrieren konnten, zu den Verhaltensweisen, die — selbst, wenn sie zum Untergang des Einzelnen führten, — dem Gesellschaftsaufbau als Ganzem adäquat und daher „wirklichkeitsgerecht" waren. Der Kampffuror war hier eine notwendige Voraussetzung des Erfolges und des Prestiges für den Mann des Adels. Mit der fortschreitenden Monopolbildung und Zentralisierung ändert sich das alles.

Die Dämpfung der Triebe. Psychologisierung und Rationalisierung.

Der veränderte Aufbau der Gesellschaft bestraft jetzt Affektentladungen und Aktionen ohne entsprechende Langsicht mit dem sicheren Untergang. Und wer nun mit den bestehenden Verhältnissen, mit der Allmacht des Königs nicht einverstanden ist, muß anders vorgehen. Man höre St.-Simon. Auch er, kaum mehr als eine Generation nach Montmorency, ist und bleibt sein Leben lang ein oppositioneller Herzog. Aber alles, was er tun kann, ist eine Art von Faktion am Hofe zu schaffen; und wenn er geschickt ist, kann er hoffen, den Nachfolger des Königs, den Dauphin, für seine Ideen zu gewinnen. Aber das ist ein gefährliches Spiel am Hofe Ludwigs XIV., bei dem größte Vorsicht notwendig ist. Man muß den Prinzen erst genau sondieren und dann ganz allmählich in die gewünschte Richtung lenken:

«Je m'étais principalement proposé, so schildert St.-Simon[147]) sein Vorgehen bei einer Unterhaltung mit dem Dauphin, de le sonder sur tout ce qui intéresse notre dignité; je m'appliquai donc à rompre doucement tous les propos qui s'écartaient de ce but, à y ramener la conversation et la promener sur tous les différents chapitres ... Le Dauphin, activement attentif, goûtait toutes mes raisons ... prit feu ... et gémit de l'ignorance et du peu de réflexion du Roi. De toutes ces diverses matières, je ne faisais presque que les entamer en les présentant successivement au Dauphin, et le suivre après, pour lui laisser le plaisir de parler, de me laisser voir qu'il était instruit, lui donner lieu à se persuader par lui-même, à s'échauffer, à se piquer et à moi de voir ses sentiments, sa manière de concevoir et de prendre des impressions pour profiter de cette connaissance ... Je cherchais moins à pousser les raisonnements et les parenthèses que ... de l'imprégner doucement et solidement de mes sentiments et de mes vues sur chacune de ces matières ...»

Der kurze Blick auf die Haltung dieser beiden Männer, auf das Verhalten des Herzogs v. Montmorency und auf das des Herzogs von St.-Simon, wenn sie ihrer Gegnerschaft gegen die Allmacht des Königs Ausdruck geben wollen, mag helfen das Bild zu runden. Jener, einer der letzten, ritterlichen Menschen, sucht sein Ziel im körperlichen Kampf zu erreichen, dieser, der Höfling, in der Unterhaltung; jener handelt aus seinem Impuls heraus, ohne sonderlich an Andere zu denken; dieser meistert sein Verhalten ununterbrochen im Hinblick auf den Anderen ihm gegenüber. Beide, nicht nur Montmorency, sondern auch St.-Simon, befinden sich in einer äußerst gefährlichen Lage. Der Dauphin kann immer aus den zweckgerichteten Spielregeln der höflichen Unterhaltung ausbrechen; er kann, wenn es ihm paßt, Unterhaltung und Beziehung aus einem beliebigen Grund beenden, ohne dabei allzuviel zu verlieren; er kann, wenn St.-Simon nicht sehr vorsichtig ist, die oppositionellen Gedanken des Herzogs durchschauen und dem König Mitteilung machen. Montmorency gibt sich von der Gefahr kaum Rechenschaft; er ist ganz an das geradlinigere Verhalten gebunden, das ihm seine Leidenschaft vorschreibt; er sucht die Gefahr gerade durch den Furor seiner Leidenschaft selbst zu bewältigen. St.-Simon sieht und kennt genau den Umfang der Gefahr; er geht also mit äußerster Beherrschtheit und Überlegtheit zu Werke. Er will nichts mit Gewalt erreichen; er arbeitet auf längere Sicht. Er hält sich zurück, um den Anderen unmerklich, aber nachhaltig mit seinen Gefühlen zu „impregnieren".

Was man in dieser Selbstdarstellung vor sich hat, ist ein recht bezeichnendes Stück jener höfischen Rationalität, die, meistens verkannt, für die Entwicklung dessen, was wir „Aufklärung" nennen, keine geringere und zunächst sogar eine größere Bedeutung hatte, als etwa die städtisch-kaufmännische Rationalität, als die Langsicht, an die Funktionen im Handelsgeflecht selbst den Menschen gewöhnen; aber ganz gewiß entwickeln sich diese beiden Formen der Langsicht, die Rationalisierung und Psychologisierung der höfischen Spitzengruppe des Adels und die der mittelständischen Spitzengruppen, verschieden wie sie ihrem Schema nach sind, in engstem Zusammenhang miteinander; sie weisen hinter sich auf eine immer stärkere Verflechtung von Adel und Bürgertum; sie gehen zurück auf eine Umgestaltung der menschlichen Beziehungen über die ganze Gesellschaft hin: sie hängen aufs engste mit jener Wandlung zusammen, in deren Verlauf aus den relativ locker verbundenen ständischen

Die Dämpfung der Triebe. Psychologisierung und Rationalisierung.

Gruppen der mittelalterlichen Gesellschaft allmählich Teilformationen einer stärker zentralisierten Gesellschaft, eines absolutistischen Staates, werden.

Der geschichtliche Prozeß der Rationalisierung ist ein Musterbeispiel für eine Art von Vorgängen, die bisher von dem geordneten, wissenschaftlichen Denken kaum oder nur in sehr vager Form erfaßt worden sind. Er gehört — wenn man sich an das herkömmliche Schema der Wissenschaften halten will — in den Bereich einer Wissenschaft, die noch nicht existiert, in den Bereich einer historischen Psychologie. Bei der heutigen Form der wissenschaftlichen Forschung wird im allgemeinen zwischen der Arbeit des Historikers und der des Psychologen ein entschiedener Trennungsstrich gezogen. Nur die gegenwärtig lebenden Menschen des Abendlandes scheinen einer psychologischen Untersuchung bedürftig und zugänglich, oder allenfalls noch die sogenannten Primitiven. Der Weg, der, auch in der abendländischen Geschichte selbst, von diesem einfacheren, von dem primitiveren Seelenaufbau zu dem differenzierteren unserer Tage führt, bleibt im Dunkel. Gerade weil der Psychologe schlechterdings ungeschichtlich denkt, weil er an die psychischen Strukturen der heutigen Menschen herangeht, als ob sie etwas Ungewordenes und Unveränderliches wären, kann der Historiker mit seinen Forschungsresultaten im allgemeinen wenig anfangen. Und gerade weil der Historiker, bemüht um das, was er Fakten nennt, psychologischen Problemen nach Möglichkeit zu entgehen sucht, hat er seinerseits dem Psychologen wenig zu sagen.

Nicht viel besser steht es mit der Gesellschaftswissenschaft. Soweit sie sich überhaupt mit geschichtlichen Problemen befaßt, akzeptiert sie vollauf den Trennungsstrich, den der Historiker zwischen der psychischen Aktivität des Menschen und deren verschiedenen Äußerungsformen, Künsten, Ideen oder was immer es sein mag, zieht. Daß es einer historischen Gesellschaftspsychologie, psychogenetischer und soziogenetischer Untersuchungen zugleich, bedarf, um die Verbindungslinie zwischen allen diesen verschiedenen Äußerungen der Menschen und ihrem gesellschaftlichen Dasein zu ziehen, bleibt unerkannt. Dem, der mit der Geschichte der Gesellschaft befaßt ist, ebenso, wie etwa dem, der sich mit der Geschichte des Geistes beschäftigt, erscheinen die „Gesellschaft" auf der einen Seite, die Gedankenwelt der Menschen, ihre „Ideen", auf der anderen als zwei verschiedene Gebilde, die sich in irgendeinem Sinne voneinander abtrennen lassen. Beide scheinen zu glauben, daß es entweder eine Gesellschaft jenseits der Ideen und Gedanken oder Ideen jenseits der Gesellschaft gebe. Und sie streiten sich nur darum, welches von beiden die „wichtigere" Erscheinung sei: Die Einen sagen, es seien die an sich gesellschaftslosen Ideen, die die Gesellschaft in Bewegung setzen, und die Anderen sagen, es sei eine an sich ideenlose Gesellschaft, die die „Ideen" bewege.

Der Zivilisationsprozeß und innerhalb seiner etwa auch Erscheinungen, wie die allmähliche Psychologisierung und Rationalisierung, sie fügen sich nicht in dieses Frageschema. Sie lassen sich auch in Gedanken schlechterdings nicht von dem geschichtlichen Wandel im Aufbau der zwischenmenschlichen Beziehungen absondern. Es hat ganz gewiß keinen Sinn, sich zu fragen, ob der allmähliche Übergang von weniger rationalen zu rationaleren Denk- und Verhaltensweisen die Gesellschaft verändere; denn dieser Rationalisierungsprozeß ebenso, wie der umfassendere Zivilisationsprozeß, ist selbst eine psychische und eine gesellschaftliche Erscheinung zugleich. Aber es hat ebensowenig einen Sinn, den Zivilisationsprozeß etwa als einen „Überbau" oder als eine „Ideologie", nämlich allein aus seiner Funktion als Waffe im Kampfe einzelner sozialer Gruppen und Interessen gegen andere, zu erklären.

Die allmähliche Rationalisierung und weiter die gesamte zivilisatorische Transformation vollzieht sich zweifellos ständig im Zusammenhang mit Auseinandersetzungen verschiedener Schichten und Verbände. Das Ganze des abendländischen

Die Dämpfung der Triebe. Psychologisierung und Rationalisierung.

Beziehungsgeflechts, das Substrat des bisher letzten und stärksten Zivilisationsschubes, ist sicherlich nicht jene friedliche Einheit, als die es zuweilen in harmonistischen Ideengebäuden erscheint. Es ist nicht eine ursprünglich harmonische Ganzheit, in die nur zufällig — gleichsam durch den bösen Willen oder den Unverstand einzelner Menschen — Konflikte hineingetragen werden. Sondern Spannungen und Kämpfe bilden — wie die wechselseitigen Angewiesenheiten der Menschen — ein integrales Element seiner Struktur; sie sind von entscheidender Bedeutung für die Richtung seiner Veränderungen. Ganz gewiß kann ein Zivilisationsschub als Waffe in diesen Auseinandersetzungen erhebliche Bedeutung erlangen. Denn die Gewöhnung an ein höheres Maß von Langsicht und an eine stärkere Zurückhaltung der momentanen Affekte — um nur an diese Zivilisationserscheinungen hier zu erinnern — gibt unter Umständen den Angehörigen der einen Gruppe eine bedeutende Überlegenheit über die einer anderen. Aber ein höheres Maß von Rationalität und von Triebdämpfung kann sich in bestimmten Situationen auch als Schwächung und damit zum Nachteil derer auswirken, die es besitzen. Die „Zivilisation" ist unter Umständen eine recht zweischneidige Waffe. Und wie es sich damit auch im einzelnen verhält, jedenfalls vollziehen sich solche Zivilisationsschübe weitgehend unabhängig davon, ob es den Gruppen und Verbänden, in denen sie sich vollziehen, genehm und nützlich ist oder nicht. Sie vollziehen sich auf Grund von mächtigen Verflechtungsmechanismen, deren Gesamtrichtung zu ändern nicht in der Hand einzelner Gruppen liegt. Sie entziehen sich einer bewußten oder halb bewußten Manipulierung, einer überlegten Verarbeitung zu Waffen in den sozialen Kämpfen, in ganz anderem Maße als etwa die Denkgehalte. Wie die Gestalt des ganzen, psychischen Habitus, so bilden sich auch die spezifischen Zivilisationsstrukturen zugleich als Produkt und als ein Hebel im Getriebe jener umfassenden Gesellschaftsprozesse heraus, innerhalb deren sich auch einzelnen Schichten und Interessen von wechselnder Gestalt selbst bilden und umbilden. Die zivilisatorische Transformation und mit ihr etwa auch die Rationalisierung, sie ist nicht ein Vorgang in einer Sondersphäre der „Ideen" oder der „Gedanken". Hier hat man es nicht mehr allein mit Transformationen des „Wissens", mit Wandlungen von „Ideologien", kurz mit Veränderungen der Bewußtseinsgehalte zu tun, sondern mit den Veränderungen des gesamten menschlichen Habitus, innerhalb dessen die Bewußtseinsgehalte und erst recht die Denkgewohnheiten nur eine recht partiale Erscheinung, nur einen einzelnen Sektor bilden. Hier handelt es sich um Gestaltwandlungen des ganzen Seelenhaushalts durch alle seine Zonen von der bewußteren Ichsteuerung bis zur völlig unbewußt gewordenen Triebsteuerung hin. Und zur Erfassung von Wandlungen dieser Art reicht das Denkschema, das man vor Augen hat, wenn man von „Überbau" oder von „Ideologien" spricht, nicht mehr aus.

Fest verwurzelt ist seit langem im Bewußtsein der Menschen die Vorstellung, daß die „Psyche", daß der menschliche Seelenhaushalt aus verschiedenen Zonen bestehe, die unabhängig voneinander funktionieren und unabhängig voneinander betrachtet werden können. Es ist üblich, eine der Funktionsschichten des differenzierteren Seelenhaushalts — gleichsam als das eigentlich „Wesentliche" an der psychischen Selbststeuerung des Menschen — von den anderen beim Nachdenken abzulösen. So sucht etwa die geistesgeschichtliche oder auch die wissenssoziologische Forschung den Menschen vor allem von der Seite des Wissens und Denkens her anzugreifen. Gedanken und Ideen erscheinen im Lichte solcher Forschungen gewissermaßen als das, was an der psychischen Selbststeuerung der Menschen am wichtigsten ist. Und die unbewußteren Antriebe, das gesamte Feld der Trieb- und Affektstrukturen, bleibt für sie mehr oder weniger im Dunkel.

Aber jede Art von Forschung, die allein das Bewußtsein der Menschen, ihre „Ratio" oder ihre „Ideen", ins Auge

Die Dämpfung der Triebe. Psychologisierung und Rationalisierung.

faßt, die nicht zugleich auch den Aufbau der Triebe, Richtung und Gestalt der menschlichen Affekte und Leidenschaften mit in Betracht zieht, ist von vornherein in ihrer Fruchtbarkeit beschränkt. Vieles von dem, was für das Verständnis der Menschen unentbehrlich ist, entzieht sich ihrem Zugriff. Die Rationalisierung der Bewußtseinsgehalte selbst und weiter die gesamten Strukturwandlungen der Ich- und Überichfunktionen, alle diese Erscheinungen sind — das ist oben gezeigt worden und das wird noch genauer zu zeigen sein — für das Nachdenken nur sehr unvollkommen angreifbar, solange sich die Untersuchung an Bewußtseinsgehalte, an Ich- und Überichstrukturen allein zu halten sucht und dem korrespondierenden Wandel der Trieb- und Affektstrukturen keine Beachtung schenkt. Wirklich verstehen läßt sich auch die Geschichte der Ideen und Denkformen nur dann, wenn man, mit dem Wandel der zwischenmenschlichen Beziehungen, zugleich den Aufbau des Verhaltens, das Gefüge des Seelenhaushalts als Ganzes ins Auge faßt.

Und die umgekehrte Akzentuierung samt der entsprechenden Beschränkung des Blickfeldes findet man heute oft genug etwa in der psycho-analytischen Forschung. Sie neigt häufig dazu, bei der Betrachtung des Menschen etwas „Unbewußtes", ein als geschichtslos gedachtes „Es" aus dem gesamten Seelengefüge als das Wichtigste herauszugreifen. Die Korrekturen, die in dieser Hinsicht während der letzten Zeit vorgenommen wurden, haben vielleicht in der therapeutischen Praxis, aber ganz gewiß noch nicht in der theoretischen Verarbeitung des in der Praxis gewonnenen Erfahrungsmaterials zu jener weitreichenden Fortbildung der Denkinstrumente geführt, zu der sie, zu Ende gedacht, führen müßten. Hier, in der theoretischen Verarbeitung, erscheint es meist noch immer so, als hätte die Steuerung des Menschen durch unbewußte Triebimpulse zunächst einmal eine Gestalt und eine Struktur für sich, unabhängig von dem Beziehungsschicksal des einzelnen Menschen, unabhängig auch von Gestalt und Struktur der übrigen Steueungsfunktionen des Seelenhaushalts, und eine größere Bedeutung als diese für das menschliche Dasein. Man unterscheidet nicht zwischen dem rohen, naturalen Triebmaterial, das sich in der Tat vielleicht durch die ganze Menschengeschichte hin wenig ändert, und den immer fester werdenden Strukturen und Bahnen, in die diese psychischen Energien bei jedem Menschen durch seine Beziehungen zu Anderen vom ersten Tag seines Lebens gelenkt werden. Diese aber, die schon bearbeiteten Triebenergien, mit denen man es bei jedem lebendigen Menschen zu tun hat — denn niemals, es sei denn etwa bei Irren, findet sich der Mensch bei der Begegnung mit dem Menschen schlechthin unbearbeiteten, psychischen Funktionen gegenübergestellt — diese, die soziogenen Triebrichtungen und -strukturen, sie lassen sich von korrespondierenden Ich- und Überichstrukturen in keiner Weise absondern. Sie sind nicht wesentlicher und nicht unwesentlicher für das Verhalten eines Menschen als diese. Und sie sind auch nicht, wie es zuweilen in der psychoanalytischen Literatur erscheint, weniger gesellschaftsbezogen, sie sind nicht weniger geschichtlich wandelbar als die Struktur der Ich- und Überichfunktionen.

Maßgebend für einen Menschen, wie wir ihn vor uns sehen, ist weder allein ein „Es", noch allein ein „Ich" oder „Überich", sondern immer und von Grund auf die Beziehung zwischen diesen, teils miteinander ringenden, teils miteinander kooperierenden Funktionsschichten der psychischen Selbststeuerung. Sie aber, diese Beziehungen im einzelnen Menschen selbst, und damit sowohl die Gestalt seiner Triebsteuerung, wie die Gestalt seiner Ich- und Überichsteuerung, sie wandelt sich als Ganzes im Laufe des Zivilisationsprozesses entsprechend einer spezifischen Transformation der Beziehungen zwischen den Menschen, der gesellschaftlichen Beziehungen. Im Laufe dieses Prozesses wird, um es schlagwortartig zu sagen, das Bewußtsein weniger triebdurchlässig und die Triebe weniger bewußtseinsdurchlässig.

Die Dämpfung der Triebe. Psychologisierung und Rationalisierung.

Man kann, im Einklang mit dem soziogenetischen Grundgesetz, gleichgerichtete Prozesse noch heute bei jedem einzelnen Kinde beobachten: Erst wenn sich im Laufe der Menschheitsgeschichte oder im Laufe eines individuellen Zivilisationsprozesses die Ich- oder Überichsteuerung auf der einen Seite, die Triebsteuerung auf der anderen Seite stärker und stärker voneinander differenzieren, erst mit der Herausbildung von weniger triebdurchlässigen Bewußtseinsfunktionen erhalten die Triebautomatismen mehr und mehr jenen Charakter, den man ihnen heute gewöhnlich als eine geschichtslose, eine rein „naturale" Eigentümlichkeit zuschreibt, den Charakter des „Unbewußten". Und im Zuge der gleichen Transformation wandelt sich das Bewußtsein selbst in der Richtung einer zunehmenden „Rationalisierung": Erst mit dieser stärkeren und stabileren Differenzierung des Seelenhaushalts nehmen die unmittelbar nach außen gerichteten, psychischen Funktionen den Charakter eines relativ trieb- und affektfreien, eines rationaler funktionierenden Bewußtseins an.

Man kann die Gestalt und Struktur der bewußteren und der unbewußteren psychischen Selbststeuerung niemals verstehen oder beobachten, wenn man sie sich in irgendeinem Sinne als etwas getrennt voneinander Bestehendes oder Funktionierendes vorstellt. Beide sind für das Dasein des Menschen gleich wesentlich; beide zusammen bilden einen einzigen, großen Funktionszusammenhang. Und man kann ihre Struktur und deren Wandlungen ebenfalls nicht verstehen, solange man sich auf die Beobachtung einzelner Menschen beschränkt. Man kann sie nur verstehen im Zusammenhang mit der Struktur der Beziehungen zwischen den Menschen und mit der Verflechtungsordnung, in der diese, die gesellschaftlichen Strukturen, sich wandeln.

Daher verlangt der Zivilisationsprozeß zu seinem Aufschluß — und dies ist der Weg, auf dem hier vorzugehen versucht wurde — eine Untersuchung zugleich des ganzen, psychischen und des ganzen, gesellschaftlichen Gestaltwandels. Er verlangt, im engeren Radius, eine psychogenetische Untersuchung, die auf die Erfassung des gesamten Kriegs- und Arbeitsfeldes der individuellen, psychischen Energien abgestellt ist, auf die Struktur und Gestalt der triebhafteren Selbststeuerung nicht weniger, als auf die der bewußteren. Und der Zivilisationsprozeß verlangt zu seinem Aufschluß, im weiteren Radius, eine soziogenetische Untersuchung, eine Erforschung der Gesamtstruktur eines bestimmten, sozialen Feldes und der geschichtlichen Ordnung, in der es sich wandelt.

Zu einer adäquaten Untersuchung solcher gesellschaftlicher Prozesse aber ist eine ähnliche Korrektur von herkömmlichen Denkgewohnheiten erforderlich, wie sie sich zuvor als notwendig erwies, um zu einem adäquaten, psychogenetischen Frageansatz zu gelangen. Zum Verständnis der gesellschaftlichen Strukturen und Prozesse genügt ebenfalls niemals die Untersuchung einer einzelnen Funktionsschicht innerhalb eines sozialen Feldes. Diese Strukturen und Prozesse verlangen, um wirklich verständlich zu werden, eine Untersuchung der Beziehungen zwischen den verschiedenen Funktionsschichten, die innerhalb eines sozialen Feldes aneinander gebunden sind, und die sich mit einer langsameren oder rascheren Verlagerung der Stärkeverhältnisse auf Grund der spezifischen Struktur dieses Feldes eine Zeitlang immer von neuem reproduzieren. Wie es bei jeder psychogenetischen Untersuchung notwendig ist, nicht allein die psychische Funktionsschicht des „Unbewußten" oder allein die des „Bewußtseins", sondern den ganzen Kreislauf der psychischen Funktionen ins Auge zu fassen, genau so gilt es auch bei jeder soziogenetischen Untersuchung von vornherein das Ganze eines mehr oder weniger differenzierten und spannungsreichen, sozialen Feldes ins Auge zu fassen. Das zu tun, ist nur möglich, weil das gesellschaftliche Gewebe und sein geschichtlicher Gestaltwandel nicht ein Chaos ist, sondern, auch in Phasen der größten, sozialen Unruhe und Unordnung, eine klare Ordnung und Struktur besitzt. Das Ganze eines sozialen Feldes untersuchen, heißt nicht, alle Einzelvorgänge innerhalb seiner untersuchen. Es heißt zunächst einmal, die Grundstrukturen aufdecken, die allen Einzelvorgängen innerhalb dieses Feldes ihre Richtung und ihr spezifisches Gepräge geben. Es heißt etwa, sich die Frage vorlegen, worin sich die Spannungsachsen, die Funktionsketten und Institutionen einer Gesellschaft des 15. Jahrhunderts von denen des 16. oder 17. Jahrhunderts unterschieden, und warum sich jene in der Richtung auf diese hin wandelten. Dazu ist ganz gewiß eine reiche Kenntnis von einzelnen Fakten notwendig. Aber von einem bestimmten Stand der Materialkenntnis ab gelangt die Geschichtsforschung in eine Phase, in der sie sich nicht mehr mit der Sammlung weiterer Einzelheiten und mit der Beschreibung der bereits gesammelten begnügen muß, sondern in der sie zu den Gesetzmäßigkeiten vordringen kann, auf Grund deren die Menschen einer bestimmten Gesellschaft immer und immer wieder mit einem bestimmten Gepräge und in ganz spezifischen Funktionsketten, etwa als Ritter und Leibeigene, als Könige und Staatsdiener, als Bürger und Adlige, aneinander gebunden sind, und auf Grund deren sich diese Beziehungsformen und Institutionen in einer ganz spezifischen Richtung wandeln. Von einem bestimmten Stand der Materialkenntnis ab läßt sich mit einem Wort in dem unendlichen Haufen der einzelnen, geschichtlichen Fakten ein festeres Gerüst, ein Strukturzusammenhang erkennen. Und alle weiteren Fakten, die man aufzufinden vermag, dienen — abgesehen von der Bereicherung des geschichtlichen Panoramas, die sie uns bieten mögen — entweder dazu, die zuvor gewonnene Einsicht in diese Strukturen zu revidieren oder sie auszuweiten und zu vertiefen. Wenn hier gesagt wurde, jede soziogenetische Untersuchung müsse über alle einzelnen Funktionsschichten hin auf das Ganze eines sozialen Feldes ausgerichtet sein, so heißt das nicht auf die Summe aller Einzelheiten, sondern auf das Ganze seiner Struktur.

Und in diesem Sinne ist auch das zu verstehen, was oben von der Rationalisierung gesagt wurde. Der allmähliche Übergang zu einem „rationaleren" Verhalten und Denken, ebenso wie der zu einer stärkeren Selbstkontrolle, wird heute meist allein mit bürgerlichen Funktionen in Zusammenhang gebracht Man findet in den Köpfen der Mitlebenden oft die Vorstellung verfestigt, das Bürgertum sei der „Urheber" oder der „Erfinder" des rationaleren Denkens. Hier sind, um des Kontrastes willen, bestimmte Rationalisierungsvorgänge im Lager des Adels geschildert worden. Aber man darf daraus nicht etwa schließen, die höfische Aristokratie sei der soziale „Urheber" dieses Rationalisierungsschubes. So wenig die höfische Aristokratie oder das Bürgertum der Manufakturzeit selbst einen „Urheber" in irgendeiner anderen sozialen Schicht hat, so wenig hat dieser Rationalisierungsschub einen solchen Urheber. Die gleiche Wandlung der gesamten gesellschaftlichen Strukturen, in deren Verlauf sich diese bürgerlichen und diese Adelsformationen ihrerseits erst herausbilden, ist selbst, von einer bestimmten Seite her betrachtet, eine Rationalisierung. Was rationaler wird, das sind nicht nur einzelne Produkte des Menschen; das sind vor allem nicht nur die in Büchern niedergelegten Gedankensysteme. Was sich rationalisiert, das sind zunächst einmal und in erster Linie die Verhaltensweisen bestimmter Menschengruppen. „Rationalisierung", das ist nichts anderes — man denke etwa an die Verhöflichung der Krieger — als ein Ausdruck für die Richtung, in der sich das Gepräge der Menschen in bestimmten, gesellschaftlichen Formationen selbst während dieser Periode ändert. Wandlungen dieser Art aber haben nicht in der einen oder der anderen Schicht ihren „Ursprung", sondern sie entstehen im Zusammenhang mit den Spannungen zwischen verschiedenen Funktionsgruppen eines sozialen Feldes und zwischen den konkurrierenden Menschen innerhalb ihrer. Unter dem Druck von Spannungen dieser Art, die das gesamte Gewebe der Gesellschaft durchziehen, ändert sich deren gesamte Struktur

Die Dämpfung der Triebe. Psychologisierung und Rationalisierung.

während einer bestimmten Phase in der Richtung einer zunehmenden Zentralisierung einzelner Herrschaftsgebiete und einer reicheren Spezialisierung, einer entsprechend strafferen Integrierung der einzelnen Menschen darin. Und mit dieser Transformation des ganzen, sozialen Feldes wandelt sich — zunächst in kleinen, dann in immer breiteren Sektoren — der Aufbau der sozialen und der psychischen Funktionen zugleich im Sinne einer Rationalisierung.

Die langsame Entmachtung des ersten Standes, die Pazifizierung des zweiten Standes und das allmähliche Aufrücken des dritten, sie alle lassen sich ebensowenig unabhängig voneinander verstehen, wie sich etwa die Entwicklung des Handels in dieser Zeit unabhängig von der Herausbildung starker Gewaltmonopole und mächtiger Höfe verstehen läßt. Alles das sind Hebel in jenem umfassenden Prozeß der zunehmenden Differenzierung und Verlängerung aller Aktionsketten, der bisher für den ganzen Gang der abendländischen Geschichte eine so entscheidende Rolle spielt. In dessen Verlauf bilden sich — das ist von bestimmten Seiten her gezeigt worden — die Adelsfunktionen, es bilden sich in stetem Zusammenhang mit ihnen die bürgerlichen Funktionen und die Gestalt der Zentralorgane um. Und Hand in Hand mit diesem allmählichen Wandel der gesamten, gesellschaftlichen Funktionen und Institutionen geht — zunächst bei den Spitzengruppen des Adels, wie des Bürgertums — ein Wandel der psychischen Selbststeuerung in der Richtung einer größeren Langsicht und einer strengeren Regelung der triebhaften Augenblicksimpulse.

Wenn man die herkömmlichen Darstellungen der geistigen Entwicklung des Abendlandes durchblättert, dann gewinnt man oft den Eindruck, ihre Verfasser hätten in irgendeiner vagen Form die Vorstellung, daß die Rationalisierung des Bewußtseins, die Wandlung von magisch-traditionalen zu rationaleren Denkformen in der Geschichte des Abendlandes ihre Ursache in dem Auftauchen einer Reihe von genialen und besonders klugen Individuen habe. Solche erleuchteten

Individuen, so scheint es nach diesen Darstellungen, brachten auf Grund ihrer überragenden Intelligenz den Menschen des Abendlandes bei, wie ihre eingeborene Vernunft richtig zu gebrauchen sei.

Hier sieht man es anders. Was die großen Denker des Abendlandes geleistet haben, war gewiß nichts Geringes. Sie gaben etwas von dem, was ihre Zeitgenossen beim täglichen Handeln erfuhren, ohne es selbst beim Nachdenken klar und vollkommen bewältigen zu können, einen großen, einen gesammelten und vorbildlichen Ausdruck. Sie versuchten, die rationaleren Denkformen, die sich allmählich auf Grund einer umfassenden Strukturwandlung des gesellschaftlichen Gewebes herausbildeten, zu reinigen und mit ihrer Hilfe zu den Fundamenten des menschlichen Daseins vorzudringen. Sie vermittelten anderen Menschen eine größere Klarheit über ihre Welt und sich selbst. Und sie wirkten so inmitten des mächtigeren Gesellschaftsgetriebes zugleich als Hebelarme auf dessen Gang mit ein. Sie waren, je nach ihrer Größe und ihrer persönlichen Lagerung, in höherem oder geringerem Umfang die Interpreten und Sprecher eines gesellschaftlichen Chores. Aber sie waren nicht die Urheber des Denktypus, der in ihrer Gesellschaft vorherrschte. Sie waren nicht die Schöpfer dessen, was wir „rationales Denken" nennen.

Dieser Ausdruck selbst ist — man sieht es — etwas zu statisch und etwas zu undifferenziert für das, was er ausdrücken soll. Zu statisch: denn die Struktur des Seelenhaushalts wandelt sich in der Tat so langsam oder so rasch, wie die Struktur der gesellschaftlichen Funktionen. Zu undifferenziert: denn das Schema der Rationalisierung, der Aufbau der rationaleren Denkgewohnheiten, war und ist in verschiedenen, sozialen Schichten — etwa beim höfischen Adel oder bei den Spitzenschichten des Bürgertums — entsprechend den Verschiedenheiten ihrer sozialen Funktionen und ihrer gesamten, geschichtlichen Lagerung zum Teil recht verschieden. Und schließlich gilt von der Rationalisierung, was oben bereits von den Wandlungen des Bewußtseins überhaupt gesagt wurde: In ihr zeigt sich nur eine Seite einer umfassenderen Wandlung des gesamten Seelenhaushalts. Sie geht Hand in Hand mit einer korrespondierenden Wandlung der Triebstrukturen. Sie ist kurz gesagt, eine Zivilisationserscheinung unter anderen.

VI.
Scham und Peinlichkeit.

Nicht weniger bezeichnend als die „Rationalisierung" des Verhaltens ist für den Prozeß der Zivilisation zum Beispiel etwa auch jene eigentümliche Modellierung des Triebhaushaltes, die wir als „Scham" und „Peinlichkeitsempfinden" zu bezeichnen pflegen. Beide, der starke Schub von Rationalisierung und das nicht weniger starke Vorrücken der Scham- und Peinlichkeitsschwelle, die besonders vom 16. Jahrhundert an im Habitus der abendländischen Menschen immer spürbarer wird, sind verschiedene Seiten der gleichen, psychischen Transformation.

Das Schamgefühl ist eine spezifische Erregung, eine Art von Angst, die sich automatisch und gewohnheitsmäßig bei bestimmten Anlässen in dem Einzelnen reproduziert. Es ist, oberflächlich betrachtet, eine Angst vor der sozialen Degradierung, oder, allgemeiner gesagt, vor den Überlegenheitsgesten Anderer; aber es ist eine Form der Unlust oder Angst, die sich dann herstellt und sich dadurch auszeichnet, daß der Mensch, der die Unterlegenheit fürchten muß, diese Gefahr weder unmittelbar durch einen körperlichen Angriff, noch durch irgendeine andere Art des Angriffs abwehren kann. Diese Wehrlosigkeit vor der Überlegenheit Anderer, dieses völlige Ausgeliefertsein an sie stammt nicht unmittelbar aus der Bedrohung durch die physische Überlegenheit Anderer, die hier und jetzt gegenwärtig sind, obwohl sie ganz gewiß auf physische Zwänge, auf die körperliche Unterlegenheit des Kindes gegenüber seinen Modelleuren zurückgeht. Beim Erwachsenen aber kommt diese Wehrlosigkeit daher, daß die

Menschen, deren Überlegenheitsgesten man fürchtet, sich in Einklang mit dem eigenen Über-Ich des Wehrlosen und Geängstigten befinden, mit der Selbstzwangapparatur, die in dem Individuum durch Andere, von denen er abhängig war, und die ihm gegenüber daher ein gewisses Maß von Macht und Überlegenheit hatten, herangezüchtet worden ist. Dem entspricht es, daß die Angst, die wir „Scham" nennen, für die Sicht der Anderen in hohem Maße abgedämpft ist; so stark sie sein mag, sie kommt nicht unmittelbar in lauten Gesten zum Ausdruck. Die Scham-Erregung erhält ihre besondere Färbung dadurch, daß der, bei dem sie sich einstellt, etwas getan hat oder etwas zu tun im Begriff ist, durch das er zu gleicher Zeit mit Menschen, mit denen er in dieser oder jener Form verbunden ist oder war, und mit sich selbst, mit dem Sektor seines Bewußtseins, durch den er sich selbst kontrolliert, in Widerspruch gerät; der Konflikt, der sich in Scham-Angst äußert, ist nicht nur ein Konflikt des Individuums mit der herrschenden, gesellschaftlichen Meinung, sondern ein Konflikt, in den sein Verhalten das Individuum mit dem Teil seines Selbst gebracht hat, der diese gesellschaftliche Meinung repräsentiert; es ist ein Konflikt seines eigenen Seelenhaushalts; er selbst erkennt sich als unterlegen an. Er fürchtet den Verlust der Liebe oder Achtung von Anderen, an deren Liebe und Achtung ihm liegt oder gelegen war. Deren Haltung hat sich in ihm zu einer Haltung verfestigt, die er automatisch sich selbst gegenüber einnimmt. Das ist es, was ihn gegenüber den Überlegenheitsgesten Anderer, die in irgendeiner Hinsicht diesem Automatismus in ihm selbst aktualisieren, so wehrlos macht.

Und so erklärt es sich also auch, daß die Angst vor der Übertretung gesellschaftlicher Verbote um so stärker und ausgesprochener den Charakter der Scham erhält, je stärker durch den Aufbau der Gesellschaft Fremdzwänge in Selbstzwänge umgewandelt werden, und je umfassender, je differenzierter der Ring der Selbstzwänge wird, der sich um das Verhalten des Menschen legt. Die innere Spannung, die

Scham und Peinlichkeit.

Erregung, die sich einstellt, wenn immer der Mensch sich dazu gedrängt fühlt, diesen Ring an irgendeiner Stelle zu durchbrechen, oder wenn er ihn durchbrochen hat, ist je nach der Schwere des gesellschaftlichen Verbots und des Selbstzwangs verschieden groß. Man mag sie im gewöhnlichen Leben nur in bestimmten Bezügen und bei einer bestimmten Stärke als Scham bezeichnen; der Struktur nach ist es durch viele Schattierungen und Stärkegrade hin immer die gleiche Erscheinung. Wie die Selbstzwänge ist sie in einer ungleichmäßigeren, einer weniger allseitigen und weniger stabilen Form auch schon auf einfacheren Stufen der Gesellschaftsentwicklung zu finden; wie diese tritt die derart aufgebaute Spannung und Angst mit jedem Zivilisationsschub stärker hervor, und schließlich werden Ängste dieser Art gegenüber anders getönten Ängsten — besonders gegenüber Ängsten vor der körperlichen Bedrohung und Überwältigung durch Andere — um so dominanter, je größere Menschenräume sich befrieden, je stärkere Bedeutung für die Prägung des Menschen die gleichmäßigeren Zwänge erhalten, die in den Menschenräumen an die erste Stelle rücken, wenn die körperliche Gewalt nur noch an ihrem Rande Wache steht, je weiter mit einem Wort die Zivilisation des Verhaltens vorrückt. Wie man von einer „Ratio" nicht anders reden kann, als im Zusammenhang mit Rationalisierungsschüben und mit der Ausbildung von Funktionen, die Langsicht und Zurückhaltung fordern, so kann man von Schamgefühlen nur reden im Zusammenhang mit ihrer Soziogenese, mit Schüben, in denen die Schamschwelle vorrückt oder jedenfalls wandert, und in denen sich Aufbau und Schema der Selbstzwänge in einer bestimmten Richtung ändern, um sich dann vielleicht für eine kürzere oder eine längere Zeit in der gleichen Form zu reproduzieren. Beide gleichermaßen, die Rationalisierung nicht weniger, als das Vorrücken der Scham- und Peinlichkeitsgrenze, sind ein Ausdruck für eine Verringerung der direkten Ängste vor der Bedrohung oder Überwältigung durch andere Wesen und für eine Verstärkung der automatischen, inneren Ängste, der Zwänge, die der Einzelne nun auf sich selbst ausübt. In beiden gleichermaßen, in dem Vorrücken der Schamgrenze nicht weniger, als in dem Fortschreiten der Rationalisierung, kommt die größere, die differenziertere Vor- und Langsicht zum Ausdruck, die mit der zunehmenden Differenzierung der Gesellschaft für immer weitere Menschengruppen zur Erhaltung ihrer sozialen Existenz notwendig wird. Es ist nicht schwer, zu erklären, wie diese scheinbar so verschiedenen, psychischen Gestaltwandlungen miteinander zusammenhängen. Beide, die Verstärkung der Schamängste, wie die stärkere Rationalisierung, sind nichts als verschiedene Aspekte der stärkeren Spaltung des individuellen Seelenhaushalts, die sich mit der zunehmenden Funktionsteilung einstellt, verschiedene Aspekte der wachsenden Differenzierung zwischen Triebfunktionen und Triebüberwachungsfunktionen, zwischen „Es" und „Ich" oder „Über-Ich". Je weiter diese Differenzierung der psychischen Selbststeuerung gedeiht, desto ausgesprochener fällt jenem Sektor der psychischen Steuerungsfunktionen, den man im weiteren Sinne als „Ich", im engeren als „Über-Ich" bezeichnet, eine doppelte Funktion zu: Dieser Sektor bildet auf der einen Seite das Zentrum, von dem aus sich ein Mensch in seinen Beziehungen zu anderen Dingen und Wesen steuert, und er bildet auf der anderen Seite das Zentrum, von dem aus ein Mensch teils bewußt, teils auch ganz automatisch und unbewußt sein „Inneres", seine eigenen Triebregungen steuert und reguliert. Die Schicht der psychischen Funktionen, die sich im Zuge der geschilderten, gesellschaftlichen Wandlungen allmählich stärker von den Triebregungen abhebt, die Ich- oder Über-Ichfunktionen, haben mit anderen Worten innerhalb des Seelenhaushalts eine doppelte Aufgabe: **Sie treiben zugleich eine Innenpolitik und eine Außenpolitik**, die allerdings nicht immer im Einklang, die oft genug im Widerspruch zueinander stehen. Und auf diese Weise erklärt es sich also, daß in der gleichen, geschichtlich-gesellschaftlichen

Scham und Peinlichkeit.

Periode, in der die Rationalisierung spürbar vorankommt, auch ein Vorrücken der Scham- und Peinlichkeitsgrenze beobachtbar ist. Auf diese Weise erklärt es sich auch, daß hier, wie immer — im Einklang mit dem soziogenetischen Grundgesetz — ein ganz entsprechender Vorgang noch heute im Leben jedes einzelnen Kindes zu beobachten ist: Die Rationalisierung des Verhaltens ist ein Ausdruck für die Außenpolitik der gleichen Über-Ich-Bildung, deren Innenpolitik in einem Vorrücken der Schamgrenze zum Ausdruck kommt.

Viele Gedankenfäden führen von hier aus ins Weite. Es bleibt zu zeigen, wie diese stärkere Differenzierung des Seelenhaushalts in einem Gestaltwandel der einzelnen Triebimpulse zum Ausdruck kommen. Es bleibt vor allem zu zeigen, wie sie zu einer Umgestaltung der sexuellen Impulse und zu einer verstärkten Schamentwicklung in der Beziehung von Mann und Frau führt*). Hier muß es zunächst

---

*) Dieses Spezialproblem, wichtig, wie es ist, mußte hier zunächst beiseite gestellt werden. Es verlangt zu seinem Aufschluß eine Darstellung und eine genaue Analyse der Wandlungen, denen im Laufe der abendländischen Geschichte die Struktur der Familie und der gesamten Geschlechterbeziehung unterworfen war. Es verlangt weiter eine Untersuchung der Wandlungen in der Art des Großziehens der Kinder und des Heranwachsens der Jugendlichen überhaupt. Die Materialien, die auch in dieser Richtung zum Aufschluß des Zivilisationsprozesses gesammelt wurden, und die Analysen, die sie möglich machten, erwiesen sich als zu umfangreich; sie drohten, den Rahmen dieser Arbeit zu sprengen und werden in einem weiteren Bande Platz finden.

Das gleiche gilt von der mittelständischen Linie des Zivilisationsprozesses, von der zivilisatorischen Transformation in den bürgerlich-städtischen und den nicht-höfischen Landadelsschichten. So gewiß auch in ihnen diese Transformation des Verhaltens und des Aufbaus der psychischen Funktionen mit einer spezifischen, geschichtlichen Umlagerung in der Gesamtstruktur des abendländischen Gesellschaftsgewebes zusammenhängt, so deutlich läßt sich — darauf ist oben schon mehrfach verwiesen worden — das Schema der nicht-höfisch mittelständischen Zivilisationslinie von dem der höfischen unterscheiden. Vor allem die Verarbeitung der Sexualität ist dort — zum Teil auf Grund einer anderen Familien-

genügen, etwas von den generellen Verbindungslinien aufzuzeigen, die von den oben geschilderten, gesellschaftlichen Prozessen zu diesem Vorrücken der Scham- und Peinlichkeitslinie führen.

Auch in der neueren Geschichte des Abendlandes selbst sind die Schamgefühle keineswegs immer in der gleichen Weise in den Seelenhaushalt eingebaut. Die Art dieses Einbaus ist — um nur diese Differenz hier zu erwähnen — etwa bei einer ständisch-hierarchischen Ordnung der Gesellschaft nicht ganz die gleiche, wie bei der folgenden bürgerlich-industriellen.

Die Beispiele, die oben gegeben wurden, und vor allem die Beispiele für die Unterschiede in der Entwicklung von Scham bei bestimmten Entblößungen [148]), vermögen eine gewisse Anschauung von solchen Veränderungen zu geben. In der höfischen Gesellschaft ist die Scham bei bestimmten, körperlichen Entblößungen entsprechend dem Aufbau dieser

struktur, zum Teil auf Grund der anderen Langsicht, die mittelständische Berufsfunktionen erfordern — nicht die gleiche, wie hier. Und Ähnliches zeigt sich etwa auch, wenn man die zivilisatorische Transformation der abendländischen Religion untersucht. Diejenige zivilisatorische Transformation des religiösen Empfindens, der man bisher unter Soziologen am meisten Beachtung geschenkt hat, der Verinnerlichungs- und Rationalisierungsschub, der in den verschiedenen puritanisch-protestantischen Bewegungen zum Ausdruck kommt, steht offenbar mit bestimmten Veränderungen in der Lage und im Aufbau mittelständischer Schichten im engsten Zusammenhang. Die korrespondierende, zivilisatorische Transformation des Katholizismus, wie sie sich etwa in der Bildung und Machtstellung des Jesuitenordens zeigt, scheint sich, begünstigt durch den hierarchisch-zentralistischen Aufbau der katholischen Kirche, in engerer Tuchfühlung mit den absolutistischen Zentralorganen zu vollziehen. Auch diese Probleme werden sich erst lösen lassen, wenn man einen genaueren Überblick über das In- und Gegeneinander der nicht-höfisch mittelständischen und der höfischen Zivilisationslinie gewonnen hat, um hier von der langsameren und erst viel später zutage tretenden Zivilisationsbewegung in Arbeiter- und Bauernschichten zunächst ganz abzusehen.

Scham und Peinlichkeit.

Gesellschaft noch weitgehend ständisch oder hierarchisch begrenzt. Die Entblößung des Höherstehenden in Gegenwart von sozial Niedrigerstehenden, also etwa die des Königs vor seinem Minister, unterliegt hier begreiflicherweise noch keinem sehr strengen gesellschaftlichen Verbot, so wenig etwa, wie in einer noch früheren Phase die Entblößung des Mannes vor der sozial schwächeren und daher sozial niedriger rangierenden Frau; sie löst bei jenem, ganz im Einklang mit seiner geringeren, funktionellen Abhängigkeit von den niedriger Rangierenden, noch kein Gefühl der Unterlegenheit oder Beschämung aus; sie kann sogar, wie della Casa es ausdrückt, als ein Zeichen des Wohlwollens für den Niedrigerstehenden gelten. Die Entblößung des Menschen von minderem Rang vor dem Höherstehenden dagegen oder auch die von Menschen gleichen Ranges voreinander wird mehr und mehr als Zeichen der Respektlosigkeit aus dem gesellschaftlichen Verkehr verbannt; sie wird als Verstoß gebrandmarkt und dementsprechend mit Angst belegt. Und erst, wenn die ständischen Mauern fallen, wenn die funktionelle Abhängigkeit aller von allen noch stärker wird und alle Menschen in der Gesellschaft sozial um einige Stufen gleichwertiger, dann erst wird allmählich eine solche Entblößung außerhalb bestimmter, enger Enklaven in Gegenwart jedes anderen Menschen zu einem Verstoß; dann erst wird dieses Verhalten bei dem Einzelnen von klein auf so vollständig mit Angst belegt, daß der soziale Charakter des Verbots ganz aus seinem Bewußtsein verschwindet, daß die Scham ihm ganz als Gebot seines eigenen Innern erscheint.

Und das gleiche gilt von den Peinlichkeitsgefühlen. Sie bilden ein unabtrennbares Gegenstück zu den Schamgefühlen. Wie diese sich herstellen, wenn ein Mensch selbst gegen Verbote des Ich und der Gesellschaft verstößt, so stellen jene sich ein, wenn irgend etwas außerhalb des Einzelnen an dessen Gefahrenzone rührt, an Verhaltensformen, Gegenstände, Neigungen, die frühzeitig von seiner Umgebung mit Angst belegt wurden, bis sich diese Angst — nach Art eines „bedingten Reflexes" — bei analogen Gelegenheiten in ihm automatisch wieder erzeugt. Peinlichkeitsgefühle sind Unlusterregungen oder Ängste, die auftreten, wenn ein anderes Wesen die durch das Über-Ich repräsentierte Verbotsskala der Gesellschaft zu durchbrechen droht oder durchbricht. Und auch sie werden um so vielfältiger und umfassender, je ausgedehnter und differenzierter die Gefahrenzone ist, durch die das Verhalten des Einzelnen geregelt und modelliert wird, je weiter die Zivilisation des Verhaltens geht.

Es ist oben an einer Reihe von Beispielen gezeigt worden, wie vom 16. Jahrhundert ab die Scham- und Peinlichkeitsschwelle allmählich rascher vorrückt. Auch hier beginnen sich die Gedankenketten langsam zu schließen. Dieses Vorrücken fällt zusammen mit der beschleunigten Verhöflichung der Oberschicht. Es ist die Zeit, in der die Abhängigkeitsketten, die sich in dem Einzelnen kreuzen, dichter und länger werden, die Zeit, in der immer mehr Menschen immer enger aneinander gebunden sind und der Zwang zur Selbstkontrolle wächst. Wie die wechselseitige Abhängigkeit, so wird auch die wechselseitige Beobachtung der Menschen stärker; die Sensibilität und dementsprechend die Verbote werden differenzierter und differenzierter, umfassender, vielfältiger wird gemäß der anderen Art des Zusammenlebens auch das, worüber man sich schämen muß, das, was man an Anderen als peinlich empfindet.

Es ist darauf hingewiesen worden, daß sich mit der fortschreitenden Funktionsteilung und der stärkeren Integrierung der Menschen die großen Kontraste zwischen verschiedenen Schichten und Ländern verringern, während die Schattierungen, die Spielarten ihrer Modellierung im Rahmen der Zivilisation sich vergrößern. Hier stößt man auf eine ganz entsprechende Erscheinung in der Entwicklung des individuellen Verhaltens und Empfindens. Je mehr die starken Kontraste des individuellen Verhaltens sich abschwächen, je mehr die großen und lauten Ausbrüche von Lust oder Unlust durch Selbstzwänge zurückgehalten, gedämpft und verwandelt werden, um so größer wird die Empfindlichkeit für Schattierungen oder Nuancen des Verhaltens, um so sensibler werden die Menschen für kleinere Gesten und Formen, um so differenzierter erleben die Menschen sich selbst und ihre Welt in Schichten, die zuvor durch den Schleier der ungedämpften Affekte hindurch nicht ins Bewußtsein drangen.

Die „Primitiven", um an ein naheliegendes Beispiel zu erinnern, erleben den Menschen- und Naturraum in dem relativ engen Bezirk, der für sie lebenswichtig ist, — eng, weil ihre Abhängigkeitsketten verhältnismäßig kurz sind — in bestimmter Hinsicht weit differenzierter als die „Zivilisierten". Die Differenzierung ist verschieden je nachdem, ob es sich um Ackerbauer oder um Jäger oder etwa um Viehzüchter handelt. Aber, wie dem auch sei, allgemein kann man sagen, daß soweit, als es für eine Gruppe lebenswichtig ist, bei primitiveren Menschen die Fähigkeit, in Wald und Feld etwas zu unterscheiden, sei es einen bestimmten Baum von einem bestimmten anderen, sei es Geräusche, Gerüche oder Bewegungen, mehr entwickelt wird, als bei „Zivilisierten". Aber dort, bei Primitiveren, ist auch der Naturraum noch in weit höherem Maße eine Gefahrenzone; er ist von Ängsten erfüllt, die der zivilisierte Mensch nicht mehr kennt. Dem entspricht, was dort differenziert und was nicht differenziert wird. Die Art, wie langsam im Anstieg des Mittelalters und dann beschleunigt vom 16. Jahrhundert ab die „Natur" erlebt wird, ist dadurch gekennzeichnet, daß immer größere Menschenräume immer entschiedener befriedet werden; erst damit hören Wälder, Wiesen und Berge allmählich auf Gefahrenzonen erster Ordnung zu sein, aus denen beständig Unruhe und Furcht in das Leben des Einzelnen einbricht; und nun, wenn das Wegnetz, wie die Verflechtung, dichter wird, wenn Raubritter und Raubtiere langsam verschwinden, wenn Wald und Feld aufhören, der Schauplatz ungedämpfter Leidenschaften, wilder Jagden auf Menschen und Tiere, wilder Lust und wilder Angst zu sein, wenn sie statt dessen mehr und mehr durch friedliche Tätigkeiten, durch Erzeugung von Gütern, durch Handel und Verkehr modelliert werden, nun wird den befriedeten Menschen die entsprechend befriedete Natur in einer neuen Weise sichtbar. Sie wird — gemäß der steigenden Bedeutung, die das Auge mit der wachsenden Affektdämpfung als Vermittler von Lust erlangt — in hohem Maße zu einem Gegenstand der Augenlust und die Menschen oder, genauer gesagt, zunächst und vor allem die an Städte gebundenen Menschen, für die Feld und Wald nicht mehr Alltag, sondern Erholungsraum sind, sie werden empfindlicher, sie sehen das offene Land differenzierter in einer Schicht, die zuvor den Menschen durch Gefahren und das Spiel der ungedämpfteren Leidenschaften verdeckt war; sie erfreuen sich am Zusammenklang der Farben und Linien; sie werden offen für das, was man die Schönheit der Natur nennt; ihr Empfinden wird angesprochen durch den Wechsel der Töne und Figuren am Wolkenhimmel und durch das Spiel des Lichts in den Blättern eines Baumes.

Und im Zuge dieser Pazifizierung ändert sich zugleich auch die Sensibilität der Menschen für ihr Verhalten im Verkehr miteinander. Nun verstärken sich proportional zur Abnahme der äußeren die inneren Ängste, die Ängste des einen Sektors im Menschen vor dem andern. Auf Grund dieser inneren Spannungen beginnen die Menschen nun sich gegenseitig beim Umgang miteinander in einer Weise differenziert zu erleben, die dort, wo die Menschen beständig starke und unabwendbare Bedrohungen von außen zu erwarten haben, notwendigerweise fehlt. Nun wird ein ganzer Teil der Spannungen, die ehemals unmittelbar im Kampf zwischen Mensch und Mensch zum Austrag kamen, als innere Spannung im Kampf des Einzelnen mit sich selbst bewältigt. Der gesellschaftlich-gesellige Verkehr hört auf, dadurch eine Gefahrenzone zu sein, daß Mahl, Tanz und lärmende Freude rasch und häufig in Wut, Prügelei und Mord umschlagen, und er wird dadurch zu einer Gefahrenzone, daß der Einzelne sich selbst nicht genug zurückhält, daß er an die empfindlichen Stellen, an die eigene Schamgrenze oder an die Peinlichkeitsschwelle der Anderen rührt. Die Gefahrenzone geht jetzt gewissermaßen quer durch die Seele aller Individuen hin. Eben darum werden die Menschen jetzt auch in dieser Sphäre für Unterschiede empfindlich, die zuvor kaum ins Bewußtsein drangen. Wie die Natur nun in höherem Maße als früher zur Quelle einer durch das Auge vermittelten Lust wird, so werden auch die Menschen nun für einander in höherem Maße zur Quelle einer Augenlust oder umgekehrt auch zur Quelle einer durch das Auge vermittelten Unlust, zu Erregern von Peinlichkeitsgefühlen verschiedenen Grades. Die unmittelbare Angst, die der Mensch dem Menschen bereitet, hat abgenommen und im Verhältnis zu ihr steigt nun die durch Auge und Über-Ich vermittelte, die innere Angst.

Wenn der Gebrauch der Waffe im Kampf frei und alltäglich ist, hat — um an eines der oben entwickelten Beispiele zu erinnern — die kleine Geste, mit der man einem Anderen bei Tisch das Messer reicht, keine sehr große Bedeutung. Wenn der Gebrauch der Waffe mehr und mehr eingeschränkt wird, wenn Fremd- und Selbstzwänge zugleich den Einzelnen die Äußerung von Erregung und Wut durch einen körperlichen Angriff immer schwerer machen, werden die Menschen allmählich immer empfindlicher gegen alles, was an Angriff erinnert. Schon die Geste des Angriffs rührt an die Gefahrenzone; es wird schon peinlich zu sehen, wie ein Mensch dem anderen das Messer so reicht, daß die Spitze auf ihn gerichtet ist[149]). Und von den sensibelsten, kleinen Kreisen der guten höfischen Gesellschaft, für die diese Sensibilität zugleich einen Prestigewert darstellt, ein Mittel sich zu unterscheiden, und die sie eben deswegen kultivieren, wandert dieses Verbot dann nach und nach durch die ganze zivilisierte Gesellschaft hin, wobei ganz gewiß mit der kriegerischen Assoziation noch eine ganze Reihe von anderen Assoziationen aus der Schicht der angstgebundenen Triebe zusammenklingen.

Wie dann allmählich der Gebrauch des Messers immer weiter beschränkt und als eine Gefahrenzone durch einen

Zaun von großen und kleinen Verboten eingehegt wird, ist an einer Reihe von Beispielen gezeigt worden. Es ist eine offene Frage, wie weit in der höfischen Aristokratie der Verzicht auf die körperliche Gewalt Fremdzwang bleibt, und bis zu welchem Grade er sich schon in Selbstzwänge umsetzt. Bei aller Einschränkung geht der Gebrauch des Tafelmessers gleich dem des Degens hier zunächst noch ziemlich weit. Wie die Jagd und das Töten von Tieren hier noch eine erlaubte und recht alltägliche Herrenfreude ist, so liegt auch das Zerlegen von getöteten Tieren bei Tisch noch diesseits der Peinlichkeitsschwelle in der Zone des Erlaubten. Dann, mit dem langsamen Aufstieg bürgerlicher Schichten, bei denen die Pazifizierung, die gesamte Umsetzung in Selbstzwänge durch die ganze Anlage ihrer gesellschaftlichen Funktionen in diesem Punkte weit vollkommener und bündiger ist, wird schließlich das Zerlegen der getöteten Tiere weiter hinter die Kulissen des gesellschaftlichen Lebens verlegt, mag auch hier, wie so oft, in einzelnen Ländern, und besonders in England, etwas von den älteren Gebräuchen, in den neueren aufgehoben, weiter fortleben, und der Gebrauch des Messers, ja das bloße Halten des Messers wird überall, wo es nicht ganz unerläßlich ist, vermieden. Die Empfindlichkeit in dieser Richtung wächst.

Das ist ein Beispiel aus vielen für bestimmte Seiten jener Strukturwandlung des Seelenhaushalts, die wir kurz und schlagwortartig als eine „Zivilisation" bezeichnen: Nirgends in der menschlichen Gesellschaft gibt es einen Nullpunkt der Ängste vor äußeren Mächten und nirgends einen Nullpunkt der automatischen, inneren. Beide bedeuten für den Menschen etwas Verschiedenes, aber beide sind letzten Endes voneinander unabtrennbar. Was im Laufe eines Zivilisationsprozesses vor sich geht, ist nicht das Verschwinden der einen und das Auftauchen der anderen. Was sich ändert, ist lediglich die Proportion zwischen den äußeren und den selbsttätigen Ängsten und deren gesamter Aufbau: Die Ängste des Menschen vor äußeren Mächten werden — ohne je zu verschwinden — geringer; die niemals fehlenden, latenten oder aktuellen Ängste, die aus der Spannung zwischen Trieb und Ich entstehen, werden im Verhältnis zu ihnen stärker, allseitiger und beständiger. Die Zeugnisse für das Vorrücken der Scham- und Peinlichkeitsgrenze, die man im ersten Band dieser Arbeit findet, sind in der Tat nichts als besonders einfache und anschauliche Belege für die Richtung und die Struktur eines Wandels im Haushalt der menschlichen Seele, der sich auch von vielen anderen Seiten her aufzeigen ließe. Eine ganz analoge Struktur zeigt zum Beispiel der Übergang von der mittelalterlich-katholischen zur protestantischen Über-Ich-Bildung. Auch er zeigt einen entschiedenen Schub in der Richtung einer Verinnerlichung der Ängste. Und nur eines darf man bei alledem nicht übersehen: Daß heute, wie ehemals alle Formen der inneren Ängste eines Erwachsenen mit Ängsten des Kindes in Beziehung zu Anderen, mit Ängsten vor äußeren Mächten zusammenhängen.

VII.
Stärkere Bindung der Oberschicht. Stärkerer Auftrieb von unten.

Es ist oben einmal darauf hingewiesen worden, daß in bestimmten Bildern[150]), die für die ritterlich-höfische Oberschicht des späten Mittelalters bestimmt sind, die Darstellung von Menschen der unteren Schichten und von Unterschichtgebärden durchaus noch nicht als besonders peinlich empfunden wird, während die strengere Selektion, die dem Peinlichkeitsschema der absolutistisch-höfischen Oberschicht entspricht, nur noch große, gemäßigte oder jedenfalls verfeinerte Gesten in der Gestaltung zum Ausdruck kommen läßt, und alles, was an untere Schichten erinnert, alles Vulgäre, möglichst aus der Gestaltung fernhält.

Diese Abwehr des Vulgären, diese steigende Empfindlichkeit gegenüber allem, was der geringeren Sensibilität von niedriger rangierenden Schichten entspricht, geht in der höfischen Oberschicht durch alle Sphären des gesellschaftlich-geselligen Verhaltens hin. Es ist genauer gezeigt worden[151]), wie sie sich etwa in der höfischen Modellierung des Sprechens äußert. Man sagt nicht, so erklärt die höfische Dame, «un mien ami» oder «le pauvre deffunct»; alles das „riecht bürgerlich"; und wenn der Bürger sich wehrt, wenn er erwidert, daß doch eine ganze Reihe von Menschen der guten Gesellschaft selbst diese Ausdrücke gebrauchten, antwortet man ihm: „Es ist ganz gut möglich, daß es eine Reihe von anständigen Leuten gibt, die nicht genügend Gefühl für die Delikatesse unsere Sprache haben. Diese ‚Delikatesse' . . . ist nur einer kleinen Anzahl von Menschen vertraut."

Das ist kategorisch, wie die Forderungen dieser Sensibilität selbst. Die Menschen, die derart selegieren, vermögen und suchen durchaus nicht ausführlicher zu begründen, weshalb ihnen im einzelnen Falle diese Wortbildung angenehm ist und jene sie peinlich berührt. Ihre besondere Sensibilität hängt aufs engste mit der stärkeren, mit der spezifischen Regelung und Umformung der Triebimpulse zusammen, zu der sie auf Grund ihrer spezifischen, gesellschaftlichen Lage gezwungen sind. Die Bestimmtheit, mit der sie zu sagen vermögen: „Diese Wortverbindung hört sich gut an; jene Farbzusammenhänge sind schlecht gewählt," die Sicherheit ihres Geschmacks, um es mit einem Wort zu sagen, geht mehr auf unbewußt arbeitende Figuren ihrer psychischen Selbststeuerung zurück, als auf bewußte Überlegungen. Deutlich aber wird auch hier, wie es zunächst kleine Kreise der guten, höfischen Gesellschaft sind, die mit „Delikatesse", mit wachsender Empfindlichkeit für Schattierungen und Nuancen in die Rhythmen, Töne und Bedeutungen der gesprochenen und geschriebenen Worte hineinhören, und wie diese Empfindlichkeit, dieser „gute Geschmack" für solche Kreise zugleich einen Prestigewert darstellt: Alles, was an ihre Peinlichkeitsschwelle rührt, riecht bürgerlich, ist gesellschaftlich minderwertig; und um-

Stärkere Bindung der Oberschicht. Stärkerer Auftrieb von unten.

gekehrt: Alles, was bürgerlich ist, rührt an ihre Peinlichkeitsschwelle. Es ist die Notwendigkeit, sich von allem Bürgerlichen zu unterscheiden, die diese Empfindlichkeit schärft; und der eigentümliche Aufbau des höfischen Lebens, durch den nicht berufliche Tüchtigkeit und auch noch nicht der Besitz von Geld, sondern die Ausgeschliffenheit des gesellschaftlich-gesellig-geselligen Verhaltens zum Hauptinstrument der Prestige- und Gunstkonkurrenz gemacht wird, gibt die Möglichkeit dazu.

Es ist im Laufe dieser Arbeit an Hand einer Reihe von Beispielen darauf hingewiesen worden, wie etwa vom 16. Jahrhundert ab der Standard des gesellschaftlich-geselligen Verhaltens in raschere Bewegung gerät, wie er während des 17. und auch noch während des 18. Jahrhunderts in Bewegung bleibt, um sich während des 18. und 19. Jahrhunderts, in bestimmter Weise transformiert, durch die ganze abendländische Gesellschaft hin auszubreiten. Dieser Schub von Restriktionen und Triebwandlungen setzt ein mit der Verwandlung des ritterlichen Adels in eine höfische Aristokratie. Er hängt aufs engste mit der Wandlung im Verhältnis der Oberschicht zu den anderen Funktionsgruppen zusammen, von der zuvor die Rede war. Die courtoise Kriegergesellschaft steht noch nicht im entferntesten dermaßen unter dem Druck, sie lebt noch bei weitem nicht dermaßen in Interdependenz mit den bürgerlichen Schichten, wie die höfische Aristokratie. Diese höfische Oberschicht ist eine Formation in einem weit dichteren Interdependenzgeflecht. Sie lebt gewissermaßen in der Zange zwischen dem Zentralherrn des Hofes, von dessen Gunst sie abhängt, auf der einen Seite und den wirtschaftlich begünstigten, bürgerlichen Spitzengruppen auf der anderen Seite, die nach oben drängen, und ihr den Vorrang streitig zu machen suchen. Sie gerät nicht erst am Ende des 18. oder am Beginn des 19. Jahrhunderts in eine stärkere Spannung mit bürgerlichen Kreisen, sondern sie ist durch bürgerliche Schichten, die nach oben drängen, von vornherein weit stärker und ständiger in ihrer sozialen Existenz bedroht. Die Verhöflichung des Adels vollzieht sich überhaupt nur im Zusammenhang mit einer Verstärkung des Auftriebs bürgerlicher Schichten. Der Bestand einer stärkeren Interdependenz und einer stärkeren Spannung zwischen adligen und bürgerlichen Schichten ist schlechthin konstitutiv für den höfisch-aristokratischen Charakter der Spitzengruppen des Adels.

Man darf sich nicht dadurch täuschen lassen, daß es Jahrhunderte dauert, bis dieses beständige Tauziehen zwischen adligen und bürgerlichen Gruppen zugunsten einiger von diesen entschieden wird. Man darf sich auch nicht dadurch täuschen lassen, daß die Gebundenheit der Oberschicht, die funktionelle Interdependenz und die latenten Spannungen zwischen verschiedenen Schichten in der absolutistisch-ständischen Gesellschaft des 17. und 18. Jahrhunderts noch geringer sind, als in den verschiedenen Nationalgesellschaften des 19. und 20. Jahrhunderts. Verglichen mit der funktionellen Gebundenheit des freien, mittelalterlichen Kriegeradels ist die der höfischen Aristokratie bereits sehr groß. Die sozialen Spannungen und besonders die Spannungen zwischen Adel und Bürgertum nehmen mit der zunehmenden Pazifizierung einen anderen Charakter an.

Solange die Verfügung über die Instrumente der körperlichen Gewaltausübung, über Waffen und Truppen, noch nicht in besonders hohem Maße zentralisiert ist, führt auch eine Reihe von sozialen Spannungen immer und immer wieder zu regulären, kriegerischen Aktionen. Einzelne der sozialen Gruppen, Handwerkersiedlungen und ihre feudalen Oberherren, Städtebünde und Ritterbünde, sie stehen einander zugleich als Herrschaftseinheiten gegenüber, die, wie später allein noch ganze Staaten, ständig bereit sein müssen, ihre Interessengegensätze mit den Waffen in der Hand auszutragen. Bei diesem Aufbau der sozialen Spannungen können sich die Ängste, die sie erzeugen, noch weit leichter und häufiger in kriegerischen Aktionen, in einer unmittelbaren Anwendung von körperlicher Gewalt entladen. Mit der

Stärkere Bindung der Oberschicht. Stärkerer Auftrieb von unten.

allmählichen Stabilisierung von Gewaltmonopolen und der wachsenden, funktionellen Interdependenz von Adel und Bürgertum ändert sich das. Die Spannungen werden beständiger. Sie lassen sich nur noch an Kulminations- oder Umschlagspunkten unmittelbar durch körperliche Gewaltanwendung austragen. Und sie äußern sich daher in einem kontinuierlichen Druck, den jeder einzelne Angehörige des Adels in sich selbst verarbeiten muß. Die sozialen Ängste verlieren mit dieser Transformation der gesellschaftlichen Beziehungen langsam den Charakter von Flammen, die rasch aufflackern, lichterloh nach außen schlagen und rasch wieder verlöschen, um sich vielleicht ebenso rasch von neuem zu entzünden, und sie nehmen statt dessen den Charakter eines ständig glimmenden und schwehlenden Feuers an, dessen Flamme verdeckt ist und selten unmittelbar nach außen dringt.

Auch von dieser Seite her betrachtet repräsentiert die höfische Aristokratie einen anderen Typus von Oberschicht als die freien Krieger des Mittelalters. Sie ist die erste jener stärker gebundenen Oberschichten, der im Laufe der neueren Zeit dann andere noch stärker gebundene Oberschichten folgen. Sie ist unmittelbarer und stärker als die freien Krieger von bürgerlichen Schichten in der gesamten Grundlage ihrer sozialen Existenz, in ihren Privilegien, bedroht. Schon im 16. und 17. Jahrhundert besteht, zum mindesten in Frankreich, bei bestimmten, bürgerlichen Spitzengruppen, vor allem bei den Mitgliedern der hohen Gerichts- und Verwaltungshöfe, ein starkes Verlangen danach, sich selbst an Stelle des Schwertadels oder wenigstens neben dem Schwertadel als Oberschicht des Landes zu etablieren; die Politik dieser bürgerlichen Schichten ist zu einem guten Teil darauf abgestellt, auf Kosten des alten Adels ihre eigenen Privilegien zu vergrößern, wenn sie auch zugleich wieder — und dadurch erhalten diese Beziehungen ihren eigentümlichen ambivalenten Charakter — durch eine Reihe von gemeinsamen, sozialen Fronten mit dem alten Adel verbunden sind. Eben darum können sich die Ängste, die solche kontinuierlichen Spannungen mit sich bringen, bei diesen bürgerlichen Spitzenschichten meist nur in einer verdeckten, einer durch starke Über-Ich-Impulse kontrollierten Form äußern. Und das gilt erst recht von dem echten Adel, der sich nun oft genug bereits in der Defensive befindet und in dem überdies der Schock über die Niederlage und den Verlust, den er mit der Pazifizierung und Verhöflichung erlitt, noch lange Zeit hindurch seine Nachwirkungen zeigt. Auch die höfisch-aristokratischen Menschen müssen die Beunruhigung, die das ständige Tauziehen mit bürgerlichen Gruppen erzeugt, mehr oder weniger in sich zurückhalten. Die soziale Spannung ruft bei diesem Aufbau der Interdependenzen in den bedrohten Menschen der Oberschicht eine starke, innere Spannung hervor. Die Ängste, die sich auf Grund dieser sozialen Spannungen in den Menschen der höfischen Oberschicht produzieren, sinken zum Teil, wenn auch niemals völlig, in die unbewußteren Zonen des Seelenhaushalts ab und steigen von dort aus nur in verwandelter Form, in spezifischen Automatismen der Selbststeuerung wieder zutage. Sie zeigen sich etwa in der besonderen Empfindlichkeit der höfischen Aristokratie gegenüber allem, was auch nur von ferne an ihre vererblichen, ihre existenzbegründeten Privilegien rührt. Sie kommen in den stark affektgeladenen Abwehrgesten zum Vorschein, mit denen die höfischen Menschen allem begegnen, was „bürgerlich riecht". Sie sind mit dafür verantwortlich, daß die höfische Aristokratie so viel empfindlicher für Unterschichtgebärden ist, als der Kriegeradel des Mittelalters, daß sie alles „Vulgäre" mit betonter Strenge aus ihrem Lebenskreise fernhält. Und diese ständig schwebende, soziale Angst bildet schließlich auch einen der mächtigsten Antriebe für die starke Kontrolle, die jeder Angehörige dieser höfischen Oberschicht auf sich selbst und auf das Verhalten der anderen Menschen seines Kreises ausübt; sie äußert sich in der angespannten Aufmerksamkeit, mit der die Menschen der höfisch-aristokratischen „Society" alles überwachen und alles durchfeilen, was sie von anderen,

Stärkere Bindung der Oberschicht. Stärkerer Auftrieb von unten.

niedriger stehenden Menschen unterscheidet: nicht nur die äußeren Abzeichen ihres Ranges, sondern auch ihre Sprache, ihre Bewegungen, ihre gesellschaftlichen Vergnügungen und Verkehrsformen. Der ständige Auftrieb von unten und die Angst, die er oben erzeugt, ist mit einem Wort, zwar nicht die einzige, aber eine der stärksten Triebkräfte jener spezifischen, zivilisatorischen Verfeinerung, die die Menschen dieser Oberschicht aus anderen heraushebt und die ihnen schließlich zur zweiten Natur wird.

Die Hauptfunktion der höfischen Aristokratie — ihre Funktion für den mächtigen Zentralherrn — ist es ja gerade, sich zu unterscheiden, sich als unterschiedene Formation, als soziales Gegengewicht gegen die Bourgeoisie aufrechtzuerhalten. Sie ist völlig freigesetzt für eine ständige Durcharbeitung des distingierenden, geselligen Verhaltens, des guten Benehmens und des guten Geschmacks. Bürgerliche Aufstiegsschichten sitzen ihr auf der Ferse. Sie sind weniger für die Durcharbeitung des Verhaltens und des Geschmacks freigesetzt; sie haben einen Beruf. Aber auch ihr Ideal ist es zunächst, wie die Aristokratie ausschließlich von Renten zu leben, und wenn möglich ganz in den höfischen Kreis Eingang zu finden; noch ist der höfische Kreis auch für einen guten Teil der bürgerlichen Menschen, die etwas auf sich halten, das Vorbild. Sie werden „Bourgeois Gentilhommes". Sie ahmen den Adel und seine Manieren nach. Eben damit aber werden ständig Verhaltensweisen, die oben im höfischen Kreise ausgebildet worden sind, als Unterscheidungsmittel unbrauchbar, und die maßgebenden Adelsgruppen werden zu einer weiteren Durchbildung des Verhaltens gedrängt. Immer wieder werden Gebräuche, die zuvor „fein" waren, nach einiger Zeit „vulgär". Immer wieder feilt man weiter aus und die Peinlichkeitsschwelle verlagert sich, bis schließlich mit dem Untergang der absolutistisch-höfischen Gesellschaft in der französischen Revolution diese Wechselbewegung aufhört oder mindestens an Intensität verliert. Den Motor, der in der höfischen Phase die zivilisatorische Transformation des Adels und mit ihr die Scham- und Peinlichkeitsschwelle — wie es die Beispiele des ersten Bandes zeigten — relativ rasch vorantreibt, bildet so in der Tat, neben der schärferen Konkurrenz um die Gunst der Mächtigsten innerhalb der höfischen Schichten selbst, der ständige Auftrieb von unten. Die Zirkulation der Modelle geht infolge der größeren Interdependenz zwischen verschiedenen Schichten, die sowohl engere Kontakte, wie beständigere Spannungen zwischen ihnen mit sich bringt, weitaus rascher vor sich als im Mittelalter. Die „guten Gesellschaften", die nach der höfischen kommen, sind mehr oder weniger unmittelbar in das Netz der berufstätigen Gesellschaft verflochten, und wenn es auch an Figuren ähnlicher Art bei ihnen ebenfalls niemals ganz fehlt, sie haben in der Sphäre des geselligen Verkehrs nicht mehr im entferntesten die gleiche, formgebende Kraft; denn von nun an werden immer mehr Beruf und Geld zur primären Quelle des Prestiges. Und die Kunst, die Verfeinerung des Verhaltens im geselligen Verkehr hört auf, von so entscheidender Bedeutung für das Ansehen und den Erfolg des Einzelnen in der Gesellschaft zu sein, wie in der höfischen Gesellschaft.

In jeder Gesellschaftsschicht wird der Bezirk des Verhaltens, der gemäß ihrer Funktion für die Menschen dieser Schicht am lebenswichtigsten ist, auch am sorgfältigsten und intensivsten durchmodelliert. Die Genauigkeit, mit der man in der höfischen Gesellschaft jeden Handgriff beim Essen, jede Etiketteaktion oder etwa auch die Art des Sprechens durchbildet, entspricht der Bedeutung, die alle diese Verrichtungen sowohl als Distinktionsmittel nach unten, wie als Instrumente im Konkurrenzkampf um die Gunst des Königs für die höfischen Menschen haben. Die geschmackvolle Anlage von Haus oder Park, die — je nach der Mode — mehr repräsentative oder mehr intime Ausschmückung der Zimmer, die geistvolle Durchführung einer Unterhaltung oder auch einer Liebesbeziehung, alles das sind in der höfischen Phase

Stärkere Bindung der Oberschicht. Stärkerer Auftrieb von unten.

nicht nur gern geübte Privatvergnügungen einzelner Menschen, sondern lebenswichtige Erfordernisse der gesellschaftlichen Position. Sie gehören mit zu den Voraussetzungen für die Achtung der Anderen, für den gesellschaftlichen Erfolg, der hier die gleiche Rolle spielt, wie der Berufserfolg in der bürgerlichen Gesellschaft.

Im 19. Jahrhundert, mit dem Aufstieg berufsbürgerlicher Schichten zur Funktion der Oberschicht, hört alles das auf, im Zentrum der gesellschaftlichen Formungstendenzen zu stehen. Nun bilden Gelderwerb und Beruf die primären Angriffsflächen der gesellschaftlichen Zwänge, die den Einzelnen modellieren; und das meiste von dem, was in der höfischen Gesellschaft existenzbegründend war und daher besonders intensiv durchmodelliert wurde, fällt nun in eine Sphäre, die für die gesellschaftliche Stellung der Menschen nur noch vermittelt, nur noch in zweiter Linie bestimmend ist. Die Formen der Geselligkeit, die Ausschmückung eines Hauses, die Besuchsetikette oder das Ritual des Essens, sie alle fallen jetzt in die Sphäre des Privatlebens. Sie bewahren ihre existenzbegründende Funktion am stärksten in jenem Gesellschaftsverbande, in dem sich, bei allem Aufstieg bürgerlicher Elemente, aristokratische Gesellschaftsformationen bisher am längsten und stärksten lebendig erhielten: in England. Aber auch in dem eigentümlichen Verhaltensamalgam, das sich hier auf Grund einer jahrhundertelangen wechselseitigen Durchdringung von Verhaltensmodellen aristokratischen und bürgerlichen Ursprungs herausbildete, treten nun allmählich bürgerlich-mittelständische Züge schrittweise stärker in den Vordergrund. Und jedenfalls werden ganz generell in allen abendländischen Gesellschaften mit dem Niedergang der reineren Aristokratie, wann und wie er sich auch vollziehen mag, schließlich an den Menschen immer stärker und unmittelbarer diejenigen Verhaltensweisen und diejenige Affektgestaltung entwickelt, die zur Bewältigung von Erwerbsfunktionen, zur Durchführung einer mehr oder weniger genau geregelten Arbeit notwendig sind. Das ist der Grund, aus dem die berufsbürgerliche Gesellschaft in allem, was das gesellschaftlich-gesellige Verhalten angeht, das Ritual der höfischen Gesellschaft zunächst übernimmt, ohne es selbst gleich intensiv weiterzubilden; das ist der Grund, aus dem der Standard der Affektregelung in dieser Sphäre mit dem Aufstieg der Berufsbürgertums nur noch recht langsam weiterrückt. In der höfischen Gesellschaft und zum Teil auch noch in der englischen „Society", gibt es diese Aufteilung des menschlichen Daseins in eine Berufs- und eine Privatsphäre nicht. Wenn diese Spaltung allgemeiner wird, beginnt eine neue Phase im Prozeß der Zivilisation; das Schema der Triebregulierung, das die Berufsarbeit notwendig macht, unterscheidet sich in vieler Hinsicht von dem Schema der Triebregelung, das die Funktion des Höflings und das Spiel des höfischen Lebens dem Einzelnen auferlegt. Die Anspannung, die die Aufrechterhaltung der bürgerlichen, sozialen Existenz erfordert, die Stabilität der Über-Ich-Bildung, die Intensität der Triebregulierung und -verwandlung, die bürgerliche Berufs- und Erwerbsfunktionen von dem Einzelnen verlangen, sind trotz einer gewissen Lockerung in der Sphäre der Umgangsformen im Ganzen noch erheblich größer, als die entsprechenden psychischen Figuren, die ein Leben als höfischer Aristokrat erfordert. Am augenfälligsten ist der Unterschied in der Regulierung der Geschlechterbeziehung. Aber die höfisch-aristokratische Menschenmodellierung mündet in dieser oder jener Form in die berufsbürgerliche ein und wird in ihr aufgehoben weitergetragen. Man findet diese Imprägnierung breiterer Schichten mit Verhaltensformen und Triebmodellierungen, die ursprünglich der höfischen Gesellschaft eigentümlich waren, besonders stark in Regionen, in denen die Höfe groß und reich und ihr Vorbild daher von großer Durchschlagskraft war. Paris und Wien sind Beispiele dafür. Es sind die Sitze der beiden großen, rivalisierenden, absolutistischen Höfe des 18. Jahrhunderts; man spürt einen Nachklang davon noch bis in die Gegenwart hinein, nicht nur in ihrem Ruf als Zentren des „guten Geschmacks" oder als Sitz von Luxusindustrien, deren Fabrikate besonders für den Gebrauch der „Dame" bestimmt sind, sondern selbst in der Durchformung der Geschlechterbeziehung, in der erotischen Prägung der Bevölkerung, mag auch die Wirklichkeit in dieser Hinsicht nicht mehr ganz dem Ruf entsprechen, den sich die Filmindustrie so häufig zunutze macht.

In der einen oder anderen Form aber sind die Verhaltensmodelle der höfisch-aristokratischen «bonne compagnie» in die Verhaltensformen der breiteren, industriellen Gesellschaft auch dort eingegangen, wo die Höfe weniger reich und mächtig und ihre Prägekraft daher weniger tiefgreifend war. Daß die Verhaltensweisen der abendländischen Herrschaftsverbände, daß die Stufe und die Art ihrer Affektregelung bei allen Verschiedenheiten der nationalen Schemata dennoch ein großes Maß von Einheitlichkeit zeigen, ist gewiß, allgemein besehen, eine Folge der wechselseitigen Verflechtung dieser Gruppen, der beständigen Interdependenz aller funktionsteiligen Prozesse in den verschiedenen Nationalverbänden des Abendlandes. Innerhalb dieses allgemeinen Rahmens aber spielt die Phase der halb privaten Gewaltmonopole und der höfisch-aristokratischen Gesellschaft mit ihrer starken Interdependenz über ganz Europa hin, für das Gepräge des abendländisch zivilisierten Verhaltens eine besondere Rolle. Diese höfische Gesellschaft hatte als erste und in besonders reiner Form eine Funktion, die sich nachher in verschiedenen Abstufungen und Modifikationen immer breiteren Schichten der abendländischen Gesellschaft mitteilte, die Funktion einer „guten Gesellschaft", einer Oberschicht, die unter dem Druck einer intensiven und weitreichenden Verflechtung, unter dem Druck von Gewalt- und Steuermonopolen auf der einen Seite, von aufdrängenden, unteren Schichten auf der anderen Seite stand. Die höfische Gesellschaft war in der Tat die erste Repräsentantin jener eigentümlichen Form von Oberschicht, die um so deutlicher zutage trat, je enger mit der fortschreitenden Funktionsteilung die verschiedenen, sozialen Schichten voneinander abhängig wurden, und je größer die Menge der Menschen, je weiter die Menschenräume wurden, die in einer solchen Interdependenz von einander standen. Sie war eine in hohem Maße gebundene Oberschicht, eine Oberschicht, deren Lage ein beständiges Ansichhalten, eine intensive Triebregelung erforderte. Eben diese Form von Oberschicht herrschte von nun an in den abendländischen Räumen vor. Und die Modelle dieses Ansichhaltens, wie sie in der höfisch-aristokratischen Gesellschaft zunächst für die Sphäre des geselligen Verkehrs, des „Privatlebens", entwickelt wurden, gingen, abgestuft und modifiziert, von Schicht zu Schicht weiter, wie diese Oberschichtlage und -funktion. Die Erbschaft der aristokratischen Gesellschaft hatte eine größere oder geringere Bedeutung, je nachdem für eine Schicht oder ein Volk ihr Charakter als „gute Gesellschaft" eine größere oder geringere Rolle spielte. Wo immer das der Fall war — und es war, wie gesagt, in geringerem oder höherem Maße bei immer breiteren Schichten, schließlich bei ganzen Völkern des Abendlandes der Fall, vor allem bei Völkern die im Zusammenhang mit einer frühzeitigen Ausbildung von starken Zentralorganen auch frühzeitig zu Kolonialmächten wurden — wo immer das der Fall war, schärfte sich unter dem Druck der weitreichenden Verflechtung, verkörpert sowohl durch die Stärke des Konkurrenzkampfes in der eigenen Schicht, wie durch die Notwendigkeit, den gehobenen Lebensstandard und das Prestige einer gehobenen und unterschiedenen Schicht gegenüber den unteren Schichten zu wahren, auch die Stärke der gesellschaftlichen Kontrolle nach einem bestimmten Schema, die Empfindlichkeit für das Verhalten der anderen Zugehörigen, die Selbstkontrolle des Einzelnen und die Stärke des „Über-Ich". So amalgamierten sich Verhaltensweisen einer höfisch-aristokratischen Oberschicht mit Verhaltensweisen der verschiedenen bürgerlichen Schichten, wenn diese aufstiegen und in die Lage von Oberschichten gelangten; das, was zunächst in

Stärkere Bindung der Oberschicht. Stärkerer Auftrieb von unten.

Gestalt der «Civilité» vorgebildet worden war, wurde in dem aufgehoben und — je nach der besonderen Lage der Träger verwandelt — fortgetragen, was man nun als „Zivilisation" oder, genauer gesagt, als „zivilisiertes Verhalten" bezeichnete. So breiten sich vom 19. Jahrhundert ab diese zivilisierten Verhaltensformen über die aufdrängenden, unteren Schichten der abendländischen Gesellschaft selbst, so über die verschiedenen Schichten der Kolonialländer aus und amalgamieren sich mit Verhaltensweisen, die deren Schicksal und Funktion entsprechen. Bei jedem dieser Aufstiegsschübe durchdringen sich Verhaltensweisen der jeweils oberen und der aufsteigenden, unteren Schichten oder Verbände. Der Verhaltensstandard der Aufgestiegenen, das Schema ihrer Gebote und Verbote entspricht in seinem Aufbau der Geschichte dieses Aufstiegsprozesses. Und so kommt es, daß sich in dem Trieb- und Verhaltensschema der verschiedenen, bürgerlichen Nationalverbände, in ihrem „Nationalcharakter", ganz genau die Art der früheren Beziehungen zwischen Adels- und Bürgerschichten und die Struktur der gesellschaftlichen Auseinandersetzung zeigt, in der einige von diesen schließlich zur Macht gelangten. So ist etwa — um nur irgendein Beispiel zu geben — das Schema des Verhaltens und der Triebregulierung in Nordamerika trotz vieler Gemeinsamkeiten weit reiner und ausgesprochener mittelständisch als in England, weil dort die Aristokratie relativ frühzeitig verschwand, während hier eine sehr langwierige Auseinandersetzung von adligen Oberschichten und bürgerlichen Mittelschichten in verschiedenen Schüben zu einer eigentümlich abgestuften Amalgamierung beider und damit auch zu einer nicht weniger abgestuften Durchdringung von Verhaltensmodellen beider Schichten führte. Analoge Vorgänge sind im ersten Kapitel dieser Arbeit etwa an Hand der Unterschiede zwischen dem deutschen und dem französischen Nationalcharakter aufgezeigt worden. Und es wäre nicht schwer, sie auch an dem Nationalcharakter der übrigen Nationen Europas zu demonstrieren.

Jede dieser Ausbreitungswellen des Zivilisationsstandards über eine weitere Schicht hin aber geht Hand in Hand mit einer Zunahme in deren gesellschaftlicher Stärke, mit einer Angleichung ihres Lebensstandards an den der nächsthöheren Schicht oder mindestens mit einer Hebung ihres Lebensstandards in dieser Richtung. Schichten, die dauernd in der Gefahr des Verhungerns oder auch nur in äußerster Beschränkung, in Not und Elend leben, können sich nicht zivilisiert verhalten. Zur Züchtung und zur Instandhaltung einer stabileren Über-Ich-Apparatur bedurfte und bedarf es eines relativ gehobenen Lebensstandards und eines ziemlich hohen Maßes von Sekurität.

So kompliziert auch das Hebelwerk der Verflechtungsprozesse, innerhalb dessen eine Zivilisation des Verhaltens im Abendland vor sich geht, auf den ersten Blick zu sein scheint, das elementare Schema dieser Zusammenhänge ist einfach genug: Alles, was bisher an einzelnen Erscheinungen erwähnt wurde, also etwa auch die langsame Hebung des Lebensstandards der breiteren Bevölkerungsschichten, die stärkere funktionelle Abhängigkeit der Oberschichten oder die Stabilität der Zentralmonopole, alles das sind Folge- und Teilerscheinungen einer bald rascher, bald langsamer fortschreitenden Funktionsteilung. Mit dieser Funktionsteilung stieg und steigt die Ergiebigkeit der Arbeit; die größere Ergiebigkeit der Arbeit ist die Voraussetzung für die Hebung des Lebensstandards von immer breiteren Schichten; mit dieser Funktionsteilung wächst die funktionelle Abhängigkeit der jeweils oberen Schichten; und erst von einer sehr hohen Stufe der Funktionsteilung ab ist schließlich auch die Bildung von stabileren Gewalt- und Steuermonopolen mit stark spezialisierten Monopolverwaltungen, also die Bildung von Staaten im abendländischen Sinne des Wortes möglich, mit der das Leben des Einzelnen allmählich eine etwas höhere „Sekurität" erhält. Aber diese steigende Funktionsteilung bringt auch beständig immer mehr Menschen, immer weitere Menschenräume, in Abhängigkeit von-

Stärkere Bindung der Oberschicht. Stärkerer Auftrieb von unten.

einander; sie verlangt und züchtet eine größere Zurückhaltung des Einzelnen, eine genauere Regelung seines Verhaltens und seiner Affekte; sie fordert eine stärkere Triebbindung und — von einer bestimmten Stufe ab — einen beständigeren Selbstzwang. Dies ist, wenn man es einmal so nennen darf, der Preis, den wir für die größere Sekurität, den wir für alles andere, was in der gleichen Linie liegt, bezahlen.

Allerdings erhalten — und das ist für den Zivilisationsstandard unserer Tage von entscheidender Bedeutung — diese Zurückhaltung und dieser Selbstzwang in den bisherigen Phasen der Zivilisationsbewegung ihr Gepräge nicht einfach durch die Notwendigkeit der beständigen Kooperation jedes Einzelnen mit vielen Anderen, sondern sie sind zunächst in ihrem Schema noch weitgehend durch die eigentümliche Spaltung der Gesellschaft in Oberschichten und Unterschichten bestimmt. Die Art der Zurückhaltung und der Triebmodellierung, wie sie sich bei den Menschen der jeweils höheren Schichten herstellt, erhält daher ihr besonderes Gepräge zunächst noch durch die beständigen Spannungen, die die Gesellschaft durchziehen. Die Ich- und Über-Ich-Bildung dieser Menschen ist sowohl bestimmt durch den Konkurrenzdruck, durch die Ausscheidungskämpfe innerhalb der eigenen Schicht, wie durch den beständigen Auftrieb von unten, den die fortschreitende Funktionsteilung in immer neuen Formen produziert. Stärke und Widerspruchsreichtum der gesellschaftlichen Kontrolle, der das Verhalten des Einzelnen in den jeweiligen Oberschichten unterliegt und die durch sein eigenes „Über-Ich" repräsentiert werden, hängt nicht nur damit zusammen, daß es die Kontrolle von konkurrierenden, und zwar zum Teil noch von frei konkurrierenden Existenzen aufeinander ist, sondern vor allem auch damit, daß die Konkurrierenden zugleich gemeinsam ihr unterscheidendes Prestige, ihren gehobenen Standard, gegenüber Aufdrängenden durch eine besonders angstgeladene Lang- und Vorsicht zu wahren haben.

Entwurf zu einer Theorie der Zivilisation.

Betrachtet man die Linie dieser Prozesse über Jahrhunderte hinweg, dann sieht man eine klare Tendenz zur Angleichung der Lebens- und Verhaltensstandarde, zur Nivellierung der großen Kontraste. Aber diese Bewegung geht nicht geradlinig vor sich. Man kann in jeder dieser Ausbreitungswellen von Verhaltensweisen eines kleineren Kreises zu einem größeren, aufsteigenden hin deutlich zwei Phasen unterscheiden: Eine Kolonisations- oder Assimilationsphase, in der die jeweils untere und breitere Schicht zwar im Aufsteigen, aber doch noch der oberen deutlich unterlegen, in der sie spürbar am Vorbild der oberen orientiert ist und in der diese obere Gruppe sie, gewollt oder ungewollt, mit ihren Verhaltensweisen durchsetzt. Und eine zweite Phase der Abstoßung, der Differenzierung oder Emanzipation, in der die aufsteigende Gruppe spürbar an gesellschaftlicher Stärke und an Selbstbewußtsein gewinnt, in der dementsprechend die obere Gruppe zu einem stärkeren Ansichhalten, einer betonteren Abschließung gedrängt wird und in der sich die Kontraste, die Spannungen in der Gesellschaft verstärken.

Hier, wie immer, sind beide Tendenzen, die der Angleichung und die der Unterscheidung, die der Anziehung und die der Abstoßung, gewiß in jeder dieser Phasen zugleich vorhanden; auch diese Beziehungen sind von Grund auf ambivalent. Aber in der ersten Phase, die meist gleichbedeutend ist mit der Phase des individuellen Aufstiegs aus der unteren in die obere Schicht, tritt die Neigung von oben nach unten zu kolonisieren, von unten nach oben sich anzugleichen, stärker zutage; in der zweiten Phase, in der die gesellschaftliche Stärke der jeweils unteren Gruppe als eines Ganzen wächst und die der oberen sich verringert, verstärkt sich mit der Rivalität und den Abstoßungstendenzen auch das Selbst- und Eigenbewußtsein beider, die Neigung, das Unterscheidende hervorzukehren und — soweit es die Oberschicht angeht — zu stabilisieren. Die Kontraste zwischen den Schichten werden größer, die Mauern höher.

Stärkere Bindung der Oberschicht. Stärkerer Auftrieb von unten.

In Phasen der ersten Art, in Assimilationsphasen, sind viele, einzelne Menschen der aufsteigenden Schicht nicht nur in ihrer gesellschaftlichen Existenz, sondern auch in ihrem Verhalten, in ihren Ideen und Idealen, selbst widerstrebend, von der höheren Schicht sehr stark abhängig. Sie sind — oft, wenn auch nicht immer — in vieler Hinsicht noch ungeformt, in der die Menschen der oberen Schicht ein höheres Maß von Durchformung besitzen, und sie werden, entsprechend ihrer sozialen Unterlegenheit, von der Verbotstafel, von der Affektregulierung und dem Verhaltenscode der oberen Schicht in so hohem Maße beeindruckt, daß sie ihre eigene Affektregulierung nach dem gleichen Schema auszurichten suchen. Man stößt hier auf eine der merkwürdigsten Erscheinungen im Prozeß der Zivilisation: Die Menschen der aufsteigenden Schicht entwickeln in sich ein „Über-Ich" nach dem Muster der überlegenen und kolonisierenden Oberschicht. Aber dieses scheinbar nach dem Modell der Oberschicht gebildete Über-Ich der Aufsteigenden ist genau besehen in vieler Hinsicht recht verschieden von seinem Modell. Es ist unausgeglichener und dabei zugleich oft genug außerordentlich viel strenger und rigoroser. Es verleugnet niemals die gewaltige Anspannung, die der individuelle Aufstieg erfordert; und es verleugnet noch weniger die ständige Bedrohung von unten, wie von oben, das Kreuzfeuer von allen Seiten, dem die individuell Aufsteigenden ausgesetzt sind. Die völlige Assimilation von unten nach oben gelingt in einer Generation nur ganz ausnahmsweise einigen Wenigen. Bei den meisten Menschen der aufstiegsbegierigen Schichten führt das Bemühen darum zunächst unvermeidlich zu ganz spezifischen Verkrümmungen des Bewußtseins und der Haltung. Sie sind aus dem Orient und aus Kolonialländern als „Levantinismus" bekannt; und man begegnet ihnen in den kleinbürgerlich-mittelständischen Kreisen der abendländischen Gesellschaft selbst oft genug als „Halbbildung", als Anspruch etwas zu sein, was man nicht ist, als Unsicherheit des Verhaltens und des Geschmacks, als „Verkitschung" nicht nur der Möbel und Kleider, sondern auch der Seelen: Alles das bringt eine soziale Lage zum Ausdruck, die zur Imitation von Modellen einer anderen, gesellschaftlich höher rangierenden Gruppe drängt. Sie gelingt nicht; sie bleibt als Imitation fremder Modelle erkennbar. Erziehung, Lebensstandard und Lebensraum der aufsteigenden und der Oberschicht sind in dieser Phase noch so verschieden, daß der Versuch, die Sicherheit des Verhaltens und dessen Abrundung nach dem Schema der Oberschicht zu erreichen bei den meisten Menschen der aufsteigenden Schicht zu einer sonderbaren Falschheit und Unförmigkeit des Betragens führt, hinter der dennoch eine ganz echte und wahre Notlage ihrer sozialen Existenz steht, das Verlangen, dem Druck, der von oben kommt, und der Unterlegenheit zu entgehen. Und diese Ausprägung des Über-Ichs von der Oberschicht her läßt bei der aufsteigenden Schicht zugleich immer eine ganz spezifische Form von Scham- und Unterlegenheitsgefühlen entstehen. Sie sind sehr verschieden von den Empfindungen unterer Schichten ohne Chancen zu einem individuellen Aufstieg. Deren Verhalten mag gröber sein, aber es ist geschlossener, einheitlicher, ungebrochener und in diesem Sinne geformter; sie leben stärker in ihrer eigenen Welt, ohne Anspruch auf ein Prestige, ähnlich dem der Oberschicht, und dementsprechend mit einem größeren Spielraum für Affektentladungen; sie leben untereinander stärker nach ihren eigenen Sitten und Gebräuchen; ihre Unterlegenheit gegenüber der oberen Schicht, ihre Unterordnungsgesten, wie ihre Widerstandsgesten, sind klar, relativ unverhüllt gleich ihren Affekten, und durch bestimmte, einfache Formen gebunden. In ihrem Bewußtsein haben sie selbst und die anderen Schichten im Guten wie im Bösen ihre wohlunterschiedene Stellung.

Die Unterlegenheitsgefühle und -gesten der individuell aufsteigenden Menschen dagegen bekommen dadurch ihre besondere Tönung, daß sich diese Menschen bis zu einem gewissen Grade mit der oberen Schicht identifizieren; sie

Stärkere Bindung der Oberschicht. Stärkerer Auftrieb von unten.

haben jenen Aufbau, der oben an den Schamgefühlen beschrieben worden ist: die Menschen in dieser Lage erkennen mit einem Teil ihres Bewußtseins die Verbots- und Gebotstafeln, die Normen und Verhaltensformen der oberen Schicht als für sich selbst verbindlich an, ohne sich mit der gleichen Ungezwungenheit und Selbstverständlichkeit daran halten zu können, wie diese. Es ist dieser eigentümliche Widerspruch zwischen der Oberschicht in ihnen selbst, repräsentiert durch ihr eigenes Über-Ich, und ihrem Unvermögen, diese Forderung an sich selbst zu erfüllen, es ist diese beständige, innere Spannung, die ihrem Affektleben und ihrem Verhalten seinen besonderen Charakter gibt.

Zugleich aber zeigt sich hier von einer neuen Seite her, welche Bedeutung die strenge Verhaltensregelung für die jeweilige Oberschicht hat: Sie ist ein Prestigeinstrument; aber sie ist — in einer bestimmten Phase — zugleich ein Herrschaftsmittel. Es ist nicht wenig bezeichnend für den Aufbau der abendländischen Gesellschaft, daß die Parole ihrer Kolonisationsbewegungen „Zivilisation" heißt. Für Menschen einer Gesellschaft mit starker Funktionsteilung genügt es nicht, einfach mit der Waffe in der Hand, wie eine Kriegerkaste, über unterjochte Völker und Länder zu herrschen, obgleich das alte, einfache Ziel der meisten, früheren Expansionsbewegungen, die Vertreibung anderer Völker von ihrem Boden, der Erwerb von neuem Acker- und Siedlungsland, ganz gewiß auch bei der abendländischen Ausbreitungsbewegung keine geringe Rolle spielt. Aber man braucht nicht nur den Boden; man braucht auch die Menschen; man wünscht die Einbeziehung der anderen Völker in das arbeitsteilige Geflecht des eigenen, des Oberschichtlandes, sei es als Arbeitskräfte, sei es als Verbraucher; das aber zwingt sowohl zu einer gewissen Hebung des Lebensstandards, wie zu einer Züchtung von Selbstzwang- oder Über-Ich-Apparaturen bei den Unterlegenen nach dem Muster der abendländischen Menschen selbst; es erfordert wirklich eine Zivilisation der unterworfenen Völker. Wie es im Abendlande selbst von einem bestimmten Stand der Interdependenz ab nicht mehr möglich war, Menschen allein durch Waffen und körperliche Bedrohung zu beherrschen, so wurde es auch zur Aufrechterhaltung eines Imperiums überall, wo man mehr wollte, als Pflanzungsland und Pflanzungsknechte, nötig, die Menschen zum Teil durch sich selbst, durch die Modellierung ihres Über-Ich zu beherrschen. Eben damit stellten sich bei einem Teil der Unterworfenen alle jene Erscheinungen ein, die für eine solche erste Aufstiegsphase charakteristisch sind und von denen die Rede war: Individueller Aufstieg, Assimilation der Aufsteigenden an die Affektregelung und die Gebotstafeln der Oberschicht, teilweise Identifizierung mit ihr und Ausbildung oder Umbildung der Über-Ich-Apparatur nach ihrem Schema, mehr oder weniger geglückte Amalgamierung der vorhandenen Gewohnheiten und Selbstzwänge mit dem andern, dem abendländisch zivilisierten Gesellschaftsritual samt allen den Folgen, die beschrieben worden sind.

Aber man braucht, um solche Erscheinungen zu beobachten, nicht in die Weite zu gehen. Eine ganze analoge Phase findet sich — um nur diese zu nennen — etwa auch in der Aufstiegsbewegung des abendländischen Bürgertums selbst: die höfische Phase. Auch hier war es zunächst das höchste Streben vieler, einzelner Individuen aus bürgerlichen Spitzenschichten, sich zu verhalten und zu leben, wie ein Mensch der Oberschicht, wie ein Adliger. Sie erkannten innerlich die Überlegenheit des höfisch-aristokratischen Verhaltens an; sie suchten sich selbst nach diesem Vorbild zu modellieren und zu kontrollieren. Die Unterhaltung des Bürgers im höfischen Kreise über das richtige Sprechen, die oben zitiert wurde, ist ein Beispiel dafür. Und in der Geschichte der deutschen Sprache ist diese höfische Phase des Bürgertums genügend markiert durch die bekannte Gewohnheit der Sprechenden und Schreibenden, nach jedem dritten oder vierten, deutschen Wort ein französisches einzufügen, wenn sie es nicht vorzogen, sich überhaupt der französischen Sprache, der höfischen Sprache Europas, zu bedienen. Adlige und selbst bürgerliche Menschen des höfischen Kreises haben sich in dieser Zeit oft genug über andere Bürgerliche lustig gemacht, die sich „fein" oder höfisch zu gebärden suchten, ohne es zu können.

Wenn die gesellschaftliche Stärke des Bürgertums wächst, verliert sich der Spott. Früher oder später treten alle jene Erscheinungen in den Vordergrund, die der zweiten Aufstiegsphase ihren Charakter geben. Bürgerliche Gruppen kehren immer stärker und betonter ein eigenes, spezifisch bürgerliches Selbstbewußtsein hervor; sie setzen immer entschiedener und bewußter eigene Gebots- und Verbotstafeln den höfisch-aristokratischen entgegen. Sie stellen — je nach ihrer besonderen Lage — die Arbeit gegen den aristokratischen Müßiggang, die „Natur" gegen die Etikette, die Pflege des Wissens gegen die Pflege der Umgangsformen, um hier ganz zu schweigen von den besonderen bürgerlichen Forderungen nach einer Kontrolle der zentralen Schlüsselmonopole, nach einem anderen Aufbau der Steuer- und Heeresverwaltung. Sie stellen vor allem die „Tugend" gegen die höfische „Frivolität": Die Regelung der Geschlechterbeziehung, der Zaun, mit dem die sexuelle Sphäre des Triebhaushalts eingehegt wird, ist bei den mittleren und aufsteigenden, bürgerlichen Schichten entsprechend ihrer beruflichen Lage stets weit stärker als bei der höfisch-aristokratischen Oberschicht und später immer wieder von neuem stärker als bei großbürgerlichen Gruppen, die schon völlig aufgestiegen sind, die den sozialen Gipfel, den Charakter der obersten Schicht schon erreicht haben. Aber wie scharf auch immer in der Phase des Kampfes diese Gegenüberstellung, wie groß die Emanzipation des Bürgertums von den Vorbildern und der Vorherrschaft des Adels sein mag, das Verhaltensschema, das die bürgerlichen Spitzengruppen entwickeln, wenn sie schließlich selbst in die Funktion eintreten, die ehemals dem Adel vorbehalten war, in die Lage der gesellschaftlichen Oberschicht, ist, eben weil zu jeder dieser Aufstiegsbewegungen eine Phase der Assimilation gehört, das Produkt einer Amalgamierung des Codes der alten und der neuen Oberschicht.

Die große Linie dieser Zivilisationsbewegung, der schubweise Aufstieg immer breiterer Schichten, ist in allen Ländern des Abendlandes und ansatzweise, auch in immer weiteren Bezirken außerhalb seiner die gleiche, und gleich ist auch die Aufbaugesetzlichkeit, die ihr zugrunde liegt, die zunehmende Funktionsteilung unter dem Druck der Konkurrenz, die Tendenz zu einer gleichmäßigeren Abhängigkeit aller von allen, die auf die Dauer keiner Funktionsgruppe eine größere, gesellschaftliche Stärke läßt, als der anderen, und erbliche Privilegien zunichte macht; gleich ist der Ablauf der freien Konkurrenzkämpfe: sie führen zur Bildung von Monopolen in den Händen einiger Weniger und schließlich zum Übergang der Verfügungsgewalt über die Monopole in die Hände breiterer Schichten. Alles das tritt auf dieser Stufe, im Kampf des Bürgertums gegen die Adelsprivilegien, zunächst in dem „Öffentlichwerden", in der Verbürgerlichung oder Verstaatlichung der ehemals im Interesse noch kleinerer Kreise verwalteten Steuer- und Gewaltmonopole sehr deutlich zutage; alles das geht früher oder später und auf diesem oder jenem Wege in allen Ländern des abendländischen Interdependenzgeflechts gleichermaßen vor sich. Aber verschieden, wie die Wege, die in den einzelnen Ländern entsprechend den Verschiedenheiten ihres Aufbaus und ihrer Lage dahin führen, ist auch das Gepräge des Verhaltens, das Schema der Affektregulierung, der Aufbau des Triebhaushalts und des „Über-Ich", die sich in den einzelnen Nationen schließlich durchsetzen.

Sie sind, um es noch einmal zu sagen, anders in Ländern, wie England, wo die höfisch-absolutistische Phase verhältnismäßig kurz war, wo frühzeitig Bündnisse und Kontakte zwischen städtisch-bürgerlichen Kreisen und Landadelsschichten zustande kamen und wo sich die Amalgamierung von Verhaltensformen der Oberschichten und der aufsteigenden Mittelschichten ganz allmählich in vielen

Stärkere Bindung der Oberschicht. Stärkerer Auftrieb von unten.

Schüben und Gegenschüben vollzog. Sie sind anders in Deutschland, das im Zusammenhang mit der fehlenden Zentralisierung und deren Folge, dem Dreißigjährigen Krieg, weit länger als seine westlichen Nachbarn ein relativ armes Land mit niedrigerem Lebensstandard blieb, das eine außerordentlich lange Phase des Absolutismus mit vielen kleineren, nicht eben reich ausgestatteten Höfen durchlebte, das ebenfalls wegen der fehlenden Zentralisierung erst verhältnismäßig spät und unvollkommen zur Expansion nach außen, zur kolonialen Expansion kam, und in dem aus allen diesen Gründen die inneren Spannungen, der Abschluß des Adels gegen das Bürgertum stark und nachhaltig, der Zugang bürgerlicher Schichten zu den Zentralmonopolen schwer war. Städtisch-bürgerliche Schichten waren hier im Mittelalter eine Zeitlang politisch und wirtschaftlich mächtiger; sie waren selbständiger und selbstbewußter als in irgendeinem anderen Lande Europas. Besonders fühlbar war daher der Schock ihres politischen und wirtschaftlichen Niedergangs. Hatten sich ehemals in vielen, deutschen Gebieten spezifisch bürgerlich-mittelständische Traditionen in besonders reiner Form herausgebildet, weil städtische Formationen so reich und selbständig waren, so bildeten sie sich nun als spezifisch bürgerliche Traditionen fort, weil ihre Träger besonders arm und sozial ohnmächtig waren. Und erst sehr spät kam es dementsprechend auch zu einer größeren Durchdringung von Bürger- und Adelskreisen, zu einer Amalgamierung von Verhaltensweisen beider; lange Zeit bestanden die Gebots- und Verbotstafeln beider kaum verbunden nebeneinander fort; und da in dieser ganzen Zeit auch die Schlüsselstellungen des Steuermonopols ebenso, wie der Polizei- und Heeresverwaltung mehr oder weniger ausgesprochen Monopole des Adels waren, so prägte sich dem Bürgertum die Gewöhnung an eine starke, äußere Staatsautorität tief ein. Während etwa in England, kraft seines Inseldaseins[152]), zwar bis zu einem gewissen Grade die Flotte, aber lange Zeit hindurch weder das Landheer, noch eine zentralisierte Polizeigewalt als Prägeinstrumente seiner Bewohner irgendeine größere Rolle spielten, war und blieb in Preußen-Deutschland mit seinen ausgedehnten und leicht gefährdeten Landgrenzen das vom Adel, von privilegierten Schichten geleitete Landheer ebenso, wie die mächtige Polizeigewalt für das Gepräge seiner Bewohner von größter Bedeutung. Dieser Aufbau des Gewaltmonopols aber nötigte die einzelnen Menschen nicht in der gleichen Art zu einer Kontrolle durch sich selbst, wie etwa der englische; er zwang die Individuen nicht zur selbständigen und halb automatischen Eingliederung in ein lebenslängliches „team-work", sondern er gewöhnte die Einzelnen von klein auf in höherem Maße an eine Unterordnung unter andre, an den Befehl von außen. Nach der Seite des staatlichen Zusammenlebens hin, blieb auf Grund dieser Struktur der Gewaltinstrumente die Verwandlung von Fremdzwängen in Selbstzwänge geringer. Überdies fehlte hier lange Zeit hindurch die Funktion, die in manchen anderen Ländern, die besonders in England Adels- und Bürgerschichten schließlich zu einer gemeinsamen Langsicht, zu einer starken Selbstkontrolle nach dem gleichen Schema drängte: Die Funktion des Zentrums für ein weit ausgesponnenes Interdependenzgeflecht, die Funktion der Oberschicht eines Kolonialreiches. So blieb die Triebregulierung des Einzelnen hier in besonders hohem Maße auf das Vorhandensein einer starken, äußeren Staatsgewalt abgestimmt. Das Affektgleichgewicht, die Selbstbeherrschung des Individuums kam in Gefahr, wenn diese fehlte; es bildete sich von Generation zu Generation immer von neuem in den bürgerlichen Massen ein Über-Ich heraus, das darauf abgestellt war, die spezifische Langsicht, die die Herrschaft und Organisation der ganzen Gesellschaft erforderte, einem abgesonderten und sozial höher rangierenden Kreise zu überlassen. Es ist am Eingang dieser Arbeit bereits gezeigt worden, wie dieses Schicksal in einer frühen Phase des bürgerlichen Aufstiegs zunächst zu einer ganz spezifischen Form des bürgerlichen Selbstbewußtseins führt, zu einer Abwendung [153]) von allem, was mit der Verwaltung der Herrschaftsmonopole zu tun hat, und zu einer Vertiefung nach innen, einer besonderen Hochstellung des Geistigen und Kulturellen in der Tafel der Werte.

Und gezeigt worden ist schließlich auch der andere Verlauf, den die entsprechenden Bewegungen in Frankreich nahmen. Hier kam es stetiger als in jedem anderen Lande Europas vom frühen Mittelalter an zur Bildung von höfischen Kreisen, erst von courtoisen, dann von großen und immer größeren Höfen, bis schließlich die Ausscheidungskämpfe der vielen Hofherren in der Bildung eines einzigen, mächtigen und reichen Königshofes, dem die Abgaben des ganzen Gebietes zuströmten, ihren Abschluß fanden. Hier kam es dementsprechend frühzeitig zu einer zentralgelenkten, wirtschaftlichen Schutzpolitik, die ganz gewiß zunächst von dem Interesse des Monopolherrn selbst, von dessen Verlangen nach einem möglichst reichen Steuereinkommen gelenkt war, die aber zugleich auch der Entfaltung des Handels diente und zur Entwicklung von begüterten Bürgerschichten führte. Relativ früh stellten sich dementsprechend auch bereits Kontakte zwischen aufsteigenden Bürgern und der immer Geld bedürftigen, höfischen Aristokratie her. Zum Unterschied von den vielen, verhältnismäßig kleinen und meist wenig begüterten, absolutistischen Herrschaften Deutschlands, förderte das zentralisierte und reiche, absolutistische Regime Frankreichs sowohl die allseitigere Umformung der Fremdzwänge in Selbstzwänge, wie die Amalgamierung von höfisch-aristokratischen und von bürgerlichen Verhaltensformen. Und als sich schließlich auf dieser Stufe jener Aufstieg von unten und mit ihm jene Nivellierung und Angleichung der gesellschaftlichen Standarde vollendete, die für diesen ganzen Zivilisationsprozeß charakteristisch ist, als der Adel seine erblichen Vorrechte, seine Existenz als eine gesonderte Oberschicht verlor und bürgerliche Gruppen in die Funktion der Oberschicht eintraten, bildeten sie hier als Folge der vorausgehenden, langen Durchdringung die

Modelle, die Triebgestaltung und die Verhaltensformen der höfischen Phase geradliniger und ungebrochener fort, als alle übrigen Bürgerschichten Europas.

VIII.
Überblick.

Es ist — wenn man derart das Ganze dieser vergangenen Bewegungen überblickt — eine Veränderung in einer ganz bestimmten Richtung, die man vor sich sieht. Je weiter man durch die Fülle der einzelnen Fakten hindurch zu den Strukturen und Verflechtungszwängen der Vergangenheit vordringt, desto klarer hebt sich für den Blick ein festes Gerüst von Prozessen heraus, in das sich die verstreuten Fakten einfügen. Wie sich ehemals für die beobachtenden Menschen, durch viele Irrwege und Sackgassen des Denkens hindurch, aus den einzelnen Naturbeobachtungen langsam eine geschlossenere Vision des Naturzusammenhangs heraushob, so beginnen sich allmählich in unserer Zeit die Fragmente der menschlichen Vergangenheit, die in unseren Köpfen und unseren Büchern dank der Arbeit vieler Generationen aufgehäuft liegen, zu einem geschlosseneren Bild des Geschichtszusammenhangs und des menschlichen Kosmos überhaupt zu ordnen. Mag es erlaubt sein, das, was hier für dieses geschlossenere Bild gewonnen ist, noch einmal mit ein paar Strichen und von einem bestimmten Blickpunkt her zusammenzufassen, vom Anblick dessen, was mit uns selber geschieht: Ein scharf umrissenes Profil erhalten die vergangenen Wandlungen des gesellschaftlichen Gewebes für den Betrachter erst dann, wenn er sie mit den Ereignissen seiner eigenen Zeit zusammensieht. Auch hier, wie so oft, erhellt der Anblick des gegenwärtigen Geschehens das Verständnis des vergangenen, und die Vertiefung in das, was geschehen ist, erhellt das, was geschieht: Viele der Verflechtungsmechanismen unserer Tage führen das Auf und Ab der vergangenen Wandlungen im Aufbau der abendländischen Gesellschaft offensichtlich in der gleichen Richtung weiter.

Im Zustand der äußersten, feudalen Desintegration des Abendlandes beginnen, das ist gezeigt worden[154]), bestimmte Verflechtungsmechanismen zu spielen, die zu einer Integration immer größerer Verbände hindrängen. Aus den Konkurrenz- und Ausscheidungskämpfen kleinerer Herrschaftseinheiten, der Territorialherrschaften, die sich selbst in den Ausscheidungskämpfen noch kleinerer Einheiten heranbilden, gehen langsam einige wenige und schließlich eine der kämpfenden Einheiten als Sieger hervor. Der Sieger bildet das Integrationszentrum einer größeren Herrschaftseinheit; er bildet die Monopolzentrale einer Staatsorganisation, in deren Rahmen viele der ehemals frei konkurrierenden Gebiete und Menschengruppen allmählich zu einem mehr oder weniger einheitlichen, einem besser oder schlechter ausgewogenen Menschengewebe höherer Größenordnung zusammenwachsen.

Heute bilden diese Staaten ihrerseits miteinander zunächst wieder analoge Gleichgewichtssysteme frei konkurrierender Menschenverbände, wie ehemals die kleineren Einheiten, die jetzt in ihnen zusammengeschlossen sind. Auch diese Staaten werden nun allmählich unter dem Druck der Spannungen, unter dem Zwang der Konkurrenzmechanismen, die unsere ganze Gesellschaft ständig in einer kampf- und krisenreichen Bewegung halten, stärker und stärker gegeneinander getrieben. Wiederum sind viele, rivalisierende Herrschaftsverbände so miteinander verflochten, daß jeder Verband, der stehenbleibt, der nicht an Stärke gewinnt, in die Gefahr kommt, schwächer und von anderen Staaten abhängig zu werden. Wie in jedem Balancesystem mit wachsender Konkurrenzspannung und ohne Zentralmonopol, so drängen auch die mächtigen Staatsverbände, die die primären Spannungsachsen dieses Balancesystems bilden, einander in einer unaufhörlichen Schraubenbewegung gegenseitig zur Ausdehnung und zur Verstärkung ihrer Machtposition. Das

Ringen um die Vormacht und damit, wissentlich oder nicht, um die Bildung von Monopolzentralen über Gebiete einer noch höheren Größenordnung ist in vollem Gange. Und wenn es auch zunächst noch in erster Linie um die Vormacht über Erdteile geht, so kündigen sich dahinter, entsprechend der immer engeren Verflechtung immer weiterer Gebiete, bereits recht unzweideutig die Vormachtkämpfe in einem Verflechtungssystem an, das die ganze bewohnte Erde umfaßt.

In der Gegenwart nicht weniger als in der Vergangenheit hält jener Verflechtungsmechanismus, von dem so oft in diesen Untersuchungen die Rede war, die Menschen in Atem und drängt zur Veränderung der Institutionen und der gesamten, menschlichen Beziehungen. Auch diese Erfahrungen unserer eigenen Zeit widerlegen die Vorstellung, die nun mehr als ein Jahrhundert das Denken der Menschen beherrscht hat, die Vorstellung, daß sich ein Balancesystem frei konkurrierender Einheiten – Staaten, Konzerne, Handwerker oder was immer es sein mag – unendlich lange in diesem Zustand labilen Gleichgewichts erhalten könne. Heute wie ehemals drängt diese Gleichgewichtslage der monopolfreien Konkurrenz über sich hinaus zu Monopolbildungen. Weshalb diese Gleichgewichtslage so überaus unstabil und die Wahrscheinlichkeit ihres Umschlags zu einer anderen hin so überaus groß ist, hat die allgemeine Ableitung des Konkurrenz- und Monopolmechanismus, die oben gegeben wurde [155]), gezeigt.

Und heute so wenig wie ehemals bilden „wirtschaftliche" Zwecke und Zwänge für sich allein oder allein politische Motive und Motoren den Urantrieb dieser Veränderungen. Keineswegs ist etwa in dieser Staatenkonkurrenz der Erwerb von „mehr" Geld oder von „mehr" wirtschaftlichen Machtmitteln das eigentliche Endziel und die Ausdehnung eines staatlichen Herrschaftsbereichs, der Erwerb von größerer politisch-militärischer Macht, nur dessen Maske, nur ein Mittel zu diesem Zweck. Ungeordnete oder geordnete Monopole der physischen Gewaltausübung und der wirtschaftlichen

Überblick.

Konsumtions- und Produktionsmittel sind unaufhebbar miteinander verbunden, ohne daß eines je die eigentliche Basis und das andere lediglich einen „Überbau" darstellt. Beide zusammen produzieren in dem gesellschaftlichen Gewebe, je nach ihrem Stand, spezifische Spannungen, die zu Veränderungen dieses Gewebes hindrängen. **Beide zusammen bilden das Schloß der Ketten, durch die sich die Menschen gegenseitig binden.** Und in beiden Verflechtungssphären, in der politischen, wie in der wirtschaftlichen, sind, in steter Interdependenz, die gleichen Verflechtungszwänge am Werke. Wie die Tendenz des großen Kaufmanns zur Vergrößerung seines Unternehmens letzten Endes durch den Spannungsdruck seines ganzen Menschengeflechts ausgelöst wird und unmittelbar vor allem durch die Gefahr der Verringerung seines Verfügungsbereichs und des Verlusts seiner Selbständigkeit, in die er gerät, wenn rivalisierende Unternehmen größer werden, als das seine, so treiben sich auch rivalisierende Staaten unter dem Spannungsdruck des ganzen Gewebes, das sie bilden, im Wirbel der Konkurrenzschraube gegenseitig weiter und weiter voran. Viele einzelne Menschen mögen wünschen, dieser Schraubenbewegung, dem Abgleiten der Gleichgewichtslage von „freien" Konkurrenten und den Kämpfen, den Veränderungen, die dieses Abgleiten mit sich bringt, Einhalt zu gebieten. Im Lauf der bisherigen Geschichte haben sich Verflechtungszwänge dieser Art auf die Dauer noch immer als stärker erwiesen als die Macht dieser Wünsche. Und so drängen auch heute wieder die zwischenstaatlichen Beziehungen, die noch nicht durch ein übergreifendes Gewaltmonopol reguliert werden, zur Bildung solcher Gewaltmonopole und damit zur Bildung von Herrschaftseinheiten einer neuen Größenordnung.

Vorformen solcher größeren Herrschaftseinheiten, vereinigte Staaten, Imperien oder Völkerbünde, finden sich gewiß auch bereits in unserer Zeit. Sie alle sind noch verhältnismäßig unstabil. Wie ehemals in dem jahrhundertelangen Ringen von Territorialherrschaften, so ist auch heute wieder, im Ringen der vielen Staaten, zunächst noch unentschieden und unentscheidbar, wo die Zentren und wo die Grenzen der größeren Herrschaftseinheiten liegen werden, zu deren Bildung dieses Ringen hindrängt. Wie ehemals, so ist auch heute die Zeit unvorhersehbar, die vergehen mag, bis dieses Ringen mit seinen vielen Schüben und Gegenschüben endgültig entschieden ist. Und gleich den Angehörigen der kleineren Verbände, in deren Kämpfen sich langsam Staaten heranbildeten, so[156]) haben auch wir zunächst kaum mehr als eine vage Vorstellung davon, wie der Aufbau, wie die Organisation und die Institutionen jener größeren Herrschaftseinheiten beschaffen sein mögen, zu deren Bildung die Aktionen von heute tendieren, ob es die Akteure wissen oder nicht. Nur eines ist gewiß: Die Richtung, in der die Art unserer Verflechtung weitertreibt. Die zwischenstaatlichen Konkurrenzspannungen können bei dem starken Spannungsdruck, den unser Gesellschaftsaufbau mit sich bringt, nicht zur Ruhe kommen, solange sich nicht durch eine lange Reihe von blutigen oder unblutigen Machtproben Gewaltmonopole und Zentralorganisationen für größere Herrschaftseinheiten stabilisiert haben, in deren Rahmen viele der kleineren, der „Staaten", ihrerseits zu einer ausgewogeneren Einheit zusammenzuwachsen vermögen. Hier führt das Hebelwerk der Verflechtungsmechanismen in der Tat von der Zeit der äußersten feudalen Desintegration bis zur Gegenwart hin die Veränderung des abendländischen Menschengeflechts in ein und derselben Richtung weiter.

Und ganz ähnlich steht es mit vielen anderen Bewegungen der „Gegenwart". Sie alle rücken in ein anderes Licht, wenn man sie als Momente in jenem Strom sieht, den wir, je nach dem, „Vergangenheit" oder „Geschichte" nennen. Auch innerhalb der verschiedenen Herrschaftseinheiten sehen wir heute Serien von monopolfreien Konkurrenzkämpfen. Aber hier treiben die freien Konkurrenzkämpfe an vielen Stellen bereits ihrer Abschlußphase entgegen. Allenthalben bilden sich in diesen mit wirtschaftlichen Waffen ausgefochtenen Kämpfen bereits private Monopolorganisationen heraus. Und wie ehemals bei der Bildung von Steuer- und Gewaltmonopolen in der Hand einzelner Fürstenhäuser zugleich schon die Zwangsläufigkeiten spürbar wurden, die schließlich dann zu einer Verbreiterung der Verfügungsgewalt führten, sei es durch die Unterstellung der Monopolexekutive unter eine öffentlich gewählte Legislative, sei es durch irgendeine andere Form der „Verstaatlichung", so sehen wir auch in unseren Tagen bereits ganz unzweideutig Verflechtungszwänge am Werk, die die Möglichkeit der privaten Verfügung über die jüngeren, die „wirtschaftlichen" Monopolorganisationen beschränken, und die zu einer Annäherung ihres Aufbaus an den der älteren, die am Ende wohl zu einem organisatorischen Zusammenschluß beider hindrängen.

Das gleiche gilt von den anderen Spannungen, die innerhalb der verschiedenen Herrschaftseinheiten zu Veränderungen hindrängen, von den Spannungen zwischen jenen Menschen, die direkt über bestimmte Monopolinstrumente als einen vererblichen Besitz verfügen, und jenen anderen, die von der Verfügung über solche Instrumente ausgeschlossen sind und die, nicht in freier, sondern in gebundener Konkurrenz miteinander, gemeinsam von den Chancen abhängen, die die Monopolherrn zu vergeben haben. Auch hier befinden wir uns mitten in einem geschichtlichen Schub, der die früheren Aufstiegsschübe, wie eine größere Welle der vorflutenden See die vorangehenden kleineren, aufnimmt und in der gleichen Richtung weitertreibt. Es ist oben, bei der Ableitung des Monopolmechanismus, allgemeiner gezeigt worden[157]), wie und warum auch in der Spannung zwischen Monopolherren und Monopoldienern die Spannungsbalance, bei einer bestimmten Stärke des gesamten Spannungsdrucks langsamer oder rascher umzuschlagen neigt. Es ist gezeigt worden, daß sich Schübe in dieser Richtung ebenfalls bereits in der Frühzeit der abendländischen Gesellschaft vollziehen. Man begegnet ihnen zum Beispiel im Prozeß der Feudalisierung, wenn es sich auch hier zunächst nur um einen solchen Umschlag innerhalb der Oberschicht selbst handelt; und überdies führt hier dieser Umschlag zuungunsten der Wenigen und zugunsten der Vielen, entsprechend der geringeren Funktionsteilung, zur Desintegration der Verfügung über die Monopolchancen, zur Auflösung der Monopolzentralen.

Wenn die Funktionsteilung und mit ihr die Interdependenz aller Funktionen voneinander fortschreitet, dann äußert sich eine solche Gewichtsverlagerung nicht mehr in der Tendenz zur Aufteilung der zuvor zentralisierten Monopolchancen unter viele einzelne Individuen, sondern in der Tendenz zu einer anders gerichteten Verfügung über die Monopolzentralen und die monopolisierten Chancen selbst. Die erste große Umschlagsphase dieser Art, das Ringen bürgerlicher Schichten um die Verfügung über die älteren, die ersten vollendeten Monopolzentralen der neueren Zeit, über die zunächst die Könige und — zum Teil — der Adel, wie über ein erbliches Besitztum verfügt hatten, zeigt das deutlich genug. Die Aufstiegswellen unserer Tage sind aus vielen Gründen komplizierter. Sie sind es allein schon deswegen, weil nun ein Ringen nicht allein um die älteren Monopolzentralen der Steuern und der physischen Gewalt und nicht allein um die jüngeren, erst im Werden begriffenen wirtschaftlichen Monopolzentralen notwendig wird, sondern ein gleichzeitiges Ringen um die Verfügung über beide. Aber das elementare Schema der Verflechtungszwänge, die hier am Werke sind, ist auch in diesem Falle recht einfach: Jede in bestimmten Familien vererbliche Monopolisierung von Chancen führt zu spezifischen Spannungen und Disproportionalitäten in dem betreffenden Verbande. Zu Veränderungen des Beziehungsgewebes und damit der Institutionen tendieren Spannungen dieser Art gewiß in allen Verbänden, wenn sie auch bei einer geringeren Differenzierung und vor allem dann, wenn die Oberschicht von Kriegern gebildet wird, oft genug nicht zum entscheidenden Austrag kommen. Verbände mit sehr reicher Funktionsteilung aber sind für die Disproportionalitäten und Funktionsstörungen, die solche Spannungen mit sich bringen, außerordentlich viel empfindlicher, sie sind als Ganzes viel mehr von ihnen betroffen und weit ständiger von ihnen beunruhigt als Verbände im Stande geringer Differenzierung. Und wenn es auch in solchen stark funktionsteiligen Verbänden zuweilen vielleicht nicht nur einen, sondern zwei oder drei Wege geben mag, auf denen solche Spannungen zum Austrag und zur Aufhebung kommen können, die Richtung, in der sie über sich selbst hinaus zu ihrer eigenen Überwindung drängen, ist unausweichlich vorgegeben durch die Art ihrer Verursachung, durch ihre Genese: Die Spannungen, die Disproportionalitäten und Funktionsstörungen, die sich aus der Verfügung über Monopolchancen im Interesse einiger Weniger ergeben, können nicht enden und nicht zur Lösung kommen, solange diese Art der Verfügung nicht überwunden ist. Ganz gewiß aber ist auch in diesem Falle unentschieden und unentscheidbar, wieviel Zeit diese Überwindung und das Ringen um sie in Anspruch nimmt.

Und etwas ganz Entsprechendes geht schließlich in unserer Zeit auch mit dem Verhalten der Menschen, mit dem ganzen Gefüge ihrer psychischen Funktionen vor sich. Im Laufe dieser Arbeit wurde versucht, genauer zu zeigen, daß und wie der Aufbau der psychischen Funktionen, das jeweilige Standardgepräge der Verhaltenssteuerung, mit dem Aufbau der gesellschaftlichen Funktionen, mit dem Wandel der zwischenmenschlichen Beziehungen zusammen hängt. Diese Zusammenhänge in unserer eigenen Zeit genauer zu verfolgen, ist eine Aufgabe, die noch vor uns liegt. Das Allgemeinste ist schnell gesagt. Die Verflechtungszwänge, die heute so spürbar an einer langsameren oder rascheren Veränderung der Institutionen, an einer Wandlung der zwischenmenschlichen Beziehungen arbeiten, drängen nicht weniger spürbar zu korrespondierenden Veränderungen im Gepräge und Seelenaufbau der Menschen. Auch nach dieser Seite hin gewinnt man erst ein klareres Bild von dem, was mit uns geschieht, wenn man es, als einen Schub in einer bestimmten Richtung, mit den vergangenen Bewegungen zusammensieht, auf denen es aufbaut. Auch in den Wehen anderer Aufstiegsschübe wurde der zuvor herrschende Verhaltensstandard der Oberschichten am Ende mehr oder weniger aufgelockert. Der Festigung eines neuen Standards voraus ging eine Zeit der Erschütterung. Verhaltensweisen übertrugen sich nicht nur von oben nach unten, sondern, entsprechend der Verlagerung der sozialen Gewichte, auch von unten nach oben. So verlor etwa auch in den Aufstiegsbewegungen des Bürgertums der höfisch-aristokratische Verhaltenscode manches von seiner bindenden Kraft. Die Umgangs- und Geselligkeitsformen wurden lockerer und vergröberten sich zum Teil. Die strengeren Tabus, mit denen in mittelständischen Kreisen bestimmte Verhaltenssphären belegt waren, vor allem das Verhalten zum Geld und zur Geschlechtlichkeit, setzten sich, mannigfach abgestuft, in weiteren Kreisen durch, bis schließlich mit dem Verschwinden dieser Spannungsbalance, im Hin und Her von Auflockerung und Straffung und je nach der Geschichte dieses Ringens in der einen oder der anderen Fassung, Elemente des Verhaltensschemas beider Schichten von neuem zu einem festeren Verhaltenscode zusammenschmolzen.

Die Auftriebswellen, in deren Mitte wir leben, sind von allen früheren ihrer Struktur nach verschieden, so gewiß sie diese früheren Bewegungen weiterführen und auf ihnen aufbauen. Aber bestimmten strukturähnlichen Erscheinungen, wie dort, begegnet man auch in unserer eigenen Zeit. Auch hier findet man eine gewisse Lockerung des herkömmlichen Verhaltensschemas, einen Auftrieb bestimmter Verhaltensweisen von unten, eine stärkere Durchdringung von Verhaltensweisen verschiedener Schichten; man sieht eine Straffung weiterer Verhaltenssphären und eine gewisse Vergröberung in anderen.

Perioden, wie diese, Perioden des Übergangs, bieten dem Nachdenken eine besondere Chance: Die älteren Standarde sind zum Teil fragwürdig geworden, neue festere noch nicht vorhanden. Die Menschen werden unsicherer in der Steuerung

Überblick.

ihres Verhaltens. Die gesellschaftliche Situation selbst macht das „Verhalten" zu einem akuten Problem. In solchen Phasen — und vielleicht nur in solchen Phasen — öffnet sich der Blick der Menschen für Vieles, was den vorangehenden Generationen an ihrem Verhalten als selbstverständlich erschien. Die Söhne beginnen an Stellen weiterzudenken, wo die Väter mit ihrem Nachdenken Halt machten; sie beginnen nach Gründen zu fragen, wo die Väter keinen Grund, zu fragen, fanden: Weshalb muß „man" sich hier so und dort so verhalten? Warum ist dieses erlaubt und jenes verboten? Was ist der Sinn dieser Manieren- und jener Moralvorschrift? Konventionen, die lange ungeprüft von Generation zu Generation weitergingen, werden zum Problem. Und überdies lernt man zugleich kraft der stärkeren Mobilität, kraft der häufigeren Begegnung mit Menschen anderen Gepräges sich selbst distanzierter zu sehen: Warum ist das Verhaltensschema in Deutschland ein anderes als in England, warum in England ein anderes als in Amerika, warum die Verhaltensprägung aller dieser Länder verschieden von der des Orients oder primitiverer Verbände?

Die vorangehenden Untersuchungen bemühen sich, etwas von diesen Fragen der Lösung näher zu bringen. Sie nehmen im Grunde nur Probleme auf, die „in der Luft liegen". Sie suchen, soweit es das Wissen eines Einzelnen erlaubt, diese Fragen zu klären und einen Weg zu bahnen, der, im Kreuzfeuer der Diskussionen, bei einer Zusammenarbeit vieler Menschen weiterführen mag. Die Verhaltensschemata unserer Gesellschaft, die dem Einzelnen durch eine Modellierung von klein auf, als eine Art von zweiter Natur, eingeprägt und durch eine mächtige, eine zunächst immer strikter organisierte gesellschaftliche Kontrolle in ihm wach gehalten werden, sie sind, so zeigte sich, nicht aus allgemein-menschlichen und geschichtslosen Zwecken zu verstehen, sondern, als etwas geschichtlich Gewordenes, aus dem Gesamtzusammenhang der abendländischen Geschichte, aus den spezifischen Beziehungsformen, die sich in deren Verlauf bilden, und den

Verflechtungszwängen, die sie um- und weiterbilden. Diese Schemata sind, wie die gesamte Steuerung unseres Verhaltens, wie das Gefüge unserer seelischen Funktionen überhaupt, vielschichtig: An ihrer Bildung und ihrer Reproduktion haben emotionale Impulse nicht weniger als rationale, Trieb- und Ich-Funktionen zugleich, ihren Anteil. Es ist seit langem üblich geworden, die Regelung, der das Verhalten des Individuums in unserer Gesellschaft unterliegt, im wesentlichen als etwas Rationales, etwas allein durch vernünftige Überlegungen Begründetes zu erklären. Hier sah man es anders:

Die Rationalisierung selbst, so zeigte sich[158]), und mit ihr auch die rationalere Gestaltung und Begründung der gesellschaftlichen Tabus, ist nur eine Seite einer Transformation, die den gesamten Seelenhaushalt umfaßt, die Triebsteuerung nicht weniger als die Ich- und Überich-Steuerung. Den Motor dieses Wandels der psychischen Selbststeuerung bilden, so wurde gezeigt, Verflechtungszwänge einer bestimmten Richtung, Umlagerungen der Beziehungsformen und des gesamten gesellschaftlichen Gewebes. Diese Rationalisierung geht etwa Hand in Hand mit einer gewaltigen Differenzierung der Funktionsketten und der korrespondierenden Veränderung in der Organisation der physischen Gewalt. Sie hat zur Voraussetzung einen Anstieg des Lebensstandards und der Sicherheit, einen größeren Schutz vor der physischen Überwältigung oder Vernichtung und damit vor dem Einbruch jener irregulierbaren Ängste, die in Gesellschaften mit weniger stabilen Gewaltmonopolen und mit geringerer Funktionsteilung das Dasein des Einzelnen weit stärker und weit häufiger durchsetzen. Gegenwärtig sind wir an den Bestand solcher stabileren Gewaltmonopole und an die entsprechend größere Berechenbarkeit der Gewaltausübung dermaßen gewöhnt, daß wir ihre Bedeutung für den Aufbau unseres Verhaltens und unserer Seele kaum noch gewahr werden. Wir sind uns kaum noch dessen bewußt, wie schnell das, was wir unsere „Vernunft" nennen, wie schnell diese relativ langsichtige, triebbeherrschte und differenzierte Steuerung unseres Verhaltens abbröckeln oder zusammenbrechen würde, wenn sich die Angstspannung in uns und um uns veränderte, wenn die Ängste, die in unserem Leben eine Rolle spielen, mit einem Male wieder erheblich stärker oder erheblich geringer würden, oder, wie in vielen einfacheren Gesellschaften, beides zugleich, bald stärker und bald geringer.

Erst wenn man bis zu diesen Zusammenhängen vordringt, gewinnt man einen Zugang zum Problem des Verhaltens und seiner Regelung durch die jeweils gültigen gesellschaftlichen Gebote und Verbote. Die Angstspannung, wie die gesamte Lustökonomie, ist in jedem Menschenverband, sie ist in jeder seiner Schichten und geschichtlichen Phasen eine andere. Zum Verständnis der Verhaltensregelung, die eine Gesellschaft ihren Angehörigen vorschreibt und einprägt, genügt es nicht, die rationalen Ziele zu kennen, die zur Begründung der Gebote und Verbote angeführt werden, sondern man muß in Gedanken bis auf den Grund der Ängste zurückgehen, die die Angehörigen dieser Gesellschaft und vor allem die Wächter der Verbote selbst zu dieser Regelung des Verhaltens bewegen. Daher gewinnt man auch für die Wandlungen des Verhaltens im Sinne einer Zivilisation erst ein besseres Verständnis, wenn man gewahr wird, mit welcher Veränderung im Aufbau und Einbau der Ängste sie zusammenhängen. Die Richtung dieser Veränderung ist oben skizziert worden[159]: Die Furcht, die unmittelbaren Ängste des einen Menschen vor anderen nehmen bis zu einem gewissen Grade ab; die vermittelten oder verinnerlichten Ängste nehmen im Verhältnis zu ihnen zu; und die einen wie die anderen werden stetiger; die Angst- und Furchtwellen steigen nicht mehr so häufig steil an, um vielleicht ebenso rasch wieder steil absinken, sondern sie halten sich mit Schwankungen, die gemessen an früheren Phasen klein sind, gewöhnlich auf einer mittleren Höhe. Wenn das der Fall ist, so zeigte sich, dann nimmt zugleich das Verhalten — in vielen Stufen und Schüben — einen „zivilisierteren" Charakter an. Hier, wie überall aber ist der Aufbau der Ängste nichts anderes als der psychische Widerpart der Zwänge, die die Menschen kraft ihrer gesellschaftlichen Verflechtung aufeinander ausüben. Die Ängste bilden einen der Verbindungswege — einen der wichtigsten — über den hin sich die Struktur der Gesellschaft auf die individuellen psychischen Funktionen überträgt. Den Motor jener zivilisatorischen Veränderung des Verhaltens, wie der Ängste bildet eine ganz bestimmte Veränderung der gesellschaftlichen Zwänge, die auf den Einzelnen einwirken, ein spezifischer Umbau des ganzen Beziehungsgewebes und darin vor allem der Gewaltorganisation.

Oft genug erschien und erscheint es den Menschen so, als seien die Gebote und Verbote, durch die sie ihr Verhalten zueinander regeln, und ihnen entsprechend auch die Ängste, die sie bewegen, etwas Außermenschliches. Je weiter man sich in die geschichtlichen Zusammenhänge vertieft, in deren Verlauf sich Verbote, wie Ängste bilden und umbilden, desto stärker drängt sich dem Nachdenkenden eine Einsicht auf, die für unser Handeln ebenso, wie für das Verständnis unserer selbst nicht ohne Bedeutung ist; desto klarer zeigt sich, in welchem Maße die Ängste, die den Menschen bewegen, menschen-geschaffen sind. Sicherlich ist die Möglichkeit, Angst zu empfinden, genau, wie die Möglichkeit, Lust zu empfinden, eine unwandelbare Mitgift der Menschennatur. Aber die Stärke, die Art und Struktur der Ängste, die in dem Einzelnen schwelen oder aufflammen, sie hängen niemals allein von seiner Natur ab, und, zum mindesten in differenzierteren Gesellschaften, auch niemals von der Natur, in deren Mitte er lebt; sie werden letzten Endes immer durch die Geschichte und den aktuellen Aufbau seiner Beziehungen zu anderen Menschen, durch die Struktur seiner Gesellschaft bestimmt; und sie wandeln sich mit dieser.

Hier ist in der Tat einer der unentbehrlichen Schlüssel zu allen jenen Problemen, die uns die Verhaltensregelung und die gesellschaftlichen Tafeln der Gebote und der „Tabus" aufgeben. Niemals gelangt der Heranwachsende zu einer Regelung seines Verhaltens ohne die Erzeugung von Angst durch andere Menschen. Ohne den Hebel solcher von Menschen erzeugten Ängste wird aus dem jungen Menschentiere nie ein erwachsenes Wesen, das den Namen eines Menschen verdient, so wenig je die Menschlichkeit dessen voll zur Reife kommt, dem sein Leben nicht hinreichende Freude und Lust gewährt. Ängste, die ältere Menschen bewußt oder unbewußt in dem kleinen Kinde hervorrufen, schlagen sich in ihm nieder und reproduzieren sich von nun an zum Teil auch mehr oder weniger selbsttätig. Durch Ängste wird die bildsame Seele des Kindes so bearbeitet, daß es sich beim Heranwachsen allmählich selbst im Sinne des jeweiligen Standards zu verhalten vermag, ob sie nun durch direkte körperliche Gewalt hervorgerufen werden oder durch Versagungen, durch Beschränkung von Nahrung und Lust. Und menschengeschaffene Ängste halten schließlich von innen oder von außen auch noch den Erwachsenen in Bann. Schamempfindungen, Furcht vor Krieg und Furcht vor Gott, Schuldgefühle, Angst vor Strafe oder vor dem Verlust des sozialen Prestiges, die Angst des Menschen vor sich selbst, vor der Überwältigung durch die eigenen Triebe, sie alle werden in dem Menschen direkt oder indirekt durch andere Menschen hervorgerufen. Ihre Stärke, ihre Gestalt und die Rolle, die sie im Seelenhaushalt des Einzelnen spielen, hängt von dem Aufbau seiner Gesellschaft und seinem Schicksal innerhalb ihrer ab.

Keine Gesellschaft kann bestehen ohne eine Kanalisierung der individuellen Triebe und Affekte, ohne eine ganz bestimmte Regelung des individuellen Verhaltens. Keine solche Regelung ist möglich, ohne daß die Menschen aufeinander Zwang ausüben und jeder Zwang setzt sich bei dem Gezwungenen in Angst der einen oder anderen Art um. Man darf sich darüber nicht täuschen: Eine ständige Erzeugung und Wiedererzeugung von menschlichen Ängsten durch Menschen selbst ist unvermeidlich und unerläßlich, wo immer die Menschen in irgendeiner Form mit einander leben, wo immer Verlangen und Handlungen mehrerer Menschen ineinander greifen, sei es bei der Arbeit, sei es bei Geselligkeit oder Liebesspiel. Aber man darf auch nicht glauben und man darf nicht versuchen, sich weiszumachen, daß die Gebote und Ängste, die heute dem Verhalten der Menschen ihr Gepräge geben, bereits einfach und im wesentlichen diese elementaren Notwendigkeiten des menschlichen Zusammenlebens zum „Zweck" haben, daß sie sich schon in unserer Welt auf jene Zwänge und jene Ängste beschränken, die zu einer gleichmäßigen Ausbalanzierung des Verlangens Vieler und zur Instandhaltung der gesellschaftlichen Zusammenarbeit notwendig sind. Unsere Verhaltenstafeln sind so widerspruchsreich und so voll von Disproportionalitäten, wie die Formen unsere Zusammenlebens, wie der Bau unserer Gesellschaft. Die Zwänge, denen heute der einzelne Mensch unterworfen ist, und die Ängste, die ihnen entsprechen, sie sind in ihrem Charakter, ihrer Stärke und Struktur entscheidend bestimmt durch die spezifischen Verflechtungszwänge unseres Gesellschaftsgebäudes, von denen oben die Rede war: durch seine Niveaudifferenzen und die gewaltigen Spannungen, die es durchziehen.

In welchen Bewegungen und welchen Gefahren wir leben, weiß man und von den Verflechtungszwängen, die ihre Richtung bestimmen, war oben die Rede. Weit mehr als der einfache Zwang der Zusammenarbeit sind es diese Zwänge, Spannungen und Verstrickungen dieser Art, die heute ständig Ängste in das Leben des Einzelnen werfen. Die Spannungen zwischen den Staaten, die im Zwange des Konkurrenzmechanismus miteinander um die Vormacht über größere Herrschaftsgebiete ringen, äußern sich für die Individuen in ganz bestimmten Versagungen und Restriktionen; sie bringen den einzelnen Menschen einen verstärkten Arbeitsdruck und eine tiefgreifende Unsicherheit. Alles das, Entbehrungen, Unruhe und Arbeitslast nicht weniger als die unmittelbare Bedrohtheit des Lebens, zeugt Ängste. Und nicht anders verhält es sich mit den Spannungen innerhalb der verschiedenen Herrschaftseinheiten. Die irregulierbaren, die monopolfreien Konkurrenzkämpfe zwischen den Menschen der gleichen Schicht auf der einen Seite, auf der anderen die Spannungen zwischen verschiedenen Schichten und Gruppen, sie wirken sich ebenfalls für den Einzelnen in einer beständigen Unruhe, in ganz bestimmten Verboten oder Beschränkungen aus; und auch sie zeugen ihre spezifischen Ängste: Ängste vor der Entlassung, vor dem unberechenbaren Ausgeliefertsein an Mächtigere, vor dem Fall an die Hunger- und Elendsgrenze, wie sie in den unteren Schichten vorherrschen, Ängste vor dem Absinken, vor der Minderung des Besitzes und der Selbständigkeit, vor dem Verlust des gehobenen Prestiges und des gehobenen Standes, die im Leben der mittleren und oberen Schichten eine so große Rolle spielen. Und gerade Ängste dieser Art, Ängste vor dem Verlust des unterscheidenden, des ererbten oder vererblichen Prestiges, gerade sie haben, so zeigte sich oben[160]), bis heute an der Gestaltung des herrschenden Verhaltenscodes einen entscheidenden Anteil. Gerade sie neigen überdies, auch das ist gezeigt worden, in besonderem Maße zur Verinnerlichung; sie, weit mehr als die Angst vor Elend, Hunger oder unmittelbarer körperlicher Gefahr, verfestigen sich in dem einzelnen Angehörigen solcher Schichten, entsprechend der Art, in der er großgezogen wird, zu inneren Ängsten, die ihn, unter dem Druck eines starken Über-Ich, auch unabhängig von jeder Kontrolle durch andere, automatisch gebunden halten. Die stete Besorgnis von Vater und Mutter, ob ihr Kind den Verhaltensstandard der eigenen oder gar einer höheren Schicht erreichen, ob es das Prestige der Familie aufrechterhalten oder vergrößern, ob es sich in den Ausscheidungskämpfen der eigenen Schicht bewähren werde, Ängste dieser Art umspielen das Kind hier von klein auf, und zwar in den mittleren, in allen aufstiegswilligen Schichten noch weit stärker als in den oberen. Ängste dieser Art haben an der Regelung, der das Kind von klein auf unterworfen wird, an den Verboten, die ihm auferlegt werden, einen erheblichen Anteil. Sie, die auch in den Eltern vielleicht nur zum Teil bewußt, zum Teil vielleicht auch schon selbstätig spielen, übertragen sich durch Gesten nicht weniger als durch Worte auf das Kind. Sie arbeiten beständig mit an der Bildung jenes Feuerkreises von inneren Ängsten, die Verhalten und Empfinden des Heranwachsenden dauernd in bestimmten Grenzen halten, die ihn etwa an einen bestimmten Standard des Scham- und Peinlichkeitsempfindens oder auch an eine spezifische Sprechweise und spezifische Manieren binden, ob er es will oder nicht. Selbst die Gebote, die dem Geschlechtsleben auferlegt sind, und die automatischen Ängste, die es nun in so hohem Maße einhegen, stammen heute ganz gewiß nicht allein aus der elementaren Notwendigkeit zu einer Regelung und zu einer Balancierung des Verlangens Vieler, die miteinander leben; sie haben ihren Ursprung ebenfalls zu einem beträchtlichen Teil in dem hohen Spannungsdruck, unter dem die oberen und besonders die mittleren Schichten unserer Gesellschaftsverbände leben; auch sie stehen in engstem Zusammenhang mit der Angst vor dem Verlust der Besitzchancen und des gehobenen Prestiges, vor der gesellschaftlichen Degradierung, vor einer Minderung der Chancen in dem harten Konkurrenzkampf, die durch das Verhalten der Eltern und Erzieher schon früh auf das Kind einwirken. Und wenn auch gewiß zuweilen durch die elterlichen Zwänge und Ängste gerade das herbeigeführt wird, was verhindert werden soll, wenn auch der Heranwachsende durch solche blind gezüchteten Angstautomatismen vielleicht gerade zum erfolgreichen Ausfechten dieser Konkurrenzkämpfe und zur Erlangung, zur Instandhaltung des gehobenen sozialen Prestiges unfähig gemacht wird, wie es auch ausgeht, immer projizieren sich die gesellschaftlichen Spannungen durch die elterlichen Gesten, Verbote und Ängste in das Kind. Der vererbliche Charakter der Monopolchancen und des sozialen Prestiges kommt in der Haltung der Eltern zu ihrem Kinde unmittelbar zum Ausdruck; und das Kind bekommt so die Gefahren, die diesem

Charakter und diesem Prestige drohen, es bekommt die gesamten Spannungen seines Menschengeflechts zu spüren, auch wenn es noch nichts von ihnen weiß.

Dieser Zusammenhang zwischen den äußeren, den unmittelbar durch ihre soziale Lage bedingten Ängsten der Eltern und den inneren Ängsten, den Angstautomatismen des Heranwachsenden, ist ganz gewiß eine Erscheinung von weit allgemeinerer Bedeutung, als hier gezeigt zu werden vermag. Für den Seelenaufbau des Einzelnen ebenso, wie für den geschichtlichen Wandel im Gepräge von aufeinanderfolgenden Generationen wird man erst dann ein volleres Verständnis gewinnen, wenn man besser, als es heute möglich ist, über lange Generationsketten hin zu beobachten und zu denken vermag. Aber eines wird auch hier schon deutlich genug: Wie tief die Niveaudifferenzen, die Druckverhältnisse und Spannungen der eigenen Zeit in das Gefüge der einzelnen Seele eingreifen.

Man kann von Menschen, die inmitten solcher Spannungen leben, die derart schuldlos von Schuld zu Schuld gegeneinander getrieben werden, nicht erwarten, daß sie sich bereits zueinander in einer Weise verhalten, die — wie man heute so oft zu glauben scheint — einen End- und Gipfelpunkt des „zivilisierten" Verhaltens darstellt. Ein ganzes Hebelwerk von Verflechtungszwängen führt in vielen Jahrhunderten eine allmähliche Veränderung des Verhaltens zu unserem Standard hin herbei. Die gleichen Zwänge arbeiten heute spürbar genug an weiteren Veränderungen des Verhaltens über unseren Standard hinaus. So wenig, wie die Art unserer gesellschaftlichen Verflechtung, ist unsere Art des Verhaltens, unser Stand der Zwänge, Gebote und Ängste etwas Endgültiges, geschweige denn ein Gipfelpunkt.

Da ist die stete Kriegsgefahr. Kriege sind, um es noch einmal mit anderen Worten zu sagen, nicht nur das Gegenteil des Friedens. Mit einer Zwangsläufigkeit, deren Gründe deutlich wurden, gehören Kriege kleinerer Verbände im bisherigen Verlauf der Geschichte zu den unvermeidlichen

Stufen und Instrumenten der Pazifizierung von größeren. Sicherlich wird die Empfindlichkeit des Gesellschaftsbaues und so auch das Risiko und die Erschütterung für alle Beteiligten, die kriegerische Entladungen mit sich bringen, um so größer, je weiter die Funktionsteilung gedeiht, je größer die wechselseitige Abhängigkeit der Rivalen wird. Daher spürt man in unserer eigenen Zeit eine wachsende Neigung, die weiteren zwischenstaatlichen Ausscheidungskämpfe durch andere, weniger riskante und gefährliche Gewaltmittel auszutragen. Aber die Tatsache, daß in unseren Tagen, genau, wie früher, die Verflechtungszwänge zu solchen Auseinandersetzungen, zur Bildung von Gewaltmonopolen über größere Teile der Erde und damit, durch alle Schrecken und Kämpfe, zu deren Pazifizierung weiterdrängen, ist deutlich genug. Und man sieht, wie gesagt, hinter den Spannungen der Erdteile, und zum Teil in sie verwoben, bereits die Spannungen der nächsten Stufe auftauchen. Man sieht die ersten Umrisse eines erdumfassenden Spannungssystems von Staatenbünden, von überstaatlichen Einheiten verschiedener Art, Vorspiele von Ausscheidungs- und Vormachtkämpfen über die ganze Erde hin, Voraussetzung für die Bildung eines irdischen Gewaltmonopols, eines politischen Zentralinstituts der Erde und damit auch für deren Pazifizierung.

Nicht anders steht es mit den wirtschaftlichen Kämpfen. Auch die freie, wirtschaftliche Konkurrenz, so sah man, ist nicht nur das Gegenteil einer monopolistischen Ordnung. Sie drängt ebenfalls ständig über sich hinaus zu diesem ihrem Gegenteil hin. Auch von dieser Seite her betrachtet ist unsere Zeit alles andere als ein totaler End- und Gipfelpunkt, soviel partiale Untergänge auch in ihr, wie in strukturähnlichen Übergangsperioden, vor sich gehen. Auch in dieser Hinsicht ist sie voll von unausgetragenen Spannungen, von unabgeschlossenen Verflechtungsprozessen, deren Dauer kaum einsichtig, deren Gang im einzelnen nicht voraussehbar und nur deren Richtung bestimmt ist: die Tendenz zur Beschränkung und Aufhebung der freien Konkurrenz oder, was das gleiche sagt, des unorganisierten Monopolbesitzes, jene Veränderung der menschlichen Beziehungen, mit der die Verfügung über diese Chancen aus der vererblichen und privaten Aufgabe einer Oberschicht allmählich zu einer gesellschaftlichen und öffentlich kontrollierbaren Funktion wird. Und auch hier kündigen sich bereits unter der Decke der gegenwärtigen die Spannungen der nächsten Stufe an, die Spannungen zwischen den höheren und mittleren Funktionären der Monopolverwaltung, zwischen der „Bürokratie" auf der einen Seite und der übrigen Gesellschaft auf der anderen.

Erst wenn sich diese zwischenstaatlichen und innerstaatlichen Spannungen ausgetragen haben und überwunden sind, werden wir mit besserem Recht von uns sagen können, daß wir zivilisiert sind. Erst dann kann aus der Verhaltenstafel, die dem Einzelnen als Über-Ich eingeimpft wird, mehr von dem abfallen, was die Funktion hat, nicht eine persönliche, sondern eine von ihr unabhängige ererbte Überlegenheit zu markieren, und aus den Zwängen, die sein Verhalten bestimmen, die Notwendigkeit, sich nicht nur durch die individuelle Leistung von anderen Individuen, sondern durch Besitz- und Prestigeinstrumente von minderen Gruppen zu unterscheiden. Dann erst kann sich die Regelung der Beziehungen von Mensch zu Mensch eher auf jene Gebote und Verbote beschränken, die notwendig sind, um die hohe Differenzierung der gesellschaftlichen Funktionen aufrechtzuerhalten, und den hohen Lebensstandard, die große Ergiebigkeit der Arbeit, die eine hohe, eine wachsende Aufteilung der Funktionen zur Voraussetzung haben, dann erst die Selbstzwänge auf jene Restriktionen, die nötig sind, damit die Menschen möglichst störungs- und furchtlos miteinander leben, arbeiten und genießen können. Erst mit den Spannungen zwischen den Menschen, mit den Widersprüchen im Aufbau des Menschengeflechts können sich die Spannungen und Widersprüche in den Menschen mildern. Dann erst braucht es nicht mehr die Ausnahme, dann erst kann es lie Regel sein, daß der einzelne Mensch jenes optimale Gleichgewicht seiner Seele findet, das wir so oft mit großen Worten, wie „Glück" und „Freiheit" beschwören: ein dauerhafteres Gleichgewicht oder gar den Einklang zwischen seinen gesellschaftlichen Aufgaben, zwischen den gesamten Anforderungen seiner sozialen Existenz auf der einen Seite und seinen persönlichen Neigungen und Bedürfnissen auf der anderen. Erst wenn der Aufbau der zwischenmenschlichen Beziehungen derart beschaffen ist, wenn die Zusammenarbeit der Menschen, die die Grundlage für die Existenz jedes Einzelnen bildet, derart funktioniert, daß es für alle, die in der reichgegliederten Kette der gemeinsamen Aufgaben Hand in Hand arbeiten, zum mindesten möglich ist, dieses Gleichgewicht zu finden, erst dann werden die Menschen mit größerem Recht von sich sagen können, daß sie zivilisiert sind. Bis dahin sind sie bestenfalls im Prozeß der Zivilisation. Bis dahin werden sie sich immer von neuem sagen müssen: „Die Zivilisation ist noch nicht abgeschlossen. Sie ist erst im Werden."

Anmerkungen zum dritten Kapitel.

¹) James Westfall Thompson, Economic and Social History of Europe in the later Middle Ages (1300—1530), New York and London 1931, S. 506/7.

²) Ein Beispiel dafür bieten die Konsequenzen, die sich aus der Lage des karolingischen Hausgutes, des fiscus, ergaben. Diese Konsequenzen waren vielleicht nicht ganz so groß, wie es nach dem folgenden Zitat erscheint; aber sicherlich hat die Lage des karolingischen Hausgutes bei der Herausbildung der nationalen Grenzen als ein Faktor ihre Rolle gespielt:

"The wide-spread character of the Carolingian fisc. . . . made the fisc like a vast net in which the Empire was held. The division and dissipation of the fisc was a more important factor in the dissolution of the Frankish Empire than the local political ambition of the proprietary nobles . . .

The historical fact that the heart of the fisc was situated in central Europe accounts for the partitions of central Europe in the ninth century, and made these regions a battle-ground of kings long before they became a battle-ground of nations . . .

The dividing frontier between future France and future Germany was drawn in the ninth century because the greatest block of the fisc lay between them."

James Westfall Thompson, Economic and Social History of the Middle Ages (300—1300) New York, London 1928, S. 241/42. S. a. von demselben Autor, The Dissolution of the Carolingian Fisc, Berkeley, University of California Press, 1935.

³) A. Luchaire, Les premiers Capétiens, Paris 1901, S. 180.

⁴) Ch. Petit-Dutaillis, La Monarchie féodale en France et en Angleterre, Paris 1933, S. 8 mit folg. Karte. Einzelheiten über die Ostgrenze Westfrankens und ihre Verlagerung s. Fritz Kern, Die Anfänge der französischen Ausdehnungspolitik, Tübingen 1910, S. 16.

⁵) Paul Kirn, Das Abendland vom Ausgang der Antike bis zum Zerfall des karolingischen Reiches, Propyläen-Weltgeschichte Bd. III, Berlin 1932, S. 118.

⁶) Brunner, Deutsche Rechtsgeschichte zit. b. Dopsch. Wirtschaftliche und soziale Grundlagen der europäischen Kulturentwicklung, Wien 1924. T. II, S. 100/101.

Anmerkungen zum dritten Kapitel.

[7]) Alf. Dopsch, Wirtschaftliche und soziale Grundlagen der europäischen Kulturentwicklung aus der Zeit von Cäsar bis auf Karl den Großen. Wien 1918—1924. T. II, S. 115.

[8]) P. Kirn, Das Abendland vom Ausgang der Antike a. a. O. S. 118.

[9]) A. v. Hofmann, Politische Geschichte der Deutschen. Stuttgart u. Berlin 1921—1928. Bd. I, S. 405.

[10]) Ernst Dümmler, Geschichte des ostfränkischen Reiches. Berlin 1862—1888. Bd. III, S. 306.

[11]) Paul Kirn, Politische Geschichte der deutschen Grenzen. Leipzig 1934, S. 24.

[12]) Ferd. Lot, Les derniers Carolingiens. Paris 1891, S. 4 u. a. Jos. Calmette, Le monde féodal. Paris 1934, S. 119.

[13]) Beaudoin zit. b. Calmette, Le monde féodale. Paris 1934, S. 27.

[14]) A. Luchaire, Les premiers Capétiens. Paris 1901, S. 177. Eine Skizze der Herrschaftsverteilung zur Zeit Hugo Capets auch bei M. Mignet, Essai sur la formation territoriale et politique de la France. Notices et Mémoires historiques. Paris 1845, Bd. II, S. 154f.

[15]) A. Luchaire, Histoire des Institutions Monarchiques de la France sous les premiers Capétiens (987—1180). Paris 1883. Bd. II, Notes et Appendices, S. 329.

[16]) Karl Hampe, Abendländisches Hochmittelalter (Prop.-Weltgesch. Bd. III). Berlin 1932, S. 306.

[17]) Paul Kirn, Das Abendland vom Ausgang der Antike bis zum Zerfall des karolingischen Reiches a. a. O., S. 119.

[18]) Alf. Dopsch, Die Wirtschaftsentwicklung der Karolingerzeit, vornehmlich in Deutschland. Weimar 1912, Bd. I, S. 162; s. a. die allgemeine Darstellung von Herrensitz und Dorf bei Knight, Barnes u. Flügel, Economic history of Europe, London 1930, The Manor, S. 163ff.

[19]) Marc Bloch, Les caractères originaux de l'histoire rurale française. Oslo 1931, S. 23.

[20]) Alf. Dopsch, Wirtschaftliche und soziale Grundlagen der europäischen Kulturentwicklung aus der Zeit von Caesar bis auf Karl den Großen. T. II, 1924, S. 309.

„Je größer die faktische Macht, der wirtschaftliche und soziale Rückhalt dieser Amtsinhaber wurde, desto weniger konnte das Königtum daran denken, das Amt beim Tode des Inhabers anderweitig, außerhalb der Familie desselben zu vergeben."

[21]) Jos. Calmette, La Société féodale. Paris 1932, S. 3.

[22]) Jos. Calmette, La Société féodale, S. 4. Vgl. zu diesem Problem auch die Gegenüberstellung des europäischen und des

Anmerkungen zum dritten Kapitel.

japanischen Feudalismus in W. Ch. Macleod, The Origin and History of Politics, New York 1931, S. 160ff. Auch hier wird allerdings die Erklärung für die Feudalisierung des Abendlandes mehr in den vorangehenden spätrömischen Institutionen als in den aktuellen Verflechtungszwängen gesucht: "Many writers appear to believe that western European feudalism has its institutional origins in pre-Roman Teutonic institutions. Let us explain to the student that the fact is that Germanic invaders merely seized upon those contractual institutions of the later Roman empire which ..." (S. 162). Gerade die Tatsachen, daß sich an den verschiedensten Stellen der Erdgesellschaft analoge feudale Beziehungsformen und Institutionen herausbilden, läßt sich erst völlig verständlich machen durch eine klare Einsicht in die Gewalt der aktuellen Beziehungszwänge und Verflechtungsmechanismen; und erst deren Analyse kann zugleich auch verständlich machen, weshalb die Feudalisierungsprozesse und die feudalen Institutionen verschiedener Gesellschaften in bestimmter Hinsicht verschieden voneinander sind.

Einen anderen Vergleich verschiedener Feudalgesellschaften findet man in Otto Hintze, Wesen und Verbreitung des Feudalismus, Sitzungsberichte der Preußischen Akademie der Wissenschaften, phil.-hist. Klasse, Berlin 1929 S. 321ff. Der Verf. sucht, beeinflußt durch Gedanken Max Webers über die Methode der Geschichts- und Gesellschaftsforschung, „den Idealtypus zu beschreiben, der dem Begriff des Feudalismus zugrunde liegt". Aber so sehr sich auch hier bereits die Umformung der älteren Methode der Geschichtsforschung in eine andere, mehr auf die aktuellen gesellschaftlichen Strukturen gerichtete anbahnt, und so fruchtbare Gesichtspunkte dabei auch im einzelnen zutage treten, dieser Vergleich verschiedener Feudalgesellschaften ist eines der mannigfachen Beispiele für die Schwierigkeiten, die sich ergeben, wenn der Historiker die methodischen Leitgedanken Max Webers übernimmt, wenn er sich — mit den Worten von Otto Hintze — um „anschauliche Abstraktionen, um Typenbildungen" bemüht. Es handelt sich bei dem, was dem Beobachter an verschiedenen Menschen und Gesellschaften als ähnlich entgegentritt, nicht um Idealtypen, um „Typen", die gewissermaßen erst durch eine gedankliche Operation des Betrachters geschaffen werden, sondern um eine tatsächlich vorhandene Verwandtschaft der gesellschaftlichen Strukturen selbst; fehlt diese, dann geht auch die begriffliche Typenbildung des Historikers fehl. Es handelt sich, wenn man dem Begriff des „Idealtypus" einen anderen entgegensetzen will, um Realtypen. Die Ähnlichkeit der verschiedenen Feudalgesellschaften ist nicht ein Kunstprodukt des Denkens, sondern, um es noch einmal zu sagen, das Ergebnis von

Anmerkungen zum dritten Kapitel.

Verflechtungszwängen ähnlicher Art, die tatsächlich und nicht nur in der „Idee" zu verschiedenen Zeiten und an verschiedenen Stellen der Erdgesellschaft ähnliche geschichtliche Abläufe, verwandte Beziehungsformen und Institutionen herbeiführen. (Die erkenntnistheoretische Rechtfertigung dieser Gedanken gehört nicht hierher; man findet einige Andeutungen zu dieser Seite des Problems in der unten Anm. 129, zitierten Arbeit „Die Gesellschaft der Individuen.")

Ein paar Proben aufs Exempel, die ich Ralf Bonwit verdanke, zeigten, wie erstaunlich ähnlich in der Tat die Verflechtungszwänge, die in Japan zu feudalen Beziehungsformen und Institutionen führten, den Strukturen und den Verflechtungszwängen sind, die hier an Materialien aus der abendländischen Feudalzeit herausgearbeitet worden sind. Und eine solche vergleichende Strukturanalyse gibt, so zeigte sich, zugleich auch eine bessere Handhabe zur Erklärung der Eigentümlichkeiten, durch die sich die feudalen Institutionen Japans und ihr geschichtlicher Wandel von denen des Abendlandes unterscheiden.

Ähnliches ergab sich bei einer Probeuntersuchung der homerischen Kriegergesellschaft. Die Entstehung von großen epischen Zyklen — um nur an diese Erscheinung zu erinnern — in der antiken Rittergesellschaft ebenso wie in der abendländischen und noch in manchen anderen Gesellschaften ähnlicher Struktur, bedarf zu ihrer Erklärung nicht einer biologistisch-spekulativen Hypothese, nicht der Annahme eines „Jugendalters" von gesellschaftlichen „Organismen"; es genügt zu ihrer Erklärung vollauf eine Untersuchung der spezifischen Geselligkeitsformen, die sich an mittleren und reicheren Feudalhöfen oder auch auf ritterlichen Kriegs- und Wanderzügen herausbilden. Sänger und Spielleute und mit ihnen auch der Versbericht von den Schicksalen, von den Heldentaten der großen Krieger, der von Mund zu Mund weitergeht, sie haben im aktuellen Leben solcher feudalen Kriegergesellschaften einen bestimmten Platz und eine bestimmte Funktion, verschieden von der Stellung und der Funktion, die Sänger und Gesänge etwa in einem enger zusammenwohnenden Stamme haben.

Eine gewisse Handhabe zur Beobachtung von strukturellen Veränderungen in der antiken Kriegergesellschaft bietet auf der anderen Seite etwa auch die Untersuchung des Stilwandels der frühantiken Vasen und Vasenbilder. Wenn z. B. auf Vasenbildern bestimmter Herkunft in bestimmten Perioden „barocke" Stilelemente, affektiertere oder — positiv ausgedrückt — verfeinertere Gesten und Gewänder auftauchen, so liegt es in der Tat nahe, statt an ein biologisches „Älterwerden" der betreffenden Gesellschaft, vielmehr an Differenzierungsprozesse, an das Herausheben von reicheren

Anmerkungen zum dritten Kapitel.

Krieger- oder Fürstenhäusern aus dem Gros der Kriegergesellschaft, an eine „Verhöflichung von Kriegern" höheren oder geringeren Grades zu denken oder, je nachdem, auch an einen kolonisatorischen Einfluß von andern, mächtigeren Höfen her. Die Einsicht in die spezifischen Spannungen und Abläufe einer Feudalgesellschaft, die die reicheren Materialien der europäischen Frühzeit erlauben, kann mit einem Wort auch die Beobachtung der antiken Materialien in bestimmter Hinsicht schärfen und lenken. Aber ganz gewiß bedarf eine solche Vermutung von Fall zu Fall einer strengen strukturgeschichtlichen Überprüfung an Hand von anderen Materialien aus der Antike selbst.

Vergleichende soziogenetische oder struktur-geschichtliche Studien dieser Art zu unternehmen, das ist eine Aufgabe, die noch kaum begonnen, die erst in Zukunft zu leisten ist. Unerläßlich zu ihrer Bewältigung ist ein Unternehmen, das durch die allzu scharfe Trennung der wissenschaftlichen Disziplinen und die mangelnde Zusammenarbeit zwischen verschiedenen Wissenschaftszweigen, die bis heute der Forschungsarbeit ihr Gepräge geben, besonders schwer gemacht wird. Unerläßlich für das Verständnis der früheren Feudalgesellschaften und ihrer Struktur ist z. B. eine genaue vergleichende Untersuchung von lebenden Feudalgesellschaften, ehe es zu spät ist. Eine Fülle von kleinen Zügen, von strukturellen Zusammenhängen und Vermittlungen, die für das Verständnis jeder Gesellschaft unentbehrlich sind, zu deren Aufschluß aber die fragmentarischen Materialien der Vergangenheit nicht ausreichen, wird erst dann dem Aufschluß und dem Verständnis zugänglich werden, wenn die Ethnologie ihre Forschungsarbeit nicht mehr im gleichen Maße wie heute auf den Aufschluß der einfacheren Gesellschaften, der „Stämme", beschränkt, und die Geschichtsforschung ihre Arbeit nicht auf die Untersuchung der Toten, der vergangenen Gesellschaftsformen und Prozesse, sondern wenn beide Disziplinen zusammen sich zugleich auch um den Aufschluß jener lebenden Gesellschaften bemühen, die ihrem Aufbau nach der mittelalterlichen Gesellschaft des Abendlandes nahestehen, und wenn beide sich zugleich, im strengen Sinne des Wortes, um die Struktur solcher Gesellschaften bemühen, um die funktionellen Abhängigkeiten und Angewiesenheiten, durch die die Menschen solcher Verbände in einer ganz bestimmten Form aneinander und durcheinander gebunden sind, um die Verflechtungszwänge, die unter Umständen eine Änderung dieser Abhängigkeiten und Beziehungen in einer ganz bestimmten Richtung herbeiführen.

[23]) Hierzu und zu der folgenden Betrachtung vgl. A. u. E. Kulischer, Kriegs- und Wanderzüge. Berlin u. Leipzig 1932, S. 50f.

Anmerkungen zum dritten Kapitel.

[24]) I. B. Bury, History of the Eastern Roman Empire, 1912, S. 373 zit. b. Kulischer a. a. O. S. 62.

[25]) Henri Pirenne, Les villes du moyen âge, Bruxelles 1927.

[26]) Paul Kirn, Politische Geschichte der deutschen Grenzen. Leipzig 1934, S. 5. Genaueres zu den Unterschieden im Tempo und auch in der Struktur des deutschen und des französischen Feudalisierungsprozesses s. b. J. W. Thompson, German Feudalism, American historical Review, Bd. XXVIII, 1923 S. 440ff. "What the ninth century did for France in transforming her into a feudal country was not done in Germany until the civil wars of the reign of Henry IV." A. a. O. S. 444.
Allerdings wird dort (und danach z. B. auch b. W. O. Ault, Europe in the Middle Ages, 1932) der Zerfall des westfränkischen Gebiets vor allem mit der stärkeren Bedrohung von außen in Zusammenhang gebracht: "Germany being less exposed to attack from ouside and possessed of a firmer texture within than France, German feudalism did not become as hard and set a system as was French feudalism. 'Old' France crumbled away in the ninth and tenth centuries, 'old' Germany, anchored to the ancient duchies, which remained intact, retained its integrity." (Thompson a. a. O. S. 443). Mit entscheidend für das Tempo und die Stärke der feudalen Desintegration des westfränkischen Gebiets aber war gerade die Tatsache, daß hier nach der Niederlassung der Normannen die Einfälle fremder Stämme und damit Druck und Bedrohung von außen geringer waren als im ostfränkischen Gebiet. Die Frage, ob sich nicht größere Gebiete, einmal geeint, langsamer zersetzen, wie sie sich umgekehrt, einmal zerfallen, schwerer und langsamer integrieren, als kleinere Gebiete, dieses Problem der Gesellschaftsmechanik bleibt zu prüfen. Jedenfalls aber ging Hand in Hand mit dem allmählichen Schwächerwerden des Karolingerhauses, bedingt, zum Teil mindestens, durch die zwangsläufige Minderung seines Reichtums im Laufe der Generationen, durch den Verbrauch von Teilen seines Bodenbesitzes zur Bezahlung von Diensten oder durch Abspaltung, durch Aufteilung unter verschiedene Angehörige des eigenen Hauses (auch das bleibt genauer zu prüfen), ein Desintegrationsschub über das ganze karolingische Herrschaftsgebiet hin. Mag sein, daß dieser Schub auch im 9. Jahrhundert im westfränkischen Gebiet bereits etwas weiter ging als in den späteren deutschen Gebieten. Sicherlich aber fing er sich in diesen gerade im Zusammenhang mit ihrer stärkeren Bedrohung von außen zunächst wieder auf. Diese Bedrohung gab noch für längere Zeit und in mehreren Schüben einzelnen Stammesfürsten die Chance, durch kriegerische Erfolge über gemeinsame Feinde zu starken Zentral-

Anmerkungen zum dritten Kapitel.

herrn zu werden und so die karolingische Zentralorganisation immer von neuem zu beleben und weiterzubilden; und in der gleichen Richtung, zur Stärkung einer Zentralgewalt, wirkte eine Zeit lang auch noch die Möglichkeit der kolonisatorischen Expansion, des Erwerbs von neuen Böden unmittelbar an der Ostgrenze des deutschen Gebiets. Im westfränkischen Gebiet dagegen war vom 9. Jahrhundert an beides geringer: die Bedrohung durch Einfälle fremder Stämme und die Möglichkeit zu einer gemeinsamen Expansion jenseits der Grenze. Geringer war dementsprechend die Chance zur Bildung eines starken Königtums; es fehlte die „Königsaufgabe"; rascher und intensiver vollzog sich so die feudale Desintegration. (Vgl. hierzu oben S. 17ff. u. S. 46/47.)

[27]) Levasseur, La population française. Paris 1889, S. 154. I.
[28]) Marc Bloch, Les caractères originaux de l'histoire rurale française. Oslo 1931, S. 5.
[29]) W. Cohn, Das Zeitalter der Normannen in Sicilien. Bonn u. Leipzig 1920.
[30]) H. Sée, Französische Wirtschaftsgeschichte. Jena 1930, S. 7.
[31]) Kurt Breysig, Kulturgeschichte der Neuzeit. Berlin 1901, Bd. II, S. 937f. bes. S. 948.

„Vergleicht man das Verhalten der drei Monarchien ... und forscht man nach den Gründen der Verschiedenheit ihres Erfolges, so wird man freilich in vereinzelten Wendungen nicht die letzte Ursache erblicken dürfen. Das normannisch-englische Königtum hat damals aus einem Umstand Nutzen gezogen, der weder in seines Trägers, noch in irgendeines Sterblichen Macht lag, sondern der durchaus in der Verflechtung der äußeren und inneren Geschichte Englands begründet war. Dadurch, daß im Jahre 1060 in England gewissermaßen ein neuer Staat von den untersten Grundlagen her aufgerichtet wurde, war es möglich, die Erfahrungen zu verwerten, die die großen Monarchien überhaupt, am meisten insbesondere die nächstgelegene, die französische, gemacht hatte. Die Zersplitterung der Lehen des Hochadels und die Vererblichkeit der Ämter, das waren gewissermaßen nur die Nutzanwendungen, die das normannische Königtum aus seines nächsten Vorbilds Schicksal zog."

[32]) Henri Pirenne, Les villes du moyen âge. Brüssel 1927, S. 53. Die entgegengesetzte Auffassung wurde noch in neuerer Zeit vertreten von D. M. Petruševski, Strittige Fragen der mittelalterlichen Verfassungs- und Wirtschaftsgeschichte, Zeitschrift für die gesamte Staatswissenschaft Bd. 85, 3. Tübingen 1928 S. 468ff. Die Arbeit ist insofern nicht ohne Interesse, als sie bestimmte Unklarheiten der herkömmlichen Geschichtsauffassung und bestimmte Unzulänglichkeiten der herkömmlichen Begriffsbildung durch ihre

Anmerkungen zum dritten Kapitel.

Einseitigkeit in der entgegengesetzten Richtung ins rechte Licht hebt.

So wird etwa einer Vorstellung, nach der die Städte der Antike im frühen Mittelalter schlechterdings verschwunden waren, hier eine andere nicht weniger unpräzise entgegengestellt. Vgl. die ausgewogenere Darstellung von H. Pirenne, Economic and social history of medieval Europe, London 1936, S. 40: "When the Islamic invasion had bottled up the ports of the Tyrrhenian Sea, ... municipal activity rapidly died out. Save in southern Italy and in Venice, where it was maintained thanks to Byzantine trade, it disappeared everywhere. The towns continued in existence, but they lost their population of artisans and merchants and with it all that had survived of the municipal organisation of the Roman Empire."

So wird der statischen Auffassung, in der „Naturalwirtschaft" und „Geldwirtschaft", statt als Ausdrücke für die Richtung eines allmählichen geschichtlichen Prozesses, vielmehr wie zwei getrennte, zwei nacheinander bestehende und unvereinbare Körperzustände der Gesellschaft erscheinen (s. o. S. 34 u. S. 61), von Petruševski die andere Auffassung entgegengestellt, daß es so etwas, wie „Naturalwirtschaft" überhaupt nicht gäbe: „Wir wollen hier nicht darauf eingehen, daß ja überhaupt die Naturalwirtschaft, wie Max Weber dargelegt hat, zu jenen wissenschaftlichen Utopien gehört, die nicht nur in der Lebenswirklichkeit nicht existieren und nie existiert haben, sondern im Unterschied zu anderen ... ihrem logischen Charakter nach ebenfalls utopischen Allgemeinbegriffen, auf keine Lebenswirklichkeit Anwendung finden können" (S. 488). Vgl. demgegenüber die Darstellung bei Pirenne a. a. O. S. 8: "From the economic point of view the most striking and characteristic institution of this civilisation is the great estate. Its origin is, of course, much more ancient and it is easy to establish its affiliation with a very remote past ... (S. 9.) What was new was the way in which it functioned from the moment of the disappearence of commerce and the towns. So long as the former had been capable of transporting its products and the latter of furnishing it with a market, the great estate had commanded and consequently profited by a regular sale outside ... But now it ceased to do this, because there were no more merchants and townsmen ... Now that everyone lived off his own land, no one bothered to buy food from outside ... Thus, each estate devoted itself to the kind of economy which has been described rather inexactly as the 'closed estate economy', and which was really simply an economy without markets."

Schließlich stellt Petruševski der Vorstellung, in der „Feudalismus" und „Naturalwirtschaft" wie zwei verschiedene Seins-

Anmerkungen zum dritten Kapitel.

sphären oder Stockwerke der Gesellschaft erscheinen, von denen diese, als ein Unterbau, jene, wie einen Überbau, erzeugt oder bedingt, die andere Vorstellung entgegen, daß die beiden Erscheinungen nichts miteinander zu tun haben: „. . . die, mit dem historischen Tatsachenmaterial durchaus nicht übereinstimmenden Vorstellungen so die Vorstellung von der Bedingtheit des Feudalismus durch die Naturalwirtschaft oder von seiner Unvereinbarkeit mit einer umfassenden staatlichen Organisation (S. 488)."

Wie es sich in Wirklichkeit damit verhält ist im Text zu zeigen versucht worden. Die spezifische Form der Naturalwirtschaft, mit der man es im frühen Mittelalter zu tun hat, das wenig differenzierte und relativ marktlose Wirtschaften im Verbande von großen Herrenhöfen, und die spezifische Form der politisch-militärischen Organisation, die wir „Feudalismus" nennen, sie sind nichts als zwei verschiedene Aspekte der gleichen menschlichen Beziehungsformen. Sie lassen sich als zwei verschiedene Aspekte der gleichen menschlichen Beziehungen in Gedanken voneinander unterscheiden, aber sie lassen sich auch in Gedanken nicht, wie zwei Substanzen, die in irgendeinem Sinne ein Dasein für sich haben, voneinander trennen. Die herrschaftlichen und militärischen Funktionen des feudalen Herren und seine Funktion als Besitzer von Land und Leibeigenen, sie sind schlechterdings interdependent und voneinander nicht abzulösen. Und auch die Veränderungen, die sich in der Stellung dieser Herren, die sich allmählich im ganzen Aufbau dieser Gesellschaft vollzogen, sie lassen sich nicht aus einer Eigenbewegung der wirtschaftlichen Beziehungen und Funktionen allein oder allein aus einer Veränderung der politisch-militärischen Funktionen und Beziehungen erklären, sondern nur aus Verflechtungszwängen, die sich aus den beiden unablösbar miteinander verbundenen Funktionsbereichen und Beziehungsformen zusammen ergeben.

[33]) Siehe die Einleitung von Louis Halphen zu A. Luchaire, Les Communes Françaises à l'Epoque des Capétiens directs. Paris 1911, S. VIII.

[34]) Halphen, Einl. z. Luchaire, Les Communes a. a. O. S. IX.

[35]) A. Luchaire, Les Communes Françaises à l'Epoque des Capétiens directs. Paris 1911, S. 18.

[36]) Hans v. Werveke, Monnaie, lingots ou marchandises? Les instruments d'échange au XIe et XIIe siècles. Annales d'Histoire Economique et Sociale No. 17. September 1932, S. 468.

[37]) Hans v. Werveke a. a. O. Der entsprechende Prozeß in der entgegengesetzten Richtung, das Zurücktreten des Münzverkehrs, das Vorrücken der Bezahlung in Naturalien, setzt schon früh in

Anmerkungen zum dritten Kapitel.

der Spätantike ein: «A mesure qu'on avance dans le IIIe siècle, la chute se précipite. La seule monnaie en circulation reste l'antoninianus . . .» (F. Lot, La Fin du Monde Antique, Paris 1927, S. 63). «La solde de l'armée tend de plus en plus à être versée en nature» (S. 65) . . . «Quant aux conséquences inéluctables d'un système qui ne permet de récompenser les services rendues que sous forme de traitement en nature, de distribution de terre, on les entrevoit aisément: Elles mènent au régime dit féodal ou à un régime analogue» (S. 67).

[38]) M. Rostovtsev, The Social and Economic History of the Roman Empire, Oxford 1926 S. 66/67, S. 528 und an vielen anderen Stellen (vgl. Index Transportation).

[39]) Lefebvre des Noettes, L'Attelage. Le cheval de selle à travers les âges. Contribution à l'histoire de l'esclavage. Paris 1931.

Die Untersuchungen Lefebvre des Noettes haben sowohl wegen ihrer Ergebnisse, wie ihrer Fragerichtung wegen eine kaum zu überschätzende Bedeutung. Es spielt gegenüber der Wichtigkeit dieser Resultate, die gewiß in einzelnen Punkten noch der Nachprüfung bedürfen, keine große Rolle, daß der Autor den Ursachzusammenhang auf den Kopf stellt und die Entwicklung der Zugtechnik als Ursache für die Beseitigung der Sklaverei ansieht.

Man findet Hinweise auf die notwendigen Korrekturen in der Kritik des Buches, die Marc Bloch, Problèmes d'histoire des techniques, Annales d'histoire économique et sociale, sept. 1932 unternommen hat. Vor allem zwei Punkte der Arbeit v. Lefebvre des Noettes sind dort z. T. schärfer gefaßt, z. T. richtiggestellt. 1. Der Einfluß v. China u. Byzanz auf die Erfindungen des Mittelalters scheint einer genaueren Untersuchung zu bedürfen. 2. Die Sklaverei spielt schon seit langem keine bedeutende Rolle im Aufbau der frühmittelalterlichen Welt, als die neue Geschirranordnung erscheint: «En absence de toute succession nette dans le temps comment parler de relation de cause à effet ?» (S. 484). Eine zusammenfassende Darstellung der wesentlichen Ergebnisse dieser Arbeit von Lefebvre des Noettes in deutscher Sprache findet man bei L. Löwenthal, Zugtier und Sklaven, Zeitschrift f. Sozialforschung, Frankf. a. M. 1933 H. 2.

[40]) Lefebvre des Noettes, La «Nuit» du moyen âge et son inventaire, Mercure de France 1932 Bd. 235, S. V.

[41]) Hans v. Werveke, Monnaie, lingots ou marchandises ? a. a. O. S. 468.

[42]) A. Zimmern, Solon and Croesus, and other Greek essays, Oxford 1928, S. 113. Vgl. dazu auch Alfr. Zimmern, The Greek Commonwealth. Oxford 1931.

Anmerkungen zum dritten Kapitel.

Es ist seit einiger Zeit — sicherlich mit vollem Recht — betont worden, daß in Rom neben den Sklaven auch Freigeborene Handarbeit leisteten. Vor allem die Forschungen von M. Rostovtsev (s. The Social and Economic History of the Roman Empire, Oxford 1926), dann Spezialstudien, wie die von R. H. Barrow, Slavery in the Roman Empire, London 1928 (s. z. B. S. 124f.), haben diese Verhältnisse genauer herausgearbeitet. Aber die Tatsache der Arbeit von Freigeborenen, wie hoch man auch ihren Anteil an der Gesamtproduktion einschätzt, steht durchaus nicht im Widerspruch zu dem, was vorn durch das Zitat aus der Arbeit von A. Zimmern veranschaulicht ist, zu der Tatsache, daß die gesellschaftlichen Gesetzmäßigkeiten und Prozesse in einer Gesellschaft, in der die Handarbeit zu einem immerhin recht beträchtlichen Teil von Sklaven geleistet wird, in ganz spezifischer Weise von den Abläufen innerhalb einer Gesellschaft verschieden sind, in der zum mindesten die gesamte, städtische Arbeit ausschließlich von Freien geleistet wird. Als gesellschaftliche Tendenz ist dieser Drang der Freien zur Distanzierung von Verrichtungen, die zugleich von käuflichen Sklaven ausgeübt werden, und die entsprechende Bildung einer Schicht von „armen Müßiggängern" in der alten, wie in neueren Gesellschaften mit einem mächtigen Sektor von Sklavenarbeit immer spürbar. Es ist gewiß nicht schwer zu verstehen, daß unter dem Druck der Armut trotzdem immer eine mehr oder weniger große Anzahl von Freigeborenen dazu gezwungen sind, die gleiche Arbeit wie Sklaven zu verrichten. Aber es ist nicht weniger einsichtig, daß ihre Lage, wie die ganze Lage der Handarbeitenden überhaupt in einer solchen Gesellschaft, durch das Vorhandensein von Sklavenarbeit entscheidend beeinflußt wird. Diese Freien oder wenigstens ein Teil von ihnen sind gezwungen, sich in die gleichen oder in ähnliche Bedingungen zu schicken, wie die Sklaven. Ihre Arbeit steht je nach der Menge von Sklaven, über die eine solche Gesellschaft verfügt und je nach dem Grad der Interdependenz dieser Arbeit mit der von Sklaven, stets unter einem geringeren oder höheren Konkurrenzdruck von seiten der Sklavenarbeit. Und auch das gehört zu den Aufbaugesetzlichkeiten einer Gesellschaft von Sklavenhaltern. Vgl. auch F. Lot, La Fin du Monde Antique a. a. O. S. 69ff.

[43]) Die griechische Gesellschaft war in ihrer klassischen Zeit nach den Untersuchungen von A. Zimmern nicht eine Sklavengesellschaft im typischen Sinn des Wortes: "Greek society was not a slave-society; but it contained a sediment of slaves to perform its most degrading tasks, while the main body of its so-called slaves consisted of apprentices haled in from outside to assist to-

Anmerkungen zum dritten Kapitel.

gether and almost on equal terms with their masters in creating the material basis of a civilization in which they were hereafter to share." (Solon and Croesus S. 161.)

⁴⁴) Henri Pirenne, Les villes du moyen âge. Bruxelles 1927, S. 1ff.

⁴⁵) Henri Pirenne a. a. O. S. 10ff.

⁴⁶) Henri Pirenne a. a. O. S. 27. Eine Bestätigung findet dieser „Rückwurf aufs Binnenland" und seine Bedeutung für die Entwicklungsrichtung der abendländischen Gesellschaft in der Tatsache, daß die Fortentwicklung der Landtransportmittel über den Stand der Antike hinaus, soweit sich heute sehen läßt, etwa ein Jahrhundert eher einsetzt, als die entsprechende Fortentwicklung der Schiffahrtstechnik. Jene beginnt etwa zwischen 1050 und 1100, diese offenbar erst um 1200. S. hierzu Lefebvre des Noettes, De la marine antique à la marine moderne. La révolution du gouvernail. Paris 1935, S. 105ff. Vgl. auch Eug. H. Byrne, Genoese shipping in the twelfth and thirteenth centuries, Cambridge (Mass.) 1930, S. 5—7.

⁴⁷) A. Luchaire, Louis VII., Philippe Auguste, Louis VIII. Paris 1901 (Lavisse, Histoire de France, Bd. III, 1), S. 80.

⁴⁸) Jos. Calmette, La société féodale. Paris 1932, S. 71. Vgl. auch von dem gleichen Autor, Le monde féodal. Paris 1934.

⁴⁹) Allerdings ist das Recht durch die Fixierung, durch die Verselbständigung der Rechtsapparatur und die Existenz von eigenen, an der Erhaltung des Bestehenden interessierten Spezialistenkörperschaften relativ schwer beweglich und veränderlich. Die „Rechtssicherheit" selbst, an der immer ein beträchtlicher Teil der Gesellschaft interessiert ist, beruht z. T. auf der schweren Beweglichkeit des Rechts. Und diese wird durch das Interesse an jener gefördert. Je größer die Gebiete und die Zahl der Menschen, die verflochten oder interdependent sind, je notwendiger damit ein einheitliches Recht über solche relativ großen Gebiete hin — ebenso notwendig etwa, wie eine einheitliche Währung —, um so stärker widersetzt sich das Recht und sein Apparat, das ja, ebenfalls wie die Währung, seinerseits zugleich wieder ein Organ der Verflechtung, ein Erzeuger von Interdependenzen ist, jeder Veränderung, um so beträchtlicher werden die Störungen, die Interessenverschiebungen, die jede Veränderung mit sich bringt. Auch dies trägt dazu bei, daß die bloße Bedrohung mit der körperlichen Überwältigung durch die „legitimen" Organe der Machtapparatur meist lange Zeit hindurch genügt, um Einzelne und auch ganze Gesellschaftsgruppen dem gefügig zu machen, was als Rechts- und Eigentumsnorm auf Grund eines bestimmten Standes der gesellschaftlichen Stärkeverhältnisse nun einmal festgelegt worden

Anmerkungen zum dritten Kapitel.

ist. Die Interessen, die sich mit der Erhaltung der einmal bestehenden Rechts- und Eigentumsverhältnisse verbinden, sind so groß, das Gewicht, das das Recht kraft der wachsenden Verflechtung erhält, so spürbar, daß an Stelle einer immer erneuten Überprüfung der gesellschaftlichen Stärkeverhältnisse durch den körperlichen Kampf, zu der die Menschen in weniger interdependenten Gesellschaften immer geneigt sind, eine lang anhaltende Bereitschaft getreten ist, sich dem bestehenden Recht zu fügen. Und erst, wenn die Erschütterung und die Spannungen im Innern der Gesellschaft außerordentlich groß geworden sind, wenn das Interesse, das sich mit dem bestehenden Recht verbindet, über weite Teile der Gesellschaft hin schwankend geworden ist, dann erst, oft nach jahrhunderte langer Pause, beginnen die Gruppen einer Gesellschaft im körperlichen Machtkampf zu prüfen, ob das fixierte Recht den tatsächlichen gesellschaftlichen Stärkeverhältnissen noch entspricht.

In der vorwiegend natural wirtschaftenden Gesellschaft dagegen, in der die Menschen weit weniger stark interdependent waren, in der also auch noch nicht das höchst reale, aber unanschauliche, nämlich als Ganzes nie sichtbare Geflecht der Gesellschaft dem Einzelnen immer als das stärkere gegenüberstand, hier mußte hinter jedem Rechtsanspruch des Einzelnen, die Macht, die gesellschaftliche Stärke, die ihn aufrechterhielt, immer ziemlich unmittelbar sichtbar sein; wenn diese verfiel oder zweifelhaft war, verfiel auch jener. Jeder Besitzende war bereit und mußte hier bereit sein, im körperlichen Kampf zu erweisen, daß er noch genug kriegerische Macht, noch genug gesellschaftliche Stärke zu seinem „Rechtsanspruch" besaß. Der engen und dichten Verflechtung von Menschen über größere Gebiete hin und mit relativ guten Kommunikationen entspricht ein Recht, das von lokalen und individuellen Verschiedenheiten ziemlich weitgehend absieht, ein sog. allgemeines Recht, d. h. ein Recht, das gleichmäßig über das ganze Gebiet und für alle Menschen dieses Gebiets anwendbar und gültig ist.

Die andere Art der Verflechtung und Angewiesenheit in der vorwiegend natural wirtschaftenden Feudalgesellschaft legte relativ kleinen Gruppen und oft einzelnen Individuen Funktionen auf, die heute die „Staaten" ausüben. Dementsprechend war auch das „Recht" unvergleichlich viel stärker „individualisiert" und „lokal". Es war eine Verpflichtung und Bindung, die dieser Lehnsherr und jener Vasall, diese Gruppe von Hintersassen und jener Gutsherr, diese Bürgerschaft und jener Seigneur, diese Abtei und jener Herzog miteinander eingingen. Und das Studium dieser „Rechtsverhältnisse" gibt zugleich einen höchst anschaulichen Be-

Anmerkungen zum dritten Kapitel.

griff davon, was das heißt: In dieser Phase war die gesellschaftliche Verflechtung und Interdependenz der Menschen geringer und dementsprechend anders auch die Art der gesellschaftlichen Integration, der Beziehung von Mensch und Mensch. «Il faut se garder, sagt z. B. Pirenne, d'attribuer aux chartes urbaines une importance exagérée. Ni en Flandre ni dans aucune autre région de l'Europe, elles ne renferment tout l'ensemble du droit urbain. Elles se bornent à en fixer les lignes principales, à en formuler quelques principes essentiels, à trancher quelques conflits particulièrement importants. La plupart du temps, elles sont le produit de circonstances spéciales et elles n'ont tenu compte que des questions qui se débattaient au moment de leur rédaction ... Si les bourgeois ont veillé sur elles à travers les siècles avec une sollicitude extraordinaire c'est qu'elles étaient le palladium de leur liberté, c'est qu'elles leur permettaient, en cas de violation, de justifier leurs révoltes, mais ce n'est point qu'elles renfermaient l'ensemble de leur droit. Elles n'étaient pour ainsi dire que l'armature de celui-ci. Tout autour de leurs stipulations existait et allait se développant sans cesse une végétation touffue de coutumes, d'usages, de privilèges non écrits, mais non moins indispensables.

Cela est si vrai que bon nombre de chartes prévoyent elles-mêmes et reconnaissent à l'avance le développement du droit urbain ... Le Comte de Flandre accorda en 1127 aux bourgeois de Bruges: ‚ut de die in diem consuetudinarias leges suas corrigerent', c'est à dire la faculté de compléter de jour en jour leurs coutumes municipales.» (Pirenne, Les villes du moyen âge a. a. O. S. 168.)

Auch hier sieht man wieder, wie, einem anderen Stand der Verflechtung entsprechend, Gebilde einer anderen Größenordnung, eine Stadt und ein größerer Feudalherr etwa, annähernd in der gleichen Art von Beziehung zueinander stehen, wie heute nur noch „Staaten", und ihre rechtlichen Abmachungen zeigen die gleichen Gesetzmäßigkeiten, wie die Abmachungen zwischen diesen: Sie folgen ziemlich unmittelbar den Verlagerungen der Interessen und der gesellschaftlichen Stärke.

[50]) Jos. Calmette, La société féodale, S. 71.

[51]) A. Luchaire, La société française au temps de Philippe Auguste. Paris 1909, S. 265.

[52]) Ch. H. Haskins, The Renaissance of the Twelfth Century. Cambridge 1927, S. 55.

[53]) Ch. H. Haskins a. a. O. S. 56.

[54]) Ch. H. Haskins a. a. O. S. 56.

Anmerkungen zum dritten Kapitel.

⁵⁵) Eduard Wechssler, Das Kulturproblem des Minnesangs. Halle 1909, S. 173.

⁵⁶) Eduard Wechssler a. a. O. S. 174.

⁵⁷) Eduard Wechssler a. a. O. S. 143.

⁵⁸) Eduard Wechssler a. a. O. S. 113.

⁵⁹) Hennig Brinkmann, Entstehungsgeschichte des Minnesangs. Halle 1926, S. 86.

⁶⁰) Eduard Wechssler a. a. O. S. 140.

⁶¹) A. Luchaire, La société française au temps de Philippe Auguste, S. 374.

⁶²) A. Luchaire a. a. O. S. 379.

⁶³) A. Luchaire a. a. O. S. 379/80.

⁶⁴) Pierre de Vaissière, Gentilshommes Campagnards de l'ancienne France. Paris 1903, S. 145.

⁶⁵) Hennig Brinkmann, Entstehungsgeschichte des Minnesangs. Halle 1926, S. 35.

⁶⁶) Eduard Wechssler a. a. O. S. 71.

⁶⁷) Eduard Wechssler a. a. O. S. 74. Im gleichen Sinne auch Marianne Weber, Ehefrau und Mutter in der Rechtsentwicklung. Tübingen 1907, S. 265.

⁶⁸) P. de Vaissière a. a. O. S. 145.

⁶⁹) Eduard Wechssler a. a. O. S. 214.

⁷⁰) Hennig Brinkmann a. a. O. S. 45ff., 61, 86ff. Vgl. hierzu und zu dem Folgenden auch C. S. Lewis, The Allegory of Love, a Study in Medieval tradition. Oxford 1936, S. 11.

"The new thing itself, I do not pretend to explain. Real changes in human sentiment are very rare, but I believe that they occur and that this is one of them. I am not sure that they have 'causes', if by a cause we mean something which would wholly account for the new state of affairs, and so explain away what seemed its novelty. It is, at any rate, certain that the efforts of scholars have so far failed to findan origin for the content of Provençal love poetry."

⁷¹) In England findet man den entsprechenden Ausdruck in späterer Zeit zuweilen sogar ausdrücklich auf Dienende beschränkt. Daß etwa in einer englischen Beschreibung dessen, was zu einem guten Mahle gehört, zu finden bei G. G. Coulton, Social Life in Britain, Cambridge 1919, S. 375, «curtese and honestie of servantes» der «kynde frendeshyp and company of them that sytte at the supper» gegenübergestellt wird, ist ein Beispiel dafür.

⁷²) Zarncke, Der deutsche Cato a. a. O. S. 130 V. 71 u. V. 141f. Für andere Seiten dieses ersten großen Schubes einer Verhöflichung der Krieger (Bildung und Code der Ritterorden in den verschiedenen Ländern) vgl. E. Prestage, "Chivalry", A series of studies to illu-

Anmerkungen zum dritten Kapitel.

strate its historical significance and civilizing influence, London 1928; darin u. a. A. T. Byles, Medieval courtesy-books and the prose romances of chivalry (S. 183ff.).

[73]) Achille Luchaire, Les premiers Capétiens, Paris 1901, S. 285 s. a. A. Luchaire, Louis VI. le gros, Paris 1890, Introduction.

[74]) A. Luchaire, Histoire des institutions monarchiques de la France sous les premiers Capétiens (987—1180), Paris 1891, Bd. 2, S. 258.

[75]) S. o. S. 17ff., besonders S. 31/32.

[76]) Suger, Vie de Louis le Gros, Ausg. v. Molinier, Kap. 8, S. 18/19.

[77]) Vuitry, Etudes sur le Régime financier, Paris 1878 S. 181.

[78]) A. Luchaire, Louis VI, a. a. O.

[79]) „Von Northumberland bis zum Kanal ließ sich die Einheit leichter herstellen als von Flandern zu den Pyrenäen." Petit-Dutaillis, La Monarchie féodale, Paris 1933, S. 37. Zur Frage der Gebietsgröße s. a. Rob. H. Lowie, The Origin of the State, New York 1927, The Seize of the State, S. 17ff.

W. M. Macleod, The Origin and History of Politics, New York 1931, weist darauf hin, wie erstaunlich im Grunde der Bestand und die relative Stabilität solcher großen Herrschaftseinheiten, wie des Inkareichs oder Chinas, bei der Einfachheit ihrer Verkehrsmittel sind. Nur eine genaue strukturgeschichtliche Analyse des Spiels von zentrifugalen und zentralisierenden Tendenzen und Interessen in diesen Reichen könnte uns in der Tat das Zusammenwachsen solcher riesigen Gebiete und die Natur ihres Zusammenhalts verständlich machen.

Die chinesische Form der Zentralisierung ist sicherlich verglichen mit der europäischen Entwicklung besonders eigenartig. Hier wurde offenbar die Kriegerschicht schon relativ früh und besonders radikal durch eine starke Zentralgewalt ausgemerzt. Mit dieser Ausmerzung — wie immer sie zustande kam — hängen zwei Haupteigentümlichkeiten des chinesischen Gesellschaftsbaus zusammen: Der Übergang der Verfügung über den Boden in die Hände von Bauern (der wir in der abendländischen Frühzeit nur an sehr wenigen Punkten, etwa in Schweden, begegnen) und die Besetzung des Herrschaftsapparats mit einer zum Teil immer aus dem Bauerntum selbst rekrutierten und jedenfalls völlig pazifizierten Beamtenschaft. Vermittelt durch diese Beamtenhierarchie drangen höfische Zivilisationsformen bis tief in die unteren Schichten des Volkes: sie verankerten sich, mannigfach transformiert, im Verhaltenscode des Dorfes. Und was man so oft als den „unkriegerischen" Charakter des chinesischen Volkes bezeichnet hat, das ist nicht der Ausdruck irgendeiner „Naturanlage", sondern produziert dadurch,

Anmerkungen zum dritten Kapitel.

daß die Schicht, von der das Volk, in ständigem Kontakt, viele seiner Modelle erhielt, seit Jahrhunderten nicht mehr eine Kriegerschicht, ein Adel, sondern eine friedliche und gelehrte Beamtenschaft war. Es ist in erster Linie deren Lage und Funktion, die darin zum Ausdruck kommt, daß in der traditionellen Wertskala des chinesischen Volkes — zum Unterschied von der des japanischen — die kriegerische Tätigkeit und Tüchtigkeit keinen sehr hohen Platz einnimmt. So verschieden also auch im einzelnen der Weg der chinesischen Zentralisierung von den Zentralisierungsprozessen im Abendlande war, das Fundament für den Zusammenhalt eines größeren Herrschaftsgebiets bildete hier wie dort die Überwindung frei konkurrierenden Krieger oder Grundherrn.

[80]) Über die Bedeutung des Monopols der physischen Gewaltausübung für den Aufbau der „Staaten" s. vor allem Max Weber, „Wirtschaft und Gesellschaft", Tübingen 1922.

[81]) Siehe oben S. 133ff. Es schien nicht notwendig, dem heutigen Gebrauch entsprechend, für die Gesetzlichkeit des Monopolmechanismus hier einen mathematischen Ausdruck zu suchen. Ihn zu finden sollte gewiß nicht unmöglich sein. Wenn er gefunden ist, dann wird es möglich sein, auch von dieser Seite her, eine Frage zu erörtern, die man sich heute im allgemeinen kaum vorlegt: die Frage nach dem Erkenntniswert der mathematischen Formulierung. Was ist, so muß man sich fragen, z. B. für den Monopolmechanismus an Erkenntnismöglichkeiten und an Klarheit durch eine mathematische Formulierung gewonnen? Nur auf Grund der einfachen Erfahrung selbst läßt sich diese Frage beantworten.

Soviel freilich ist sicher, daß sich mit der Formulierung von allgemeinen Gesetzmäßigkeiten heute für das Bewußtsein vieler Menschen ein Wert verbindet, der — zum mindesten soweit es sich um Geschichts- und Gesellschaftswissenschaften handelt — nichts mit ihrem Erkenntniswert zu tun hat; und diese ungeprüfte Wertschätzung führt oft genug die Forschungsarbeit selbst in die Irre. Vielen Menschen erscheint es als die wesentlichste Aufgabe der Forschung, alle Veränderungen aus etwas Unveränderlichem zu erklären. Und das Ansehen der mathematischen Formulierungen geht nicht zuletzt auf diese Form der Wertschätzung des Unveränderlichen zurück. Aber dieses Ideal und diese Wertskala hat ihre Wurzeln nicht in der Erkenntnisaufgabe der Forschung selbst, sondern in dem Ewigkeitsverlangen der Forschenden. Allgemeine Gesetzmäßigkeiten, wie der Monopolmechanismus und alle anderen allgemeinen Beziehungsgesetzmäßigkeiten, mathematisch formuliert oder nicht, sie stellen nicht das Endziel oder die Krönung der geschichtlich-gesellschaftlichen Forschungsarbeit dar, sondern die

Anmerkungen zum dritten Kapitel.

Einsicht in solche Gesetzmäßigkeiten ist fruchtbar als ein Mittel zu einem anderen Endziel, als Mittel der Orientierung des Menschen über sich und seine Welt. Ihr Wert liegt einzig in ihrer Funktion für den Aufschluß des geschichtlichen Wandels.

[82]) Siehe hierzu Kap. III. Über die Entwicklungsmechanik d. Gesellschaft im Mittelalter, Teil I. S. 14ff. Vgl. auch zum Begriff der „gesellschaftlichen Stärke" die „Bemerkung über d. Begr. d. ges. Stärke", S. 83 unten.

[83]) Auguste Longnon, Atlas historique de la France, Paris 1885.

[84]) A. Luchaire, Histoire des institutions monarchiques, 1891, Bd. I, S. 90.

[85]) Ch. Petit-Dutaillis, La Monarchie féodale en France et en Angleterre, Paris 1933, S. 109ff.

[86]) A. Cartellieri, Philipp II. August und der Zusammenbruch des angevinischen Reiches, Leipzig 1913, S. 1.

[87]) Siehe A. Longnon, La Formation de l'unité française, Paris 1922, S. 98.

[88]) Luchaire, Louis VII., Philipp Augustus, Louis VIII., Paris 1901 (Lavisse Hist. d. Fr. III, 1) S. 204.

[89]) Ch. Petit-Dutaillis, Etudes sur la vie et le règne de Louis VIII., Paris 1899, S. 220.

[90]) Vuitry, Etudes sur le régime financier de la France, nouvelle série, Paris 1878, S. 345.

[91]) Vuitry a. a. O. S. 370.

[92]) Eine genauere Aufstellung dieser Feudalhäuser findet sich bei Longnon, La formation de l'unité française, Paris 1922, S. 224f.

[93]) Vuitry a. a. O. nouv. sér. S. 414.

[94]) Siehe z. B. Karl Mannheim, Die Bedeutung der Konkurrenz im Gebiete des Geistigen, Verhandlungen des siebenten deutschen Soziologentages, Tübingen 1929, S. 35ff.

[95]) G. Dupont-Ferrier, La formation de l'état français et l'unité française, Paris 1934, S. 150.

[96]) L. Mirot, Manuel de géographie historique de la France, Paris 1929, Karte 19. Auch zu den vorangehenden Darlegungen findet man dort das Kartenmaterial.

[97]) P. Imbert de la Tour, Les origines de la réforme, Paris 1909, I, 4.

[98]) L. Mirot, Manuel de géographie historique de la France, Karte 21.

[99]) Henri Hauser, Besprechung v. G. Dupont-Ferrier, La formation de l'Etat français, Revue historique 1929, Bd. 161, S. 381.

[100]) L. W. Fowles, Loomis Institute, USA. zit. in News Review, Nr. 35, S. 32.

[101]) A. Luchaire, Les communes françaises à l'époque des Capétiens directs, Paris 1911, S. 276.

Anmerkungen zum dritten Kapitel.

¹⁰²) Für diesen, wie für eine Reihe von anderen Abschnitten mußten die belegenden Stücke aus Raumgründen zurückgestellt werden. Der Verf. hofft, sie in einem Anhangband sammeln zu können.

¹⁰³) P. Lehugeur, Philipp le Long (1316—1322). Le mécanisme du gouvernement, Paris 1931, S. 209.

¹⁰⁴) G. Dupont-Ferrier, La formation de l'Etât français, Paris 1934, S. 93.

¹⁰⁵) Brantôme, Oeuvres complètes, publiées par L. Lalanne, Bd. IV, S. 328 ff.

¹⁰⁶) Mariéjol, Henri IV. et Louis XIII., Paris 1905, S. 2.

¹⁰⁷) Mariéjol, Henri IV. et Louis XIII., Paris 1905, S. 390.

¹⁰⁸) Siehe u. a. Ad. Stölzel, Die Entwicklung des gelehrten Richtertums in deutschen Territorien, Stuttgart 1872, S. 600.

¹⁰⁹) Richelieu, Politisches Testament, Teil I, Kap. 3, 1.

¹¹⁰) Lavisse, Louis XIV, Paris 1905, S. 128.

¹¹¹) St.-Simon, Memoiren, übers. v. Lotheisen, Bd. II, S. 85.

¹¹²) Siehe Lavisse, Louis XIV. a. a. O. S. 130.

¹¹³) Saint-Simon, Memoiren, übers. v. Lotheisen Bd. I, S. 167.

¹¹⁴) St.-Simon, Mémoires (Nouv. éd. par A. de Boislisle), Paris 1910, Bd. 22 S. 35 (1711).

¹¹⁵) Th. v. Aquino, De regimine Judaeorum, Ausg. v. Rom Bd. XIX, S. 622.

¹¹⁶) Vuitry, Etudes sur le Régime financier de la France, Paris 1878, S. 392 f.

¹¹⁷) Vuitry a. a. O. nouv. série, Bd. I, Paris 1883, S. 145. Eine andere Form der Monetisierung von feudalen Herrenrechten unter dem Druck des wachsenden Geldbedarfs der Könige, die Befreiung von Leibeigenen durch den König und seine Verwaltung gegen Bezahlung einer bestimmten Geldsumme, s. b. Marc Bloch, Rois et Serfs, Paris 1920.

¹¹⁸) P. Viollet, Histoire des institutions politiques et administratives de la France. Paris 1898, Bd. 2, S. 242.

¹¹⁹) P. Viollet a. a. O. S. 242.

¹²⁰) Vuitry a. a. O. nouv. sér. Bd. III S. 48.

¹²¹) G. Dupont-Ferrier, La Chambre ou Cour des Aides de Paris, Revue historique, Bd. 170, Paris 1932, S. 195; s. hierzu und zu dem Folgenden auch von demselben Autor, Etudes sur les Institutions financières de la France, Bd. 2, Paris 1932.

¹²²) Léon Mirot, Les insurrections urbaines au debut du régne de Charles VI, Paris 1905, S. 7.

¹²³) L. Mirot a. a. O. S. 37.

Anmerkungen zum dritten Kapitel.

[124]) G. Dupont-Ferrier, La Chambre ou Cour des Aides de Paris a. a. O. S. 202. Vgl. a. Petit-Dutaillis, Charles VII, Louis XI, et les premières années de Charles VIII. (Lavisse, Hist. de France, IV, 2) Paris 1902.

[125]) Viollet a. a. O. Bd. III, Paris 1903, S. 465. S. a. Thomas Basin, Histoire des règnes de Charles VII et de Louis XI, hrsgb. v. Quicherat, Paris 1855 Bd. I. S. 170ff. Einzelheiten der Finanzorganisation b. G. Jacqueton, Documents relatifs à l'administration financière en France de Charles VII à François Ier, (1443—1523), Paris 1897, besonders die in Frage und Antwort gehaltene Nr. XIX, Le vestige des finances (Instruktionsbuch für zukünftige Finanzbeamte der Zeit?).

[126]) Eug. Albèri, Relazioni degli Ambasciatori Veneti al Senato. 1. Serie, Bd. IV, Florenz 1860, S. 16 (Relazione di Francia di Zaccaria Contarini, 1492).

[127]) L. v. Ranke, Zur venezianischen Geschichte, Leipzig 1878, S. 59, u. H. Kretschmayr, Geschichte v. Venedig. Stuttgart 1934, S. 159ff.

[128]) Eug. Albèri, Relazioni degli Ambasciatori Veneti, 1. Serie, Bd. 1, Florenz 1839, S. 352.

Es ist häufig und sicherlich mit einem gewissen Recht darauf hingewiesen worden, daß die ersten absolutistischen Fürsten Frankreichs bei den Fürsten der italienischen Stadtstaaten in die Schule gegangen sind. So z. B. Gab. Hanotaux, Le pouvoir royale sous François Ier, in Etudes historiques sur le XVIe et le VIIe siècle en France, Paris 1886 S. 7ff.: «La cour de Rome et la chancellerie vénitienne eussent suffi, à elles seules, pour répandre les doctrines nouvelles de la diplomatie et de la politique. Mais, en réalité, dans le fourmillement des petits Etats qui se partageaient la péninsule, il n'en était pas un qui ne pût fournir des exemples ... Les monarchies de l'Europe se mirent à l'école des princes et des tyrans de Naples, de Florence et de Ferrare.»

Sicherlich vollzogen sich hier, wie so oft, Prozesse in der gleichen Richtung, strukturähnliche Prozesse, zuerst in kleineren, dann in größeren Gebieten, und die führenden Männer dieser größeren Gebiete profitierten gewiß auch bis zu einem gewissen Grade von den Erfahrungen, von der Kenntnis der Organisations- und Beziehungsformen jener kleineren. Aber auch in diesem Falle könnte nur eine genaue vergleichende strukturgeschichtliche Untersuchung eine sichere Kenntnis darüber vermitteln, wie weit die Zentralisierungsprozesse und die Herrschaftsorganisation der italienischen Stadtstaaten und die entsprechenden Prozesse und Institutionen des frühabsolutistischen Frankreich einander ähneln, und wie weit sie, grade weil gesellschaftliche Größenunterschiede immer zugleich auch qualitative Strukturdifferenzen mit sich bringen, von ihnen abweichen. Die Schilderung des venezianischen Gesandten und ihr ganzer Ton spricht jedenfalls nicht dafür, daß ihm die spezifische Machtstellung des französischen Königs und die Finanzorganisation, mit der sie zusammenhängt, als etwas aus Italien seit langem völlig Bekanntes und Vertrautes erscheint.

Anmerkungen zum „Entwurf zu einer Theorie der Zivilisation".

[129]) Weitverbreitet ist heute die Vorstellung, daß die Formen des gesellschaftlichen Zusammenlebens und die einzelnen gesellschaftlichen Institutionen primär aus ihrer Zweckmäßigkeit für die derart verbundenen Menschen zu erklären sind. Es sieht nach dieser Vorstellung im Grunde so aus, als ob die Menschen aus der Einsicht in die Zweckmäßigkeit dieser Institutionen irgend wann einmal gemeinsam den Entschluß gefaßt hätten, so und nicht anders miteinander zu leben. Aber diese Vorstellung ist eine Fiktion, und sie ist schon allein deswegen kein sehr gutes Leitinstrument der Forschung.

Die Einwilligung, die der Einzelne gibt, in einer bestimmten Form mit Anderen zu leben, die Rechtfertigung aus bestimmten Zwecken dafür, daß er etwa in der Form eines Staatsverbandes oder als Bürger, Beamter, Arbeiter, und Bauer und nicht als Ritter, Priester und Leibeigner oder als viehzüchtender Nomade an Andere gebunden ist, diese Einwilligung und diese Rechtfertigung ist etwas Nachträgliches. Der Einzelne hat in dieser Hinsicht keine sehr große Wahl. Er wird in eine Ordnung und in Institutionen bestimmter Art hineingeboren; er wird mit mehr oder weniger Glück durch sie und auf sie hin konditioniert. Und selbst wenn er diese Ordnung und diese Institutionen wenig schön und wenig zweckmäßig findet, kann er nicht einfach seine Einwilligung zurückziehen und aus der bestehenden Ordnung herausspringen. Er mag sich ihr als Abenteurer, als „Tramp", als Künstler oder als Bücherschreiber zu entziehen suchen, er mag sich am Ende auf eine einsame Insel flüchten, noch als Flüchtling vor dieser Ordnung ist er ihr Produkt. Sie zu mißbilligen und vor ihr zu fliehen ist kein geringerer Ausdruck der Bedingtheit durch sie, als sie zu preisen und zu rechtfertigen.

Es gehört zu den Aufgaben, deren Bewältigung noch vor uns liegt, die Natur der Zwangsläufigkeit überzeugend verständlich zu machen, auf Grund deren bestimmte Formen des Zusammenlebens,

Anmerkungen zum „Entwurf zu einer Theorie der Zivilisation".

auf Grund deren etwa unsere eignen Gesellschaftsformen und Institutionen zustande kamen, sich erhalten und wandeln. Aber man verstellt sich den Zugang zum Verständnis ihrer Genese, wenn man sie sich in der gleichen Weise entstanden denkt, wie die Werke und Taten einzelner Menschen: durch individuelle Zwecksetzungen oder gar durch vernünftige Überlegungen und Pläne. Die Vorstellung, daß die abendländischen Menschen von der Frühzeit des Mittelalters an in einer gemeinsamen Anstrengung und auf Grund einer klaren Zwecksetzung, eines vernünftigen Planes auf diejenige Ordnung des Zusammenlebens und auf diejenigen Institutionen hingearbeitet hätten, in denen wir heute miteinander leben, sie ist durch Tatsachen kaum zu belegen. Wie es sich in Wirklichkeit damit verhält, vermag allein ein an den Fakten orientierter und mit Anschauungsmaterial gesättigter Aufschluß des geschichtlichen Werdegangs dieser Gesellschaftsformen selbst zu lehren. Er ist in einem bestimmten Ausschnitt, von der Seite der Staatsorganisation her, oben versucht worden. Aber damit ist zugleich auch die eine oder andere Einsicht von weiterer Bedeutung gewonnen, zum Beispiel eine gewisse Einsicht in die Natur von geschichtlich-gesellschaftlichen Prozessen: Man sieht, wie wenig im Grunde getan ist, wenn man Institutionen, wie diese, wie den „Staat", aus rationalen Zwecksetzungen erklärt.

Die Zwecksetzung, die Pläne und Handlungen einzelner Menschen verflechten sich beständig in die von anderen. Diese Verflechtung von Handlungen und Plänen vieler Menschen aber, die überdies kontinuierlich von Generation zu Generation weitergeht, sie selbst ist nichts Geplantes. Sie ist nicht aus den Plänen und Zwecksetzungen einzelner Menschen und auch nicht nach deren Muster zu verstehen. Hier hat man es mit Erscheinungen, mit Zwängen und Gesetzmäßigkeiten eigner Art zu tun. So kommt etwa dadurch, daß mehrere Menschen sich den gleichen Zweck setzen, daß sie das gleiche Stück Land, den gleichen Absatzmarkt oder die gleiche soziale Position wollen, etwas zustande, das keiner von ihnen bezweckt oder geplant hat, ein spezifisch gesellschaftliches Phänomen: ein Konkurrenzverhältnis mit seiner eigentümlichen Gesetzmäßigkeit, von der oben die Rede war. So, nicht aus einem gemeinsamen Plane Vieler, sondern als etwas Ungeplantes, hervorgehend aus dem Mit- und Gegeneinander der Pläne vieler Menschen, kommt es zu der zunehmenden Funktionsteilung, so auch zu der Integration von immer größeren Menschenräumen in der Form von Staaten und zu vielen anderen geschichtlich-gesellschaftlichen Prozessen.

Und erst die Einsicht in die Eigengesetzlichkeit der Verflechtung von individuellen Plänen und Handlungen, in die Bindung des Einzelnen durch sein Zusammenleben mit Anderen, erst sie ermöglicht

Anmerkungen zum „Entwurf zu einer Theorie der Zivilisation".

schließlich auch ein besseres Verständnis für das Phänomen der Individualität. Das Miteinanderleben der Menschen, das Geflecht ihrer Absichten und Pläne, die Bindungen der Menschen durcheinander, sie bilden, weit entfernt die Individualität des Einzelnen zu vernichten, vielmehr das Medium, in dem sie sich entfaltet. Sie setzen dem Individuum Grenzen, aber sie geben ihm zugleich einen mehr oder weniger großen Spielraum. Das gesellschaftliche Gewebe der Menschen bildet das Substrat, aus dem heraus, in das hinein der Einzelne ständig seine individuellen Zwecke spinnt und webt. Aber dieses Gewebe und sein geschichtlicher Wandel selbst ist als Ganzes in seinem wirklichen Verlauf von niemandem bezweckt und von niemandem geplant.

Genaueres hierzu s. N. Elias, Die Gesellschaft der Individuen, Basel 1939 (zuerst erschienen in: Jahrbuch der schwedischen Gesellschaft für Philosophie und Spezialforschung, Uppsala 1939).

[130]) Zur Diskussion über das Problem des sozialen Prozesses s. Social Problems and Social Processes, Selected Papers from the Proceedings of the American Sociological Society 1932, hrsg. v. E. S. Bogardus, Chicago 1933.

Zur Kritik der älteren biologistischen Vorstellung von den sozialen Prozessen s. W. F. Ogburn, Social Change, London 1923 S. 56f.: "The publication of the 'Origin of Species', setting forth a theory of evolution of species in terms of natural selection, heredity and variation, created a deep impression on the anthropologists and sociologists. The conception of evolution was so profound that the changes in society were seen as a manifestation of evolution and there was an attempt to seek the causes of these social changes in terms of variation and selection . . . Preliminary to the search for causes, however, attempts were made to establish the development of particular social institutions in successive stages, an evolutionary series, a particular stage necessarily preceding another. The search for laws led to many hypotheses regarding factors such as geographical location, climate, migration, group conflict, racial ability, the evolution of mental ability, and such principles as variation, natural selection, and survival of the fit. A half-century or more of investigations on such theories has yielded some results, but the achievements have not been up to the high hopes entertained shortly after the publication of Darwins theory of natural selection.

The inevitable series of stages in the development of social institutions has not only not been proven but has been disproven . . ."

Für die neueren Tendenzen in der Auseinandersetzung mit dem Problem des geschichtlichen Wandels vgl. A. Goldenweiser, Social

Anmerkungen zum „Entwurf zu einer Theorie der Zivilisation".

Evolution in Encyclopedia of Social Sciences, New York 1935 Bd. 5 S. 656ff. (dort auch ausführliche Bibliographie). Der Artikel schließt mit dem Gedanken: "Since the World War students of the social sciences without aiming at the logical orderliness of evolutionary schemes have renewed their search for relatively stable tendencies and regularities in history and society. On the other hand, the growing discrepancy between ideals and the workings of history is guiding the sciences of society into more and more pragmatic channels. If there is social evolution, whatever it may be, it is no longer accepted as a process to be contemplated but as a task to be achieved by deliberate and concerted human effort."

Diese Untersuchung über den Prozeß der Zivilisation weicht insofern von den pragmatistischen Bestrebungen ab, als sie zunächst einmal, unter Zurückstellung aller Wünsche und Forderungen für das, was sein soll, festzustellen sucht, was war und ist, und auf welche Weise, aus welchen Gründen es so wurde, wie es war und ist. Es schien richtiger, nicht die Diagnose von der Therapie, sondern die Therapie von der Diagnose abhängig zu machen.

Vgl. hierzu Fr. J. Teggart, Theory of History, New Haven 1925 S. 148 ". . . the investigation of 'how things have come to be as they are' . . .".

[131] Vgl. E. C. Parsons, Fear and Conventionality, New York, London, 1914. Die abweichende Auffassung z. B. bei W. G. Sumner, Folkways, Boston 1907 S. 419: "It is never correct to regard any one of the taboos as an arbitrary invention or burden laid on society by tradition without necessity. . . . they have been sifted for centuries by experience, and those which we have received and accepted are such as experience has proved to be expedient."

[132] Siehe hierzu die schöne Darstellung v. Huizinga, Der Herbst des Mittelalters, München 1924, Kap. 1, weitere Beispiele S. 239ff. Das oben Gesagte gilt beispielsweise auch für Gesellschaften mit verwandtem Aufbau im heutigen Orient und in verschiedenen Abstufungen je nach der Art, Grad und Weite der Verflechtung für sogenannte „primitive" Gesellschaften.

Wie sehr in den Kindern unserer Gesellschaft — bei aller Durchdringung mit den Charakteren der weiter gediehenen Zivilisation — noch Verhaltensweisen des anderen Standards mit seinen einfacheren und geradlinigeren Affekten und mit seiner Bereitschaft zu raschen Umsprüngen durchscheinen, zeigt beispielsweise folgende Beschreibung dessen, was Kinder an Filmen lieben (Daily Telegraph, 12. Febr. 37): "Children, especially young children, like aggression . . . They favour action, action and more action. They are not averse from the shedding of blood, but it must be dark

Anmerkungen zum „Entwurf zu einer Theorie der Zivilisation".

blood. Virtue triumphant is cheered to the echo; villainy is booed with a fine enthusiasm. When scenes of one alternate with scenes of the other, as in sequences of pursuit, the transition from the cheer to the boo is timed to a split second."

Mit der anderen Windstärke der emotionalen Äußerungen, mit der Höhe ihres Ausschlags nach beiden Seiten hin, nach der Seite der Furcht wie der Lust, der Abneigung wie der Zuneigung, hängt auch der spezifische Aufbau der Tabus in einfacheren Gesellschaften aufs engste zusammen. Es ist oben bereits darauf hingewiesen worden (S. 321ff. bes. S. 326/27, vgl. a. Bd. I S. 157ff.), daß im abendländischen Mittelalter nicht nur die Trieb- und Affektäußerungen nach der Lustseite hin, sondern auch die Verbote, etwa die Tendenzen zur Selbstqual und zur Askese, stärker, intensiver und daher rigoroser waren als auf späteren Stufen des Zivilisationsprozesses.

Vgl. hierzu auch R. H. Lowie, Food Etiquette, in "Are we civilized?", London 1929, S. 48: "... the savage rules of etiquette are not only strict, but formidable. Nevertheless, to us their table manners are shoking."

[133]) Vgl. Ch. H. Judd, The Psychology of Social Institutions, New York 1926, S. 105ff. Vgl. a. S. 32ff. u. S. 77ff.

[134]) Einl. zu der franz. Übersetzung v. Grazians „Handorakel", geschrieben von Amelot de la Houssaie, Paris 1684. Gracians "Oraculo Manuale", erschienen 1647, erlebte unter dem Namen "L'Homme de Cour" während des 17. und 18. Jahrhunderts in Frankreich allein etwa zwanzig verschiedene Auflagen. Es ist gewissermaßen das erste Handbuch der höfischen Psychologie, ähnlich wie Machiavell's Buch über den Fürsten das erste, das klassische Handbuch der höfisch-absolutistischen Politik ist. Allerdings scheint Machiavelli in höherem Maße vom Standort des Fürsten zu sprechen als Gracian. Er rechtfertigt mehr oder weniger die „Staatsräson" des werdenden Absolutismus. Gracian, der spanische Jesuit, verachtet im Grunde seines Herzens die Staatsräson. Er macht sich selbst und anderen die Regeln des großen höfischen Spiels als etwas klar, dem man sich fügen muß, weil es nun einmal nicht anders geht.

Nicht wenig bezeichnend aber ist, daß trotz dieses Unterschiedes sowohl die Verhaltensweisen, die Machiavelli, wie die Verhaltensweisen, die Gracian in seinem Buche festhält, den bürgerlich-mittelständischen Menschen als mehr oder weniger „unmoralisch" erscheinen, obgleich es an Verhaltensweisen und Empfindungen verwandter Art ganz gewiß auch in der bürgerlichen Welt nicht fehlt. Auch in dieser Verdammung der höfischen Psychologie und

Anmerkungen zum „Entwurf zu einer Theorie der Zivilisation".

der höfischen Verhaltensweisen durch die nicht-höfisch bürgerlichen Menschen kommt der spezifische Unterschied in der gesamten gesellschaftlichen Modellierung zum Ausdruck, die die Menschen hier und dort erfahren. Die gesellschaftlichen Gebote und Verbote werden in den nicht-höfisch bürgerlichen Schichten anders in den Seelenhaushalt eingebaut als in den höfischen. Die Überichbildung ist dort weit straffer und in vieler Hinsicht strenger als hier. Die kriegerische Seite des alltäglichen Umgangs zwischen den Menschen verschwindet zwar auch in der mittelständisch-bürgerlichen Welt ganz gewiß nicht aus der Praxis, aber sie wird hier weit stärker als in der höfischen aus dem, was ein Schriftsteller, was ein Mensch überhaupt aussprechen darf, und nach Möglichkeit schlechterdings aus dem Bewußtsein verbannt.

In den höfisch-aristokratischen Schichten ist das „Du sollst" sehr oft nicht mehr als ein Gebot der Lebensklugheit, diktiert durch praktische Notwendigkeiten des Umgangs mit anderen Menschen; und auch dem Erwachsenen entschwindet in diesen Kreisen niemals aus dem Bewußtsein, daß es sich dabei um Gebote handelt, die er sich auferlegen muß, weil er mit anderen Menschen zusammenlebt. In den mittelständisch-bürgerlichen Schichten werden häufig die entsprechenden Gebote und Verbote bei dem Einzelnen von klein auf weit tiefer verankert, nicht als praktische Regeln der Lebensweisheit, sondern als halbautomatisch funktionierende Gewissensimpulse. Daher mischt sich hier das „Du sollst" und „Du sollst nicht" des Überich auch weit beständiger und stärker in die Verarbeitung und Beobachtung dessen, was ist, ein. Um aus den unzähligen Beispielen, die sich anführen ließen, wenigstens eines hier einzufügen: Gracian sagt in seiner Anweisung «Connaître à fond le caractère de ceux avec qui l'on traite» (Nr. 273) u. a.: «N'attends presque rien de bon de ceux qui ont quelque défaut naturel au corps; car ils ont coutume de se venger de la Nature ...». Eine der mittelständischen englischen Manierenschriften des 17. Jahrhunderts, die ebenfalls weite Verbreitung fand und von der die bekannten Regeln George Washingtons abstammen, Youth's Behaviour von Francis Hawkins (1646) stellt das „Du sollst nicht" voran und gibt damit dem Verhalten, wie der Beobachtung in dem gleichen Falle eine andere, eine moralische Wendung (Nr. 31): "Scorne not any for the infirmityes of nature, which by no art can be amended, nor do thou delight to put them in minde of them, since it very oft procures envye and promotes malice even to revenge."

Man findet mit einem Wort bei Gracian, wie nach ihm etwa bei La Rochefoucauld und bei La Bruyère in der Form von allgemeinen Maximen alle jene Verhaltensweisen wieder, denen man z. B. bei

Anmerkungen zum „Entwurf zu einer Theorie der Zivilisation".

St.-Simon in der Praxis des höfischen Lebens selbst begegnet. Man findet hier immer von neuem Hinweise auf die Notwendigkeit zur Zurückhaltung der Affekte: (Nr. 287) N'agir jamais durant la passion. Autrement, on gâtera tout. Oder (Nr. 273): L'homme prévenu de passion parle toujours un langage différent de ce que sont les choses, la passion parle en lui et non la raison. Man findet hier die Anweisung zu einer „psychologischen Einstellung", zu einer ständigen Charakterbeobachtung (Nr. 273): Connaître à fond le caractère de ceux avec qui l'on traite. Oder als deren Resultat die Feststellung (Nr. 201): Tous ceux qui paraissent fou, le sont, et encore la moitié de ceux, qui ne le paraissent pas. Die Notwendigkeit der Selbstbeobachtung (Nr. 225): Connaître son défaut dominant. Die Notwendigkeit der halben Wahrheit (Nr. 210): Savoir jouer de la vérité. Die Einsicht, daß die wirkliche Wahrheit in der Wahrhaftigkeit der ganzen Existenz, in der Substanzialität eines Menschen liegt, nicht in dem einzelnen Wort (Nr. 175): L'homme substantiel. Il n'y a que la Vérité, qui puisse donner une véritable réputation; et que la substance, qui tourne à profit. Die Notwendigkeit der Langsicht (Nr. 151): Penser aujourd'hui pour demain, et pour longtemps. Mäßigung in allem (Nr. 82): Un Sage a compris toute la sagesse en ce précepte, RIEN DE TROP. Die spezifisch höfischaristokratische Form der Vollendung, die völlige Abrundung der gemäßigten und ungebildeten Triebnatur, die Leichtigkeit, der Charme, die neue Schönheit des zum Menschen verwandelten Tieres (Nr. 127): Le JE-NE-SAIS-QUOI. Sans lui toute beauté est morte, toute grâce est sans grâce ... Les autres perfections sont l'ornement de la Nature, le Je-ne-sais-quoi est celui des perfections. Il se fait remarquer jusque dans la manière de raisonner ... Oder, von einer anderen Seite her, Der Mensch ohne Affektiertheit (Nr. 123): L'homme sans affectation. Plus il y a de perfections, et moins il y a d'affectation. Les plus éminentes qualités perdent leur prix, si l'on y découvre de l'affectation, parce qu'on les attribue plutôt à une contrainte artificieuse qu'au vrai caractère de la personne. Krieg zwischen Mensch und Mensch ist unvermeidlich; führe ihn anständig (Nr. 165): Faire bon guerre. Vaincre en scélérat, ce n'est pas vaincre; mais bien se laisser vaincre. Tout ce qui sent la trahison, infecte le bon renom. Immer wieder kehrt in diesen Verhaltensvorschriften die Begründung durch die Rücksicht auf andere Menschen, durch die Notwendigkeit, sich eine gute Reputation, einen guten „renom" zu erhalten, mit einem Wort die Begründung durch innerweltliche, durch gesellschaftliche Notwendigkeiten. Die Religion spielt in ihnen eine geringe Rolle. Gott erscheint nur am Rand und am Ende, wie etwas außerhalb dieses Menschenkreises. Auch alles Gute kommt dem Menschen von anderen Menschen zu (Nr. 111): Faire des amis. Avoir des amis, c'est un second être ... tout ce que nous avons de bon dans la vie, dépend d'autrui.

Diese Begründung der Gebote und Vorschriften nicht durch ein ewiges moralisches Gesetz, sondern durch „äußere" Notwendigkeiten, durch den Hinweis auf andere Menschen, sie vor allem trägt dazu bei, daß diese Maximen und die gesamte höfische Verhaltenslehre dem bürgerlich-mittelständischen Betrachter als mehr oder weniger „amoralisch" oder zum mindesten als „peinlich realistisch" erscheinen. Der Verrat etwa, so empfindet man es in der bürgerlichen Welt, muß dem Menschen verboten werden nicht aus praktischen Gründen, nicht aus Rücksicht auf den „guten Ruf" bei anderen Menschen, sondern durch eine innere Stimme, durch das Gewissen, mit einem Wort durch ein Gebot der Moral. Der gleiche Wandel im Aufbau der Gebote und Verbote, der sich oben bei der Untersuchung der Eßgebräuche, des Waschens und anderer elementarer Verrichtungen zeigte, tritt auch hier zutage. Verhaltensregelungen, die sich im höfisch-aristokratischen Kreise auch bei den Erwachsenen noch ziemlich unmittelbar durch die Rücksicht auf andere Menschen, durch die Furcht vor anderen Menschen erhalten, werden in der bürgerlichen Welt dem Einzelnen mehr als ein Selbstzwang eingeprägt. Sie werden in den Erwachsenen nicht mehr unmittelbar durch die Furcht vor anderen Menschen reproduziert und wachgehalten, sondern durch eine „innere" Stimme, durch eine von dem eigenen Überich her automatisch reproduzierte Angst, kurz durch ein moralisches Gebot, das keiner Begründung bedarf.

[135]) Siehe üb. d. Proz. d. Ziv. Bd. I S. 145ff.

[136]) Ch. H. Haskins, The Spread of ideas in the Middle Ages, in Studies in Mediaeval Culture, Oxford 1929, S. 92ff.

[137]) Siehe oben S. 88ff. Neben den Minneliedern gibt es eine Fülle von anderen Materialien, die diesen Standard zum Teil noch deutlicher zeigen, etwa die kleine Prosaschrift des Andreas Capellanus aus dem Kreise der Marie v. Champagne „De Amore" und die gesamte Literatur des mittelalterlichen Frauenstreits.

[138]) Ch. H. Haskins a. a O. S. 94.

[139]) Üb. d. Proz. d. Ziv. Bd. I S. 283ff.

[140]) Siehe oben S. 8ff.

[141]) La Bruyère, Caractères, Paris, De la Cour, 1922 (Hachette) Oeuvres Bd. II, S. 237 Nr. 64; siehe auch S. 248 Nr. 99: «Dans cent ans le monde subsistera encore en son entier: ce sera le même théâtre et les mêmes décorations, ce ne seront plus les mêmes acteurs. Tout ce qui se réjouit sur une grâce reçue, ou ce qui s'attriste et se désespère sur un refus, tous auront disparu de dessus la scène. Il s'avance

Anmerkungen zum „Entwurf zu einer Theorie der Zivilisation".

déjà sur le théâtre d'autres hommes qui vont jouer dans une même pièce les mêmes rôles ... Quel fond à faire sur un personnage de comédie!» Wie stark ist hier noch das Gefühl von der Unveränderlichkeit, und damit auch von der Unentrinnbarkeit der bestehenden Ordnung, wieviel stärker als in jener späteren Phase, in der der Begriff der «civilisation» an die Stelle des Begriffs der «civilité» zu treten beginnt.

Zu dessen Entwicklung vergleiche auch in dem Abschnitt «Des Jugements»: «Tous les étrangers ne sont pas Barbares, et tous nos Compatriotes ne sont pas civilisez.»

[142]) La Bruyère a. a. O. S. 247 Nr. 94.

[143]) La Bruyère a. a. O. S. 211 Nr. 2; siehe auch S. 211 Nr. 10: «La cour est comme un édifice bâti de marbre: je veux dire qu'elle est composé d'hommes fort durs, mais fort polis.» Vgl. auch Anm. 134.

[144]) St.-Simon a. a. O. S. 63.

[145]) Über die Proz. d. Ziv. Bd. I S. 89ff., bes. S. 100/1.

[146]) Ranke, Französische Geschichte, Buch 10, Kap. 3.

[147]) St.-Simon a. a. O. Bd. 22 S. 20 u. S. 22f. (1711). Es handelt sich bei diesen Unterhaltungen um nichts Geringeres, als um den Versuch, den Thronfolger für eine andere Regierungsform zu gewinnen, für eine Regierungsform, bei der die Balance zwischen den Angehörigen bürgerlicher Spitzengruppen und den adligen Spitzengruppen am Hof zugunsten der letzteren verschoben werden soll. Die Macht der «Pairs» — das ist das Ziel St.-Simons und seiner Freunde — soll wiederhergestellt werden. Insbesondere sollen die höheren Staatsämter, die Ministerposten aus den Händen der Bürgerlichen in die Hände des hohen Adels übergehen. Ein Versuch in dieser Richtung wird dann in der Tat sofort nach dem Tode Ludwigs XIV. durch den Regenten und unter regster Anteilnahme von St.-Simon unternommen. Er scheitert. Was dem englischen Adel weitgehend gelingt, die Stabilisierung einer Adelsherrschaft, bei der verschiedene Gruppen und Kliquen des Adels nach mehr oder weniger strengen Spielregeln um die Besetzung der entscheidenden politischen Machtpositionen miteinander ringen, das mißlingt dem französischen Adel. Die Spannungen und Interessengegensätze zwischen den Spitzengruppen des Adels und denen des Bürgertums sind in Frankreich unvergleichlich viel größer als in England. Sie bleiben unter der Decke des Absolutismus unablässig spürbar. Aber der Kampf wird, wie in jeder starken Einherrschaft, in der Umgebung des Herrschers, im Spitzenkreise, hinter verschlossenen Türen geführt. St.-Simon ist einer der Hauptexponenten dieses geheimen Ringens.

Anmerkungen zum „Entwurf zu einer Theorie der Zivilisation".

[148]) Über d. Proz. d. Ziv. Bd. I S. 286ff. Zu dem allgemeinen Problem des Schamempfindens vgl. auch The Spectator, 1807, Bd. 5, Nr. 373: "If I was put to define Modesty, I would call it, The reflection of an ingenuous Mind, either when a Man has committed an Action for which he censures himself, or fancies that he is exposed to the Censure of others." Siehe dort auch d. Bemerkung über den Unterschied des Schamempfindens bei Männern und Frauen.

[149]) Über d. Proz. d. Ziv. Bd. I, S. 164ff.

[150]) Dgl., S. 283ff.

[151]) Dgl., S. 145ff.

[152]) Man hat häufig versucht, den Nationalcharakter der Engländer oder einzelne seiner Züge aus der geographischen Lage ihres Landes, aus dem Inselcharakter zu erklären. Aber wenn der Inselcharakter einfach als eine Gegebenheit der Natur für den Nationalcharakter der Inselbewohner verantwortlich wäre, dann müßten alle anderen Inselnationen ähnliche Charakterzüge aufweisen, dann müßte zum Beispiel kein Volk in seinem Verhalten und seinem Habitus dem englischen näher stehen als etwa das japanische.

Es ist nicht die Insellage als solche, die dem Nationalcharakter der Inselbewohner das Gepräge gibt, sondern die Bedeutung, die diese Lage im Gesamtaufbau der Inselgesellschaft, im Gesamtzusammenhang ihrer Geschichte hat. Auf Grund eines eigentümlichen geschichtlichen Entwicklungsgangs führt zum Beispiel das Fehlen von Landgrenzen in England, anders als in Japan dazu, daß kriegerische Tüchtigkeit und, konkreter gesprochen, die Tätigkeit des Soldaten keinen besonders großen Prestigewert besitzt und nicht sehr hoch in der Rangordnung der sozialen Funktionen steht.

In England gelingt es dem relativ pazifizierten Adel zusammen mit bürgerlichen Spitzenschichten schon recht frühzeitig, die Verfügung der Könige über Waffen und Heer und ganz besonders auch die Verwendung der Gewaltinstrumente im Lande selbst stark zu beschränken und einer ziemlich strikten Kontrolle zu unterwerfen. Und dieser Aufbau des Gewaltmonopols, ermöglicht in der Tat nur durch den Inselcharakter des Landes, er hat ganz gewiß an der Bildung des spezifischen englischen Nationalcharakters keinen geringen Anteil. Wie eng bestimmte Züge der englischen Überichbildung oder, wenn man will, der Gewissensbildung mit diesem Aufbau des Gewaltmonopols zusammenhängen, zeigt noch heute der besondere Spielraum, der in England dem "conscientious objector" dem, der aus Gewissensgründen jeden Waffendienst verweigert, gegeben ist oder die weitverbreitete Empfindung, daß die allgemeine Wehrpflicht eine entschiedene und gefährliche Freiheitsbeschränkung des Individuums bedeutet. Man geht wahrscheinlich nicht fehl in

Anmerkungen zum „Entwurf zu einer Theorie der Zivilisation".

der Annahme, daß non-konformistische Bewegungen und Organisationen nur deswegen in England durch die Jahrhunderte hin so stark und so lebendig zu bleiben vermochten, weil der offiziellen Kirche von England nicht in dem gleichen Maße ein Polizei- und Militärapparat zur Seite stand, wie etwa den Landeskirchen in den protestantischen Staaten Deutschlands. Und jedenfalls steht die Tatsache, daß der Fremdzwang der Waffengewalt in England schon relativ früh weit weniger unmittelbar auf den Einzelnen einwirkte als in irgendeinem der großen kontinentalen Länder in engstem Zusammenhang mit der anderen Tatsache, daß der Zwang, den der Einzelne auf sich selbst auszuüben gehalten war, der Selbstzwang, besonders in allem, was das staatliche Leben betrifft, in England stärker und allseitiger wurde, als in den großen Nationen des Kontinents. Auf diese Weise, als Element der Gesellschaftsgeschichte, wirkt in der Tat der Inselcharakter und die gesamte Natur des Landes auf den verschiedensten Wegen an der Prägung des Nationalcharakters mit.

[153]) Über den Proz. d. Ziv. Bd. I, S. 17ff. S. 96ff. und S. 310 Anm. Anm. 30. Vgl. hierzu auch A. Loewe, The Price of Liberty, London 1937. S. 31: "The educated German of the classical and post-classical period is a dual being. In public life he stands in the place which authority has decreed for him, and fills it in the double capacity of superior and subordinate with complete devotion to duty. In private life he may be a critical intellectual or an emotional romantic ... This educational system has come to grief in the attempt to achieve a fusion of the bureaucratic and the humanist ideals. It has in reality created the introverted specialist, unsurpassed in abstract speculation and in formal organization, but incapable of shaping a real world out of his theoretical ideas. The English educational ideal does not know this cleavage between the world within and the world without . . . .

[154]) Siehe oben S. 88ff.

[155]) Siehe oben S. 135f. und S. 142ff. Daß die Stärke der Spannungen zwischen verschiedenen Herrschaftseinheiten mit der Stärke der Spannungen und der gesamten Gesellschaftsordnung innerhalb ihrer unablösbar verbunden ist, wurde oben schon mehrfach hervorgehoben. Zusammenhänge dieser Art bestehen, so wurde gezeigt, schon in der vorwiegend natural wirtschaftenden Feudalgesellschaft der abendländischen Frühzeit. Der Bevölkerungsdruck, der auch in ihr zu Expansions- und Konkurrenzkämpfen verschiedener Art führt, etwa zu dem Verlangen nach einem Stück Land bei den ärmeren Kriegern, zu einem Verlangen nach mehr Land, nach Ausdehnung des eigenen Besitzes auf Kosten von anderen, bei reicheren Kriegern,

Anmerkungen zum „Entwurf zu einer Theorie der Zivilisation".

bei Grafen, Fürsten und Königen, dieser Bevölkerungsdruck ist nicht einfach eine Folge des Bevölkerungswachstums, sondern eine Folge des Bevölkerungswachstums im Zusammenhang mit den damals bestehenden Besitzverhältnissen, mit der Monopolisierung des wichtigsten Produktionsmittels dieser Gesellschaft durch einen Teil der Krieger. Der Boden war von einem bestimmten Zeitpunkt an in festem Besitz; der Zugang zu ihm wurde für Familien und Individuen, die nicht schon „besaßen", immer schwerer; die Besitzverhältnisse versteiften sich mehr und mehr. Bei dieser gesellschaftlichen Konstellation übte das weitere Wachstum der Bevölkerung in der Bauern- wie der Kriegerschicht und das ständige Absinken vieler Existenzen von ihrem Standard einen Druck aus, der in der ganzen Gesellschaft von unten bis oben, in den einzelnen Territorien, wie zwischen ihnen, die Spannungen und Konkurrenzkämpfe verschärfte und die Konkurrenzmechanismen in Gang hielt (siehe oben S. 48, S. 58, S. 76ff.). Genau so ist auch in der industriellen Gesellschaft für den Druck innerhalb der einzelnen Herrschaftseinheiten nicht die absolute Bevölkerungsziffer und ganz gewiß nicht die Bevölkerungszunahme schlechthin verantwortlich, sondern die Bevölkerungsdichte im Zusammenhang mit den bestehenden Besitzverhältnissen, mit dem Verhältnis derer, die in Form eines ungeordneten Monopols über Besitzchancen verfügen, zu jenen anderen, die nicht über solche Chancen verfügen.

Daß der gesellschaftliche Druck in verschiedenen Herrschaftseinheiten des Abendlandes verschieden groß ist, lehrt auch die oberflächlichste Betrachtung. Aber wir besitzen heute noch keine sehr brauchbaren Denkinstrumente, um diese Druckverhältnisse sorgfältig zu analysieren, und keine präzisen Beobachtungsschemata, um die Stärke des Drucks, etwa durch einen Vergleich verschiedener Herrschaftseinheiten, genau zu bemessen. Soviel ist klar, daß dieser „innere Druck" der Beobachtung und Analyse am ehesten von der Seite des Lebensstandards her zugänglich wird, wenn man dabei nicht nur die jeweilige Kaufkraft des Einkommens, sondern auch die Arbeitszeit und die Arbeitsintensität in Betracht zieht, die notwendig sind, um dieses Einkommen zu erlangen. Und überdies gewinnt man noch nicht den rechten Zugang zum Verständnis der Druck- und Spannungsverhältnisse eines Menschenverbandes, wenn man den Lebensstandard seiner verschiedenen Schichten statisch, nämlich für einen bestimmten Zeitpunkt, mit dem von anderen Verbänden vergleicht, sondern es bedarf eines Vergleichs über längere Zeitstrecken hin. Die Stärke der Spannungen und der Bevölkerungsdruck in einer Gesellschaft erklärt sich sehr oft nicht aus der absoluten Höhe des jeweiligen Standards, sondern etwa aus

Anmerkungen zum „Entwurf zu einer Theorie der Zivilisation".

der Schärfe und Plötzlichkeit, mit der dieser Standard bei bestimmten Schichten von dem einen Niveau zum anderen sinkt. Man muß die Kurve, die geschichtliche Bewegung des Lebensstandards der verschiedenen Schichten eines Verbandes vor Augen haben, um die Druck- und Spannungsverhältnisse innerhalb seiner zu verstehen.

Dies ist der Grund, aus dem man nicht eine der industriellen Nationen für sich betrachten kann, wenn man von der Art und der Stärke der Druck- und Spannungsverhältnisse innerhalb ihrer ein klares Bild gewinnen will. Denn die Höhe des Lebensstandards, verschieden, wie sie bei verschiedenen Schichten des gleichen Verbandes ist, wird zugleich immer auch mit bestimmt durch die Stellung dieses gesamten Verbandes im funktionsteiligen Geflecht der verschiedenen Nationen und Herrschaftsverbände der Erde. Wenn nicht in allen, so doch zum mindesten in der Mehrzahl der industriellen Herrschaftsverbände Europas läßt sich der Lebensstandard, der im Zusammenhang mit der Industrialisierung selbst erreicht wurde, nur bei einer ständigen Einfuhr von Agrarprodukten und Rohstoffen aufrechterhalten. Diese Einfuhr kann nur bezahlt werden entweder durch Einnahmen aus einer entsprechend großen Ausfuhr oder durch Einnahmen aus Kapitalanlagen in anderen Ländern oder auch aus Goldreserven. So kommt es, daß nicht nur der innere Druck, das drohende oder aktuelle Absinken des Lebensstandards breiterer Schichten die Konkurrenzspannung zwischen verschiedenen industriellen Herrschaftseinheiten wach hält und unter Umständen verschärft, sondern diese zwischenstaatliche Konkurrenzspannung trägt auch ihrerseits unter Umständen in sehr erheblichem Maße zur Verstärkung des gesellschaftlichen Druckes in dem einen oder anderen Partner des Konkurrenzkreises der Nationen bei.

Bis zu einem gewissen Grade gilt das alles sicherlich auch von den Ländern, die vorwiegend Grundstoffe irgendeiner Art, die Agrarprodukte oder Rohstoffe ausführen. Es gilt in der Tat von allen Ländern, die einmal innerhalb des arbeitsteiligen Geflechts der verschiedenen Herrschaftsverbände in eine bestimmte Funktion hineingewachsen sind, und deren Lebensstandard sich dementsprechend nur aufrechterhalten läßt, wenn genügend Raum für eine entsprechende Ausfuhr oder Einfuhr vorhanden ist. Aber die Empfindlichkeit verschiedener Länder für Schwankungen des übernationalen Austauschs, für Niederlagen, für langsamere oder schnellere Verdrängungen im Konkurrenzkampf der Nationen ist sehr verschieden. Sie ist offenbar besonders stark bei Staatsverbänden mit relativ hohem Lebensstandard, bei denen sich die Balance zwischen

Anmerkungen zum „Entwurf zu einer Theorie der Zivilisation".

der eigenen Industrie- und der eigenen Agrarproduktion in beträchtlichem Maße zuungunsten der letzteren verschoben und die für beide Sektoren auf eine beträchtliche Einfuhr an Grundstoffen angewiesen sind, vor allem, wenn sie solche Rückschläge nicht durch Erträge aus ausländischen Kapitalanlagen oder durch Goldreserven zu parieren vermögen, und wenn überdies auch noch der Menschenexport, etwa in der Form von Auswanderern, unmöglich wird. Aber das ist eine Frage für sich, die einer genaueren Untersuchung bedürfte, als sie hier möglich ist. Erst durch sie, durch eine genauere Untersuchung in dieser Richtung, könnte man zum Beispiel auch ein besseres Verständnis dafür gewinnen, weshalb die Spannungen im Balancesystem der europäischen Staaten soviel stärker sind als etwa die Spannungen im Geflecht der süd- und mittelamerikanischen.

Wie dem auch sei, man hat oft die Vorstellung, es sei nur nötig, den wirtschaftlichen Konkurrenzkampf solcher hochindustrialisierten Staatsverbände dem freien Spiel der Kräfte zu überlassen, damit es allen Partnern im Spiele wohlergehe. Aber dieses freie Spiel der Kräfte ist in der Tat ein harter Konkurrenzkampf, der der gleichen Gesetzlichkeit unterliegt, wie jeder freie Konkurrenzkampf in anderen Sphären. Die Balance zwischen den konkurrierenden Staatsverbänden ist äußerst labil. Sie tendiert zu spezifischen Verschiebungen, deren Richtung allerdings nur bei einer recht langfristigen Beobachtung faßbar wird. Auch im Verlauf dieser wirtschaftlichen Konkurrenzkämpfe zwischen den hochindustrialisierten Nationen verschieben sich die Gewichte bei allem Hin und Her zugunsten der Einen und zuungunsten der Anderen. Die Aus- und Einfuhrmöglichkeiten der Schwächerwerdenden beschränken sich. Einem Verbande in dieser Lage bleibt — wie gesagt, wenn er die Schläge nicht durch Kapitalanlagen oder Goldreserven zu parieren vermag — nur eine von zwei Möglichkeiten: Er muß die Ausfuhr, etwa durch eine Senkung der Exportpreise, forcieren oder er muß die Einfuhr beschränken. Beides führt, mittelbarer oder unmittelbarer, zu einer Senkung des Lebensstandards seiner Angehörigen. Diese Senkung wird von denen, die innerhalb seiner monopolistisch über wirtschaftliche Chancen verfügen, nach Möglichkeit auf jene abgewälzt, die nicht über solche Monopolchancen verfügen; und diese von der Verfügung über Monopolchancen Ausgeschlossenen sehen sich so einem doppelten Ring von Monopolherren gegenübergestellt: Monopolherren im eigenen Verband und Monopolherren, die einen fremden Verband repräsentieren. Der Druck, der von ihnen ausgeht, trägt mit dazu bei, die eigenen Repräsentanten, er trägt dazu bei, den betreffenden Staatsverband als Ganzes zum

Anmerkungen zum „Entwurf zu einer Theorie der Zivilisation".

Konkurrenzkampf gegen andere Verbände zu treiben. Und so schrauben sich in der Tat die Spannungen innerhalb verschiedener Herrschaftseinheiten und die Spannungen zwischen ihnen gegenseitig in die Höhe. Dies ist ganz gewiß — das muß betont werden — nur eine aus einer ganzen Fülle verschiedener Verflechtungsreihen. Aber bereits die Erinnerung an diese eine Verflechtungsreihe, fragmentarisch, wie sie ist, vermag einen Eindruck von der Gewalt der Zwänge zu geben, die heute zwischenstaatliche Konkurrenzkämpfe und Monopolmechanismen in Gang halten.

[156]) Siehe oben S. 219—221. Eine zusammenfassende Darstellung der heutigen Theorien über die Entstehung von Staaten bei W. C. Macleod, The Origin and History of Politics a. a. O. S. 139ff.

[157]) Siehe oben S. 147ff.

[158]) Siehe oben S. 369ff., besonders S. 377ff.

[159]) Siehe oben S. 320ff., S. 348 und 406ff.

[160]) Siehe oben S. 346ff., S. 359, S. 365/6, S. 397ff., vgl. hierzu E. C. Parsons, Fear and Conventionality a. a. O. S. XIII: "Conventionality rests upon an apprehensive state of mind ..." und S. 73: "Table manners are, I suppose, one of our most marked class distinctions". Dort auch zitiert W. James, Principles of Psychology, New York 1890 S. 121: "Habit is thus the enormous fly-wheel of society, its most precious conservative agent. It alone is what keeps us all within the bounds of ordinance, and saves the children of fortune from the envious uprisings of the poor. It alone prevents the hardest and most repulsive walks of life from being deserted by those brought up to tread therein."

Auch die allgemeinere Frage, zu deren Lösung die vorliegende Arbeit beizutragen sucht, ist in der amerikanischen Sozialwissenschaft schon seit langem gestellt worden. So z. B. b. W. G. Sumner, Folkways, Boston 1907 S. 418: "When, therefore, the ethnographers apply condemnatory or depreciatory adjectives to the people whom they study, they beg the most important question which we want to investigate; that is, what are standards, codes, and ideas of chastity, decency, propriety, modesty etc. and whence do they arise? The ethnographical facts contain the answer to this question, but in order to reach it we want a colorless report of the facts." Es braucht kaum gesagt zu werden, daß das nicht nur für die Untersuchung fremder und einfacherer Gesellschaften gilt, sondern auch für die unserer eigenen Gesellschaft und deren Geschichte.

Besonders klar ist das Problem, um das sich die vorliegende Arbeit bemüht, in der neueren Zeit v. Ch. H. Judd, The Psychology of Social Institutions, New York 1926 formuliert worden, wenn auch die Lösung des Problems dort auf anderen Wegen versucht wird,

Anmerkungen zum „Entwurf zu einer Theorie der Zivilisation".

als hier (S. 276): "This chapter will aim to prove that the types of personal emotions which are known to civilized men are products of an evolution in which emotions have taken a new direction ... The instruments and means of this adaptation are the institutions, some of which have been described in foregoing chapters. Each institution as it has become established has developed in all individuals who come under its influence a mode of behavior and emotional attitude which conform to the institution. The new mode of behavior and the new emotional attitude could not have been perfected until the institution itself was created.

The effort of individuals to adapt themselves to institutional demands results in what may be properly described as a wholly new group of pleasures and displeasures."

Alle Sperrungen in den Zitaten beider Bände vom Verfasser.

Inhalt des zweiten Bandes

Drittes Kapitel: *Zur Soziogenese der abendländischen Zivilisation* 1
  1. Überblick über die höfische Gesellschaft 1
  2. Kurze Vorschau über die Soziogenese des Absolutismus . . 8
  3. Über die Entwicklungsmechanik der Gesellschaft im Mittelalter 14
Erster Teil: Mechanismen der Feudalisierung 14
  I. Einleitung 14
  II. Zentralisierende und dezentralisierende Kräfte in der mittelalterlichen Herrschaftsapparatur 17
  III. Die Bevölkerungszunahme nach der Völkerwanderung . 37
  IV. Einige Beobachtungen zur Soziogenese der Kreuzzüge . 48
  V. Ausdehnung der Gesellschaft im Innern. Bildung neuer Organe und Instrumente 58
  VI. Über einige neue Elemente im Aufbau der mittelalterlichen Gesellschaft, verglichen mit der antiken . . . 68
  VII. Zur Soziogenese des Feudalismus 76
  VIII. Zur Soziogenese des Minnesangs und der courtoisen Umgangsformen 88
Zweiter Teil: Zur Soziogenese des Staates 123
  I. Die erste Station des aufsteigenden Königshauses: Konkurrenzkämpfe und Monopolbildung im Rahmen eines Territoriums 123
  II. Exkurs über einige Unterschiede im Entwicklungsgang Englands, Frankreichs und Deutschlands 129
  III. Über den Monopolmechanismus 143
  IV. Die frühen Konkurrenzkämpfe im Rahmen des Königsreichs 160
  V. Neue Stärkung der zentrifugalen Kräfte: Der Konkurrenzkreis der Prinzen 180
  VI. Die letzten, freien Konkurrenzkämpfe und die endgültige Monopolstellung des Siegers 204
  VII. Die Gewichtsverteilung im Innern der Herrschaftseinheit. Ihre Bedeutung für die Zentralgewalt. Die Bildung des «Königsmechanismus» 222
  VIII. Zur Soziogenese des Steuermonopols 279
Zusammenfassung: *Entwurf zu einer Theorie der Zivilisation* . 312
  I. Der gesellschaftliche Zwang zum Selbstzwang 312
  II. Ausbreitung des Zwangs zur Langsicht und des Selbstzwangs 336

Inhalt

III. Verringerung der Kontraste, Vergrößerung der Spielarten	342
IV. Die Verhöflichung der Krieger	351
V. Die Dämpfung der Triebe. Psychologisierung und Rationalisierung	369
VI. Scham und Peinlichkeit	397
VII. Stärkere Bindung der Oberschicht. Stärkerer Auftrieb von unten	409
VIII. Überblick	434
Anmerkungen zum dritten Kapitel	455
Anmerkungen zum «Entwurf zu einer Theorie der Zivilisation»	475

suhrkamp taschenbücher wissenschaft

stw 65 Willard Van Orman Quine
Grundzüge der Logik
Aus dem Amerikanischen von Dirk Siefkes
344 Seiten
Nachdem die »mathematische« oder »formale« Logik in Deutschland lange Zeit fast nur ein mathematischer Forschungszweig war, haben jetzt Philosophen und Linguisten, aber auch Juristen und viele andere dieses Gebiet entdeckt. Die Logik dient zunächst als Werkzeug, vielleicht auch nur zur Denkschulung; später erkennt man in den formalen sprachlichen Strukturen Muster des Denkens; schließlich werden so die Grenzen und die Möglichkeiten der Sprache, damit auch des Menschen, in seltener Schärfe klar.

stw 6 Jean Piaget
Einführung in die genetische Erkenntnistheorie
Vier Vorlesungen
Aus dem Amerikanischen von Friedhelm Herborth
104 Seiten
»Die Forschungen über genetische Erkenntnistheorie versuchen, die Mechanismen zu analysieren, nach denen Erkenntnis – sofern sie zu wissenschaftlichem Denken gehört – sich entwickelt ...«   Bärbel Inhelder

stw 138 F. W. J. Schelling
*Philosophische Untersuchungen über das Wesen
der menschlichen Freiheit
und die damit zusammenhängenden Gegenstände*
Mit einem Essay von Walter Schulz
Freiheit und Geschichte
in Schellings Philosophie
128 Seiten

Schellings Philosophie, zumal seine Spätphilosophie, die er zuerst in der Schrift *Philosophische Untersuchungen über das Wesen der menschlichen Freiheit und die damit zusammenhängenden Gegenstände* (1809) entfaltet hat, hebt die klassische Metaphysik des Geistes auf. Sie weist auf die philosophischen Systeme Schopenhauers und Nietzsches sowie auf deren wissenschaftliche Fortbildung in der modernen Anthropologie und Psychoanalyse voraus. Ebendies arbeitet Walter Schulz in seinem Essay *Freiheit und Geschichte in Schellings Philosophie* heraus.

stw 139 *Materialien zu*
Schellings philosophischen Anfängen
Herausgegeben von
Manfred Frank und Gerhard Kurz
480 Seiten
Schellings philosophische Anfänge sind noch weitgehend unaufgeklärt. Der vorliegende Materialienband macht daher in erster Linie auf ein Desiderat der Forschung aufmerksam: Welche Bedeutung hat Schellings Philosophie für die Entwicklung des Deutschen Idealismus? Welche politischen Implikationen hat seine Philosophie? – Der Band bietet unter zugleich chronologischen und systematischen Gesichtspunkten Quellen und Abhandlungen zu wesentlichen Aspekten der Frühphilosophie Schellings.

stw 32 Helmut Spinner
Pluralismus als Erkenntnismodell
300 Seiten
Der vorliegende Band enthält drei selbständige Abhandlungen, in denen das pluralistische Erkenntnismodell aus der Popperschen Konzeption eines fallibilistischen Kritizismus systematisch entwickelt und in Rückanwendung auf Poppers eigenen Denkweg zur Kritik seiner Spätphilosophie des kritischen Rationalismus eingesetzt wird, deren konservative Tendenzen mit dem radikalkritischen Erkenntnisprogramm eines konsequent durchgehaltenen fallibilistischen Pluralismus kollidieren. Gegen Poppers eigene Philosophie des kritischen Rationalismus, aus deren Schule der Autor hervorgegangen ist und deren Ansatz eines rechtfertigungsfreien Kritizismus er weiterführt, wird in diesem Buch die These vertreten, daß der Feyerabendsche Pluralismus die konsequente Weiterentwicklung des fallibilistischen Kritizismus verkörpert.

Literatur der Psychoanalyse

Herausgegeben von Alexander Mitscherlich

Die Psychoanalyse ist in Deutschland noch immer eine im Auf- und Ausbau begriffene Wissenschaft; bestimmte, in den Ländern der Emigration gemachte Fortschritte muß sie erst einholen. Die Information über psychoanalytische Theorie und Therapie ist unter Ärzten, Richtern, Erziehern noch immer unzureichend. Nach Jahrzehnten vorurteilsvoller Ablehnung und Unterdrückung machen sich jetzt neue Gefahren bemerkbar. Eine starke Strömung versucht, die psychoanalytisch gewonnenen Einsichten für heteronome Zwecke auszubeuten und die psychoanalytische Theorie anderen Formen von Herrschaftswissen anzugleichen. Nicht weniger gefährlich ist die Tendenz, der Psychoanalyse magische Fähigkeiten zuzutrauen und sie sektiererischen Zwecken dienstbar zu machen.

Die Beiträge der Reihe Literatur der Psychoanalyse wollen die Informationslücken schließen, den gerade vorherrschenden Revisionsversuchen das Original der Sache gegenüberstellen und die irreale Überschätzung der Psychoanalyse realistisch korrigieren.

Die Publikationen der Reihe gliedern sich im wesentlichen in die folgenden fünf Gruppen:

1. *Theoretische Grundkonzepte, Struktur der psychoanalytischen Theorie (Metapsychologie)*
2. *Neurosenlehre und psychosomatische Medizin*
3. *Sozialisationstheorie und Sozialpsychologie*
4. *Anwendung psychoanalytischer Theorien in den Wissenschaften vom Menschen (Rechtsprechung und Strafvollzug; Erziehung; Geschichtsschreibung; Literaturwissenschaft usw.)*
5. *Geschichte und Selbstreflexion der Psychoanalyse*

Lieferbare Titel:

Argelander, Hermann
Der Flieger. Eine charakteranalytische Fallstudie. 1972. 116 Seiten. Kart.

Balint, Michael / Paul H. Ornstein / Enid Balint
Fokaltherapie. Ein Beispiel angewandter Psychoanalyse.
Aus dem Englischen von Käte Hügel. 1973. 216 Seiten.
Kart.

Balint, Enid / S. Norell (Hrsg.)
Fünf Minuten pro Patient. Psychotherapeutische Möglichkeiten des praktischen Arztes. Balints ›flash‹-Therapie. Aus dem Englischen von Käte Hügel. 1974. 220 Seiten. Kart.

Bellak, Leopold / Leonard Small
Kurzpsychotherapie und Notfall-Psychotherapie. Herausgegeben von Alexander Mitscherlich. Aus dem Englischen von Hermann Schultz. 1972. 498 Seiten. Kart.

Dahmer, Helmut
Libido und Gesellschaft. Studien über Freud und die Freudsche Linke. 1973. 468 Seiten. Kart.

Dolto, Françoise
Psychoanalyse und Kinderheilkunde. Die großen Begriffe der Psychoanalyse. Sechzehn Kinderbeobachtungen. Aus dem Französischen von Eva Moldenhauer. 1973. 304 Seiten. Kart.

Drews, Sibylle / Karen Brecht
Psychoanalytische Ich-Psychologie. Grundlagen und Entwicklung. 323 Seiten. Kart.

Erikson, Erik H.
Lebensgeschichte und historischer Augenblick. 1976. Etwa 350 Seiten. Kart.

Grunberger, Béla
Vom Narzißmus zum Objekt. Aus dem Französischen von Peter Canzler. 1976. 336 Seiten. Kart.

Jacobson, Edith
Das Selbst und die Welt der Objekte. Aus dem Amerikanischen von Klaus Kennel. 1974. 272 Seiten. Kart.

Jones, Ernest
Zur Psychoanalyse der christlichen Religion. Mit einem Nachwort von Helmut Dahmer. 1970. 160 Seiten. Kart.

Kohut, Heinz
Narzißmus. Eine Theorie der psychoanalytischen Behandlung narzißtischer Persönlichkeitsstörungen. Aus dem Englischen von Lutz Rosenkötter. 1973. 388 Seiten. Kart. 1976. stw 157. 400 Seiten.

Laplanche, Jean / J.-B. Pontalis
Das Vokabular der Psychoanalyse. Aus dem Französischen von Emma Moersch. 1972. 656 Seiten. Leinen. 1973. stw 7. 2 Bände. 652 Seiten.

Lidz, Theodore
Das menschliche Leben. Die Entwicklung der Persönlichkeit im Lebenszyklus. Aus dem Amerikanischen von Ludwig Haesler. 1970. 788 Seiten. Leinen. WSA. Kart. 1974. st 162. 2 Bände. 816 Seiten.

Lorenzer, Alfred
Sprachzerstörung und Rekonstruktion. Vorarbeiten zu einer Metatheorie der Psychoanalyse. 1970. vergriffen. 1973. stw 31. 256 Seiten.

Mendel, Gérard
Generationskrise. Eine soziopsychoanalytische Studie. Aus dem Französischen von Eva Moldenhauer. 1972. 250 Seiten. Kart.

Menninger, Karl
Selbstzerstörung. Psychoanalyse des Selbstmords. Aus dem Amerikanischen von Hilde Weller. 1974. 520 Seiten. Leinen.

Objekte des Fetischismus
Herausgegeben von J.-B. Pontalis. Aus dem Französischen von Eva Moldenhauer. 1972. vergriffen. 1975. WSA. 380 Seiten. Kart.

Parker, Beulah
Chronik einer gestörten Familie. Aus dem Amerikanischen von Hilde Weller. 1975. 344 Seiten. Kart.

Psychoanalyse und Justiz
Theodor Reik: Geständniszwang und Strafbedürfnis. Franz Alexander und Hugo Staub: Der Verbrecher und sein Richter. Nachwort von Tilmann Moser. 1971. 436 Seiten. Kart. 1974. st 167.

Psycho-Pathographien I
Schriftsteller und Psychoanalyse. Einleitung von Alexander Mitscherlich. 1972. 290 Seiten. Kart.

Rangell, Leo
Gelassenheit und andere menschliche Möglichkeiten. Aus dem Amerikanischen von Annemarie Droß und Reinhard Kaiser. 1975. 378 Seiten. Kart.

Redlich, F. C./D. X. Freedman
Theorie und Praxis der Psychiatrie. Aus dem Amerikanischen von Hermann Schultz und Hilde Weller. 1970. 1202 Seiten. Leinen. WSA. 1974. 2 Bände. Kart. 1976. stw 148. 2 Bände.

Reik, Theodor
Der eigene und der fremde Gott. Zur Psychoanalyse der religiösen Entwicklung. Mit einem Vorwort von Alexander Mitscherlich. 1972. 251 Seiten. Kart. 1975. st 221.

Roazen, Paul
Politik und Gesellschaft bei Sigmund Freud. Aus dem Englischen von Hilde Weller. 1971. vergriffen. 1975. WSA. 344 Seiten. Kart.

Schilder, Paul
Entwurf zu einer Psychiatrie auf psychoanalytischer Grundlage. Mit einem Vorwort von Helm Stierlin. 1973. 216 Seiten. Kart.

Schur, Max
Sigmund Freud. Leben und Sterben. Mit vielen unveröffentlichten Briefen Freuds. Sachregister. Aus dem Amerikanischen von Gert Müller. Unter Mitarbeit von Helen Schur, Christel Siepmann und Sophinette Becker. 1973. 700 Seiten. Leinen.

Socarides, Charles W.
Der offen Homosexuelle. Aus dem Amerikanischen von Nils Lindquist. 1971. 368 Seiten. Kart.

Starobinski, Jean
Psychoanalyse und Literatur. Aus dem Französischen von Eckhart Rohloff. 1974. 256 Seiten. Kart.

Stierlin, Helm
Das Tun des Einen ist das Tun des Anderen. Versuch einer Dynamik menschlicher Beziehungen. 1971. 152 Seiten. Kart. 1976. st 313.
– *Eltern und Kinder im Prozeß der Ablösung.* 1975. 370 Seiten. Kart.

Psychologie und Gesellschaft

A. Theorie und Geschichte

Cooper, David G.
Psychiatrie und Anti-Psychiatrie. 1971. 22. Tsd. 1975. es 497. 160 Seiten.

Dahmer, Helmut
Libido und Gesellschaft. Studien über Freud und die Freudsche Linke. 1973. LdP. 350 Seiten. Kart.

Deleuze, Gilles / Félix Guattari
Anti-Ödipus. Kapitalismus und Schizophrenie I. Aus dem Französischen von Bernd Schwibs. 1974. 529 Seiten. Leinen.

Foucault, Michel
Wahnsinn und Gesellschaft. Eine Geschichte des Wahns im Zeitalter der Vernunft. Aus dem Französischen von Ulrich Köppen. stw 39. 562 Seiten.

Fromm, Erich
Analytische Sozialpsychologie und Gesellschaftstheorie. 1970. 32. Tsd. 1972. es 425. 238 Seiten.

Jones, Ernest
Zur Psychoanalyse der christlichen Religion. Mit einem Nachwort von Helmut Dahmer. 1970. 5. Tsd. 1971. LdP. 160 Seiten. Kart.

Lacan, Jacques
Schriften I. Ausgewählt und herausgegeben von Norbert Haas. Aus dem Französischen von Norbert Haas, Klaus Laermann, Rodolphe Gasché und Peter Stehlin. 1975. stw 137. 245 Seiten.

Laing, Ronald D.
Phänomenologie der Erfahrung. Aus dem Englischen von Klaus Figge und Waltraud Stein. 1969. 46. Tsd. 1975. es 314. 154 Seiten.

Laing, Ronald D. / David G. Cooper
Vernunft und Gewalt. Aus dem Englischen von H. D. Teichmann. 1973. es 574. 143 Seiten. DM 5,-

Lang, Hermann
Die Sprache und das Unbewußte. Jacques Lacans Grundlegung der Psychoanalyse. 1973. 328 Seiten. Kart.

Leclaire, Serge
Der psychoanalytische Prozeß. Versuch über das Unbewußte und den Aufbau einer buchstäblichen Ordnung. Aus dem Französischen von Norbert Haas. 1975. stw 119. 173 Seiten.

Lorenzer, Alfred
Kritik des psychoanalytischen Symbolbegriffs. 1970. 17. Tsd. 1972. es 393. 144 Seiten.
– *Sprachzerstörung und Rekonstruktion.* Vorarbeiten zu einer Metatheorie der Psychoanalyse. stw 31. 224 Seiten.
– *Die Wahrheit der psychoanalytischen Erkenntnis.* Ein historisch-materialistischer Entwurf. 1974. 320 Seiten. Leinen.

Mitscherlich, Alexander
Massenpsychologie ohne Ressentiment. Sozialpsychologische Betrachtungen. 1972. st 76. 226 Seiten.
– *Toleranz.* Überprüfung eines Begriffs. 1974. st 213. 191 Seiten.
– [Hrsg.] *Bis hierher und nicht weiter.* Ist die menschliche Aggression unbefriedbar? 12 Beiträge, herausgegeben von Alexander Mitscherlich. 1974. st 239. 300 Seiten.

Piaget, Jean
Einführung in die genetische Erkenntnistheorie. Vier Vorlesungen. Aus dem Amerikanischen von Friedhelm Herborth. 1973. stw 6. 104 Seiten.

Psychoanalyse
Information über die Psychoanalyse. Theoretische, therapeutische und interdisziplinäre Aspekte. Beiträge von Mario Muck, Klaus Schröter, Rolf Klüwer, Udo Eberenz, Klaus Kennel und Klaus Horn. 1974. es 648. 180 Seiten.

Psychoanalyse als Sozialwissenschaft
Mit Beiträgen von Karola Brede, Klaus Horn, Alfred Lorenzer, Helmut Dahmer und Enno Schwanenberg. 1971. es 454. 236 Seiten.

Psychoanalyse und Marxismus
Dokumentation einer Kontroverse. Einleitung von Hans Jörg Sandkühler. 1970. 8. Tsd. 1971. Theorie. 316 Seiten.

Psycho-Pathographien I
Schriftsteller und Psychoanalyse. Herausgegeben von Alexander Mitscherlich. 1972. LdP. 290 Seiten. Leinen. Kart.

Reik, Theodor
Der eigene und der fremde Gott. Mit einem Vorwort von Alexander Mitscherlich. st 221. 251 Seiten.

Starobinski, Jean
Psychoanalyse und Literatur. Aus dem Französischen von Eckhart Rohloff. 1974. LdP. 235 Seiten.

Zen-Buddhismus und Psychoanalyse
Erich Fromm, Daisetz Teitaro Suzuki, Richard de Martino. Aus dem Amerikanischen von Marion Steipe. 1972. st 37. 240 Seiten.

B. Rechtsprechung, Strafvollzug, Resozialisierung

Foucault, Michel
Hrsg. *Der Fall Rivière.* Materialien zum Verhältnis von Psychiatrie und Strafjustiz. Aus dem Französischen von Wolf-Heinrich Leube. 1975. stw 128. 320 Seiten.

Goldstein, Joseph / Anna Freud / Albert J. Solnit
Jenseits des Kindeswohls. Mit einem Beitrag von Spiros Simitis. Aus dem Angloamerikanischen von Reinhard Herborth. 1974. st 212. 250 Seiten.

Moser, Tilmann
Jugendkriminalität und Gesellschaftsstruktur. 1970. 11. Tsd. 1971. 380 Seiten. Kart.

Psychoanalyse und Justiz
Theodor Reik, Geständniszwang und Strafbedürfnis. Franz Alexander und Hugo Staub, Der Verbrecher und sein Richter. Nachwort von Tilmann Moser. st 167. 436 Seiten.

Reiwald, Paul
Die Gesellschaft und ihre Verbrecher. Herausgegeben und mit einer Einführung von Herbert Jäger und Tilmann Moser. 1973. st 130. 272 Seiten.

Seminar: Familie und Familienrecht
Band 1. Herausgegeben von Spiros Simitis und Gisela Zenz. 1975. stw 102. 341 Seiten.

– *Seminar: Band 2.* Herausgegeben von Spiros Simitis und Gisela Zenz. 1975. stw 103. 345 Seiten.

Seminar: Abweichendes Verhalten
Herausgegeben von Klaus Lüderssen und Fritz Sack.
Band I: Die selektiven Normen der Gesellschaft. 1974. stw 84. 320 Seiten.
Band II: Die gesellschaftliche Reaktion auf Kriminalität. 1975. stw 85. 400 Seiten.

Alphabetisches Verzeichnis der suhrkamp taschenbücher wissenschaft

Adorno, Ästhetische Theorie 2
- Drei Studien zu Hegel 110
- Einleitung in die Musiksoziologie 142
- Kierkegaard 74
- Negative Dialektik 113
- Philosophische Terminologie Bd. 1 23
- Philosophische Terminologie Bd. 2 50
- Prismen 178

Apel, Der Denkweg von Charles S. Peirce 141
- Transformation der Philosophie, Bd. 1 164
- Transformation der Philosophie, Bd. 2 165

Arnaszus, Spieltheorie und Nutzenbegriff 51

Ashby, Einführung in die Kybernetik 34

Avineri, Hegels Theorie des modernen Staates 146

Bachofen, Das Mutterrecht 135

Materialien zu Bachofens ›Das Mutterrecht‹ 136

Barth, Wahrheit und Ideologie 68

Becker, Grundlagen der Mathematik 114

Benjamin, Charles Baudelaire 47
- Der Begriff der Kunstkritik 4

Materialien zu Benjamins Thesen ›Über den Begriff der Geschichte‹ 121

Bernfeld, Sisyphos 37

Bilz, Studien über Angst und Schmerz 44
- Wie frei ist der Mensch? 17

Bloch, Das Prinzip Hoffnung 3
- Geist der Utopie 35

Blumenberg, Aspekte der Epochenschwelle: Cusaner und Nolaner 174
- Der Prozeß der theoretischen Neugierde 24

- Säkularisierung und Selbstbehauptung 79

Böckenförde, Staat, Gesellschaft, Freiheit 163

Bourdieu, Zur Soziologie der symbolischen Formen 107

Broué/Témime, Revolution und Krieg in Spanien. 2 Bde. 118

Bucharin/Deborin, Kontroversen 64

Childe, Soziale Evolution 115

Chomsky, Aspekte der Syntax-Theorie 42
- Sprache und Geist 19

Cicourel, Methode und Messung in der Soziologie 99

Condorcet, Entwurf einer historischen Darstellung der Fortschritte des menschlichen Geistes 175

Deborin/Bucharin, Kontroversen 64

Denninger, Freiheitliche demokratische Grundordnung. 2 Bde. 150

Derrida, Die Schrift und die Differenz 177

Durkheim, Soziologie und Philosophie 176

Einführung in den Strukturalismus 10

Eliade, Schamanismus 126

Elias, Über den Prozeß der Zivilisation, Bd. 1 158
- Über den Prozeß der Zivilisation, Bd. 2 159

Erikson, Der junge Mann Luther 117
- Dimensionen einer neuen Identität 100
- Identität und Lebenszyklus 16

Erlich, Russischer Formalismus 21

Ethnomethodologie 71

Fetscher, Rousseaus politische Philosophie 143

Foucault, Der Fall Rivière 128
— Die Ordnung der Dinge 96
— Wahnsinn und Gesellschaft 39
Furth, Intelligenz und Erkennen 160
Goffman, Stigma 140
Griewank, Der neuzeitliche Revolutionsbegriff 52
Habermas, Erkenntnis und Interesse 1
— Zur Rekonstruktion des Historischen Materialismus 154
Materialien zu Habermas' ›Erkenntnis und Interesse‹ 49
Hegel, Grundlinien der Philosophie des Rechts 145
— Phänomenologie des Geistes 8
Materialien zu Hegels ›Phänomenologie des Geistes‹ 9
Materialien zu Hegels Rechtsphilosophie Bd. 1 88
Materialien zu Hegels Rechtsphilosophie Bd. 2 89
Henle, Sprache, Denken, Kultur 120
Holenstein, Roman Jakobsons phänomenologischer Strukturalismus 116
Jaeggi, Theoretische Praxis 149
Jakobson, Hölderlin, Klee, Brecht 162
Kant, Kritik der praktischen Vernunft 56
— Kritik der reinen Vernunft 55
— Kritik der Urteilskraft 57
Kant zu ehren 61
Materialien zu Kants ›Kritik der praktischen Vernunft‹ 59
Materialien zu Kants ›Kritik der reinen Vernunft‹ 58
Materialien zu Kants ›Kritik der Urteilskraft‹ 60
Materialien zu Kants ›Rechtsphilosophie‹ 171
Kenny, Wittgenstein 69
Kierkegaard, Philosophische Brocken 147
— Über den Begriff der Ironie 127

Kohut, Die Zukunft der Psychoanalyse 125
— Narzißmus 157
Kojève, Hegel. Kommentar zur Phänomenologie des Geistes 97
Koselleck, Kritik und Krise 36
Kracauer, Geschichte — Vor den letzten Dingen 11
Kuhn, Die Struktur wissenschaftlicher Revolutionen 25
Lacan, Schriften 1 137
Lange, Geschichte des Materialismus 70
Laplanche/Pontalis, Das Vokabular der Psychoanalyse 7
Leclaire, Der psychoanalytische Prozeß 119
Lévi-Strauss, Das wilde Denken 14
— Mythologica I, Das Rohe und das Gekochte 167
— Mythologica II, Vom Honig zur Asche 168
— Mythologica III, Der Ursprung der Tischsitten 169
— Mythologica IV, Der nackte Mensch. 2 Bde. 170
Lorenzen, Methodisches Denken 73
— Konstruktive Wissenschaftstheorie 93
Lorenzer, Die Wahrheit der psychoanalytischen Erkenntnis 173
— Sprachzerstörung und Rekonstruktion 31
Lugowski, Die Form der Individualität im Roman 151
Luhmann, Zweckbegriff und Systemrationalität 12
Lukács, Der junge Hegel 33
Macpherson, Politische Theorie des Besitzindividualismus 41
Malinowski, Eine wissenschaftliche Theorie der Kultur 104
Marxismus und Ethik 75
Mead, Geist, Identität und Gesellschaft 28
Merleau-Ponty, Die Abenteuer der Dialektik 105

Miliband, Der Staat in der kapitalistischen Gesellschaft 112
Minder, Glaube, Skepsis und Rationalismus 43
Mittelstraß, Die Möglichkeit von Wissenschaft 62
Mommsen, Max Weber 53
Moore, Soziale Ursprünge von Diktatur und Demokratie 54
O'Connor, Die Finanzkrise des Staates 83
Oppitz, Notwendige Beziehungen 101
Parsons, Gesellschaften 106
Piaget, Das moralische Urteil beim Kinde 27
– Die Bildung des Zeitbegriffs beim Kinde 77
– Einführung in die genetische Erkenntnistheorie 6
Plessner, Die verspätete Nation 66
Pontalis, Nach Freud 108
Pontalis/Laplanche, Das Vokabular der Psychoanalyse 7
Propp, Morphologie des Märchens 131
Quine, Grundzüge der Logik 65
Redlich/Freedman, Theorie und Praxis der Psychiatrie. 2 Bde. 148
Ricœur, Die Interpretation 76
v. Savigny, Die Philosophie der normalen Sprache 29
Schelling, Über das Wesen der menschlichen Freiheit 138
Materialien zu Schellings philosophischen Anfängen 139
Scholem, Zur Kabbala und ihrer Symbolik 13
Schütz, Der sinnhafte Aufbau der sozialen Welt 92
Seminar: Abweichendes Verhalten I 84
– Abweichendes Verhalten II 85
– Angewandte Sozialforschung 153
– Der Regelbegriff in der praktischen Semantik 94
– Die Entstehung von Klassengesellschaften 30
– Familie und Familienrecht Bd. 1 102
– Familie und Familienrecht Bd. 2 103
– Geschichte und Theorie 98
– Kommunikation, Interaktion, Identität 156
– Medizin, Gesellschaft, Geschichte 67
– Philosophische Hermeneutik 144
– Politische Ökonomie 22
– Religion und gesellschaftliche Entwicklung 38
– Sprache und Ethik 91
– Theorien der künstlerischen Produktivität 166
Solla Price, Little Science – Big Science 48
Spinner, Pluralismus als Erkenntnismodell 32
Sprachanalyse und Soziologie 123
Sprache, Denken, Kultur 120
Strauss, Spiegel und Masken 109
Szondi, Das lyrische Drama des Fin de siècle 90
– Die Theorie des bürgerlichen Trauerspiels 15
– Einführung in die literarische Hermeneutik 124
– Poetik und Geschichtsphilosophie I 40
– Poetik und Geschichtsphilosophie II 72
Témime/Broué, Revolution und Krieg in Spanien. 2 Bde. 118
Touraine, Was nützt die Soziologie 133
Tugendhat, Vorlesungen zur Einführung in die sprachanalytische Philosophie 45
Uexküll, Theoretische Biologie 20
Watt, Der bürgerliche Roman 78
Weingart, Wissensproduktion und soziale Struktur 155
Weingarten u. a., Ethnomethodologie 71

Weizsäcker, Der Gestaltkreis 18
Winch, Die Idee der Sozialwissenschaft und ihr Verhältnis zur Philosophie 95
Wittgenstein, Philosophische Grammatik 5
Wunderlich, Studien zur Sprechakttheorie 172
Zilsel, Die sozialen Ursprünge der neuzeitlichen Wissenschaft 152
Zimmer, Philosophie und Religion Indiens 26